世界名人传记丛书

世界名人传记丛书

爱德华·萨丕尔

——语言学家、人类学家、人文主义者

〔加〕雷格娜·达内尔 著

须一吟 董燕 马文辉 译

高一虹 罗正鹏 校订

商务印书馆
SINCE 1897
The Commercial Press

2016年·北京

EDWARD SAPIR
Linguist, Anthropologist, Humanist
by Regna Darnell
Copyright © 2010 by Regna Darnell
Published by arrangement with McIntosh and Otis, Inc.
Through Bardon-Chinese Media Agency
Simplified Chinese translation copyright © 2016
by The Commercial Press, Ltd.
ALL RIGHTS RESERVED

爱德华·萨丕尔

萨丕尔的父亲雅各布·戴维·萨丕尔

萨丕尔的母亲
伊娃·西格尔·萨丕尔
和孙子菲利普

爱德华和弟弟马克斯

萨丕尔在早期的田野调查中

左起：保罗·雷丁、易希、T.T.沃特曼、萨丕尔、罗伯特·洛伊(1915)

渥太华工作的头几年，萨丕尔自我感觉良好

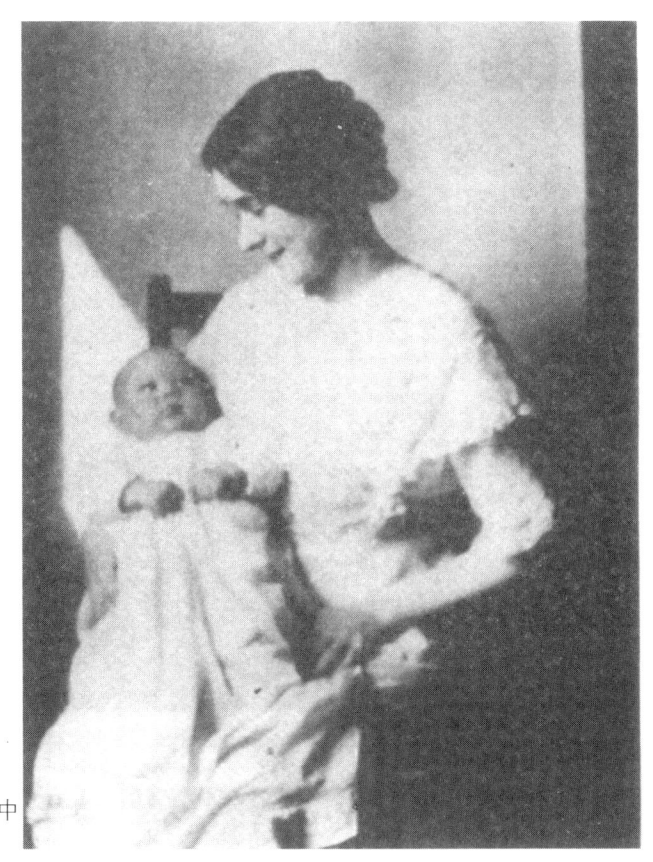

弗洛伦斯·德尔森·萨丕尔,怀中是迈克尔(1913)

爱德华和琼·麦克莱纳根·萨丕尔,摄于芝加哥(ca.1926)

萨丕尔在语言研究所(1937)

在耶鲁工作期间的萨丕尔

"文化对人格的影响"研讨会(1932—1933)——中间穿白色西服的是W.I.托马斯,站在右边的是萨丕尔和约翰·多拉德

霍滕丝·鲍德梅克为萨丕尔划船,摄于新罕布什尔

萨丕尔的儿女在他百年诞辰纪念会上，摄于渥太华(1984)——J.戴维、H.迈克尔、海伦(·拉森)、保罗、菲利普

萨丕尔百年诞辰暨美国人类学学会研讨会，丹佛(1984)——后排：菲利普·萨丕尔、埃德加·希斯金、理查德·普雷斯顿、乔治·W.斯托金(小)、J.戴维·萨丕尔；前排：詹姆斯·M.尼斯、雷格娜·达内尔。(照片由美国人类学学会授权复制，禁止出售或再复制)

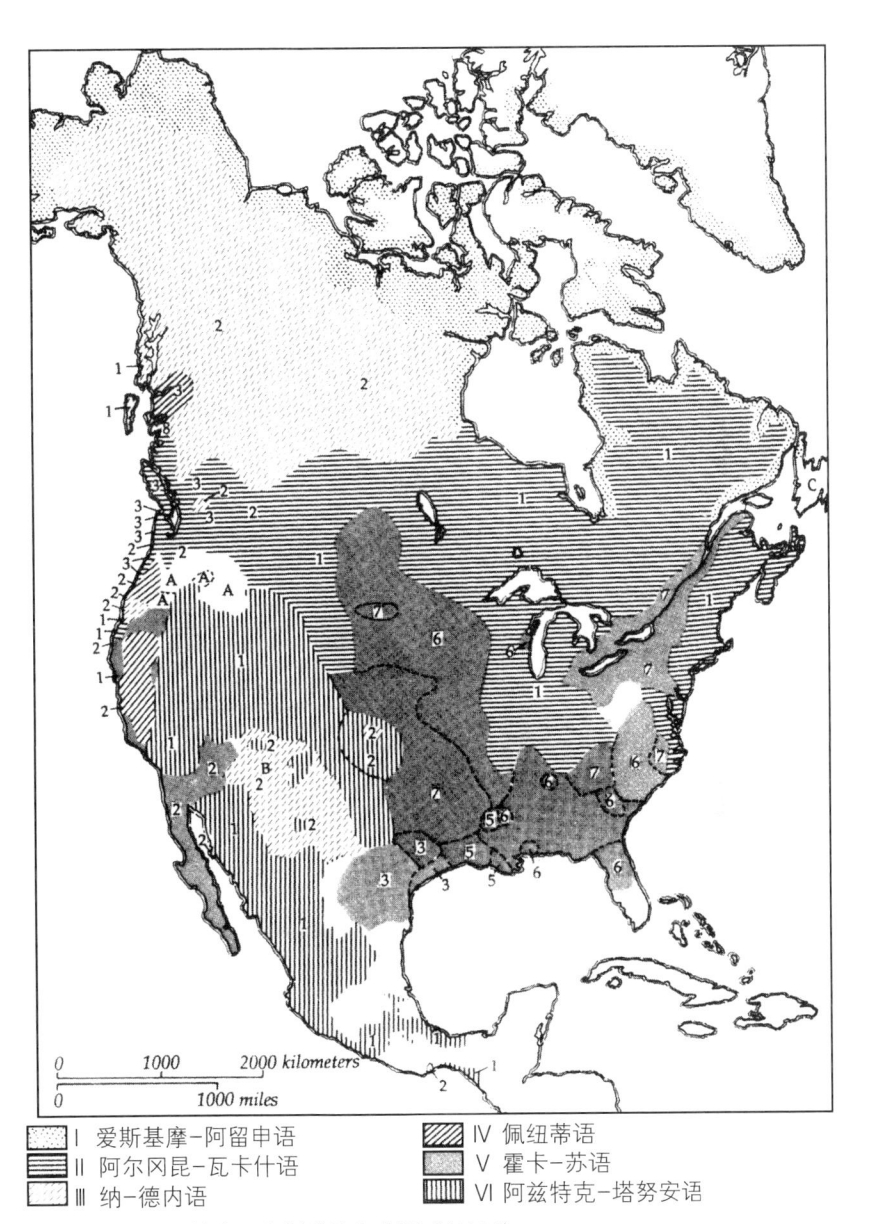

I 爱斯基摩-阿留申语	IV 佩纽蒂语
II 阿尔冈昆-瓦卡什语	V 霍卡-苏语
III 纳-德内语	VI 阿兹特克-塔努安语

萨丕尔将美国印第安语言划分为六大语群(1921)

世界名人传记丛书
新版说明

本馆出版名人传记渊源有自。上世纪初林纾所译传记可谓木铎启路，民国期间又编纂而成"英文世界名人传记"丛书，其后接续翻译出版传记数十种。及至二十世纪九十年代，汇涓成流，结集出版"世界名人传记丛书"，广为传布。

此次重新规划出版，在总结经验的基础上续写经典、重开新篇。丛书原多偏重学术思想领域，新版系统规划、分门别类，力求在新时代条件下赋予作品新价值、新理念、新精神。丛书分为政治军事、思想文化、文学艺术、科学发明以及除上述领域之外的综合类，共计五大类，以不同的封面颜色加以区分。

丛书所选人物均为各时代、各国家、各民族的名流巨擘，他们的业绩和思想深刻影响了世界历史进程，甚至塑造了世界格局和人类文明。所选传记或运笔于人物生平事迹，或着墨于智识求索，均为内容翔实、见识独到之作。读者于其中既能近观历史、反思现实，又能领悟人生、汲取力量。

我们相信名人传记的永恒魅力将为新时代的文化注入生机和活力。我们也期待能得到译界学界一如既往的支持，使此套丛书的出版日臻完善。

商务印书馆编辑部

2012 年 12 月

译序

爱德华·萨丕尔有关语言、文化的相对论思想,以及他广博的人文主义,是我国语言学和社会科学、人文科学建设的一个重要源泉。早在20世纪60年代,他的《语言论》就由陆卓元翻译、陆志韦校订,商务印书馆出版,改革开放后出了重排版。大凡我国的语言学者,十之有九手头会有这本经典。不过,这本名著实际上是萨丕尔为大众写的语言学科普读物,他还有许多著述有待我国读者去了解,并结合生平和思想发展的脉络去解读。近些年,我和同道一起选译了《萨丕尔论语言、文化与人格》,其中收录了涉及多个学科的20余篇文章(商务印书馆2011年出版,姚小平主编"西方语言学家名家译丛"系列)。在翻译该文集的过程中,萨丕尔学科知识和思想的广博使我感到震撼和困惑,这是我自己同时代的人难以企及的。由此我对萨丕尔这个人,对其生平和思想的发展产生了强烈的好奇。正是在这种饥渴中，我读到了雷格娜·达内尔所著的这部萨丕尔传记。看后感觉相当解渴，对萨丕尔所作的"语言学家、人类学家、人文主义者"概括准确而凝练，对其生平的叙述既有严谨的史料基础，也不乏丰富的细节。虽然作者并非萨丕尔同时代的人，但还是成功地把我带到了萨丕尔的身边。我想，对于其他有兴趣全面了解萨丕尔以及那个时代美国相关学科发展的国内读者，对于有志汲取其营养构建自己理论的我国语言学家、文化学家，这部传记都会颇有裨益。于是萌发了翻译引进的想法。

  本书的翻译是北京大学外国语学院三名英语翻译硕士生在我指导下完成的。引言、序言和1-6章、21章的译者为须一吟，7-14章为董燕，15-20章为马文辉。尽管她们接受我作为导师的建议，选择本书作为毕业翻译项目，但是她们为本书所做的付出已远超出了毕业的要求。董燕从一开始就承担了超过毕业要求的翻译篇幅，而须一吟在完成毕业答辩之后又承担了全书余下部分的翻译。从她们几易其稿的译文中，我可以看到她们所付出的热情和艰辛。

  全书的统校工作是由我和自己指导的语言学专业硕士生罗正鹏一起完成的。我们在三位译者翻译的基础上统一了译词表，主要依据包括新华通讯社译名室编《英语姓名译名手册》（商务印书馆2004年出版）、中国地名委员会编《美国地名译名手册》（商务印书馆2000年出版），也综合参考了维基百科、百度百科、三位译者所用的工具书，以及名人姓名的惯用译法。所译术语与我们以往所译的《萨丕尔论语言、文化与人格》《论语言、思维和现实——沃尔夫文集》（商务印书馆2012年出版）保持基本一致。在统一术语的基础上，我们分头逐句修订校对了译文，我负责引言、序言、1-10章，罗正鹏负责11-21章。最后由我审核定稿全书译文。

  为了兼顾读者阅读汉语的方便、译文的一致性和读者查找原文献的需要，我们对个人交流、通信、访谈等的材料出处进行了汉译；对于已出版英文文献，保留了正文括号中的原文出处，以及文末的参考文献原文。对于索引我们也进行了翻译，并附有原文和译文的页码。除了翻译原文的附注之外（原著421—436页的尾注在译文中改为脚注），对于正文中一些重要人物以及少量不易为我国读者理解的内容，我们增加了译者注。此外，我们增加了两个附录，即人名和术语译词对照表，原作中的缩略词表（437—440页）并入了附录2。

关于语言学术语的翻译这里做一点澄清。在有关印第安语言的分裂和谱系关系描述中，原著较宽泛地使用了"superstock""stock""family"等概念，但其间并没有明确的层级关系。在以往萨丕尔相关论文的翻译中，我们曾将"stock"宽泛地译为"语族"，并对其含义以及与现有概念的关系做了界定（见《萨丕尔论语言、文化与人格》，p.105译者注）。不过国内一般采用自上至下严格的"语系""语族""语支"谱系分类概念，在此框架中"语族"已有相当固定的结构层级含义；而萨丕尔所做的分类较为宽泛，尚在探索之中，以往也未见到统一明确的术语。虽然将萨丕尔对印第安语言所分的六大类称作"语系"或"语系群"也未尝不可，但毕竟原著中并没有这类清晰界定的概念。保险起见，本书原文直接用"language family"时译文才用"语系"；"stock"译为"语群"；"superstock"译为"大语群"。原文是没有中心词的形容词表示的（如"Athabaskan"），有时简单译为"XX语"（如"阿萨巴斯卡语"），这时其含义可能是复数的（即"阿萨巴斯卡诸语言"，或"阿萨巴斯卡语族""阿萨巴斯卡语系"）。

本书的出版要特别感谢商务印书馆，特别是责任编辑刘建梅的辛勤工作；陈丹丹对本书的引进做了不少前期准备。译者须一吟、董燕、马文辉付出了大量心血，合作校订者罗正鹏积极主动地承担了不少细致的技术性工作。还要感谢复旦大学申小龙教授为本书出版资助的申请提供了有力推荐；感谢我的弟弟高义舟在探亲期间帮忙标注了全书的原文页码。没有大家的共同努力，这本译著的出版是不可能的。

如果说萨丕尔是延绵山脉中的一座高峰，译者跟随着传记作者的脚印一步步攀爬度量，那么在感叹山之巍峨壮阔的同时，我们也深感自身力量的薄弱。尽管我们努力呈现给读者全书的原貌，但翻译校订过程中仍不免出现错误或不确之处，本人对书中出现的所有错误负责。欢迎读者予以批评指正。

高一虹

2014年8月初稿

2016年2月审定

目　录

序言　　　　　　　　　　　　　　　　　／ 1
引言　　　　　　　　　　　　　　　　　／ 12
第一章　早年　　　　　　　　　　　　　／ 23
　　哥伦比亚大学　　　　　　　　　　　／ 27
　　本科岁月　　　　　　　　　　　　　／ 28
　　研究生岁月　　　　　　　　　　　　／ 34
第二章　学徒期　　　　　　　　　　　　／ 39
　　加州　　　　　　　　　　　　　　　／ 48
　　宾州大学　　　　　　　　　　　　　／ 54
　　求职探索　　　　　　　　　　　　　／ 65
第三章　渥太华：成熟与独立　　　　　　／ 71
　　组织加拿大人类学研究　　　　　　　／ 77

公共事务　　　　　　　　　　　　　　/ 84
　　博物馆人类学的艰辛　　　　　　　　　/ 90

第四章　渥太华研究团队　　　　　　　　　　/ 96
　　萨丕尔的渥太华田野调查　　　　　　　/ 106
　　易希：短暂的加州回访　　　　　　　　/ 112
　　第一次世界大战及其影响　　　　　　　/ 117

第五章　对博厄斯范式的整合　　　　　　　　/ 122
　　语音学报告　　　　　　　　　　　　　/ 123
　　时间视角　　　　　　　　　　　　　　/ 127
　　《语言论》：写给大众的书　　　　　　/ 132

第六章　美洲印第安语言的分类　　　　　　　/ 147
　　分类热潮的发端　　　　　　　　　　　/ 150
　　雷丁的惨败　　　　　　　　　　　　　/ 160
　　六大语群分类法　　　　　　　　　　　/ 164
　　印度-汉语假说　　　　　　　　　　　 / 169

第七章　心理学转向　　　　　　　　　　　　/ 177
　　家庭和个人问题　　　　　　　　　　　/ 178
　　与心理学的早期接触　　　　　　　　　/ 183
　　克罗伯：精神分析与超机体现象　　　　/ 191

第八章　美学探索　　　　　　　　　　　　　/ 200
　　音乐　　　　　　　　　　　　　　　　/ 201
　　图案美学实验　　　　　　　　　　　　/ 209
　　诗歌　　　　　　　　　　　　　　　　/ 210
　　渥太华的学术和社会生活　　　　　　　/ 216
　　战争的影响　　　　　　　　　　　　　/ 217

第九章　对博厄斯人类学的心理学化　/ 223
　　鲁思·本尼迪克特　/ 224
　　玛格丽特·米德　/ 238

第十章　逃离渥太华　/ 244
　　博厄斯在哥伦比亚大学的计谋　/ 249
　　萨丕尔在芝加哥大学的任职　/ 251
　　哥伦比亚大学持续的诱惑　/ 258

第十一章　芝加哥大学：新的开始　/ 260
　　芝加哥大学　/ 269
　　芝加哥大学的社会学　/ 272
　　萨丕尔与芝加哥社会学家　/ 273
　　洛克菲勒基金会对芝加哥社会科学的资助　/ 278

第十二章　芝加哥人类学　/ 284
　　人类学的领地　/ 286
　　在芝加哥大学的教学生涯　/ 293

第十三章　对阿萨巴斯卡语言研究的投入　/ 301
　　与贝拉尔·海尔神父的合作　/ 306
　　西南人类学实验室　/ 308
　　出版纳瓦霍语文本　/ 313
　　印第安事务局　/ 318

第十四章　语言学的专业化　/ 330
　　美国语言学协会　/ 331
　　语言学研讨班　/ 333
　　伦纳德·布龙菲尔德　/ 337
　　国际辅助语协会和英语语义学　/ 342

美洲印第安语言委员会　　　　　　　　　/ 348

第十五章　跨学科的社会科学　　　　　　　　/ 360
　　　哈里·斯塔克·沙利文　　　　　　　　/ 361
　　　哈罗德·拉斯韦尔　　　　　　　　　　/ 368
　　　社会科学研究委员会　　　　　　　　　/ 371
　　　汉诺威会议　　　　　　　　　　　　　/ 372
　　　萨丕尔的美洲印第安涵化项目　　　　　/ 376
　　　社会科学研究委员会人格与文化分委会　/ 380

第十六章　社会科学研究和培训的组织　　　　/ 384
　　　第一次研讨会　　　　　　　　　　　　/ 384
　　　第二次研讨会　　　　　　　　　　　　/ 388
　　　国家研究委员会　　　　　　　　　　　/ 396
　　　国家研究委员会文化与人格会议　　　　/ 397
　　　国家研究委员会培训奖金分委会　　　　/ 400

第十七章　"影响力"研讨课：耶鲁的召唤　　/ 405
　　　哥伦比亚的召唤　　　　　　　　　　　/ 408
　　　弗兰克研讨会提案　　　　　　　　　　/ 410
　　　约翰·多拉德　　　　　　　　　　　　/ 413
　　　研究人员的选拔　　　　　　　　　　　/ 414
　　　研讨会计划　　　　　　　　　　　　　/ 416
　　　"影响力"研讨课的结果　　　　　　　/ 422

第十八章　耶鲁大学的人类学学科　　　　　　/ 425
　　　耶鲁的民族学学生　　　　　　　　　　/ 434

第十九章　耶鲁大学的语言学学科　　　　　　/ 441
　　　萨丕尔回归印欧语研究　　　　　　　　/ 447

耶鲁第一个语言学流派　　　　　　　　/ 448
　　沃尔夫与语言相对论假说　　　　　　　/ 460

第二十章　耶鲁人类关系研究所　　　　　/ 470
　　与医学院的联系　　　　　　　　　　　/ 479
　　多拉德与人类关系研究所的重新结盟　　/ 482

第二十一章　终结　　　　　　　　　　　/ 487
　　萨丕尔与犹太教的关系　　　　　　　　/ 487
　　疾病与归隐　　　　　　　　　　　　　/ 497
　　萨丕尔首次患病　　　　　　　　　　　/ 500
　　萨丕尔—沙利文—拉斯韦尔研究所　　　/ 504
　　最后的病况　　　　　　　　　　　　　/ 507
　　萨丕尔离世的反响　　　　　　　　　　/ 508

本书引用文献　　　　　　　　　　　　　/ 513

爱德华·萨丕尔全部著述清单　　　　　　/ 529
合作著述、基于萨丕尔材料的著述清单　　/ 544

索引　　　　　　　　　　　　　　　　　/ 546

附录 1　人名译词对照表　　　　　　　　/ 558
附录 2　术语译词及缩略词对照表　　　　/ 573

序言

距第一版书问世 20 年过去了。重温当年对萨丕尔生平及时代的记述，有几分恍惚，几许怀念。时光荏苒，熟悉感不再，常见的方法论距离显现了出来。我感到萨丕尔就像一位经久别而重新认识的老友，这种震撼唤起了我个人和事业与这位学者持续不断的联系：从本科第一次接触他的作品我就对他景仰不已。我沉浸于以 1989 和 2009 年为起点的双重回首，品味着萨丕尔和他所处环境的复杂性。一方面我在脑海中追溯自己曾经如何获得和解读相关文件，正是通过这些文件，萨丕尔保持着对当今学科的持续影响。另一方面，我也思索着在现代社会科学和人文学科面临急剧变化的背景下多个可能的萨丕尔。

传记这种文学体裁看似是盖棺定论的，毕竟人生已经走到了终点。只要相关的文字记载没有发生剧变，主人公的生平种种就应当是完全确凿的客观事实。虽然这种观点有一定的真实性，这样的历史观却完全过时了。在我职业生涯期间，历史编纂的思想根基已经发生了根本性的转变。在我还是研究生时，人类学史学刚刚兴起，当时的系主任小乔治·W. 斯托金以严格灌输的方式区分了历史主义与现时主义，历史主义是正确的途径，而现时主义是许多渴望成为史学家的人类学家十分普遍的错误（Stocking 1968, 1-12）。但即使在当时也有不同观点。我早年的另一位导师 A. 欧文·"皮特"·哈洛韦尔主张人类学家应当讲述自己的故事,因为故事于他们利益攸关。因而他将人类学史界定为人类学的问题(Hallowell 1965),声称该学科具有讲好故事的能力。他坚持认为,受过民族志田野调查训练的人类学家在记录档案中就为历史主义的判断做了有效准备。当今的人类学家进一步发展乃至反转了哈洛韦尔的观点,强调档案史料及其官僚机制中潜藏的民族志主体性(如 Stoler 2009;Dawdy 2008)。用海登·怀特更当代的语言来说,历史即叙事,原始材料只有经过解读,真正的历史才可能存在。这一定义意味着未被采纳的解读方式至少有一种。我从业多年一直主张基于立场的档案民族志。所以,我强烈主张历史主义与现时主义的通约。

毫不意外,萨丕尔也不能原地不动,停留在我过去对他的了解中。1984 年,围绕着萨丕尔一百周年诞辰,人类学界与语言学界开展了解读萨丕尔的密切合作。我的传记也是当时开始有了雏形。研讨会、会议、谈话、评论及作品重印,这些都在首版书中进行了忠实记录。期间,对萨丕尔的研究和学术兴趣形成热潮。朱迪斯·欧文编辑的萨丕尔文化心理学课程的笔记(Irvine 1994)以及萨丕尔文集的多卷本(如,Darnell and Irvine 1994;Darnell, Irvine, and Handler 1999)在首版传记问世后才出版,不过多数情况下我可以引用当时这些作品参考的尚未发表的材料。康拉德·克尔纳对萨丕尔语言学的三卷评论(2008)提供了进一步的参考文献。

证据也有各自立场。20 世纪 80 年代的大多数时候,我几乎一直沉浸在萨丕尔热中。萨丕尔的五个孩子都谈到父亲顾家的一面。萨丕尔的许多学生尚在人世,他们都乐意与我交流。这些前辈未及分享的记忆大多已随着他们的离世而一去不回了。尽管个人知识传承的脆弱性使史料的概括难以从容地进行,距今较近的历史不能只局限于似乎确凿不变的档案史料了。如果说当初民族学面临的紧迫任务使萨丕尔从日耳曼语转到美洲印第安语研究，那么访谈提问、收集关于萨丕尔的回忆也具有同样的迫切性。与原住民文化一样，学术传记的许多原始素材是通过口述传统得以传承的。不论是口头素材还是书面素材，是直接记录还是从久远的记载中召回的，每种素材都需要结合整个学科已知和可知的内容进行（重新）解读。20年前我将档案史料与口述史的洞见联系起来的工作，如今已不再可能了。因此我十分高兴有机会更新自己对这一学术联结的贡献。

　　起初萨丕尔吸引我的一点是他绝非一个单面人物。这次再版我对他的多样性更加深有体会。本书的副标题采用了和其他人类学家传记类似的描写方式，只列出了三大学科角色：语言学家、人类学家、人文主义者——每一种角色的描述都限定在北美土著部落的人类学和语言学研究框架之内。19世纪末20世纪初正是他在人类学与语言学两大学科走向专业化的令人兴奋的年代，也借助着他与文学界难解难分的关系，萨丕尔对心智活动内部和心智活动之间人为制造的壁垒提出了挑战。在几位同事的劝说下，我放弃了草拟的副标题"思想建筑大师"，但我依旧认为思想建筑师的形象抓住了处于好情绪状态下的萨丕尔的实质，尤其当他对某一刻吸引他的事物进行沉思或与人探讨的时候。我承认他的建筑并不是那种形式结构主义的，而是有机的。在同时代人的眼中，他常常被人吹嘘的"天才"才是根本的特点。不过，无论对语言、音乐、数学还是更难以捉摸的文化对个人创造力或个性的影响，萨丕尔对其中的规律之美反应灵敏、欣赏有加。尤其在两次大战之间的跨学科工作中，他曾试图搭建兼容并包的跨学科协作机制，来揭示人类存在的真正实质。建筑大师的比喻在我看来并不牵强。

　　当洛克菲勒基金会与其他慈善机构资助的新近专业化的美国社会科学界试图在公共领域验证其集体洞察力，萨丕尔的智性风格让他成为极佳的跨学科协调人。跨学科工作深受约翰·杜威和乔治·赫伯特·米德的美国实用主义精神影响。萨丕尔的极大热情带动着他的同事。对于萨丕尔越来越多地置于文化与个人交界点的事业，每种新观点或学科视角提供了发展旁枝侧芽的机会，就像那些具有远亲关系的语系一样。他邀请心理学家与精神病学家（在20世纪20年代和30年代，这两门学科在专业定位和认证要求上还没有完全独立，只有模糊的区分）介绍人格方面的研究，借鉴他们的临床方法。萨丕尔最喜爱的比喻——一枚硬币的两面——也是我工作的方法论原则。相应地，其他学科同事也从萨丕尔那里汲取到民族志研究方法的营养，传统上民族志关乎异族新奇事物，而萨丕尔通过选择北美日常生活的例子，坚持不懈地矫正这一前设。他们还从人类学典型的文化相对论立场方面汲取萨丕尔对文化细腻的感知力，以便找出人类精神动力学难以捕捉的普遍特征。

我认为萨丕尔并没有把他芝加哥大学的社会学同事与人类学家区分开来，他也不认为有必要区分。比起那些无法理解他研究热忱的本学科同事，心理学家哈里·斯塔克·沙利文、社会学家威廉·菲尔丁·奥格本、政治学家哈罗德·拉斯韦尔往往于他而言更加亲切。也许，他是置身于自己领地之外的预言家。支持他的社会学家也同时是民族志学者，虽然他们的实验场所是芝加哥市而非偏远的印第安保留地。由于萨丕尔拒绝将民族志资料异族化，他的写作与教学都聚焦于人们习以为常的社会实践背后的意义，他与社会学家的研究有突出的相似性。萨丕尔与其社会学同行致力于相同的目标，前者称这一目标为"文化"，后者称为"社会"。达内尔和欧文（1994）认为萨丕尔在他的专著中越来越多地使用社会学家的用法，作为除语言学、人类学的又一类术语，旨在综合各层次分析，将社会科学各学科特有的发现重新构型。

在萨丕尔的人格魅力与思想的作用下，人类学在跨学科整合中发挥的作用比学科本身涵盖的内容、学科地位预示的更强大。没有任何其他人可以企及他的宽广。如果萨丕尔描写自己的工作，我猜他会突出这些年与同辈的学术巨星的密切合作。20年代中期至30年代中期穿梭于各大跨学科会议的学界名流都自信地认为他们在构建新的科学范式（参见 Koestler 1972 年对鼎盛时期核心成员穿梭于各大会议的描述）。萨丕尔及其同事都感到所生活的年代是一个黄金时代——一个科学革命正在酝酿的年代（Darnell 1998）。

我在这里重新追溯那段跨学科合作的热潮，因为在前一版中我的叙述过分强调了各种困境，但正是这些困境最终向构型中的学科折射了令萨丕尔如此着迷的学科整合灵感。这些困境包括在耶鲁人类关系研究所的政治扭曲、反犹主义，也包括重要的慈善基金会停止资助社会科学项目，逐渐渗入的欧洲纳粹主义威胁抑制了科学研究项目制。萨丕尔在剧变达到顶峰的1939年去世。战后的美国社会科学界几乎都否认他们的工作植根于前一代人的学术动荡。玛格丽特·米德、鲁思·本尼迪克特及其新弗洛伊德学派的合作者都转向了国民性格研究和精神分析，而没有继续跟从萨丕尔探究某种民族志环境对创造性个体带来的社会学涵义的解析方法。

尽管美国社会科学主流的发展缺少连续性，萨丕尔讨论文化与心理的文章一直在重印出版，继而激发了十分不同的视角。他的文章"真伪文化"（1924）反映了他的整合意向。本文很大程度遭到后人误读，少有人欣赏；例如他在芝加哥大学的同事奥格本完全无法从社会学视角理解该文的观点。然而这篇论述概括了萨丕尔的思想，对于以同时代对话和跨文化尊重为特征的人类学相对论来说，它仍是一篇生动的辩护。萨丕尔的这篇文章具有十分明显的后现代意味。

在萨丕尔看来，西（北）海岸的印第安人的生活方式比同时代生活在城市中的学术同僚更加舒适。一战结束后，人们对科技、集团精神和虚伪的北美社会感到深恶痛绝。萨丕尔将这种文化称为"伪文化"。他试图将文化等同于文明，将"原始"部落的智慧吸纳到更广社会的道德话语中。博厄斯学派中的保罗·雷丁和亚历山大·戈登韦泽也曾致力于相同的理想（Darnell 2001）。萨丕尔并没有美化他了解的印第安人，他自然也不想"变为原住民"。但他希望自己研究的这些社会中的哲学家和诗人也可以用创造性的语言进行自我表达，正如他本人在写诗、作曲、撰写文学评论时享有的权利一样。罗伯特·布林赫斯特曾将20世纪之交约翰·斯旺顿记录的古典海达语诗人优雅地并置在一起（Bringhurst 1999），我猜想萨丕尔会喜欢这部作品的。

20世纪60年代兴起的民族科学和认知人类学更多沿袭了萨丕尔的学术流派而非本尼迪克特流派（Darnell 2008）。萨丕尔的《语言论》（1921）至今仍是一本论述充分、具有启发性的入门书，书中介绍了语言学家讨论的语言问题以及语言学与我们每个人日常言语的关系。他对美洲印第安语言的过程语法仍然是广为效仿的模型，根据某个言语共同体的成员所拥有的范畴考察世界观的建构。当后来的行为主义结构语言学逐渐失去影响力，萨丕尔及其门生本杰明·李·沃尔夫关于语言、思维及现实的思考对当代的争鸣仍然有所启发。在年轻一代的学者中，不论他们从事语言学、人类学、心理学、教育学、文学研究还是哲学，萨丕尔都是他们的英雄。萨丕尔留下的财富并不完全在于他从事的那些项目，而是他教我们如何对问题进行思考，以及怎样将各种思想联系起来。

从一个作家的角度，对文本的批判性阅读十分重要。传记是人类学史研究中广为应用的一种体裁，这也许因为它借鉴了生活史研究方法给民族志研究带来的熟悉的洞察力。在人类学史批判性研究的十五卷系列丛书中，七本是传记。我希望与有意从事传记写作的同仁分享一些或许有关的看法：

首先，我写作本书一以贯之的立场是，萨丕尔是个令人关注的人物，这是由于在事业生涯期间他涉及的学科领域之多前无古人。我一直在思索，对于萨丕尔来说这些不同的学科是怎样联系起来的。由于他的工作并非可以按照时间顺序排列，我尽可能完整地呈现每一思想系列，并展现它与其他思想的关系。当然，一些祝贺我完成如此翔实丰富的传记的同事也常常并无明显嘲讽语气地加上一句：他们只读了关于阿萨巴斯卡语言学、语言分类、文化与人格或文学涉猎的章节。"我跳过了所有语言学的部分"是我印象最深的反馈，出自语言学领域之外一位著名的萨丕尔研究者。我感到沮丧，但同时又更加坚信萨丕尔在将不同的事物联系起来，将各种鲜活的思想联系起来方面仍然无人能及。但我希望读者能够和我一样关注萨丕尔思想的整体性。

其次，我意识到自己在职业生涯中跟随着萨丕尔的脚步，他的经历对评价我自己的经历也有启发作用。我也曾涉猎人类学、语言学两大领域，不过我的语言学研究以话语、语义学为基础，而萨丕尔研究的则是语法、词典和篇章。我一直在加拿大工作，而萨丕尔却没留下来（不过他在加拿大的十五年给加拿大人类学留下了无法磨灭的印记，参见 Harrison and Darnell 2006）。和萨丕尔一样，在事业中期我开始承担起促进交流合作的职务，这是超出我此前想象的。这些年来我一直在对阿尔伯塔省北部的克里语和克里文化进行考察，与克里人交谈，并努力开展对话，以便使田野调查中我的朋友与调查对象的文化解读与我本人的解读得到同等程度的认可。我猜萨丕尔也会对近几十年来的实验民族志欣喜不已。同萨丕尔一样，我接着与跨学科领域的同事一起挖掘人类学与语言学视角：科学研究、历史和民族史、"第一民族"[①]/美洲原住民研究、女性研究，以及生态系统健康与土著民知识的关系。对于一个拥有广泛跨学科嗜好的学者，其同事看到的往往只是一面。或许只有一整"村子"的人类学史学家才能描述一项复杂的事业，每个人选取一个独特的视角。

[①] 第一民族（First Nations），是加拿大的种族名称，与"印第安人"同义，但规避了"印第安人"对指称对象可能的社会冒犯。第一民族指的是现今加拿大境内的北美洲原住民及其子孙，但不包括因纽伊特人和梅提斯人。参见百度百科。——译者注

再次，我认为从学术角度，传记可能会是件不讨好的工作。作为学术探索，这是个无底洞。任何一个传记作品的主人公，其爱好与经历的枝枝蔓蔓是不可能完整地一一展现的。如果故事十分简单，且能够用唯一一种最佳方式表达出来，那上述观点就不算数。关于如何讲述萨丕尔的故事，我有过许多想法和考虑。我将他置于一张布满思想、社交、机构环境的大网之中。就像剥洋葱的反向操作，我引用他自己的话和同辈人的话作为证据，一层层向外建构，直至萨丕尔的生平和工作与美国人类学史及其得以萌发并成熟的美洲大陆联结起来呈现在人们面前。萨丕尔的学术交往圈由一群杰出的人才（最早的团队中的所有人）组成，他们聚集在弗朗兹·博厄斯的周围，接受挑战去记录岌岌可危的美洲印第安语言和文化。当然，如今北美印第安人当然仍和我们生活在一起，但变化的确迅猛，且往往给他们带来创伤。尽管在对美洲原住民社会的人类学研究中有内在的不公和明显的合作失败，但早期博厄斯学派所采集的资料如今已成为许多印第安社会文化复兴的宝贵资源，而合作研究在当前也是不可缺少的。

当我从萨丕尔的立场去阅读萨丕尔和团队成员间的通信时，这些团队成员像在我面前复活了一般（实际上，早在女性主义立场的认识论出现以前，"立场"就是萨丕尔的一个关键词）。我全身心地沉浸于萨丕尔的世界，去理解萨丕尔眼中的世界，这使我写出《隐形的谱系》（2001）一书，该书的主要内容是萨丕尔及其同时代人物（博厄斯、克罗伯、雷丁、沃尔夫、本尼迪克特、帕森斯、哈洛韦尔）的核心思想在当时及当今的认同与探索。我间接地将材料组织成这些学者的传记，将他们的关系置于一个同伴网络之中，这些同伴在探究同一个谜题，分享各自的思想。

本书引起了评论界广泛关注，并被提名为加拿大总督非文学奖作品。大部分评论对萨丕尔探讨甚多，却极少提及传记文体或作品的写作策略。我完全成了隐形人，这多少让我感到沮丧，于是我接下来更自觉地投入介于人类学史和美洲印第安民族志之间的理论研究。没人试图给萨丕尔立传，而博厄斯、克罗伯、米德、本尼迪克特、斯图尔德等人的传记已经有了许多。这令我失望。其他一些论述认为我对萨丕尔工作的各方面的理解是一种解读，这种看法在当前对美洲研究人类学溯源的重估工作中十分普遍，但这些评述的侧重均不是传记方面。

　　如果重新来过，我的写法会有什么不同？自第一版以来，我又在后来的著述中谈到萨丕尔，但20年前我所讲述的故事至今对我仍然有效。现在想来，过去我错失的最大机会是描述渥太华人类学部在萨丕尔、戴蒙德·詹内斯、马里厄斯·巴尔博这组人一起工作时的状况。如今我们对两位具有英国教育背景的同事有了更多的了解（如，Hancock 2006; Nowry 1995; Jessup, Nurse, and Smith 2008）。我对谁是萨丕尔同伴的认识如今发生了变化。现在我将1910年至1916年渥太华工作的高潮期当中萨丕尔聘用的博厄斯学派的同事视为卓越的一群，他们为这一时期萨丕尔的多产奠定了基础（Darnell 2008）。这一团体包括保罗·雷丁、亚历山大·戈登韦泽、威尔逊·沃利斯、哈伦·史密斯，间或还有弗兰克·斯佩克，这些人都具有美洲研究学者的特别视野。他们构成了这一开创时期纽约市以外最大的博厄斯学派团体，并一直持续到一战加拿大人类学研究资金缩减、研究受挫。

　　我从未想强调萨丕尔的失败和困境。然而20年前，过分认同主人公是传记作家十分普遍的误区，我对此十分小心。由女性来写一位男性，尤其会面临类似的批评。我并没把萨丕尔视作"埃迪"，甚至"爱德华"，我对其工作和个性的评价有褒有贬。在有限的页数里，我试图把我对萨丕尔留下遗产的价值始终如一的乐观态度清晰地传达给读者。

　　20年前的致谢仍然有效，但现在有更多要答谢的对象。感谢内布拉斯加大学出版社，在其社长马特·博科沃伊及前任社长加里·邓纳姆的领导下，出版了一系列囊括美洲印第安民族学与语言学、原住民写作、人类学史和重印经典的作品。斯蒂芬·O. 默里（与我合编了"人类学史批判性研究"）与弗雷德里克·W. 格莱齐（与我合编了"人类学史年度系列"）一如既往地提供了合作。朱迪思·欧文和我共同编写了萨丕尔合集中的文化与民族学卷本，并从十分不同的实践场所共享互补的见解。在担任美国人类学学会百年委员会的主席期间，我在内布拉斯加大学出版社出版了多部著作（Darnell and Gleach 2002; Darnell 2002）。美国哲学学会始终给予学术上的指导，是我远在美国的智性之家。我特别感谢马丁·莱维特、安东尼·F.C. 华莱士、埃莉诺·罗奇和琳达·穆苏梅奇。我还要感谢迈克尔·阿施、罗布·汉考克、马克·平科斯基，以及野草团的其他成员：简·希尔、H.C. 沃尔法特、安德鲁·莱昂斯和哈丽雅特·莱昂斯、蒂姆·比沙。最后我对家庭成员的感谢将延续到新的一代：埃迪、基根、肯尼迪·罗丝、霍尔登·捷尔吉、康纳·瓦涅克（瓦涅克家的大孩子也很听话，把妈妈照顾得很好）。

雷格娜·达内尔
加拿大安大略省伦敦市
2009 年 8 月

参考文献

Bringhurst, Robert. 1999. *A story as sharp as a knife: The classical Haida mythtellers and their world*. Vancouver: Douglas and McIntyre.

Darnell, Regna. 1998. Camelot at Yale: The construction and dismantling of the Sapirian synthesis, 1931–1939. *American Anthropologist* 100:361–72.

Darnell, Regna. 2001. *Invisible genealogies: A history of Americanist anthropology*. Lincoln: University of Nebraska Press.

Darnell, Regna, ed. 2002. *American anthropology 1971–1995: Selected papers from the "American anthropologist."* Washington DC: American Anthropological Association and Lincoln: University of Nebraska Press.

Darnell, Regna. 2008. Benedictine revisionings of southwestern cultural diversity: Beyond relativism. *Journal of Anthropological Research* 64:469–82.
Darnell, Regna, and Frederic W. Gleach, eds. 2002. *Presidential portraits: Celebrations of a century of the American Anthropological Association.* Lincoln: University of Nebraska Press.
Darnell, Regna, and Judith Irvine, eds. 1994. *Ethnology.* Vol. 4 of *Collected works of Edward Sapir.* Berlin: Mouton de Gruyter.
Darnell, Regna, Judith Irvine, and Richard Handler, eds. 1999. *Culture.* Vol. 3 of *Collected works of Edward Sapir.* Berlin: Mouton de Gruyter.
Dawdy, Shannon Lee. 2008. *Building the devil's empire: French colonial New Orleans.* Chicago: University of Chicago Press.
Hallowell, A. Irving. 1965. The history of anthropology as an anthropological problem. *Journal of the History of the Behavioral Sciences* 1:24–38.
Hancock, Robert. 2006. Diamond Jenness's Arctic ethnography and the potential for a Canadian anthropology. *Histories of Anthropology Annual* 2:155–211.
Harrison, Julia, and Regna Darnell, eds. 2006. *Historicizing Canadian anthropology.* Vancouver: University of British Columbia Press.
Irvine, Judith, ed. 1994. *Edward Sapir's "The psychology of culture."* Berlin: Mouton de Gruyter.
Jessup, Lynda, Andrew Nurse, and Gordon E. Smith, eds. 2008. *Around and about Marius Barbeau: Modelling twentieth century culture.* Mercury Series, Cultural Studies Paper 83. Ottawa: Canadian Museum of Civilization.
Koerner, Konrad, ed. 2008. *Edward Sapir: Critical assessments of leading linguists.* 3 vols. Berlin: Mouton de Gruyter.
Koestler, Arthur. 1972. *The call girls.* London: Hutchinson.
Nowry, Lawrence. 1995. *Marius Barbeau: Man of mana.* Toronto: NC Press.
Sapir, Edward. 1921. *Language: An introduction to the study of speech.* New York: Harcourt, Brace and Company.
Sapir, Edward. 1924. Culture, genuine and spurious. *American Journal of Sociology* 29:401–29.
Stocking, George W., Jr. 1968. On the limits of presentism and historicism in the historiography of the behavioral sciences. In *Race, culture and evolution*, 1–12. New York: Free Press.
Stoler, Ann. 2009. *Along the archival grain: Epistemic anxieties and colonial common sense.* Princeton: Princeton University Press.

引言

爱德华·萨丕尔是一个思想丰富的人。他的一生便是这些思想相互联系起来的故事。他的生活事件主要是事业上的,这些事件从一定角度来看平淡无奇。萨丕尔是东欧犹太裔移民,出生于 1884 年。他在哥伦比亚大学研习日耳曼语语文学,后在北美头号人类学家博厄斯的感召下转到人类学(不过仍主修语言学)。他承担了美洲印第安语田野调查工作,曾在加州大学和宾州大学短期工作,后在加拿大地质考察人类学部主持工作(1910—1925),1925 年他受邀前往芝加哥大学任教,1931 年转至耶鲁大学,1939 年心脏病多次发作后去世,去世时年仅 55 岁。他留下了大量未完成的工作。他身后有第二任妻子琼·维多利亚·麦克莱纳根及两人的两个儿子,以及萨丕尔与第一任妻子弗洛伦斯(萨丕尔的二堂妹,1924 年去世)的三个孩子。

生平梗概很难帮助我们真正了解萨丕尔为何能一直在语言学界和人类学界备受后代尊崇。萨丕尔总被人冠以天才的光环——但天才一词却无法将其思想的涉足领域、工作风格概括完全。一些年长的同事认为萨丕尔自命不凡,而他的学生和密友回想起的萨丕尔却极其热情、谦虚、开放。萨丕尔的许多著述至今仍具有时代性,令人称奇。他的文章条理清楚,几乎少有陈词滥调,至今读来仍不失魅力;他将表面看来毫不相关的话题联系了起来。

萨丕尔没有写过一本将所有他感兴趣的主题联系起来的作品，但他唯一写给普通读者的《语言论》（1921）至今仍是一本看似简单却影响深远的语言研究入门书。后来者的研究往往比萨丕尔本人的视野局限得多。事实上，萨丕尔常常为其全身心投入人类学的同行充当摸索前路的角色。有多少语言学家、人类学家声称他们在继续萨丕尔的研究工作，似乎就有多少萨丕尔。一些人了解的萨丕尔是美洲印第安语语言学家，一些人了解的萨丕尔是将音位概念引入北美语言研究、首位开展语法过程研究的理论学者。还有一些人知晓的萨丕尔是一位人类学家，他强调个人人格在文化中的作用，反对文化概念的固化。少数人记得萨丕尔曾写诗作曲。这些嗜好中的任何一件可能需要一个平凡人一生的努力。但萨丕尔却在这些嗜好中自如游走，似乎没有任何明显的断裂。

萨丕尔的小儿子戴维也是一位语言人类学家，他指出（1985）萨丕尔的思想无法被归结为单一的领域或中心，他的思想时不时会跳跃到各种思想的新组合中，找不出唯一最重要的思想。因此，萨丕尔的生活与工作和同时代的其他人类学家大相径庭：西奥多拉·克罗伯（1970）围绕着丈夫阿尔弗雷德·克罗伯文化"结构"的概念编写丈夫的传记，证明克罗伯早年就已经有了"深刻而清晰"的定型，他的一生比大部分人类学家更加始终如一、整合一体。同样的，莫德尔（1983）采用了本尼迪克特的文化"模式"理论探究了该理论对本尼迪克特生活的影响。但我们总是无法将萨丕尔划分到同时代乃至当今任何一个范畴内。

一定程度上，萨丕尔的思想脉络是按时间顺序发展的。他的早年生涯遵循着博厄斯范式：他根据对印第安语的田野调查撰写语法、采集文本，采用语言学、民族学的材料，致力于文化史的重构。但到渥太华任职中期，他的研究兴趣开始向美学、心理学与精神病学，以及之后被称为文化与人格的领域拓展。虽然如此，萨丕尔没有放弃自己早年对美洲印第安语的兴趣。在余下的生涯中，他的工作担子愈加繁重，他力图兼顾到各种资料，采用合适的方法、理论视角，照顾到不同学科的读者。

因此，要条理清楚地展现萨丕尔的生活和工作不可能完全依照时间顺序。本书会按传记顺序对他每一个兴趣领域做专题性的介绍，并加以小结，不过期间可能会穿插一些当时的事件。尽管这种写作策略看上去有些别扭，却反映了萨丕尔自己的看法，即他的思想是连贯一致的。他的主要论点的发展经历了相当长的时间。

不过，萨丕尔的工作内容只是串联起其人生与事业的一条线索罢了。他花费了大量时间和精力组织和促进他人的工作。加拿大人类学仍保留着萨丕尔留下的博厄斯范式的专业化影响，尽管伴随着某种复杂的情绪——在为渥太华人类学建立起研究团队和机构基础之后，他离开了刚刚开始形成的加拿大国家传统，回到美国。此时正值语言学学科开始成为一门专业学科，萨丕尔在芝加哥大学和耶鲁大学培养了整整一代学生，大多都以美洲印第安语言学为方向。教学耗费了他大量精力。他对他的学生产生了深远的影响，远比学生们即使回顾时能够表达出来的更多。

自萨丕尔那时起，人类学与语言学的体系结构都经历了几乎面目全非的变化。萨丕尔开始其研究生涯时，语言学由不同的语言系——尤其是日耳曼语系（Germanics，比较语文学主要是从该系产生的）和人类学系分别开设。人类学学科包含对没有文字的语言进行田野调查。这一学科由萨丕尔的老师博厄斯领导，从1899年在哥伦比亚大学受聘一直到他1942年去世。与萨丕尔不同的是，博厄斯的语言学是自学的，他的研究兴趣广泛，包括民族学（文化人类学）、体质人类学、史前考古学以及语言学。差不多从萨丕尔的研究生涯一开始，他就被认定是博厄斯式人类学的"语言学家"。此外，1925年美国语言学协会成立后,萨丕尔维持着语言学家和人类学家这两大越来越相互独立的职业身份。

萨丕尔逝世于二战前夕。社会科学经历的两次大战之间的这段时期现在看来就像古老的历史。萨丕尔把大量精力花在获得研究经费、培养语言学家和人类学家上。现在已经很难再唤回当年的研究热潮了——语言学的专业化、美洲印第安语田野调查的拓展、社会学科之间增进的联结(尤其是纳入精神病学的洞见)。萨丕尔是正在出现的社会科学跨学科研究时代最具表达力的预言家。传统学科的分界没有迷惑他。他是一位综合者,能够说服各个领域的同道,他们可以为一项共同的事业做出贡献。

萨丕尔及其富有远见的同道——尤其是精神病学家哈里·斯塔克·沙利文与政治学家哈罗德·拉斯韦尔——努力创立的机构战后都没有幸存下来。此外,战时人类学的重点开始转移,此前的美洲印第安语再也不是人类学的研究重点了。战后美国人类学越来越分化、专业化,工作职位与政府拨款也同步增加。此前的状况如今只能通过历史重构才可见一斑。

萨丕尔重要人脉几乎都是同时代的人类学界与语言学界的翘楚。他是学界一代巨人中的一位,同时代的巨人还包括博厄斯及其第一代学生,如阿尔弗雷德·克罗伯、罗伯特·洛伊、保罗·雷丁、亚历山大·戈登韦泽、莱斯利·施皮尔、弗兰克·斯派克、鲁思·本尼迪克特。他们的活动与萨丕尔的工作相互联系,他们集体的故事正是二战前北美人类学与语言学的历史。与其他研究成果丰富、创立了学术传统的学者一样,萨丕尔身处两大学科中,他的创见与这些学科的机构发展及理论发展、与他和圈内同事的互动是息息相关的。

传记的主人公总会引发不同的解读。萨丕尔是一个十分注意保护隐私的人。他的早年资料几乎没有,他在给友人信中的言辞也无法提供解读其心理的丰富依据。他生活的意义和一致性是从他工作的要旨和方向体现出来的。这无疑是他希望后来者了解他的方式。不过尽管他注意保护隐私，萨丕尔确信他研究的两大学科对大众有潜在价值；他写作了供大众读者阅读的《语言论》，认为人类学不仅对理解异质的原住民社会有益，对理解现代美洲社会也有同等重要的价值。他一贯主张文化、语言、个人行为的象征意义，这一见解突破了现今的学科边界。他的事业为所在学科领域的兴起提供了重要的洞见。这是一本学术传记，其中对萨丕尔的人际交往的强调是为了解读萨丕尔的工作及学科大环境。尽管如此，萨丕尔思想的成形与其生活事件是息息相关的，包括他的教育背景和求职经历、田野调查、家庭责任、折磨他的任务截止期，以及令他深深着迷的思想。

萨丕尔去世后的 50 年间，没有任何关于他生平评价的作品问世，这个拖延实在太久了。显然，岁月流逝让当年亲身经历的感受愈加难以体会，因而给处理生平事件中的复杂性留下了更多空间。一本在主人公离世时写作的传记与隔着一整代人之后写的传记肯定不同，当然也不应相同。①

传记的好坏依赖于获得文献的多少。萨丕尔的大量档案材料都由不同的机构、人士保管着，他自己保留的信件只是渥太华就职期间（1910—1925）的。在萨丕尔曾工作过的许多机构有相关文献可查。他的五个孩子以及学生、同事都提供了生动的回忆。因此，理解爱德华·萨丕尔的视角很多元。

我了解萨丕尔的视角与我研究语言人类学和学科史是分不开的。许多同事对萨丕尔的部分作品了解得比我更多。除了档案资料，我还得益于与自己的工作有关的职业人际网络，这也是萨丕尔的实践领

---

① 例如，萨丕尔在临终前决定烧掉自己的个人信件，并未能阻止其朋友和同事罗伯特·洛伊发表他写给自己的信。出于对未来的责任，洛伊对原始材料的省略很"谨慎"，只删掉了"严格意义上私人"的部分。但是加利福尼亚大学班克罗夫特图书馆保存的原件，其省略的范围实际上要比洛伊所说的宽许多。

域。虽然我是在萨丕尔去世几年后才出生的，但萨丕尔却贯穿了我的事业。

我在布林莫尔读本科时"发现"了萨丕尔的作品，当时我的人类学史老师是 A. 欧文·"皮特"·哈洛韦尔（他主张人类学史是人类学学科的一部分，是这一观点的主要倡导者之一，同时也是萨丕尔心理人类学的一位继承者），教授文化与人格的是弗雷德丽卡·德拉古纳——博厄斯晚期的学生，其课程大纲主要部分是关于萨丕尔和哈洛韦尔的。我在作为文化人类学家的萨丕尔身上找到了桥梁，帮助我将常常不相干的研究兴趣联系起来。对于能包容如此多元的研究课题与方法的头脑，我当时已经充满好奇。

在宾州大学读研究生期间，我通过戴尔·海姆斯认识了语言学家萨丕尔。海姆斯是美洲学传统内解读萨丕尔思想的重要学者。我的硕士学位论文（Darnell 1969）探讨的是 19 世纪末 20 世纪初北美人类学不断专业化、体系化的机构环境。虽然萨丕尔在文章中多次出现，我并不了解他的生平经历，只是从我们今天所知的人类学、语言学学科出现进程视角，来看他的作用。因此我对萨丕尔最初的了解并非他的个性，而是他参与确立的一些研究传统。

我在宾大期间还和小乔治·W. 斯托金一起工作。斯托金致力于研究史学家解读历史的标准，人类学史研究至今仍使用他确立的考量参数。同时，我受海姆斯的影响，在确保不扭曲历史真实的前提下，寻找研究与实践者的关系。实践者有时要比非专业读者了解更多的资料，也只有专业读者才会进一步挖掘"专业文献中暗藏的玄机"（Hymes 1983，21）。我开始主张（如，Darnell 1974；1977）人类学史必须兼具历史和人类学的优点。

在宾州大学，还有许多学者为我的人类学史研究提供了莫大的支持。我尤其要感谢历史专家查尔斯·罗森堡、民俗专家丹·本-阿莫斯、语言学专家约翰·富特、人类学专家安东尼·华莱士和伊戈尔·

科佩托夫；我还要感谢坦普尔大学的人类学专家伊丽莎白·图克。20世纪60年代晚期，宾大事实上是唯一一所开展专门的学科史研究及依据档案资料进行"田野调查"的大学。

还有许多人类学及相关学科的史学家在他们的研究中谈到萨丕尔，我对他们也深表感谢。詹姆斯·M. 尼斯和斯蒂芬·O. 默里也分享了萨丕尔的资料，他们提出各种理解，阅读传记草稿。他们的帮助从始至终，他们所提供的帮助已经很难完全与我自己的解读分开。对他们一直以来的合作我深表感激。

我还大量借鉴了以下人的工作：理查德·普雷斯顿和罗伯特·艾伦合撰的关于萨丕尔的介绍、温迪·利兹-赫维茨关于海梅·德安古洛、玛丽·萨哈罗夫·法斯特·沃尔夫关于保罗·雷丁的描述、迈克尔·克劳斯关于阿萨巴斯卡语言学的阐述、巴特·琼斯对萨丕尔之音乐的评析、劳伦斯·凯利对两次世界大战期间人类学的概括、尤金·布罗迪关于萨丕尔之心理学在精神病学实践中之应用的阐释、皮耶罗·马泰关于罗伯特·洛伊的叙述、贝内特·麦卡德尔关于加拿大档案资料对充分解读萨丕尔的重要性的论述。其他资源主要来自已出版的著作，尤其是柯蒂斯·金斯利的史密森尼人类学、朱迪斯·莫德尔关于本尼迪克特的作品、玛丽·凯瑟琳·贝特森关于玛格丽特·米德和格里高利·贝特森的作品、琼·马克对弗洛伊德在美国的影响、海伦·佩里关于哈里·斯塔克·沙利文的叙述、丹·A. 奥伦对耶鲁大学犹太人情况的叙述，以及吉尔·莫拉夫斯基对耶鲁大学人类关系研究所的描述。

1984年，随着萨丕尔诞辰100周年的到来，学界对萨丕尔的研究兴趣异常浓厚。我的工作得到了"萨丕尔年"启动资金的大力支持。正如斯蒂芬·杰伊·古尔德（1983，11）说的："所有人都爱100年！在一个破碎而动荡的世界，我们无法不去庆祝一些纯净、公正的事。"

柏林的穆顿·德古意特出版社正着手出版萨丕尔的16卷合集作品。我要感谢编辑委员会的反馈意见，尤其是总编萨丕尔的儿子菲利普·萨丕尔，以及出版社的玛丽亚-路易丝·利伯-哈尔科特，玛丽亚-路易丝本人也是一名在职的美洲印第安语言学家。我和朱迪思·欧文共同编辑萨丕尔全集中的文化与民族学卷。我同样要感谢编委会成员理查德·汉德勒、维克托·戈拉、威廉·布莱特和埃里克·汉普，他们就萨丕尔与我进行了广泛讨论。

1984年，在渥太华国家人类博物馆召开了纪念萨丕尔在加拿大主持人类学研究15年（1910—1925）的大会。三位大会组织者对我的研究给予了很大帮助：康拉德·克尔纳在编辑及语言学史方面提供了建议，威廉·考恩对萨丕尔的诗作及他和渥太华文学的关系提供了宝贵意见，迈克尔·福斯特致力于渥太华研究传统和美洲印第安研究历史文献的考察，使笔者受益良多。项目主席理查德·普雷斯顿长期致力于阐释萨丕尔对后来人类学家的影响。加拿大的同事中，我对安妮特·麦克法迪恩·克拉克、罗伊·赖特、托马斯·麦克菲的鼓励也表示感谢。

在1984年美国人类学协会大会上，在简·希尔的支持下，詹姆斯·M. 尼斯组织了两场语言人类学学会全体大会，以纪念萨丕尔。希尔也是萨丕尔诞辰一百周年拨款资助人之一。同年，尼斯还在布朗大学举办了纪念萨丕尔的系列讲座。哈维·皮特金为美国科学促进协会组织了一次讨论；埃蒙·巴赫为美国语言学协会做了关于萨丕尔的主旨报告；哈罗德·艾伦在美国语言学协会讲述了萨丕尔1937年在语言研究所夏季授课的情况。虽然大部分上述会议资料最后会出版，我很幸运能够先得到手稿。

我对美洲研究传统下的萨丕尔的理解大部分来源于雷蒙德·D. 福格尔森、凯瑟琳·福勒和唐·福勒、艾夫斯·戈达德、迈克尔·西尔弗斯坦。基斯·巴索、哈罗德·康克林的支持也始终如一。

以下朋友还提供了访谈和/或信件资料对我刻画萨丕尔提供了极大帮助：约翰·B. 卡罗尔、海伦·科德尔、戴秉衡、伦纳德·杜布、弗雷德·埃根和琼·埃根、威廉·芬顿、玛丽·哈斯、欧文·哈洛韦尔（已故）、查尔斯·霍凯特、多萝西·霍耶尔、G. 伊夫琳·哈钦森、西奥多拉·克罗伯-奎因（已故）、韦斯顿·拉巴尔、约翰·拉德、鲁思·兰德斯、李方桂（已故）、雅科夫·马尔基尔、戴维·曼德尔鲍姆（已故）、鲁思·曼德尔鲍姆、J. 奥尔登·梅森（已故）、罗达·梅特罗、伊恩·迈克尔、斯坦利·纽曼（已故）、科尼利厄斯·奥斯古德（已故）、肯尼斯·派克、欧文·劳斯、威廉·萨马林、埃德加·希斯金、威廉·C. 斯特蒂文特、伊丽莎白·图克、C.F. 沃格林（已故）。

萨丕尔是个重视家庭的人，他的五个孩子都向我追忆了萨丕尔的往事，对我的理解做出回馈并提供了资料。和他们父亲的同事一样，他们一直在探究萨丕尔涉足的研究领域及他的作品能经久不衰的原因。他们的帮助使笔者获益良多，不过，书中的解释由笔者本人负责。我对萨丕尔的子女及他们的配偶过去几年来的积极帮助与支持表示感谢：菲利普和妻子玛乔丽·萨丕尔、H. 迈克尔和妻子米娅·萨丕尔、海伦（·萨丕尔）和丈夫托马斯·拉森、保罗和妻子西尔维娅·萨丕尔、J. 戴维和妻子贝蒂·萨丕尔。此外，我和萨丕尔家族的数辈后代也建立了良好的关系。

我还要感谢阿尔伯塔大学综合研究、课程减免及员工旅行基金的研究支持、美国哲学学会的菲利普斯基金、1984—1985 年度加拿大社会与人文科学研究委员会休假研究资助，以及 1985 年秋季在耶鲁大学做访问教授的机会。阿尔伯塔大学的两任系主任迈克尔·阿施和亨利·T. 刘易斯一直给予我支持。加州大学出版社的斯坦利·霍尔维茨一直都说，萨丕尔的传记的完美收笔再怎么等待都是值得的。

对于能获准引用档案资料,我十分感谢彬彬有礼、耐心的档案管理员及其助手执行人,尤其是美国哲学学会的斯蒂芬·卡特利特和墨菲·史密斯、玛丽·凯瑟琳·贝特森(她提供了米德的文章)、渥太华国家人类博物馆的路易丝·达莱赫、史密森尼协会国家人类学档案的詹姆斯·格伦、宾州大学博物馆的玛丽·伊丽莎白·鲁韦尔、瓦瑟学院的莉萨·布劳尔、威廉·阿兰森·怀特精神病学基金会的格洛丽亚·帕洛夫、耶鲁大学的帕特里夏·斯塔克、耶鲁皮博迪博物馆的芭芭拉·纳伦德拉。我能够参阅档案资料还受益于以下人的帮助:罗伯特·艾伦、威廉·考恩、已故的贝丝·迪林厄姆、巴特·琼斯、迈克尔·克劳斯、斯蒂芬·O. 默里、詹姆斯·M. 尼斯、丹·罗斯、哈罗德·舍夫勒。

参考的档案来源都列出,正文中用缩写表示,并加注。即使许多档案已经出版(如,Mead 1959; Lowie 1965; Golla 1984)但仍标注了原始出处,因为本传记所参考的资料出处如此,也是为了避免各类出版物中的省略和错误。我采用了《美国人类学家》的体例。若读者并非以萨丕尔研究为旨趣,可以跳过括号中的参考出处;而相关学者将会了解特定陈述的出处。有一些内容我是私下了解到的,但每一位和我谈论萨丕尔的人都表示可以透露他们的姓名。在参考文献后列出了萨丕尔的所有著述。

朱迪思·欧文、巴特·琼斯、温迪·利兹-赫维茨、戴尔·海姆斯、斯蒂芬·O. 默里、詹姆斯·M. 尼斯以及萨丕尔的五个子女都读过书稿的全部或部分内容。出版社的威廉·布莱特、雷蒙德·D. 福格尔森提供了宝贵意见。我心怀感激地听取了他们每一位的回馈,但所有的解读仅由笔者负责。

汤姆·金一直帮我处理文字处理软件的问题,他的付出远远超出友情的义务范畴。伊丽莎白·格兰姆斯始终给予我精神上的支持。我的孩子们——伊恩、凯文、亚当和卡琳·瓦涅克——也知道了很多萨丕尔的故事，他们看上去觉得挺有意思。感谢我的丈夫捷尔吉·欧佐劳伊博士，他允许萨丕尔在很长一段时间内成为我们生活中重要的组成部分。在这段时光中他始终如一地给予我热情、耐心和鼓励。

雷格娜·达内尔
1988年6月于加拿大埃德蒙顿

第一章　早年

1884年1月26日，爱德华·萨丕尔出生在普鲁士波美拉尼亚的劳恩堡（今波兰伦堡）。萨丕尔出生于劳恩堡与父亲有些关系，他的父亲是教会领唱，常常要四处奔波。但萨丕尔一家并没有在波美拉尼亚逗留很久，也从未加入德国国籍。对于出生地，萨丕尔后来回忆时只记得村子广场上的鹳鸟。他一生没有再回过欧洲。①

萨丕尔的父母是立陶宛犹太人。父亲雅各布·戴维·萨丕尔1861年前后出生在威尔科米尔。雅各布的妻子伊娃·西格尔·萨丕尔来自当地乡村考夫纳。虽然周围环境中的语言各式各样，萨丕尔的母语是意第绪语。他童年掌握的德语很可能"不多，如果不是一无所知的话"（菲利普·萨丕尔，p.c.）；他到高中才开始学习标准德语。希伯来语是更重要的第二语言，爱德华七八岁开始和父亲一起翻译《旧约》，学习希伯来语（萨丕尔致斯坦利·纽曼，1935年8月12日）。五岁起，身边说英语的人多了，爱德华很快能说一口地道的英语。据家里人说，爱德华小时候说话很晚，到三岁左右才学会说话。许多有智力天分或生活在多语环境中的孩子都有这样的特点。

爱德华三四岁时，全家移民到英国。后来雅各布移民美国，把爱德华和母亲伊娃、弟弟马克斯留在了利物浦。父亲原本打算在美国找

---

① 关于萨丕尔的早年生活所知甚少。萨丕尔甚至很少和家人谈起自己的童年。萨丕尔的几个孩子对他们祖母回忆的往事兴趣一般。本文呈现的史料综合了萨丕尔的儿子迈克尔、菲利普、保罗、戴维以及女儿海伦的回忆内容。我将内容作了整合，并与当时的移民、教育、对犹太人的态度联系起来叙述。萨丕尔的性格是我本人的揣测。

好工作和住处再把全家人接过去，但之后却和家人失去了联系。一家人在利物浦处境惨淡。直到后来英国一所社会服务机构出面找到了雅各布，并给一家人筹集了移民的路费。当时爱德华大约6岁，在英国上幼儿园，日后他还特别提到在幼儿园学做针线活的往事（琼·萨丕尔致海伦，1974年3月4日：SF）。

1890年，全家在弗吉尼亚州里士满定居，雅各布受雇于当地一个兴盛的教堂。爱德华后来回忆起这段时光时，称这段时间很幸福，一家人生活舒适。然而没过多久，弟弟马克斯因感染伤寒夭折。马克斯和性格严肃的哥哥爱德华不同，是个快活有趣的孩子，据说也更得母亲宠爱。失去幼子后，雅各布触怒了会众，遭到解雇或是主动离开了教会。他之后又在几家犹太教会任职，但教会知名度每况愈下。最后一家人在纽约下东城区定居。爱德华从10岁起在当地一所公立学校上学。多年后，萨丕尔对女儿海伦谈起在经历并目睹纽约的穷困后，他不可能把纽约看成一座"令人向往的"城市。

虽然雅各布在教会任领唱，他自己并非正统的犹太教徒。他和犹太教的关系始终围绕着教会音乐。雅各布的毕生梦想是在柏林德国国家歌剧院演唱。他两次参加选拔，一次是在欧洲的时候，一次在移民美国之后。但他的志向并不现实：雅各布是犹太人，远未达到当时公开演出的要求，而且据说他的声音也并不出众。

无疑，年少的爱德华对父亲的感情复杂而矛盾，但父亲不受传统教育束缚的智性探索与想象力无疑给萨丕尔树立了榜样——雅各布是最早采集意第绪民歌的人之一，他还自己作曲。爱德华从小对一系列礼拜音乐与民间音乐耳濡目染，这无疑激发他在日后进行民族志研究时将音乐纳入视野。

雅各布在和犹太学者们交流上花费的时间比谋生更多。由于和教会成员争论他多次失去工作。父亲博学的谈吐给少年萨丕尔留下了深刻印象。在萨丕尔发表的单卷诗集《梦想与嘲讽》（1917，20-21）

中，他刻画了一个"博学的犹太人"，主人公将犹太法典《塔木德》（Talmud）视为其"远离尘世的庇护乐土"。但对非犹太裔而言，注意到这个自封学者的犹太人只是因为他在赫斯特街（位于曼哈顿东区的犹太聚居区中心）上卖花生。这首诗反映了在萨丕尔童年时代人们对正统犹太教极其矛盾的态度：一方面对于美国社会主流，犹太文化似乎可以忽略，另一方面对街角蔑视世俗生活的希伯来学者，人们又对其学识十分崇敬。

将"博学的犹太人"与被视为"上帝馈赠"的语文学联系在一起，与之相对的是"世间"鼓囊囊的钱袋子，暗示了少年萨丕尔更易认同父亲的智性世界，而非母亲料理店铺琐事的生活，虽然少年时代很多时候家里是靠母亲的小杂货店维持生计的。

萨丕尔的母亲伊娃幼年失怙，亲戚们一直催促她尽早结婚，建立自己的家庭。伊娃渴望安定，但丈夫喜爱漂泊，二人需求和性情相左。雅各布没有嫌弃伊娃早年丧亲的身世，可能根本没想过在伊娃的东欧犹太裔狭小圈子里一直待下去。两人并不符合彼此对另一半的需要。

小儿子死后，伊娃将全部母爱都倾注在了爱德华身上，直到去世。萨丕尔的女儿海伦回忆说（p.c.）："她管得实在太多了，一直把爸爸当孩子。而爸爸几乎不怎么理会她，只管做自己的事。"由于雅各布给家里挣的钱越来越少，他和伊娃的婚姻关系很紧张，这让伊娃愈加坚定要让仅存的儿子出人头地，摆脱移民初期的境况。萨丕尔的父母1910年后才正式离异，此前已经有很长一段时间家里主要靠伊娃的小店维持生计。

伊娃对萨丕尔的教育并没有严格遵从宗教规范，萨丕尔后来教养子女也如出一辙。母亲伊娃讲求实际，正统的犹太教传统没让她过上不必为温饱操心的生活。她努力想让萨丕尔进入上流社会，因此全家离犹太教就更远了。对于成年后的萨丕尔，犹太教与美学相联系，而与宗教规范、精神信仰无关。

　　成年后的萨丕尔对父母的感情十分复杂，雅各布和伊娃的夫妻角色分工在东欧犹太家庭中"可能是有些极端的"。萨丕尔曾告诉他的第二任妻子琼·麦克莱纳根·萨丕尔，"虽然他深深理解并尊重母亲对生计、安定的关注，他更爱父亲丰富的幻想和想象力"。他认为自己智性上的创造力来自父亲而非母亲（戴维·萨丕尔，p.c.）。萨丕尔的女儿海伦（p.c.）认为父亲对祖母的感情并不深，"当然他感到有义务赡养奶奶，并且感激奶奶帮他照看孩子"。（见第七章）海伦的继母在信中告诉她（1974年3月：SF）："你爸爸说他从小就崇拜你爷爷，你爷爷说的许多东西令他着迷。但他说他也很愧疚，爷爷对奶奶不好，他知道你爷爷不值得被爱，奶奶才应当被珍视，至少她仅存的独子应当爱她。"海伦觉得伊娃祖母或许更希望自己的父亲从商，当个律师或医生，而不是去做学问，"他们母子俩差别很大"。

　　萨丕尔成年后的性格许多都是在童年时代就确立了的。据说他婴儿时就十分严肃，常常让母亲捉摸不透。他开智较早，很看重智性成就，并且深深感到不能辜负母亲对他的期望。因此他总是选择那些最难的科目进行学习，以表现优异为荣。事业上的智性成就也是他一直引以为傲的，不过他很少自我夸耀。他常常过高估计自己的精力和能力，因此承担了超额的工作。他不耽于玩乐，不过他认为工作中有一些游戏的成分，尤其在探究语言时他常常乐在其中。

　　19世纪末20世纪初，纽约市各高中是天资聪颖、怀有大志的移民子弟得以筛选的重要渠道。萨丕尔必须获得奖学金才能继续读书。14岁时，萨丕尔在学业上的勤勉得到了回报，他在全市普利策竞赛中获胜，得到为期4年的奖学金与就读享誉盛名的贺拉斯·曼高中的机会。但学校实行阶层区分，萨丕尔谢绝了入学邀请。他后来去了彼得·施托伊弗桑特高中。剩余的奖学金后来用来供他在哥伦比亚大学读书。妻子琼在信中说（致海伦，1974年3月4日：SF）："有了那笔钱，你爷爷就完全不想找工作了。"这更加激化了萨丕尔父母间的矛盾。但不管怎样，萨丕尔的奖学金替母亲分担了这段时期的家庭开销。

哥伦比亚大学

萨丕尔的高等教育都是在哥伦比亚大学（简称"哥大"）完成的。他1901年进入这所当地大学，1904年获学士学位。通常学士培养期是四年，他只花了三年。研究生阶段他继续主修本科时的专业日耳曼语，1905年获得文学硕士学位。此后两年他分别完成日耳曼语文与人类学专业的课程，之后离开哥大参与美洲印第安语的田野调查。1909年博士毕业。1929年，母校哥伦比亚大学授予他科学荣誉博士学位。终其一生，哥大与纽约市一直对他具有重因的情感与学术意义。

哥伦比亚大学是纽约市的顶尖学府。许多学生来自移民家庭，对他们而言，教育是提升社会地位的直接途径。许多人的学位来之不易：由于家庭困难，要在家住宿以节省开支，打工赚取学费，很少参加课外活动，同时要保持优异的学业成绩。在进入哥大的移民子弟中，犹太人占到40%，这个数字相比纽约市的其他大学略低，但与美国东海岸顶尖私立大学10%-12%的犹太裔隐性招生指标相比，哥大的比例高出许多（Oren 1986, 40）。因此，美国反犹主义的明显影响在哥大已经可以忽略不计了。

尽管如此，这段时期美国国内正经历变化与动荡。萨丕尔代表新一批东欧犹太移民，与先前来美的德国犹太裔群体有很大的不同，后者在美国已经确立了更为稳固的经济地位。萨丕尔的人类学同事阿尔弗雷德·克罗伯于1892年16岁时进入哥伦比亚学院，比萨丕尔早来哥大近十年。克罗伯曾在深受道德文化运动①影响的私立学校读书，当时的美国是另一番景象。对克罗伯而言，是不是犹太人没有差别（克罗伯本人不是犹太人），德国犹太裔与德国其他移民没有任何区分。克罗伯曾谈起（T. Kroeber 1970，26）对犹太民族学识传统的敬佩之情，言及的可能正是萨丕尔：

> 并非所有人都能成为学者、艺术家，或知识领域的工作者；但每个人都生活在与他们有关的氛围中。那些天赋异禀者轻而易举地在其领域成就了一番事业，其他人则一直保持着与他们的联系和对他们的崇敬……对希伯来教义的虔敬转移到对学识的崇拜上。

然而，随着德国犹太裔在经济活动中获得成功，美国反犹情绪开始兴起。这也影响到了不谙状况、相貌易于识别的东欧新移民（Oren 1986，17）。与克罗伯青年时代理想化的美国梦不同，东欧背景的萨丕尔一家生活窘迫、保障很少。截至1925年，400万东欧犹太人因沙皇亚历山大二世的种族迫害逃往美国（Oren 1986，18）。多数人信奉正统犹太教，与美国社会的文化冲突更加突出。

本科岁月

萨丕尔的哥大成绩单对他预科仅记录了"公立高中"毕业。他的预科是纯学术性的，几乎囊括了大学入学注册可以接受的所有课程（除了2门高级科学选修课与高级西班牙语）。成绩单上没有记录任何

---

① 道德文化运动（Ethical Culture Movement，又称Ethical Movement 或 Ethical Culture），1876年由费利克斯·阿德勒（Felix Adler）发起于美国纽约城。该运动认为道德原则不必以宗教或哲学教条为基础；犹太教和基督教错误地使伦理从属于宗教教条。道德文化运动倡导以社会力量促进社会福利，该运动后扩展到英、法、德、奥、瑞士、日本、印度等国家。参见《简明不列颠百科全书》。——译者注

非学术类的选修课。哥大入学要求 15 个专业学分，而萨丕尔提交的是 32 学分。已经可以看出语言是萨丕尔的强项。他入学前学过拉丁语（5 学分）、希腊语（4 学分）、德语（3 学分）、法语（3 学分）和西班牙语（2 学分）。

哥大的高等教育更侧重自然科学与社会科学（这两个方向的毕业生各占学生总数的 25%）。1/3 的学生专攻古代语言或现代语言，语言教学采用新引入的德语语文学方法（Veysey 1965，173），具有接近科学的特征。文学研究与哲学、艺术相结合，还远没有与自由主义文化、公共服务与科学的新趋势相结合。

入学时，萨丕尔就已经把志向锁定在他最具天赋的领域上。本科第一年他主要把精力投入于完成专业要求上。入学考试后，萨丕尔仅需上两学期英语课，之后就可以免修。他的数学也以优良成绩达标；尽管萨丕尔后来对数学模型很感兴趣（例，致洛伊，1916 年 8 月 12 日：UCB），他没有继续修数学课。2 年体育必修课是成绩单上唯一的体育活动。辩论队是他仅有的课外活动。

尽管哥大的本科教育越来越强调选修课的重要性（Veysey 1965，119），语言学习仍被视为训练心智的学科。学校将法语、德语与西方古典语言都视作人文教育的重要组成部分。大一时萨丕尔把一些专业相关度不高的学科暂放一边，重点放在了语言学习上，他的拉丁语、希腊语、法语八个学期成绩全优。

德语系事实上被分为文学史方向（德语授课）和德语语言学/德语史方向。尽管纽约市是公认的提供丰富口语学习机会的城市，学院培养方案中并没有强调会话能力。这并非大学的责任。语文学的培养方案十分严格：随着日耳曼语文学逐渐发展为一门科学，德语系开设了"日耳曼语系语文学"课程，其中包括"日耳曼语系比较语法"。学生能够从课程中了解"日耳曼语系中的每一种语言，以及整个语系语言之间的相互关系"。德语系除了开设著名作家与文化史课程，还开设了哥特语、古德语、中古高地德语、古撒克逊语、冰岛语、现代荷兰语、瑞典语和丹麦语课程。在哥大求学期间，萨丕尔修习了这一庞大课程计划中的大部分课程。

二年级时，萨丕尔开始主修日耳曼语文，六学期成绩全优。毕业于弗赖堡大学的日耳曼语文学家威廉·亨利·卡朋特教授很快发现了萨丕尔在语文学上的天赋，鼓励他选修主要为研究生开设的荷兰语课程。

哥大没有独立的语言学系；语文学课程是在各语言系分别开设的。其中，日耳曼语文学实力最强，因为印欧语文学的方法是从德语学术机构中发展起来的，当然这些方法后来应用于其他语系的研究中。① 在语言相关的课程中，日耳曼语文学被认为最"科学"、学术上最有挑战性。课程的倡导者都有德语背景，推崇为高等教育制定新的研究标准。这些人除了开设本科生课程，更关心发掘有潜力的学术新星。卡朋特教授就十分欢迎萨丕尔，将萨丕尔视为日后的同事。

除了一门历史课，萨丕尔没有选更多的必修课。他选修了盎格鲁-撒克逊文学、乔叟和英语语法史，这些英语课程对日耳曼语学习也很有裨益。

令人惊讶的是，萨丕尔选修了三门整学年的音乐课（和声、音乐听写、乐音分析）。这给他带来了比其他哥大学生更重的学业负担，但萨丕尔的成绩允许他这样选修课程。音乐课授课教师伦纳德·麦克胡德是音乐系主任、当时著名的学院派作曲家爱德华·麦克道威尔的学生，那一年麦克道威尔休学术假。第二年萨丕尔又选了4学期的音乐课，由麦克胡德和麦克道威尔共同教授。

曼德尔鲍姆（1949，489）明确称萨丕尔曾和麦克道威尔学习。后者一对一授课，因此萨丕尔在本科最后一年很可能旁听了麦克道威尔的自由作曲课（Jones, MS）。但考虑到萨丕尔的经济状况与专业

---

① 萨丕尔后来将这些方法扩展到人类学家研究的没有文字的语言中。

课程限制，特别音乐辅导的可能性很小。从成绩单来看，萨丕尔应该从麦克道威尔的弟子麦克胡德那得到更多鼓励。麦克道威尔由于音乐会巡演经常不在学校而与校方矛盾不断激化，他无论如何不太可能会对一名作曲课上的学生产生兴趣。最终，麦克道威尔将他与校方的矛盾公布于公众媒体，指责哥大校园低俗的物质主义难以孕育艺术（Burgess 1934，286-288）。

不论萨丕尔这次涉足音乐领域的确切情况是怎样的，在之后的岁月里他对钢琴演奏兴趣盎然，并且尝试过音乐创作，他偶尔也会考虑自己是不是错失了在音乐上成就一番伟业的机遇。这是萨丕尔第一次在传统的学术追求之外转向美学追求，而这也会成为他日后学术风格的重要特点。这或许也是萨丕尔内心对父亲雅各布曾有的音乐理想的认同——是这位年轻学者整合其天性中多样性的努力。

大三时由于学分的遗留问题，萨丕尔选修了经济学与心理学。但看起来心理学入门课并没激起他的兴趣——可以肯定的是，他没有像弗朗兹·博厄斯门下许多人类学学生那样，继续上 J. 麦基恩·卡特尔的课（Murray and Dynes 1986）。

在日耳曼语方面，萨丕尔继续着全优表现。他选修了哥特语、基础冰岛语（卡朋特授课）、19 世纪德国文学史与中古高地德语各一学期的课程。其中后面三门课主要面向研究生。萨丕尔一步步为自己从事日耳曼语文学的事业做好准备。此外他在印度伊朗语系跟随 A. V. 威廉斯·杰克逊教授学习梵语。这门课是萨丕尔研究生阶段学习梵语、阿维斯陀语和现代波斯语的前修课。即使后来萨丕尔主要兴趣转向了人类学，他在研究生阶段还是选修了这些课。

此时，萨丕尔的学术发展方向发生了改变，这将影响他日后的事业。他选修了利文斯顿·法兰德的人类学导论课，这门课囊括了根据人类学所主任、当时培养美国人类学家的泰斗博厄斯构建的人类学分支的所有领域。与此同时萨丕尔注册了高级人类学课程，这门课在

1903—1904 年的课表中甚至没有列出。这门"人类学（5）：北美语言"由博厄斯教授，其课程描述中这样写道："本课程将通过对印第安语的语法分析来解读印第安人的神话。课程学时 2 年，学生将有充分的时间对北美语言中具有代表性的语言类型进行考查。"博厄斯批准萨丕尔修习这门研究生讨论课，很可能对萨丕尔的语言天赋已经有所了解。萨丕尔得以一边上导论课，一边参与高级研究。事实上，本科生与研究生的差异或学生学术背景的差异，这些行政细节素来不在博厄斯的关心范围内。

人类学界流传着这样的说法（另见 Swadesh 1939，132）：萨丕尔从日耳曼语语文学转向人类学是从博厄斯用反例——驳斥他有关语言本质的肤浅概括开始的。洛伊（1965，6）甚至说："博厄斯对萨丕尔的智性启发正如休谟对康德的启发一样：将其从教条主义的睡梦中唤醒。"这一启示性的会面并没有直接证据，通常被认为是 1905 年萨丕尔获得日耳曼语文学硕士学位后的事。但是萨丕尔应当更早就和博厄斯有过接触，否则萨丕尔硕士论文中爱斯基摩语与美洲印第安语的例子就难以解释（Murray 1985）。至少对一名日耳曼语专业的人而言，论文中引用这样的例子非常罕见。因此，萨丕尔的"转换门庭"是一个循序渐进的过程，并非人类学界认为的那样突然。起初他向博厄斯寻求没有文字的语言的语料，来补充他本科阶段在日耳曼语方面的研究。但是，在完成硕士学位之前，美洲印第安语只是萨丕尔的次要兴趣。

博厄斯对学生要求十分严苛，不达到他的要求就无法通过课程考核。他教授的人体测量学、统计学和美洲印第安语语言学十分难懂，在哥大人类学研究生课程中被毕业生[①]公认为出了名的难学。不仅如此，学生们没有发牢骚的理由，博厄斯为自己设定了同样的高标准。在德国求学期间，博厄斯主修的是物理和地理，而不是语文学。但对

---

① 这些通过人类学研究生培养课程的学生几乎都成为了一战后美国人类学领域的中流砥柱。

爱斯基摩语的田野调查让他意识到土地使用、技术与环境决定论之文化参数间的关系，于是自学了人类学研究方法（Stocking 1968）。在完成学校教育后，博厄斯学习了描写语言学的方法，用于记录爱斯基摩语，由此开始了他毕生致力的采集美洲原住民语言文本与语法的事业。尽管博厄斯从来没有成为像青年萨丕尔这样意义上的"语言学家"，博厄斯认为任何能力不差的学生都能"从事"语言学工作，不论是在田野还是在课堂。事实上，美洲印第安语正濒临灭绝，语言记录的工作迫在眉睫，这意味着每一个加入人类学学科的新人都要为这项事业尽一份力。

许多日后的人类学家都是从博厄斯的语言学讨论课上了解了人类学。克罗伯（A. L. Kroeber 1964，xvii）回想起发现英语中不同类别的强变化动词型式的快乐时曾说，那"就像一个十岁的孩子体验到的纯粹的智性愉悦"。当他发现自己从博厄斯的奇努克语文本中归纳出语法时，那种童年的快乐又加倍了。在第一手语料中获得新发现的过程深深吸引着他（T. Kroeber 1970，46-47）。克罗伯1896年选修了这门课，当时选课的只有3名学生，他们每周都围坐在博厄斯家的餐桌前交流。尽管新方法、新材料让他们屡屡受挫，克罗伯回忆称这是进入"田野"仪式前最后的严峻考验。

另一些学生对博厄斯教学方式的感受比较矛盾。罗伯特·洛伊（1959，3）曾评价老师博厄斯的教学方式很"奇怪"。洛伊主修人种学，没怎么关注过语言学。洛伊要从心理学转到人类学，博厄斯没有给他安排任何基础课程，而是将他注册到语言学和统计学课程。洛伊开始对课堂材料一窍不通，直到第二年又学了一遍才把内容搞清楚了。有一堂关于原始心智的课洛伊也完全不知所云。是法兰德为这些来自不同专业背景的学生填补了知识空缺，而非博厄斯。[①] 博厄斯只

[①] 鲁思·本尼迪克特为之后几代哥大学生提供了同样的帮助。

对那些对人类学第一手材料有所回应的学生予以鼓励,他从不把时间浪费在其他学生身上。

无论如何,萨丕尔算是唯一一个真正对博厄斯的美洲印第安语语言学课有所准备的学生。尽管我们现在已经不太可能知道博厄斯是如何将这名来自日耳曼语的门生领进了人类学的殿堂,萨丕尔的天资加上必要训练使他在美国人类学界中十分独特,这种独特性直到20年后他的学生顺利毕业后才被打破。

彼时,萨丕尔还没有完成他的本科学位论文。他参加了连续的化学、物理暑期学校,到1904年秋天,他已经修够毕业学分了。他毕业论文的题目没有写在档案中。

研究生岁月

萨丕尔在哥大的文学硕士学位可以看作学士学位的发展,萨丕尔的学习模式几乎没有变化。与此对照,他的博士学位是基于德语模型的研究学位。虽然萨丕尔跟随博厄斯完成了第二年"人类学(5)"的学习,他此时的专业仍是日耳曼语,辅修梵语。此外他还额外选修了一门教育学课程。如果博士资助金无法申请到的话,他打算去高中教德语。他在哥大的第四年靠普利策奖学金资助。他选修了卡朋特的高级冰岛语,以及两门学时一学年的德语文学课。

1905年春,萨丕尔按期获得硕士学位,他的论文题目是"论赫尔德获奖论文'论语言的起源'"。赫尔德这篇1770年的论文被视为洪堡特语言学派具有划时代意义的文献。有人认为萨丕尔与博厄斯也属于洪堡特语言学派,这一点尚存争议。不过在柏林时,博厄斯认识了洪堡特的门生赫曼·施泰因塔尔。萨丕尔论文的不寻常之处不是题目,这一题目日耳曼语学者很可能探讨,而是论文中包括爱斯基摩语和印第安语的例子,这一定是缘于跟博厄斯学习的两年。

论文包含萨丕尔研究生涯成熟期的一些迹象。萨丕尔认为赫尔德划时代地摒弃了语言起源的问题，但他批评赫尔德沿用了圣经里的"时间视角"（摩西年表①），这不足以产生多样的"结构丰富的现代语言"。1916 年，萨丕尔重新使用"时间视角"一词，指的是从人类学视角重构没有文字的语言的文化史，他再度提出可观察到的语言多样化现象需引入比人们普遍认为的更长远的时间深度。同样的历史进程既引发了日耳曼语的变化，也引发了美洲印第安语的变化。萨丕尔对传统的日耳曼语材料的研究处处都体现出他新近掌握的博厄斯学派的历史重构法。

萨丕尔在赫尔德做出的早期语言具有隐喻特征的描述基础上，进一步主张所有现代语言——不论原始语言还是文明语言，都具有同等的美学和功能价值。在赫尔德的闪族语例子之外，萨丕尔补充了美洲语言的例子，表明语法的复杂性存在于所有语言。此外，他主张对于发展充分的语言，没有必要进行语言文字规范。此时萨丕尔已经有意无意地在为今后使用印欧语方法研究没有文字的语言做铺垫。终其一生，萨丕尔始终不断借鉴一门学科的研究方法来为其他学科中的棘手问题提供新思路。萨丕尔已经认识到基于人类学研究发展起来的博厄斯范式能够适用于人类学以外的问题。

萨丕尔没有采用人类史的宏大理论，他更倾向于从说话者个体而非语言自身的发展来考查"语言的发展"（1907 [1984]，377）。事实上，重构文化史的工作使博厄斯和萨丕尔回归到对个体的研究，从而转向了心理学。萨丕尔将其表述为"无意识，或者——用我们今天的话来说——潜意识为主的言语发展"（1907 [1984]，356）。其中暗含了博厄斯关于个体无法察觉文化模式的含义的看法，不过萨丕尔显然

---

① 以《圣经》中创世与祖先谱系为依据。——译者注

已经注意到弗洛伊德心理学及其强调的潜在动机。①

萨丕尔的概括远远超越了赫尔德,他呼吁建立带有明显博厄斯学派风格的语言学(1907 [1984], 388),"对各类现存语族进行长期的研究,从而确定语言最基本的属性。"萨丕尔和博厄斯在语言研究工作中都采用了这种实证式的学术方法。

1905—1906学年与1906—1907学年,萨丕尔分别靠奖学金与助研金完成了博士学位的课程。他主修语言学,虽然哥大并没有语言学系。他的第一辅修是人类学,第二辅修是德语语言文学。萨丕尔仍在朝印欧语语言学家的方向迈进,虽然他同时致力于研究美洲印第安语的语料分析。事实上,萨丕尔已经在研究博厄斯收集的奇努克语语料了。在两年课程间歇,博厄斯派他去俄勒冈州,做了一夏天的田野调查。

博厄斯似乎没有强迫萨丕尔弥补在人类学方面的知识空缺。但萨丕尔选修了法兰德的原始文化导论、博厄斯的民族学讨论课,以及博厄斯的另一门应该是语言学方面的研究课程。博厄斯在理论课上提出了采用历史记载、民族学和语言学证据的人类学模型,其中包括各个时期文化与语言的地理分布。

与此同时,萨丕尔选修了杰克逊的高级梵语与三门日耳曼语文学的课程,其中包括古撒克逊语和长久以来的导师卡朋特教授的瓦格纳讨论课。1906—1907学年,萨丕尔选修了凯尔特语和瑞典语。他在传统印欧语方面已经具备了相当广博的语言材料基础,这些课业又锦上添花。

1906—1907学年,哥大朝着建立独立的语言学培养计划的方向又前进了一大步。课程目录上出现了哲学、心理学与人类学、教育

---

① 1916年后,萨丕尔才开始研习弗洛伊德心理学。但此前弗洛伊德的学说已经广为流传。1908年弗洛伊德在克拉克大学演讲时,博厄斯就在场。博厄斯在1911年发表的《原始人的思维》(The Mind of Primitive Man)中提出人类学的问题归根结底是心理学问题。博厄斯不赞同弗洛伊德的性动力学,但同意个体心理中存在文化的地方性。

学、古典语文学、东方语言以及现代欧洲语言的相关课程。导论课由14名教授分别授课。学校制订了政策，语言学每个领域仅指派一名专家作为学科带头人，以此来避免几个带头人或系独大的状况。例如卡朋特教授独自负责日耳曼语与斯堪的纳维亚语语言学的授课。人类学比较特殊，有3名带头人：博厄斯负责美洲印第安语语言学，贝特霍尔德·劳费尔负责汉语之外的亚洲语言，法兰德负责生理心理学。因此博厄斯有条件去发现有潜质的学生，并有可能在语言学方向增加人类学内容。导论课之后是关于"语言类型"的研究课，萨丕尔专门花了一学期学习博厄斯的美洲语言课与法兰德的亚洲语言课。

在博士修课的最后一年，萨丕尔把重点转向了语言学专业外的人类学。他选修了博厄斯的民族志概论，这门课在美国自然历史博物馆授课，是他选修的唯一一门考古课。他还选修了汉学家劳费尔的两门课。① 与博厄斯的大多数学生相比，萨丕尔经允许可以不必选修某些课程：他没有上体质人类学（Haas 1976, 69）；他也没有上博厄斯的统计学，虽然他选了数学系开设的统计学。此外，萨丕尔把前一年暑假从俄勒冈州田野调查收集的材料进行了整理并在博厄斯的研究讨论课上做了汇报，也获得了学分。他的毕业论文"俄勒冈西南部塔克尔马语考察"直到1909年才被接收，很大程度上是因为萨丕尔博士期间的研究工作让他难以按要求完成论文写作、安排发表、回校答辩的程序。但在博厄斯眼中，萨丕尔从1907年春开始就已经是一名合格的美洲印第安语语言学家了。学位只是形式而已。

课程与研究计划完全是为萨丕尔一人量身定做的。与此同时，博厄斯也在积极寻找适合于他对人类学学科总体设想的人才。② 博厄斯1899年开始在哥大教书，主要研究领域是体质人类学、美洲印第安

---

① 10年后，当萨丕尔开始根据语言分类重构美国印第安文化史时，他向劳费尔寻求支持，试图将北美语言与亚洲语言联系起来（见第六章，译者注）。但是，他没有想过使用历史与考古资料。

② 博厄斯的早期学生都是男性。在人类学学科地位更加牢固后，博厄斯门下才开始有女学生。

语和比较民族学。期待中的科研与田野调查资金提供方是美国自然历史博物馆。博厄斯（致哥大校长尼古拉斯·默里·巴特勒，1902年11月15日：APS）希望同时开设本科与研究生课程，让本科生对"外国文化中的精华"与"自身文明中为全人类共有的内容"有所了解，而研究生课程应具有"多样性"。对于博厄斯脑海中的宏大计划而言，这只是谨慎保守的叙述。

虽然博厄斯从不偏废任何领域，他尤其坚决要求民族学研究"必须建立在充分的语言学基础上"，因此"我需要开设一门讲授印第安语的课程"。博厄斯提到"所有印第安语专业的年轻人都上过这门课"，这种说法并没有夸张。人类学研究生的培养起步较晚；其他地方也没有北美语言学的课程（Darnell 1969；1970）。由于与美国自然历史博物馆合作，博厄斯乐观地认为会开展抢救印第安语的重大行动，他急切地要招募到合适人选。虽然1905年博厄斯与博物馆中断合作，给学生的田野调查资金严重受挫，但他早已看中萨丕尔，决定收他为自己的门生了。

在博厄斯看来，考察求职者能力最关键的是看其田野调查的能力（博厄斯致克罗伯，1908年1月8日：APS）。与博物馆中断合作后，加州与芝加哥田野调查的机会最为理想。博厄斯曾感慨："要是纽约的情势不是如此糟糕，我怎么会这么急匆匆地把自己最好的一批学生送走，在纽约之外寻求职位？"尽管博厄斯在学界享有盛名，但经费来源极其有限，通常依靠大学与博物馆的合作经费。克罗伯在伯克利大学的职位算是最好的了。而在人类学研究资金紧缩的纽约，要给萨丕尔找到一份理想的工作会比博厄斯想象的花费更长的时间。这期间，萨丕尔会在田野而非课堂上度过他的学徒期。

第二章　学徒期

1906年，萨丕尔修完课，之后几年，他参与了各种短期田野调查工作。虽然人类学的固定工作很少，博厄斯从美国民族学局、美国自然历史博物馆获得资金资助学生的研究活动。事实上，博厄斯在1899年正式受聘到哥大之前，自己也没有一份稳定的工作。作为语言学家，萨丕尔的处境更加艰难，博物馆资助项目通常是标本与相关文化实物的采集，而很少资助语言描写工作，因为后者很难作为公共展品展出。

1906—1910年间，萨丕尔开展了四项田野研究：1905年的威士兰地区奇努克语调查、1906年的塔克尔马语调查、1907—1908年的亚纳语调查，以及1909—1910年的犹他语/南派尤特语调查。期间他也对蔡斯塔克斯塔语、卡托语与卡托巴语有过短暂了解（见表1：萨丕尔美洲印第安语田野工作一览）。1910年，当萨丕尔在博厄斯的策划下荣升为加拿大政府人类学部的首任部长时，26岁的他已经是博厄斯范式人类学圈内唯一公认的语言学家了。是时候让他参与到博厄斯范式的扩展与综合工作中了。

1906年，萨丕尔发表了自己的第一篇文章，出现在献给博厄斯的书中。他分析了一篇讲述两个夸扣特尔酋长交换铜币的文本（采集人是博厄斯的长期合作者乔治·亨特）。博厄斯对萨丕尔的工作十分满意，1905年夏天派他到俄勒冈州研究沃斯科语和威士兰地区的奇努克语。此前萨丕尔刚刚提交了日耳曼语的硕士论文。研

表 1　萨丕尔美洲印第安田野工作一览

时间	语言	地点/调查对象
1905年7月、8月	威士兰地区的奇努克语	华盛顿州亚基马保留地：路易斯·辛普森、皮特·麦格夫
1906年夏	塔克尔马语 蔡斯塔克斯塔语	俄勒冈州锡莱茨保留地：弗朗西斯·约翰逊 沃尔夫顿·欧顿（周日）
1907—1908年	中、南亚纳语 北亚纳语 卡托语	山姆·巴特维 贝蒂·布朗 语音（与普林尼·戈达德合作）
1909年2月	卡托巴语	与弗兰克·斯佩克合作
1909年8-9月	犹他语	犹他州怀特罗克斯的犹因他保留地：查利·麦克
1910年	南派尤特语 霍皮语	托尼·蒂洛哈什（卡莱尔） 乔舒亚（卡莱尔）
1910年9-12月；1913—1914年	努特卡语	不列颠哥伦比亚省阿尔伯尼：阿历克斯·托马斯、汤姆·萨亚查皮斯、弗兰克·威廉斯、丹·沃茨
1910年	科莫克斯语	不列颠哥伦比亚省阿尔伯尼：汤米·比尔
1911年8月(6天)	莫霍克语、塞内加语 莫霍克语 图特洛语 德拉瓦尔语 阿贝纳吉语 麦勒席语 密克马克语 蒙塔奈语、克里语（吕佩尔屋村）	布兰特福德附近的格兰德河：约翰·吉布森酋长 蒙特利尔附近的卡纳瓦加 安大略省六族联盟：安德鲁·斯普拉格 蒙特利尔附近的卡纳瓦加 圣托马斯·皮埃尔维尔 里维耶尔-迪卢 卡库纳 波因特布卢、圣让湖
1914年4月	奇尔卡特的特林吉特语	路易斯·肖特瑞奇
1915年2月	纳斯河语	渥太华（两周）：伍兹、林肯、考尔德、德里克诸酋长
1915年夏	亚纳语（亚希方言）	伯克利：易希

(续表)

时间	语言	地点/调查对象
1916 年 4-5 月	库特内语 纳斯河、汤普森河、利洛厄特、舒斯瓦普、奥哥那根	渥太华：保罗·戴维酋长
1920 年 3 月	斯基德盖特地区的海达语	渥太华：彼得·R.凯利神父
1920 年 4 月	钦西安语	渥太华：两位本族语者
1922 年夏	萨尔西语	卡尔加里附近的萨尔西保留地：约翰·惠特尼
1923 年 6-8 月	库钦语、因加利克语	宾州红云营：韦尼夏和育空堡的约翰·弗雷德森；安维克的托马斯·B.里德
1926 年末—1928 年初	纳瓦霍语	芝加哥：保罗·琼斯
1927 年夏	胡帕语 尤罗克语 奇马利科语	加利福尼亚胡帕保留地：山姆·布朗、埃玛·弗兰克、休梅克、杰克·霍斯勒、玛丽·马歇尔 周日 阿贝·布什
1929 年夏	纳瓦霍语	新墨西哥州水晶城：艾伯特·G.（奇克）桑多瓦尔
1934 年	努特卡语	纽黑文：阿历克斯·托马斯（与莫里斯·斯沃德什合作）
1934 年?	威士兰地区的奇努克语	纽黑文：菲利普·卡亨克莱梅特
1936 年	纳瓦霍语	纽黑文：奇克·桑多瓦尔

究资金来自美国民族学局。博厄斯是局里聘用的名誉语文学家，他当时正在筹划《美洲印第安语言手册》（1911；1922）的语法编写。博厄斯还参与了《美洲印第安人手册》的民族学资料的整合工作（Hodge 1906；1910）。

民族学局对萨丕尔的民族学工作比其语言学工作更有兴趣。此外，资助也付出了代价。比如，博厄斯以为萨丕尔愿意应局长威廉·亨利·霍姆斯的要求采集奇努克人的录音。但这次采集工作却因设备受损且无法维修而失败了（霍姆斯致萨丕尔，1905年6月19日；萨丕尔致霍姆斯，1905年8月30日：BAE）。这次资助金和萨丕尔第二年收集塔克尔马语的博士论文语料的资助金仅负担了他的实际开销，没有工资。①

博厄斯详细指导萨丕尔进行第一次田野调查，希望萨丕尔通过研究西北沿岸的"神话与传统"做好准备（致克罗伯，1905年5月5日：APS）。萨丕尔经常向博厄斯汇报自己确定调查对象、采集语言文本方面的进展。在田野调查中，萨丕尔决定研究雅基马地区威士兰奇努克语方言，而不是按原定计划研究沃姆斯普林斯的沃斯科语。

民族学局依旧强调萨丕尔的民族学成果。虽然萨丕尔（致霍姆斯，1907年7月2日：BAE）感到自己"还不能写出一份关于这些部族的全面的民族学叙述"，他答应参与《手册》（《美洲印第安语言手册》简称）的编写。霍奇（萨丕尔致霍奇，1907年11月12日：BAE）已经把萨丕尔视为局里的奇努克语专家。

尽管局里对语言学缺少兴趣，萨丕尔还是设法采集到一卷威士兰语文本，这些文本发表在1909年博厄斯的美国民族学会系列中。萨丕尔同意加入前一位采集者采集到的沃斯科文本，但他想当然地以为自己的分析会取代博厄斯的（致博厄斯，1908年12月12日，1909年3月9日：APS）："如果注释中有任何您不太明白或无法同意的观点，请告诉我，或许我能更清楚地给出我得出这些结论的依据。"当萨丕尔逐渐意识到博厄斯作为语言学家的局限性，他在工作中也越来

---

① 至少回首这段往事时，萨丕尔没有对这次无薪水的学徒期有所抱怨。几年后，他对雇佣的助手 F. W. 沃（1913年2月20日：NMM）解释说："尽管有自吹的嫌疑，我得说我田野工作的头两年……只有开销。对于没有接受过人类学工作专门训练的人，我想你找不到谁在田野调查的第一季就能领上工资。人们总是认为做事之初一个人应当愿意吃点苦来积累些经验。"

越自信。由于萨丕尔亲自参与田野调查,更熟悉当地语言,博厄斯没有提出异议。事实上,博厄斯主动提出将萨丕尔的威士兰语语音部分收录到萨丕尔为《手册》撰写的奇努克语一章中(博厄斯致萨丕尔,1909年3月29日:APS)。1911年此文出现在萨丕尔署名的章节中。博厄斯没有因为学生的分析比他自己清晰全面而感到不安。记录各种印第安语言是当务之急。[1]

博厄斯对萨丕尔的进展相当满意,他向克罗伯盛赞萨丕尔,推荐萨丕尔担任加州的一个助研职位(1906年5月24日:UCB)。博厄斯"十分舍不得"萨丕尔,萨丕尔对奇努克语的研究"堪称一流","他天生就是语言学家,他在语言学方面的工作是我所有学生中最好的。"虽然萨丕尔的民族学知识"很不系统",但他"学习知识很快,并且……可以适应任何工作"。博厄斯希望"把他(萨丕尔)留在哥大,替我分担一部分语言学教学的工作"。也就是说,博厄斯甘愿把自己在全美唯一一所教授美洲印第安语的高校中来之不易的个人教职让给一个还没开始进行博士研究的学生!加州的职位是另一个选择。

1906年夏天,萨丕尔对塔克尔马语进行了田野调查,他在塔克尔马语上投入的精力比威士兰语多许多,一方面他获得的素材更多,一方面奇努克语已经"归属于"博厄斯了。田野调查确立了酷似归属权的声明,谁获得了田野资料,谁就具有资料的署名权(Voegelin 1952,441)。博厄斯祝贺萨丕尔"在所剩人口不多的塔克尔马人中找到如此丰富的资料"(1906年8月25日:APS)。萨丕尔愈发自信,向远在纽约的博厄斯汇报工作的次数也更少了。他自己决定扩展原定的记录塔克尔马语的任务。每到周日,他依循当地传统放假一天,就在住处的餐桌边对沃尔夫顿·欧顿的蔡斯塔克斯塔语做笔记。蔡斯塔

---

[1] 萨丕尔许诺会对自己1907年所做的威士兰语及神话的报告进行后续完善,这一工作到1930年与莱斯利·施皮尔(Leslie Spier)合编《威士兰民族学》才完成。由于其他任务缠身,萨丕尔将实际工作交给了施皮尔(如,萨丕尔致施皮尔,1929年10月14日:UC)

克斯塔语是萨丕尔接触的第一门阿萨巴斯卡语,1915 年他据此写作了一篇出色的专题论文。与博厄斯一样,萨丕尔一直主张并积极从事挽救濒危语言的工作。

除了《手册》中的塔克尔马语简述,萨丕尔还发表了两篇简短的民族学报告,虽然如此,他专注于辅以文本的语法,认为语法学与民族学不可分割。他致信宾州博物馆的乔治·拜伦·戈登(1908 年 9 月 13 日:UPM):"想必您欣然同意,一门语言的语法分析再详尽但缺少充分的文本材料,只能贻笑大方。"但博物馆工作出身的戈登关心的是出版物的数量与长度,并非语言描写本身。

无论如何,萨丕尔在哥大有关塔克尔马语语法的博士论文 1912 年以单本形式首次发行,而后又收录在 1922 年博厄斯主编的《美洲印第安语言手册》第二卷中。萨丕尔没有对出版的异常提出异议,但他坚持多要几本,送给"一些主要对语言学而非民族学感兴趣的人"(致霍奇,19?9 年 11 月 24 日:BAE)。[①] 由于有印欧语的学习背景,萨丕尔在语言学圈子里的朋友超过在民族学局里的。

由于萨丕尔与博厄斯对书籍重点产生分歧,萨丕尔的塔克尔马语语法没有出现在 1911 年出版的《手册》第一卷中。博厄斯对全书结构已经有了很明确的构想,即对"美洲大陆上的所有语言进行简明扼要的形态学描写",并基于此"在比语族更广义的层面上对美洲印第安语进行分类"(博厄斯致霍奇,1911 年 6 月 22 日:BAE)。1911 年卷力图穷尽"对每一语系形态学的分析讨论,完全不涉及对语音过程、语音过程对该语言发展的影响以及各方言之间的关系的详尽讨论"。而作为语言学家,萨丕尔认为后面这些问题至关重要。

但对博厄斯而言,对所有北美语言进行记录分析是项浩大工程,《手册》只是第一步。接下来会出版一系列手册专门讨论某些语族,

[①] 原文为"(to Hodge, 24 November 199:BAE)"。——译者注

包括"在比较研究的可考范围内讨论每种语言的演变过程"。简要来说，或者用博厄斯自己的话，这是"博厄斯介绍美洲印第安语的计划"（Voegelin 1952；Stocking 1974）。虽然沃格林（1952，443）形容萨丕尔是"博厄斯计划中无比杰出的典范——当他遵循这一计划时"，事实上，正是萨丕尔对塔克尔马语语法研究的杰出成果使塔克尔马语的部分偏离了整个计划（Stocking 1974）。博厄斯的大多数合作者都无法与萨丕尔的杰出才华相匹敌。

表面上看，文章长度是问题所在。萨丕尔没有像博厄斯那样认为标准化的文章形式是语言比较必需的，他希望对语法、文本进行交叉引用，并且加入各类文本（致博厄斯，1911年5月31日：APS）。描写的质量和全面性会产生符合语言特征的有意义的比较，而非由分析者（此处指博厄斯）强加的分类。

但是，博厄斯坚持自己的计划，斥责萨丕尔"你的成文形式与《手册》其余部分太不一样了"（1911年5月31日：NMM）。博厄斯对萨丕尔关于塔克尔马语的结论没有异议，他只是批评萨丕尔没能遵循整卷书"严格的分析式处理方法"：

> ……要是你研究塔克尔马语时没有引用其他语言的材料，你呈现材料的形式会和现在不同。对于之前历史变迁无法解释清楚的语法形态，你已经开始探究它们可能的演变过程了……我完全肯定你处理语法的方式的适宜性……但是我希望《手册》的基本理念尽量保持一致。

萨丕尔的塔克尔马语概述再版时只字未动，但仅仅发表在《手册》第二卷。第一卷依旧是博厄斯研究方法的范例。但两人之间的矛盾屡次发生。当博厄斯请萨丕尔为《手册》第二卷写作犹他语概述时（1912年4月26日：APS），萨丕尔表示自己不想写作简短的概述：

"望您谅解，我坚信充分的描写更有益，我以为《手册》中的大部分文章还不足以作为最终报告。"不出所料，博厄斯对萨丕尔暗含的批评之意大为光火，萨丕尔（1912年9月3日：APS）不得不努力平息导师的火气，让博厄斯确信"大部分"的概述都"有趣且做得很好"，只是它们"处理的范围"不免有待完善。大部分参与编写者都不是语言学家出身，这已经是他们所能达到的极限。萨丕尔不希望显得"太吹毛求疵"，但他坚持认为"只有具有批判的视角才能取得进步"。

萨丕尔没有对博厄斯谈到另一个值得关注的问题——撰写各语言语法的标准形式。标准形式对所受训练不多或能力有限的研究者会很有用。由于博厄斯深感有责任挽救濒危语言，他可不能赞同萨丕尔"纯语言学"的立场。两人在美国语言学发展的这一阶段已经有着十分不同的侧重点。萨丕尔已经是美洲印第安语言学的"首席理论家"了，而博厄斯更偏向于"组织领袖"，为了长远目标他做出妥协，并且期待他的学生能够为共同的事业做出贡献。[①]

博厄斯对萨丕尔的恼怒导致了一次不同以往的敌意爆发（致霍奇，1910年2月7日：BAE）。萨丕尔"以我的判断，过分强调了语音方面"，并且喜欢"穷尽对一个语族的描述……而没有考虑我所计划的工作的连续性"。他的问题"在于不愿意忽视次要信息、突出真正重要的东西"。对萨丕尔来说重要的是将印欧语的比较方法应用于北美没有文字的语言的历史重构，这项工作超出了大多数《手册》编写者的想象与能力。实际上，博厄斯自己也没有接受过相关训练，无法突破共时语法，深入到语言演变的语文学重构。博厄斯强调的一贯是语言的记录。

回头看，萨丕尔"过长"的塔克尔马语语法是他进行语言描写的

---

① 见默里（1983）对科学中两类领袖的论述。

首个范例，为他后来就本族语者对自身语言的意识的概括奠定了基础。事实上，萨丕尔的塔克尔马语语法已经采用了"假音"来验证"有机"或"真正"的语音模式的存在，这最终归结为音位的概念。博厄斯与此相反，认为本族语者的语感是一种扭曲，他力图找到唯一的"语法"来反映所有本族语者共有的知识。博厄斯的先入之见让他无法接受萨丕尔对原有框架的偏离。萨丕尔和博厄斯两人已经踏上了截然不同的道路，这导致美洲语言学在此后二十年离人类学的根基越来越远。

虽然萨丕尔因论文太长向博厄斯致歉，希望文章并非"不必要地冗长"，他并没有对400页的论文进行压缩（致博厄斯，1907年7月1日：APS）。此时他已在加州获得了助研职位，他需要依靠博厄斯安排毕业事宜。博厄斯没有确认接受论文，对于萨丕尔的哀求（致博厄斯，1907年10月30日；致萨丕尔，1907年12月10日：APS）他也只是回应会找出版商出版这份很长的手稿。经博厄斯建议，萨丕尔得到了民族学局的出版许可（致霍姆斯，1907年6月19日：BAE），民族学局会分次出版一部分内容，以满足博士毕业要求。萨丕尔提前两个月离开了加州，如期"在毕业典礼前回哥大参加博士答辩考核"（萨丕尔致克罗伯，1908年3月12日：UCB）。他在寄给克罗伯的明信片上提到（1908年5月20日：UCB）："答辩终于结束了，结果是我们尊贵的母校得到了35美金的答辩费用，我得到了博士学位。博厄斯在答辩时跟他往常一样，没说几句话。"至此，萨丕尔的学校教育可以说画上了虎头蛇尾的句号。① 显然，萨丕尔和博厄斯都没有认为学位本身很重要；不过，由于萨丕尔申请到了1908年10月开始的宾州大学哈里森助研金，他必须按要求获得博士学位（萨丕尔致克罗伯，1908年2月20日：BAE）。

---

① 由于毕业截止时间与论文发表的种种变故，1909年萨丕尔才被正式授予学位证。

加州

1907—1908 年间，加州大学出现了一个难得的短期工作机会。经博厄斯推荐，他的第一位博士生、1901 年从哥大毕业的阿尔弗雷德·克罗伯与萨丕尔和弗兰克·斯佩克两人接洽，希望找一人顶替当年要前往哥大跟随博厄斯学习的 T. T. 沃特曼的研究职位（克罗伯致萨丕尔，1907 年 1 月 23 日：UCB）。该职位提供往返交通费、田野工作开支以及每月 50 美元的工资。受聘者整理田野调查所获材料还将得到资助。萨丕尔丝毫没有掩饰自己的欣喜之情，他报告称"咨询了博厄斯博士"（致克罗伯，1907 年 2 月 9 日：UCB），并澄清了工作条件（毫无疑问工作好得难以置信）。

萨丕尔提出要在助研期内完成调研与写作工作。他正在了解收集田野资料的进展速度，以及在着手新工作的同时多长时间能撰写出报告。他写信说（1907 年 2 月 9 日：UCB）："尽管放心，我会尽快整理，不打算在手头留太多材料。"不论克罗伯对这个博厄斯倾力推荐、有些自负的年轻语言学家看法如何，他同样希望能够将材料很快整理出来，发表在他的加州语言与文化调查报告中。

萨丕尔欣然接受了克罗伯的建议，将亚纳语作为田野研究对象，同时表示会花"足够多的时间""充分了解"亚纳语——预计三个月甚至更少！（当时，美洲印第安语田野调查往往都只在假期开展，因此 3 个月是普遍认可的标准）。克罗伯对此并未评价，同意了萨丕尔的计划（致萨丕尔，1907 年 2 月 18 日：UCB），他要求萨丕尔先提交可供出版的亚纳语报告，之后再着手新语言的田野调查。从时限上，除了加州调研工作中必需的比较简单的民族志调查，克罗伯还给萨丕尔留出了进行纯语言研究的空间。当时亚纳语的民族志研究几近空白，处于令人尴尬的状况。不过，出于周全考虑，克罗伯明确要求他期待"多少有一些你会进一步了解的民族学"。萨丕尔认同博厄斯的格言——语言文本对语言学和民族志工作都有价值，欣然允诺了。

但萨丕尔差一点放弃加州助研一职，因为出现了一份待遇更加优厚的工作。宾州大学的戈登经过和博厄斯商议（这段时期任何工作机会都免不了先请示博厄斯），打算给萨丕尔提供颇具声望的哈里森助研员职位——包含教学、博物馆资助的研究，甚至还有长期职位的可能性（萨丕尔致克罗伯，1907年3月2日：UCB）。萨丕尔因"有机会先开一门美洲语言的入门课程，并准备开设民族志的基础课程"而喜不自胜，他以为克罗伯也为他"能在人类学界占一席之地的这次机会"感到喜悦。他提出整个夏季待在加州，最后在宾州对调查结果进行撰写。克罗伯（1907年3月8日：UCB）很慷慨地答应了。当传出消息戈登对本系获得助研名额的事过分乐观了，萨丕尔又返回在加州任职的原计划，但没有记录显示他曾向克罗伯道歉。他忽略了克罗伯承担的行政压力。

萨丕尔迫切希望在自己第一份正式工作中留下好印象，但得知加州的印第安人和俄勒冈州的不同，他们对为人类学家工作兴趣不大时，他很沮丧（致克罗伯，1907年7月15日：UCB）。上任仅仅两周后，萨丕尔在给克罗伯的信中遗憾地表示研究条件很差（但事实上这是研究中无法避免的）：

> 非常抱歉，目前为止我没有丝毫进展。尽管乍一看调查条件并不差，但事实上却极其糟糕。这儿能找到的印第安人异常独立，主要是周边农场极缺人手……而且，他们戒备心极强……我很惭愧，不得不花费大量时间安抚他们，等他们放下戒备。但依我之见这是唯一能做的了。

几天后，萨丕尔（致克罗伯，1907年7月19日：UCB）找到了贝蒂·布朗——一名"相当聪明的调查对象，尽管不是当地最好的"。和布朗接触了两天后，萨丕尔在信中振奋地汇报："尽管许多事情或者说所有事情尚不清楚，但有一些问题已经有眉目了。"不过，"如果没有（大量文本材料），许多事……很可能会一直模糊不清。"当然，对一门少有人知的语言，占有大量语料只是博厄斯学派研究程序的理想情况。

萨丕尔已经把亚纳语中的重要特点——男女言语中的基本语法差异区分出来了，很可能克罗伯曾嘱咐他进行调查。萨丕尔最初探讨了这些语言现象的社会制约因素，但至少可以说他的解释是模糊的。①他写信告诉博厄斯（1907年8月20日：APS）"虽然全无证据，最合理的解释"是存在两种方言，其中一种方言的"语音区分比较高级"。他接着假定男性需要掌握另一门方言迎娶其他部落的女性，而这个部落现在"我猜已经灭绝"。许多女性仍然保留她们原有的方言，最终所有女性都使用这种方言。博厄斯回复得很简短，他承认男女言语存在着"十分特殊"的特点，但也委婉地表示萨丕尔的解释过于复杂，可能事实并非如此。虽然萨丕尔的语言学技能无人能比，但他的民族学解释还很稚嫩（1907年8月28日：APS）：

> 我认为，在假定语言起源是由不同部落的混居造成之前，最好应当考虑不同社会群体的言语习性或风格是否足以解释这一问题……言语习性是否可能成为语言形式分类的起源，我并不清楚；但是如果比较一些情况，比如爱斯基摩语中特殊的语音区别或是苏族男女不同的言语习性，我认为应

---

① 萨丕尔探讨这一问题的著作到1929年才出现，远滞后于他对其他社会语言现象的研究。比如"努特卡语中的异常言语类型"一文发表于1915年。1907—1908年间，他尚未积累足够的专业知识，无法从社会习俗的角度来阐释语料。

当排除内部分化的可能。

此前人类学理论主张人类学发展是在前一阶段社会条件的演进，而博厄斯对这一理论进行了修正。对于这样一个学科改造者来说，这一回应算是非常温柔了。萨丕尔本该了解这些的。

与此同时，萨丕尔向克罗伯（1907年7月30日：UCB）提到有一个亚纳人可以提供连续的神话文本，他向克罗伯询问能否支付一笔丰厚的报酬给这个亚纳人。萨丕尔决定继续与贝蒂·布朗进行访谈，虽然她"在诸如辨别形式的确切含义等细节问题上相当薄弱，而且明显无法提供任何有意义的连续文本"。更严重的是，她常常"不经意地提出与先前陈述或蕴涵之意相左的内容"。在田野待了两个月后，萨丕尔感到他从布朗那已经采集到了足够的语料，可以在农闲的冬季到来前回到伯克利了（致克罗伯，1907年8月17日：UCB）。萨丕尔报告自己在"阐明"亚纳语方面已经有了大量进展，在他看来，亚纳语是加州地区"一种很奇特的语言"，"动词后缀的数量几乎无法穷尽"，因而"要完全掌握亚纳语语法会是漫漫无期的工作"。[27]

在冬季调查中，萨丕尔雇用了山姆·巴特维。他操着一口陌生的亚纳语方言。此前的1900年，巴特维曾是亚纳语的重要研究者罗兰·狄克逊的调查对象。巴特维了解神话，因而是布朗很好的补充（致克罗伯，1907年12月6日：UCB）。

然而，萨丕尔与克罗伯不久产生了利益冲突。萨丕尔希望采用博厄斯式的缜密方式完成文本分析。而克罗伯希望确立亚纳语在加州印第安语中的地位（他完全信任狄克逊此前对亚纳语的分析，尽管狄克逊的语言学工作还相当肤浅）。萨丕尔显然忘了克罗伯承受着达成加州印第安语调查目标的压力。他误以为克罗伯同他一样，希望采用印欧语的方式进行大量语言描写（参见Golla 1986）。

克罗伯的当务之急是牢牢掌控"他"的系，尽管内部斗争以 1909 年普林尼·戈达德的辞职告终。萨丕尔过于独立，对派别斗争也过于无知，难以依靠。而且，克罗伯正忙于证明其人类学研究项目的价值，并没有十分认可萨丕尔在加州获得长期工作的渴望。对克罗伯而言，对没有直接效益的语言学研究，眼下要做的是紧缩开支，而非加大投入。语言学只是作为辅助民族分类的手段被纳入加州调查项目中，语言学研究自身并无独立的意义。况且，菲比·阿珀森·赫斯特成立教学部的资金到 1908 年伯克利分校接管克罗伯的项目后终止了（Thoresen 1975）。

萨丕尔再次收到邀约，在宾州大学任哈里森助研员一职，但他更愿意留在加州，认为博厄斯范式已经在这确立了稳固的地位，并且他把克罗伯视为惺惺相惜的同事。他拖了相当长的时间，直到觉得再拖下去有所不妥后（萨丕尔致克罗伯，1908 年 4 月 15 日：UCB），才暂时答应了戈登的邀请，1909 年 10 月开始在费城工作。

资金紧缩是给萨丕尔终止合同的理由，但这是克罗伯不愿意留下萨丕尔的部分原因罢了。事实上，克罗伯曾给 F. W. 帕特南写信说（1908 年 2 月 19 日：UCB）：

> 我认为萨丕尔并非我们急需的人……尽管他语言天赋出众，而且讲课一流，但他不是博物馆学出身……最重要的是，我们需要的人要对系里忠贞不渝。

戈达德的职位空缺本来给了斯佩克，但后者拒绝了。过了一段时间，才由克罗伯的前任学生 T. T. 沃特曼顶替。

并没有证据显示克罗伯把萨丕尔视为自己的竞争对手。克罗伯小心翼翼地遵从萨丕尔在语言学方面的能力与训练。虽然如此，克罗伯要综合加州民族学，很大程度上依赖于各部落间的语言关系。对于在文化重构中如何使用语言学证据,他希望保持掌控。①克罗伯进一步认为萨丕尔天性不适于做管理者或是学术界的行政者,并断定萨丕尔更适合纯语言学工作的职位。

萨丕尔认为自己理应获得加州大学的长期合同。多年后,克罗伯考虑有必要修正下两人的"过往恩怨",他强调(致萨丕尔,1913年6月21日:UCB)加州大学"庙太小",无法让一位语言学专家充分施展才华(1918年12月6日:UCB)。我们不知道萨丕尔私下对此的看法,但他接受了克罗伯对过往经历的解读(致克罗伯,1918年12月13日:UCB):"顺带说一句,我很高兴您确曾千方百计要挽留我。倒不是留下来这件事情本身有多么重要,无论如何,从保持友好关系的态度去考虑事情确实让人愉悦。"这时,两人的专业地位已经旗鼓相当了,克罗伯在加州的地位也已经稳固。两人都希望掩饰从前的矛盾。

不出所料,萨丕尔在加州期间没能完成亚纳语材料的撰写。此后10年,克罗伯在与萨丕尔的通信中不时会请求萨丕尔尽快完成报告。与其他任务相比,萨丕尔拖延得更久,他仍有些耿耿于怀:要是自己当初能留在加州,就可以完成亚纳语报告。虽然中途还有其他语言的调研工作,萨丕尔一再向克罗伯表示自己对亚纳语依旧很有兴趣。克罗伯只能将就着从萨丕尔那旁敲侧击收集到一些零散的工作成果。到渥太华工作后,萨丕尔又得忙于钻研加拿大的资料,因此只能偶尔抽个晚上用于研究亚纳语或派尤特语(同样没有完成报告)。他提出(致克罗伯,1911年2月20日:UCB)先把文本整理出来,接着"再从容不迫地归纳语法"。克罗伯甚至打出了情感牌,希望萨丕尔能念及过往与加州人类学所的融洽关系,敦促他"保持与大家的联系,让大家心里始终有你鲜活的影子"(致萨丕尔,1913年7月26日:

---

① 不论如何,萨丕尔到1917年之后才开始着手大规模的语言分类工作(Golla 1984;Darnell and Hymes 1986)。

UCB)。萨丕尔并没有羞愧难当，他说（1918年11月21日：UCB）：
"我做您'助研员'那会儿您就错过了机会。当初如能留在贵校我自是无比兴奋……那时我满脑子都是亚纳语，兴趣极大，已经为文集阶段做了相当可观的准备。"克罗伯回信（1918年12月6日：UCB）表示即使是先寄来一张亚纳语词根表也行："长期不公开资料是极不应该的。……我深深理解出色的语言学工作需要花费时间，但我感到由你单独完成语法部分，你的压力会比任何人都大。"

鉴于经济考虑，他与克罗伯一致认为暂停加州方面的工作是唯一可行的办法（萨丕尔致克罗伯，1919年11月21日：UCB）。对萨丕尔而言，完成亚纳语报告不再是"适度信仰的……科学理想，而仅仅是项工作"。然而，1915年夏天萨丕尔与易希的合作（见第四章）使问题更加恶化。这次合作为亚纳语的另一种方言提供了语料，但萨丕尔同样没有完成可发表的报告。克罗伯有理由感到萨丕尔一再辜负对加州大学做出的承诺。

宾州大学

萨丕尔提前离开加州参加博士论文答辩，他无奈地接受了哈里森助研员职位。乔治·拜伦·戈登成了他的新上司，他是宾州大学博物馆的人类学馆长，曾是学校院长查尔斯·哈里森的门生（Darnell 1970）。J. 奥尔登·梅森回忆（1964，2）戈登"不爱教书，却必须得教"。寥寥无几的学生重复着有限的课程，每年课程内容的变化很少。戈登提出要编写民族学系列丛书，让萨丕尔感到振奋的是语言学也包括在内（致博厄斯，1907年12月17日：APS）。哈里森研究资助要求萨丕尔必须每年发表一篇论文；第一年，他提交了塔克尔马语文本（萨丕尔致博厄斯，1910年6月9日：APS），但立即遭到重实物采集的博物馆的冷遇。在加州的时候，克罗伯曾一度担负起申请语言研究资金的工作，使萨丕尔能专注于研究。①

与萨丕尔同年哥大毕业的弗兰克·斯佩克——同时是萨丕尔的终生挚友也在费城，这让萨丕尔十分开心。事实上，两家人（包括萨丕尔的父亲）曾有段时间共住一室（哈洛韦尔，p.c.）。哈洛韦尔还回忆说（1951，67）："萨丕尔有次告诉我两人同在哥大读研期间，他被斯佩克丰富的自然史知识深深折服。与斯佩克比起来，自己就像城市男孩，低人一等。"斯佩克并非语言学家，尽管他也出于博厄斯门下（Witthoft 1950，40），而且在其与东北部森林中的阿尔冈昆猎人族群打交道的整个职业生涯中，他的"语言天赋""帮忙不小"（Hallowell 1951，74）。萨丕尔教导斯佩克重视语言分类。

斯佩克则向萨丕尔指出由于同化造成的语言丧失带来的严重后果。1909年，萨丕尔加入斯佩克开展的卡托巴濒危文化抢救的民族学活动。② 萨丕尔曾称——尽管对此存在大量反面证据——"任何拥有正常心智和感觉的人都不可能脱离语言的充分使用而存在"（Witthoft 1950，42）。③

两人个性迥异，研究领域也不同，因此两人之间没有产生竞争关系。萨丕尔与斯佩克关系很融洽，他曾写信告诉洛伊（1923年1月16日；UCB）斯佩克是一个综合全面的人，这是其他博厄斯学派的学者缺少的。在发表论文前，萨丕尔会找斯佩克探讨他的理论灵感，尤其是语言分类方面的灵感，而斯佩克总是乐于倾听并积极回应他。

在任宾大第一份教职前，萨丕尔度过了几年来的第一个假期，他

---

① 萨丕尔学得很快，但心中不乏苦涩。在渥太华博物馆上任后，他曾写信给当时还留任宾大、计划开设独立于博物馆的教学项目的弗兰克·斯佩克（1912年2月2日；APS），悲观地表示博物馆"只关心占有大量的样本，完全不关心民族学、语言学的成果"。
② 萨丕尔去渥太华之后，两人与好几次类似的考察同游。斯佩克常常在田野工作，萨丕尔则在新语言的环境中获得暂时的精神放松。萨丕尔并未因自己"不务正业"而感到愧疚，他以这种方式掌握了不少阿尔冈昆语和易洛魁语的知识。
③ 比较布龙菲尔德（1929）关于梅诺米尼语同化的文章。

写信给克罗伯（1908年10月19日：UCB）："……我去了科尼岛一两趟，这是假期中唯一的田野调查。其余时间我都在布鲁克林闷热慵懒的夏日里度过了。"

第一学年，萨丕尔开了为期一年的美洲印第安语语言学讨论课，共有6名学生，他在课上主要探讨亚纳语和沃斯科语（梅森课堂笔记：APS），并希望对田野材料进行整理。萨丕尔强调美洲印第安语的不同语族之间"绝对没有相像之处"。然而，在一个语族内，可以发现词汇与结构的相似处。语音相当不同，"但基本上遵循一定的规律"。也就是说，萨丕尔强调印欧语文学的方法可以不加修改，直接应用于没有文字的语言的研究。

第二年的美洲民族学课上，萨丕尔论证了博厄斯关于种族、语言与文化无需一致的立场。而语言分类是"最便捷的手段，因为它是严格固定的"。与新语法学派①的学者一样，萨丕尔认为语音规律是固定不变的，因而比文化的其他方面更能有效地进行民族推论。"证明美洲远古起源的最好证据是语言多样性而非考古证据。"对民族学家而言，语言具有极重要的方法论意义。这一观点在萨丕尔1916年的"论美洲原住民文化中的时间视角"一文中得以更精确地表述。

在宾大的第二年，萨丕尔继续开设语言学讨论课，集中讨论塔克尔马语和派尤特语（根据他正在费城进行的田野调查的成果）。他第一学期教授语音学，第二学期讲授一篇派尤特语文本的高级分析（致克罗伯，1910年3月16日：UCB；梅森课堂笔记：APS）。1910年春他教授美洲民族学课程。这段时间，萨丕尔因无法及时完成积压的语言工作而常常责怪自己，他向克罗伯（1909年5月7日：UCB）提到他"总是会找各种借口浪费时间"。

---

① 新语法学派（neo-grammarians）是兴盛于19世纪末20世纪初的一个语言学学派，创始人是德国学者K. 布鲁格曼（1849—1919）和S. A. 莱斯基（1840—1916），其主要立场是语音规律不允许有例外。参见克里斯特尔，《现代语言学词典》，北京：商务印书馆，2000：237。——译者注

梅森是萨丕尔在宾大最得意的门生。终其一生，梅森认为自己的研究生培养计划离令人满意的水准差得很远，但对老师萨丕尔却赞誉有加。萨丕尔的课"是我在语言学领域接受过的唯一优质的课程"。梅森（1964，3）印象中的萨丕尔比其"之后成为的那个名人"更随意、平易近人。

萨丕尔第一年教学结束后，迫切希望离开课堂去做田野工作，他写信给戈登（1908年9月13日：UPM）："今年希望能做一些纯民族学研究工作。"获准后，他和梅森（当时任博物馆助理）一同前往犹他州的犹因他保留地。这是梅森第一次田野经历（萨丕尔致戈登，1907年8月19日：UPM）。萨丕尔锁定了一些英语说得不错的印第安人，梅森负责探查有可能的考古点（萨丕尔致戈登，1909年8月24日：UPM）。虽然短短的第一季进展良好，萨丕尔希望第二年将毕业节庆的时间也纳入田野调查（致戈登，1909年9月4日：UPM）。

萨丕尔寄回宾大的报告言辞谨慎，显示了他在应对博物馆管理关系方面日益精明。虽然他强调从犹他族研究远行中获得了令人满意的实物文化，但他很快又回到自己钟爱的课题上（萨丕尔致戈登，1909年9月20日：UPM）：

> 这一季工作结束之际，我们希望能够对犹他语有一个比较系统的了解，了解各种民族学课题的信息，采集数量可观的神话和一套高水准的照片［由梅森拍摄］。犹他语语音十分复杂，犹他民族学研究看似简单却值得探索。

经费花完之后，两人于9月末回到费城。还好，梅森的经费够他俩回程的路费。

萨丕尔的报告——实际上是开展后续研究的计划书——强调他们

会"限定几个确定的课题,得出一些实质性的结果,而不会面面俱到,完完全全蜻蜓点水"。梅森采集英语神话,而萨丕尔记录口述的犹他语神话文本。

> ……已经收集到数量相当丰富的语料,希望对语音学和形态学的探究能够使肖肖尼语族的研究乃至犹他-阿兹特克语族的研究获得全新的、更可靠的立足点。

萨丕尔认为,一项重大的研究项目已经酝酿成熟:

> 对大盆地各部落进行语言、文化、考古方面的深入研究,需要多年工作积累,最便捷的方式是由四至五人的小团队每人负责一个专题或地区。夏天对犹他部落的田野调查主要为即将开展的更大范围的工作先行试验。

犹他语工作将"开启肖肖尼语族中所有语言的全面研究"。萨丕尔在报告中振奋地提到,这一工作的成果将"是美洲语言研究中前所未有的,可与印度-日耳曼语语文学中博普①的开创性工作相媲美"。② 但不幸的是,宾大博物馆没有继续开展大盆地研究项目,萨丕尔本人也没有。

萨丕尔给博厄斯学派的同事写信诉说自己对犹他语语音学十分着迷,却并未告诉戈登,例如他在给洛伊的信中写道(1908 年 9 月 6 日:UCB):

---

① 弗朗茨·博普 (Franz Bopp, 1791—1867),德国语言学家,因对印欧语言的大量比较研究而闻名。他在印欧语比较研究中确立了梵文的重要地位,并开创了语言分析的重要方法。在 1816 年发表的"梵语中的结合系统……"(On the System of Conjugation in Sanskrit...) 一文中,博普曾试图找出梵语、波斯语、希腊语、拉丁语和德语间的共同源头,这项工作史无前例 (Britannica)。——译者注

② 萨丕尔说对了。有了犹他语、派尤特语语料,他不久就构思出了犹他-阿兹特克语系中音的对应关系,与印欧语中的一般简明精确,这是美洲印第安语研究中的首次 (Sapir 1913)。

我一度以为肖肖尼语的语音会非常简单。但朋友！如果犹他语是肖肖尼语的一个代表性样本，我得承认肖肖尼语是目前为止我遇到的最困难的语言。起初看上去很简单，但这只是假象。困难的不是语音学方面的粗糙，而是许多语音与语音组合极难捉摸。

萨丕尔在给多年从事肖肖尼语田野调查的克罗伯的信中，若有所思地说（1909年9月7日：UCB）：

> 我相信我还不明白为什么人们一直认为肖肖尼语很简单。不错，犹他语形态很松散，有许多特点至今仍令我费解。但语音方面则异乎寻常地困难，这部分是由于发音模糊或马虎，部分是由于语音系统的微妙特征……有点像一团胶状物，没有给人留下清晰明确的印象。

令萨丕尔高兴的是，在他两年的训练下，梅森与威廉·梅克林都具备了一些语言学才华。尽管梅森"还没有试过进行独创的语言学研究，我知道他辨音能力很强，参与了我所有的语言学工作"（致克罗伯，1910年3月16日：UCB）。梅克林和梅森后来都在墨西哥与博厄斯共事过，但梅森终究没有专攻语言学，而梅克林最终表现得令人失望。但即使后来在渥太华期间，萨丕尔仍坚持认为自己在宾大的语言学教学是成功的（致博厄斯，日期不详：APS）。当然这一评价中带有萨丕尔本人的主观情感。1925年前往芝加哥大学任教前，他仅有的学生便是这两位。

1909—1910年的那个冬天，萨丕尔与卡莱尔印第安学校的一名凯巴布派尤特部落的青年工作了4个月。虽然博物馆没有进一步开展犹他-阿兹特克语项目，萨丕尔希望继续语言研究工作。这也是1905年以来他第一次没有在田野工作。他向这位名叫托尼·蒂洛哈什的年轻人所做的调查是在宾大博物馆的一间办公室进行的（莫里斯·杰恩致萨丕尔，1932年7月5日：UPM）。

　　选择南派尤特语进行考察纯属偶然。萨丕尔原本计划找一个母语为霍皮语的调查对象①。他与后来为威尔逊·沃利斯工作的乔舒亚有过短期合作（萨丕尔致沃利斯，1913年6月10日：NMM）：

> 我一直希望能够从事霍皮语的研究。霍皮语属于肖肖尼语内部的四大语组之一，这无疑会给犹他-阿兹特克语研究带来极大的帮助。我在卡莱尔学校时，找了一些说霍皮语的男孩，得出的印象是，霍皮语的语音虽然比派尤特语的可能简单一些，但确实不是最简单的。

萨丕尔"在最后一刻偶然发现蒂洛哈什"，"他真是个不小的发现"。作为一名美洲印第安语的原住民蒂洛哈什，既可以使用清晰一致的英语解释，又了解本族语言与文化传统，实属难得。蒂洛哈什约莫22岁，在卡莱尔的英语学校上了五年学。他"天性腼腆"、记忆力极好，并且富有幽默感（Fowler and Fowler 1986）。他是帮忙照管博物馆的工友，同时在萨丕尔开设的印第安语讨论课上做调查对象。萨丕尔承担起这位年轻人的学术和社交活动安排，蒂洛哈什常常到萨丕尔家做客，去剧院欣赏歌剧，参与其他文化活动。萨丕尔的父亲雅各布对派尤特音乐十分着迷。事实上，那时雅各布常常临时充当转写人，将儿子、斯佩克和其他博厄斯门生在田野采录的音乐进行转写。

---

① 人类学或语言学现在已经不再使用"informant"（调查对象、信息提供者、发音人）一词。由于萨丕尔及其同时代的研究者使用"informant"，因此此处保留。现在更常见的说法是"consultant"（顾问）。

萨丕尔起初打算对去年夏天自己在犹因他收集的犹他语材料进行完善。但回顾萨丕尔的工作，南派尤特语的作品远远超过犹他语的，部分原因是蒂洛哈什有异常精妙的语言直觉。事实上，在萨丕尔1925年和1933年对音位概念的理论阐述中，就融汇着蒂洛哈什对其母语的理解，蒂洛哈什的贡献也因此而不朽。福勒认为南派尤特语向博厄斯语言学特有的"语音感知（phonetic perception）"提出了"严峻的挑战"。南派尤特语语料事实上潜在地要求萨丕尔向音位分析的方向前进。①

与其他工作相比，萨丕尔基于美国东部市中心的短期田野调查所得的南派特语语法会成为应用萨丕尔独有方法的范例——利用母语说话人的语言直觉来验证语法的适用性。萨丕尔对南派尤特语中的辅音交替现象的分析至今仍是语言分析的典范。对语言学家而言，如果不算人类学家的话，萨丕尔的"天才"在于他能够通过一位母语说话人直觉地建构一门语言的结构。"他构建的结构大多数是语言学的"，而他毕生的作品牢牢地根植于他早年深入的田野调查。戈拉（p. c.）谈到萨丕尔的继任者对"经由萨丕尔着手研究过的语言"怀有"无限敬畏"之情。

由于萨丕尔没有在派尤特保留地进行研究，再加上他重拾犹他语的计划流产，萨丕尔对南派尤特语的研究特别"细致"，他希望一次完成，不留下尾巴（萨丕尔致博厄斯，1915年11月22日：APS）。萨丕尔认为"实际写稿是整个工作中最轻松的"，但在如何最有效地组织材料上费了不少脑筋。博厄斯根据萨丕尔尚不完整的工作汇报，照常提出要看看全文手稿，即使只是初稿也无妨。

尽管萨丕尔满怀信心，材料最终成稿还是延迟了一段时间。他一直在考虑是否把犹他语和派尤特语的材料放到一起考察（萨丕尔致戈

---

① 语音转写记录的是声音的物理特点。音位转录没有如此细化，强调的是操母语的人认为相似的声音类别。

登，1910年12月：UPM)。搬到渥太华后，萨丕尔因费城采集的资料归属问题与学校发生过一些不快。他把未转写的音乐录音留作私人所有。另一方面，学校没有报销他获取这些录音的开销。最后，雅各布把109项录音（获得于萨丕尔任职宾大期间）交还给了戈登（1911年3月6日：UPM)，在此之前他把转写好的曲谱寄给萨丕尔录入文字。萨丕尔担心邮件寄送录音稿不安全，希望同时在渥太华积累类似的资料（致戈登，1912年3月21日：UPM)。事实上，萨丕尔十分关心这些录音对于民族志研究的价值，他曾提出为戈登制作一份清单，虽然这不再是他分内的事。这些录音后被收藏。萨丕尔除了给渥太华博物馆进行努特卡语的研究，晚间研究派尤特文本（萨丕尔致戈登，1913年11月20日：UPM)。

派尤特语法起初要收录在博厄斯《美洲印第安语言手册》中。但萨丕尔工作进展缓慢。到1917年（致戈登：2月26日：UPM)，萨丕尔解释说他对资料进行了"系统分类"，"可以与一本内容丰富的语法或一本完整的字典"媲美。双语对照的文本已经完成了，但民族学概述和"对音乐的详尽研究"还在编写中。由于萨丕尔手头没有录音导致音节无法与音符匹配，音乐部分得留到最后了。除了留给博厄斯的语法部分，其他材料都将由宾州大学博物馆出版。由于家中急需医药费，萨丕尔向戈登申请资金，筹到了更多钱，用于完成工作。

萨丕尔也让戈登的恐慌变为现实：他没有采用1916年美国人类学学会语音学委员会推荐的拼写体系（正字法）（见第五章）。虽然萨丕尔注明他"曾负责撰写拼写体系的大部分"，但他并不认为自己必须受其限制，因为语法、文本和字典的拼写体系必须一致。标准拼写不过是为了便于比较各印第安语、辅助训练不足的语言记录者工作而制定的惯例。萨丕尔保留了自己选择最适宜的书写系统描写南派尤特语独特结构的权利。

戈登提出要出版萨丕尔所做的语法工作，萨丕尔"感到进退两难"，他已经向博厄斯和民族学局许诺过（致博厄斯，1917年3月17日：APS）。博厄斯一次性回复说（1917年3月19日：APS）："要是戈登不愿让步，恐怕我们会有麻烦。根据政府规定，如果你再不提供文稿，就会终止拨款。我与戈登私下关系很好。如果你不介意的话我可以和他通信。"博厄斯保全了萨丕尔的颜面，他也完全清楚以他的声望向戈登说明这件事更有说服力。

博厄斯向萨丕尔提出在研究资金用完前，给他一份语法"所有基本内容"的大纲。他厉声告诫："我时不时提醒你要尽快完稿。因此我认为你在这件事上负有特定的义务。"一战期间，"用于继续研究"的资金一旦终止可能再没有了。萨丕尔的任务只是浩大工程的一部分，如有大意整个事业可能会前功尽弃。虽然如此，萨丕尔认为博厄斯提出的"匆忙写出概述"之后再修改的建议"不可行"，且自己"十分反感"（致博厄斯，1917年3月28日：NMM）：

> 这种方式恰恰是我在写作中从没采用过的，根本上违背了我的做事方式。我的习惯向来是提前在科学和文字上做足准备，最后一次性写出成稿。事实上，目前为止我还从没有写作过第二稿或修订版，除非很有必要插入内容或改动措辞。

萨丕尔的卡片索引一向放得很有条理，因此他确信自己可以"通过一段时间的准备，一气呵成"完成语法部分。但作为让步，他提供了一份章节标题大纲以及语音描写，作为没有忠实履行合同的补偿：[37]

> 请您务必谅解这件事主要与个人心理相关。我写得不快；说来奇怪，像抄写副本的纯机械劳动我也比普通人要慢。我能弥补这一缺陷的方式就是极用心地撰写原稿，这样

一来后面就相对不需要很多的修改。我最抵触的就是草草完成原稿,之后不得不反复对稿件修修补补。

萨丕尔在渥太华身居要职,著作成绩骄人,他才能以这种口吻给博厄斯写信。博厄斯的第一代学生都迅速在业界成熟,因为比他们资历更深的唯有博厄斯。

这时还发生了一些事。1919年末,博厄斯被迫从民族学局名誉语文学家的位子上退休——起因是当时人类学家在战争时期仍搞研究引起公众指责(Stocking 1968;Darnell 1969)——萨丕尔因而立即询问(致菲克斯,1920年3月8日:BAE)这一事件是否会影响派尤特语概述的出版。菲克斯回信(1920年3月20日:BAE)表示辞职一事会使"(博厄斯)手头的工作做出或多或少的调整"。《手册》将留作"今后考虑",不过萨丕尔在《手册》第二卷未出版的情况下可以找其他出版商出版。菲克斯愿意由戈登来发表(致萨丕尔,1920年5月19日:BAE),但指出原稿的所有权仍是博厄斯的。此时,萨丕尔已经确信民族学局会终止《手册》出版,派尤特语法应当与其他派尤特语材料共同出版,并且与其"将手稿埋在政府的文件堆中",由戈登出版会更快(致博厄斯,1920年5月28日:APS)。他忽略了距自己完稿还有待时日。

然而这并非整件事的最后结果。戈登拒绝出版派尤特语庞杂的资料,因此萨丕尔又请博厄斯帮忙找出版商。戈登(致萨丕尔,1929年3月5日:UPM)表示只要语法部分,虽然萨丕尔已经获得了美国学术团体理事会印第安语言委员会的津贴,卡耐基基金会也表达了出版兴趣。[①] 最后,在卡尔·巴克与罗兰·肯特介入后,美国语言学会最终选定美国艺术科学学会,因为后者愿意出版所有三部分内容

[①] 实际上,这是由博厄斯领导的委员会史无前例的资金分配(Leeds-Hurwitz 1985)。这笔资金原本应用于田野调查,而非出版。

（戈登致萨丕尔，1919年4月1日：UPM）。于是1930年，距最初田野调查二十年后，也是萨丕尔用南派尤特语的语料定义音位概念后，萨丕尔对派尤特语的大规模研究成果终于出版了。

求职探索

在漂泊不定的学徒生涯末期，萨丕尔曾洽谈过一些固定工作。博厄斯把萨丕尔（致霍奇，1909年4月29日：APS）大力举荐给美国民族学局——这一机构显然是资助美国人类学研究最重要的机构（Darnell 1979；1971a；Hinsley 1981）。

> 目前为止，他（萨丕尔）是年轻一代中的佼佼者。……萨丕尔的主要兴趣是语言学研究，但他对民族学所有的一般理论问题也十分敏锐。我相信如果给他这个机会，他可以在民族学部门做出一番成绩。

有意思的是，博厄斯推荐萨丕尔取代他担任局里的官方语言学家。萨丕尔很感兴趣，他请教（致霍奇，1910年2月4日：BAE）职位是"以例行公事为主"还是"可以参与长期的田野工作，对民族学、语言学一般问题进行研究"。很明显，他并不介意去华盛顿后没有教职，但他问到升职的可能。霍奇回复说（1910年2月7日：BAE）新入职的民族学者"在条件可行的情况下会很快"被派到田野工作。但研究成果能否发表取决于国会拨款情况和当前的局内政策；事实上，霍奇的澄清刻意地模糊："如果研究利于民族学局的发展，则完全有机会深入，并最终发表成果。"但当萨丕尔接到渥太华的要职聘约后，他向民族学局撤回了申请。

萨丕尔当初也可能留在宾大。任教第二年，他就升任讲师，同时田野调查也有保障。但他不能判断"戈登言辞中的虚实"（致克罗伯，1909年5月7日：UCB）。戈登貌似慷慨地允诺说会很快提拔他。萨丕尔推断"留在宾大的前景还是不错的"，但戈登对博物馆之外的工作并不在行，这让萨丕尔心存疑虑。他"对美国民族学与语言学的基本工作缺乏足够的了解，因此无法了解自己究竟想要什么"。不能否认，在两人合作期间，戈登对萨丕尔的语言学发表热情忽高忽低。如萨丕尔所料，斯佩克接受了相同的工作条件。

萨丕尔认为他很有希望获得另一个职位，"是（乔治·欧文）·多尔西一段时间前提出的"让他到芝加哥的费尔德哥伦比亚博物馆工作（致克罗伯，1909年5月26日：UCB）。事实上，戈登因此提出给萨丕尔加薪。而当多尔西撤回邀约——很可能本身信口一提，没想到萨丕尔当真了——戈登立即收回了加薪的说法。萨丕尔并未意识到他自己在整件事中产生的影响，总结说："总之，我发现戈登总喜欢开空头支票，这让我很不舒服，我想迟早还是另谋他职的好。"

萨丕尔在宾大任教两年间，博厄斯努力想帮他拿到一份美国自然历史博物馆与哥大的联合聘请工作合约。虽然博厄斯1905年已经和博物馆终止合作，他依旧把博物馆视为建立纽约人类学的重要资源。他希望萨丕尔上任后，"会为两所机构重修旧好"（致萨丕尔，1908年6月22日：APS）。

博物馆希望派人长期在普韦布洛地区进行田野工作。博厄斯认为机会很不错，虽然萨丕尔需要"一两年时间来适应当地工作"。但博厄斯同样表示可能宾大的科研机会更好。当然萨丕尔可以在哥大教语言学，只是没有终身教职。不过，"你能来纽约于我是件特别振奋的事"。博厄斯对萨丕尔回到纽约后的工作有着很明确的安排："我希望你能够把过去几年的科学研究经历用于研究生教学。"也就是说，萨丕尔的任务就是在学校教授美洲印第安语的田野调查方法，这也是当年博厄斯教萨丕尔的科目。

有选择让萨丕尔很开心。但他对这些工作的认知却多少有些天真，忽略了一些更重要的可能性。他对工作受到的政治、经济限制的认识算不上机敏。他依旧对自己在加州受到的冷遇耿耿于怀，多次工作洽谈他都忽略了行政批准、财政支持的阻碍，认为他的科研成就会保证他的前途。比如，他把博厄斯的暗中计划告诉了克罗伯（1909年7月6日：UCB），以为一切已在博厄斯掌控之中："要是我决定去美国自然历史博物馆任馆长助理，我会在普韦布洛地区工作；要是我留在宾大，我还不知道会继续从事什么研究——可能是肖肖尼部落吧。"

博厄斯在机构政治方面更为老到，但博物馆的行动也同样让他始料不及。由于博物馆主任赫尔曼·C. 邦珀斯不喜欢博厄斯，博厄斯了解的政治内幕很有限。博厄斯写信告诉弗雷德里克·沃德·帕特南（1909年7月13日：APS）邦珀斯"邀请"萨丕尔到博物馆工作，只要"萨丕尔不向他人提及此事"。博厄斯估计是从1909年加州受聘的戈达德那"碰巧听说了这件事"，表示自己很高兴邦珀斯选择了两个"在教育背景与工作经历中对语言方面抱有极强兴趣的人"。博厄斯在任期间，邦珀斯一直阻挠语言学工作；但博厄斯既往不咎，专注于开展紧要的科研任务。经博物馆批准，他在哥大安排了讲座设置。而此时邦珀斯"背地里干涉"，决定让萨丕尔专门留在博物馆。"这家伙到底什么时候才能罢手？"博厄斯愤愤道。萨丕尔显然还不知道邦珀斯的用心——确保语言学工作遵循博厄斯学派的研究传统，同时把博厄斯本人排除在外。（很可能邦珀斯还希望萨丕尔能够超越博厄斯。）萨丕尔（致戈登，1909年7月20日：UPM）在和邦珀斯见过一面后决定留在宾大，他觉得邦珀斯"照旧含糊不清、难以捉摸"。这一事件的始末后来记录在纽约州的博尔顿兰德，当时博厄斯一家在那里度暑假。萨丕尔似乎希望戈登知道他有机会聘用博物馆后能够分享他的喜悦，就像他当初希望克罗伯不介意与其他雇主间的竞争一样，他没有考虑会不会给雇主带来麻烦。

在纽约的工作洽谈过程中，博厄斯还推荐萨丕尔担任菲律宾政府考查的民族学研究助理。他想到萨丕尔曾跟随劳费尔学习，称萨丕尔对印度有所了解。他没有事先征询萨丕尔的意见，加上萨丕尔认为自己在纽约的职位基本上可以确定，因此这事让萨丕尔很生气，他没有理会博厄斯的辩解——"为你将来在美国国内的发展考虑，有这类职务经验会大有裨益。"（1909年6月14日：UPM）萨丕尔认为自己会从事美洲印第安语的学术研究，认为前往菲律宾完全贬低了自己的身价。① 对他而言，只有纽约、旧金山、费城或芝加哥——这些博物馆与大学项目完善的地方——才值得考虑。当然，博厄斯希望有人参与菲律宾的考察工作，而且是他构建了美国人类学的整体框架，无论如何，他对人类学的总体事业比对个人抱有更大的雄心。

萨丕尔最终接受了驻于矿业部的加拿大地质考察队的工作邀请，在其新近设立的人类学分支担任首席民族学家，而这项工作基本是在他不知情的情况下安排的。博厄斯曾为英国科学促进协会工作，1888年开始在加拿大西北沿岸进行印第安人考察，并基于此开创了加拿大的人类学专业。虽然地质考察的最初委任中涵盖"原住民遗迹"（Bernier 1984，397-398），但1910年女王大学地质学教授、考察领队雷金纳德·沃尔特·布洛克还是接洽博厄斯，希望他推荐人选，在加拿大建立人类学。

布洛克不是人类学家，以为博厄斯对萨丕尔的推荐只是区区小事，于是忠实地把整件事写信告诉了萨丕尔（1910年6月3日：NMM）：

> 我与博厄斯博士及各方专家讨论过我们的计划，博厄斯

---

① 该职位由另一个哥大语言学博士、名叫威廉·琼斯的福克斯印第安人担任，此人后来在菲律宾被人杀害。

博士向我推荐您，认为您能帮助我们建立一个具有影响力的人类学系，并且在人类学沃土上开展科研工作。

当布洛克来到纽约与之洽谈渥太华的工作时，萨丕尔了解到这次机会"显然"多亏了博厄斯的推荐，于是他立即致信（致博厄斯，1909 年 6 月 6 日：APS），"对您一直以来对我的发展的善意帮助和关注表示最诚挚的感谢"。第二天，博厄斯邀萨丕尔共进晚餐，提到他很高兴，"布洛克先生原本就该把这份工作交给你。我只是把你过去几年的工作情况告诉了他"。

萨丕尔没有猜错，博厄斯的推荐为他获得工作提供了切实保障。博厄斯人类学很早获得成功靠的正是博厄斯倾力举荐学生，必要时给他们创造工作机会。博厄斯在人类学界的地位卓越，早期学生在工作中一直仰仗他的帮助。渥太华将成为人类学研究的中心之一，令博厄斯十分兴奋，这也是他的设想（1910 年 12 月 13 日：APS）：42

> 我几乎嫉妒你和其他年轻人，你们可以全身心投入科研工作，科研之初有时间进行全面准备或者至少打下扎实的基础，而不需要像我这一生那样，不得不总是从其他工作中挤出时间从事科研；我必须从语文学、体质人类学和民族学中学习各种方法。我常想如果要取得进展，我们这代人必须停止这种不得不在不同领域分散精力的做法。

职务范围（布洛克致萨丕尔，1910 年 6 月 3 日：NMM）"基本视就任者本人的解释而定"。布洛克和同行地质学家希望"对加拿大原住民的种族、分布、语言、文化等方面进行全面的科学调研，并将这些资料收集保存"。新维多利亚纪念博物馆大楼已经包括了民族学展厅，只差一个能对现存藏品进行分类的"受过训练的人"了。萨丕尔得到英国协会与加拿大皇家学会的支持，其任务是在加拿大领土上"组织并促进个人的（人类学）活动，对其加以支持与指导"。美洲考古学会加拿大分会期待着这位新民族学家担当他们的"领袖"。

虽然加拿大在科学专业化进程方面的实力远远落后于美国，但它正努力迎头赶上（Darnell 1975；1976；1984）。萨丕尔将建立加拿大第一所人类学领域的研究机构。他的前辈都是19世纪传统下学术团体中的人类学业余爱好者。①

加拿大议会已专项拨款资助人类学部首年建设，这笔资金让萨丕尔可以"尽快建立起一支科研队伍"。田野调查在加拿大当局的计划中占据突出地位，这让萨丕尔很高兴。他习惯的情况是只有很少的一笔田野调查的拨款，项目拨款计划往往把博物馆的需求摆在民族学、语言学课题的前面。当然，对地质学家而言，田野工作的重要性再怎么夸大也不为过。②

布洛克认识到必须在原生态文化完全成为科学研究的对象前尽快收集并展示这些物品；他制订了大规模的出版计划。这是实现博厄斯宏伟蓝图的一次难得的机会。26岁的萨丕尔凭借其自信与丰富的田野调查、博物馆工作与大学教学的经验，已经可以建立一个国家的专业人类学体系。当他告诉戈登（1910年9月5日：UPM）他接受了渥太华的工作、很快将前往温哥华岛对努特卡人进行田野调查时，他的学徒期至此便告终了。

---

① 尽管萨丕尔做出种种努力，教学工作直到1925年才首次在多伦多大学开设。
② 美国民族学局同样也是在一次地质考察中成长起来的，当时J. W. 鲍威尔从地质学转向民族学。加拿大当局使用"人类学"一词反映出期间三十年来博厄斯的影响力。

第三章　渥太华：成熟与独立

1910年夏天，萨丕尔来到渥太华。此时的他对白手创立一所新科研机构满怀热情——他打算以业界颇具声望的美国民族学局为楷模，绘制加拿大广袤的自治领土上还鲜为人知的语言与文化地图。国籍问题显然没有困扰到他；毕竟萨丕尔此前也曾移民到美国。[①] 开展科研工作才是他的首要任务。和博厄斯一样，萨丕尔将科学无国界视为理所应当。研究队伍可以获得田野调查的经费，从萨丕尔认为现有知识中存在的主要空白入手。在竞标少得可怜的研究经费方面萨丕尔已经具备丰富的经验，加上政府仁慈尽责，划拨的预算金额庞大，他正迫不及待想要对拨款加以利用。

目前的处境真是再好不过了。无疑，26岁的萨丕尔有理由祝贺自己：在迫切需要人类学服务的加拿大，他执掌国家首席人类学家的职位，享受权力和独立性。之前的许多年中，萨丕尔参与短期田野调查、申请的工作往往地位卑下，如今他终于迎来了一个长期项目。这份工作为他提供优裕的生活保障，让他再也不用回到童年及求学期间的窘迫境遇中了。更重要的是，他雄心勃勃，决心要在专业领域做出一番成绩。他的新职位并不排斥专业的语言学研究，而将语言学视为民族学研究的有效工具。不存在竞争对手，前途看似一片光明。这种亢奋感会持续好几年。

[①] 从申请到获得加拿大公民籍需要五年等待期。1919年，萨丕尔才提交申请。很有可能，一战及战后加拿大公共服务机构的爱国主义情绪日益高涨，促使萨丕尔提交了入籍申请。

45　　在一张 1913 年的照片上清楚地留着萨丕尔的笔迹："一副神气十足的自满样,自以为一切生活需求都得到了改善。"萨丕尔没有否认得意的心境,还不忘调侃自己。在可见的未来,他的生活将充满赞誉声和安全感。他有理由为自己显而易见的好运气感到满足。

　　萨丕尔年少时家庭生活屡经波折:家庭经济困难、父母婚姻不和,这些经历激发了他强烈的家庭责任感。他的父母迁居到渥太华独立生活,不过萨丕尔仍旧感到自己要尽赡养父母的责任。然而,萨丕尔将建立自己的家庭视为真正成年的标志。正值婚龄,他爱上了二堂妹弗洛伦斯·德尔森并向她求婚。萨丕尔在哥伦比亚大学读研时曾见过这位表妹。弗洛伦斯原名奥尔加·赛德尔森,十多岁时移民美国后把名字英语化了。她们一家来自东欧犹太教重要的文化中心——立陶宛维尔纳。[①] 萨丕尔并不关心宗教背景,但弗洛伦斯举止优雅、知书达理,无疑是欧美文化的完美融合,这让他很欣喜。兄弟姐妹中,弗洛伦斯是个"快活的人";她"快乐而迷人的个性"最初深深吸引着萨丕尔,但后来也常使萨丕尔心生猜疑(菲利普·萨丕尔,p.c.)。弗洛伦斯在波士顿的亲戚十分重视教育对提升社会地位的作用,弗洛伦斯受其资助 1908 年进入拉德克利夫学院。当时她刚移民到美国没有几年。与哥大一样,拉德克利夫学院享有很高的声誉,但学院招生在很大程度上面向本地人,其中很多是犹太裔(Oren 1986)。但弗洛伦斯并没什么学术抱负,心甘情愿地放弃学位与萨丕尔私奔了。在弗洛伦斯看来,这次私奔是社交季中的巨大成功。萨丕尔身居要职,地位稳固,犹太人的潜在污名显然和他无关。辉煌的事业生涯等着他去谱写。这次私奔更加增进了弗洛伦斯的乐观主义和冒险精神。她似乎期待丈夫的职位会带来活跃的社交生活。

　　这桩婚事没有让双方家长特别欢喜。萨丕尔的母亲据说心里早有

[①] 即立陶宛首都维尔纽斯(Vilnius)。Vilna 是意第绪语。——译者注

了儿媳妇的人选（海伦·萨丕尔·拉森，p.c.）。她有点反向势利眼，看不上城里来的犹太人，对他们花哨的架子嗤之以鼻。母亲的出生地考夫纳是个普通的乡村小镇，而维尔纳 1578 年就出现了大学，从 16 世纪开始一直是东欧犹太教的文化中心，直到遭到德国纳粹蹂躏的灭顶之灾（Perry 1982，244）。毫无疑问，想到自己那段没有带来经济保障与社会声誉的婚姻，伊娃·萨丕尔心中不免有几分苦涩。另一方面，赛德尔森一家看不上萨丕尔的考夫纳血统，也不希望女儿离开家族和社区圈子。他们认为萨丕尔一贫如洗，他领导的学科名称也十分陌生拗口（菲利普·萨丕尔，p.c.）。

萨丕尔没有在意双方家庭的压力，向斯佩克写信宣布了订婚消息，语气俏皮而轻松（1911 年 1 月 16 日：APS）：

> 至于你在信中出于关心询问我是否真恋爱了，我的建议是就把整件事交给我来处理吧。我只会告诉你弗洛伦斯·德尔森确实一贫如洗，这让我很高兴。等你学会行为端庄时，我会带你见见她。

萨丕尔盼望把弗洛伦斯介绍给他的人类学同事认识。在普罗维登斯召开的美国人类学会圣诞庆祝会上，他把亚历山大·戈登韦泽带到波士顿与爱妻见面。他也向博厄斯汇报（1911 年 1 月 26 日：APS）："她已经能够融入人类学的社交圈了"，并且让博厄斯知道"我和她谈起过您"。他甚至试图说服克罗伯夫妇（1911 年 4 月 29 日：UCB）到东部时造访渥太华，为能尽地主之谊感到高兴。克罗伯婉言谢绝了（1911 年 6 月 1 日：UCB），但对萨丕尔夫人的聪慧与美丽（在他心里，聪慧显然比美貌更重要）称赞了一番。他还调侃说："听闻你结婚我们没有一丝惊讶：大多数人都会结婚，只是他们挑选的伴侣一般没有你的这么好。"

萨丕尔对婚姻十分认真，他一直深爱弗洛伦斯及两人的孩子——赫伯特·迈克尔 1913 年出生，海伦·露丝 1914 年出生，菲利普 1916 年出生。尽管忙于工作，萨丕尔还是会间或参加家庭活动、陪伴孩子。直到 1921 年前后，弗洛伦斯患病，需要反复住院治疗，往日正常的家庭生活才被扰乱（见第七章）。

家中总有各种交谊活动。好些晚上，一家人围坐在火炉边，听萨丕尔弹奏钢琴。许多同事都是家中的常客，尤其像哈伦·史密斯、戴蒙德·詹内斯、丹麦海洋生物学家弗里茨·约翰松以及在中国使馆任职的胡适（萨丕尔曾与胡适合作写过两篇关于中国民俗的短篇论文）。家中有时还会举办成人歌舞晚会。弗洛伦斯乐于社交、性格外向，"但也隐藏了……十分敏感内向的一面"（迈克尔·萨丕尔，p.c.）。她喜欢跳舞，而萨丕尔却不爱参与。迈克尔回忆道："在一个热闹的宴会上，我坐在楼梯的顶层，呆呆地看着母亲与约翰松、巴尔博愉快地共舞。"每到这时萨丕尔就会心生嫉妒。萨丕尔的孩子们还详细回忆了戴蒙德·詹内斯与萨丕尔的秘书艾琳·布莱克尼的婚礼，婚礼是在附近布莱克尼的家中举行的。

弗洛伦斯过去常常给迈克尔讲她在俄国的生活，并且教迈克尔俄罗斯民间故事与歌曲。弗洛伦斯的姐姐娜佳有时会从纽约过来，孩子们就会非常高兴。弗洛伦斯有时会带着海伦和迈克尔到城里购物、买些苏打冰激凌。迈克尔的第一次音乐剧演出也是她带去参加的。四岁时，迈克尔因为被撇下大哭起来，萨丕尔弹奏钢琴安抚他，这也是迈克尔的第一堂钢琴课。萨丕尔教迈克尔弹了一两年，后来请钢琴教师定期来教课。迈克尔对钢琴演奏的热情一直持续到九岁或十岁。迈克尔的第一次钢琴演奏会也是萨丕尔带他去的。两人有时还一起打网球，虽然萨丕尔对体育并不像他的大儿子那么热衷。

孩子们对维多利亚纪念博物馆有着如同主人般的专属感，有时他们可以到父亲办公的小房间去见他。萨丕尔也总会热情地招待他们。

迈克尔曾回忆（1984，9）：

> 每到周六早上，他和同事常常会在博物馆给孩子们做讲座，介绍他们的学科。我参加过好几次，现在回忆起来都津津有味。父亲有一讲谈的是"种族"的含义与意义，特别生动。他拿了三张纸——白纸、黑纸和棕黄纸——作道具给我们讲解，大家都听得入迷了。他很擅长给孩子讲神话和故事。

一家人还会坐有轨电车去野餐（萨丕尔会带上本书，孩子们在一边玩耍），去马戏团看表演，暑假会去附近的加蒂诺山（萨丕尔在那给迈克尔上了第一堂"涉水"课）[①]"共度美好时光"。对萨丕尔这样级别的公务人员，这些都是很常见的休闲活动。此外他还喜欢和同事漫步，尤其是和史密斯。

除了男孩的体育活动，萨丕尔对大部分科目了解得比孩子们更多。在一本题为"联想笔记"的日记中，萨丕尔谈到（1918年2月4日：SF）他对孩子言语、思维的萌芽过程十分着迷。他激发孩子们的想象力，写了一系列儿童诗歌，取名"幻想[②]街"。虽然父亲古怪的态度常常让孩子们莫名其妙（海伦·萨丕尔·拉森，p.c.），成为父亲关注的焦点他们很高兴。在萨丕尔为成人读者创作的诗中，他的孩子们也会以伤感的形式出现。活力与喧嚣充斥在他描写童年的诗中。

在渥太华的15年里，为权衡越来越庞大的家和经济压力，全家几次搬家。他们曾住在一所公园附近。弗洛伦斯尤其喜欢一幢公园边

[①] 20世纪30年代，萨丕尔一家搬入了新汉普郡的一幢房子，原因之一是新房与加蒂诺地区的环境很相似。
[②] 原文fancifullo，译者推测为full of fancy（充满幻想）的含义。——译者注

上的房子，公园里有水塘和许多鸟。他们也在紧挨着萨丕尔办公室的小房子里住过，这里弗洛伦斯并不喜欢。海伦（p.c.）回忆说她们的家虽然狭窄，却总是充满五花八门的民族风情："纳瓦霍毛皮毯、美洲印第安人的手工制品（普韦布洛人用的瓶瓶罐罐、手工的串珠）、一架斯坦威大钢琴、玻璃门书柜中大量的书、弗洛伦斯从俄国带回的金属茶壶……，还有日本印刷品和篮子，中国黄铜花瓶和珐琅工艺品……我得承认，墙上的漂亮图片不够多。"在住过的一间公寓里，萨丕尔的办公桌就摆在客厅，这可能极大耗费了他的专注力。

萨丕尔溺爱孩子，他珍视家庭和睦的气氛，喜欢井井有条的生活，尽管不经提醒的话他常常会忘了家人的生日、周年纪念日和各种约会。与外向、热衷交际的弗洛伦斯不同，萨丕尔不擅长用言语表达情感。他只有在创作当时流行的浪漫诗时才能无拘无束地表达情感。弗洛伦斯因而常常感到丈夫冷落了她。虽然萨丕尔溺爱孩子，但他们犯了错，他还是会依据过错的严重程度施以惩戒。迈克尔作为家中最大、最叛逆的一个，挨打的次数也最多，过失特别严重的话甚至会挨皮带。

萨丕尔的儿子菲利普（p.c.，1984年2月24日）回忆父亲钻研语言资料时坚持不懈的态度："我的上帝呀，他收集、记录语言细节投入极了！……他会整晚不睡，整理钻研他的黄色纸片。每张纸片上只用他明晰而线条弯曲的小字记录着一种语言形式。"[①]

迈克尔·萨丕尔（1984，11）主要谈到父亲"惊人的记忆力、超强的直觉和科学工作中的美学感知力"。萨丕尔天性喜好逻辑、数学、哲学、科学等理性学科（虽然自然科学从没真正引起他的兴趣）。他极少关心如何应用自己提出的理论模型，容易对程序细节尤其是行政

[①] 儿子保罗回忆起他大约两岁时曾经把好多文件便贴撕下来扔进了废纸篓，父亲大发雷霆。保罗·雷丁（Paul Radin, 1883—1959）曾自信地想把便条重新整理，想当然地以为自己已经掌握了萨丕尔的体系。

工作细节感到厌烦。他希望手下能替他承担琐事、执行他的想法。但是，他在渥太华并没有学生；博物馆的工作人员需要直接负责编目、展览的各项细节。萨丕尔喜欢穷尽对一个问题的钻研后才着手新的想法。只有在一个人投入工作时，他才能长时间集中注意力。他很难容忍别人的性格缺陷、前后矛盾的思考。他有一种特别的能力，善于发现相关的材料来支持某个观点，不喜欢解释显而易见的道理。然而，对思维敏捷的人，他总是认真尽责，并不在乎他们的教育和训练背景。他期待同事能够肯定他的智性才能。

组织加拿大人类学研究

萨丕尔对渥太华科研计划的设想遵循博厄斯学派的先例，依靠政府与博物馆拨款培养专业研究人员。1911年，萨丕尔在《科学》杂志上发表"加拿大人类学考察"一文，公开声明了上任意向。由此，他开始按设想的愿景开展渥太华任职的工作。

这位年轻的部长将他的计划视为"推动美洲人类学研究向前迈进的一步"（1911，789）。加拿大政府把本国的人类学发展放在与美国人类学同等重要的地位上（自1879年美国民族学局——"美洲原住民研究最重要的机构"——成立以来，人类学一直受到美国政府的高度重视）。萨丕尔强调该计划是由英国科学促进协会的工作发展而来，强调会努力建设包括民族学在内的国家博物馆。加拿大地质考察前主任乔治·道森与弗朗茨·博厄斯此前已经开展过对加拿大原住民的调查，"为加拿大人类学工作奠定了基础"。

人类学部已经有三名员工——萨丕尔本人；民族学助理、从牛津大学毕业的马里厄斯·巴尔博以及美国自然历史博物馆前考古学家、博厄斯学派的同事哈伦·I. 史密斯。但部门计划增员，尤其需要扩充体质人类学的人才，从而涵盖体质人类学、民族学、考古学与语言学的传统分支。

建立一支胜任的研究团队是萨丕尔工作议程中的首要任务（1911，790）。他了解到申请政府资助需要对公众有明确的说法，提出理由。他指出3个职位不仅仅意味着人类学的"迅速发展"，还称赞加拿大政府对人类学需求具有"清晰的眼光"。"从一开始大家就能理解人类学一词囊括了众多学科领域，一个人是无法胜任所有工作的"。

萨丕尔考虑得十分周全，没有把部门的地理范围局限在加拿大的国境之内。[①] 为了避免得出"人为"限定的结果，研究爱斯基摩人必须考察居住在阿拉斯加和格陵兰岛的部落；还必须考虑散布在美国与加拿大之间的部落。因此，根据研究对象的分布划定界限才是"逻辑上说得通"的做法。

种族、语言与文化"紧密地交织在一起"，根据证据"重构的文化史"可以通过其他一种或多种证据"加以巩固，甚至归结为定论"。当然，萨丕尔本人最关注语言证据。

萨丕尔预料人们会对人类学研究的紧迫性产生疑问："在许多人看来，好像我们已经有了很多成果。"但是，现有的成果与"民族学研究应当达到的水准"（1911，790）相比几乎微不足道。人类学家对加拿大五大原住民文化区的了解都存在重大的缺失。甚至文化区本身的界定就需要质疑，分类依据的是否是"具有重要意义的"特质就需要打一个问号。只有通过进一步田野调查才能确认文化区理论是否充分。萨丕尔在脚注中补充道（1911，791）：

> 对原住民神话、仪式、歌曲以及相关内容的一切调查，如果缺少语言研究辅助，就无法对原住民的文化观念有一个全面了解。就像一个研究罗马天主教教会历史的学生如果不

[①] 这是令美国民族学局始终感到尴尬的一点，它的研究领域事实上都只限于美国领土（Darnell 1969；Hinsley 1981）。

懂点拉丁语，或者一篇关于德国民歌的论述，甚至只是其音乐方面的论述，如果没有一些德语基础，研究结果是不足采信的。

马更些山谷的阿萨巴斯卡族部落几乎不为人所知，进行民族学考察的任务最为紧迫。"如果说美洲文化存在根本特质的话，我们会发现美洲原住民文化中最简单、最基本的几种形态"（1911，792）。在西海岸，只有博厄斯调查过的夸扣特尔人真正为人类学家了解；萨丕尔本人也开始对周边的努特卡人进行田野调查。萨丕尔除了认可哈伦·史密斯开展的考古工作，认为其他考古工作价值不大。

在加拿大各原住民语中，只有夸扣特尔语、钦西安语和海达语已经得到足够的了解。萨丕尔相当委婉地指出，现有的语法、文本材料"总体而言尚未达到人们能够期待的标准"（1911，792）。由于"音系学基础薄弱、缺少把握形态特征完全客观的角度"，"语言结构基本特征"的分析受到阻碍。加拿大印第安语的工作不能只停留在由未经训练的记录者进行语言描写的水平，但甚至连博厄斯学派的其他人类学同事也无法达到萨丕尔的标准。萨丕尔明确采用印欧语语言学的标准，根据这一标准没有任何一种加拿大原住民语的研究算是充分的。萨丕尔称："美洲语言的纯描写研究必须得到语言比较与重构工作的佐证。显而易见，这种研究要求研究者仔细深入到语音细节中。"（1911，792）

萨丕尔认识到人类学部很难"单枪匹马完成理想中的全面考察工作"。由于难以规避"社会科学调研的个人偏差"，他很欢迎重复考察，虽然可能性很小。萨丕尔热切地寻求"对人类学问题感兴趣的机构与个人参与合作"（1911，793）。然而，实践方面必须达到他的严格标准。

针对加拿大的公关目标，萨丕尔采用博厄斯派的术语，提出应趁早记录原住民语言与文化（1911，793）：

> 加拿大政府已经确立起加拿大原住民的调查体系，可喜可贺。现在必须尽快从原住民那里采集可供研究的材料，否则可能永远也采集不到了。在某些情况下，一个部落可能已经完全抛弃了自己的原始文化，我们所能获得的只有老一辈人能记住并希望传承的东西。随着加拿大物质繁荣、工业发展，印第安人的道德观念的丧失或者说文明化进程会越来越快。……现在一旦丢失，可能就永远消失了。

虽然文章刊登在美国杂志上，目标读者却是一些会被加拿大人类学的大计激发出民族自尊心的加拿大政治家与知识分子。萨丕尔还向加拿大业余人类学家正式发布了新的研究标准。政府人类学将支持专业化，在美国这一进程在博厄斯领导下已经全面展开（Darnell 1969）。

文章得到的回应并不都是令人振奋的。许多人对萨丕尔完全跟从博厄斯人类学的美国模式嗤之以鼻，其中就包括查尔斯·希尔-陶特。希尔-陶特是不列颠哥伦比亚的业余民族学家。他写信给萨丕尔（1912年2月26日：NMM），并未掩饰自己的愤怒：或许人类学部能够达成"我们当中某些人过去20年来一直追求的梦想"。但萨丕尔在文章中的言辞可能"难以赢得早期人类学工作者与组织的青睐"。萨丕尔应当认识到"前人已经做过大量的开创性工作"，"你会发现工作之初就引发敌意是不明智的"。

萨丕尔意识到希尔-陶特信中的敌意，于是写信给不列颠哥伦比亚省的合作者詹姆斯·泰特（1912年3月15日：NMM），希尔-陶特"称我有种'高高在上''颐指气使'的态度，我已经惹恼了一些加拿大人类学家。我品位太差，在文中完全没提到希尔-陶特"。萨丕尔看来并不在意文章的负面反响。但他或许太过自信，没有考虑到在各省引发的流言蜚语的力量。①

萨丕尔对希尔-陶特及其他业余人类学家的反感或许因这件事更坚定了。1916 年，不列颠哥伦比亚大学的校长弗兰克·费尔柴尔德·韦斯布鲁克咨询时任加拿大首席人类学家的萨丕尔（1916 年 6 月 23 日：NMM）希尔-陶特能否胜任人类学专业的系主任，萨丕尔回复说：

> 贵校虽然成立不久，但目标高远。恐怕让一个未经正规人类学教育、在这一相对新兴领域工作的人来担任贵校系主任的职务并不妥。

针对高校的长远学术目标，萨丕尔在回复中（1916 年 6 月 29 日：NMM）强调课程内容设计需要达到专业水准：

> 关于人类学系建立后新岗位的首任受聘者，我强烈建议选拔一名在著名高等学府接受过完整的学科训练、深受大学精神熏陶的人来担当。据此来看，一些在人类学领域有过突出贡献的人并不一定是最佳人选，不一定能在这所正迅速发展的年轻大学执掌人类学系。……坦率地说，我认为希尔-陶特先生无法达到高校要求。

萨丕尔希望等培养计划完全达到专业水准后再开设人类学课程，他并不急于在全国推广人类学。虽然萨丕尔的迟疑很可能让韦斯布鲁克校长感到奇怪，校长还是接受了他的建议。很久之后，不列颠哥伦比亚大学才正式开设人类学课程。

---

① 如莫德（1978；1982）称由于萨丕尔的缘故，不列颠哥伦比亚省人类学家的工作没有得到国家人类学的认可与重视，这强化了该省人类学家的怨愤。

事实上，萨丕尔和希尔-陶特是竞争对手。两人是研究不列颠哥伦比亚省的部落的学术权威，其学术项目必然会成为民族学研究的重点。除了博物馆职务，萨丕尔并没有学术任职：他没法培养人类学家共同参与他的研究。在加拿大的15年间，萨丕尔曾多次试图在高校找到一份教职，起初他接触上司布洛克，提出想"在加拿大一所或更多地位较高的高校中开设人类学专业"，"把加拿大的人类学研究置于更稳固的位置"（1914年6月4日：NMM）。麦吉尔大学由于靠近渥太华，是个理想的选择。但是布洛克对博物馆研究员的构成现状很满意，因此部门无法招募更多人手。事实上，培养一支自给自足的加拿大人类学家的队伍使得记录濒危语言与文化的任务显得不那么紧迫。而且，麦吉尔大学位于蒙特利尔，当地印第安部落的消亡问题并不危急。萨丕尔甚至提出愿意每周上一天课而不需要额外的工资，只需要承担往返交通费，但这些仍没有使提议变得有足够的吸引力，引起任何行动。

于是萨丕尔又与往返距离还算合适的多伦多大学进行沟通。此前多伦多大学已经与皇家安大略博物馆有合作。虽然多伦多大学的人类学专业关注的是安大略省内情况而非全国情况，校长罗伯特·福尔克纳大体予以支持。他提到学校已经给文科生及公众举办过一些人类学的讲座（致萨丕尔，1914年7月10日：NMM）。萨丕尔提议开设系列讲座，重点介绍学科涵盖的领域，而不是介绍有关某些部落的事实（致巴尔博，1914年9月25日：NMM）。人类学部所有人都会参与讲座授课，萨丕尔本人负责原始语言学的介绍。这一计划本可以树立渥太华人类学家的学科地位，确立博厄斯式人类学在加拿大的研究领域。但是由于多伦多大学无法承担交通费，计划没有落实。

1912年，当萨丕尔再次总结部门工作时，显然没忘了希尔-陶特。萨丕尔强调在他之前加拿大一些机构已经出现了人类学的专门研究，他自称只是一个恪尽职守的公务员，并非革新者。萨丕尔提出人类学部是研究加拿大原住民、进而提供"加拿大任何通史必要背景"的唯一选择（1912，63）。"吸收印第安文化"迫在眉睫，光凭高校无法实现，需要政府干预。研究与出版"必须在质量和全面性上达到较高水平"，不能停留在"对研究部落或文化区的简单概述上"。

维多利亚纪念博物馆中的展览并不是"单纯吸引眼球、美观耐看"。相反（1912，64），这些展览通过"实物"展现各种原住民文化：

> 理想的部落博物馆展览并不一定展出大量极其精美的样本，而是通过展出让人接触到原住民文化的方方面面，做工粗糙的锥子或皮肤刮刀与装饰精美的篮子、奇尔卡特人的毛毯同样值得关注。

萨丕尔坚持认为大学教育是对政府人类学的必要补充。他建议把体质人类学、语文学、社会学史、民俗心理学作为通识教育课开设并采用研究与授课结合的模式。大学应当"开拓学生的智性眼界"，"让学生能够接触到从其切身社会经济环境无法了解的思维形式"，激发"批判精神……当然这可能会导致人们奉为圭臬的偏见分崩离析"（1912，68）。

萨丕尔明确地调动了民族主义情绪。眼下研究者不得不"从其他一贯重视人类学的国家"聘用。但加拿大人可能更青睐本国培养出来的人类学家（1912，68）："把科学划分国别无疑是最愚蠢的，但一个国家的人很自然会希望承担起在本国领土范围内的科研工作。"萨丕尔准备设立加拿大人类学机构，强调这对加拿大公民内涵的影响。在渥太华任职早期，他就已经强调要与加拿大知识分子群体建立纽带，他乐观地相信知识分子们会与他一样重视科研、教育。萨丕尔准备为了他的计划向全社会发起呼吁。

萨丕尔的志向得到地质考察项目的支持。该项目涉及自然科学而非狭义的地质学。随着活动的扩展，地质考察项目逐渐设立了专门的分支机构（Alcock 1947，4）。地质考察1895—1901年间的主任乔治·道森拒绝为学科所限。除了地质学，他业余最爱的是民族学。他发表过大量关于不列颠哥伦比亚印第安人的著述。1884年当英国科学促进协会打算在加拿大组建人类学分支，他自然成了不二人选（Alcock 1947，46）。有了在地质"科学"——相比人类学发展更完善、受到高度重视的学科上的声誉，他能促进人类学工作的开展。

聘用萨丕尔的雷金纳德·沃尔特·布洛克是1908—1914年间在任的地质考察主任（1914年离职后他担任不列颠哥伦比亚大学某科学系主任的职位）。布洛克把政府从业人员的资质从"具有天分的"提高到"具有教授资质的"地质学或同等学力博士获得者，即便这意味着在国外接受教育（这是常有的情况）（Alcock 1947，61-63）。布洛克管理植物学、动物学、民族学与人类学工作："著名科学家被任命到这些部门"（Alcock 1947，64），而所有这些部门都归维多利亚纪念博物馆领导。布洛克在任期间，萨丕尔知道自己的工作深受赏识，价值观得到理解。

公共事务

作为联邦政府中人类学项目的领导，萨丕尔常常发现在许多社会问题和政治问题上自己需要充当原住民的代言人。虽然萨丕尔并非政治激进派，也不是应用人类学家，但他和其他博厄斯学派的人一样，认为这也是专业人类学家的责任所在。[①]

萨丕尔第一次代表印第安人影响公共决策是1914年的事。给他

[①] 类似的手段在英国传统中发展起来，由于英帝国的统治，环境稍有不同。

做翻译的原住民有个 5 岁的妹妹因病去世，萨丕尔向印第安事务部行政官邓肯·坎贝尔·斯科特（1914 年 3 月 19 日：NMM）质询努特卡人享受到的医疗质量。① 当地医生虽然知道孩子病情危急，还是几天后才到。当时萨丕尔也已为人父，听闻后十分震惊。远程诊断完全正确：孩子得了结核性髓膜炎，无法治愈。虽然医生的悲观态度无疑有确实的依据，萨丕尔仍感到自己本应该帮到这个孩子。

萨丕尔如实记录说印第安人只有在危急关头——很可能治疗已经无济于事——才求助医生。"除了积极预防监督"，无法改变现状。萨丕尔没有针对那位医生的意思，医生也有大量白人病患需要处理，但他抨击了医疗中的隐性歧视。萨丕尔认为斯科特应当采取行动。但事实上，类似的情况在加拿大十分普遍。斯科特没有对这封信做书面答复。

萨丕尔给斯科特的第二封请愿书明确要求斯科特采取行动。萨丕尔请求采取正规流程，将 11 条贝壳腰带归还印第安人，这些腰带据推测是 10 年前从安大略省六族联盟易洛魁保护地偷来的（萨丕尔致斯科特，1914 年 5 月 16 日：NMM）。萨丕尔已经从斯佩克那得知这些腰带正作为宾大博物馆理事乔治·海伊的私人藏品在宾大展出。萨丕尔依据法律列出证据，他和斯佩克之前还讨论了采取哪种方式退还腰带负面影响最小。萨丕尔决意立下证言，证明这些腰带正是威廉·比彻姆在科学论文中描述的腰带。比彻姆是从芝加哥一商人那里得到这些腰带的。那位商人"对印第安人的东西的来路常不经心，随意倒卖"。他好几次想把腰带卖给博物馆，但纽约博物馆系统"一名和印第安人关系友善的工作人员"认定这是偷盗所得，警告各方不要接收。海伊最近买下了它们。

---

① 见蒂特雷（1986）就司各特事业的论述。他和萨丕尔往来极少，虽然两人都对诗歌、音乐抱有兴趣。

萨丕尔附上斯佩克的信，其中包括一张易洛魁六族联盟[①]的秘书发给斯佩克的照片。照片中腰带主人约翰·巴克戴着这些腰带。约翰死后这些腰带就不翼而飞了。由于六族联盟并非机构，他们无法以自身名义要求收回财产。萨丕尔有一份经各酋长签字确认的声明，他们确认照片是真的，属于非法占有印第安人的腰带，这样一来"各方证据……都完备了"。萨丕尔向印第安事务部行政官斯科特出具公文，要求采取"必要步骤"退还腰带。他建议采取法律手段之前把证据出示给海伊，可以"避免不必要的不快"。斯科特可以借用萨丕尔的名义，虽然按照萨丕尔委婉的说法，斯佩克有可能认为这会"给个人带来不便"。

斯科特把他和海伊的通信复本发给了萨丕尔。萨丕尔回复说（1914年11月13日：NMM）早在1900年就有人向人类学部门举报这起偷窃。部门严禁商人买卖贝壳串带。他主动提出要找出其他博物馆曾展示腰带的证据，说明清楚自己的意图："我不希望人们对我们收回失窃财产的能力有一丝一毫的怀疑。"作为私人收藏家，海伊没有接受过人类学的正规训练，试图先发制人阻止退还（萨丕尔致斯佩克，1914年11月11日：NMM）。腰带到1988年才退还给印第安六族联盟（Fenton，1988）。

这种争议事件并不仅仅发生在易洛魁人身上，也非某些博物馆的个例。这一时期非法文物占据很大市场，主要的博物馆为了获得藏品中重要的样本，往往对非法行为视而不见。成功解决类似纠纷的案例极少。事实上，斯科特愿意采取行动可能是出于拿回加拿大财产的国家立场。即便如此，整件事也并不轻松。

[①] 1570年前后，易洛魁出了个智者海华沙（Hiawatha），团结五个部落组成易洛魁联盟（Iroquois Confederacy）；后又有一个从南方移来的图斯卡洛拉（Tuscarora）加入，形成六族联盟。——百度百科，易洛魁。

萨丕尔还介入了西北海岸炫财冬宴①仪式合法性的争议中。当时加拿大联邦法禁止炫财冬宴仪式。这项禁令虽然很少执行，却削弱了政府在印第安人中的威信。早在1913年，萨丕尔与詹姆斯·泰特通信（12月18日：NMM）讨论如何为炫财冬宴的合法性提供科学支持，帮助当地酋长废除这项不得人心的法令。第二年萨丕尔在阿尔伯尼时（致弗兰克·威廉姆斯，1914年10月20日：NMM），又试图行动。当地印第安事务官不愿意讨论这项议题，认为炫财冬宴制度远离公众视野更安全。但萨丕尔乐于以努特卡人的案例来敦促当地人进行文化自治，并且给阿尔伯尼人撰写了宣言（致阿历克斯·托马斯，1914年12月14日：NMM）。他同意私下与印第安事务部的行政官进行接洽。

萨丕尔给许多同事写信，其中包括博厄斯、民族学局的约翰·斯旺顿、不列颠哥伦比亚省的C. E. 纽科姆与希尔-陶特（萨丕尔致巴尔博，1915年2月10日：NMM）："我会尽我所能帮助西海岸印第安人获得应有的公正待遇，第一步我会从那些亲历过炫财冬宴的人类学专家那收集他们对这项制度的看法。"

在给博厄斯的信中，萨丕尔（1915年2月19日：NMM）着重指出他的请愿书关系甚大，但目前却没有收到多少回应："不知您是否知道炫财冬宴禁令现在又惹出了好多麻烦。禁令原本差不多形同虚设，但现在又闹起来，我在阿尔伯尼做野外工作时，印第安人对此十分不安。"而且，在阿尔伯海湾的夸扣特尔人向国会下议院上诉，表示希望恢复宴会上交换铜币的仪式。由于私下熟悉这些政治家，萨丕尔"迫切希望我的部门——如果可能的话——给印第安部落提供切实的帮助"。萨丕尔考虑写一篇"半通俗"的公告，"即使站在白人的立场也不应轻率地谴责"炫财冬宴。对印第安人而言，禁令会造成"不

---

① 炫财冬宴是一种没有直接经济收益、最终造成有价财物销毁的礼物交换仪式。在多数白人看来，这种仪式难以理解，但它对西北海岸许多部落的社会网络意义重大。

必要的困境""总体情绪消沉",博厄斯"多年以前就指出了这点"。萨丕尔乐观地总结道:"我毫不怀疑,在兼顾(口头应和)公众的普遍意见与需求的同时,系统地介绍我们的观点会给予印第安人莫大的帮助。"

博厄斯在回信中(致萨丕尔,1915年2月18日:NMM)附上了一封致公众的信,对这项许多白人并不熟悉、但在原住民环境中十分重要的文化制度的意义进行了解释:

> 取缔炫财冬宴制度给印第安人带来的将会是极大的苦难,相当于废除信贷给我们带来的不便。炫财冬宴本质上是当地人对合同债务的公开偿还行为……如果白人宣称铜币没有价值,要求废除……将会使印第安人陷于一贫如洗的境地。

"保留炫财冬宴制度中的刺激机制"十分关键。但令人扼腕的是,官员们并没有试图寻找兼顾文化差异的新方法。在加拿大白人对原住民的文化歧视缓慢消退的过程中,萨丕尔和博厄斯都没有起到任何作用。

巴尔博常年研究西北海岸的印第安人,斯科特曾请教过他的看法(巴尔博致萨丕尔,1920年7月7日:NMM):"他并不希望改变现行法令,因此叫我在不引起印第安人注意的情况下私下调研,把结果汇报给他。"争议搁置了五年,但期间情况没有发生任何实质性的改观。巴尔博个人也赞成维持非强制的现状。但是同时,巴尔博的民族志资料在大众对炫财冬宴禁令的争论中受到关注。萨丕尔(致巴尔博,1920年7月16日:NMM)不仅关注法令的合法性,更关注印第安人对人类学家的印象:

我不想说得这么直白，但如果不这么做，我怕我们某一天会发现自己成了印第安事务部的高级间谍。如果给任何印第安人造成这样的印象，那后果将不堪设想。

人类学家要开展研究工作，必须让个人与当地团体相信他们是当地人的盟友，能够理解当地人生活在白人社会中常常饱受苦痛。萨丕尔的职业精神与公正感使他认同这样的立场。萨丕尔是个精英论者，但他的精英主义观建立在智识而非经济或社会地位之上。在他看来，不论在何种政治环境中，他本人享有的权利无法为其他团体享受到，这是不合理的。萨丕尔是一个理想主义者，或许可以说是理想主义的一名杰出代言人，虽然他的理想主义常常不切实际。

萨丕尔敦促巴尔博（1920年12月10日：NMM）根据此前的田野调查准备一份关于炫财冬宴的小册子，鼓励部门在印第安事务部的政策制定方面有更多贡献。由于印第安事务部里都是公务人员，缺少科学家，科学家有义务提供其专业能力范围内已知的准确信息。小册子按要求完成了，但并没有带来任何显著的效果。

1917—1918年冬天，印第安事务部行政官斯科特找到萨丕尔，提出在西北海岸开展手工编篮产业的设想，让年长的印第安人到当地学校教手工艺课程。萨丕尔表示这项计划不仅仅会满足当地人"纯粹的情感需求"（致斯科特，1917年12月20日：NMM）："我认为没有任何理由让印第安手工艺制品仅仅成为游客收藏的古董而不去施以任何挽救措施，让它们成为让人赏心悦目的商品。"萨丕尔甚至请当地合作者詹姆斯·泰特（1918年4月18日：NMM）参与这一项目，同时他告诉斯科特说泰特对当地情况十分了解，可以让泰特全权负责（1918年4月18日：NMM）：

他对印第安手工制品有着翔实准确的了解。他对印第安人诚挚而热情，印第安人也十分喜欢他，我相信他很快会开发出必需的商业手段来经营他们的产品。

这样做也确保泰特能够续约，继续担任部门民族学家和当地采样者。萨丕尔的政策使得人类学部的科研能力能为原住民社会和加拿大联邦政府两方面提供任何可行帮助。实际上，比起后者来说，他更情愿服务于前者。

萨丕尔尤其担心原住民会失去手工技艺，特别是当一些本无恶意的学校教师贬低传统文化时，这种担心更加强烈（致斯科特，1918年4月18日：NMM）：

> 很明显，随着与白人的接触增多，印第安人不仅开始完全摒弃自身文化中比较简陋粗俗的东西，对自身文化中具有明显优点、值得保留的部分也丧失了敬意。看到原住民手工艺品消失得如此之快，真特别让人忧心。

这项提议既有"工业"可行性，也让人精神"振奋"，因为"正是年轻一代印第安人完全割裂了与祖辈间的传统纽带，他们对自身历史定位的茫然很大程度上造成印第安群体信心的丧失。也许在一些事上教会印第安人重新认识自身文化中的精华还为时不晚。"不幸的是，这项计划失败了。

博物馆人类学的艰辛

部门所有的田野调查都必须包括采集物质文化与仪式活动的样本。任期第一年，萨丕尔尽职尽责地记录了"90多件"努特卡物件，它们之后会在设计中的民族学博物馆里展出。田野调查得到博物馆授权，萨丕尔在采样中勤勉尽责。

到1911年，萨丕尔开始着手馆长职责内的一般性问题。他把人类学部从各政府资助项目与民间集资项目中获取的样本分为五大文化区进行展示，并将体质人类学与考古学分开。萨丕尔亲自设计了编目体系，以反映民族学材料的自然分类，并决定"根据确立的方案对所有展品重新编号"（1912，379）。由于没有其他人手帮忙，他一个人对入馆样本分类登记。

萨丕尔立即开始着手均衡各部落的展出数量：西海岸和爱斯基摩人的资料十分丰富，东部除了易洛魁人（约翰·吉布森酋长长期以来令人对相关材料分类归档），其他部族的资料少得可怜。北阿萨巴斯卡族的资料最少。展橱一送来，这些材料就能上架展出。此外，还准备了样本的公众讲座，幻灯片都准备好了。刚上任的萨丕尔对待各项职责都十分认真。

在1912年的年度报告中，萨丕尔强调展橱和展厅面积不够。1913年的展览将锁定在东部林地、爱斯基摩人与西海岸的部族上，"也包括自治领土考古学的概略调查"（1913，448）。马更些平原与高原的待展品需要另开一个展厅。两根刻着兽纹图案的柱子已经立在博物馆大楼外了，第三根需要一个很高的展厅才能展出。萨丕尔也开始急着物色个布展人，这人最好还是个技师，能确保现有展品保存妥当。他认为"工作人员的纯科研与行政工作"使他们无法继续将保管工作做充分（1914，448）。仅在一年内，博物馆就采集到1500件样本，其中多数是易洛魁人的物件。田野调查的图片采集工作也已经开始。萨丕尔、巴尔博、戈登韦泽和泰特收集歌曲录音，雅各布·萨丕尔将这些录音进行转写，作为民族学材料的补充。

1913年，加拿大人类学大厅正式对外开放。萨丕尔依据前一年提出的文化区方案对民族学展品进行分类。每件展品都配上了部族标签，但并没有向公众与"专业人员"标明具体使用的"科学知识"。

年度报告详尽记录了展橱中的陈列品及它们在展厅中的分布。天花板上吊着木筏，但还有大量墙面没有使用。萨丕尔称："展厅本就有限，我们并不想把考察所得的人类学物料都展示出来"（1914，358）。相反，筛选展品考虑的是"让大众对加拿大主要部落的文化及原住民使用的各种工具与物品有一个大体认识"。目前的馆藏能保证未来的展览细致地照顾到部落间的平衡。

到了1914年，展厅里已经放不下更多展品了，"许多引人注目、具有民族学价值的展品只能束之高阁。"（1915，168）眼下博物馆的入口厅已经布置了不列颠哥伦比亚省的篮艺特别展，每件易洛魁展品都配上了标签。入馆样本仍然数量惊人。但第一次世界大战的阴霾已经开始波及博物馆。萨丕尔写道"由于欧战需要精简开支导致采样数量下降"（1916，265）。1916年，情势进一步恶化，议会大楼烧毁后，议会成员需要在博物馆大楼里开会，大楼因而停止对外开放。只购买了为数不多的藏品。

一战的爆发终结了萨丕尔活跃而又满怀信心的博物馆管理工作。虽然萨丕尔"精巧的"藏品编号方式及亲自手写的入馆藏品卡反映出他在编目上投入了大量精力（Fenton 1986），这些东西几乎都没能留下来。萨丕尔和许多同事谈到他为没能在博物馆工作上投入更多的时间感到内疚。他个人研究的是语言学与民族学，与博物馆工作的联系并不密切。① 虽然如此，不论是民族志还是其他，萨丕尔都尊重事实。

萨丕尔秉承了博厄斯式的博物馆布展、管理原则。博厄斯颠覆了北美博物馆的内涵，此前博物馆布展依据的是工具类型与文化的演进过程，忽视了文化环境。他与华盛顿美国国家博物馆的奥蒂斯·T.

---

① 萨丕尔对物质文化很感兴趣。芬顿（1986）回忆说萨丕尔让他在1934年耶鲁博士论文答辩中描述美洲篮筐的类型与分布。萨丕尔对原住民制品的兴趣与博物馆义务无关。比如，1927年，他在胡帕保留地给女儿海伦安排了篮筐编织的讲座。

梅森曾为此发生过激烈争论，一度难以收场（Stocking 1968）。博厄斯充满激情地阐释了自己的观点，认为展览应当是展现装束恰当的原住民模型使用物品的造景。如此一来，展品更具真实感，也更容易让参观者与学习者理解，否则一旦脱离其环境，这些手工制品的意义也会丧失。虽然博厄斯1905年就与美国自然历史博物馆脱离了关系，但他的展出原则却保留了下来，成为当今北美各大博物馆的规范。

博厄斯还强调展品具有多种功能。虽然博物馆工作的一大正当目标是科研，这最切合科学家/馆长的看法，它也同样承担着娱乐、教化的功能。同一件展品需要满足各类观众的不同需求。更多的藏品可以保留下来作科研之用。很可能的误区是，博物馆如果没有科学家直接参与管理的话，可能会一味网罗实物，而忽略必要的研究去重建或保存实物的使用环境（Boas 1907）。博厄斯常常发现自己与掌控大权的博物馆理事、管理者意见相左，他始终主张博物馆是人类学发展不可或缺的部分。

早在进入人类学学习时，萨丕尔就吸收了博厄斯的这种革新精神。他在哥大求学期间许多课就在美国自然历史博物馆上课，便于老师利用馆中藏品进行教学。相较之下，哥大缺少与之媲美的实验设备。此外，田野调查也是博物馆资料的来源，许多赫赫有名的大型博物馆面临发展优先次序的矛盾。身为渥太华人类学部部长，萨丕尔希望他的身份有助于避开这种矛盾。作为"老板"，他至少可以在人类学方面建立起足够的藏品规模，调动其部员作为工作团队。当然，这只是理论上开展人类学研究近乎理想的方式。

在现实中，萨丕尔希望把精力更多集中在语言学与民族学上。他感到博物馆馆长职责束缚着他，让他施展不开手脚，可能专攻学术研究更能发挥他的专业才华。当工作早期的亢奋感渐渐退去，萨丕尔认识到他能得到的资金无法满足他所构想的展出、藏品收纳计划，他的幻灭感与日俱增。

不出所料，博厄斯认为萨丕尔的态度不切实际，不适于学科整体的发展需求。毕竟是博厄斯把萨丕尔举荐到这个职位，也是他正确地估计到萨丕尔有能力领导一所兼顾科研与采集的博物馆。越来越多的北美博物馆依照博厄斯的原则建立起来，渥太华也成为其中一员。萨丕尔的继任者们几乎不可能再有与萨丕尔相当的权力来维持这项政策。因此，可以理解，博厄斯希望能说服他的前任学生，不论萨丕尔是否更希望从事其他工作，他相比许多同行处境都好得多，回避行政责任完全说不过去。博厄斯写了封长信，清晰地表达了他的立场（1914年1月2日：NMM）：

> 前些日子，我听闻你打算辞去加拿大的工作，在博物馆寻个职位，希望如此便能减轻一些行政职务的压力，有更多时间投入科研工作。这个消息让我很忧虑。
>
> 我认为类似举动会铸成你一生的错误。我不清楚你对美国博物馆工作的性质是否有清晰的认识；但从我自己的经验，也结合我看到的博物馆工作人员的工作内容，我感到我的评价是恰当的。在任何地方你会遇上的根本问题会是所有纯粹的科研……都只是次要工作，博物馆最重视的不是探究，而是展览，通常还是受大众欢迎的展览。……
>
> 从你先前和我的交流中，我能够理解那些你无法回避的行政工作让你很烦恼，你并不喜欢这些工作；但切不要以为你能够完全摆脱这类工作。不论在什么岗位，尤其是博物馆的职位，总要处理这样或那样的行政工作。目前来看，你绝大多数时候都掌控着全局。你已经建立起众多开展重要研究的思路，而且我认为，你在开展博物馆工作的成绩，意味着你需要承担起它未来发展的责任。……你在渥太华任职的这

四年，在我看来一直遵循明智的科学原则，没有为了博取尚未成熟的大众欢心无节制地让步，屈从于大众品味是科学的灾难。因此，如果你由于工作职责中有不少让你厌烦的内容而选择逃避，我认为这会是人类学界的损失。……我羡慕你们这一代年轻人，你们拥有我不曾享有的工作机会——你们拥有大量机会开展创新研究，可以促进不同方向的科研工作，并且你们的行政职责实际也更轻松一些。当然，我也能理解你可能更希望把所有时间都投入在科研中。但并不存在这样一个纯粹进行科研的职位。……总之，除非你的经济水平可以使你完全不用为了薪水而工作……

萨丕尔自然还不能不计酬劳工作，这一点博厄斯很清楚。萨丕尔只是模糊地以为在芝加哥博物馆里谋一个职位，由其他人来掌管行政工作可以减轻他的负担，让他有更多时间写作、与兴味相投的同事交流。博厄斯认为这种想法很天真。他给萨丕尔的忠告言辞含蓄，足见他尊重萨丕尔，也能理解萨丕尔的苦恼。虽然如此，萨丕尔需要新的视角继续其工作。没有人知道他收到导师劝诫的那刻是怎样的反应。但不论如何，他没有辞职离开。

第四章　渥太华研究团队

萨丕尔在新岗位上权力很大，同师门的许多同仁开始打听他的情况。不得不面对民间资助短缺、博物馆与大学目标冲突（Thoresen 1975）的克罗伯打趣地询问萨丕尔的情况（1911年6月1日：NMM）："呃，我听说人类学部的活动繁多，期间获得的证据资源都由你来掌控，这让我高兴。其他机构听从你们调遣吗？还是你们所有部门都必须听从非人类学的官员的指令？"言语间不乏醋意。实际他在暗中比较两人职位的优劣。自离开加州后，萨丕尔已经开始独立施展自己的才华。克罗伯负责的是一个州的科研，而萨丕尔掌控一个国家的科研，并且基本不受直接监管。

萨丕尔唯一可以参照的是美国民族学局的模式，该模式强调跨学科合作。但萨丕尔形成了独特的管理风格。他倾向于让科研团队中的成员保持各自在工作风格与事业发展中的个性。但身为博厄斯人类学的核心成员，萨丕尔也倾向于期待手下的科研工作者对团队保持忠诚，并努力做出实质性的学科成果。萨丕尔是个放手型的管理者，他始终致力于达成科学目标，但依仗的却是发挥团队中各人独特的专长与兴趣。他极少表现自我，自信有能力赢得同事与下属的支持，而不会感觉自己的地位受到威胁。他对掌权本身并不感兴趣。

萨丕尔身为团队领袖，同时也把自己看作团队中的一员。在渥太华的15年任期内，他将自己的研究计划很好地与对加拿大原住民语言与文化进行描绘的部门需求联系起来。从每年的部门报告可以看出部门的总体规划井井有条。他试图与加拿大不同的印第安族裔交往，从而可以指导其他人进行具体的研究。身为首席民族学家，萨丕尔的职责是将各项研究与整个民族学发展的宏观目标结合起来。由于财政受限，部门中的许多成员都是兼职或短期雇员，他们必然缺少萨丕尔看待问题的视角。尽管日复一日的行政压力让萨丕尔感到力不从心，他在相对抽象的行政管理中却表现出色。正是由于他坚持不懈、计划长远，对人类学部及其计划的公开推介卓有成效，部门才取得了越来越多的成就。

萨丕尔的首要任务是在部门建立起涵盖博厄斯人类学所有学科的体系。哈伦·史密斯主管考古学，主要开展考古调研。体质人类学家弗朗西斯·诺尔斯一直受病痛折磨，最终辞职。因此，实际整个科研团队的主要精力都投入在民族学上，大家心照不宣地将语言学留给了萨丕尔。

部门工作主要依据不同的文化区开展。萨丕尔已经是西北海岸的语言专家。他接手了爱斯基摩民族学项目，并很快主持开展对东部林地易洛魁族与阿尔冈昆族的工作。他希望能填补关于平原阿萨巴斯卡人与北阿萨巴斯卡人的资料空白。不同专业背景的田野工作者都参与到了这些研究项目中。

加拿大北极考察是由加拿大地质考察与纽约美国博物馆共同资助的项目。加拿大地质考察同时也是萨丕尔所在项目的前身和上级机构。1911年，也是萨丕尔首份部门年度报告出现时，考察队已经在北极圈驻扎三年有余。虽然萨丕尔缺少直接与爱斯基摩人打交道的经历，他自然而然成为项目的行政官。在1911年年度报告中（1912，390）他简要引用了V.斯特凡松的信，提到考察队原定的民族学任务已经完成。斯特凡松把尚未完成的报告的各部分内容发给萨丕尔，自己仍留在北极圈。萨丕尔递交了这一报告初稿，但没有做评价（1913，452）。

不过，萨丕尔私下向罗兰·狄克逊——此人与克罗伯合作研究加州印第安语——询问斯特凡松在哈佛上学期间的名声。狄克逊（1911年11月17日：NMM）表示他无法将斯特凡松的科研与他的品行分开。在任助教期间，斯特凡松险些因评分猫腻、向其他学生借钱遭到解聘。更糟糕的是，博厄斯第一次到北极圈之后回来表示，斯特凡松对爱斯基摩语的"无知"令他震惊。在狄克逊和博厄斯看来，缺少语言训练不足以成为借口。这次坦率的询问结果使萨丕尔对斯特凡松这位并非自己挑选的同事丧失了信心。斯特凡松没有受邀加入渥太华科研团队也就毫不奇怪了。

在1913—1916年的新一届北极考察名单中，斯特凡松的位置由戴蒙德·詹内斯取代。詹内斯是巴尔博在牛津大学的同学，被后者举荐给萨丕尔。萨丕尔看到詹内斯发回总部的报告认真严谨，很是欢喜。他表示考察队的工作揭示了"爱斯基摩族中不同分支的扩散问题"（1915，174）。詹内斯在北极圈工作三年后，回到部门受长期聘用。[①] 詹内斯对爱斯基摩方言（1916，270）的研究深受萨丕尔赏识，后者欣然答应让这个做事可靠、性情温和的同事——同时他的密友——继续他自己的工作。

1911年，一项系统的研究项目在加拿大东部开展起来，巴尔博、戈登韦泽、塞勒斯·麦克米伦、威廉·梅克林和弗雷德里克·沃最终都参与了工作。同年萨丕尔与斯佩克进行田野调研的短期旅行，熟悉易洛魁语与阿尔冈昆语，以便指导团队开展易洛魁族与阿尔冈昆族的科研工作。

巴尔博试图挽救休伦族与怀安多特族的民族志，得到的结果比预计更令人印象深刻。之前，"休伦族的研究本就被公认为徒劳无益。安大略曾经有着数量众多的休伦部落，现在剩下的几百名散居后裔其

[①] 1925年，詹内斯接替萨丕尔成为人类学部首席民族学家。

文明已经发展到高级阶段"（1912，381）。巴尔博强调要重视当地的个体调查对象，因为文化物质的保存与他们的记忆息息相关。但"由于时间有限……尽管投入了大量精力"（1912，385），休伦语的报告最终没有完成。萨丕尔对语言学的标准一向很严。

巴尔博的田野调查与项目报告撰写一直持续到1914年。这一年他开始对现代休伦族中流传的法裔加拿大民间传说产生兴趣，希望了解"欧洲民间传说对原住民神话的内容与形式产生了怎样的影响"（Sapir 1915，172）。此后，本是从法国移民加拿大的巴尔博越来越多地研究魁北克地区的民间传说。萨丕尔认为研究本身属于人类学的考察内容，不过他也担心一些局外人会认为这超出了人类学部的工作范畴。因此，他向巴尔博建议（1918年10月7日：NMM）："一些加拿大常驻机构，比如那些常驻魁北克省的机构，于理更适合接手你开始的工作。"巴尔博听从了建议，与美国民间学者进行接触并且在魁北克建立了民俗档案馆，还在渥太华建立了分支研究部。①

1911—1914年，亚历山大·戈登韦泽主要研究易洛魁族的社会组织，同时任哥伦比亚大学讲师。戈登韦泽主要从事理论研究，②在他长期事业生涯中参与的唯一田野调查是关于易洛魁族的。萨丕尔非常欣赏"戈尔迪"③的智性才能，相信他能采用均衡兼顾的办法（致沃利斯，1913年3月15日：NMM)："……直到最近，他可能对纯事实内容重视不够，但我相信这么长时间他都身在易洛魁人之中参与田野调查，会很快克服这种倾向。"但是戈尔迪一直忌讳谈材料，不愿意或没有能够按聘任书上要求的交出结果。④ 不论戈登韦泽是个多

---

① 博厄斯任《美国民俗杂志》主编，但编委会除了包括欧洲民俗的文学学生，还包括一些人类学家（Darnell 1974；Zumwalt 1988）。
② 他的哥大博士论文有关图腾崇拜，研究超越了民族志层面，挖掘了社会生活背后潜藏的符号体系。
③ 萨丕尔对戈登韦泽的昵称。——译者注
④ 直到30年代中期，萨丕尔才说服戈登韦泽把这些材料交给威廉·芬顿，当时芬顿刚刚接触易洛魁族的资料不久，这成为他日后担当易洛魁族学家这一辉煌事业的开端。

好的朋友,他是萨丕尔行政工作的噩梦。在那些不懂人类学、重人员可靠性胜于民族志质量与科学创造力的上级官员来看,不交报告对整个项目没有一点好处。但萨丕尔并不擅长强迫人们去做他们不愿做的事。

戈登韦泽(以及保罗·雷丁、威尔逊·沃利斯)给萨丕尔提供了相当于教学的机会,他们是博厄斯计划中最聪明的年轻人。萨丕尔既像慈父般倾听他们的心声,也为他们的工作提供管理上的支持,虽然他和他们多数人年龄相当。萨丕尔更喜欢雇佣思想标新立异的人,被他们的见解所吸引。许多人每年夏季过来参与研究,田野调查的间歇期他们回到纽约、波士顿、费城、旧金山。他们使萨丕尔始终能了解到自己所在领域的主流思想发展。

戈尔迪坚持用自己的方式接近易洛魁人,他称萨丕尔组织团队研究的做法"不靠谱"(致萨丕尔,1912年4月15日:NMM)。戈尔迪认为研究主题的划分站不住脚,他把对社会组织的研究扩展到药物、梦境、预言上。戈尔迪想研究易洛魁语,但萨丕尔告诫他(1912年3月28日:NMM)了解语法只是"协助你恰当地处理民族学材料"。萨丕尔不无嫉妒地保护着自己在语言学领域的特权。

戈尔迪的重要调查对象约翰·吉布森酋长1912年去世,留下了大量未完成的资料,尤其是歌曲文本和大量翻译。[①] 上司要求萨丕尔对他的合同制下属"公事公办、有明确的"安排,萨丕尔迫于压力只能反复劝诫戈尔迪收集未分析的田野材料(致戈登韦泽,1912年11月6日;1913年5月13日:NMM)。整整三季戈尔迪没有给出田野调查的书面成果,萨丕尔开始犹豫是否要和戈尔迪续约,他意识到这可能会危及整个科研计划(1914年3月27日:NMM)。萨丕尔注意到地质学家能很快写完报告,想把这个任务交给布洛克。他努力辩解

---

① 这些需要在费城的雅各布·大卫·萨丕尔进行转写。

到:"一个人在有限时间内完成像社会组织这样的大课题不是件容易的事。需要同时兼顾好几条线索，多次考察"。这一行政管理问题一直没有得到圆满解决。

另一位研究者塞勒斯·麦克米伦是麦吉尔大学的英语教授。他没有接受过正规的人类学训练，1911年进入部门后研究密克马克族。后来部门没有和他续约。麦克米伦并非单纯分析原住民的故事，而是把它们与欧洲民间传说进行比较。此外，麦克米伦的工作与威尔逊·沃利斯受宾州大学委托的工作内容有重叠。萨丕尔拒绝介入两人的纷争之中（致沃利斯，1911年10月23日：NMM），建议两人独立出版自己的成果。他也征询了沃利斯对麦克米伦的看法，提到麦克米伦没能寄来手稿，而且研究效率不高。在缺乏证据的情况下，沃利斯（致萨丕尔，1912年7月18日：NMM）假定麦克米伦愿意多多学习。但不幸的是，麦克米伦和印第安人接触很少，关注的更多是文学而非民族志的内容。为了避免与他人更全面的工作有重复，萨丕尔最终决定不发表麦克米伦的材料（Bernier 1984，403）。

萨丕尔宾大的学生威廉·梅克林1911—1913年间研究密克马克族人与麦勒席族人。他主要研究当地歌曲，还训练几名密克马克族人书写当地语。1912—1915年间，弗雷德里克·沃研究易洛魁族的物质文化。但没有任何系统的东部阿尔冈昆族工作的总结报告发表。

1912—1915年，博厄斯式的怪才保罗·雷丁研究奥吉布瓦人，希望能够填补加拿大平原部落重要的知识空白。在博厄斯学派同仁中，雷丁是萨丕尔最亲密的朋友。萨丕尔的女儿海伦回忆雷丁是个慷慨大方、合群幽默的人，"无论我们住在哪都会有他的身影"。雷丁富有生活乐趣，闪耀着才智的火花，不在意日常世界的琐事。洛伊（1965，70）形容他是"同辈人中最多才多艺的一个——一个快活聪明、游走在人类学和邻近学科的可爱绅士"。雷丁从没有长期受聘于任何职务，但他和加拿大地质考察的关系一直极平和。他在田野调查中十分敏锐，并且始终大量记录民族学资料，让萨丕尔很欣赏，萨丕尔乐于容忍他对工作涉及的繁文缛节十分随便的态度。只是到了第一次世界大战，由于经费缩减，萨丕尔才终止了雷丁的聘约。

闲聊是雷丁的一大癖好。和他在一起，萨丕尔会倾吐自己私下对同事和学科分界狭隘的看法。雷丁认为正在兴起的博厄斯范式是个死胡同，博厄斯缺少想象力，而且也很少关心历史（致萨丕尔，1914年1月27日：NMM）。在雷丁看来，历史包含着对文化材料"全面、综合、系统的解读"。当萨丕尔的研究兴趣扩展，开始关注文化中个体的研究时（见第七章），雷丁激发他思考，并提供反馈。

尽管雷丁一直致力于详尽的民族志描写，他在描写大平原地区印第安语言、文化的分布方面并没有什么贡献。1916年，萨丕尔派沃前往奥吉布瓦人的营地，但工作一直没有完成。1914年，沃利斯前往马尼托巴造访了那儿的苏族人。沃利斯发现"一群保守族民，拥有丰富的民族学资料和物质文化"（Sapir 1915，173）。当沃利斯因陷入苏族部落的派系斗争无法开展研究时，萨丕尔（1914年6月24日：NMM）建议他雇佣"你最痛恨的敌人"来缓和他们的嫉妒。他还以公务名义致信（1914年6月24日：NMM）印第安人，使他们了解沃利斯的工作得到了加拿大政府的支持，萨丕尔本人对他们配合沃利斯的工作表示感激："我们认为达科他部落与其他印第安部落一样，有着漫长完整的历史。现在我们对这段历史还一无所知，沃利斯正是希望能够了解达科他人的故事，发现他们的行为方式。"

沃利斯在牛津上学时曾在 R. R. 马雷特门下修习哲学与人类学。1911—1914年，他在宾州大学学习哲学，期间参加了博厄斯在纽约开设的讨论课，见过萨丕尔、戈登韦泽、洛伊和雷丁（Spencer and Colson 1971：258）。他后来加入渥太华人类学部，从事田野调查。他的折中派理论社会学深深吸引着萨丕尔。虽然由于经费问题没能进一步开展对苏族人的研究，但两人成为了好友，萨丕尔有一些无法与博厄斯模式相融合的观点，常常会征询沃利斯的意见。

对沃利斯这位没有任何语言学背景的同行，萨丕尔在信里最为明确地表达了民族志研究中少不了语言学的主张（1913年6月10日：NMM）：

> 我认为，对在原始民族从事社会学研究的人，了解足够的语言学知识极有价值，有助于我们相对准确地记录印第安词语乃至文本。……确定原住民的语言分类，甚至从严格的社会学视角也有极重要的意义。……除了关系称谓这个特殊的领域以外，还有许多其他话题只有通过了解原住民语汇才能理解。歌曲以及许多社会组织与宗教内容通常都只能透过语言去理解。所有不是基于语言学知识的研究我认为都或多或少缺少内部视角。我一直感到不安，这种文章中可能到处存在对研究对象的误解。……从更宏观的角度来看，我们研究原始民族的真正目标很大程度上是要了解他们的分类体系。而这种体系总是多少能从语言中反映出来。
>
> 我认为即使一个人不是进行语言研究，他也能从语言材料中获益很多。当然，通常人们在真正开展工作时会发现如果要充分地把握语言材料，很难避开语法分析。

萨丕尔认识到他的立场将他与其他博厄斯学派的人类学家区别开来。他曾写信给斯佩克（1912年6月11日：NMM）："好吧，我想我是个语言学怪胎。"他写信给洛伊（1920年10月26日：UCB）表示缺少语言学的民族学结论过于宽泛——"那些草草得出、模棱两可的陈述听着像靠得住脚的社会学论据，但这种结论对谁有好处呢？"萨丕尔态度坚定，人类学部的工作要不就表现出他主张的语言学精细化分析，要不局限在传统民族志研究的路子上。①

关于马更些和育空地区的北阿萨巴斯卡部落所知很少，其中一部分原因是当地气候和文化条件十分恶劣，很少有人类学家愿意去。② 1912年，萨丕尔得到了詹姆斯·泰特的帮助，泰特曾是博厄斯的印第安语调查对象，曾给来访渥太华的印第安代表团做翻译。泰特乐于从自己的萨利什部落（西北海岸）进一步向北拓展，"对还所知甚少的北阿萨巴斯卡人进行全方位的初步考察"（Sapir 1913，452）。

泰特没有接受过语言学方面的训练，萨丕尔让他采集当地词汇作比较之用（致戈达德，1912年2月29日：NMM）。他从普林尼·戈达德——北美重要的阿萨巴斯卡研究者——那儿得到了有助于历史重构的基本词条。泰特可以获得"足够的词汇以及其他比较素材，为部落及方言分类提供完善的基础，而不用对语言本身作全面的研究"（萨丕尔致泰特，1912年11月18日：NMM）。由于基本民族志还没有，要提出民族志问题更为困难一些。萨丕尔建议（1912年12月21日：NMM）泰特只要对萨利什族的问卷做些调整就行了。在泰特对地区进行调研后，他应当将研究"锁定某一具有典型特征的部落，进行更翔实的研究"（1913年1月18日：NMM）。萨丕尔（致詹内斯，1930年8月5日：NMM）确信对连贯文本的语言分析是研究阿萨巴斯卡语言唯一可行的办法：

> 除非用语言分析的方法，否则一个人别想在对北部这些四分五裂的阿萨巴斯卡部落的研究上做出真正的成果。我怀疑直接询问关于民族学内容的方式能否取得很多成果。如果

---

① 萨丕尔的同事都知道萨丕尔偏爱语言学。克罗伯因自己的尤罗克田野笔记道歉（1919年8月17日：UCB），表示"我在文中试图阐述的有关个性、处理方式、风格的观点你会有兴趣；但我的研究在很大程度上并没有基于文本或关于语言的知识，我估计做出来之后你可能会不屑一顾"。

② 20世纪20年代末，萨丕尔派他的芝加哥大学学生科尼利厄斯·奥斯古德去北阿萨巴斯卡人那里时，也发生了同样的情况。

有人能从不同的个人叙事中继续追究线索，还是可以做出些成绩的。

调查之后，泰特是有可能开展如萨丕尔提到的工作的。

泰特没有严格遵从渥太华当局的职务归类，时而是原住民调查对象或信息提供人——政府并不保证续约，时而算是萨丕尔科研团队中与其他人地位相当的科学家。1915年，泰特与渥太华政府的合约尚未结束时，就分出时间来给博厄斯干活，这件事萨丕尔认为博厄斯做得"不妥"（萨丕尔致泰特，3月5日：NMM）。萨丕尔坦言不在意材料采集后的归属方，但指出续约对泰特"有利"。泰特易主让他"颇为尴尬，难以向上级交代"。

萨丕尔称（致R. G. 麦康奈尔，日期不详；1918年5月27日：NMM）"我们一直认为泰特先生会作为考察项目外聘人员"无限期续约。泰特"在人类学界一向以严谨科学著称"。萨丕尔只拿到了一小笔钱作为泰特田野调查的报酬，工作不得不第二年重做（致泰特，1918年6月5日）。此后，萨丕尔只能花钱购买完整手稿（致泰特，1918年7月18日：NMM）。[73]

1913年，萨丕尔雇用了宾大学生约翰·奥尔登·梅森对马更些最东端的阿萨巴斯卡人进行"初步考察"，补充泰特的西部考察工作。萨丕尔（致博厄斯，1912年9月23日：NMM）想"找个愿意与印第安人待得久一些，一直待到冬天的人"。到夏季耕种时节，印第安人十分忙碌，经常搬家。此外，质朴的阿萨巴斯卡文化并没有得到艺术家、艺术品收藏家或民俗学家的青睐。梅森是理想的人选，有过考察质朴文化的经验：1909年，他曾和萨丕尔一起考察西南犹他文化。

萨丕尔对梅森的语言成果、博物馆样本和留声记录很满意。但梅森不得不询问（1913年，日期不详：APS）他此行的目的，提出萨丕尔曾一再教导他田野调查应有一个具体目标。梅森的语气显得风趣幽默，但萨丕尔没有和盘托出他调查阿萨巴斯卡人的总体想法，他对泰特也是如此。虽然如此，他希望这项工作能够"解决阿萨巴斯卡民族学中最困难的问题"（致泰特，1912年11月18日：NMM）。

萨丕尔最后一次调查北阿萨巴斯卡地区，是与加布里埃尔·莫里斯神父的非正式合作，神父长期向卡列尔印第安人进行传教。事实上，萨丕尔比博厄斯或克罗伯更愿意使用没有接受过专门训练但能力相当的观察人。长期接触很重要，相比文化的其他方面，语言不容易受主观解释的影响。

莫里斯主动向萨丕尔示好，他写信（1914年10月13日：NMM）对萨丕尔几年前根据俄勒冈的短期研究写成的蔡斯塔克斯塔音系学热情称颂了一番。萨丕尔对在阿萨巴斯卡研究方面取得的成绩很谦虚，但感谢神父对他对有限资料的归纳予以肯定。萨丕尔期待完整的卡列尔语法会成为印第安语中"我们最具权威性的研究之一"（致莫里斯，1917年11月16日：NMM）。萨丕尔（1918年1月21日：NMM）迫切想要协助莫里斯完成手稿并予以发表。但莫里斯（致萨丕尔，1919年2月2日：NMM）只希望在有生之年看到手稿面世。萨丕尔与博厄斯沟通，因为莫里斯不怎么敢直接出面和博厄斯交涉（致萨丕尔，1919年2月14日：NMM）。博厄斯感到竟有人认为自己难以接近，认为自己对学术成果的评价不够客观，这让他很恼火（致萨丕尔，1919年2月28日：NMM）："我不清楚莫里斯神父为什么会不敢直接写信给我。"萨丕尔和博厄斯都没有能够立刻安排出版此书，但两人都肯定这部作品具有重要意义。

萨丕尔的渥太华田野调查

作为人类学部的主管，萨丕尔希望完成几乎无数的田野调查。加拿大政府对治下的印第安当局表现出明显的兴趣，他们雇佣的人类学家为其提供可行的科学建议,这似乎反映出他们把印第安人研究看作一项长远战略。无法想象在任何一支人才力量精备的研究团队中,会少了印第安人。萨丕尔当初为人类学吸引,关键的原因是当时记录濒危文化的任务十分紧迫。在渥太华,他可以付诸实践。

此外,萨丕尔对接触任何新语言都抱有浓厚的兴趣。几乎从每次田野调查的第一天起,他就开始提出语言结构的假设。当然,他对假设进行验证、完善,但同时对每种语言独有的结构有着强烈的直觉。他没有固定的得出结构的形式。每到周日他会给调查对象放一天假,但会利用这段本将无所事事的"闲暇时光"钻研另一门语言,这种研究节奏的转换是他很喜欢的。萨丕尔享受田野调查,他设法了解本族语者的世界观,与他们建立了极好的关系。语言学家自然会需要找一些人进行密切合作。萨丕尔倾向于选择可以用英语准确翻译并且对母语结构有敏锐直觉的调查对象。这对教印第安人书写自己的语言、记录额外文本十分重要。如果没有这种合作,萨丕尔几乎不可能在有限的田野时间里整理出如此丰富的文本语料与后续分析。当时,一个研究美洲印第安语的语言学家在其生涯中预计一般能研究二十种或更多的语言,正如萨丕尔做到的那样。萨丕尔的独特之处不在于他研究了多少种语言,而在于他每次接触一门新语言都能设法提取出大量信息。

萨丕尔在渥太华的第一项举措是对温哥华岛努特卡人进行民族学和语言学考察。在其他方面西北岸已经为人熟知,这次填补西北岸主要空白的试水仅花了四个月不到的时间。虽然萨丕尔用了"考察"[①]一词,以满足总体任务中的绘图目标,他很快把研究计划限定在一个更易施行的规模内(1911,284)。努特卡人的"生活与思维"极其复杂,且部落之间有所区别。萨丕尔对许多村落进行了短期考察,此后

---

① 博厄斯也曾面临类似境况,陷于对民族志进行考察与对选定团体进行更广泛研究的两难境地之中。格鲁伯(1967)曾具体描述了博厄斯与英国科学促进协会和上司霍拉肖·黑尔的矛盾。

把研究锁定在不列颠哥伦比亚省的阿尔伯尼。

1911年，萨丕尔在其首份年度报告中承认他的首要目标是语言学考察。努特卡语是"一种语音极难且结构复杂的语言"。民族学与神话文本是根据语音记录，并引入额外的语法内容逐词进行翻译的。萨丕尔写道："从语言学的角度，这些文本具有重要价值，它们使用真实地道的用法对原住民言语进行解释。而且这些文本表述了原住民对习俗、信仰的见解，从严格民族学的角度也很珍贵。"这种民族学与语言学资料的明确关系成为整个人类学部研究的重要特点。

此外，萨丕尔在报告中详细叙述了努特卡语的研究方法，之后他才列出选择努特卡族进行研究的并不难推测的原因，即阐明努特卡语与夸扣特尔语的关系。这一问题是19世纪90年代博厄斯在瓦卡什语的注释中提出的。理想的情况是，跨语言比较前需有充分的语言描写。

萨丕尔对各种民族学课题进行探究。他参加原住民庆典，不乏得意地表示（1911，285）"在某个表演环节，我是唯一被允许留在现场的白人"。他录了67首歌（后由父亲雅各布转写），并且尽职地采集博物馆样本。尽管初涉努特卡人的努力取得了丰硕成果，萨丕尔公开表示他的工作只是"对努特卡印第安人科学研究的……一个不错的开始"（1911，285）；"要给出一份完整的描述"需要开展好几季的田野调查。

但1911年，萨丕尔搁置了努特卡项目，开始对"安大略和魁北克省的一些比较容易接触到的易洛魁与阿尔冈昆保留地进行调查"（1912，380）。他们在安大略省布兰特福德的大运河保留地待了六天，主要时间都用于对塞内加语和莫霍克语（属易洛魁语）的语言研究。在魁北克省卡纳瓦加他们采集到更多的莫霍克语料；不出所料，萨丕尔发现了一种独立的莫霍克方言。然而，他很清楚有限的语言接触只能产生"语音理解"，要在允许的时间里归纳出语法"完全不可能"

(1912，380)。

萨丕尔认为此前易洛魁语的记录者训练不足，记录并不准确，这种见解有些天真。他称"多数记录易洛魁语的努力——如果不是全部的话""在这方面尤其不足"(1912，380)。易洛魁语已经比较成熟，这种看法显然夸大了萨丕尔本人初涉这块熟土的重要性。此外，在这次浅显的田野调查前后，没有证据表明萨丕尔熟悉现有的易洛魁语言学。

萨丕尔放心地把易洛魁语的研究留给了巴尔博，不过他给巴尔博的易洛魁语词根一文提了不少建议（文中巴尔博的音系学与形态学处理都明显带有萨丕尔的影响）（迈克尔·福斯特，p.c.）。萨丕尔并不看好巴尔博的语言学能力，巴尔博（1915，4）承认萨丕尔"对研究方法给予慷慨的建议"，并"合作完成对莫霍克语、奥奈达语和怀安多特语的比较语音学与比较语法研究"，这些显然低估了萨丕尔的作用。巴尔博没有接受过任何语言比较训练。虽然1911年的田野旅行使萨丕尔自信可以评判他人的易洛魁语研究，他发表的有关易洛魁语的文章为数不多，并且大体是类型学讨论，并没有反映他自己的语料。[1]

萨丕尔还对阿尔冈昆人的各种语言进行了采样。他在大运河保留地花了一下午钻研德拉瓦尔语，归纳出德拉瓦尔语的语音特征。他还记录了一些阿贝纳吉语、麦勒席语、密克马克语、蒙塔奈语、吕佩尔屋村的克里语，对克里语与蒙塔奈语两者的语言地位获得有益的认识（1912，381）：这是两种方言，在圣劳伦斯湾到落基山一带都能互相交流。

萨丕尔没有继续研究阿尔冈昆语，不过部门的合同制研究员继续了这项钻研，尤其是梅克林。萨丕尔在民族志研究方面有斯佩克的得

---

[1] 福斯特（p.c.）认为萨丕尔1921年对印第安语进行分类时，将易洛魁语归于霍卡—苏语类下根据的是19世纪中期莱瑟姆的观点，即认为易洛魁语与苏语尤其是卡多语是相互联系的。

力帮助，语言学研究也仰赖美国民族学局的杜鲁门·米切尔森。事实上，他使米切尔森相信，自己获得第一手的阿尔冈昆语料只是用作比较研究的基础。1913 年，萨丕尔把两种加州印第安语归为阿尔冈昆语，他并没有使用自己的语料。毫无疑问阿尔冈昆语是北美原住民语中最有名的语族。①

但萨丕尔考察的主要目的还是更好地对部门在加拿大东部的广泛计划工作进行指导。实际上萨丕尔把东边研究分派给了巴尔博，把爱斯基摩人的研究交给詹内斯，自己专门负责西部语言与文化。几年后，萨丕尔对威斯勒谈起他开展语言学田野工作的指导思想（1920年 10 月 3 日：NMM）：

> 当然，语言学家或许/很可能想亲自很快完成田野勘察，从而打下坚实的语音基础，能够正确解读已发表的语料。在这方面我自己的经验是，如果能够彻底了解他人获得的第一手资料，也会带来意想不到的结果。（比如，我在海达族只是听人介绍了几个小时，但你会吃惊地发现那几小时你会掌握好多纳-德内语的重要信息。虽然如此，直观的语言印象无法替代。这就好比艺术。在语言学和艺术领域，可能我们会围绕一个主题有大量讨论，但由于缺少与源文本的直接接触，可能说得完全离题。）然而，快速的田野勘察……可以给我们提供对比较充分的记录内容进行评价的观点和视角。

未经语言学训练的人往往会错失要点："优秀的语言学家依循某些线索进行五个小时踏实的工作，会比普通民族学家六个月的漫长询

---

① 后来莱昂纳德·布龙菲尔德选择阿尔冈昆语族来说明印欧语的方法如何应用于没有文字的语言，就绝非偶然。虽然萨丕尔采用了比较方法探究语言远亲（历史）关系，布龙菲尔德更倾向于采用新语法学派中更明晰也更加为人熟知的近代读音变化的模式。

问发现更多的信息。"萨丕尔确信语言学有助于阐明民族学，但他不愿意民族学家从事低质量的语言学工作。[①]

1912年，萨丕尔的田野调查限定在魁北克省的短期采集（1913，452）。詹姆斯·泰特在渥太华与内陆萨利什代表团在一起，但萨丕尔并没有利用这些印第安人的访问扩充自己的印第安语知识。

1913—1914年秋冬，萨丕尔有五个月重新回到阿尔伯尼，进行努特卡研究。在当地他已经十分出名。他教阿历克斯·托马斯和弗兰克·威廉斯——"其中两名理解力较强的翻译"（1915，172）——按照语音书写努特卡语，"这一做法显示出了不可估量的价值，如此一来，即使调查者不在也可以从努特卡人那获取额外的文本材料。"萨丕尔可以继续从事他的研究大计，而不用不断回田野考察。从某种意义上说，他领导了另一支由当地合作者组成的研究团队，从渥太华发来指令指导其工作。

这种合作是博厄斯学派业已建立起来的模式。署名权归人类学家所有，"调查对象"（informant）只是被动的工具，辅助人类学家记录通常认为是客观的信息。当然，现实中，每个译员有个人视角，对自己的文化有着独特的理解。[②]此外，由于人类学家常常在不同的时期与同一批原住民接触，他们对相同的调查对象的评价有助于人类学家评价调查结果是否有效可靠。调查对象个性与风格的差异在人类学这个小圈子里并不陌生，正如他们协助记录的文化一样。事实上，许多调查对象去世后，《美国人类学家》都刊载了讣告。依照现代标准，人们对待"调查对象"——如今大部分人类学家认为该词含贬义——态度事实上很轻慢。但根据当时的水平，萨丕尔和同事们在援引信息出处时都极其小心。但他们并没有像当地人一样的对保护本土文化强

---

① 萨丕尔一生都坚持这一立场。他给克罗伯写信（1930年11月28日：NMM）斥责"陈旧的拓荒者态度，他们把拯救语言、记录大量不加鉴别的材料视为主要任务"。所有的工作都应当"满足真正的语言学家的要求"。

② 比较坎尼佐（1983）关于乔治·亨特对夸扣特尔文化的"虚构"。

烈的使命感；他们并不希望他们的报告者是人类学家，或者会成为人类学家。虽然如此，萨丕尔及博厄斯学派的其他人类学家培养的当地翻译对此后发生的变化产生了重要影响。

在1914年的报告中，萨丕尔照例先叙述了努特卡人考察的情况，顺带提到这次是对阿萨巴斯卡语、海达语、特林吉特语（他标注为纳-德内语）三者"可能存在的语言亲缘关系的特别调查"。萨丕尔认为他撰写的美洲印第安语的比较论文是其部门工作的组成部分，虽然在他每年的行政报告中田野调查占有更重要的地位。

第二次到阿尔伯尼，萨丕尔每周日用来研究科莫克斯语，并会花上几小时钻研海达语语音——他希望就纳-德内语深入钻研。1915年，萨丕尔对努特卡文本进行了整理，开始研究纳-德内语族（1916，269）。

萨丕尔在渥太华与纳斯河的四位酋长交流，结果偶然地写出了一篇关于钦西安人社会组织的论文。他试图设立一项官方政策，让人类学家可以定期利用这样的机会进行研究（萨丕尔致斯科特，1915年2月19日：NMM）。1916年4、5月间，泰特协同两名来自纳斯河的首领和三名来自内陆不列颠哥伦比亚省的首领一起来到渥太华。萨丕尔研究纳斯河、汤普森河、利卢埃特、舒斯沃珀、奥卡纳根、库特内亲属称谓。部门的其他成员同样获得了有用的结果。1920年，萨丕尔在渥太华与来访的印第安人一起探讨海达语和钦西安语。同时，他研究努特卡文本，其中许多文本是阿历克斯·托马斯上次造访之后带来的，他简短地报告说（1917，391）他"投入了大量时间研究美洲印第安语的各种问题"。

易希：短暂的加州回访

在渥太华的年月，萨丕尔开展的田野调查遵循部门委任均与加拿大印第安语相关，除了一次紧迫的例外。1915年夏天，他回到加州重新投入长久未曾接触的亚纳语研究（1907—1908），与当时仅存的一名亚希方言（南亚纳语）部落的原住民共事。易希——这个在亚希方言中名字意为"男人"的亚希人——已经病了。抢救亚希语已经迫在眉睫。克罗伯给萨丕尔拍了封电报（1911年9月6日：UCB），提到在博物馆易希操着"完全原生态"的南亚纳语，山姆·巴特维——萨丕尔在中部的亚纳语调查对象——还多少能和他交流。如果萨丕尔愿意来加州，克罗伯提出可以让巴特维和易希两人做他的调查对象。如果萨丕尔来不了，他希望要一份亚纳语语法表，"以便于理解亚纳语、分析文本"。易希不会说英文；当地政府部门发现他后不知所措，把易希转交给了人类学家后，大家都很高兴，像是给他找到了监护人。

由于电报中出现印刷错误，萨丕尔没能完全理解克罗伯的意思，但他同意"不该错过这次透彻了解亚希方言的机会。当然由我一个人做这件事并不可行，我希望你或其他在加州的同事能够开始着手这项工作"。他答应会编写一份亚纳语形式［语法］要点的简要叙述，不过"衍生成分"可能得花更长时间，因为数量巨大。9月11日（UCB），语法报告便接踵而至，但萨丕尔担心克罗伯不了解语法而孤立使用词根表会有困难。萨丕尔对旧金山那边的语言学人才评价不高。克罗伯（致萨丕尔，1911年9月12日：UCB）称亚纳方言之间区别过大，要不就是巴特维已经忘了南亚纳语的许多内容。他和易希之间的交流进展"不尽如人意"。巴特维（克罗伯致萨丕尔，1911年10月7日：UCB）"年纪大了，已经无法很快地掌握一门新的语言"，[80]但易希"会很高兴能用亚纳语和你交流"。

"好多朋友给我寄来剪报，我对易希有了大量了解"，萨丕尔的兴趣有些增加了。易希身上"完全的原生态"深深吸引着萨丕尔。但他预计让易希能够提供英语词表将是"很缓慢的工作"（当然，最后他并没有成功）。

克罗伯不无焦虑地谈到易希在博物馆的头两个月里"一句英文都没学会",他深信只有萨丕尔才能用亚纳语和易希交流(1911年11月18日:UCB):

> 任何人只要对北亚纳语有部分了解,理解易希的语言会是件容易的事,我希望我们可以给你一些时间让你去和他交流。他很温顺。似乎他并没想过我们和他之间需要一种更好的沟通方式。

克罗伯继续给萨丕尔邮寄资料和进展报告,希望能够让萨丕尔产生更大的兴趣。萨丕尔(1911年11月27日:UCB)对克罗伯的"溢美之词"表示感谢,同意等他的亚纳语材料分析快结束时,协助分析工作。

相比之下,沃特曼在敦促萨丕尔尽快参与此事时态度更加直接(致萨丕尔:1911年12月23日:NMM):

> 如果我们能请你出山和他交流的话,我感觉"了解"他不会像现在这样毫无头绪。我相信你会发现这些材料在语言研究和文化研究的层面都是有价值的。巴特维这个可恶的老家伙和那个亚希人完全处不到一块,而且也很难让他听话。但我仍旧没有放弃希望,相信能获得一些说得过去的成果。

一年后,在易希掌握足够的英语进行充分解释前,这项工作"完全停了下来"(克罗伯致萨丕尔,1912年12月16日:NMM)。克罗伯感到"把他(易希)送到渥太华去"不可行,虽然事情将来可能发展到这一步。他提议让萨丕尔"花一两个月在太平洋海岸度假"。萨丕尔的回复(1912年12月23日:UCB)表明他开始认真当回事了;

但他有约在先，需要加州方面确认会付钱给他。1914 年，克罗伯、沃特曼跟随易希回到他的故乡，在那片位于加州北部群山间的土地上，他们得出了"神话与历史的框架"（克罗伯致萨丕尔，6 月 8 日：UCB）。易希的英语在提高，虽然"离他能给出一个基本解释还需要时间"。

萨丕尔前往加州的交涉一直持续到 1915 年。克罗伯提议在田野调查之余萨丕尔可以参加美国人类学学会的会议，他提到易希的缓解期肺结核（致萨丕尔，1915 年 4 月 26 日：UCB）："与其相信他还能无限期活下去，我们能做的是在他身体还好的时候从他那尽可能地了解我们需要的东西。"萨丕尔请了三个月的假（致克罗伯，1915 年 5 月 6 日：UCB），这让克罗伯振奋不已（1915 年 5 月 17 日：UCB）："你会发现易希肚子里满是神话、民族学、部落与地理知识，他乐于与人分享，但他还需要些训练，才能足够慢地口述连贯文本供记录。"但到萨丕尔抵达加州时，克罗伯却已离开加州去度年假了。两人已经 7 年多没有见面了，克罗伯称（1915 年 11 月 28 日：UCB）萨丕尔"自他们上次分手便开始成为世界冉冉升起的一颗星"。留下萨丕尔单独应付易希和之前在加州经历的不快记忆。

萨丕尔对易希的最初印象不太乐观。他写信给斯佩克（1915 年 6 月 28 日：APS）：

> 我今天第一次和易希待了半天，结果很沮丧。他的英语口语很糟糕，很难确定他想表述的意思。但是，就算没有其他收获，我至少学到了一些词汇，可作为亚纳语比较语音学的资料。为人方面他是印第安人的典范，极为谦和。

几周后（萨丕尔致斯佩克，1915 年 7 月 17 日：APS），易希学会口述文本供听写了，不过萨丕尔依旧抱怨"麻烦的是如何去解释这些文本"。萨丕尔的这次加州回程至少算不上是浪费时间。

萨丕尔不得不想出富有创意的方式与易希共事。回到渥太华后，他向克罗伯汇报称（1915年9月23日：UCB）这项任务最初看着"毫无希望，这原因你应该比任何人都清楚"。我们的解释"几乎都源于其他亚纳语方言的词根、语法要素的基本记忆"，还尚不完整。很多东西仍然不清楚："我想我与易希的工作是至今我接手过的最耗时间也最伤脑筋的工作，这么说并不夸大。但易希一直很快活，仅仅因此这项工作没有半途而废，虽然有时这也让我更抓狂。"

当萨丕尔设法从易希那得出亲属称谓时，他特别兴奋，这些术语"有着非常完整又有趣的体系"（致斯佩克，1915年8月18日：UCB）。他用"不同颜色的纸夹"分别代表男性和女性（致克罗伯，1915年9月23日：UCB），把纸夹用家谱的形式进行摆放，并辅以"冗长迂回的解释"。内部证据证实了这些结果。在一篇关于亚纳方言的文章中（1923，264），萨丕尔列出了包括易希对词语、手势、神话背景的解释，以及"最重要的北部方言的类比"。如果没有易希提供的资料，对这三种方言的比较研究本来并无可能。

不幸的是，萨丕尔夏季逗留加州期间，易希在医院待了六周。萨丕尔报告称（致克罗伯，1915年9月23日：UCB）"能否治愈还是个未知数"。在首次得知易希生病的消息后，克罗伯主张必须把病情的严重性告知萨丕尔（克罗伯致沃特曼，1915年8月28日，引自Heizer and Kroeber 1979，238），并认为"应当让医生也了解萨丕尔的工作。这样一来他们可以宽许萨丕尔完成一些紧迫的事情"。1916年年初易希去世，他的所有工作伙伴也似乎接受了这一必然结局。

虽然如此，西奥多拉·克罗伯在她撰写的易希传记（1961）中记载称易希死后的岁月里，尽管克罗伯意识到易希不免会死，但还是不禁感到萨丕尔坚持强调科研的重要性，使他自己也需要负部分责任。克罗伯对易希感情深厚，部分是因为1913年，克罗伯的第一任妻子亨丽埃塔·罗斯柴尔德也是死于肺结核，他对妻子的离世十分悲痛。此外，当他的朋友易希奄奄一息之际他却不在加州，这让他十分歉疚。克罗伯对白人带来美洲的疾病感到无奈。他将这种情绪一股脑儿都发泄在离当事人最近的萨丕尔身上，但后者却是他邀请来加州记录易希的记忆的。

第一次世界大战及其影响

一战期间，渥太华科学界陷入"经费紧缩、研究中断"的困境，战时任务的优先顺序中，民族学排到了十分靠后的位置（Alcock 1947，69-70）。雪上加霜的是，1916 年国会大楼被烧毁，此后四年国会迁址维多利亚纪念博物馆，博物馆因而停止向公众开放。当1920 年地质考察项目重新获得这片领地时，大楼又分了一部分给国家美术馆（Alcock 1947，72-73）。1920 年进行了科学界重组，重组重点提出使科学报告更通俗易懂，并将研究任务交给各省管辖（Alcock 1947，78）。没有什么让萨丕尔感到乐观：战争给他刚刚起步的工作造成了损害；工作再没恢复到战前水平。萨丕尔向雷丁抱怨说（1919 年 12 月 5 日：NMM）：

> 这里的科研氛围和战时一样不利于人类学。我们可能会无限期原地踏步了。我从没有像今天这样对部门的进展感到如此沮丧；过去两年中，我每年提交的工作总结简报都没有发表。对部门而言，目前唯一实际的希望是对管理层进行大换血，尽管到处是有意思的传闻，这些内容并没有多少人相信。让我感到悲哀的是，我们非但没有进步，而且还大大倒退了。

尽管遭受诸多不利影响，萨丕尔仍继续原有计划。在1920—1921的年度报告中，萨丕尔谈到博物馆新近腾出了地方，虽然仍未正式对公众开放，但欢迎游客前来参观。只要展橱一到，新大厅就会投入使用。

但让萨丕尔忧虑的是政府一直不太热心学术出版。紧缩经济的政策"一旦照此发展下去，很可能会使人类学部的工作成为无用的东西，好在部门还允许人类学手稿经由其他机构发表"（1921，20）。没有证据显示支持者和反对者中有任何人把萨丕尔对科研情况的清晰概括听进去了。其他的机构、办事局也面临相似的情况。相比战前资助水平，民族学的局面比其他学科更令人沮丧，这只是因为欧战使得加拿大从孤立的北美国一下子置身于世界舞台。① 印第安人成为公众极少关心的问题。最迫切的保留地定居问题得以解决；大部分曾考虑过印第安人问题的加拿大人认为印第安人不外乎灭绝或被同化两种命运。在这种情形下要继续支持公共资助的民族学研究项目无疑是一项挑战，不论萨丕尔是否完全清楚种种后果。

萨丕尔一心致力于将博物馆、田野调查与出版恢复到战前的水平。1924—1925年，也就在萨丕尔担任人类学部主任的最后一年，他完成了对博物馆藏品的重新布展与标注。博物馆展品的展橱标签"统一成标准形式"（1925，37）。1924年，英国科学促进协会在多伦多会议上的展出使萨丕尔被认为是加拿大最优秀的人类学家；他的同僚从大英帝国的四面八方纷纷赶来，博厄斯学派的学者也都悉数到场。萨丕尔还做了简短的发言，指出由于近年来西海岸艺术越来越受到欢迎，许多民族学的样本都暂借给了艺术家和工匠（1925，37）。

1921年3月7日的《渥太华公民报》（OPL）上刊登了一则新闻，介绍萨丕尔在公共教育项目中取得的成绩。一个周六上午，近千

---

① 战争的影响先已波及美国。由于美国民族学局将印第安原住民研究限定在本国疆界内，导致美国民族学局的自主权迅速减弱，国会资助也急剧减少（Darnell 1969；Hinsley 1981）。

名儿童来听詹内斯关于爱斯基摩人的报告，由于人数过多讲座不得不举行两场。有些男孩你推我搡，让当天值岗的警官毫无办法，甚至对他们"威严呵斥"也无济于事。前一晚，萨丕尔给"成年人"开办了讲座。很明显，这成为了渥太华的人们社交与智识生活的常态。新闻报道中还涵盖了关于爱斯基摩人的大量民族志细节，强调讲演者的知识源于直接经验。萨丕尔及其手下积极地调动了公众对异族民族志的兴趣。

但萨丕尔并没有放弃争取人类学部出版的机会，他给地质考察的主管麦金尼斯致信表示对年报进行广泛宣传是"与当下博物馆工作人员努力将博物馆打造成为一支独立机构的努力是一致的"（1920年1月12日：NMM）。

在战后第一份年报（1920—1921年报）中，萨丕尔总结了他田野调查的恢复情况。在渥太华余下的四年任期中，萨丕尔更加注重协调早年的调查成果。沃被派往奥吉布瓦与纳斯卡皮族部落，詹内斯则重新整理梅克林的麦勒席语与密克马克语材料，以备出版之用。与此同时，萨丕尔鼓励温特贝格对安大略省考古学进行考察，他希望考察可以促成加拿大印第安人文化史的整合。巴尔博、史密斯、詹内斯、托马斯·麦基尔雷思继续从事西北海岸的印第安部族研究。萨丕尔蛮不情愿地放弃了进一步考察努特卡人的计划。麦基尔雷思取代萨丕尔对贝拉库拉人进行了细致研究，他在研究中强调庆典仪式对参与者产生的"心理作用"。更长时间的调查可以使人走进原住民个体的主观世界。此外，社会生活的研究比纯语言学研究耗时更长。哈伦·史密斯的贝拉库拉工作越来越强调原住民语汇。在这些研究中均体现了萨丕尔对个人与文化关系的理论立场。

虽然萨丕尔尚未发表他的努特卡文本，他已经跃跃欲试要开展新语言的研究了。一战期间田野工作中断迫使萨丕尔集中于理论思考，这让他更加关注语言分类问题。他想根据理论问题而非纯描写问题来选取新语言进行研究。这其中涉及的便是语言的谱系（历史）问题。萨丕尔希望可以借助纳-德内语族来联系新旧世界的语言。他认为问题的关键在于阿萨巴斯卡语和汉语共有的声调特质。萨丕尔并不打算把收集资料验证假说的任务托付给其他人，他要亲自对阿萨巴斯卡的几大语支进行采样——他的目的不是在语族内进行细分，而是用于更宏观的比较之用。虽然每一种阿萨巴斯卡语都具有各自共时的特性，相同的田野资料经历了历时性的过程。

1921年，詹内斯研究了艾伯塔省的萨尔西人（阿萨巴斯卡族的一支）社会组织。虽然萨丕尔打算同行前往进行语言研究，但直到第二年，萨丕尔才花了两个月的时间对萨尔西语进行了"细致的研究"（1923，28）。他除了提供阿萨巴斯卡语的文本，还补充了"大量解释性的语法材料"。萨丕尔专注于民族志研究：亲属称谓、人名、"符号象征"。虽然萨尔西语文本从未被发表，[①]但萨尔西语标志着萨丕尔对纳-德内语研究兴趣的顶点。萨尔西语的声调系统证实了萨丕尔先前的假设，促使他在阿萨巴斯卡语的其他语支寻找进一步的证据。萨丕尔接下来以不同的形式探讨过这个问题（见第十三章）。

萨丕尔的个人研究计划重新步入正轨。1923年夏天，据推测是经斯佩克引荐，他在宾州夏令营找到两名操北阿萨巴斯卡语的人。宾州与渥太华相距不远，工作条件相对舒适（马更些和育空山谷正是黑蝇泛滥的时节），是学习两种新纳-德内语的良机。因此萨丕尔在加拿大任期内学习了两门美国阿拉斯加语，这表明他在确定个人科研优先目标时自由度很大。

整个夏季的大部分时间里，萨丕尔一直在学习库钦语，约翰·弗雷德森说的语言。[②]有时他也会钻研因加利克语，安维克的托马斯·

[①] 它们会出现在《爱德华·萨丕尔合集》中。
[②] 阿拉斯加原住民语言中心发表了这些文本（后被修订作为双语教学之用）；见弗雷德森（1982）。

B. 里德说的语言。但这两种育空地区的语言并不存在声调的变化,[86]无法佐证他的纳-德内假说,这让萨丕尔感到失望。但他依旧认为其他阿萨巴斯卡语语料可以提供有力证据。在萨丕尔的个人田野调查日程上,阿萨巴斯卡语的声调问题已经超过将海达语、特林吉特语归入阿萨巴斯卡语的任务。

1924年4月,弗洛伦斯去世(详情见第七章),因此那年夏天萨丕尔并没有开展任何田野调查。到1925年,萨丕尔辞去渥太华的工作,前往芝加哥大学任教。虽然萨丕尔此后继续根据人类学部田野调查所提出的问题安排他的个人研究计划,但不论他本人是否察觉,他活跃在田野工作的时光就基本结束了。萨丕尔并不仅仅记录濒危语言,他已经成长为理论家,选择田野工作的考察地点去回答语言关系的问题。虽然如此,萨丕尔依旧把自己视作一名田野调查工作者。即使萨丕尔没有直接引用自己的数据,他仍然认为第一手数据应当都由同一个观察者采集所得。

一战结束并没有让萨丕尔从失落感中走出来。多年科研紧缩的状况让他感到意兴阑珊,他的兴趣也不再是根据科研团队田野调查勾画加拿大原住民语言文化的面貌。虽然如此,当他的继任者詹内斯接任时,萨丕尔已经给人类学部奠定了田野调查的一贯方针,培养出了一支训练有素、覆盖人类学各领域的科研团队,并留下了数量惊人的待发表研究成果与大量后续工作。在执掌渥太华人类学部的十五年间,萨丕尔做出了许多成绩。

第五章　对博厄斯范式的整合

一战期间，萨丕尔视为学科精髓的田野调查遭到缩减，这迫使他将精力转向整理前期成果、开展理论研究的活动。虽然他工作重心的改变一定程度上受外部环境所迫，但渥太华的最后几年也是萨丕尔发表重要著作成果最为丰硕的时期。期间萨丕尔成为博厄斯人类学富有表达力的代言人。他负责领导美国人类学会的委员会于1916年设立了美洲印第安语标准化书写体系。在"美洲原住民文化中的时间视角"（1916）一文中，他综合了博厄斯派历史重构的各种隐含推论；他还撰写了一本概论性的著作——《语言论》（1921），其中借鉴了大量非印欧语，展示了语言学的概念分析方法。1921年（见第六章），他对过去三十年来印第安语分类的田野调查进行了综合，将美洲印第安语划分为六大语群（superstocks）；直到20世纪60年代中叶，这一分类法一直是人类学家重构美洲印第安文化史的基本框架。而在比较法重构发展迟滞的时期，六大语群分类法仍为美洲语言学家提供各种假想。因此，一战后萨丕尔对自己早期从事的田野工作进行了整合；相比他整理的专业语法、文本和字典，他的整合工作对更广范围的人类学家产生了影响。如果不是加拿大地质考察下属的渥太华人类学部资金缩减，这些综述完全有可能写不出来。

语音学报告

20世纪头二十年，博厄斯学派一直占据着北美印第安原住民学科首要范式的地位。博厄斯学派的一项最根本的原则是所有从事美洲印第安人研究的学生都需要从事一定量的语言田野调查，虽然对大部分人来讲，这服从于更广泛的民族学研究。博厄斯组织编纂《美洲印第安语言手册》的经历使他认识到业余语言学家可以为记录濒危语言提供有益的帮助。这其中也涉及萨丕尔在撰写《手册》塔克尔马语一章时的规范问题。业余语言学家需要接受不超出其专业能力范围的指导。书写规范不统一严重阻碍了《手册》的编写进度，因为在缺少语言学训练的情况下，不一致的材料很难进行比较。

1912年，博厄斯在美国人类学学会中成立了印第安语语音标注委员会。他邀请美国博物馆的普林尼·戈达德以及萨丕尔共同协助主事。[①] 萨丕尔（致博厄斯，1912年12月9日：NMM）同意参加，但对他亲自研究的语言，他保留设计"针对特殊问题最为适宜"的拼写体系的权利。萨丕尔赞成"在标音方法上达成一致的明确需要"，但他在标准化问题上并非"吹毛求疵"，言下之意，不如博厄斯那么苛刻。萨丕尔希望给"调查者的自主判断权"留有一定空间。他们真正需要的只是向读者提供清楚明白的语音标记。萨丕尔言简意赅地评论道："这自然与每种语言的特点分不开。"

克罗伯（致萨丕尔，1913年3月18日：UCB）对拼写体系没有对掌控加州研究那么热情。克罗伯赞成达成共识，他的支持至关重要，因他一向以保守的常识性观点著称。克罗伯本质上不是语言学家，因此大家认为他的意见公正中肯。萨丕尔（1913年3月27日：

[①] 这些涉及语音报告的初期报告与通信都收录在博厄斯（APS）、克罗伯（UCB）和萨丕尔（NMM）的文集中。这些报告后在戈拉的文章（1984，425-448）中再版。

NMM）承认只有通过妥协才有可能"在这些问题上达成统一意见"："你会看到我在某些问题上愿意摒弃个人偏好。"只有研究语言的人才能决定哪些内容是重要的；语言结构以及研究目标都会对拼写体系产生影响，这也是毫无疑问的。①

为保证合作顺利开展，约翰·P. 哈林顿也加入了委员会。为此他学了许多加州地区的印第安语（Laird 1975）。他不是博厄斯学派的成员，这增加了他的可信度。不幸的是，哈林顿还是被迫退出委员会，因为他不是美国人类学会的成员，因此无法入选委员会（萨丕尔致克罗伯，1914 年 5 月 28 日：NMM）。但在短短的任期内，哈林顿却对委员会的基本前提提出了质疑（致萨丕尔，1913 年 4 月 18 日：NMM），他认为报告"口吻不应有倾向性"。虽然讨论可能有益，"多元观点令人振奋……我很高兴研美学者②对印第安语的书写有着不同偏好"。哈林顿和克罗伯一样，坚持认为书写建议必须得到委员会一致通过。这自然严重阻碍了规范化的实现。但既然选择听取他的意见，委员会不得不对他的质疑认真加以考虑。

对于工作期限，委员会也加以设定。他们计划报告能在 1913 年美国人类学会会议上获准通过，并在 1914 年华盛顿召开的国际美洲人大会上展示这一新体系，表明在博厄斯学派的研究路线下美国人类学发展日趋成熟、地位稳固。萨丕尔（致克罗伯，1913 年 1 月 1 日：UCB）希望"进一步促成美洲语言的书写统一，并一定程度上减少与欧美用法的差异"，他显然没有预见到这会引发许多争议。

克罗伯（致萨丕尔，1913 年 1 月 6 日：UCB）希望委员会"起到遏制极端主义者的作用"。比如哈林顿"明显倾向符号要表现出不同音的细微差别"。但克罗伯建议"循序渐进，只从最紧迫的开始"。

---

① 此处萨丕尔承认记录语音的细致程度并无章法可循，一些语音变化可以忽略不计。语音（外部）标记与音位（母语说话者感知到的音类）的区别是隐含的，不过到 1925 年萨丕尔才探讨此事。

② 研美学者（Americanists），这里指北美印第安语言文化的研究者。参见 Dictionary.com 相关词条。——译者注

同时他也希望从非语言学家那里得到更广泛的初步意见,特别是民族学局、各博物馆的非语言学专家。

萨丕尔回应(1913 年 3 月 27 日:UCB)初稿会"有意识地在意见表述上有所保留"。克罗伯(致萨丕尔,1913 年 4 月 22 日:NMM)感到压力很大,并与哈林顿一致认为委员会过于雄心勃勃。如果少部分人因不满足忽视他们的建议,妥协并不会奏效。报告中只应该列出获得所有人认可的建议,"所有成员都要同意在各自工作中遵循这些建议,除了由于实际问题确实需放弃的内容,……过程越慢,我们最后的成果越多"。

萨丕尔(致博厄斯,1914 年 5 月 28 日:APS)不得不起草一份更详尽的计划书,让事情继续运作。新版报告得到了博厄斯与戈达德的认可(萨丕尔致克罗伯,1914 年 5 月 28 日:NMM)。克罗伯(致萨丕尔,1914 年 6 月 13 日:NMM)认为新作"在同类材料中"不错,虽然还"不成体系"。他同意接受多数人的意见,不过他认为这份报告对读者而言"语言学意味"过浓:

> 我确信以其目前的形势,这份报告可能全国上下除你之外只有三四个人类学家能读懂并加以采纳,其他人,就算很想弄懂学会,也会对其中大部分内容感到困惑——我甚至怀疑这不会引起很多人的兴趣和意愿。……恐怕你还没有完全意识到他们对语音学的原则及基本概念普遍欠缺了解……

这份报告能够指出"某些拼写体系优于其他",但并没有确定一种书写体系。虽然这份"内容丰富、阐述详尽的报告"足以彰显萨丕尔是"该学科中知识最丰富的人",克罗伯希望能有一些"意义更深远的"内容供实际应用。

尽管受到克罗伯的恭维,萨丕尔的回应(1914 年 6 月 23 日:

NMM）是负面的。这并不意外。萨丕尔原则上赞成创作一本适用于美洲印第安语发音的"通用语音手册"会很有裨益，但结合当时已知的印第安语语音学知识，这种做法是"十分大胆的"。理论与拼写体系/正字法是悖论性地相互依存的："一致性强、构想成熟的音标方案是建立在语音学基础上的，只有人们更加了解语音学，发布音标方案才有意义。"萨丕尔提出要提供"某种激励"促使人们具备更好的语言学修养，这无疑是他的受众无法理解的。但他自称如果确实需要的话，愿意使用一些"让问题变得更容易被接受的手段"。

萨丕尔对一些同行的反对意见感到厌倦，在他看来这些人在语言学问题上没有足够的发言权。但让他恼怒的是，主要的反对意见都是克罗伯提出的，他本该站在自己一边才对。他写信给博厄斯（1914年8月11日：APS）："唉，我这么做有什么用呢？完全没有回复，我已经对此完全失去兴趣了。"萨丕尔对自己的报告很满意，进展陷入僵局。此外，委员会的时间表也作废了：由于欧战，国际美洲人大会取消了。这让萨丕尔"修缮语音学报告"的压力消失了（萨丕尔致克罗伯，1914年9月1日：NMM）。当统一书写规范的最初目标不复存在，博厄斯对此事也开始懈怠了。① 虽然如此，报告修改后的第三版最终得到博厄斯、克罗伯和戈达德的认可（萨丕尔致克罗伯，1915年3月15日：NMM）。1916年，该报告由史密森尼协会如期出版。

博厄斯建议萨丕尔继续完善报告（1917年8月15日：NMM）。但即使当史密森尼协会对报告进行再版时，萨丕尔也没有对报告进行修订（博厄斯致萨丕尔，1924年9月29日：APS）。②

---

① 博厄斯也曾鼓励戈达德筹划研讨会文集，展示博厄斯学派在人类学领域取得的进展。这些文章最终被收录在《美国人类学家》杂志中。

② 1936年，萨丕尔和他手下的几名学生提议使用一种基于音位原则的标准书写法（Swadesh et al. 1936），但他们并没有去征询非研究团队成员的意见，也没能得到后者的认可（见第十九章）。

第五章 对博厄斯范式的整合

时间视角

虽然语音学报告耗费了集体精力,但它契合确立博厄斯学派对人类学作为一门独立学科这一兴起的共识的主要目标。萨丕尔是博厄斯学派人类学领域的"唯一的语言学家",因而作用关键。但更大的影响倒说不上。

博厄斯学派的完备需要"常规科学"的"范式陈述"(Kuhn 1961),来确定理论定位和方法体系。此外,有志于总结博厄斯范式的学者认为"教科书式的"编纂确立了他们在博厄斯学派中的核心地位。博厄斯自己的理论作品不足以普及这一视角,于是他的学生自然而然承担起了这份工作。①

1920年前后几年,博厄斯的第一代学生提供了综述。1916年萨丕尔发表"美洲原住民文化中的时间视角:方法研究",紧随其后,1917年洛伊发表《文化与民族学》,克拉克·威斯勒发表《美洲印第安人》。1920年洛伊的《原始社会》和克罗伯、沃特曼合作编写的《人类学资料集》出版。1921年萨丕尔发表《语言论》,1922年戈登韦泽发表《早期文明》,1923年威斯勒的《人类与文化》、克罗伯的《人类学》出版。克罗伯的《人类学》涵盖内容最广,这部作品也标志着编写密集期的终结。萨丕尔的研究领域比其他人更精专,他被认为是兴起的博厄斯范式中具有独创力的理论家。

"美洲原住民文化中的时间视角:方法研究"确立了萨丕尔作为理论家的声誉。文章是应一次研讨会之机创作的,研讨主题是太平洋

---

① 玛格丽特·米德(1959,xviii)评述《原始人的思维》(Boas 1911b);"……辩驳式的体裁、冗长乏味的文风以及文中没有任何具体原始人的描述,意味着本书的重要性不大可能为大部分被强制阅读的人所了解。"博厄斯的书"就像本工具书,字里行间并没有任何人文主义的印记"(1959,xvii)。

地区与北美的关系。萨丕尔在研讨会上总结了博厄斯的文化重构法，从语言学的视角为文化重构法提供了支持。萨丕尔（致克罗伯，1914年12月2日：NMM）同意在探讨新旧世界联系的分会上就"时间的关联"谈谈他的见解。他对被邀感到"受宠若惊"，但他对期待中的话题并没有"清晰的看法"。

克罗伯也认为题目"并不轻松"，但他需要"足够宽的范围"（致萨丕尔，1914年12月7日：NMM）："我们一直想努力去理解在美洲种族与文明的长河中有关时间因素的证据，这些证据积累了许多，但目前还没理出条理。"亚洲的资料溯源相当久远。克罗伯表示："美洲方面，我们已经对几类地方文化类型及其相互关系有了十分全面的了解。"因此，或许可以"对这些当地文化演变各个阶段持续的时间，以及美洲人普遍的文化特征确立的时间段进行估测"。这些甚至可能与"太平洋西岸的文化决定因素"存在联系。克罗伯建议萨丕尔从大多数美洲民族学缺少历史视角的角度来探讨。萨丕尔一直以来从语言学视角关注谱系关系问题，因而是完成这项工作的理想人选。克罗伯总结说：

> 我的想法是应该少用惯常的思路去探讨民族学资料，而强调从历史角度对资料进行解读。我们这个国家的人尤其做事马虎、缺乏想象力。一般的美国人类学家，即使只是考古学家，分析材料时总是不厌其烦地要考虑到地理情况，但对时间因素从来都避而不谈。

事实上，年表存在很多疑问。印第安人缺少关于历史的文字记载，而这些是传统的历史研究的必要条件。考古学还没有对时间视角产生作用。虽然1911年被誉为墨西哥人类学之父的曼努埃尔·加米奥曾被博厄斯派往墨西哥从事地层学研究,但佩科斯分类法①是十年后的事了。1914年,克罗伯的学生内尔斯·内尔森发表了更复杂的地层学研究。曾在哥大向萨丕尔教授中美洲考古学的萨维尔曾在科潘(1907—1910)的基础上进行了年代排序。1916年,克罗伯在祖尼人部落收集地表的陶瓷碎片,首次开展了地层顺次排序的工作。许多博厄斯学派的人从民族志分布来确认历史推论(Darnell 1977),但萨丕尔对美洲印第安语的谱系关系更感兴趣,视其为时间视角的关键。1916年,的确可以邀请一个语言学家来探讨时间深度了。

萨丕尔的文章探究的是"语言分化的年代意义",构建出"在不同时期可能来自不同方向语言不通的部落的一系列迁徙活动"的图景(1916,77-78)。尽管这幅图景是基于推论,图景本身却是"根本上极可能发生的"。这种推论可以为人接受的原因是(1916,452):

> 相比文化变化,语言变化经历了更缓慢的过程,是一个更为循序渐进的过程。这意味着我们今天能够了解到的可供比较的材料越丰富,我们越能深入了解过去、也有助于我们能够更确切地了解语言先后阶段所持续的时间。

虽然萨丕尔口头上表示自己资历尚浅,无法胜任这类问题,他最初的推测已经十分清楚(致克罗伯,1914年12月14日:NMM):

> 我赞同你所说的,我们在文化史研究中常常对时间元素望而生畏。我想这是由于我们中的许多人一直以来接受的都是描写比较或心理比较的训练,而非严格意义上的历史比较训练。

---

① 佩科斯分类法是对远古普韦布洛人的文化的年代划分,划分依据是建筑、艺术、陶器和文化遗址发生的变化。该分类法最早在1927年新墨西哥州佩科斯召开的考古学大会上全体通过,大会由美国考古学家阿尔弗雷德·V. 基德尔(Alfred V. Kidder)组织。——译者注

复杂的民族学、语言学现象可能来源于次要的缘由。萨丕尔在对尼加拉瓜苏布蒂亚瓦语（1925）的分析中十分清楚地阐述了进行语言学重构的主张。比起当下存在于语言中的表面分化，揭示语言之历史渊源的潜藏或古老特征要重要得多。萨丕尔当时采用了印欧语在共时与历时重构间的差异来解决新问题。

萨丕尔对研讨会主题下提出的宽泛问题并不太感兴趣。他认为"将亚洲、大洋洲的文化类型、要素进行关联的做法并无可取之处"。"绝对时间"的问题是不可能解答的。他的文章"通过列举具体的民族志信息，只能揭示时间视角下美洲民族学的一般性问题"。不论人们对于"历史感"投入多大的理论建设努力，文化区事实上"只具有纯描写价值，并无历史价值"。比如，水牛在平原文化中意义重大，但水牛却不属于平原文化最初的阶段。萨丕尔紧接着回头阐述语言学的方法："当然在语言工作中，我们对这种论证类型已经十分熟悉。在对不同的印度-日耳曼语进行内部比较时，我们考虑的完全是描写异同，但在每一步我们都会对这些异同进行历史评价。"萨丕尔乐于借此机会向民族学家介绍语言学的方法，认为"从语言学比从文化着眼往往更简单"。萨丕尔在写作时有意识地希望帮助美洲人类学者树立新的历史观。在这方面，萨丕尔总体而言是成功的。"时间视角"一文被之后几代为描写性材料寻找更宏大阐释框架的博厄斯学派民族学家奉为经典。

洛伊（致萨丕尔，1916年1月4日：NMM）认为萨丕尔的语言学观点虽然最初没有"明确的形式"，却对博厄斯理论的单一化是一剂良药。萨丕尔的方法"虽然可能只是将研究印度-日耳曼语的方法应用到美洲领域，但极具借鉴价值，对从事人类学的学者产生了直接影响"。洛伊在《美国人类学家》（1919，76）上发表评论，强调"作者在语言学领域开展的工作"可能含有"对文化事件进行时间排序的推论证据"。①

萨丕尔的同事希望找到一种万无一失的方法。他们得到的关于年代推论的理论参数却十分复杂。萨丕尔认为根据文化区对民族志资料进行分类的方式是主观任意的,他希望在语言学分类中找到一种符合历史的美洲原住民部落分类的方法。他提及50多个不同的印第安群落,提出了历史关联待进一步研究。但是,没有历史文献、考古证据的深入说明。

萨丕尔的同事们也在探索更适合的历史学方法。雷丁(致萨丕尔,1914年1月27日:NMM)本会为萨丕尔的主张提供佐证,却提出年表"对原始文化行不通。任何重构原始文化的做法只会得到武断甚或模糊的结果"。雷丁转而主张由文化中个体的主观世界替代历史。但萨丕尔并没有打算放弃对历史问题的研究;借助语言学方法这些问题可以得到充分研究。

与克罗伯共同安排太平洋分会的克拉克·威斯勒祝贺萨丕尔(1916年2月9日:NMM)发表了"时间视角"一文。威斯勒一直致力于基于民族志资料划分文化区域,他热情鼓励萨丕尔做出历史推论:

> 我希望你会对该领域中的一些实际问题进一步加以探讨。其中一些你可以作为整个加拿大田野调查的附带内容加以解决。个人而言,我十分希望看到语言学研究在解决更宽泛的问题上发挥作用。就现在语言学研究的作用来看,很难让一个外行信服语言学工作可以在语言学的自身问题之外有所发展。

---

① 然而,洛伊的态度并非完全乐观。他回顾(1965,11)这篇文章时将其定性为一篇走入理论死胡同的文章,"文章对民族学研究的思路提供了借鉴,但对民族学自身发展并无启发。"萨丕尔"太过理性",他对每一条归纳加以限定,"根本无法对他的推论进行实际应用"。

在威斯勒看来，地理分类是"追寻我们人类源头唯一真正客观的方法"。他忽视了萨丕尔的观点，语言学方法可以作为地理分类之外的一种方法，而且至少与地理分类一样客观科学。①

萨丕尔和威斯勒都不希望强调两人的历史重构方式存在巨大差异。当萨丕尔读完威斯勒的《美洲印第安人》(1917)，他告诉洛伊(1918年9月5日：UCB)书里过于强调物质文化，语言学方面比他料想的还要糟糕。虽然如此，这本书应当受到公开赞誉，"其人类学的探讨有着明确的学术基础"。威斯勒至少对"地理学的实质问题以及初步地对年表"进行了批判。但威斯勒的综合应吸收"时间视角"中列出的各种方法。

学界同事认为"时间视角"一文意义重大，这让萨丕尔意欲进一步巩固其学术影响力。他同时代的人类学家很少有人真正阅读了他苦心构思的印第安语文本和语法。阅读这些专业文献的读者多数更感兴趣的是其中隐含的民族学意义，而非语言学本身。印欧语言学家往往忽视没有文字的语言的材料。萨丕尔只能通过说服人类学家认识到语言的重要性，说服语言学家了解更多的语言，才足以引起读者对这篇专业论文的注意。

《语言论》：写给大众的书

克罗伯斥责萨丕尔(1917年11月4日：NMM)没能在人类学科下开设语言学系（由于他在渥太华没有学生，这很困难）并传播他的观点："对语言学目前停滞不前的状况，你负有很大的责任。你偏好个人单打独斗，没有建立任何系所。做些普及性的事吧。"这让

---

① 威斯勒同样也十分欣赏萨丕尔-克罗伯对加州印第安语的研究工作，他赞同"那些革新的意见"，不过许多例子"在我看来并非有说服力的证据"（致萨丕尔，1915年10月15日：NMM）。他始终没能认识到语言学的研究方法与他从事民族学研究的方法是不同的，并且两者存在一些无法互相调和的地方。

第五章 对博厄斯范式的整合

萨丕尔进行了自我反思。他认真听取了克罗伯的建议，希望找到一种方式把他对语言形式的热情传达给"非专业人士，这包括其他所有人"。他对人类学同行有限的语言学能力缺乏耐性，不太相信他们能理解自己的语言观，更别提理解他对美洲印第安文化史的具体假设了。另一方面，印欧语言学家无法认识到没有文字的语言的田野调查的特殊问题，这同样让他不满。

在《语言论——言语研究导论》[①] 一书中，语言被描述为言语共同体中成员行为的产物。由于印欧语同属一个基本文化模式，印欧语言学可以忽视语言的文化根源。身为人类学家，萨丕尔将语言从精英文学的环境中剥离出来，发展为一门科学。人类学家了解田野调查，但不了解语言学方法；语言学家知道方法，但不清楚方法适用的人类语言的领域范围；受过教育的大众对田野调查、语言学方法都不了解。因此，萨丕尔此书的写作对象并没有局限在某一学科领域内。事实上，学科分界阻止人们认识到语言实际的创造力，在所有文化中，语言是用来表达思想的丰富且精准的工具。萨丕尔给自己设定目标，写作一本能够为任何受过教育、思想开放的人理解的书，书中摒弃复杂术语，也不受限于任何门户的形式主义。萨丕尔没有列出参考文献，对自己所做的具体研究细节也未加罗列。《语言论》旨在传达他牢固建立在人类学与语言学基础上的观点。

《语言论》很快被视为博厄斯学派的范例性陈述，在该书中语言被定义为一项可变的人类资源，它内在于人类学领域、人类学家的培养，以及本族语者实际用语的文本记录，因为每种目前使用的语言都是人类文明记载中必不可少的组成部分。所有的人类学家，不论他们是否从事过语言学工作，都明白这一点，他们将

[①] 中译本见陆卓元译，陆志韦校订，1985，《语言论——言语研究导论》，北京：商务印书馆。

萨丕尔的书称为自己的书。

《语言论》首版在出版 13 年间只卖出了 3000 册，然而这在当时已经足够轰动。1939 年，也就是萨丕尔去世那年，该书重印，1955 年又以平装本出版。自那以后，《语言论》售出近 18 万册，此书还被译成至少 8 种语言。现在，每年仍有 2000 册该书售出。还从没有一本语言学的书能够像《语言论》这样赢得读者长期忠实的青睐。《语言论》一直被当作是一本一般类书籍，而非教科书（《纽约时报》，1981 年 6 月 12 日）。

坊间流传着这样的说法，萨丕尔突然之间灵感和创造力爆发，几周之内便写出了这部书稿。经由克罗伯 1959（1984）年文章的提及，这个讹传让很多人信以为真。实际上至少 1919 年时萨丕尔就已经有了写作一本语言学一般性论著的念头。萨丕尔 1920 年间写给同事的信件澄清了原稿诞生的艰难，在这本书的内容和文体上，他极其认真地工作了至少半年。此外，直到有出版公司确定会出版该书，他才甘愿投入必要的精力修改原稿。由于哈考特布雷斯出版社担心语言学专业书的市场，1920 年整个春季萨丕尔都在与出版社交涉。萨丕尔写信给把他引荐给这一出版公司（Lowie 1965）的洛伊（1920 年 5 月 25 日：UCB），抱怨说只有等合同最终确定他才能开始为下半年制定计划："合同迟迟没法敲定让我相当恼火。"打定主意与普通读者探讨他的观点后，萨丕尔希望立刻付诸实施，对于其他人无法分享他的紧迫感而感到烦恼。①

萨丕尔原以为可以在两三个月内完成书稿（致哈伦·史密斯，1920 年 6 月 22 日：NMM），这样的话他可以在夏末继续对贝拉库拉语进行田野调查。但很快，他就发现两三个月内完成书稿是不可能的了。萨丕尔依然感到振奋的是自己写作的这本书"将会拓展语言学学

---

① 当时他还在发表诗歌作品，但没赚到钱，这无疑让他感到更加沮丧。

生的视野，对他们有所裨益"（致米切尔森，1920年8月7日：NMM）。他给巴尔博写信说（1920年8月10日：NMM）写作进展缓慢，目前只完成了两章内容，但"尽管需要付出相当多的精力"，他并不后悔接下这一任务。在给博厄斯的信中，萨丕尔把这本书的写作（1920年8月25日：NMM）称为对语言"学科的小小的介绍"。尽管带有自谦的语气，萨丕尔希望他的书可以让整个项目得到更好的了解：

> 我希望它既可以作教科书之用，也能用于大众阅读。您的许多基本思想还都没有写完，我觉得您这是在犯罪。您做过的事远远不止详细的描写工作。我真心希望您可以继续完成更宽泛的人类学书稿。如果您没能这么做，我确信我们每一位您的学生都会感到失望。

当然，萨丕尔并非建议博厄斯就语言进行写作，他只是认为需要向非专业读者介绍文化、历史、心理学的整个方法。人类学的重要性只能由从事具体工作的人才能说清。在完成属于他的语言学普及后，他希望其他学者，尤其是博厄斯，也能这么做。

写作通识书同样激发萨丕尔去思考专业研究中的固有结论。他写信告诉洛伊（1920年9月9日：NMM）："重新接触语言学的思想与资料让我思维活跃。"当莱斯利·施皮尔请教萨丕尔语言课程可供参考的教材时（1920年11月8日：NMM），萨丕尔的回复毫无热情可言："现在我坚持不去读其他人探讨语言的概论作品。我只对原始资料——某一语言第一手的描述——感兴趣。"他还请施皮尔"站在富有常识的大众立场"对书稿的前四章提意见。施皮尔是博厄斯学派的民族学家，他致力于记录美国印第安文化的工作，但绝非一名语言学家。萨丕尔脑海中的"普通"读者显然是一个具有相当学识背景的人。

此时，萨丕尔的写作进度变慢了，主要是一战后成本激增，市场萧条，"基于当时的出版业情况，出版社并不急于出书"。萨丕尔自责：若不能找回写作的状态，他会"很快发现自己落后得太远"。

萨丕尔还向非语言学家的威尔逊·沃利斯征询意见。由于内容方面"超出我的知识范围太远"（1921年4月26日：NMM），沃利斯的反馈主要限于文体方面。他对萨丕尔主张的"语言无法脱离思维存在"的论点提出异议，反映出他受过哲学方面的训练，但同时欠缺语言学的训练。沃利斯尤其欣赏萨丕尔"能从如此多的语言中援引例子"，这使读者相信当萨丕尔谈论一般而言的语言时他是言之有据的。他发现印欧语法范畴的解释"很有启发"，但也承认他不理解语言学家是如何对具有谱系关系的语言进行归类的。萨丕尔关于语言的"语言外"问题（语言与思维、风格与文学）的探讨吸引着他。①

萨丕尔将手稿写作过程中的大量解释寄给了他认为与出版安排有关的洛伊。在《语言论》中（致洛伊，1921年4月8日：UCB）："我探究想法……而不是事实本身。"当萨丕尔惊讶地意识到"从较广的视角来看，语言竟可以从数量惊人的角度触及重大问题，如历史哲学、心理学、美学"，这没有使他畏缩，反而激发了他的兴致。一个人"既可以热衷语言研究，又不会成为无趣的学究"。初稿刚刚完成他就开始考虑出续集，"提供更多的事实"。②

萨丕尔希望《语言论》能够呈现学科的可能性，而不是论证某个

---

① 有意思的是，后来的评论家始终认为这些问题是语言学难以回答的。而萨丕尔认为这些内容构成语言学存在的理由，理所当然属于语言学探讨的范围。

② 至少理论上，萨丕尔一直有出续集的意愿。萨丕尔写信给洛伊（1923年1月16日：UCB）："我只希望能有机会出版一本书，能对一组语言中的内容进行更全面的探讨。但有哪个出版社会愿意出版呢？"

人的立场（致洛伊，1921年4月19日：UCB）："除了你关心的我的作品能否具备独创性，我只能诚恳地说对那些过于独特的观点，我试图抑制而非促进它们的发展。"他希望书能有助于大学生的学习。但他意识到"书中关于分类与沿流（drift）①的观点确实与传统观点相去甚远。语音规律论述中的目的论色彩很可能引起非难和争议"。萨丕尔（1921年4月8日：UCB）很高兴洛伊喜欢他关于语言与思维的讨论："坦率地说，我自己深信不疑的一点是：没有语言，思维就无法实现，思维即语言。"②另外，他也意识到由于他不愿完全认同任何一种心理学模式，有关语言与思维的论述尚不完整。但萨丕尔是位语言学家，语言学学科缺少探讨语言心理的方法与理论工具。尽管如此，他没有仅仅因为现有知识无法解决就对问题避而不谈。

尽管萨丕尔广泛征求批评意见，他对自己所写的大部分内容都很满意。但是他并不满意自己对种族、语言、文化三者关系的论述，认为"结果过于消极，而且很大程度遵循博厄斯学派的思路"。事实上，萨丕尔没有跳出博厄斯在1911（b）中的处理方式。他也没有强调自己的立场——正是由于语言具有不同于文化其他方面的结构，通过语言人们可以对文化史有更多了解。语音演变让人相信不同语言有相似之处是由于它们同源，而非借用的结果。萨丕尔轻描淡写地处理了与博厄斯的潜在观点冲突，博厄斯倾向于认为语言特征是像文化要素那样通过借用得到的，借用的结果无法与起源的多元性结果有效区别开来（Darnell，即将出版）。但萨丕尔仍然很纠结，自己是不是在表达与博厄斯学派的不同立场方面过于谨慎了。他对认为自己对借用之说未加足够认可的洛伊说（1921年4月8日：UCB）："或许博厄斯和我

---

① 根据萨丕尔的说法，沿流指自然语言的无意识变化。可参见陆卓元《语言论》译本。——译者注
② 萨丕尔关于语言与思维关系的主张后来由他的学生本杰明·伍尔夫做了更深入的阐释，至今这一理论与两人的名字联系在一起（见第十九章）。

在这个问题上观点截然相反。"但他并没有修改文本。

虽然萨丕尔通常不把文体当回事,他评论说:

> 我不希望用让人不舒服的"极端"表述。我想我经常显得过于"聪明",但我一点儿都不喜欢这样。随着年龄增长,我发现自己越发喜欢"经典"的东西,不过我担心像我这样一个无用之人一旦开始变得经典,最终会变得温顺乏味。

萨丕尔完全了解许多人会认为"沿流"的概念过于玄妙而不予考虑。但由于"这一从加速运动到类型的渐进发展过程,其精确的(心理或其他方面的)性质"很难准确描述[①],引入沿流概念是不可避免的。此外,沿流并不仅仅局限于语言,在艺术、宗教及"社会形式"方面也都有体现。决定沿流的是"数学的和类似美学的直觉"。换句话来说,萨丕尔认为沿流与他所理解的语言形式是分不开的。他特别指出进化是完全不同的过程。"沿流"一词"比较中性","招致非议的可能性不大"。在《语言论》(1921,v-vi)中,萨丕尔指出:

> 语言的形式与历史过程不只本身有意思,而且非常有诊断价值,能帮助我们了解思维心理学上的一些疑难而又难以捉摸的问题,和人类精神生活上的奇怪的、日积月累的趋势,即所谓历史,或进步,或进化。[②]

洛伊在《美国人类学家》(1923,43-44)上发表了对《语言论》的评述,其中指出"对文化理论感兴趣的学生会饶有兴味地看待各种语言现象,他们必定会发现作为社会遗产中独立的语言学分支与宏观

---

① 参考陆卓元《语言论》译本,商务印书馆,1985:194。——译者注
② 引自陆卓元《语言论》译本。下文引文也都引自该译本。——译者注

文化的问题存在某些相似之处"。许多例子都是英语的,因此即使是刚入学的学生也可以对"影响言语形式发展的心理与历史根源"获得"新理解"。在不同地区发现了语言平行证据,例如奇努克语与班图语、塔克尔马语与希腊语;"人类心智几乎获得了相同的表达形式"。对于这样的证据,文化扩散论者是不乐意接受的。除了萨丕尔"通过印度-日耳曼语领域研究深化与完善"并应用于美洲印第安语田野研究的杰出的语文学方法,洛伊强调《语言论》具有"清晰的人类学导向"。洛伊将《语言论》与奥托·叶斯柏森的同名作品作了比较,叶斯柏森在书中只是把原始语言作为"他的言语观结构中的泛泛的装饰",发现的只是"外部领域的次要例证"。而身为人类学家,萨丕尔同时为语言学和人类学两个领域提供了认识语言的综合视角:"萨丕尔的观点……是融合在同一个框架中的。这些观点得益于他对语言的广泛考察,其中既包括对原始民族的语言的考察,也包括对文明民族的语言的考察。"

洛伊称赞萨丕尔在书中对两种语言具有历史谱系关系的思路的说明。在区分哪些是借用结果、哪些是独立发明的结果方面,语言学提供了恰当的指引。但如果说有不尽意之处的话,对那些希望从语言学家那里获得一些关于历史问题确定答案的美洲民族学家而言,萨丕尔的讨论还无法满足他们的需求。但萨丕尔明智地选择在一本一般性著作中回避论证个人立场(Lowie 1923,46):"那些了解他在更专业的出版物中多么坚持己见的人,会对他克制自己坚信的观点的自制力赞叹不已。"萨丕尔"对大众读者的尊敬是写作通俗作品的作者中不多见的";《语言论》"完全没有离奇的见解"。

萨丕尔对待其著作的反馈十分认真,他保存了一文件袋的书评与个人信件。① 他告诉沃利斯(1923年11月23日:NMM):"我感觉

---

① J. 戴维·萨丕尔给我提供了这些资料。

我的书相当紧凑,很可能在初读时会遗漏一些内容。"最初的一些评论惹恼了萨丕尔(致洛伊,1921年11月28日:UCB);博厄斯说还没有拜读他的作品,但知道两人的分歧会在哪;① 民族学局的杜鲁门·米切尔森只看了就某一问题引述的福克斯语的长例。雷丁照常谈到他希望萨丕尔出怎样的书(日期不详,1922:NMM):

> 作为一本从现代民族学视角介绍语言现象的书,我认为还不错。现在,亲爱的爱德华,动笔写作第二本吧,用更精确、更富有想象力的表述告诉我们语言的作用与影响,尤其是语言对文学、宗教观念、哲学等方面发展的影响。不单谈谈语言与思维的关系——更重要的是——语言与行动等等方面的关系。

克罗伯(1922,314)也拒绝评价书中的语言类型学内容,不过他意识到语言学家通常会选择忽视这一问题(大部分人确实如此)。他强调萨丕尔把一门困难的学科介绍给了一般读者(1922,317):

> 全书没有任何一处附加发音符号,但语文学功底十分扎实;没有任何脚注或参考文献,却很有学术性;对受过教育的非语言学人士而言,每页内容都不难理解,却揭示了新思路。全书透露出少见的明快,毫无陈腐之感;文笔流畅自然,结构均衡。在语言学领域,本书独特而不落窠臼,很可能成为经典,长久流传。

在给出版社的信中(1921年5月15日:SF),克罗伯把此书

---

① 但是,博厄斯(致萨丕尔,1922年10月20日:APS)费了番周折向德国、俄国的图书馆提供萨丕尔的书。

描述成"第一本让并非语文学家、玄学家及神秘主义者的人群产生兴趣、对其有所裨益的探讨语言的书"。哈考特布雷斯出版社在图书介绍中将萨丕尔称作"在美洲原始语言研究领域最富才华的学者之一"(这里引用的克罗伯的话,原话是萨丕尔是"那一位"最富才华者)。

伦纳德·布龙菲尔德在《经典周刊》(1922,142)中的评论文章认为萨丕尔对语言的"科学观点"绝对"可靠"。但他希望看到参考文献,从而评价萨丕尔在多大程度上与以前的学者持有相同的见解。他列举了萨丕尔对内部语音系统(或称理想语音系统)概念的描述,不过他认为博厄斯和索绪尔都曾经探讨过这个问题。布龙菲尔德——这个之后很快与萨丕尔共同致力于语言学学科建设的同道——称赞《语言论》强调了共时性研究在方法论角度离不开历时、历史问题。他高度评价萨丕尔不依赖其他学科,尤其是心理学的学科方法。有意思的是,他接着岔到行为主义心理学,这是布龙菲尔德本人语言学理论的基础。但他担心萨丕尔对隐喻表达方式的钟情会使整本书的科学性受损,变成"以心理学为幌子的……格言式猜想"。

萨丕尔后来的耶鲁同事爱德华·普罗科施强调(1922,355)《语言论》的"个性"特点以及萨丕尔"生动……甚至诗化的风格"。他写道:"作者的风格更像一位鼓舞人心的讲演者,一位有趣的健谈者,而不像一位客观的学者(事实上萨丕尔却是最名副其实的学者)。"语音变化的论述"十分精彩"(1922,357)。萨丕尔"用十分主观、大胆、独立的方法"得出的各种"具体结果"令普罗科施赞叹不已。在普罗科施看来,《语言论》并无不科学之处。

曾在哥大担任萨丕尔语言学课程老师的阿瑟·里米,在《文学评论》(1922年5月6日)上撰文指出萨丕尔对"原始"语言以及印欧语的接触使得"他比一般专家对语言现象有着更全面的认识"。但里米怀疑普通读者能否读懂。萨丕尔在哥大时的印度伊朗语教师威廉斯·杰克逊（1922年3月4日）写信来说这本书令他振奋，这么多年他第一次打算开设一门语言学方面的课程，并以《语言论》作为教科书。

在H.L.门肯主编的《智者》中，一位匿名评论者指出萨丕尔并非美国人，而是加拿大人："从内部证据来看，他似乎接受过日耳曼语的训练"，虽然"他绝非语言学的教授，只是加拿大政府的官员"。显然这位评论者没有做好功课。

萨丕尔发表《语言论》同年，奥托·叶斯柏森的同名作品《语言论》问世。萨丕尔（致洛伊，1922年3月14日：UCB）认为叶斯柏森的书"庞杂零散、结构失当、内容浮浅"，大量篇幅都在谈作者的个人"爱好"。他称叶斯柏森寄了一本书给他，还留言称他读完萨丕尔的书后不担心内容重复问题了。

萨丕尔对语音模式的论述引发了语言学家的兴趣。卡尔·巴克——芝加哥大学的比较语文学家，之后很快也成为萨丕尔的同事——提到（1921年11月16日）他此前对语音现象"或许有点模糊的意识"，但萨丕尔的这本书才使语音现象"清晰有力地进入我的视野"。《语言论》为萨丕尔在1925年与1933年进一步阐释的音位概念奠定了基础。在《语言论》中，萨丕尔（1921，174）提到"无意识声音模式一直在慢慢变成有意识的"，还指出"即使没有语音调平，单个语音演变会引发语音归类的不一致，从而颠覆原来的语音模式"（1921，182）。这自然而然让我们想到一种语言的本族语者（1921，183）：

> 可能在没有研究言语的直觉基础以前，我们不会有多大进步。我们还没有想到要研究声音模式本身，以及这些模式里的各个成分（一个个的声音）的"比重"和精神关系，怎么能了解那种会磨灭和重建声音模式的沿流的本质呢？

第五章　对博厄斯范式的整合

声音模式的概念最早出现在博厄斯 1889 年的文章"论交替语音"中。萨丕尔则更进一步,指出一门语言的声音模式在该语言强调的特征以及比较定义方面互相联系、彼此一致。博厄斯仅仅指出操本族语者会根据其母语的语音模式去听、说第二语言。他并没有详述这会给语言分析者在认识与准确描述本族语的结构方面带来的后果。

萨丕尔在回应克罗伯抱怨本族语者无法书写他们自己的语言时(参见 Silverstein 1985),首次提出音位原理(1916 年 9 月 8 日:UCB)。他提出"问题可能并不都在于他们自身",疑难的发音可能与"本族人的意识"相同:

> 我教印第安人书写母语的经验已经不少了。我发现如果只是掌握了具有有机意义的语音类型,教他们书写实在简单不过了。如果对语言中所有的细微差异都辨析清楚,那对于教授拼写体系反而弊大于利。我目前可以得出的结论是,如果发现教授一位本地人记录某一组声音时进展不下去了,原因通常是教的人还没能对这组声音进行深入分析。我坚信操本族语者对他们语言中有机的语音成分是有意识或者说有潜意识的。……我发现我又在长篇大论了,希望你不要介意我的"学究气"。

1925 年,萨丕尔发表"语言中的声音模式"一文,他写信给洛伊(4 月 3 日:UCB)称论文"详述了我在《语言论》中暗示的内容"。但 1925 年的论文更明确地提出语音过程从其他方式上看都是"难以理解"的(1925,33):

> 语言学家们过去认为(现在仍有一部分人也持此态度),

语言的心理机制主要与语法特征更相关，但语言的声音和语音过程则属于一个更低层次的生理层面。……以这种简单机械论的方式无法正确理解言语的声音和发音过程。①

萨丕尔始终主张要描述每种语言特有的声音系统的"内在结构"，"每个音被无意识地感觉到相对于其他音'放对了位置'"（1925，42）。

1933 年，萨丕尔根据没有文字的语言的田野调查经验又进一步提出，语言的"心理现实"是语音分析中必不可少的（1933，47）：

> 从心理上说，如果音位的看法比严格的语音看法更基本，那么我们应当能从操本地语者无戒备的发言中把音位辨识出来。从语言的实用角度而言，本地人能够自如完整地把控他们的语言，但他们对自己的语言并没有理性的或有意识的系统化的知识。……我多年来从事记录分析没有文字的语言的工作，在这一过程中……我开始认识到，在语言使用中，操本地语者听辨的并非语音成分，而是音位。

事实上，萨丕尔一直毫不掩饰自己对主观世界的偏好。洛伊（1965，71）指出萨丕尔早年着迷于海因里希·李凯尔特对自然科学与精神科学（Geisteswissenschaften）的区分。重要的是语音的格局，而非语音本身的客观属性。早在 1911 年，萨丕尔就在"言语的历史与种类"一文中提出"共同心理基础"的概念，指代不同语言间已经过历史考验的相似点，反映出"语音规律与自然科学规律之间不可弥合的差异"（Malkiel 1986）。

---

① 中译文见许宏晨译，"语言中的声音模式"，载高一虹等译，《萨丕尔论语言、文化与人格》，北京：商务印书馆，2011，28-46 页。——译者注

萨丕尔没有将《语言论》视为一件完美的成品。《语言论》的"论述过于紧凑"（致洛伊，1926 年 3 月 25 日：UCB），他一直计划出第二版，只是没有完成。当时萨丕尔正在芝加哥大学任教，他不得不重新考虑有多少内容可以用一般语言表述清楚："我不断高估学生进行抽象思维的能力。"学生已经成为他思想传播的普通受众。

萨丕尔最后一篇关于语言的一般性论述是他 1933 年为《社会科学百科全书》撰写的。文中减少了关于诗歌的内容，增加了更多与标准语相关的现代民族主义的内容（Malkiel 1986）。萨丕尔的目标读者转向了刚刚独立的语言学学科的同事。但这篇文章已经全然没有 1921 年《语言论》的那种热情与力量。

《语言论》的成功让萨丕尔高兴。他对渥太华的研究情况感到越来越失望，期望能在美国获得一份教职。著作得到大众欢迎看起来是最佳策略。克罗伯（1921 年 1 月 17 日：UCB）不仅认可了萨丕尔作为当时首席人类语言学家的毫无争议的地位，同时也劝萨丕尔向可能的聘用机构推销自己：

你将自己的著作在人类学范畴之外予以定位，这做得对极了。我们大部分人往往只能宣称对语言令人厌恶，而少数人中的大部分则满足于收集原材料。谈到理论兴趣，我可能会漏掉某个人。但如果报出萨丕尔、博厄斯、雷丁、克罗伯和哈林顿的名字，我想已经差不多是全部了……

并且，举国上下还有哪个语文学家拥有足够广博的知识，能够替你采取行动？他们会承认你经过他们的培训，具有足够的资质，他们会赞同你做的事。但他们真正关心你做的事情吗？我了解的语文学家都是一帮迟钝至极的家伙。……我想你的表达途径是出书，关于语言的书。……寄希望于你自己能开创的事业吧！你能行！你尚未做到只是证明你还没有足够渴望为目标付出努力。

萨丕尔必须要证明自己，这恰恰因为他从事跨学科的工作，这限制他在任何一门投入全部精力。《语言论》让他可以用其他人无法完成的方式探究语言学、人类学的交叉问题。

第六章　美洲印第安语言的分类

自最初从事没有文字的美洲印第安语的田野调查开始，萨丕尔就应用印欧语的研究传统自如地穿梭于共时性描述（文本、语法与字典）与历时比较（历史）重构的研究。当田野调查资金逐渐用尽，挑战与其说是描写更多印第安语，不如说是对美洲大陆原住民语言的历史谱系关系进行准确定位。由于更多的时间必须在室内办公，萨丕尔投入更多时间研究他人采集的资料，将它们与自己的资料进行比较。他沉湎于通过不同部落、语言的共同源头的古老遗迹展示北美文化史的图景。在1916年"时间视角"一文中，萨丕尔就提出了语言对文化有重要意义的观点。如今他致力于找出具体的例子，来阐述语言学方法能够暗示出怎样的历史谱系关系。

1891年约翰·韦斯利·鲍威尔与美国民族学局确立的美洲印第安语的分类（Darnell 1971b；1971c；Darnell and Hymes 1986），其时间深度过浅，因而对历史重构作用不大。鲍威尔手下的雇员仅有一人出身语言学；相关词语只是根据表面形式去识别的，不像在印欧语中是通过对深层形式的重构识别出来的。此外，民族学局的分类只是出于实际考虑，如相关部落在保留地的定居问题，而非历史推论的考虑。55个独立语群（independent stocks）的关系程度差别极大，从北极高纬度地区分布广泛的爱斯基摩-阿留申语，到库特内语、祖尼语这类孤立的语言。这些语系（linguistic families）中的大多数都无法与印欧语、闪语或芬兰乌戈尔语——这些地中海盆地主要民族的语言相提并论。但是，鲍威尔的分类是一次重大进步，它对民族学局的田野调查进行了系统的整理汇编，并首次将北美原住民分布地图补充完整。鲍威尔还提出今后的工作将会减少独立语系个数。遗憾的是，鲍威尔的分类此后便如板上钉钉一般，没人再去修订完善。民族学家满足于一个临时的框架，他们之中很少有人具备亲自重估证据的语言学技能。

萨丕尔具备了给出完全不同的北美人类学分类的能力。他受过印欧语方面的系统训练，可以将孤立语纳入大语群。从约1913年开始，这项工作便一直萦绕在他的脑海中。直到1920年在美国科学促进协会芝加哥会议上，他公开了他的六大语群分类。该分类方案1921年在《科学》杂志上以短文形式发表。

六大语群分类令人类学家感到惊愕——这样的分类在他们看来不可思议。萨丕尔并没有在文中列出证据，不过在同时期发表的一些专业文章中他有论述其中的主张。他原打算说明语言分类可以提供民族学研究框架，期待同行会因此而喜出望外。他希望用这种招数让人类学家相信语言学并不是枯燥死板的。假设引发的争论让萨丕尔感到失望沮丧。1921年后，他不再提及宏观分类，也没有发表关于纳-德内语与印度-汉语联系的证据。人们更加熟知的1929年的分类版本实际上只是重复1921年的结论。

但是，六大语群的分类方案却是萨丕尔在渥太华任职期间的总结。人类学部的任务是绘制加拿大语言文化的地图。由于许多原住民语言、文化跨国界，萨丕尔从整个北美大陆的视角对分类中的问题提出了批评。共时描写记录濒危语言，历时比较却为迁徙、接触和文化史提供了启示。

在1929年的分类版本中，萨丕尔确认了六大语群内部各子类的确定程度（表2）。他列出了23个子类，其分类以1891年鲍威尔分类后的田野调查为依据，大部分保守的语言学家想来都是认可的。这

表 2 北美语言分类

	萨丕尔 1929	萨丕尔（隐含于著述）	鲍威尔 1891
I.	爱斯基摩—阿留申语	爱斯基摩	爱斯基摩
II.	阿尔岗昆—利特万	阿尔岗昆—利特万* 莫桑 库特内	阿尔岗昆，贝奥图克，维约特，尤罗克 瓦卡什，彻默库安，萨利什 库特内
III.	纳—德内	特林吉特—阿萨巴斯卡* 海达	特林吉特，阿萨巴斯卡 海达
IV.	佩纽蒂	*加利福尼亚佩纽蒂 *俄勒冈佩纽蒂 *高原佩纽蒂 奇努克 钦西安 （墨西哥佩纽蒂）	米瓦，科斯塔诺，约库特，迈杜，温顿 塔克尔马，库斯（一休斯劳），亚科纳，卡拉普雅 瓦伊拉特普，卢图亚米，萨哈普廷 奇努克 钦西安 —
V.	霍卡—苏	*霍卡 *考奎特坎 *图尼卡 *易洛魁—卡多 尤基 凯瑞斯 蒂姆夸 穆斯科格 苏	卡罗克，奇马利科，萨里南，亚纳，波莫，瓦肖，尤马，埃塞伦，丘马什 通卡瓦，卡兰卡瓦，考奎特坎 图尼卡，阿塔卡帕，奇蒂马查 易洛魁，卡多 尤基 凯瑞斯 蒂姆夸 穆斯科格 苏，尤奇
VI.	阿兹特克—塔努安	*犹他—阿兹特克 *塔努安—基奥瓦 ? 祖尼	纳瓦特尔，皮马，肖肖尼 塔努安，基奥瓦 祖尼

*这十二个范畴萨丕尔认为已被大多数同行接受。将鲍威尔的 55 个语群归并为 23 个，这是萨丕尔这代学者的工作；将 23 个语群进一步归并为 6 大类，他认为是自己的独特贡献。

110 其中12个是萨丕尔亲自参与调查的。六大语群的分类问题较多，他希望进一步开展工作对其进行修正。但在实践中，六大语群的分类方案被视为成品，正如鲍威尔的分类方案。人类学家、语言学家可以选择分类，多数人选择了保守或激进的原则，却忽视了特定联系的证据。这或许并不意外，关注语言分类的是一群非语言学出身的人类学家，他们希望得到文化描写的结论。

尽管萨丕尔的分类引来多方争议，整整40年，它对美洲印第安人类学起到了决定性的影响———一直延续到语言学不再被视为民族学的辅助要素。近年来，语言学家（大部分不再是民族学家）对特定联系提出了更高的证明标准。坎贝尔和米孙（1979）根据详尽的声音对应识别出北美大陆的62个独立语群；尽管如此，他们还在继续根据萨丕尔的六大语群对他们的分类进行整合，认为进一步研究会再次减少单位的数量。在另外一个极端，约瑟夫·格林伯格（1987）提出南北美洲印第安语只有三大类。虽然新分类方案一出现，各方都表示怀疑（Greenberg et al. 1987），这一尝试再次让人想起萨丕尔的论点：语言分类是重构历史的一种恰当而独特的方法。现在如果有人着手美洲印第安语的分类，仍然无法绕过萨丕尔的六大语群的分类。事实上，许多北美语言文化研究者（研美学者）知道萨丕尔主要都是通过这一分类方案，当然不排除对他的其他贡献也有所了解。因此，理解萨丕尔是如何通过已有的描写数据得出这样的分类结论具有重要的意义。

分类热潮的发端

萨丕尔并非试图减少北美语系数量的第一人。事实上，发起人是克罗伯，他当时需要对加州语言文化进行分类，而加州包含了鲍威尔55个语群中的22个。克罗伯渴望用某种方式把丰富的语族进行归类。他和哈佛大学的罗兰·狄克逊首先尝试博厄斯的类型近似模式，这一模式被认为是语言扩散的产物。1903 年，他们声称"我们建立的不是语系，而是语系类型"（Kroeber and Dixon 1903, 2-3），坚持认为谱系关系并不包含其中。这一分类法侧重语法的相似性，而非词汇内容的相似，因此无法与鲍威尔的分类法进行比较。克罗伯仍坚持博厄斯的假设：由于无法辨别出哪些是借用与历史延续的结果，没有文字的语言的谱系关系在很大程度上是难以辨识的。

但是，迫于大量证据，克罗伯最终开始考虑语言演变的解释。他写信给博厄斯（1903 年 4 月 24 日：UCB）称语料中大量的词汇相似点让他感到困惑："完全有可能许多语言结果是互相关联的。"到 1913 年（225），狄克逊和克罗伯承认"谱系关系是对某些语言间相似性的唯一令人满意的解释"。词汇与语法的相似点数量丰富、相互一致；同时对一些语言进行比较时，这些一致性更加突出。

克罗伯希望萨丕尔支持他的新假设（1913 年 1 月 3 日：UCB）：

> 但是，我一直没能从资料中得到清楚的结果，最后在绝望之中不得不放弃我们的工作一向遵从的前设，即所有相似性都是偶然或借用的结果，或者有一些谱系关系。……此后，语言就如一团线球自己发展了。……现在我怀疑我们走错了方向……

起初，萨丕尔并不急于分享克罗伯的研究热情。他并不相信克罗伯的语言水平，而且多年前在加州遭到排挤的印象还在隐隐作痛。他或许觉得自己才是探讨加州原住民语语系关系的唯一人选，也担心守旧的人类学家（如博厄斯）会对尚不稳固的谱系关系表示怀疑。他给克罗伯的回复（1913 年 1 月 5 日：UCB）表面看起来"鼓励有加"，但对具体结论十分小心：这些结果"十分有意思""令人兴奋"，一旦证据接受了更细致的查验,"没有理论依据"会证明这些结果是错误的。萨丕尔让克罗伯放心(1913年2月11日:UCB):"我不希望给你留下这样的印象,认为我个人反对这些概括。事实上,我强烈感到随着我们的知识逐步发展,我们会得出更多相似的结论。"他会"很高兴,如果加州的语群数量最终变得很少"。但这还需要验证。萨丕尔最关心的是(致克罗伯:1913年2月29日:UCB)现有材料的语音质量不足以"开展真正扎实的比较工作"。他赞成"一旦能够得出确定的语音关系,那些乍看上去牵强附会的例证也会变得十分确凿"。

克罗伯努力想让萨丕尔一起加入加州的工作。如果能得到北美最著名的语言学家的支持,分类法将会赢得更多人的认同。但是萨丕尔迟疑不决:他推辞了支持狄克逊将瓦肖语归入霍卡语族的工作(致克罗伯,1917年10月17日:UCB)。萨丕尔称他还没有把形态关系记下来过:"我还解出了潜藏在材料中的大量语音规则。"萨丕尔希望能在和克罗伯及克罗伯的加州领地的接触中占有先手。

然而,克罗伯在加州原住民语言之间的关联方面取得的成绩促使萨丕尔在他自己的材料中寻找类似的联系。萨丕尔应用采集的犹他语与南派尤特语的田野资料,证明了犹他-阿兹特克语族来源于同一种语言。1913年,他重构了最初的犹他-阿兹特克语(被认为是目前这些语言的共同祖先)的语音体系,这是首次系统地将印欧语方法应用于北美语系的研究中。萨丕尔(致克罗伯,1912年12月23日:NMM)认为他的证据"极其特殊,因而除了基于谱系关系的解释,其他解释都被否定了"。克罗伯刚来加州没几年时忽略了这类证据,在处理犹他-阿兹特克语方面并没有获得成功。萨丕尔(致梅森,日期不详,1913:NMM)将自己简洁清晰的重构与克罗伯对霍卡语和佩纽蒂语杂乱无章的研究方法详细对比了一番:"我这发现不小吧?但是照常,我想克罗伯会猜猜哪些是正确的或是有点道理的,然后把它留给别人去验证。"克罗伯的证据往往无法与他的研究热情相媲美。

克罗伯（致萨丕尔，1917年7月24日：NMM）十分钦佩萨丕尔在犹他-阿兹特克语上的成绩，力劝萨丕尔将技术性的语言学研究对历史推论至关重要的观点进行普及："天呐，好家伙，我要是有你的知识，拥有和你一样的学习能力和处理基本材料的能力，我早就把你语言学家的声誉给盖下去了。至少我不怕尝试。"但是萨丕尔感到克罗伯工作缺乏严谨，这削弱了谱系假设的接受程度。

萨丕尔支持克罗伯发表加州霍卡语、佩纽蒂语的证据。到书籍出版前（Dixon and Kroeber 1919），萨丕尔早已将加州各语族包含到更大的语系联系中了。考虑到萨丕尔这期间的工作，关于霍卡语、佩纽蒂语的假设看起来已经过于保守了。事实上，1913—1917年前后，萨丕尔开始和克罗伯一样对谱系关系的语族缩减工作产生了热情。两人每周都会互通好几封信，信中满是各种新假设。但是，萨丕尔更喜欢在克罗伯统辖的领域之外工作。尽管克罗伯支持萨丕尔进行范围更广的研究，他自己的研究却极少涉及加州疆域之外。①当加州语言分类完成后，克罗伯完全从语言工作中抽身而出，基本上把这一领域留给了萨丕尔。

并非所有人都有如克罗伯、萨丕尔这样对语言分类的热情。博厄斯对谱系关系需要多少证据尤其谨慎。在事业早期，他曾一度非常乐观，但在研究文化要素的扩散后，他感到大量语言方面的相似之处并不一定是同源所致。他倾向于对各种语言进行心理与类型比较。此外，随着萨丕尔、克罗伯以及其他一些研究者提出越来越激进的统一语族的方案，博厄斯的态度也越来越严苛。

在分类研究的过程中，萨丕尔一直因博厄斯无法理解简单的语言论据而感到恼火。博厄斯从未接受过正规的语言学训练，他否认印欧语关于有规则的声音变化反映了语言同源性的假设。萨丕尔向雷丁抱

---

① 但是，他确将墨西哥的塞里语和特基斯特拉特科语归为加州霍卡语之下。

怨（1913 年 6 月 10 日：NMM）：

> ［博厄斯］让他先入为主的好恶左右了他的判断。不知道什么原因，他就是不愿意考虑人类最初只有少量的语群，其中的每一种都经历了剧烈的分化。他更青睐鲍威尔的想法，相信人类有几乎无限个有区别的语族，其中一些在时间的长河中灭绝了。在我看来前一种可能似乎是一种历史必然。

萨丕尔意识到一些过往历史或许已经无法还原，但排除历史推论的可能性也是无法想象的。他向洛伊（1921 年 2 月 15 日：UCB）坦承在这点上他不大可能会向博厄斯妥协：

> ［博厄斯的］整体方法和我以及绝大多数语言学学生的方法大相径庭，两方试图就各自理论依据的辩论只可能引发双方的怒气。……他全盘套用扩散理论，这在任何对语言史基本事实有所了解的人看来都是十分荒谬的。

1920 年，博厄斯甚至在《美国人类学家》上撰文，表达了与自己学生的语言学假设完全不同的看法；文中指名道姓提到的唯有萨丕尔。萨丕尔（致斯佩克，1924 年 10 月 2 日：NMM）总结说问题无法解决（Darnell，即将出版）：①

> 归根结底，这些争论可以归结为两种思维方式的表现。第一种是保守派知识分子，如博厄斯，……他们完全拒绝考

---

① 达内尔（Darnell）的文章探讨了博厄斯和萨丕尔两人在基本假设上的分歧。

虑具有深远意义的意见。……他们迫切想证明自己是正确的，长远来看，这些人通常比许多不死守"原则"、思想较浅显的学者更是错得无可救药。……第二种类型的学者更相信直觉，甚至当证据并不完整或者理论尚不清晰的情况下，他们也会提出试探性的建议。……我完全不抱任何希望，让博厄斯和戈达德从我的角度看待问题，认同我的直觉。他们的反对我就当天气一样，或许会变好，要是继续这样也只能如此。

当萨丕尔将特林吉特语、海达语与阿萨巴斯卡语归入纳-德内语群时，博厄斯尤其恼火。西北海岸是博厄斯的领地，他认为萨丕尔列出的相似点只是语言类型趋同而非历史上同源。萨丕尔尤其沮丧的是他大部分证据来自博厄斯的工作，但博厄斯却拒不承认他得出的推论。

两派对立的争执从萨丕尔与博厄斯的学生利奥·弗拉奇坦伯格就扩展俄勒冈州佩纽蒂语群的通信可见一斑。萨丕尔用弗拉奇坦伯格的库斯语语法发现了库斯语与塔克尔马语间的联系；弗拉奇坦伯格回信称（1914年6月29日：NMM）萨丕尔"选择了十分错误的方法解释印第安语之间偶然的语音相似"。萨丕尔（1914年7月2日：NMM）委婉地指出，他认为这些相似点并非"偶然"，它们可以归纳成"确定的语音规律"。萨丕尔的犹他-阿兹特克语研究就显示出了这方面的潜力，现在他开始着手纳-德内、佩纽蒂与霍卡语的关系，试图说服弗拉奇坦伯格加入他的分类派："我希望你对语言史有足够的感觉，能和我一样强烈地意识到，我们当前这样把印第安语分成大量相互独立的语群的做法缺少内在理据的可能性，迟早会大幅简化。"[115]

弗拉奇坦伯格对萨丕尔的异议无动于衷，甚至还自作聪明地告诉萨丕尔该如何进行语言比较（1914年10月20日：NMM）。他认为声音相似不能证明谱系亲缘关系，印欧语的方法无法适用于没有文字的语言。地理位置相近、类型分类才能作为唯一可能的归纳。甚至博厄斯也不可能走到忽略语言分类中的历史依据的地步。

萨丕尔向弗拉奇坦伯格指出（1915年1月8日：NMM）博厄斯"没有历史语法、比较语言学的个人经验"。弗拉奇坦伯格（致萨丕尔，1915年1月27日：NMM）依旧坚持忠于博厄斯："除非我们获得关于美洲印第安语历史研究的依据，否则我连一刻都不会考虑你的研究方法。而只要这种依据还没有，我必定会选择博厄斯谨慎的保守主义。"弗拉奇坦伯格给博厄斯写了封信（1915年3月2日：NMM），认为萨丕尔的"方法是错的，会得出错误结论"；萨丕尔"深受印欧语研究方法的影响，现在试图把它们应用到美洲印第安语领域"。当然，这正是萨丕尔在做的。

并非所有批评萨丕尔的都是博厄斯学派的人。以美国民族学局为中心的美洲印第安语言学的保守派团体从内心都更加认可鲍威尔的分类。此外，每个研究者都感到语言或语系是由地域区分的。萨丕尔是美国语言学家中唯一研究过北美大陆的几乎所有语系的人。萨丕尔注意到了其他调查者在研究中忽略的联系。

萨丕尔对纳-德内语详尽的相似处给民族学局阿尔冈昆语研究者杜鲁门·米切尔森留下了很深的印象，但米切尔森对涉及阿尔冈昆语的研究结论却十分怀疑。普林尼·戈达德——阿萨巴斯卡研究公认的领军人物——向萨丕尔坦诚（1920年11月4日：NMM）他并不反对纳-德内语的语法比较，但如果萨丕尔试图给出阿萨巴斯卡语自身的比较性陈述，他会感到受伤。

当萨丕尔将加州维约特语和尤罗克语归为某个利特万语系，最后把利特万语与阿尔冈昆语联系起来的时候，他发现自己直接遭到了米切尔森的攻击。米切尔森发表的评论（1914，362-363）将这些相似点看作是偶然的，如果两者存在关联，克罗伯应该早就发现了。萨丕尔向克罗伯抱怨说（1914年9月9日：NMM）米切尔森由于只研究过阿尔冈昆语，而在他研究前阿尔冈昆语的"主要结构已经完成"，因此他从没"在对语言结构一无所知的情况下接近一门语言"。克罗伯（1914年9月15日：NMM）婉言拒绝澄清田野资料中历史关联的逐步显现，他建议萨丕尔无需理睬米切尔森"古板严苛"的指责，"专业讨论……只是专家之间意见的争论，两人的观点可能同样正确"。

米切尔森向博厄斯抱怨（1917年4月26日：NMM）"大家开始在证据不足的情况下就合并语群"，萨丕尔"变成这种糟糕趋势的牺牲品"。而萨丕尔也向洛伊抱怨说（1921年2月15日：UCB）像米切尔森这样的印欧语专家目光"极其短浅"，"在我们看来微不足道的词法差异在他们眼里具有如此重大的意义"。[①]

但是，萨丕尔没有就此放弃利特万语系的假设。1913年，他推迟了初稿发表的日期，打算等自己充分确信后再出版（致斯佩克，1913年7月18日；致雷丁，1913年7月18日：NMM）。他在给雷丁的信中指出："当你发现在这大片国土上，加州各语群甚至与最西部的阿尔冈昆群落截然分开，你一定会有疑虑的。"给克罗伯的信里（1913年8月6日：NMM）萨丕尔显得很自信："这当然会是我的又一部力作。虽然会被人笑话，结果是显而易见的。"克罗伯（1913年6月21日：NMM）催促他尽早发表作品："我很高兴……你的研究已经不再停留于谱系关系的事实了，而是去探讨发生谱系关系的社会环境，追溯每种语言的历史了。"事实上，萨丕尔列出了利特万-阿尔

[①] 多年后，莱昂纳德·布龙菲尔德告诉萨丕尔（1925年5月27日：NMM）利特万-阿尔冈昆语群还需要等重构早期阿尔冈昆语的工作结束后才能被证明是否合理。他当时正在重构早期中部阿尔冈昆语很有规律性的声音相似点。但是，萨丕尔更希望研究更早期的关联，而这方面的证据必然更加缺少系统性。

冈昆语的证据要多于其他更易为人接受的关联。① 负面反馈集中于加州的一个阿尔冈昆语部族地理分布异常。

1915 年，萨丕尔进一步把奇努克语（"虽然你可能会感到难以置信"）和钦西安语（"别吓晕过去"）归入克罗伯的加州佩纽蒂语群（致克罗伯，1915 年 4 月 24 日：NMM）。克罗伯在回复中抱怨道（1929 年 5 月 29 日：NMM），加州佩纽蒂语与霍卡语"完美无瑕的确定性"因范围扩展而遗失了。萨丕尔（1915 年 4 月 15 日：NMM）忽略了克罗伯的矛盾情绪，兴致勃勃地描绘西海岸族群极可能发生迁徙，声称"你从语音地理学就差不多能了解加州史"。

克罗伯（1915 年 11 月 17 日：NMM）看上去被萨丕尔说服了，他正在撰写关于太平洋海岸部落的文章，为此他征求萨丕尔的许可，希望能引用萨丕尔尚未发表的"新扩展的语系以作为人类迁徙的证据"。萨丕尔（1915 年 11 月 25 日：NMM）表示俄勒冈佩纽蒂语和霍卡-科阿韦尔特克语群的"可能性很大"，催克罗伯发表证据（1915 年 12 月 19 日：NMM）："我真高兴，在这一连串的分类方式新发展的领域并非孤军奋战。"

令人惊讶的是，俄勒冈佩纽蒂语群的分类并没有引来什么反对意见。弗拉奇坦伯格造访加州时，狄克逊和克罗伯未发表的词汇证据数量惊人，给他留下了深刻印象。他甚至还向萨丕尔坚称（1916 年 12 月 17 日：NMM）他并非顽固不化、相当"保守"。他还列出了他打算验证的西北海岸一些语言的谱系关系。尽管有过去一度糟糕的关系，萨丕尔（1917 年 1 月 9 日：NMM）热情欢迎弗拉奇坦伯格的支持："我们显然都在朝着同一个大方向努力。说到底，合理的事实摆在那儿，人们总会接受的。只是说，我们是打算继续维持尊严，抱着

---

① 这一假设在 20 世纪 50 年代由萨丕尔的学生玛丽·哈斯最终证实。戈达德（1986）十分审慎地核查了萨丕尔的证据，最后称尽管萨丕尔列举的例子中存在严重错误，他对语言间存在关联的看法是正确的。

传统的看法还是比大众多些勇气，愿意向前看。"弗拉奇坦伯格（1917年2月12日：NMM）把这封信理解成他的态度和萨丕尔的态度从没发生过抵触，他乐观地预计"在不远的未来，我们两人将携手并进，在美国语言学领域做出成绩"。在这段时期，弗拉奇坦伯格是唯一一个努力标榜自己是萨丕尔盟友的人。但是，由于弗拉奇坦伯格离开了这一领域，两人间的合作没有实现（Stocking 1974）。

但是，博厄斯对佩纽蒂语群的扩展持谨慎态度。他写信给萨丕尔（1918年7月17日：NMM）告诉他相似的词根形式无法证明语言间存在谱系关系，并且还引用了苏语中的反例。他告诫萨丕尔（1918年7月22日：NMM）除了谱系关系的可能性，还需要考虑其他的解释。萨丕尔回信说（1918年7月26日：NMM）：

> 你所发现的不同族群心理上的巨大差异并没有给我造成给你本人那样的困扰。……我必须坦率地说，一直以来我感觉你过分强调心理差异给演变理论带来了难以逾越的障碍，而另一方面，对世界各地的语言长久以来一直在经历的语音、语法分化的现实又重视不够。

无奈，博厄斯和萨丕尔两人只能承认他们两人的意见相左。①

受狄克逊的建议启发，萨丕尔接着又把佩纽蒂语群扩展到了墨西哥。他所做的霍卡语研究主要来源于约翰·斯旺顿为民族学局提供的资料。萨丕尔（致斯旺顿，1918年4月12日：NMM）接着推测北美大陆中部曾发生过人群迁徙。由于斯旺顿是公认的保守派，他的工作从没受到严格检验。但是，萨丕尔继续把霍卡语和尼加拉瓜的苏布蒂亚瓦语、苏语以及易洛魁-卡多语联系在一起。在给斯佩克的信中

---

① 博厄斯并非一直对萨丕尔的分类工作持否定态度。1924年，博厄斯曾经试图资助萨丕尔在国际会议上宣读一篇与自己观点相左的论文，但最终没有成功（Mead 1959）。

(1924年1月11日：NMM)，萨丕尔暗示霍卡-科阿韦尔特克语是"与加州、墨西哥北部以及海湾地区最早期、文化最为原始的人种有联系的语群"。晚期人群迁徙破坏了语群早期的统一。

在萨丕尔考察特殊的谱系关系期间，克罗伯一直予以支持。萨丕尔确认存在的关系，在还没看到证据前，克罗伯就加以认可（1916年12月13日：NMM）。克罗伯期待萨丕尔能够承担大部分工作："你得出的每一项证据让我如释重负，使得好多我还没着手做的事可以放下了。"克罗伯一再催促萨丕尔发表，还给萨丕尔提供反馈意见，这很少有人能做到（1913年8月14日：ALK）。克罗伯告诉萨丕尔"如果人类学方面的发现至少有一些由你审慎考察而得，而非由地位、水平不足以令人信服的一些人得出，美国人类学的声望将会得以更好延续"。

雷丁的惨败

1919年，保罗·雷丁在克罗伯主编的加州民族学系列上发表文章，提出所有北美印第安语具有谱系关系。萨丕尔从来没有抱怨过他这个心直口快的同事，但这次他火冒三丈，因为雷丁毫无计划的研究危及自己合并语群的精心努力。雷丁肯定料想到自己对已有语言划分方法提出质疑，萨丕尔会十分恼火，但萨丕尔情绪的激烈程度还是让他大吃一惊。

萨丕尔肯定了雷丁对美洲印第安语的说明工作，但雷丁并没有把自己视为语言学家，他表示自己不必满足于语言学的证据标准。他写信给萨丕尔（1913年8月6日：NMM）："我其实一直努力避免和语言学家混为一谈，但为什么人们都把我当成语言学家？"雷丁把语料作为民族学历史视角来使用，并未将其视为目的本身。

直到1919年，雷丁一直认可关于谱系关系的种种设想，并没有独立考察过相关证据。后来他认定12语族之说,他认为自己合并的12类与鲍威尔分类方案的基础相比"绝非具有划时代"的意义(1919,490)。雷丁只实地参与了瓦波语(一种尤基语)和温内巴戈语(苏语的一种)的田野考察。他给出了八条语法证据证明北美语言的统一性,其中出现最为频繁的是动词的体(这难以说是北美印第安语言所独有的)。他引用了并不充分的考古学证据,提出15,000年前发生了从亚洲东北部到美洲的迁徙,并声称语言分化是人们在北美大陆定居后的事(1919,492)。① 雷丁接着称他令自己满意地证明了美洲语言同源。

萨丕尔有点想在《美国人类学家》上发表一篇评论文章,他写信给杂志主编戈达德(1919年6月10日:NMM),指出雷丁的文章"在方法上有可怕的缺陷",并且"充斥着种种无知的看法"。戈达德(致萨丕尔,1919年6月13日:NMM)很高兴萨丕尔"主动提出对雷丁的作品发表评论",愿意"伸张正义"。当萨丕尔之后有所犹豫时,他不高兴了(1919年6月26日:NMM):博厄斯由于与雷丁一直以来关系紧张,因而无法出来说话;由克罗伯评论也不恰当,因为雷丁的文章收录在他的系列中。但戈达德称:"完全忽视其中的观点很危险,文章中带有制度的权威。"戈达德进一步指出雷丁不大可能对萨丕尔"一直心怀芥蒂"。

萨丕尔(1919年6月30日:NMM)承认这确是他的责任,但感到这是"令人讨厌的行为"而婉言谢绝了。只要对领域发展的现状做一般性的综述,"个人困难"会迎刃而解,但萨丕尔希望米切尔森来完成综述。克罗伯"如果了解足够多的话,可能早就以技术原因把文章剔除了"。与此同时,萨丕尔并不反对这篇文章的观点可以私下分享:"有一些积极的观点……但要从这么混杂的内容中把它们挖掘

---

① 与此相反,萨丕尔设想历史上发生过好几次迁徙潮,每次迁徙都由于起源的多样性和同一地区借用导致了语言的分化。

出来恐怕不是件容易的事。"毫无疑问，萨丕尔希望有同事可以站出来，捍卫语文学方法应用的严谨性，但没有人站出来。

克罗伯（1919年8月23日：NMM）听闻萨丕尔可能公开发文十分惊恐。"可能只会助长戈达德的施虐快感"。戈达德鼓励"他的好友们采用不体面的阴谋"，也可能极希望看到"内部分歧"——支持减少语族分类数量的博厄斯学派的学者间发生内讧。克罗伯坦陈雷丁没有听他关于文章发表可能面临境况的劝告，因此他未能阻止发表。或许是希望缓和在整件事中自己的负罪感，克罗伯称自己认为雷丁的方案也可能存在一些真理："文章结构安排得当，他的直觉很好，虽然有时有些失衡……我认为我们必须包容他。"克罗伯不希望自己被提及，或公开指责雷丁。早该对整个情境做一下评估，"保罗的坏脾气"只是一方面："如果你攻击他，以他那小孩脾气肯定会奋起反击，我们肯定会吵起来。……你已经被怒火冲昏脑袋了；那只会顺了他的意——至少对整件事的进展无益。"

克罗伯失去的会很多。他试图说服民族学局全局上下达成关于语言分类的一致意见；在写给菲克斯（1919年12月20日：BAE）的议案中，克罗伯把萨丕尔和雷丁两人视为分类派的激进分子，但并未对两者的方法和训练加以区分。而让萨丕尔感到不满的正是方法论区分的缺乏。

雷丁的文章还威胁到萨丕尔综合美洲大陆语言史的工作重心。无论如何，萨丕尔决定私下与雷丁进行学术辩论，以便在适当的时候公布自己的分类。在给雷丁的信中（1919年11月25日：NMM）他指出他的分类方案还在酝酿中，解释说由于自己对雷丁文章的看法是"相当负面的批评意见"，所以会暂时保持沉默。雷丁最好还是从"易于着手的工作做起"，比如把苏语和穆斯科格语与霍卡语联系起来。文章的"金子""几乎被沙子掩盖了"。有意思的是，萨丕尔并未一再称雷丁的结论有误，只是他的文章并未证明其观点："说实话，我认

为你并没有证明你的观点,虽然我并不想说你的观点无法证实。"萨 121
丕尔承认文中"原美洲要素"的内容可能最终会引出"比我们大多数
人敢于提出的观点更具深远意义的整合"。事实上,萨丕尔1921年的
分类列举了四种这类特征;但他拒绝任由模糊不清的证据影响自己观
点的可信度。

雷丁在回信中(致萨丕尔,1919年12月23日:NMM)抨击克
罗伯曾想避免当众发表观点:

> 我一直知道我们的研究目的彼此交叉,只是上封信才让
> 我更清楚地意识到这点。……我关心的主要是历史。……仅
> 仅是北美印第安语相互关联的事实对我而言就相当重要,这
> 具有太多民族学的价值了。……自我开始相信北美各语言间
> 存在更具想象力的关系,我就再不想去从事语言学方面任何
> 的细节工作了。……我们急缺的就是一个具有历史想象的
> 人。……能构建这些不牢靠的结构,想想就让人觉得有趣!

萨丕尔提出批评意见后,雷丁把克罗伯视为知己,他认为克罗伯
也和自己一样重视历史。雷丁并不关心语文学内部的限制对历史研究
的影响,他只想找出民族学的研究框架。雷丁坚持认为研究材料或数
据本就是不确定的,这在同时期的学者看来是毫无条理的思想。克罗
伯这样对萨丕尔描述雷丁的学术风格(1922年10月17日:UCB):
"保罗总是痴迷于线索,而对证据缺乏耐性。"他的直觉"可能合理,
但同样有可能的是,他占有的资料并不足以证明其观点。"雷丁"常
常在阳光下眨眼,而享受在迷雾中的摸索前行"。

萨丕尔想把语文学方法与民族学的需求联系起来,他对雷丁的语
言学一直评价很低。多年后,他曾劝阻克罗伯(1930年11月28日:
UCB),别派雷丁去负责美洲印第安语委员会的语言工作,"派他去

做民族学或语言学的纯描写记录，他能做得十分出色。但要他应用推理逻辑去解释理论问题……他的辨析力不够"（致克罗伯，1931年2月5日：UCB）。

六大语群分类法

萨丕尔打算在 1919 年美国人类学会会议上宣读自己的文章"北美语言分类的现状"（致雷丁，1919 年 12 月 5 日：NMM）。雷丁（1919 年 12 月 12 日：NMM）暗示萨丕尔最终出手是自己的功劳，并竭力主张萨丕尔"组织"美国印第安语调研者，一次性解决分类问题。要是萨丕尔不愿意这么做的话，雷丁很乐意取代他。萨丕尔更喜欢独立工作，不希望把自己的成果与雷丁的联系在一起。他决定暂不发表自己的分类方案。

萨丕尔的整合已经酝酿了一段时间。他写信给斯佩克（1918 年 8 月 1 日：APS），表示经扩充后的霍卡语群会是北美唯一庞大的语群，并且提示六大语群的分类今后有可能进一步合并：

> 言归正传，好多美洲语都有 n-"I"，除了猜测可能谱系同源，这你该怎么解释？我知道，我的结论让人不安，但持守旧、立场不明的态度只是回避问题，不是么？我们面临巨大的精简工程，但我们必须小心辨析，避免刻意强加证据。此外，我们还需努力找出每种语言与早期语言的亲疏程度。只有这样才会出现引人注目的新视角。在我看来，似乎只有现在美洲语言学才真正变得有意思了，至少就其与民族学的关系而言。

找斯佩克和盘托出自己的假设，无疑很安全。斯佩克并不从事比较语言学工作，而且他除了对萨丕尔的忠诚之外，并无个人立场。

在给博厄斯的一封信中（1920年9月3日：NMM），萨丕尔把六大语群分类和盘托出，明确地寻求他的认可："但我知道，你对这些内容的感觉确实比其他人好，只是你不喜欢从历史角度去解释它们。"他引用了原始美洲语言的特征，请博厄斯不要对"基本事实"视而不见。博厄斯（1920年9月18日：NMM）重申了他的立场，但语气却出人意料地温和：

> 我认为我们两人的观点并没有外人看来那么不同。……我相当赞成你的看法，那些广泛的相似性——尤其是邻近语言的相似点——是出于历史的原因。但是，我认为我们对原住民早期生活中语言间相互作用的现象并没有充分的了解，因而无法确定我们研究的是否是语言缓慢分化的过程，或是否不该从通常的民族学视角来看待整体语言现象。……如果存在不同的看法，那么我肯定地认为必须用与看待文化现象一致的视角来看待语言现象。

萨丕尔依然坚信印欧语的比较方法使语言的研究可以有别于文化其他部分的研究。他和博厄斯也因此免不了各说各话。

当萨丕尔接近完成其阐述时，他写信给斯佩克（1920年10月9日：NMM）谈到他"意义深远的想法"，它们会"让我们中持守旧观点的朋友争论不休"。"我感到六大语群中每一个当中的语言都是同源的"，而且六大语群还有可能进一步融合。萨丕尔将六大语群的方案作为自己"目前的理解"呈报给克罗伯（1920年10月2日：NMM），克罗伯回信表示（1920年12月17日：NMM）萨丕尔的"研究思路完全正确"，虽然一些结论"凭自己现有水平基本无法理解"，但他其中多数结论"很可能是符合事实的"。克罗伯催促萨丕尔公布自己的发现，不要"等到完全把细节都充实了再发表，那会等上许多年。我们中的大多数或许没法理解你所说的，博厄斯可能会认为你怎么从语文学家变成了一个宗教预言家，但发表出来至少可以让大家了解我们的研究方向，强调日后我们需要进一步研究的问题的本质"。

1920年12月，六大语群分类法在美国科学促进协会芝加哥会议上公布。人类学家最后一刻决定将会议迁至巴尔的摩。萨丕尔还是按原计划去了芝加哥，因为他要与汉学家贝特霍尔德·劳费尔探讨世界上现有语言与历史曾用语间可能存在的联系。因此听众中的人类学家寥寥无几，萨丕尔的报告惨淡收场。萨丕尔宣读的论文"墨西哥北部的美洲语言鸟瞰图"附有一张地图。① 萨丕尔呼吁采取更加"历史和全面"的分类法，并对六大语群中的每一种都进行了典型结构的描述。他提出原始美洲语言的四大潜在特征，指出有可能将六大语群进一步归为三种。原稿的最后一句话是这样的："人口的迁徙将会通过语言学研究揭示出来。"手写的"揭示（revealed）"一词覆盖了原本用的"创造（created）"。

萨丕尔的分类只省略了三个语群：纽芬兰岛的贝奥图克语语料记录匮乏，因而无法将其归到更大的类别之下。1929年，萨丕尔将贝奥图克语归为阿尔冈昆语的一种。瓦伊拉特普语、卢图亚米语、萨哈普廷语没有包括进来，后来依据弗拉奇坦伯格的长期证据被归为高原佩纽蒂语。祖尼语是其中最紧迫的问题。萨丕尔没有理会克罗伯将其与苏语联系起来的直觉。1929年，不愿美洲语言地图上留下任何孤立语族的萨丕尔将祖尼语归为犹他-阿兹特克语的一种。这一归类与其说是语言学证据所推动的，不如说是出于审美的考虑。

虽然1929年的版本更为当今的人们熟知，论证也更加流畅，与

---

① 经萨丕尔家属同意，渥太华文明博物馆下属加拿大民族学服务机构在有限的论文版本中加入了这幅地图。

萨丕尔同时代的人回应的是他 1920 年的分类方案。虽然 1921 年在《科学》杂志上发表时只有一页摘要，1920 年的版本总结了 10 余年来博厄斯田野调查的工作——其中有一些由萨丕尔完成，并称谱系关系为重构文化史提供了借鉴。这一分类法的出现恰是博厄斯人类学研究史上对语言分类工作最为关注的时期。分类囊括了各大语群，因而有效地为语群合并的时代画上了句点。萨丕尔此后开始转向其他问题的研究，而他的同事有些将他的分类作为民族志研究的基准，有些则选择对这一分类不予理睬。

萨丕尔在芝加哥介绍其分类后，一直拿不定主意是否"即刻出版地图和当下的发现"，他希望"再花上几年"进一步研究纳-德内语和可能的亚洲语言间的关联。毫无意外，克罗伯（1921 年 1 月 20 日：NMM）催促他尽快发表成果：

> 我知道，你对公开发表感到不够稳妥。不过如果发表有任何危险，事实上当你在芝加哥公开声明立场时就已经存在了。因此我认为最明智的做法是公开发表你的观点，以免引起他人对你的误读。或许没有太多的人会谈论你在芝加哥的报告，但没人知道你的观点会传播多远，而且几乎可以肯定这些观点会遭到扭曲。毫无疑问，那些感兴趣的人会根据传言谈论这一话题。使他们对你的态度的了解有了权威性的来源，你才能很好地保护自己。我认为出版并不会使你成为众矢之的。你没有介绍相关证据，因此没人可以指责，说你误用证据或应用证据过于草率。
>
> 坦率地说，当我意识到你确实在芝加哥提出分类框架时，我吃了一惊。吃惊并不是因为你基本上公开了立场，而是你的严谨一直令我印象很深。我想你一定储备了足够的证据来批驳反对意见。

萨丕尔对北美印第安语分布的修改幅度之大，显然让克罗伯有些一下消化不了。克罗伯本人的语言学能力并不足以完全理解萨丕尔提出的重构。不管怎样，萨丕尔在最近的通信中暗示六大语族分类仍然是初步设想。而且，克罗伯天性偏向保守、妥协。

同时，克罗伯催促萨丕尔发表假设，他试图寻求美国语言学界的共识。在给萨丕尔的信中（1919年11月25日：NMM）他强调有必要"找出我们基本达成一致的观点"。克罗伯感到"我们总是在强调细枝末节的不同点，忘记了相同的元素，以至于我们公开讨论和私下探讨总是纷争不断"。

本着妥协的意愿，克罗伯向美国民族学局递交了备忘录（致菲克斯，1919年12月20日：BAE），建议民族学局调解目前对分类的极端态度。人类学家"有权要求语言学家尽快达成确定意见"。萨丕尔和雷丁属于倡导新分类的一端，博厄斯、米切尔森则截然相反。米切尔森"否认自己理论上反对减少语群数量，但……要求分类必须精确完美，这即使是在最好的情况下也很难做到"。博厄斯认为一切减少语群数的做法都无法证实，拒绝看具体假说的证据。克罗伯以及斯旺顿、狄克逊和哈林顿则持中间立场。

克罗伯提出萨丕尔的犹他-阿兹特克语群还没有人提出反对意见，应当予以认可。他的纳-德内语群还需要证据进一步验证："戈达德是阿萨巴斯卡语方面公认的专家。如果他表示认同萨丕尔的研究结果，那基本可以让所有反对者闭嘴。"但克罗伯也知道，这一可能性极小。斯旺顿的纳奇兹-穆斯科格语和狄克逊、克罗伯的霍卡语可以认为根基十分牢固了。加州佩纽蒂语群还需要进一步验证。克罗伯觉得没人会反对他的提案：

> 任何一派都不会百分之百满意；但没有理由让他们都满意。萨丕尔和米切尔森可能永远也无法就多少证据才构成有

效证明达成一致。雷丁这样一个激进分子肯定认为那些赢得一致通过或多数通过的调查结论都是无关痛痒、缺乏大胆创见的。但他希望能得到一部分人的支持，而非遭到全体否决。博厄斯虽然一直以来把语言分类研究视为意义相对较小的研究，但并不会排斥大家从尚不完善的内容中找到更符合规律的一些语群分类，这样一来分类的混乱局面也可以有所遏制。

克罗伯提出在 1920 年的圣诞会上召开大会，但最后并未开成。萨丕尔对美洲印第安语语言学家的评价一向不高，他的观点不可能得到语言学界的一致认可。不管怎样，他还是应邀出现在芝加哥，介绍他的分类，并与劳费尔探讨印度-汉语——这与克罗伯设想到的达成保守共识相去甚远。

印度-汉语假说

萨丕尔最引人注目的谱系关系假设从没有发表过。毫无疑问，六大语群分类引发的争议让他更加小心。但萨丕尔本人相信纳-德内语群（特林吉特语、海达语、阿萨巴斯卡语）可能与亚洲语言有联系，他指出人群迁徙导致美洲拥有现在多样的原住民语言。他并没有因反对声修改观点，但反对者确实让他决定在公开声明前寻找进一步的证据。[①]

在哥大求学时，萨丕尔曾跟随劳费尔教授学习民族学课程，劳费尔热衷于详尽的语言学研究，其热情是多数博厄斯学派的学者所没有的。劳费尔是在德国接受教育的东方学家，对有文字和没有文字的语

---

① 虽然萨丕尔并未撤销他的印度-汉语假说，但他之后的研究更加局限于探讨阿萨巴斯卡语，最后集中于对纳瓦霍语的探讨。

言都进行过田野调查。他曾四次去中国考察,其中一次曾深入西藏地区。20世纪初,他算是北美唯一的汉学家(Hummel 1936,101)。1908年,萨丕尔前往芝加哥菲尔德博物馆后,一直与劳费尔保持联系。劳费尔只比萨丕尔大十岁,在萨丕尔事业刚刚起步阶段,两人就已经是平等相待的同道了。

劳费尔曾参与美国博物馆组织的杰塞普探险——考察白令海峡两岸的语言文化。博厄斯对劳费尔在其中的工作十分赞赏。虽然探险没有得出宏大的结论,萨丕尔想必从中得到启发,从历史角度发掘有意思的研究问题。当然,劳费尔比多数博厄斯学派的学者对长远的历史推论更加着迷。① 与此相对照,洛伊把劳费尔视为"时而会记录有价值的人类学资料的汉学家"(1961,71)。然而许多人认为劳费尔与博厄斯学派的民族学传统有根本差异,可能与他曾经鼓励萨丕尔寻找美洲语言与亚洲语言的联系不无关系。

截至1919年,劳费尔与萨丕尔的通信主要探讨的都是这两大洲语言的关系。萨丕尔常常向劳费尔借书,抱怨说(1920年9月7日:NMM)渥太华是片"文献的沙漠"。萨丕尔鼓励劳费尔进行西藏研究(1920年9月28日:NMM);藏语令他"十分着迷有多方面原因":

> 我一心希望了解印度-汉语研究,可能多少让您觉得滑稽,毕竟这与我的研究范畴有些距离。但该领域的确深深吸引着我。现在我还不敢提出任何暗示,但在我看来研究不无希望为其他领域提供具有重大意义的预示。

萨丕尔尤其关心藏语是否和许多纳-德内语言一样有声调。萨丕尔向洛伊暗示(1920年9月9日:NMM)他对纳-德内语的"大规

---

① 有趣的是,克罗伯认为劳费尔是唯一有可能替代萨丕尔完成1916年时间视角一文的人选。

模比较研究"要求对海达语和特林吉特语进行田野调查："美洲语言学还有那么多要做的事，几乎把我淹没了。很遗憾，一直以来我们忽视了这一领域的研究，但一旦着手研究一定能产生许多视角。"萨丕尔哀叹缺少称职的调研者去完成任务。更糟糕的是，美国人类学家一贯避免将美洲的语言文化与亚洲的进行比较。萨丕尔对此评论说："我毫不怀疑，到时机成熟时，各种令人震惊的联系都会为人知晓。"

1920年秋天，克拉克·威斯勒邀请萨丕尔对他向国家研究委员会递交的波利尼西亚人类学研究的提案发表看法。萨丕尔（1920年10月3日：NMM）自信地回复说，波利尼西亚研究或许会具有"我们目前无法料想的价值"。他认为"重构的印度-汉语起初是北方语言，由一些远航的人带到北美，与纳-德内语有重要的相似点"，很有必要对南岛语系地区开展切实重要的语言学研究。

不管怎样，萨丕尔对六大语群分类法的公布与他和劳费尔探讨印度-汉语的计划是同时发生的。显然，他并不认为这是两件不同的事情。当会议迁址，劳费尔（1920年11月12日：NMM）谴责美国人类学会的帮派斗争，规劝萨丕尔"不论是否在芝加哥开会"，都来芝加哥会面。萨丕尔做决定并没花什么工夫：印度-汉语是分类工作的当务之急。

萨丕尔向洛伊报告（1921年2月2日：NMM）他和劳费尔"会面十分愉快"，劳费尔"十分热心随和"。萨丕尔隐晦地提到两人"在某些领域兴趣相投，希望今后能继续切磋"。他给洛伊的第二封信（1921年2月15日：NMM）首次清楚表述了印度-汉语假说（当然，他和劳费尔进行了当面会谈）：

> 我已经不再相信，实际上也从来没有明确地认为美洲语言的分化统统是在美洲大陆发生的。相反，我认为意义最为深远的分类差异是在亚洲大陆发生的。我认为美洲大历史上

发生过多次不同的移民浪潮,这是不言而喻的。目前我认为纳-德内族群的迁徙是距今最近的一次。……纳-德内语从各方面来说是北方大陆上最"缺少美洲特质"的语言。……我预期揭示这一族群历史的研究任务将是极具吸引力的。

与此同时,萨丕尔和劳费尔重新关注到语言细节问题,萨丕尔答应(1921年1月22日:NMM)给劳费尔寄一份精选的印度-汉语和纳-德内语的"词汇对照表"。

萨丕尔在给劳费尔的一封信中(1921年10月1日:NMM,FCM,UCB)对印度-汉语材料进行了最为完整的叙述,他还寄了一份副本给克罗伯。萨丕尔的研究热情可见一斑:"我的证据越来越多,增长极快,很难坐下整理出一个观点。"如果说形态和词汇上的相似处只是偶然的话,"那在上帝所造的地球上,一切相似都是偶然了"。

> 这些证据充分积累,都互为映照,偶然发现一点,其他好多相似点也跟着出现。我现在完全习惯这种想法,以至不再感到惊奇了。……我感觉纳-德内并不属于其他美洲语言。我感觉它是一门外来语言。……总之,如果我认真地考虑纳-德内语是印度-汉语流入美洲西北部的一支,别认为我是傻瓜说胡话。……我在做梦吗?

在萨丕尔看来,主要的障碍在于纳-德内语和印度-汉语只分别在各自现有的文化、类型领域被研究。如果没有这些条条框框,证据会不言自明,"通往整合的理论途径"会愈发清楚。

萨丕尔正准备开始进行长期的研究计划。纳-德内语比较研究会包括实际的和重构的阿萨巴斯卡语形态。萨丕尔将需要探究阿萨巴斯卡语、海达语、特林吉特语,并进行田野调查,获得词汇语料用于比较。在比较了纳-德内语各分支的语法之后，可能的话"附带上"一本阿萨巴斯卡词源字典，他就可以着手证明纳-德内语与印度-汉语间的联系。萨丕尔请他的合作者不要"说得太多"，因为"身边99％的人都是蠢才"。

克罗伯没有回应印度-汉语的长篇大论，萨丕尔于是（1921年11月24日：UCB）询问他的意见："我并不期待你回应说你相信我最初的感觉。"克罗伯的回复（1921年11月26日：UCB）措辞十分小心，以免冒犯萨丕尔，但绝对没有完全相信萨丕尔的见解。克罗伯宣称在没有看到详细材料"及后续有条理的研究工作之前"将保留意见。他对亚洲语言一无所知，因此让他做出评判无疑更加困难："总之，我认为……我的意见中最重要的一点是相信萨丕尔对此类问题的判断是合理的。"劳费尔更加乐观（1921年11月1日：NMM），他坦言自己"对你在纳-德内语和印度-汉语的比较研究中取得的出色进展赞叹不已"。劳费尔早已经对论点感到信服了。

虽然萨丕尔一直在收集证据，他发现要投入足够时间研究纳-德内语十分困难。他1925年离开渥太华后，继续与劳费尔保持信件往来。劳费尔得知萨丕尔将来芝加哥大学任教十分高兴，毫无疑问，他设想着两人今后会有进一步合作。但是，到芝加哥后，萨丕尔更加关注文化理论，他越来越多与具有语言鉴别力的读者进行探讨。

有关纳-德内语和印度-汉语关系发表的唯一一篇说明是在《科学》（1925，1607）上未署名的短文。这显然受萨丕尔到芝加哥大学任职的驱动，针对纳-德内人现有的分布状况描述了几种可能的迁徙方式。保留的古汉语前缀与"声调特点"被列举为证据。萨丕尔听上去更像一位魔术师，而非科学家；没有提供任何证据细节，也没有称将有后续的详尽说明。

萨丕尔称纳-德内语与印度-汉语的联系的证据与其六大语群分类及其内部合并的证据具有相同的性质，但他的同行中没人真正相信他的观点。

哈佛大学的体质人类学家阿尔勒·赫尔德利奇卡对《科学》上的这篇文章进行了回应，他写信给萨丕尔（1926年11月19日：UC），叙说他长期以来对北美和太平洋岛国的联系感兴趣。赫尔德利奇卡没有区分亚洲和波利尼西亚，对美洲哪些语言可能与亚洲相关也不感兴趣。他只是希望将研美学者的问题拓展到美洲大陆之外。萨丕尔的回复没有保留下来，但很大可能他并不欣赏这类不加鉴别的支持。

但是，1929年，当萨丕尔和芝加哥大学的同事费伊-库珀·科尔向洛克菲勒基金会递交人类学系五年工作计划时，萨丕尔对新旧世界的联系得到了一些重视。芝加哥大学代理校长弗雷德里克·伍德沃德致信基金会的埃德蒙·戴（日期不详，1929年5月），称萨丕尔"详尽的比较研究"将会"影响美洲原住民群体的研究，相当于比较语言学的开创者对印欧语领域的贡献"。研究结果只能澄清"美洲大陆人群分布聚居的历史"。这种项目无疑更加吸引赞助机构，而非美洲语言学的专业研究。虽然萨丕尔并没有排斥这些与他相关的评论，但他并没有进一步探究更广泛的联系。相反，他越来越关注基础研究，只有完成这些基础研究才有可能验证与印度-汉语的联系。

事实上，这时萨丕尔在公开发表语言关系的言论时比以往更小心了。1930年，他在渥太华的继任者詹内斯邀请他在1932年温哥华召开的太平洋科学大会上谈谈美洲原住民的起源与古老历史的话题（詹内斯致萨丕尔，1930年2月19日：NMM）。① 作为唯一一位受邀的语言学家，萨丕尔被邀请探讨美洲语言与亚洲语言的关系。萨丕尔婉言谢绝了，说自己事情太多（1930年3月8日：NMM）。讽刺的是，萨丕尔提议博厄斯是探讨这一话题"逻辑上的合适人选"。虽然博厄

---

① 萨丕尔的印度-汉语假说初次成形的那段时期，詹内斯恰好与萨丕尔一起工作。有可能将新旧世界联系起来，这令詹内斯十分动心。萨丕尔去世后，詹内斯代表加拿大皇家学会发表的悼词中特别提到了这件事。

斯曾参与杰索普探险，熟悉亚洲语料，但他几乎不可能主张距离如此之广的谱系关系，或者迁徙。萨丕尔已经不愿意再插手文化历史重构中这些极端边缘的内容了。要是早十年的话，他会十分看重这次邀请。

但是，萨丕尔私下并没有丧失对亚洲联系的兴趣。萨丕尔曾回复伊利诺伊州莱克福里斯特的尼古拉斯·博德曼的语文学问题（1933年7月21日；YU），承认他很久之前曾"宣称"印度-汉语与纳-德内语间存在联系：

> 我仍然相信这种关系确实存在，但目前还没有整理发表。不管纳-德内语还是汉语方面，我们都有太多实际的重构工作要做，很自然不敢轻易就书面发表有关理论。但我仍然希望不久能有足够的勇气这么做，在我看来词汇和结构的证据都十分有利。

他随信附上了一些同源词的例子，但他警告博德曼"从随意选择的语言中选出一些孤立形式进行比较，会极其危险"，重点在于语言整体的音系学规律。

相比萨丕尔提出的另外一些语言谱系关系，印度-汉语假说在美洲语言学家中得到的回馈较少。不过也有例外，如罗伯特·谢弗（1952；1957；1969）、约瑟夫·格林伯格（1987）和劳伦斯·法尔热（1986）曾发表相关著述。证据十分有限，假说也从未发表，研美学者不愿意关注美洲大陆外的联系。1984年，在渥太华召开的萨丕尔纪念大会上，萨丕尔的学生玛丽·哈斯（见 Cowan, Foster, and Koerner 1986, 205-206）认为萨丕尔"试图将相距很远的内容联系起来的广泛尝试会不断激发后代的想象"。她总结说萨丕尔"早就预测到自己的假说不会得到很好的反响"。在着手进行北美联系工作前，必须开展亚洲语言的第一手研究，而这项工作一直到 20 世纪 40 年代才开始。

萨丕尔的分类研究在渥太华期间就结束了，当时他主要的受众是正在寻找历史视角的人类学家，这一分类只是通过语言学方法偶然获得的。1925 年，萨丕尔离开渥太华后，与语言学家保持着联系，而与人类学家联系很少。他对渥太华岁月的发现进行了系统的总结，试图拓展博厄斯人类学的理论范畴，而他对六大语群分类法的应用和其他工作则由其同事继续。此外，由于考古学年代测定法越来越实用，民族学家不再那么依赖语言学获得时间视角。萨丕尔的研究兴趣也开始转向其他领域。他的语言学研究开始与人类学研究区分开来，不同于将语言学作为人类学一部分的博厄斯语言学模型。他在人类学领域的理论兴趣将朝新的方向发展。

第七章 心理学转向

在渥太华的最后几年，萨丕尔陷入了困顿。一战后，加拿大政府失去了对土著人进行人类学研究最初的热情，萨丕尔的野外调查大幅度缩减，他在博厄斯范式①框架之内的写作也基本结束了。他的兴趣越来越超出了原始语言学、民族学、已建立的语言类型学模式以及文化的历史重构。而且，他觉得他对北美语言学的总体概括没有得到同事们应有的肯定。

大约自1916年开始，萨丕尔总觉得寝食难安。他期望同事们能和他意气相投，共同讨论他的观点；他希望学生们能实施他指导下的研究，启发他的思考和对新理论方向的探究。博厄斯范式和渥太华任职对于他的潜力都似乎到了尽头。他得依靠自己重新开始生活和事业。他处理了严重的家庭问题；他初涉诗歌、美学和文学批评，还尝试了人类学与心理学、精神病学的跨学科研究。这是一段智性活动的高峰期，种下了他随后研究文化心理学——他更愿意用这个词，而不是"文化与人格"——的种子。在芝加哥大学和耶鲁大学，他将成为新兴的跨学科社会科学研究界最有表达力的发言人，但这是后话。在他1925年离开渥太华之前，已经对很多相关问题有了解决思路，这

---

① 博厄斯学派提出了一套全新的工作范式。实证论和经验论是其哲学基础，历史特殊论是其基本方法论，文化相对主义是其成员墨守的共同规范，对文化性质、文化与个体之间相互作用的探索是他们的研究重点。博厄斯学派不提倡原则性的理论概括，力主对有限范围内的具体现象做详尽精确的描述和记录。他们认为，只有具体的东西才是历史的，只有历史的东西才是可信的、可靠的；通过思辨归纳和简单化比较所得出的抽象理论或规律是靠不住的。他们深信，科学的工作就是观察现象、搜集和积累资料，只要资料积累得足够完全，自然能归纳出理论或规律。（互动百科—博厄斯学派）——译者注

些思路主导了他后半生的研究工作。尽管据萨丕尔本人回忆,这段时间暗无天日,但正是在挫折与自我怀疑中,他收获了最具独创性的思维结晶。

家庭和个人问题

萨丕尔个人面对的问题,特别是妻子弗洛伦斯的患病和去世让他在渥太华的最后几年面临了很大的职业发展压力。他越来越觉得隔绝于志同道合的同事与渥太华阴冷压抑的天气有关。在一首题为"太阳与雪"的诗中他写道:"我扇动翅膀,来到了三个阳光普照的地方。"这个意象(1919年12月9日:SF)体现出他希望通过朋友通信逃离渥太华——这些朋友有洛杉矶的克罗伯和洛伊、纽约的博厄斯和鲁思·本尼迪克特,以及丹麦的奥托·叶斯柏森。

1912年,萨丕尔的妻子弗洛伦斯·德尔森·萨丕尔在波士顿第一次住院,当时萨丕尔并没料到妻子的病情会长期发展下去(萨丕尔致斯佩克,6月11日:APS),他不大信任加拿大的医疗水平,于是看病就回到夫妻俩都有亲戚的纽约或波士顿。据佩里推测(1982,245),正是生病让弗洛伦斯有机会逃离了渥太华的单调和孤独。[①]1914年(致克罗伯,2月11日:UCB)萨丕尔家遭了一场火灾,家居用品都烧毁了,当时萨丕尔带着妻子和还是婴儿的迈克尔在阿尔伯尼做有关努特卡语的研究。突如其来的消息让弗洛伦斯已经很糟糕的健康状况更加让人担忧。萨丕尔于是带她到纽约,"让专业能力过硬的医生彻底检查一下"。

1916年弗洛伦斯生下第三个孩子后,身体状况更差了。到大约1918年,繁重的家务再加上三个活蹦乱跳的孩子,夫妇俩简直穷于

[①] 他暗示在当时,有病拖着不看在中层阶级家庭是正常的事(桑塔格在1977年著作中说过类似的话),但萨丕尔的孩子们普遍觉得佩里的话没有根据。

应付。萨丕尔不得不常常请母亲来家里帮忙照顾孩子,而且一次比一次住得久。然而婆媳关系却成了新问题,两个女人常常吵架,都烦恼不已。萨丕尔倾向于站在母亲一边,他觉得妻子是"脾气暴躁",而不是患有身体或心理疾病(Perry 1982,245)。① 大儿子迈克尔不喜欢奶奶,经常顶撞她,让家里的气氛更加紧张。三个大人各有偏爱,弗洛伦斯和大儿子最亲,萨丕尔和唯一的女儿结成同盟,奶奶则是小宝宝菲利普的最爱。奶奶在1920年到1921年冬天彻底搬了进来。弗洛伦斯因常常住院,与家人更加隔离。那时,弗洛伦斯已经开始讨厌渥太华了,尤其不喜欢渥太华的冬天,当然还讨厌乏味的社交生活和与婆婆的不断争吵,但她也思念家人(迈克尔·萨丕尔,p. c.)。

这段时间,萨丕尔对妻子的身体好转抱着谨慎的乐观态度,尽管医疗费用加重了原来的生活负担。最终夺去她生命的肺脓肿持续了许多年。1921年,弗洛伦斯一度"精神崩溃",被诊断为重度"抑郁症"(萨丕尔致博厄斯,9月15日:APS),伴有间歇性精神病症状。萨丕尔推后了他的萨尔西语田野调查,计划在弗洛伦斯赴纽约进行集中治疗和康复休养期间,在渥太华之外找一份工作。

为了妻子的康复,这时萨丕尔开始想到求助于精神病学。克罗伯当时是业余的精神分析师,萨丕尔请他推荐一位可靠的医生,克罗伯(1921年6月27日:UCB)推荐了华盛顿特区的威廉·阿兰森·怀特医生。他同时警告萨丕尔,不要用自己对精神分析的有限了解给妻子做治疗,因为夫妻间有太多感情联系。就弗洛伦斯的病他还首先请教了一位治疗躯体疾病的医生。

弗洛伦斯于12月回到家中,病情明显好转,不过萨丕尔还在找精神分析师。在给洛伊的信中(1922年3月14日:UCB),萨丕尔

---

① 萨丕尔的亲属反对这种概括,他们说这种说法显然来自于1979年在琼·萨丕尔去世不久前对她的一次采访,作者把她的话解读得太随意了。

说博厄斯的儿子恩斯特和威廉·阿兰森·怀特医生推荐了同一位医生，但"要把他的治疗做完，我得把灵魂抵押出去十年，甚至更久"。1922年春天，弗洛伦斯住进了纽约一家医院，没人能想到她的康复需要那么久。博厄斯（1922年9月16日：APS）写信鼓励萨丕尔，说他应该不久就可以"回归正常的家庭生活"了。他还帮助萨丕尔与弗洛伦斯的医生建立联系。弗洛伦斯的精神状态有所好转，但是身体状况却恶化了。萨丕尔尽可能多地去看望她，博厄斯（1922年12月20日：APS）还在弗洛伦斯的请求下安排迈克尔与母亲一起待了几个月。母子俩住在距哥伦比亚大学不远的一间小公寓里，与鲁思·本尼迪克特家隔街相望。迈克尔进了一家公立学校读书，几乎每天都和妈妈、本尼迪克特愉快地散步。迈克尔还记得，他去过几次博厄斯的办公室，他"就像个慈祥的老爷爷"。他们还常常去拜访弗洛伦斯的姐姐娜迪亚一家。

弗洛伦斯在1923年春天回到了渥太华，此前她做了肺抽液，拔光了牙齿（这是严重感染的常用治疗方法）。萨丕尔在宾夕法尼亚州的北阿萨巴斯卡地区做短期田野调查时伤了腿，整个夏天都行动不便，异常懊丧。妻子的身体状况是他现在最担心的事。9月，海伦和母亲去拜访马萨诸塞州黑弗里尔市的朋友，10月他们又搬到了波士顿市的布鲁克莱恩区，住在距弗洛伦斯的亲戚家不远的一间小公寓里。萨丕尔常去看她们。遵照医生的建议（萨丕尔致本尼迪克特①，1924年4月8日：SF），弗洛伦斯又做了一次肺抽液手术，萨丕尔和孩子们当时都在医院陪着她。手术成功了，但是术后感染，一周以后，弗洛伦斯去世了，只有34岁。那时还没有抗生素的临床使用。萨丕尔写信对本尼迪克特说（1924年5月28日：SF）：

---

① 萨丕尔给本尼迪克特的许多信都由玛格丽特·米德出版（1959），但大多都省略了传记要求的术语。感谢萨丕尔家人的慷慨，我得以参考米德的全部誊写稿。

阴间并不需要什么解释，人必须造个阴间出来，不然先贤就会发疯……你说得对，死亡对我来说不是什么罪恶，那为什么对我妻子来说就必须得是呢？……我以前总想，未来会好起来的，时间会缓解和重新诠释过去的痛苦时光。这是自私的，好像是在预存免责。但我仍然能感觉到，只要给弗洛伦斯足够的机会，她知道怎样活出意义。但这对我来说很难，我不知道，也学不会。

从后来的记叙中，很难搞清楚弗洛伦斯的确切病情。医学和精神病学诊断当时都处于初级阶段，不同的医生观点相反的情况也很常见。肺病常用的治疗方法是让病人到一个温暖、干燥的地方休养——渥太华当然不是理想的地方。肺脓肿的长期折磨，把弗洛伦斯整个人都拖垮了。而且，严重的抑郁症也和身体疾病相互联系，身体的疾病加重了她的"精神脆弱"（保罗·萨丕尔，p.c.）①。

萨丕尔向孩子们谈起妈妈的状况时，总感到很痛苦。三个孩子都记得那些年承受的巨大压力。之前的评论者（如 Perry 1982）强调弗洛伦斯的精神状况，大概觉得是它激起了萨丕尔研究心理学的兴趣。的确，他花了大量的时间，痛苦地思索可能的诊断和治疗方法。但结果是萨丕尔远离了精神分析，因为它并没能解释为什么这个女人被击垮了，他痛苦地承受那种无助的负罪感。后来，萨丕尔十分鼓励研究人格的学生和同事接受精神分析，但他自己却没有真正想去做，因为他不想勾起在渥太华最后几年的痛苦记忆。

这段时间萨丕尔内心的痛苦大多通过他的诗表达出来。② 尽管这一时期萨丕尔的很多诗都发表了，但是这些却没有。他意识到写诗有

---

① 保罗·萨丕尔是职业精神分析师。
② 萨丕尔那些未经出版的诗都由萨丕尔家族保管，威廉·考恩按前后顺序对其进行了编辑，作为出版选集的准备。

心理发泄的功能。诗歌中的意象随着弗罗伦斯的身体状况而变化，主要表达了悲伤、孤独和无法接受失去生命伴侣的情感。

那时，萨丕尔一直受着经济压力的困扰，同样困扰他的还有缺乏工作时间。他努力找机会发表学术文章、讲课、发表诗歌，以增加收入（致洛伊，1920年2月29日：UCB）："穷困恐怕让人只认得钱。"而且，萨丕尔还要赡养父亲，母亲则住在他家里。父亲雅各布·萨丕尔开始有了偏执妄想，大多与他的作曲有关。博厄斯——萨丕尔的大儿子十分爱戴的人——很担心他（致萨丕尔，1919年7月10日，1920年10月21日：APS），说不应该继续让他一个人住。

对此，萨丕尔回应说（1920年11月6日：APS），这类"棘手的问题"基本"无法解决"。他父亲过去是和家人住在一起的，但现在"更加肯定是患有精神病"，家里再容不下另一个精神有问题的人了，更何况现在的家是由与父亲关系不和的母亲一手操持的。萨丕尔并不认为父亲会危害社会，而且精神病院对病人又过分残酷。萨丕尔在经济上接济他，用幽默应对"他可笑的要求……，并且尽量不反驳也不争吵"。父亲的状况不可能改善，博厄斯也无能为力。雅各布·萨丕尔一直一个人住在费城，直到1935年突发心脏病去世。

一战结束后，弗洛伦斯的亲戚被困在欧洲，增加了萨丕尔的担心。他找到了博厄斯，因为博厄斯正在积极组织犹太人为难民提供帮助，萨丕尔希望借些钱帮助弗洛伦斯的亲戚移民。博厄斯虽然很同情他们，但是爱莫能助（致萨丕尔，1920年11月12日：APS）。但他还像往常一样，转而从事业上帮助萨丕尔，以减轻他的压力。在弗洛伦斯去世以后不久，他即为萨丕尔争取到出席1924年欧洲举行的"美洲研究学者国际大会"的入场券。但尽管有博厄斯的推荐，加拿大煤矿部副部长查尔斯·卡姆塞尔还是拒绝赞助萨丕尔参会经费的缺口部分，理由是他从未听说过这个会议，而且他也怀疑"会议所做的工作是否会引起我国政府的兴趣"（博厄斯致萨丕尔，1924年5月20

日和 6 月 9 日：APS)①。

在这段混乱的时期，萨丕尔和母亲尽力为三个孩子提供正常童年所需的家庭环境。奶奶为孩子们织毛衣，甚至还给海伦的玩具娃娃也织了。但她不能理解孩子们的感受，为了让他们听话，她常吓唬他们。那段时间对迈克尔来说尤其难熬，因为他曾与母亲的关系最亲密，还记得过去的欢乐时光。萨丕尔是位尽职尽责的父亲，不过心思往往被工作占据。菲利普回忆说，有一次他逃学，正坐在门前的走廊上，萨丕尔心不在焉地跟他打了个招呼——他却没注意这个时候菲利普应该在学校上课才对。奶奶在管孩子的时候也稍带上萨丕尔，经常告诫他多穿衣服或者换上胶鞋。孩子们觉得奶奶浓重的意第绪语口音很让他们丢脸（这种口音在以英语为母语的渥太华公务员圈子里很是另类），他们也不愿意听奶奶唠叨她年轻时候在欧洲的事。在菲利普·萨丕尔的记忆里，爸爸常常去诗歌会避难。

萨丕尔家早年的出游传统延续了下来，只是不再那么频繁。大约是 1923 年和 1924 年夏天，迈克尔参加了两次阿尔冈昆省公园的夏令营。后来菲利普也参加过，那时全家已经搬到了芝加哥。萨丕尔送给营长泰勒·斯塔滕一个萨尔西人用鹰羽做的头饰，营长总戴着它参加篝火晚会，为此还减少了萨丕尔兄弟的参营费用。

弗洛伦斯去世后，萨丕尔向博厄斯承认（1924 年 5 月 19 日：NMM)："我估计要过一段时间才能找回做科学研究的乐趣。要不是为了母亲和孩子们，我想我会更加浑浑噩噩。"萨丕尔要去渥太华以外的地方找份工作的事也因为弗洛伦斯的去世暂时搁置了下来。

与心理学的早期接触

对于博厄斯范式的人类学而言，正在兴起的精神分析是其思想氛

---

① 萨丕尔没有回过欧洲，但是他通过书信保持着和欧洲同事的广泛交流。

围的一部分。当1909年弗洛伊德在克拉克大学发表演讲的时候，博厄斯也做了题为"人类学中的心理学问题"的演讲（Mark 1968，14）。他的《原始人的思维》即在两年后出版，强调人类学和心理学是不可分开的。博厄斯承认社会化对风俗习惯的影响，承认潜意识过程（特别是在语言方面）的存在，他也提到了童年经历的影响——尽管他的心理过程概念并没有强调心理防御机制和性动力说（Mark 1968，27）。然而在实际工作中，博厄斯相信只有在排除历史因素后，才能对心理因素进行评估。心理学不管有多么重要，需以传统的民族志学作为先在基础。对弗洛伊德的普通心理剧理论，尤其如"俄狄浦斯情结"，博厄斯则感到震惊和厌恶。

然而渐渐的，博厄斯的观点有所改变。大约到1910年，博厄斯的田野调查工作已经积累了大量关于北美文化历史的资料，并开始由文化特征分类转向描述特定文化的整合性（Darnell 1977）；而且，人类学作为一个独立学科的地位已经确立。本尼迪克特和米德得到了博厄斯的默许，对接手的研究工作做了修改。而博厄斯仍旧深深怀疑心理学是否从属于任何一个系统。他认为精神分析是还原论的，在文化问题方面的应用还很有限。在他看来，心理学和人类学泾渭分明，并不能相互获得跨学科的营养。

萨丕尔接触精神病学的最早记载来自与F·莱曼·韦尔斯的通信。那时韦尔斯在马萨诸塞州韦弗里的麦克林医院工作，后来又去了1915年年末建立的波士顿精神病医院。韦尔斯是博厄斯的朋友，因为博厄斯并不认可精神病学用原始社会进行类比（韦尔斯致萨丕尔，1915年12月15日：NMM），韦尔斯于是找到了萨丕尔，试图从他那里索取一些关于民俗符号的民族志资料，以便与精神病治疗联系起来。那时，这是大部分精神分析师都感兴趣的课题。韦尔斯是临床医生，他希望论证早发性痴呆的原始退行。萨丕尔则需要有人来指导他阅读精神病学的文献。也是由于建立了这样的联系，韦尔斯是萨丕尔在妻子病后最先咨询的人之一。

韦尔斯以前是靠二手资料——比如詹姆斯·弗雷泽爵士的《金枝》——获得民族志信息的。有了萨丕尔对努特卡人"礼貌言语"(mannered speech)的一手资料,而且这些资料可以与早发性痴呆进行对比,韦尔斯喜出望外。不过,他基本上并不关心这些民族志资料的准确性,只是想利用它们寻找临床上可对应的情况。

萨丕尔说自己对心理学知之甚少,只从威廉·冯特的著作中知道一星半点,韦尔斯并不相信[①](致萨丕尔,1915年11月22日:NMM)。他建议萨丕尔多读一些期刊,因为弗洛伊德和他的学生之间的不断辩论使精神病学迅速发展。由于韦尔斯本人对语言的了解极为粗略,他向萨丕尔介绍了(1920年7月22日:NMM)行为心理学家约翰·B.华生,因为他曾研究过"语言的心理物理学"。萨丕尔不信奉行为主义,他认为语言是一个符号系统,他说(1920年7月24日:NMM)在写作《语言论》时借鉴心理学,"主要目的并不是向读者传递心理学的信息,而是防止自己落入心理学的陷阱"。

韦尔斯向萨丕尔介绍了临床精神病学,这与学术研究性的心理学有很大不同。在临床上无法进行实验控制,而且医学的训练实际上也偏向生理治疗,心理学的地位很边缘。弗洛伊德是学习内科和神经科出身,文化多样性并不是他研究的对象,因为他关注的是以生物学为基础的普遍现象。在20年代晚期到30年代,有一批精神病学家着力寻求跨文化通用的人格概念,韦尔斯就是其中之一。萨丕尔与他的早期交往奠定了后来通过跨学科会议和研究项目进行合作的基础。

萨丕尔也与社会科学同行讨论他读的精神分析文献。1915年他在加利福尼亚与易希工作时,认识了社会学家威廉·菲尔丁·奥格本,后来他们还在芝加哥大学成了同事(Mark 1968)。奥格本常常

---

① 他一定也接触过威廉·詹姆斯的著作,当时他的理论在美国正大受追捧。

与博厄斯学派的民族志学者交流，与洛伊（Murray 1987）接触得最多。1915年，萨丕尔和奥格本都在研究弗洛伊德的理论，希望将其融入社会科学。萨丕尔（致奥格本，1915年9月30日：NMM）不希望"全盘接受弗洛伊德（在《梦的解析》中）的象征解读"，而奥格本（致萨丕尔，1917年12月31日：NMM）则反对弗洛伊德对原始神话的解读，他说："当精神分析师谈及人类学问题的时候，有一半时间都很荒唐，他们对于人类学的了解远远不够。"他怀疑精神分析能否与社会学相结合。只有在文化解释山穷水尽时，他才会使用基于人类内在特征的心理学进行阐释。①

萨丕尔（致奥格本，1918年1月14日：NMM）没有读完卡尔·荣格的《无意识过程心理学》，因为里面有"许多业余得可笑的语文学错误"。他发现"对于神话和宗教仪式的精神分析""有启发性"，但拒绝做出评判，因为"我总怀疑眼下这些人是不是具有足够的资格做这项工作"，因为精神分析学家未能考虑到心理现象随着历史的发展会产生新的意义，"换句话说，精神分析学家得出的结论太草率了"。

然而萨丕尔（1917年7月5日：UCB）同时认定洛伊对精神分析的否定太草率了，他以当代诗歌的理解为例，指出在文学批评中，精神分析提供了一种更加"个人化"的方法，解读"作者直觉生活的现象"（1921年一篇莫泊桑和法朗士评论）。相对于弗洛伊德和荣格的具体理论系统，萨丕尔更感兴趣的是"某种心理学"在"包括语言的人类学"中的潜在用途。在《语言论》（1921，fn. p. 157）中，他写道："一种比弗洛伊德理论更具普遍性的心理学最终将证明（压抑和象征）不仅适用于解读生命的基本本能，而且适用于探索抽象概

---

① 玛格丽特·米德同时研究了奥格本和萨丕尔，她称社会科学家明显具有与心理学结合的强烈愿望（1959，16）："没有既能包含又能补充文化理论的心理学理论，人的本质的探索就只能从物质文化中来……这样的话，我们在自己文化中的行为会无止境地投射到人类整体的行为之中。"

念、经验的逻辑或美学结构。"

虽没有认真研究，戈登韦泽也对"动力学的"精神分析饶有兴趣，人类学家对精神分析的抵制给了他很大启发（致萨丕尔，1922年8月2日；NMM）："我们抛弃了深刻的偏见之后，弗洛伊德的观点似乎变得越来越可行了。"弗洛伊德"经常被哲学家之痒所刺激"，他的猜想远远超出了临床资料的范围。

萨丕尔早年迷上了"动力学"取向的心理学（那时这个术语很流行）的时候，为许多精神分析、心理学和精神病学的书做过书评。①他（1917i，168）认为精神分析之"珍贵的核心"在于为无意识的、被压抑的情绪情结"泄漏到意识领域"提供了证据。弗洛伊德理解了人类心理的共性，但是在美国人类学家看来，他错误地把潜意识的象征符号当作了历史。萨丕尔（1921j，108）指出，人类学家"最近才获得"对文化的特定历史发展阶段的敏感性，他们很谨慎，不愿意丢掉这种能力。他还说（1921m）弗洛伊德应该专注于"纯心理学"。但是萨丕尔自己却开始间接地致力于融合精神病学和社会科学的学科模式。

对荣格的内倾和外倾两种对立的心理类型，②③萨丕尔极有兴趣。在其一生中，萨丕尔总感到自己与周围的人格格不入，不知道为什么别人眼中的世界就是与他的不一样。荣格的"解释"将他从先前不愿承认的负疚感中解放了出来。萨丕尔相信他像荣格一样，是一个内倾直觉型的人——活在自己的意识世界里。他在1923年为荣格写的书评里（1949，530-531）说荣格的发现是"一种凝视，当一个人发现

---

① 当时这些领域的界限很模糊。
② "Introvert"和"extravert"，这是荣格的拼写方法。
③ 现在多将外倾拼写为"extrovert"。荣格将人的态度分为内倾和外倾两大类型，前者的心理能量指向内部世界，后者的心理能量指向外部世界。此外还有感觉、情感、思维和直觉四个功能类型。感觉是用感官觉察事物是否存在；情感是对事物的好恶倾向；思维是对事物作出判断和推理，直觉是对事物的变化发展的预感，无需解释和推论。两种态度和四种功能类型组合起来，构成了八种心理类型，如内倾直觉型、外倾感觉型。参见百度百科"荣格"词条。——译者注

了什么神秘之物时的凝视"。萨丕尔对内倾型人格的描述是一幅出色的自画像:

> 对内倾人格的人来说,外物总有着阴影或带着敌意。它并不一定没有意思,但是需要用怀疑的眼光去审视。内倾的人懂得改变自己以适应现实,通过剪去繁茂的枝叶,观察和感受现实,使其舒适地容纳于自己丰富的自我空间……在外倾人格的人迷失于外物时,内倾的人则明智地通过自己的心智主宰它,将其众多的个体特征排除在感觉和感受之外,或者贬低其价值。

萨丕尔敬告读者,不要判断人格的是非对错,而要以其与生俱来的样子去接受(1949,531)。内倾和外倾的人均不能完全理解对方。内倾的人看外倾的人表现在外的一言一行都觉得震惊和厌恶:

> 对他(内倾的人)来说,外倾的人必定有些肤浅,长期流浪在精神家园之外。外倾的人也当然不会相信,在内倾人表面的保守和乏味背后,有着极其丰富的主观体验和微妙的情感,这些都与他自己外在的回应方式大异其趣。

荣格的理论"很神秘"而且"使人不安",因为他说"我们失去了绝对的价值观系统的宁静"(1949,532)。但萨丕尔还是怀疑其所谓"人的精神将安在广于分裂之中"的结论。

许多博厄斯范式的学者都想在朋友和同事身上试试荣格的人格分类。在1924年英国科学促进协会的会议上,荣格的影子无处不在。据玛格丽特·米德(1959;1966)的记述,是萨丕尔和戈登韦泽带头给他们的人类学同事划分类型的。萨丕尔在给洛伊的一封信(1925

年 5 月 20 日：UCB）中概括了他的划分，他虽然声明此划分的前提是不做价值判断，且假设人格独立于文化之外，但这样的前提在现实中很难实现。尽管洛伊对此存疑，但萨丕尔坚持认为这个系统对分析个体"明白易懂，一致性强"。

雷丁和戈登韦泽都是外倾人格的人，只是前者偏向感觉，后者偏向情感。戈登韦泽由于潜意识中的内倾理想而相当复杂（这解释了他为什么崇拜萨丕尔）。萨丕尔仅仅通过通信和听闻认识的海梅·德安古洛似乎也是这种类型。弗兰克·斯佩克和厄娜·施皮尔则是外倾感觉型人格，这种人格类型与萨丕尔形成很好的平衡，他的一些关系最近的朋友即属此列。他们也是萨丕尔早期一首诗中所谓的"饥饿的人"，他们大胆放纵地体验，这与萨丕尔的性格是冰火两重天，所以他只能间接地了解他们的体验。但如果外倾人格是由情感而不是感觉来调和的，他们的主观性和刻板则让萨丕尔没法理解，比如雷丁、德安古洛和戈达德。

鲁思·本尼迪克特同意洛伊的看法，萨丕尔过于陶醉于自己的性格类型新发现了（Mead 1959，72-73）。本尼迪克特在日记中写道，洛伊"与爱德华争论，因为他被划分在了外倾型的范围里，而他认为自己显然是一个内倾而神秘的人"。洛伊表面上的平静是刻意表现出来的。本尼迪克特讥讽地观察道："这样的话，根据自我定义我们都成为内倾的人了。"她自己对荣格的理论并不以为然，而且可能并不喜欢萨丕尔和戈登韦泽以顽童式的兴高采烈把荣格的分类标签四处张贴。

萨丕尔认为有的同事属于混合型。博厄斯属于内倾情感型，而他的价值观使他更重视思维而非情感。这就是为什么他思考问题时注入浓厚的感情因素，而在科学研究中又严苛地排除主观性。这也解释了为什么博厄斯的学生们感觉他的性格很矛盾。克罗伯也比较复杂，结合了感觉和直觉两种类型，但错误地硬把自己往外倾型靠。

荣格说人格特征是天生的，有意识地控制人格会带来巨大的压力,这个观点萨丕尔深以为然。同克罗伯一样,奥格本也是一个内倾型的人,但具有很强的外倾性作为补偿。萨丕尔与奥格本并不很熟,这样的划分并没有受到多少感情的干扰。显然,萨丕尔认识的很多人类学家普遍都是这种类型。

威斯勒与萨丕尔并没有亲近关系,他是个内倾情感型的人,他成功地把自己改造成了外倾思维型。通过建构一个科学的人格面具,他把最真实的自我从公众的目光中保护了起来。艾尔西·克卢斯·帕森斯是内倾感觉-情感型的人,她坚持尝试理性地思考。萨丕尔和她并不熟悉,而且她的性别和经济独立让萨丕尔不敢妄下判断。哈伦·史密斯是外倾直觉型,他的直觉吸引着萨丕尔,但他的不善表达这种直觉又常平添烦恼,他们本来很相像,应该有话可聊,可是在长长的散步路上,谈话却落在后面。克罗伯的弟子 T.T. 沃特曼不是萨丕尔喜欢的类型,他的外倾感觉-情感型人格让萨丕尔头疼,他卖劲地开玩笑,想和萨丕尔套近乎,结果却让他觉得受到侵犯。

鲁思·本尼迪克特总的来说是"理性的",属内倾情感-思维型。就像萨丕尔熟知的那样,她表面上冷静,实际上藏起了如惊涛骇浪般动荡的人格特征。这些秘密大部分通过用安妮·辛格尔顿的笔名写的诗表露出来。比起她的公众面具,萨丕尔却更欣赏她的这一面,真挚的情感比理性更能打动萨丕尔。

萨丕尔对同事的人格类型划分揭示了荣格的理论,也同样揭示了萨丕尔自己。萨丕尔觉得动力心理学是有实证性的,因为它可以用来有效划分身边的人。但有意思的是,萨丕尔回避划分他的私人关系——比如与他有复杂关系的米德,还有他婚姻的"动力学"。

萨丕尔虽没有把这些启示运用到文化研究中,但米德和本尼迪克特(见第九章)随后即开始根据人格特征为整体文化划分类别。萨丕尔不怎么乐意做这种工作,他更希望构建一个基于个体差异性与创造性的文化理论。然而他们三人谁都没有使用在同事中发现的这些人格的复杂性描述过个体印第安人。

克罗伯：精神分析与超机体现象

在精神分析方面的专业探索上，克罗伯要比其他博厄斯范式的学者走得远。1917 年，他接受了杰利夫医生三四个月的个人精神分析。杰利夫医生是"在维也纳最初围绕在弗洛伊德身边的那批人之一"（T. Kroeber 1970，101）。克罗伯的第一任妻子不久前因肺结核去世，他也因病半聋，精神分析是他寻求心理平衡的一个途径。克罗伯与杰利夫成为了朋友，"两位学者的研究领域不同但是相关，他们你来我往地热切讨论着"。后来克罗伯接受进一步精神分析时的医生是杰利夫的女婿斯特拉格内尔医生，曾经师从弗洛伊德的女儿安娜·弗洛伊德（T. Kroeber 1970，102）。

和萨丕尔一样，克罗伯写了很多书评向人类学家们介绍精神分析。在 1918 年评论荣格的著作时（323-324），克罗伯宣布说："精神分析将以某种形式发生深远的影响。"而且，尽管精神分析的"一部分追随者过于狂妄，全部追随者大概都过分自信"，也不能否认许多重要的概念已经"成为了普通心理学永久的一部分"。换句话说，许多人类学家倾向于把孩子连同洗澡水一起倒掉，这是不应该的。但是，在 1920 年为《图腾与禁忌》作书评时，克罗伯以博厄斯范式的方式揭露了弗洛伊德书中的伪历史（1920，53）。

当克罗伯开始宣传精神分析与人类学的潜在关联时，人类学界并没有什么响应（T. Kroeber 1970，109）："博厄斯觉得克罗伯的兴趣不幸是一条非常规的小道，需要耐心地容忍。一些年轻的同行则没有丝毫的耐心和包容。"克罗伯在反思（1953，300）评价他的业余精神分析实践，以及后来对正统文化人类学的回归时说："我感觉到这些见解不能显著地帮助我更好地理解文化，这是我放弃精神分析的一个原因。"对他来说精神分析和人类学还是两个不可调和的学科,虽然他偶尔会把精神分析运用到如莫哈维人的梦之类的个别问题上。

通过萨克顿·蒲柏(易希的私人医生)和亨利·哈里斯,克罗伯在斯坦福诊疗所完成了他的业余实习。他与那些神经症病人关系很好,但他很快意识到,要想进一步治疗精神病性的患者,还必须进一步学习。他一周花两天时间在诊所实习(T. Kroeber 1970,105-106)。

克罗伯意识到他必须选择从事哪个专业,最后选择了接受过正规训练的那一个。事实上,他对精神分析难以认同,部分原因就来源于他的人类学期待。比如,弗洛伊德的移情"隐喻",与"他的民族学田野调查的观点相反。在民族学中,成功的调查者与被调查者的关系像是一种友谊,可以是不断增进、保持的,甚至可以持续一生"(T. Kroeber 1970,108)。①

关于自己玩票心理学,克罗伯询问萨丕尔的意见,还请萨丕尔(1920年1月23日:UCB)审阅他未发表的文学文章,看看里面有何潜伏的需求:"这些随意写的东西中有很多潜意识的东西。"萨丕尔答应了,他的评论用克罗伯(1920年2月8日:UCB)的话说是"冷静、缜密的分析"。精神分析并没有满足克罗伯探索自己心理的强烈欲望,不过他说自己从萨丕尔"敏锐与客观的非凡结合"中获益匪浅(1920年2月8日:UCB)。

克罗伯认为他比萨丕尔更有理由忧虑,因为他已经43岁了,必然"很难开拓出新道路"。萨丕尔对克罗伯的人格类型有其洞察,但克罗伯承认他并不懂萨丕尔的心理构成,他觉得这正是自己无法做出真正有用的诗评的原因:"对我来说分析你是件困难的事。不论在你的科学著述还是诗歌中,我都看到很多可能意义丰富的观点,但是我

---

① 大约在1923年之后,分析师与患者的个人关系和专业关系之间的明确界线成为一个比以往重要的问题。大概在同一时期,精神分析开始被药物治疗主导,因而所有的业余分析师资质证明不再被接受。就其所在时代的标准而言,克罗伯的业余训练的水平是很出色的。

却抓不住你人格类型的根本。"萨丕尔很高兴能够读懂克罗伯,但很明显,他更愿意单方面去分析对方。

克罗伯把他的分析实习报告寄给萨丕尔和其他博厄斯范式的学者,他期望萨丕尔能支持他(1920年7月14日:UCB):"你为什么对我的事业这样沉默不语?在我们这个专业里,你是我唯一指望不把精神分析当作一记耳光或是一句笑话的人。"克罗伯认为他的证书——分析训练和诊所实习——至少在美国已经足够了,但却没有吸引到多少患者,他很失望。"我认为这个社会现在是否成熟到能够接受精神分析还值得怀疑。"有时,旧金山对克罗伯来说就像渥太华对萨丕尔一样充满了陌生感。

萨丕尔却不理解克罗伯为什么放弃了人类学。克罗伯(1920年7月29日:UCB)试图解释,说他改变行当的缘由是和萨丕尔一样的情感创伤,而且认为他的实习与萨丕尔写诗的动机并无二致。不管有没有接受克罗伯对自己动机的解释,萨丕尔对其很好奇。克罗伯欣然说起他的看法(1921年1月17日:UCB):虽然朋友们避开它,而且"受过教育的公众对这个领域的怀疑比在东方严重得多",但他却享受着工作本身的乐趣:"看到象征符号每周都变得更加醒目清晰,这种感觉太美妙了。"

弗洛伦斯生病期间,克罗伯(1921年7月17日:UCB)尝试解释精神分析在他个人生活中的作用:他很高兴接受了精神分析,但是他觉得只有"你感觉有强烈持久的需要"时它才会有用,仅仅有好奇心或冷漠都是不够的。萨丕尔并没有觉得有足够理由为他自己或者妻子进行精神分析。

萨丕尔和克罗伯对精神分析的不同态度,与他们人类学理论上所用方法的极大差别是一致的。在一篇1917年的经典论文中,克罗伯定义文化是"超机体的",有着独立于构成它的个体的结构。同年,萨丕尔反驳这个观点时说每个人的文化在一定意义上都是独一无二的。戴维·曼德尔鲍姆在1949年编的萨丕尔选集中省略了这段评论，理由是："后来他有关人格的论文中陈述过同样的观点，而且更加深刻，没有这篇回复中必然带有的涉及个人的内容。"（曼德尔鲍姆致埃米诺，霍耶尔，雷，1947年7月21日：SF）但从传记的角度来说，这是萨丕尔第一次重新定义文化人类学的基础理论，与他在诗歌中的尝试是一致的。没有这次的激励，他也许不会那么早就将初期形成的视角付诸于写作。

此外，这次辩论中的标准在后来萨丕尔和克罗伯的通信中一再提及，包括在出版他们的著作和萨丕尔临近去世时，那时他们两人已经对文化与个人的本质问题做出了更加成熟的表述。而且，在人类学包围之中，这个公开的辩论已经方便地成为人类学理论立场范围的象征。例如，斯宾德勒（1978，15）认为心理人类学不断"迎面挑战文化的'特殊'地位"，他的论点与萨丕尔在"为什么需要超机体？"一文中的相似。斯宾德勒说："个人作为独特的、有自身经验的存在应该予以考虑；可以传递和积累的文化，是基于似乎人类特有的自我意识所产生的精神和心理过程；而所谓'社会的'或者'文化的'，从哲学上说只是总体现象中的任意选择，所以认为它有自己的力量或生命是错误的。"

萨丕尔曾对洛伊说克罗伯的论文（1917年7月10日：UCB）是"武断和不可靠的玄学"，他"严重贬低了历史中的个人"，这是一种"对抽象概念的盲目崇拜"，是最糟糕的心理化。他发表在《美国人类学家》的一系列批评文章"可笑，也许有些启发性"。但是，无论是为了壮大力量，说明并非所有人类学家都像克罗伯那样看待文化，或者出于维护与克罗伯的友谊[①]，萨丕尔并不想一人独自站在克罗伯的对立面。

---

① 戈登韦泽的简短评注加在了萨丕尔的注释的旁边。

但是克罗伯却坚信萨丕尔夸大了他们两人观点的差异（致萨丕尔，1917年7月24日：UCB）。他认为他的观点与博厄斯范式的实践是一脉相承的，尽管那些抽象的陈述之前没有做过：

> 我绝对把一切都留给个人了，你可以说出任何一个人是不是符合社会的要求……误导你的地方仅仅在于你是在完成了对个人的思考时才偶尔回到社会问题上；而我却总是坚持为社会这个未经肯定的现实说话。

克罗伯相信，奠定人类学在科学性学科中的地位要依靠文化概念的现实。他曾经怂恿萨丕尔公开回复这个问题，以激发人们讨论人类学是怎样与它的姊妹社会科学联系起来的，但这在萨丕尔看来却是理所当然的（致克罗伯，1917年11月28日：UCB），他希望做的是改进人类学的模型。

虽然公开地批评了克罗伯，但萨丕尔私底下还是试图强调两人事业上的共同之处（1917年10月29日：UCB），他说："我们俩都弃概念性的科学而倾向于历史，都希望心理学能够尽可能地保持在自己的位置上。"萨丕尔"并不希求说服"克罗伯，只想要"打磨"自己的观点。

平素很冷静的克罗伯（n.d. 1917年11月：UCB）指责萨丕尔，说他没有认识到他其实是在保卫博厄斯范式的工作免受外部侵犯：

> 我完全不在乎文化现象是否有其自身的现实性，只要我们探究的时候将其视为现实即可。你却在意，我们多数人往往也在意……如果我们正在做着正确的事情，那它就值得在世界上占有一席之地。让我们承认这一点，不要让自己陷入被动。这不是玄学，这是自卖自夸。

像克罗伯一样，萨丕尔进一步考察了个人和文化之间的关系问题。二人都根据早年的这次论辩，继续构建了自己的观点。例如在给莱斯利·怀特的信中，萨丕尔允许莱斯利在1932年的一门讨论课上使用他的批评（1月18日：UM）：

> 我试图说明的是一个通常被完全误解的观点，因为它本质上是一个哲学问题。我认为，与心理学材料相比较，文化的研究材料并非全新的类别，就像心理学材料与纯粹有机的数据相比也并非全新类别的材料一样。这并不是要贬低文化材料的重要性，只是为了说明选取和组织这些材料的原则与其他情况下选取和组织材料的原则并无不同。意识不到这一点，在文化或社会与个人关系方面，就会导致各种完全由人为原因造成的问题。

在构思关于"文化心理学"的专著时，萨丕尔写信给克罗伯（1932年5月24日：UCB），表达了对当下把文化看作一种超机体现象的"怀疑"：

> 我越来越强烈而且清楚地感到，文化的所谓非个人问题和个人行为二元对立是个神话——当然，这样做很有用，可以预先扫清障碍，但长期来看却十分有害，因为它将导致对人格和文化的根本性的误解。

萨丕尔在临近去世的时候还写信给克罗伯说（1938年8月25日：UCB）：

> 当然，我对各种文化模式，包括语言模式感兴趣。我要

强调的是这些模式的一致性，以及它们在时间和空间的延续可以而且完全应该用普通的心理学的表述方式来解释，特别强调其中的人际关系。① 我并不想做什么革命性的事，也没有对通常用非个人化方式表述的东西失去兴趣。正相反，我觉得我像一个物理学家，相信原子的无边无际与宇宙空间的浩瀚无垠不无联系。而你的理念则与表述相反，充满对个体及其现实的恐惧。

像当初在1917年时一样，萨丕尔在1938年意识到他的文化理念在人类学界远没有占据主导位置。而萨丕尔觉得在人类学方法和内容方面，"超机体"已成为文化定义狭隘性的标志。克罗伯生造出了一个二元对立。

大约在1918年萨丕尔完成了后来才发表的《真伪文化》一文，他用这次论辩指出在现代民族文化中，个人在文化中的地位是最为重要的，他以优美的文笔对个人的创造提出了挑战（1949，321）②：

群体文化和个体文化概念之间没有真正的对立，二者是相互依存的。一个健康的民族文化绝不是被动接受的传统遗产，它总是蕴涵了社团成员创造性的参与……然而另一方面的事实是，一旦失去了可继承的文化遗产，个体就变得无依无靠了。③

奥格本（致萨丕尔，1917年12月31日：NMM）赞赏克罗伯的

---

① 这里的"人际关系"一词指的是萨丕尔与精神分析学家哈利·斯塔克·沙利文在20世纪二三十年代的友谊和合作。
② "真文化"是从文化的综合性以及个人自我实现的角度来定义的。
③ 中译文见程英、高一虹译"真伪文化"，载高一虹等译《萨丕尔论语言、文化与人格》，北京：商务印书馆，2011，230-258页。——译者注

文章，认为它为社会学提供了一个适宜的模型，但他没有理解萨丕尔的反对意见。萨丕尔对奥格本在超机体的辩论中站在克罗伯一边毫不意外——他是一个社会学家，而社会学从未以关注个人而著称。但萨丕尔仍旧试图澄清他在社会科学上的观点（1918年1月14日：NMM）：

> 我的某些关于历史中个人的意义和价值的观点，恐怕有些离经叛道……在我看来，试图用书中的公式来理解历史而一点都不考虑个人的因素，无非是将我们的概念装入传统的科学套子的暂时性饥渴。当大规模的实践经验带来了不可避免的失望结果时，真正反对这种思维方式的反应才会出现。但不管怎样，这种反应出现的时候还未到，所以现在你们尽可以嘲笑我。

萨丕尔猜测，同样的反对观点不仅适用于人类学也适用于社会学领域中对文化的概念化，他批评了奥格本对经济动机的夸大（致奥格本，1919年2月4日：NMM）。

虽然奥格本不同意萨丕尔对超机体的批评，但《真伪文化》却与他的意见相似（致萨丕尔，1922年8月31日：NMM）：

> 你创造了一种真实的氛围，总体语气也很雅致。我沉迷在一种切实地分辨出什么是真什么是假的感觉里。这与我常常想到的是一样的，只是在不同的情境中用了不同的语言。我的说法是：对我来说，从一个民族学者的角度来看，文化分成多个部分。这些部分之间有着不同程度的联系。当组成整体的种种变量的联系是确定的、高度正相关的，最终经调整这个整体与人的原初本质和谐一致，我想这就是你所说的

真文化。我是从文化的不同部分、其相互联系、原初本质和调整过程来看这个问题的。

但是萨丕尔的方法并不像奥格本期待的那么精确,是"非科学的":

> 你和我在之前的谈话中似乎理解了彼此对艺术和科学的看法,你说你希望把它们分开,但我感觉你似乎把它们混起来了。我觉得在这篇文章里你的主观性影响了分析,而且你几乎走偏到了神秘主义。你努力要表达的似乎是你情感的感觉,而不是冷静的、科学的东西。

奥格本担心他的评论或许太简略,太"印象主义",这些都是他批评萨丕尔的问题。[150]

虽然萨丕尔没能使克罗伯和奥格本相信,文化的概念需要参考个体差异性和创造性以做出重大修正,但他在渥太华时对精神病学和精神分析的兴趣使他本人深信,这一点是社会科学的首要任务。克罗伯、博厄斯、奥格本还有几乎所有他们同时代的人都试图回应弗洛伊德的新洞见,但只有萨丕尔愿意尝试构建一个将社会科学与精神病学整合起来、将文化与个人整合起来的理论。

第八章　美学探索

在萨丕尔生活的那个年代，许多社会科学家都涉足过文学。博厄斯范式的学者中写诗的人为数不少，但只有鲁思·本尼迪克特以安妮·辛格尔顿的笔名为诗人所记得。萨丕尔与他们大多数人不同的是，在渥太华的最后几年，他不仅以严肃的"科学探索"而且以诗歌界定自己生活和工作中的身份。而且，同事们记得他写诗，尽管没有多少人读过。萨丕尔作为人文学者的精神气质至今还保持着影响力。戴维·曼德尔鲍姆曾对琼·萨丕尔说（1956年1月3日：SF）：

> 科学和艺术在萨丕尔身上以非同一般的程度结合了。他是一丝不苟的语言学家，接受了严格的语言学细节的训练，在科学研究范式中游刃有余。然而他同时也是人文学者，也是艺术家，有时甚至是第二类身份更加重要。他是个诗人，发表了二百多首诗歌和译诗。他的音乐和文学随笔不仅显示了他敏锐的直觉、创造性的才华，更体现出他在这些艺术形式中享受到的快乐。

在曼德尔鲍姆看来，萨丕尔这些特有的美学追求与他的科学家身份是直接联系在一起的：

> 但是思想恰恰是他通往艺术的主要媒介。他的很多同事

和学生都生动地回忆起他讨论和发展自己观点的情形。他十分清晰地将许多事实和理论汇集起来,构成一个连贯的、有意义的、富有启发性的概念。有时他似乎是即兴而作,由主要概念发展出变体,但这是一种具有整体性和说服力的即兴之作。

与克罗伯和奥格本不同,萨丕尔并没有将自己的各部分割裂开来。照顾生病的妻子、经历一战、接触心理学、重构博厄斯范式的人类学、将心理学引入语言学理论,这些于他都是分不开的。在渥太华工作的最后几年,他尤其关注不同学科的模式构成。

音乐

萨丕尔是听着传统犹太音乐长大的。他的父亲是教会唱诗班的领唱,所以他对正统派犹太教的仪式歌曲耳熟能详。犹太的礼拜音乐有着与大多数西方音乐不同的整套全音阶模式和韵律模式,而且雅各布·萨丕尔还收录民谣、自己作曲。他到渥太华的时候,常常带一只黑色公文包,满满地装着他作的曲子,让萨丕尔弹奏。迈克尔·萨丕尔说:"爸爸会照做,不过弹奏时常常看不清爷爷手写的音符,而且也有些讨厌弹。他有几次跟我说,这些曲子令人厌恶,全是糟糕的东西。"(迈克尔致巴特·琼斯,1985年8月17日)

萨丕尔的母亲在音乐上并没有特别的天分或兴趣,不过她会把音乐和上流社会的高雅文化教养联系在一起。萨丕尔是另有壮志的,音乐,不管多么热爱,都不太可能成为他的事业。但他在哥伦比亚大学学习时选修了为数惊人的音乐课。在他转向人类学时,他设想音乐是完整的民族志的一部分,还怂恿父亲改编博厄斯范式的人种音乐学的文章。①

在渥太华工作的最后几年，萨丕尔寻找一种他的事业似乎已提供不了的心理平衡。虽然他发表了许多诗却没有发表作曲，萨丕尔大部分非专业活动的哲学思考都与音乐有关，也许因为一个擅长运用语言的人，即使只把写诗当成副业，通常也可以写得很好。但是音乐却需要正规的训练和积年的操练——是一项专职任务。所以尽管音乐给了萨丕尔很多内在满足，他还是很早就做出了更现实的选择。他曾给洛伊写信（1916年8月12日：NMM）说："我在不上班的时间就把人类学放在一边，大部分时间一心一意地沉浸在音乐里——或读谱，或作曲。"他那时在写一首大提琴和钢琴的奏鸣曲，时而念着他错过的另一番事业，②慨叹着自己拥有的天赋：

> 显然，我在音乐上的天资超乎常人。但这不能证明我就能成功地以此为生。在现在的环境下，我根本不可能放弃人类学，一心一意地投身音乐，但向那个方向去的欲望还在，也许有一天音乐探险会有所突破，取得期待之外的成功。但这一天肯定至少是相当遥远的……即便如此，我还是要坦诚地说，我觉得自己已经写了一些真正的音乐。我近期最快乐的时光来自于突然想出一些对我来说是精美的旋律、节奏或者和弦的段子。

萨丕尔还进而对音乐的美学满足感与语言和文化模式进行了对比：

---

① 这段评论来自巴特·琼斯写的关于萨丕尔的音乐的手稿。琼斯应我写作传记的要求，探索了萨丕尔在语言学研究中对语音的依赖。
② 他有一次对女儿海伦说，他本来更想成为一个哲学家的。

我是不是"错过了天赋使命"不是我能决定的……我总感觉在很多工作中，我没有正视内心的自我，让自己埋头于有用但相对并不重要的小事，而牺牲了更精致的需要和欲望，不管是什么……我与人类学并无理论上的二致，问题在于我自己。我自己，不管是好是坏，觉得做一个研美学者不能满足我内心深处的渴望……我发现我最感兴趣的是形式的美，不管是物质的形式，抑或我兴趣更强烈的精神的形式。完美的风格、平衡的哲学体系、一段完美的音乐、美妙的数学关系——这些都属于非物质的、最能深深打动我的东西。

对语言学和民族志学形式的不满足是这种复杂印象的主导色彩。音乐满足了萨丕尔对美学的激情，使他得以精神焕发地投入到其他工作中。但他并没有真正考虑过放弃他有所成就的事业，只是希望给必须要做的工作增添些许色彩。

萨丕尔嘱咐洛伊（1916年9月27日：NMM）不要宣扬他"隐秘的雄心"和对人类学的失望，因为"宣扬对自己毕生事业的不满是不怎么明智的"。萨丕尔并非一贯的反叛者，只是不时从其他压力中逃出来而已。音乐让萨丕尔忘却了日常生活的忧虑。他的诗"致一位正在演奏肖邦前奏曲的人"（1918年8月20日）让大儿子迈克尔的钢琴声具有了不朽的力量——一扫平日里"奇怪的错误"，让作为观察者、诗人的萨丕尔得到片刻的自由。音乐让迈克尔更加真诚。但有时，钢琴也是沮丧的源泉。在"伪君子"（1918年8月24日）这首诗中，拟人化的钢琴似乎在嘲笑它的主人，不服从他的控制。

萨丕尔如此喜欢音乐，坚持让他的孩子们接受音乐教育就不奇怪了。孩子们的大多数朋友也在上钢琴课。琼·萨丕尔跟她的继女海伦说，萨丕尔还想象过组建一支家庭小乐队。但是几个孩子都没有他父亲那么高的音乐天赋。

迈克尔四岁时开始上钢琴课,并非完全自愿。在渥太华的最后几年,萨丕尔常说迈克尔有弹奏的"韵味"和"敏感"。迈克尔(p.c.)说萨丕尔"相当严苛,让我一直练习,还叫奶奶监督我"。萨丕尔没有其他懂音乐的伙伴时,曾试着教迈克尔简单的贝多芬交响曲四手联弹的低音部,但是迈克尔跟不上父亲读谱的速度和弹奏的技巧,让萨丕尔特别生气和失望。那时,给迈克尔上课的老师名叫桑德斯先生,据说是渥太华最好的老师之一。但迈克尔反抗他必须使用节拍器的要求,还有他教小孩时"压迫式的、不符合心理学原理的方法"。迈克尔在芝加哥时停止了弹琴,大约是十岁。

海伦·萨丕尔·拉森记得,萨丕尔耐着性子听完了他们所有的小型独奏会。一次,菲利浦弹得太慢了,萨丕尔打起了哈欠,引得听众笑了起来。保罗·萨丕尔(p.c.)多年以后还记得,八岁的时候,他坚持要学小提琴,有时候拉错了一个音,让人抓心挠肺地难受,萨丕尔不管在房间里的什么地方,都会奔过来,带着十分沮丧的神情在钢琴上猛劲敲出正确的音。保罗说:"他生起气来可是特别吓人。"后来保罗转向了弹钢琴,萨丕尔对他无法避免的错误不像以前那样无法忍受了。

关于萨丕尔作曲的过程,没有找到详细的记载。儿子迈克尔猜测他可能先在钢琴上弹出一段曲子,然后再写下来(致琼斯,1985 年 8 月 17 日)。萨丕尔称自己在读乐谱的时候能听到音乐,他对声音的记忆力的确很惊人。许多年以后,他之前的学生哈里·霍耶尔提到(致哈斯,1971 年 11 月 8 日)萨丕尔的"听力很好,他常常在阅读的时候动嘴唇。他也特别喜欢读复杂的曲谱。出于好奇,我问过他为什么读曲谱,他说他通过读谱子听音乐"。

萨丕尔对没有歌词只有空间意向的音乐,与他对人类学分析中必不可少的语言表达形成对照。他相信没有语言的思想是空洞的幻觉。在《语言论》(1921,15)中他写道:"我们一旦尝试把一个形象与其他形象建立稳定的联系，就会发现我们正滑入无声的文字河流。"自我意识很强的知识分子也可能逃逸到音乐中，因为记忆或期待中的声音依赖的是模式的关联而非内在本质。琼斯说萨丕尔的音乐与他在语言学模式上的感受力有很大关系（1985，20）：

  也许萨丕尔把听音乐的过程扩展到了其他领域，因而在把各种各样的人类现象联系起来时特别得心应手——有时所有这些问题一开始看去是互不相干的。如果这样，萨丕尔的听力取向也许为他孜孜以求的模式与关联的研究照亮了道路。我们现在认识到，这是他的思想中最为珍贵和独特的一面。

萨丕尔作的曲保存下来的很少。迈克尔回忆说他父亲很少弹奏自己的曲子，所以他只记得寥寥几首轻快的小曲（致琼斯，1985 年 8 月 17 日）。琼斯仔细审阅过的"第三练习曲"，是练习技巧的，它用节拍标记精确指示弹奏者要怎么演奏，而只有艺术大师才能演奏得出来。"他标记的速度和流畅程度超出了（萨丕尔的）技术水平"（迈克尔致琼斯，1985 年 9 月 18 日）。

萨丕尔喜欢的音乐范围很广，但都比较传统，迈克尔回忆说（致琼斯，1985 年 8 月 17 日）：

  虽然爸爸喜欢听各种音乐——乔治·赫佐格向他介绍了巴尔托克，他还听一些斯克里亚宾的音乐，喜欢帕西·格兰杰欢快的曲子，特别是在帕西到渥太华拜访了我们之后——我觉得他最热烈最持久的爱是莫扎特、肖邦和德彪西。①

---

① 那时德彪西还只是个新的作曲家。

多数情况下，萨丕尔的音乐是为了自己和家庭的娱乐。但在芝加哥大学工作的那些年，萨丕尔和同事们轮流在各人家里"自由三重奏"（迈克尔·萨丕尔致琼斯，1985年10月5日），他在其中弹钢琴。不用说，他的朋友总包括人种音乐学家和音乐家，最常来的是乔治·赫佐格，那是在他到耶鲁大学工作之后了。

萨丕尔对他那个时代新兴的音乐形式并不是全都喜欢，他讨厌爵士乐，尽管这一态度后来有所缓和。不过，迈克尔弹爵士乐的那段时间，萨丕尔弹奏过两首爵士乐曲（"琴键上的小猫"和"晕眩的手指"）。他的诗"听广播里悲伤的爵士乐"（1924年6月15日）缺少他写的古典音乐的诗里的丰富形象，而是令人联想起杰拉尔德·曼利·霍普金斯拗口的头韵诗。霍普金斯的诗是萨丕尔最早喜欢的。

萨丕尔与他同时代的人不同，对浪漫音乐和古典音乐同样喜欢。在1918年发表的"论代表性音乐"中，他赞扬了那种贝多芬学派浪漫主义所唤起的情绪变化（1949，491）。但更多的时候萨丕尔还是古典主义者，他强调音乐的固有特质——与语言学的模式很类似。萨丕尔迷恋形式和情感的互动（1918［1949］，491），他相信乐评并不是绝对的。在他的诗"音乐"（1924年10月20日写，1925年发表）中，萨丕尔提出，音乐允许听众去忘却，这显然是一个令人向往的状态；它也能让悲伤变成喜悦。迈克尔·萨丕尔总结音乐对他父亲的意义时说（致琼斯，1985年8月17日）：

> 我觉得音乐对他来说是一种深刻的体验，特别是与他敏锐的语言学感受力、微妙的听力和声调辨别能力等密切相关。爸爸觉得音乐与语言学形式和声调等类似，也与数学类似。它们都具有普遍性、纯粹的美学魅力和功能上的"自主性"。

萨丕尔在职业生涯工作的早期就承认音乐的民族志学变体。在1911年就霍恩博斯特尔有关原始音乐论著的评论中,萨丕尔描述了声音的模式,为他后来的音位概念做了铺垫。他(1912f,278)提出了一个跨文化的音乐定义,这个定义的美学基础如此宽泛,震惊一时:"音乐既不是单纯的音调也不是单纯的节奏。无论它是由何引起的,将它看作一系列音调的生产,蕴涵着见于所有人类艺术活动的韵律起伏,是不是更有启发性?"萨丕尔强调对照的模式,而不是单独的节奏或者音调。歌词、舞蹈和纯音乐在大多社会中都是不可分割的。许多音乐的独特之处都出于非音乐的原因,如宗教礼拜、摇篮曲和军号。"关联的文化特征"是意义的线索,这是博厄斯范式关于文化特征的一个成熟论点,不过运用到音乐里还是第一次。在1915年评论帕西·格兰杰对原始音乐的研究时,萨丕尔强调了"不同部落和民族的民歌有着迥异的艺术风格特性"(1949,594)。这些特性的复杂程度可以与任何现代音乐媲美。

萨丕尔1910年的关于"派尤特神话中的叙唱歌"是他最长的音乐民族志论文。萨丕尔列举了十一支曲子——分别有描述性的、抒情性的、识别性的——展示出派尤特神话中各种人物的言语特点。琼斯(1985)指出书中的不少不确之处是欧洲音乐教育背景导致的。萨丕尔意识到了不同的音阶的存在,但没有在他自己的材料里准确地听辨出来。他重视不同文化所选择的音乐特征(致海伦·罗伯特,1917年3月:NMM):"要想将庄重与随意的变体区分开来,不仅需要一双好耳朵,还要有对形式的敏感和对潜在意图的直觉。"比起机械的声音记录,他更喜欢有主观色彩的分析。

萨丕尔的音乐理论徘徊于这样两者之间:一面是对音乐模式的思考,一面是对自己所受的音乐教育中僵化范畴的回归。他宁肯认为是为他提供材料的人错了,而不愿意修改自己的分析,所以他说服托尼·蒂洛哈什修改了"海狸"部落首领所唱的歌中的"缺陷或者节奏"（1949，469）。而且，萨丕尔比较了高贵的"灰鹰"首领和他轻浮的妻子"蜥蜴"旋律类似的歌，把其中的不同之处归结为节奏而不是曲调（1949，469）。

萨丕尔希望将音乐和语言学的分析交替进行，结合起来做。努特卡语的歌词"时常被严重扭曲"，使他不得不重构其散文形式。萨丕尔遗憾只得到了泰特的塔尔坦人歌曲的意译版本（1912年11月18日：NMM）："为了符合音乐的要求，散文形式的歌词常常根据不同的风格而被切割。"

在音乐和文学批评中，萨丕尔首次发展了一整套的模式分析。他既关心形式制约与创造过程的关系，也关心音乐和诗的单位的内在（即结构）关系。在写成于1918年或1919年初，到1921年才发表的"诗的音乐基础"一文中，萨丕尔用音乐反驳艾米·洛威尔自由诗的原子论（Handler MS）。散文和诗歌的区别一定程度上是随意的，取决于"听者的诗歌接受性"。萨丕尔认可自由诗，但洛威尔式的"单一韵诗"忽视了"意义（这里指可感知的韵律模式）的产生源于形式单位的系统对立，即规律的时间单位由无规律的重音单位反衬出来"（Handler MS，12）。

萨丕尔认为诗歌和音乐都首先是声音的（1949，226）："诗歌不是以符号的视觉形式存在的。像音乐一样，它只对内心的耳朵说话。"他将具有韵律轮廓的散文句子替换成同韵律的诗，从而令他自己满意地证明了，诗潜藏在所有散文当中。这种结构对立的使用比布拉格学派的结构主义文学批评早了十年。

萨丕尔认为（1918，493）语言和音乐是两个极端的范畴：音乐表达感情，而不是概念；二者都对人类的表达起着至关重要的作用。音乐和语言都是思想之结构化的形式，但是其模式具有根本性的差别。萨丕尔首先从音乐中找到了这种差别的本质，后来才把它用到了语言的音位模式上。

图案美学实验

萨丕尔的美学兴趣虽然大多体现于音乐、诗歌和语言学，但他对视觉艺术也有涉猎。1917年，他调查了他所在地方的人们对图案元素的不同审美观点，他对劳费尔说（1917年11月14日：NMM）这是他"刚刚笨拙地开始的业余研究或者说爱好"。① 他寄给同事们一件美洲印第安图案，让他们接着画下去："我想要得到的是一系列自发的反应，可以用来进行心理学研究。我要弄清楚的是艺术概念的形成，或者更确切地说，对特定艺术单元的构思方式。"萨丕尔对象征和美学上十分复杂的西北海岸风格很有兴趣，这一兴趣来自他对努特卡人的研究，而他没有在田野中实地检验美学多样性。把同事作为研究对象，他便可以忽略文化代表性的问题。

克罗伯的学位论文是关于阿拉巴霍人的图案元素的，他提供了大量的图案，它们（萨丕尔致克罗伯，1918年7月2日：NMM）具有"艺术概念的非比寻常的原创性和坚实性"。克罗伯和他的姐姐去掉了原始图案的三个要素中的一个，以便"通过简化而发展"。克罗伯的图案（萨丕尔致克罗伯，1918年11月21日：UCB）"并不是依样画葫芦地照搬原型，也没有将其处理为缺少微妙细节的抽象几何图形……而是真正用一种神秘的方式，保存并提升了原型的精神"。保罗·雷丁一如所料地被图案内在的"人格的启示"所吸引。而莱斯利·施皮尔与他的妈妈、姐姐、兄弟在方法上的巧合（他们都使用了重复的方法完成图案）表明（萨丕尔致施皮尔，1918年5月13日：NMM），图案要到达特定主题才算完成，不然就要进一步延续。斯佩克被深深震撼："绝美的图案，已没有可能做任何改动让它

---

① 同时，萨丕尔在研究儿童的英语换韵游戏中重复单词的现象，这其中有历史和心理学根源。

更美。"但施皮尔的兄弟却不喜欢它。"美学心理学"也许会"揭示出有几分惊人的观念：概念的完满可能会打动一部分人，却让另一部分人不快，大概因为其内在缺乏暗示性。"

萨丕尔打算继续这个实验，提出在渥太华办一场讲座（致米莉恩·芬妮·斯科特，1919年3月17日：NMM），讨论关于各种主题的"第一反应倾向"所蕴含的心理学和语言学启示，这些主题"几乎是随机挑选的"。他收集的三十到四十套图案展示出令人惊讶的多样性。他说："肯定有一种自然的审美倾向，是完全与训练无关的……这些图案表明，远非杰出美学家的普通人可能具有某种个性"恰巧被某些图案激发起来。萨丕尔告诉克罗伯（1920年2月10日：NMM）这个讲座他讲了几次，但是没写论文。

博厄斯（致萨丕尔，1918年5月23日：APS）抱有怀疑态度，他反对把"像我这样的民族学者"作为实验对象，因为"我们对相关理论知道得太多了"。博厄斯在其关于原始艺术的著作中，更加谨慎地辨识和控制了"二级理性化"或者文化模式的意识。不论如何，萨丕尔没有把这个实验继续下去。

诗歌

诗，是萨丕尔在妻子病中排解痛苦、战争时期抵制异化的重要手段。萨丕尔赋予它的重要性，比其内在本质还略高一等。他把诗看作智力活动的一部分，与洛伊、克罗伯、雷丁还有本尼迪克特等人通信时也常常讨论诗。但是对其他人而言，诗歌并没有在其人类学研究中起到特别重要的作用。通过诗，萨丕尔走近了个人的心理，走近了创造性的本质——这是他文化理论的基石。因此回首看来，诗歌是萨丕尔智性成熟的指征和首要标志（Darnell 1986a）。

在渥太华，萨丕尔感到自己疏离于美国的智性生活。他经常去纽约，洛伊成为他与诗歌和艺术之先锋世界的中间人。洛伊也把萨丕尔介绍给一些文学刊物的编辑，萨丕尔为这些刊物撰写评论和诗。洛伊虽然对萨丕尔的诗并没有明显深刻的印象，但他（1965，69）知道它们对当时的萨丕尔有多重要。萨丕尔集中写诗的时间实际很短，大约从 1917 年到 1925 年。洛伊猜测（1965，13）芝加哥"'更加适宜的环境'让萨丕尔的科学研究回归到他整个生活中应有的位置"。①

萨丕尔最早的标有日期的诗写于 1917 年 4 月。那段时间他有一个题为"启发性笔记"的本子，里面记录了很多为短篇小说、格言警句、诗评准备的创意。他 1916 年开始发表文学评论和社会评论，1917 年开始发表精神分析书评，1918 至 1921 年间，他近一半的出版物是文学方面的，1922 年则发表美学方面的居多（Handler 1983，211）。他唯一一部诗集《梦想与嘲讽》1917 年在波士顿出版，可能自己付了部分出版费用。书上印着"献给我的妻子"，弗洛伦斯分享了萨丕尔对诗歌的喜爱。萨丕尔发表了二百多首诗，现今保留下来的大约有一半。当萨丕尔喜欢一首诗的时候，特别急切地希望发表它，往往在发表之前积攒了十几份退稿信。②《梦想与嘲讽》出版后基本没有引起批评界的反响。③《评点》（1919 年 8 月 23 日）上有一篇未署名的颇为矛盾的评论：这本书"缺少诗歌的魅力"，虽然诗行间"展示出一个自由、理想主义的精神"。许多短诗展示出"有启发性的思想转变"，但是就诗歌本身而言极少说得上是成功的。

但萨丕尔不畏挫折，计划着再出一卷。他主动询问并且相当礼貌地接受了很多人的批评，他承认（致洛伊，1917 年 6 月 30 日：UCB）诗的风格可能"草率和相当随便"。但是当洛伊尝试让他去掉

---

① 其实这种变化是渐进的。在芝加哥，萨丕尔在《诗刊》创办人哈丽雅特·梦露组织的小组中很活跃。
② 萨丕尔详细记录了他的诗投稿和退稿的情况，现在由萨丕尔的家人保管。
③ 据萨丕尔的第二任妻子说（1955 年 1 月 9 日：SF），他后来觉得出版《梦想和嘲笑》是"最让他尴尬的错误"。

直指代词时，他却极力反对："你相信存在着客观的雅致吗？现在我们难道不应该清楚地认识到艺术、批评，甚至科学在一定程度上都是自我的表达吗？我不能忍受回避个性的传统。"

洛伊想要出一本诗歌期刊，萨丕尔（1918年5月20日：UCB）自愿写诗歌评论专栏，他说他会很高兴退掉那些"名人"的二流水平的诗。他向洛伊抱怨（1918年10月31日：UCB）说当时的很多诗都"自命不凡"，宣称自己厌烦了"自作聪明、学院气的"先锋派。他把约翰·杜威的自由主义政治的观点（"你知道我经常谈点社会学问题"）和意象派诗人艾米·洛威尔、埃兹拉·庞德的诗联系起来（致洛伊，1918年12月19日：UCB）。在他的"启发笔记"里（1918年1月8日：SF），他评论道，编辑"把公众都贬入他们自己目空一切的估量中"。

萨丕尔订阅了在渥太华买不到的《评点》和《诗刊》两本杂志。他还常跟哈丽雅特·梦露通信。[①] 所谓的"新诗"在一战期间非常流行，梦露在为《诗刊》选稿时始终秉承一个原则，避开许多诗的"自我披露"和"柔情"，偏向"融合了激情和智性的硬朗的"风格（1920年社论）。萨丕尔原则上认同，1920年他写道（1949，497-498）：诗歌技巧的最好运用，恰恰是"火热的激情气质用冷峻的智性钢刀刺入自体"。他的诗"蓝色的火焰和黄色火焰"（1919年3月15日：SF）中用了同样的意象："我奋力追求蓝色的火焰／它升起如同蓝色的刀刃。"但梦露觉得萨丕尔的诗歌技巧不够精细。萨丕尔很礼貌地接受了她的编辑，尽管他从来不允许别人修改他的科研论文（1918年10月28日：UC）："是的，你说得对，我写诗的时候不够认真细致。我确实还没有打磨完美就投稿了。"

萨丕尔觉得（1920年5月14日：UC）梦露选登的诗"误把我

---

① 《诗刊》相关的文本保存在芝加哥大学的档案里，我是从汉德勒（1986）处转引的。

呈现为一个极其哀伤的人"，于是又交给她"一些轻松、讽刺、幽默的短诗"。萨丕尔没有信心让自己的诗独立呈现自己，他在写给梦露的信中经常为它们贴标签，如"恋旧的""肤浅而漂亮的"或者"莽撞的"（1921年6月30日：UC）。萨丕尔觉得她过分强调了"那些令人惊讶、唐突直率的东西，以及聪明的讽刺"，希望她寻找一些"柔顺文字下的硬朗"（1920年5月14日：UC）。

在"启发性笔记"（1917年11月29日：SF）里，萨丕尔这样反思他写诗的过程："我的想法是很好的——极好的。但是当我落笔时，思路就好像迷失了。"这与他撰写科研作品时提前写出概要的方法很不相同（1918年7月8日：SF）：

> 写诗最佳办法是放弃寻找主题。抓住你听到一词一句，只要有一点点动人之处，就把它从上下文里面暴力地剥离出来，将其变得更加理想或者怪诞，或者用某种方法将其移至遥远的国度，依着幻想的命令（加上诗韵与节奏温和的鼓动），让新的情境从中生长，最后如果有必要，再把那些刺激你想象的词句线索删除。

还有更加怪异的（1918年8月28日）："艺术家是怎么创造一个角色或一个心理学研究的呢？他把周围所有的灵魂都极端化，让它们蒸发，这蒸汽促成了一场表演，为他的毛孔所吸收，这样他就有了做肥皂泡的材料了。"用这种方法，不起眼的内容可以创造出"震撼的"形式（1917 n. d.：SF）：诗人注重的是"内在的形式，是关系与情绪的内在连环"。

在萨丕尔看来（Handler 1983，211）艺术将"形式与情感、既定文化传统与个人主观经历"结合了起来。在客观的社会科学研究中，审美和情感基本找不到出口。萨丕尔从来没有成功地把民族学的主题引入到他的诗里，他更感兴趣的是充当一个观察者，探索他自己的本性，而不是进入别人的主观世界。[①]但是他原则上相信，原始文化中的人与他自己具有同样的创造能力。民族志学通过揭示其中的意义把怪诞的文化变得十分普通——这与当时浪漫主义的习俗是对立的。

在《语言论》(1921) 的前言里，萨丕尔引用了意大利哲学家贝内德托·克罗齐的话。克罗齐的著述坚定了萨丕尔越来越强的信念：审美是艺术和科学两者的本质，尽管他的"启发性笔记"（1917 年 10 月 21 日：SF）常常是在批评。克罗齐试图研究艺术家和欣赏艺术作品的人怎样看待艺术作品，但是他的直觉的概念忽视了文化多样性，这使他的研究陷入主观。萨丕尔采用跨文化的人类学方法，超越了克罗齐而提出语言和艺术都有创造性这一问题。萨丕尔修正了克罗齐的观点中吸引他的内容，而没有讨论其他的内容。克罗齐认为直觉只有被意识到，才能创造出艺术。而萨丕尔却倾向于博厄斯范式的观点：文化之所以能发挥其作用，恰恰是因为它不是有意识的、理性的。但他们都相信直觉等同于艺术。克罗齐说所有真挚的自我表达都是艺术，这一观点容纳了个人的创造性，但是使艺术的正式定义变得困难 (cf. Handler 1986)。萨丕尔（n. d. 1917：SF）则猜想，好的艺术家必须找出能够引起许多个体共鸣的"表达的理想弧线"。

在 1917 年的"启发性笔记"（n. d.：SF）里，萨丕尔对"任何高强度或极端的活动形式"固有的审美可能性进行了思考。尽管爱情、爱国精神、宗教和艺术是得到社会认可的同样的冲动形式，但其实谋杀也是"自我表达的一种强烈形式"。完美的谋杀结合了"恶毒的冲动和对于行动之形式的细腻辨别力"，但是没有多少杀人犯能实践这

[①] 汉德勒（1989, 3-4）说："萨丕尔在诗中尝试用不同的语态，如他平时一样使自己与主题保持距离，只描写个性和心理状态……如果说本尼迪克特的诗是自白的，萨丕尔的诗就是观察的——虽然他自己常常是被观察的对象。"

种艺术形式的潜力。

"启发性笔记"记录的都是他私下的想法，很少继续发展。但萨丕尔一直在通信中和同事们谈他自己的诗，有时也谈到他们的诗。雷丁（致萨丕尔，1915 年 2 月 23 日：NMM）认为有效的民族志关注个人的主观性，批评萨丕尔"回避表达个人意见"。雷丁对萨丕尔的"文学梦想"感到困惑（1917 年 6 月 23 日：NMM）："你写作究竟是为了钱还是因为爱好？"他担心萨丕尔会放弃民族学和语文学。作为一个知识分子，雷丁不想在兴起的博厄斯范式的诗歌热潮中落于人后。他声称得知萨丕尔并没有想到他会写新诗时，他感到很意外（1917 年 12 月 6 日：NMM）："我喜欢艺术的细节表达，这些只需要很少的脑力就可以欣赏。"雷丁鼓励萨丕尔把他的文学技巧用到民族学上来，不要继续写诗了（1918 年 8 月 17 日：NMM）。雷丁的态度或许激发了萨丕尔对诗歌和文化之间可能的对应关系的思考。

克罗伯喜欢古典文学，对新诗不感兴趣，他觉得萨丕尔的诗（1917 年 8 月 21 日：UCB）过分沉浸于"作文的把戏"，劝告萨丕尔不要用陈词滥调："我想如果只把技巧当作媒介而不是目的，你就不会什么写飞蛾与星星的和谐了。而且拜托了，把上帝省掉吧。我知道诗歌就是这样写出来的，但是你不应该这样。"萨丕尔（1918 年 11 月 21 日：UCB）回应说，他不想要有关形式的批评，"除非既定形式本质上不适合主题，否则必须接受各种可能的形式。"克罗伯（1918 年 12 月 7 日：UCB）坚持说，他反对的不是缺乏形式，而是缺乏"激情"："你的印象是明确的，情绪是强烈的，你的表达很精确，但仅有这些并不能成为诗。"但萨丕尔写诗就是为了避免感情上的大喜大悲，也就不理解克罗伯的观点。克罗伯（1919 年 12 月 8 日：UCB）更喜欢萨丕尔"比较平常的段落"，鼓励他去掉想象的成分："只留下骨骼，你的情感就会获得力量。你有表达的天赋，不要浪费了。"

萨丕尔的诗不管是不是成功，都把他的散文风格调整得精确而优雅，这在他同时代的人中是绝无仅有的。他的儿子菲利普回忆说，萨丕尔在耶鲁教本科生课程时，曾经出过一道很有挑战性的问题，他让学生修改约翰·邓恩一段文章中的一个字而保持意思不变。诗歌使萨丕尔对文体很敏感。

渥太华的学术和社会生活

在渥太华，萨丕尔在专业上很少得到反馈。尽管总抱怨渥太华的社交生活，但是他在诗界却很活跃。印第安人事务委员邓肯·坎贝尔·斯科特是位诗人，偶尔评论萨丕尔的诗稿。在萨丕尔的行政档案里（NMM）保留着一些通信，证明他们之间的关系很随意，但很真挚，这段友谊一直持续到萨丕尔离开渥太华。

萨丕尔曾是"渥太华艺术和文学俱乐部"的重要人物，当时的社会名人、浪漫主义小说家麦琪·麦克贝思暗中施恩于他，但那也是在他成为小有名气的诗人之后。萨丕尔给她的信[①]语气谦恭，如（1922年1月20日：OPL）："您的品味与我的有种不寻常的相似，您选中的那些诗是我一直觉得最好的，但是却一直苦于找不到谁能完全理解。"萨丕尔也同意麦克贝思夫人的意见（n.d.1924：OPL），他基于对努特卡人田野调查工作写的诗"盲眼老印第安人说出他的名字"并不那么成功："对异域遥远主题的把握的确很难，我还没有找到解决的钥匙——也许因为我自然地处理这些主题，就已经是对它的远离了。"

萨丕尔在"艺术与文学俱乐部"里谈过许多主题，包括他的美学图案实验、印第安语言、当代诗歌状况，以及诗歌和散文之间的界线

[①] 我能看到这些通信多亏了威廉·考恩的帮助，他提供了萨丕尔在渥太华工作期间的社交和学术活动的全部文献。

的任意性。他多次担任组织机构的核心成员，还做过荣誉主席。他还曾与斯科特一起参加过一个全国文学比赛，是三个评委之一。

萨丕尔曾经尝试利用他在渥太华社交界的人脉，为他的学科争取更多的舆论支持。1920年，他建立了"渥太华人类学俱乐部"，成员包括不同的政府科技部门的同行和加拿大其他地方的人类学家[①]。萨丕尔任主席，哈伦·史密斯任秘书。但这个俱乐部除了从许多的邀请函中凑出的一张成员名单外，什么记录都没有留下。显然，在渥太华成立一个人类学的社团的时机还不成熟。[②]

1921年，萨丕尔受邀去多伦多大学的继续教育系教一期二十场讲座的课程，内容是从乔叟到现代的英语文学。125位学生来自"工人教育协会""几乎全是女士"。萨丕尔在给洛伊（1921年11月28日：NMM）的信中说："我确实对英语文学一无所知，但好像这并不重要。我感觉这门课是成功的。"詹内斯（1939：152）回忆说这门"给渥太华普通百姓"的课也是萨丕尔文学活动的一部分，而文学是他在渥太华"最主要的消遣方式"。

渥太华将施展机会更慷慨地给予诗人而非人类学家，这无疑是萨丕尔追求美学兴趣的一个原因。

战争的影响

一战让加拿大的仇外情绪猛涨，萨丕尔似乎全然不知。他天真地把加拿大人对非盎格鲁-撒克逊移民的偏见不当回事，这让外界对他1919年为独立劳动党所做的演讲有激烈的反响。萨丕尔不过是像典型的纽约知识界人士一样持着自由社会主义的态度，间接影射了政

[①] 约翰·韦斯利·鲍威尔采用类似策略，通过华盛顿人类学协会建立了一个全国的权力基地，这无疑是仿照了萨丕尔的模式。

[②] 萨丕尔特别渴望把各学科的学者们集合起来，但是同事沃和史密斯却更倾向于占主要地位的自然科学。但1918年，萨丕尔还是给《渥太华博物学家》投了一篇讨论灰噪鸦来源的短文。

治，但他忘了自己不是在纽约，也不是加拿大本地人，连间接的批评也是没有权力的。

《渥太华日报》（1919年4月28日：OPL）报道了萨丕尔对一位议员的"相当值得注意的言论"，还指出萨丕尔出生于俄国，在美国接受教育，"据说在他的领域里很能干"，连他的工资也公布了出来。文中还说萨丕尔讨论了知识分子对工人和雇佣阶级的态度，暗示议员们赢得选举靠的是"空谈的天分"和打扮的本事。他声称公众不承认阶级——包括知识阶层——的存在，从专业人士和知识分子阶层中产生的政府完全不能代表人民。

两天之后，一篇题为"阶级斗争吹鼓手"的社论发表在《渥太华日报》（OPL）上，描述了一场"向所有工人阶级以外的社会阶级的空前猛攻"，文章的结论说，加拿大民主功能良好，如果萨丕尔不喜欢，可以回俄国去；还谴责了萨丕尔的支持者有关他被断章取义引用的说法。当天，有些人给编辑写公开信，表示支持萨丕尔的观点，其中一封是由包括哈伦·史密斯在内的六位公务员同事写的。编辑回信说萨丕尔连演讲稿都写不了，演讲的时候要看小纸条，而且其他人对萨丕尔的意图的印象也无疑与他们相同。相比《渥太华日报》，更同情工人的《渥太华公民报》对萨丕尔明显的轻率表现出比较温和的态度。萨丕尔的一位支持者J. M. 马曹恩（《渥太华公民报》，1919年5月1日：OPL）指出文章中的话其实并不是萨丕尔说的，而是其他人说的。第二天，《渥太华日报》就报道说萨丕尔不记得那是不是他的话，他还澄清说他是"泛泛地谈政府工作人员"，并没有特指加拿大议会。

同一天，生物学家弗里兹·约翰森写了一封信，褒扬了他的朋友萨丕尔的科研能力，而且强调加拿大政府邀请他是为了建立其人类部。他还指出"加拿大的高校里没有什么人懂这门学问，以胜任这个需要专门知识的职位。事实上，萨丕尔博士任职的时期，没有其他重要的加拿大人类学家可找了。"约翰森还提到了萨丕尔的诗歌和音乐能力。说萨丕尔"天生寡言",对政治,"尤其是搞政治的人,从来就不怎么感兴趣"。约翰森批评那些报纸希图"在公众心中建立对萨丕尔博士的偏见,就因为他没有出生在加拿大",只因为他所表达的观点与编辑"不完全一致"。

萨丕尔则觉得整件事极其难堪。朋友们出面回应说明了这件事的严重性,其他人也可能受到牵连。比如约翰森,他出生在丹麦,曾像当时很多知识分子一样参加过多次激进分子的聚会。

萨丕尔认为战争打碎了知识分子所期待的光明希望,在科学和文学领导下的更美好的世界是建立不起来了。他忘了自己的欧洲背景,把自己当作美国人、纽约人。但是渥太华并非那样的都市化,在人们眼中他是犹太人。战争之前,他觉得没有必要着急申请加拿大国籍。他的入籍申请上的日期是1919年1月21日。[①] 在当时,申请入籍对他来说有可能是抵抗政治侵扰和失业风险的明智谨慎之举。1919年12月份停战之后,他又一次给移民局的行政官员写信,询问他的申请为什么还没有通过。对方回复(日期不可考)说申请中的内容没有一条可以证实,包括他的出生时间、美国移民身份还有1910年来到加拿大时的移民面谈情况等。萨丕尔最后在1920年1月27日拿到了入籍证件。

一战对大英帝国的延续构成了挑战,而加拿大与英国的联系显然比美国更加紧密。科学完全服从于战争,国内安保措施加强了。例如,博厄斯向萨丕尔要了一份地图,要寄给乔治·亨特,但英国哥伦比亚邮政局却因为地图上带着陌生的印第安地名而不予寄送。博厄斯(1918年7月22日:NMM)希望萨丕尔能出面证明亨特从1893年开始就为博厄斯收集材料了,而且他们之间的通信完全是科学上的。

---

① 我通过威廉·考恩得到了这些材料。

但博厄斯也知道这对萨丕尔来说有些难办,"如果你有所顾虑,不管出于什么原因,都不要帮这个忙。"萨丕尔回复他后,并没有造成不好的后果。

萨丕尔(致洛伊,1918 年 1 月 19 日:UCB)认为战争"令人发指",无法用语言来形容。美国的草案"如此愚蠢"(致洛伊,1918 年 8 月 27 日:UCB),特别是可能要把科学家也拉进去。战争即将结束时,萨丕尔曾考虑过加入独立工人党(致洛伊,1919 年 5 月 12 日:UCB)。他对战后的政治局势越来越失望,觉得威尔逊严厉的和平政策是"最可笑的恶性循环"。但是并没有像雷丁、戈登韦泽、洛伊和博厄斯那样践行其政治信念。

美国也同样出现了排外事件。在人类学领域,最明显的是利奥·弗拉奇坦伯格的免职案,他在 1917 年因故意贬损总统和国家被美国民族学局免职。萨丕尔曾提出抗议(致霍齐,1917 年 11 月 1 日:BAE),不过博厄斯范式的学者通常被认为是德国人或同情德国的人,他们的抗议不太可能起作用。博厄斯在 1919 年给《国家》杂志的信中为战时墨西哥人类学家的活动大声疾呼,也暗示了反美情绪的问题(Darnell 1969;Stocking 1968)。

军国主义让萨丕尔很不安。1917 年的"启发性笔记"记录了一个讽刺英雄主义的故事梗概:某人为了逃避兵役跑了好远的路,但是却被强迫入伍,最后在战斗中阵亡。战争期间出版的《梦想与嘲笑》中的部分诗表达了萨丕尔深深的悲观。其中的主题有女人对英雄主义愚蠢的赞美、学者反战的无力、外交官的幼稚、战争中个人死亡的细节,还有一个伤残的战争英雄和他残忍的老处女姑姑的故事。萨丕尔发表这些不受欢迎的战争景象诗歌,证明了他对和平主义的坚定信仰,尽管也可能透露出他政治上的单纯。后来出版的两首诗都刻画了战争的恐怖与无情。

新诗运动的主力是士兵诗人,强调了战争"扫除僵滞的文化秩序"的作用（Handler 1986），但萨丕尔不相信诗人应该承担起重建社会秩序的任务。1920 年他在为"渥太华艺术和文学俱乐部"诗歌比赛所撰的文中写道："连篇累牍的诗，特别是爱国主义类的作品，表达的情绪都是循规蹈矩、疏离于个人感受和体验的，这让人极度忧虑。"

萨丕尔与博厄斯一样，认为爱国主义超越国界。整个西方世界都需要来一场文艺复兴。萨丕尔（1916 a）对约翰·杜威呼吁美国抛弃欧洲过时的文化进步标准很感兴趣，他的第一篇关于文化整合的文章就是这个时候写的。《真伪文化》这篇文章介于社会科学、社会批评、文学和美学之间。为了个体而整合的"真"文化在现代社会中几乎是不可能实现的。北美文化虚伪的理想主义使萨丕尔十分失望，原子化和碎片化给个人带来了沉重的负担，个体的创新能力由于缺乏文化根基而被窒息。和萨丕尔渴望把工作、家庭责任和美学追求统一起来而不得成功一样，现代人挣扎于混乱之中，失去了把控力。

《真伪文化》隐含着文化相对主义思想。现代美国人所处的可怕的孤独状态并非不可动摇。萨丕尔曾经生活于一个个人在公共和私人生活中都受到传统文化指导的社会，所以现代社会的混乱是特定文化要付出的代价，并不是全人类必须的经历。萨丕尔并没有表示现代人都应该回归原始文明，而是认为原始文明提供了改善生活品质、创造真正的美国文化的途径。

《真伪文化》写于 1918 年（萨丕尔致洛伊，1918 年 5 月 20 日：UCB），但当时并没有发表。文章的第一部分在 1919 年的《评点》上发表，全文直到 1924 年才发表在了《美国社会学学刊》上。所以这篇文章的第一批读者，不是科学工作者，而是普通人。不过萨丕尔等人很快把这个话题引入了社会科学。有趣的是，这篇文章在社会学领域得到的反响要多于人类学领域，如洛伊觉得它和人类学无关，因为它没有讨论文化的技术意义（1965，9-10）。人类学家不习惯专业化地思考他们自己的社会。但是萨丕尔从自己的社会入手，而且向着修正社会科学范畴的方向努力。《真伪文化》介于美学和人类学之间。他要求自己的学科回应个人在文化中面临的困境。随后的二十多年，萨丕尔大部分作品都在探讨这种人文主义立场对文化描写的影响。这一理论的美学层面是社会的"无意识艺术"，在他三十年代的课堂教案中有尤其详细的描述（欧文，准备中）。对于萨丕尔来说，文化形式在审美层面是整合的。

在美学中的涉猎为萨丕尔做好了准备，使他在人类学描写中寻求新的文化模式来呈现充满活力的原始文化。尽管他没能够把诗歌融入到民族志的描述，但他即将拥抱一种更适宜的形式，即生活史(cf. Handler 1986)。在后来对人格和个体的研究中，他尝试探索出一种理论，把克罗伯的超机体文化和本尼迪克特的整体文化的心理模式综合起来。

第九章　对博厄斯人类学的心理学化

当萨丕尔在重整旗鼓安排新的生活和工作的时候，博厄斯范式人类学则沿着文化整合的方向艰难前进 (Darnell 1977)。对其中的一些人——如施皮尔、洛伊或克罗伯来说，这种改变的动力来自学科内部，因为各种美洲印第安文化的描述不断增多，需要对它们的独特性进行解释。借词使文化特征的历史根源与现代功能不相关；只有在人类学家采用的模式中考虑到整合性，文化才能摆脱成为"碎片和补丁"的命运 (Lowie 1920)。其他人认为，博厄斯范式的发展需要借鉴精神病学改进了的方法工具。这些改变尤其体现于鲁思·本尼迪克特和玛格丽特·米德的研究。博厄斯含蓄地表示了对这些改变的支持。1911年，他要求在着手于心理学问题之前获取民族志材料，① 他的学生也提供了充足的材料，证明这种诠释模式的扩展是可行的。

如果说丰富的实地材料是新博厄斯范式人类学的一支，心理类比是另一支，那么第三支就是诗歌了。萨丕尔隐约地相信，诗人也许促进了所在文化中诗歌风格的形成。他并不是独自一人对诗歌的创造性着迷，本尼迪克特和米德也热情地参与修订博厄斯的模型，在其思想逐渐成熟的时期，他们都曾全心投入文学和美学。博厄斯尽管较人文学科而言更偏重自然科学，但也包容了过去的学生分心去做准文人，对此未作评论。他的反对实际上可能没有学生们担心的那么强烈。然

---

① 斯托金 (1974) 提出，到1911年为止，博厄斯已结束了对于其他人来说的事业生涯。于他而言，这是一个时代的结束。

而人类学的被冷落增加了写诗氛围的热度。萨丕尔在离开渥太华之前的一段时间常常与本尼迪克特和米德联系，尽管后来他的研究与她们的差别很大，但她们的意见对萨丕尔将诗歌、心理学和个人在文化中的角色综合起来十分关键。

鲁思·本尼迪克特

当萨丕尔读到本尼迪克特关于北美的卫士精神崇尚的文章时，热情地写道（1922年6月25日）[①]：很明显"在人类学界归功于博厄斯的历史评论"中，这是杰出的一篇。他根据自己的理论兴趣重释了本尼迪克特的论点："我很高兴看到个人和集体心理问题得到大胆的处理，而不是像某些完全把文化看作历史事实的人那样忽略这一问题。"将心理学视角整合进来补充而非取代了博厄斯范式的历史观。萨丕尔很欣慰地看到有其他人将博厄斯范式的特征列表转变为每个特定文化的整体性模式——与该文化成员的审美直觉相一致的模式。本尼迪克特的论文扭转了萨丕尔对民族学的失望，不再觉得这个学科的未来是死路一条了。

萨丕尔很快发现本尼迪克特也和他一样，对当时的美国文化有一种深刻的隔膜之感。本尼迪克特的隔膜多与女性主义有关。当女性在美国知识分子中处于边缘时，只有博厄斯欢迎女性进入哥伦比亚大学的人类学圈子（Viehman 1985）。在她后来的工作中，本尼迪克特曾说她之所以投身人类学，是因为一战"让她明白应该注意国民性格的差异"（Modell 1975，193）。而且更重要的是本尼迪克特的个性与这个学科关注的问题很合拍，研究异域文化让她得以避免对自己的生活进行评判。她的许多人类学家同事也都处于美国主流社会的边缘。

[①] 萨丕尔给本尼迪克特的信引用自玛格丽特·米德（SF）整理的完整手稿。

博厄斯和他的绝大部分第一批学生都是犹太移民，本尼迪克特显然把他们的边缘化与美国妇女的境遇联系了起来。(Modell 1975，194-195)

萨丕尔很快发现人类学家鲁思·本尼迪克特和诗人安妮·辛格尔顿是同一个人。他们此后的通信主要是讨论诗歌。米德为了选编本尼迪克特选集而整理萨丕尔给本尼迪克特的信时，曾给琼·萨丕尔写信说（1957年7月：SF）：

> 对于挖掘鲁思并不耀眼的诗歌天赋，萨丕尔比谁功劳都大。他持久的鼓励、关心和批评让她有生以来第一次有了写作的氛围，开始在写作方面发展。所以，萨丕尔不仅在诗歌方面帮助了她，同时也对她整个写作生涯做出了贡献。

本尼迪克特对自己的写作并不像萨丕尔那样自信，萨丕尔已经以本名出版了诗集，而且有望获得公众的认可。虽然米德（1959，xvii）说过他"仅靠一些小诗刊的模糊性来保护真名不被披露（我们常常口袋里装上朋友的稿子去找这些刊物）"，但是实际上，他恰恰为了这些杂志没有公开他的姓名而不悦。本尼迪克特则使用了笔名，而且纽约的准诗人圈有隐去真名的常规，这使她的隐私得到保护，她发表了很多童年时代的经历和充满强烈个人感情的诗（Mead 1959，87-88）。

新诗的支持者常常互赠诗歌。萨丕尔为本尼迪克特写了"祖尼"一诗——她在田野调查中发现了祖尼人对重复的模式和自控力的感受，强化了她自己的人格。萨丕尔很少利用民族志的意象，但是在他看来，祖尼主要是为了解本尼迪克特提供背景。"缓缓的、梦一样的仪式"与"平顶山陡峭的边沿"形成对照；祭司"在沙滩上温柔地歌唱"，控制和削弱着自然的活力："沙漠时而爬行又时而跃起，雄鹰高高飞翔。/封上你的耳朵，闭上你的眼。"

"祖尼"是在弗洛伦斯刚去世几个月时写的，本尼迪克特的同情缓解了萨丕尔的绝望,尽管他在其他地方曾经说过,她对感情的压制会威胁对真情的体验。萨丕尔觉得"祖尼"属于他最好的诗,1926年1月的《诗刊》上发表时有"致 R. F. B"的字样。这首新诗努力地在超越个人情感。

那年晚些时候(1924年11月23日),萨丕尔为本尼迪克特写了另一首诗"讯号",发表在《诗刊》同一期。这首诗是为本尼迪克特的另一面"A. S."写的。[①] 萨丕尔鼓励他的朋友不要再压制自己,去寻找感情的体验,去尽情释放潜伏的激情,承认女性和诗人的两面是不可分的,应该"把木柴扔进火里""让疯狂的灰烬舞蹈"。诗中"火焰的渴望"与"祖尼"中本尼迪克特示以公众的形象形成强烈对照。

萨丕尔觉得把自己对本尼迪克特人格的分析公布出来没有什么不妥,他觉得她用假名是不健康地逃避情感投入。米德说(1959,92-93)萨丕尔"讨厌隐瞒,认为这很荒谬"。他在1924年写信给本尼迪克特:"顺便说一句,你一定不要因害怕而用笔名,别玩保护色的小把戏了。"新诗运动把真实看得高于一切。1925年,萨丕尔指出(Mead 1959,92)哥伦比亚的学生知道她写诗:"这样麻烦地遮遮掩掩有些可笑,你不觉得吗?"第二年他再次说道:"你知道我是怎么看待玩人格分裂把戏的?我憎恨它。如果实在没有办法,直接说谎好了,但是看在上帝的份上,不要把谎言打扮好放到漂亮的框子里。"本尼迪克特最终开始用自己的真名写诗了,她说安妮·辛格尔顿"变得越来越隔离了"(Mead 1959,94)。但她私底下还是有意把自己和写的诗隔开,使用"一个早期的名字'莎莉'来代表一个来来去去,只会在适合的时候'吐出'诗行的自己"。

萨丕尔没有完全把鼓励女性情感表达和鼓励诗人"真诚"写作区分开来。本尼迪克特的回复没有保留下来,但是确实有一种皮格马利

---

① 把这两首诗并排起来,说明编辑哈丽雅特·梦露已经猜到本尼迪克特的笔名了。

翁塑造他的帕福斯①的感觉。有段时间,她允许萨丕尔保持这样的角色,而两地通信的遥远距离让她可以一定程度上把控这种关系。而且,她特别敬佩萨丕尔人类学研究的成就和他的才华,他对自己的关注也让她十分欣喜。但她无疑也有一种优越感,因为他沉溺于情感的创伤,但她却可以超然处之。对她而言没什么个人风险。不管她是不是在意识层面承认对萨丕尔的迷恋,她甚至可以就发展更密切关系的可能性打趣调情。不过两人都心照不宣地在亲密和疏远间保持着明确的界线。萨丕尔既需要她的超然,也希望打破它。

本尼迪克特品读萨丕尔诗歌的热情和作者本人一样高,也只有她是这样。有一段时间,他们为发表诗稿而互相鼓励。本尼迪克特(致萨丕尔,1928年2月4日:SF)把萨丕尔的诗稿分为了六部分,每一部分都以一首关于"情绪或主题"的诗开头。这是一种"歌曲一样的诗篇"——充满了声音的意向和语音的游戏。本尼迪克特自己所写诗的意象则更倾向视觉化和静态化。

萨丕尔的诗更重心理学内容和动机,以及思维活动。他的诗歌思考是分析式的,也许这就是为什么精神分析如此吸引他。而本尼迪克特却是通过诗歌尝试自我分析。莫德尔(1983,140)相信"困惑接近于表层,但节制则与歇斯底里紧密联系"。写作是"她人格治疗必须完成的一项任务"(Mead 1959,94)。相反,萨丕尔的诗则是要证明"理智的活力"与"艺术的热情"(Handler 1986)。萨丕尔的自信并不能完全转移到本尼迪克特身上来,因为他们对诗歌的看法很不相同。但萨丕尔却觉得他们融洽的关系基于对生活和事业的共同看法。本尼迪克特很珍惜他感情上的支持,但是从根本上排斥他那种男性的自信。她支持萨丕尔将诗用于心理疗伤,也偶尔用于传记。萨丕尔的

---

① 皮格马利翁是希腊神话中一个善雕刻的国王,他深爱上了自己雕刻的少女像。爱神被感动,赐予雕像生命,使他们结为夫妻,并生下了孩子帕福斯。在心理学领域,"皮格马利翁效应"即期待效应,对一个人传递积极的期望,就会促进其发展,使期待变为现实。参见百度百科。——译者注

诗"表达了在有些令人遗憾的职业背景中愿望的实现"(Kroeber 1952；cf. Handler 1986)。克罗伯认为这解释了萨丕尔人格视角的文化理论，而汉德勒只将它限于诗的范畴。但如果诗与文化理论的确相关，作为愿望实现的诗人的创造性就可以继续延伸到文化成员身上，反过来也是一样。克罗伯把文化和个人区别开来，所以他认为诗歌与民族志学不相干。

萨丕尔绞尽脑汁地为自己的诗集排出理想的顺序，他自己保留的稿子有几种不同的编排方法，这说明他最终也没有彻底考虑好。萨丕尔和本尼迪克特都不太了解出版的事，不过在与哈丽雅特·梦露合作时，萨丕尔还是充当了本尼迪克特的代言人（Modell 1983，186）。两人都向哈考特布雷斯出版社投过稿，但都被拒绝了。萨丕尔先接到了退稿信，本尼迪克特写信对米德说（1959，91-92），她自己也可能被拒绝，但她更担心萨丕尔脆弱的自尊心。出版社的诗歌编辑路易斯·昂特迈耶告诉本尼迪克特，他只能出版一部诗稿。本尼迪克特在给米德的信中说："我只能如实告诉爱德华……他把诗集取走了，还说要埋了它。"不久以后，本尼迪克特也收到了退稿信，而且退稿信上连签名都没有。出版诗歌真的不是有利可图的事。

米德（1959，93）认为这次退稿是个转折，本尼迪克特从此不再通过诗歌寻求认可。《文化模式》（1934b）的出版使她成为了闻名遐迩的人类学家，她也"不太情愿地用一个领域的成功支撑另一个领域中微小得多成功"。本尼迪克特意识到诗歌不会促使她成名。米德也觉得她的诗歌"并没有好到值得让人奉献一生"。本尼迪克特认为诗人不得不是被出版的，因而无甚遗憾地将重点转到了其他方面。

萨丕尔仍然从不同于本尼迪克特的角度看待她的诗（Mead 1959，182）："我们俩都很清楚我把你的诗看得无比重要……你命中注定是要为人类学添砖加瓦的。"但本尼迪克特却越来越重视自己的人类学工作。萨丕尔摇摆于分析她的人格特点和退回技术层面的批评之间，前者在他看来标志着他们的友谊，后者则是前者变得过于私人化时采取的退路。他也分析了本尼迪克特的人类学工作，作为理论家，他认为民族志学者会把自己的人格特点和文化预设带到田野调查中。1925 年，他发现本尼迪克特关于原始宗教的文章"很受你的人格类型的影响，像被栅栏围起来的花园一样"。精神分析也许是唯一减少这种与生俱来的主观性的方法。

　　萨丕尔的分析让本尼迪克特更加紧张。他知道她不喜欢个人的精神分析，但还是继续分析她。而且，他还怨恨她与博厄斯关系紧密，总是在他能达到的范围以外。当时，哥伦比亚大学人类学圈子的关系比萨丕尔当学生时密切得多。对后来的学生——有很多是女性，家长博厄斯成了"弗朗兹爸爸"。情感的纽带以及对智性探索的投入，将纽约的人类学家聚拢在一起。本尼迪克特逐渐不再与萨丕尔分享自己的思想，不过萨丕尔似乎并没有意识到，而这种毫无觉察使她退得更远。她也逐渐回避萨丕尔给她的个人建议（Mead 1959，182）。

　　自从诗稿被退之后，萨丕尔也避而不谈诗了，但他希望本尼迪克特能为他们两个人守住美学的阵地。他觉得本尼迪克特的才华在他之上（Mead 1959，181）："当然，祖尼的神话是重要的玩具，但是你的诗，尽管你不满意，却是更神圣的玩具。"萨丕尔把他的诗歌理想寄托在了本尼迪克特身上，在刚成为朋友的时候，萨丕尔就一再向本尼迪克特说，因为萨丕尔既是诗人也是人类学家，所以自我表达可与整个人类学家的职业媲美。萨丕尔是哥伦比亚大学人类学家中著名的悲剧天才（因为他十分有才华，但生活不幸），他的认可使本尼迪克特受到极大的鼓舞。

　　二人关系中的矛盾是显而易见的。本尼迪克特选择低调相处，像未嫁的姑娘一样，在萨丕尔带妻子去医院的时候照顾他的小孩。莫德尔（1983，130）说海伦格外讨本尼迪克特的喜欢，因为她为着自己没有孩子而难过，正好把海伦当作了"安全的"干女儿。① 三个孩子都记得，小时候常常能见到本尼迪克特。萨丕尔大概也很感谢在妻子生病期间，家里能有一位情绪稳定又不指手画脚的女性。考虑到家庭的责任，还有本尼迪克特名义上的婚姻，也就不用急着考虑两人难以实现的结合。他们不需要多大的承诺，但迫切需要稳定的感情，而且这一需要是二人同步的。

然而弗洛伦斯去世以后，俩人却分开了。萨丕尔看到本尼迪克特就会勾起往日的伤痛，她曾帮他分担这些痛，现在他希望把那段记忆留在过去。在芝加哥，萨丕尔第二次结了婚。他同本尼迪克特的关系再也没有以往那样密切了。他们过去走得太近，现在反而无法退回到普通朋友关系。本尼迪克特在个人生活和艺术上都声言独立，萨丕尔也在芝加哥开始了新的生活。本尼迪克特时而"为他的忧郁而哀伤"，时而"在纵情的沉思中瞬间失去耐心"（Modell 1983，130）。她崇尚自控，但萨丕尔却不是抑郁就是激情高涨。不过在萨丕尔的个人问题最严重的那段时间，本尼迪克特总是非常耐心。整个哥伦比亚大学的同事的确都特别希望为他做点什么。埃斯特·戈德弗兰克回忆说（致罗伯特·艾伦，1971 年 6 月 22 日），大概是 1922 年，"他来到纽约时身心疲惫，几乎处在神经崩溃的状态……我记得有一次，本尼迪克特和我带着三个三明治去看他，看到他在冷清的房间里，寂寞极了"。

1922 年本尼迪克特的一部分日记发表在《一位工作中的人类学家》里，记录了萨丕尔有一次去纽约时，本尼迪克特如何沉浸在与他关系的起伏变化中（Mead 1959，57-59）。1 月 4 日，萨丕尔参加了学院每周一次的午餐，餐后本尼迪克特与他共同散步去美洲博物馆。那时他妻子正病重，他们也谈了工作上的事。本尼迪克特的迷恋，不管她承不承认，是错不了的："买了果酱和扑克！我以后一定还会记

---

① 不过海伦·萨丕尔·拉森认为这句太夸张了，迈克尔也说本尼迪克特同样很照顾他。

得幸福是多么简单啊——这种时候，我不想要任何更多的或者其他的东西——我就是很放松。"第二天，本尼迪克特参加了萨丕尔的讲座，还和他的女儿一起玩，并邀请她几天后到家里做客。1月9日星期二那天是"海伦·萨丕尔日"，他们做的事有玩纸娃娃、做小衣服、午餐、游泳和玩打字机，萨丕尔上了一节研讨课之后，三个人还去附近吃了冰激凌。其间萨丕尔和本尼迪克特又谈工作，还"取笑海伦，海伦很恰当地表达了反感"。后来本尼迪克特把海伦带回她家，又在晚上的一场讲座上与萨丕尔会面。第二天，萨丕尔又做讲座，他邀请本尼迪克特一起吃晚餐，但她决定不去。星期四，她与萨丕尔和女儿碰了一面，"在大厅里，但只是路过"。她写道："我们再也见不到了。"星期五晚上，她疏远了很久的先生斯坦利去听萨丕尔的演讲，他无疑对这位大受追捧的天才很好奇。本尼迪克特整个周末都待在斯坦利在贝德福德希尔市郊的房子里。萨丕尔回了渥太华，解决了可能一触即发的本尼迪克特的忠诚问题。

妻子3月9日星期五出院时，萨丕尔回到了纽约。接下来的星期一，本尼迪克特在大厅里遇到了萨丕尔和迈克尔，萨丕尔说："至少除了生与死，可以想想其他东西了。"两天后，萨丕尔找本尼迪克特，询问有没有提供食宿的乡村公寓，可以让弗洛伦斯静养。在他的要求下，本尼迪克特下午探望了弗洛伦斯。她觉得弗洛伦斯自己没法照顾自己，据她的记录，弗洛伦斯一个街区都走不了。[①] 周四有每周例行的人类学学科聚餐，"我留下来跟萨丕尔博士聊了一会儿——他来得很晚"。他们聊到了一个认识的朋友可能有偏执狂的倾向，萨丕尔说他理解这种情绪。本尼迪克特那天为斯坦利买了生日礼物，之后，很累也很压抑地结束了那一天。她在日记里称呼萨丕尔为"博士"，明显是要疏远他的努力。3月17日，星期六，本尼迪克特在回家的路

---

① 迈克尔回忆，他母亲的身体状况要比这里所说的严重得多。

上,"中午看见萨丕尔博士在我前面,但是突然间我感觉不在乎他是不是会抬头看见我。他没有抬头,我径直走上了火车"。斯坦利的生日是一个高潮后的转折。直到星期一,本尼迪克特都没有收到萨丕尔的任何信息,"虽然我知道他还在这儿"。到了星期二,她总算收到了拜访的邀请,显然,萨丕尔很可能没意识到这些随意的联系对本尼迪克特有那么重要的意义。他忙着处理自己的问题,没有精力在他们的关系中给对方回报。本尼迪克特能够接受这种状况。萨丕尔情绪上十分疲惫,但还是兴致勃勃。兴许本尼迪克特期待他最终能注意到她小心掩藏的挚爱。

不过本尼迪克特太擅长隐藏感情了。斯图尔德(1959,382)在评论《一位工作中的人类学家》时写道:"她冷静的外表、温和的举止,还有蒙娜丽莎一样的微笑,似乎暗示了她对环境适应得很好。这个错误的推断令人震惊地被揭穿了。"她可以让自己置身事外,她对死亡和精神异常着迷的程度让萨丕尔无法理解。她毫不带个人色彩地通过不同文化中病态心理学现象的内涵来探讨这些问题,这也使她找到了疏离于自己文化的理由,减轻了压力。比如她对民族志插图有特别的兴趣,借以说明她自己所处社会对同性恋的禁忌并非普适性的(如1934a)。

几年之后本尼迪克特进入一项新弗洛伊德主义的精神病学研究,为荣格派的学者布鲁诺·克洛普弗做了一次罗夏墨迹测验(Goldfrank 1978,125-126),[①]"我对每一张卡片都只给出一个答案,每个答案自成一体。很像精神分裂症患者……克洛普弗对我将色彩和动作结合起来的复杂性印象深刻。"本尼迪克特还用一种幽默的疏离感,分析了自己的心理整合性。

---

① 罗夏墨迹测验,通过叫被试者解释墨水点绘的形状以判断其性格。测验由10张有墨渍的卡片组成,其中5张是白底黑墨水,2张是白底及黑色或红色的墨水,另外3张则是彩色的。受试者会被要求回答他们最初认为卡片看起来像什么及后来觉得像什么。心理学家再根据他们的回答及统计数据判断受试者的性格。参见维基百科。——译者注。

随着萨丕尔的问题慢慢解决，本尼迪克特希望他能摆脱抑郁。她向米德讲起萨丕尔的情况（1925 年 9 月 25 日：SF）时乐观地说：

> 昨晚我和爱德华一起度过，和他妈妈与孩子们一起吃了晚饭，然后带他到我的旅店，听他聊到后半夜……他被有关涅墨西斯①的思考折磨得很痛苦，我没有让他再沉溺在里面……他看着瘦了些，但是思维敏捷，身体健康。他急于知道自己会不会喜欢芝加哥。总之，我相信他现在能够最恰当地应付他的问题，我以前从没见过他状态这么好。

但渐渐地，本尼迪克特对萨丕尔持续不断的"狂飙突进"（*Sturm und Drang*）失去了耐心。萨丕尔甚至在再婚后依然希望本尼迪克特同情他纠结于同多人的关系。萨丕尔重视负面的情感，特别是嫉妒，这让她觉得很幼稚。本尼迪克特已经调适了自己的感情生活，追求与女性建立更多相互接受和支持的关系。她在给米德（1928 年 9 月 21 日）的信中用一种带有优越感的语气形容萨丕尔脆弱的男子气质：

> 今天他请了一天假，之前我已经见过他好多次了。我们在公园的长椅上坐了一晚。我花了一两个小时在转移讨论的话题——你能猜到吗——是嫉妒。他几乎要打断我，结束我们的谈话了，就因为我不同意嫉妒是所有真挚爱情的必要反面，有多少嫉妒就有多少爱……他可是记住了我不能理解他神圣观点的大罪了。

---

① 涅墨西斯，希腊神话中被人格化的冷酷无情的复仇女神。参见维基百科。——译者注。

相互的不理解随后不断增加。1928 年，萨丕尔发表了一篇题为《美国性别问题观察》的论文，在文中批评了当时热议的性自由问题，即把爱情同性爱区分开来对待，认为这影响了可怕的具有职业理想的"现代女性"。他说利用性行为进行治疗性自我发展是"自恋症"，而同性恋是"反自然的"。最让萨丕尔恼火的是普通读者引用民族志资料中没有普通人熟悉的禁忌作为证据，而这忽视了原始习俗中的"强制性"。萨丕尔（1928，531）认为嫉妒是真诚的依恋关系的一部分。本尼迪克特——萨丕尔没送这篇文章的样稿给她——觉得萨丕尔这篇文章是在指她，尽管萨丕尔反对，说他并没有指特定的某个人。他还说没指望她会喜欢这篇文章（1929 年 4 月 29 日：SF）："我不想看到我们的关系因为不可调和的差异而不必要地变糟，但是你因为猜测而大发脾气，却让我吃惊，我很少会因为什么事而讶异的……在写这篇文章时我真的没有想到你。"信中还以优美的笔调悼念了他们疏远了的友情：

> 鲁思，我不知道为什么写这么多。我告诉自己就算给你写信也于事无补，我们的关系似乎因为误解和相互攻击而变成了怨恨。哦，天，一个人想要在感情上保持诚实的时候，生命是多么艰难！要是带上一种眼镜，将什么都看成是扭曲但依照习俗可以理解的，就好得多了。如果我写信不那么多了，不是因为我没有兴趣——你是我仅有的几个朋友之一——是因为我的兴趣太强烈，实在不想接受或者造成无谓的伤害。这是一个孤独得恐怖的时代，难怪我们都转向暴民骗人的解药。我却满足于孤独，就让我依着自己的本性孤独下去吧，抑或变得更加孤独——如果对美国知识界氛围的深刻怀疑给予我这样的命运……我太老了，学不会改变自己；我又太年轻，没法做到宽厚或者智慧的冷漠。

这封信，如果不算道歉，也是在寻求恢复关系。

当本尼迪克特最后离开了斯坦利，萨丕尔写道（1931年2月4日：SF）他的名字过去一直是"幽灵的名字"，现在仍然是。他相信老朋友完全可以把握自己的生活："我相信如果事情不是不可避免，你一定不会让它发生，就像你说的那样。"

萨丕尔对妇女和家庭的态度是极其传统的，这种态度也许增加了弗洛伦斯的压力（迈克尔·萨丕尔，p.c）。在他的诗"豺狼"（汉德勒1986）中，把这些食肉动物与妓女等同起来。他同样嘲笑"老处女的虚荣"和现代女性主义者的安全卖淫。萨丕尔是家庭型的人，弗洛伦斯由于身体和精神上的疾病，不能履行丈夫和社会为她规定的职责，这一直让萨丕尔深深地抑郁。他希望找到一个既能在才学上吸引他，又能甘愿依附于丈夫和孩子的女人。他认识的职业女性中，这样的人极少。本尼迪克特对萨丕尔传统的男权观念矛盾重重。在《文化模式》（1934b）一书中，她把嫉妒定义为美国文化的一个祸根。他们二人的观点基本上水火不容。

本尼迪克特不愿冒险与男人发展亲密关系，而是转向了亲近但没有危险的玛格丽特·米德的友谊，她们主要围绕女性的问题——特别是两人破碎的婚姻，还有职业使命感在生命中的作用。对萨丕尔，这些问题都不应该提，因为对职业男性而言，婚姻、个人生活与田野调查和职业基本没有关系。但对向往突破传统角色的女性来说，却必须做出选择，而且这种选择似乎只有女性才懂。米德是本尼迪克特逐渐转向女性主义的催化剂。

虽然米德在各种场合都很坦诚，但是三个人为什么聚在一起还是没有明确的动因，主要因为萨丕尔从来没表达过他的意见，而本尼迪克特的观点只通过米德的报告透露出来。对米德来说——本尼迪克特也一样认为——萨丕尔是博厄斯范式人类学家中的大天才，她准备好了要成为他的随从，也试着分享本尼迪克特和萨丕尔的亲密关系——

包括诗歌、人类学和私人方面的关系。她做得相当成功,在很多使萨丕尔和本尼迪克特分道扬镳的问题上,米德和萨丕尔之间却有清晰明确的观点表达。当本尼迪克特退回到自己的世界之后,米德填补了空缺。

本尼迪克特觉得萨丕尔变了,她写信对米德说(1928年12月29日:SF)他忙于各种基金机构的复杂关系。对他刚建立的自信心,她不为所动,仍旧与他保持着可叹的距离:

> 我和爱德华在外面的那个晚上,有一个小时随便聊,有几个特别开心的时刻,有五个小时全是关于时光这个魔怪还有心理活动的废话。他为高尚的商人唱赞歌……我们想跟上他的足迹就要进委员会任职,那样重要性自然会降临到我们头上。可是,时光并不需要诗集——诗歌就此完结。真可惜。好的一方面是他很享受在会议上做的讲座——还有他说话时流露的魅力与自信。

即使萨丕尔对她崇拜博厄斯很不屑,还拒绝参加跨学科的会议,本尼迪克特也没有责怪他。他为了与权力宝座沾边已经等了太久,本尼迪克特记得的是那个更加脆弱的萨丕尔。

然而,当萨丕尔在公众之前有明显的懒惰和放纵的倾向时,本尼迪克特不吝评判。无论这双吹毛求疵的眼睛来自理论上的分歧,还是她的表达风格,本尼迪克特的评价都是毫不妥协的(致米德,1932年11月30日;Mead 1959,325)

> 萨丕尔最近情绪不好……相当糟糕。他所有的魅力都不能让他在缺乏材料的情况下还取得成功……爱德华找到了可以使自己不必承认文化作用的办法。他分析自己对足球的反

应，总结说在所有文化中的所有阶段——是对所有人来说的所有事物……我从其中看到的只是，萨丕尔又一次满意地表达了他与全世界不同的观点——但只是自己认为的满意。

本尼迪克特、萨丕尔和米德三人的疏远极大影响了之后文化和人格研究的发展。在他们提出自己主要理论模型的那几年，三人几乎没有直接的联系。他们互相的影响仅限于出版的作品和萨丕尔早年对文化的分类。这带来了很多明显的不满和个人感受的苦涩。没有证据表明本尼迪克特是否明白萨丕尔对她有关文化和人格著述的影响；也没有证据表明她理解萨丕尔的诗是怎样帮助他构建了个人在文化中的角色。他做这些的时候基本已是他们关系疏远了几年之后了。

相对而言，米德与萨丕尔一样很有热情去"想象一下那些我认识的人的人格——弗朗兹·博厄斯、鲁思·本尼迪克特、莱奥尼·亚当斯（诗人）、爱德华·萨丕尔——如果他们是萨摩亚人，他们的命运会是怎样的"（1972，80）。在她的社会里通行的，在别的文化中也同样适用。米德和萨丕尔一样也不愿接受精神分析，但她却特别喜欢把精神病学的范畴概念用到其他人或其他文化上。她坚信（Howard 1984，260）："在最佳十分之一人当中的最佳十分之一当中，不会有分析师存在。"她想要了解自己的地方，会自己找到答案；她不想了解自己的地方，别人说了她也自然不会接受。萨丕尔也有类似的控制自我形象的需要。卡伦·霍妮——后来是精神病学方面研究文化和人格的搭档——在《自我分析》（1949，33）一书中指出了这个普遍现象。一方面，这有助于训练精神病学家的分析以及研究人格的跨文化学生；另一方面，这是很多相关学科中的知识分子的自我意识：

打算分析自己的人一般会避开某些自我观察，以免导致自己尚无法接受的洞见。或者他会选择另一种解释方式，错过最核心的要点。也可能他会只把自己认为错误的态度匆匆改正，这样，进一步探究的门也就关闭了。

互相进行过分析的人，最终会变得疏远，这大概是没法避免的。

玛格丽特·米德

在与本尼迪克特共同分享诗歌和人类学乐趣的同时，萨丕尔也被吸引到玛格丽特·米德的疯狂的轨道之中——她是本尼迪克特的小徒弟，比萨丕尔小 17 岁。米德身材娇小，精力充沛，充满了热情——对生活、人类学，一段时间内还有对本尼迪克特杰出的朋友爱德华·萨丕尔。那些年萨丕尔渐渐变得忧郁，他觉得米德像一个淘气的精灵，有她在，那四射的活力也会感染得他健康起来。1924 年 12 月 30 日，他为米德写了"精灵"（1925 年发表）：她"无拘无束又健忘"的性格过于"鲁莽"，让人觉得不安全。如果有什么不同的话，米德没去控制情感的表达，这种表达是萨丕尔曾经希望在本尼迪克特身上唤起的。像本尼迪克特一样，米德沉浸在纽约市的文化生活中，她在自传（1972，90）中写道："我相信生活的中心就在纽约市，这里有门肯和乔治·杰·内森出版《智者》；这里有《自由民》《国家》《新共和》等刊物的滋养；富兰克林·皮尔斯·亚当斯和海伍德·布朗在这里写着尖刻的评论；真实版的百家争鸣在剧院上演。"在 20 世纪 20 年代早期，新的心理学与新诗的发展是分不开的。

米德在哥伦比亚大学读书期间是学生团体"土罐子猫"的一员，那里还有诗人莱奥尼·亚当斯——她显而易见的天赋让米德认识到她自己的诗只能作为爱好而已，因为几乎所有她认识的人都写诗，所以她也写。当时巴纳德学院很流行荣格的理论，米德曾写道（Howard 1984，43）："我一度被认为是'内倾直觉型'，大家都想成为这种性格，因为这是荣格最为赞赏的。"但很难想象还有比她更不像内倾性格的人。

米德的朋友圈都是女权主义者，这个称谓在当时包括的女性话题的范围要比现在宽泛。① 像很多朋友一样，米德崇拜大师，她的迷恋也使她走入了与萨丕尔一段短暂的感情。但是两人希图从这段感情中得到的东西却是不同的。年纪大的男人趋于保守，萨丕尔的三个孩子需要母亲。当他提出结婚，而且暗示她人生意义是生儿育女时，米德（1972，111）写了"一首苦涩的女性反抗小诗"，因为萨丕尔的观点"没有梦想的空间"。萨丕尔没有意识到米德的事业心，所以使两人的愿望不可避免地发生了冲突。他们互相吸引的特质也正是冲突所在。这段感情过去了，两人的记忆中都留下了伤痛。萨丕尔以后再没有说起过和米德的感情，但米德却常常带着遗憾和痛苦之情提起（如曼德尔鲍姆致达内尔，1986 年 7 月）。她说记得与萨丕尔在一起的每一个细节。曾经吸引过一位年轻一代的智力领袖，对她来说是很重要的经历。

相反，萨丕尔却感觉遭到了背叛。他的求婚和组织家庭的许诺证明了米德的才华和吸引力。在他看来，专注于家庭生活并不是牺牲，而是亲密关系和友谊的自然结果。他不相信米德真心迷恋他而不想要他希望的东西。随后的几年，萨丕尔对米德的工作都持否定的态度，不过，她确实没有用萨丕尔可能会使用的方式。而米德埋怨萨丕尔不能接受一个本来的她，他们互相贬低。所以萨丕尔的著述对米德和本尼迪克特的影响主要集中在他们三人关系特别好的那几年。萨丕尔有关文化和人格的观点是在 20 年代晚期到 30 年代发展的，那时他们的影响已减弱了不少。米德后来想尝试从文化和人格历史以外来理解萨丕尔，而且萨丕尔自己也有意避开这个标签，部分原因是他把这个主

---

① 罗森伯格，1982。

题与米德和本尼迪克特联系了起来。①

1924 年到 1925 年间，萨丕尔努力调整自己，适应妻子的去世。米德则为她的第一次田野调查做准备，她决定拒绝被迫研究另一个濒临消失的美洲印第安文化。在 1924 年多伦多英国科学促进协会的会议上，米德见到了萨丕尔，她写道："因为人数不多，我们每个参会的人都见了很多次面。"（Mead 1972，124）作为加拿大顶级人类学家，萨丕尔主持了会议。他的精神比以往几年都好，有本尼迪克特的学生捧场，一定也使他的忧郁减轻了些。这是米德第一次参加大型会议，看到这么多准同事——每个人都有自己基于一手田野调查的"群体"——她兴奋极了。让她印象特别深刻的还有萨丕尔与戈登韦泽关于荣格心理类型的讨论。

第二年，米德见了萨丕尔好多次。她在回顾中（1972，125）强调了学术兴趣，而不是萨丕尔对个人问题的处理。

> 那年，萨丕尔在纽约待了一段时间。他很高兴与许多诗人结识，因为对格式塔心理学的兴趣，而对图案产生了新的兴趣。我读了科夫卡的《心理的发展》，而且借给了他。我们都还在写诗，花在上面的功夫几乎和花在人类学上的一样多。

米德在给本尼迪克特（1924 年 9 月 8 日；Mead 1959，286）的信中写道："我猜，萨丕尔有时间写信是个不妙的兆头，但我确实很喜欢读。这种友谊真让人高兴，它建立在如此志趣相投的坚实基础之上，而且多亏了你，没有因以前的烦心事而减损。"

---

① 米德没有收到邀请为萨丕尔的纪念专辑（Spier et al.，1941）撰文，她感到很难过，这本刊物一开始是准备做成一部纪念文集的（Mandelbaum, p. c）。但萨丕尔以前的学生认为米德和萨丕尔的工作没有关系，而且个人关系也不近。

萨丕尔给本尼迪克特的信中穿插着对米德的评论。他担心米德易生病的体质，嘱咐本尼迪克特提醒她当心（1924年8月23日：SF），而且为她在挫折情境中还能继续工作而感动（1924年11月15日：SF）。萨丕尔对他们刚刚萌芽的友情很自信，他想米德会高兴地接受自己对她诗歌直率的批评（致本尼迪克特，1925年2月14日：SF）。[186] 真挚对他来说要比策略更重要。萨丕尔在宾夕法尼亚州米德家的农场度过了一个周末之后，写信对本尼迪克特说（1924年7月18日：SF）："但是玛格丽特（比她的妹妹伊丽莎白）更好。她永远比我想象的更为强大。在那美丽淳朴的乡土风情中，她回归了真实的本色。"但是他为米德去萨摩亚岛而担心，博厄斯主要怕她的身体状况受不了，萨丕尔则担心"潜在的神经症状况"。

当萨丕尔决定搬到芝加哥时，他还说（致本尼迪克特，1925年6月22日：SF）："我会很想念你和玛格丽特的。纽约虽然有各种好处，但如果我选择了纽约，你们便是主要原因。不过也许你们俩会到芝加哥来？或许我也不会在那里久留。"他到芝加哥不久，就计划为米德谋一个职位（致本尼迪克特，1925年10月3日：SF）："我会尽力为玛格丽特做些什么，也许一份实实在在的工作会吸引她。但是答应我，别跟任何人说！"在萨丕尔看来，这是最理想的解决办法，他希望给米德一个"既成事实"。

但是米德并不喜欢萨丕尔干涉她的生活。在她背后支持她的人中，与她关系最密切的三位人类学家——博厄斯、本尼迪克特和萨丕尔——都为她的萨摩亚之行而担心，但是她觉得萨丕尔是出于他个人的动机而不赞成她去，这不应该是他的作为。博厄斯写信（1925年7月14日：APS）与米德谈了她的田野调查中可能涉及的理论问题，而且告诉她现在改主意并不会丢面子。但即便是为了萨丕尔，他也拒绝干涉米德的个人独立和研究的自主性。

博厄斯其实有所担心，但他没有全向米德直接表现出来。他给本尼迪克特写信（1925 年 7 月 18 日：APS）说萨丕尔因为读了太多精神病学的书，思考问题的角度很乱，夸大了米德工作的危险性。但是萨摩亚岛也的确是一个封闭的地方，米德的体质和健康都不是那么好。在是否可以让米德独自去这一问题上，博厄斯多次寻求本尼迪克特的确认。如果他怀疑过萨丕尔的意见是不是出于私心，他也觉得这与他无关：

> 萨丕尔找我长谈了一次，关于玛格丽特·米德……他一心想要强迫她现在放弃调查行程——这很糟糕。且不说我完全反对这样为了自己的原因强势地干涉别人的未来——除非是真的生了病，需要控制。当然，萨丕尔是认为米德有病的，但如果他是对的，那又有谁不该受限制呢？

本尼迪克特感到萨丕尔在友谊和专业责任上都超出界限了，她一再向博厄斯保证（1925 年 7 月 18 日：APS）她已经预先阻止了萨丕尔的多数反对意见。和博厄斯一样，她明白米德决心要不惜一切代价证明她的独立和专业能力，这一点萨丕尔似乎不明白。

米德显然觉得家庭问题可以等她从田野调查回来后再解决，她后来回忆当时的感情时说（1972，244）："爱德华·萨丕尔劝我应该待在家里，生个孩子，而不应该去萨摩亚岛研究青春期少女，这让我很奇怪，人们从来不让男人们放弃田野调查生孩子去！"这些是现代女性更在意的东西——萨丕尔几年后向本尼迪克特辛辣讽刺过。但是这两个女人都认为萨丕尔把不必要的束缚强加在女人身上。米德心中已经把本尼迪克特当成偶像，虽无子女，但生活一点都不单调。

不管怎样，萨丕尔在"精灵"中对米德留下来和他在一起的请求被拒绝了，她启程去了萨摩亚岛，中途去找了本尼迪克特——她当时正在祖尼做田野调查。米德的女儿玛丽·凯瑟琳·贝特森猜测，萨丕尔与她们的关系完结于那时（1984，125）："鲁思和玛格丽特决定俩人都不会与萨丕尔进一步发展关系，而更希望发展互相之间的关系。"据霍华德记述（1984，74）："他们聊到萨丕尔爱上了玛格丽特，而她觉得唯一能够结束这种感情的办法就是想办法让他提出分手。"本尼迪克特知道这对于性格直率而诚实的玛格丽特来说有多困难。在以后的日子里，米德的确也深深地为他们分手带来的痛苦而懊悔。①

虽然本尼迪克特和米德达成了一致，但是在做田野调查时收到萨丕尔的信之后，米德似乎希望回去之后能复合。在她的田野调查即将结束的时候，萨丕尔突然告诉她，他爱上了另外一个人而且计划与她结婚。米德一般会保存所有的信件，但是她"在萨摩亚的海滩上，把（萨丕尔的）信一把火全烧掉了，他们的关系也就此结束了"（Howard 1984，87）。虽然米德想鱼和熊掌兼得有些不切实际，但她确实没有把这段感情看得很随便。而萨丕尔却在芝加哥开始了他的新生活，而且相信米德并不想和他在一起。那时的来往信件显得话不投机、时机把握欠妥，而且充满了误解。结果，萨丕尔和米德再也没能交流他们有共同兴趣但后来独立研究的文化、人格和个体的问题。那时萨丕尔和本尼迪克特也已疏远很久了。

---

① 琼·萨丕尔（致菲利普·萨丕尔，n. d. 1957：SF）相信米德之所以把萨丕尔的信也收入她关于本尼迪克特的书（Mead 1959），主要是想证明，不管萨丕尔后来怎么批评她的书和人格，他曾经是喜欢过她的。

第十章　逃离渥太华

1925 年，爱德华·萨丕尔从渥太华搬到了芝加哥大学，从此进入了北美学术界的中心，成为其领军人物。他在 1931 年又去了耶鲁大学，在那里他的健康情况变坏，反犹太主义也无疑对他 1939 年的过早去世有影响。当我们回顾历史，这些事实已记载在学科史上，似乎是必然发生的。但在 20 年代初期，逃离渥太华对萨丕尔来说像海市蜃楼一样难以实现，为此他消耗着巨大精力，因为这能改善妻子岌岌可危的健康状况，缓解自己事业上的挫折。他梦想着回到纽约和哥伦比亚大学。离开渥太华后，萨丕尔只记得在那里最后几年的痛苦。

不过毫无疑问，在渥太华开始几年的快乐和后来的痛苦是一样多的。有一种对萨丕尔事业发展轨道的偏颇概括是这样的（Murray 1981，63）：

> （他）常常抱怨待（在渥太华）的苦恼，他后来的学生可能倾向于认为加拿大的生活很乏味，也同意他的说法。事实上，不管是战争还是他妻子的病，都不是渥太华的环境引起的，尽管这两件事让他生活得很不愉快。

默里还认为萨丕尔意识到他的问题"至少有一部分是内在心理问题"。将其外化，归咎于环境，这是一种有效的应对策略，使他得以基本正常地工作生活。而且，萨丕尔以对政治上的天真来评估自己的职业发展机会，这增加了他的孤立感（Murray 1981，66）：

> 萨丕尔对制度现实可能性的感知不太发达……他错误地估计了两所大学的工作机会，即自己在去加拿大之前曾工作过的加利福尼亚大学和宾夕法尼亚大学。在芝加哥大学，他将会没有时间做研究，缺少出版的途径，还有繁重的行政管理负担……对芝加哥大学失望之后，他离开了同情他的人类学家和社会学家的保护，投向了严重反犹的纽黑文……他设想的"更绿的草原"，其实是不切实际的梦想。特别是，在二十世纪的一二十年代，伯克利和渥太华差不多，不是文化先锋派的栖身之地。

萨丕尔常常说起他忍受不了在渥太华的处境，许多博厄斯范式的同事都很愿意帮助他逃开。在渥太华，已经没有其他博厄斯范式的学者能够在那个不良环境接替他承受。后来再没有美国研究者受聘，萨丕尔的同事巴尔博和詹内斯都是在英国受的教育。

渥太华的经费裁剪是永久性的。詹内斯继任了萨丕尔的职位之后，致力于把维多利亚纪念馆建设成一个国家博物馆，而不是像托马斯·麦基尔雷思管理下的安大略皇家博物馆一样的世界性博物馆（詹内斯致麦基尔雷思，1925年10月21日：UT）。不过研究项目没有原来萨丕尔主持时那么高的水平了。詹内斯此时希望任用一个刚毕业的大学生，在此之前已迅速将加拿大唯一、尚未归属渥太华政府部门管辖的老资格人类学家麦基尔雷思永远安排在多伦多。詹内斯希望寻求一种非博厄斯的传统（1926年3月1日：UT）：

> 我个人而言，更倾向于像你这样在英国接受教育的加拿大人；或者是上过大学的英国人，而不喜欢美国人。英国的

研究方法在很多方面与美国不同，到这里工作的英国人可能比美国人有更加宽广的视野。

萨丕尔辞职的时候，邓肯·坎贝尔·斯科特说"在这儿找不到用武之地了"，而且挖苦地说"渥太华对这样的事都见怪不怪了"（致萨丕尔，1922 年 6 月 16 日：UT）。萨丕尔本人沉浸在兴奋之中，没有为离开渥太华的人类学研究感到惭愧。他也似乎没有掩藏自己对这个城市、这份工作缺乏感情。但他从加拿大离境时，还必须从加拿大皇家学会辞职。

在加拿大，如何评价萨丕尔在人类学界的地位仍是个悬而未决的问题。不少本土人类学家诋毁他的贡献，因为他最后离开了这个国家。一位已经是移民的奠基者，竟然缺乏对其建立的机构的忠诚，这是一份让人难以接受的遗产。另外，追随美国路线将大学专业化，在加拿大开始得很晚。第一个学术项目在多伦多建立时，正是萨丕尔去芝加哥工作的那一年。萨丕尔没有学生在加拿大继承他的研究传统，他的研究机构的声望也逐日下滑；具有讽刺意义的是，甚至没有人举办活动纪念萨丕尔取得的成就。而且，他一向反对的加拿大的业余人类学家，尤其在西部省份的那些人，早已把他当成了敌人。

专业化并不是美国独有的现象，虽然一些加拿大人类学家这样认为。萨丕尔和博厄斯都是美国移民，所以被批评是外国新贵。他们都认为科学比国籍重要，爱国主义是狭隘的。但美国人和加拿大人都憎恨这种态度，特别是在一战期间。

最新的加拿大人类学历史并没有增加追述萨丕尔声望的内容。加拿大的人类学系从 20 世纪 60 年代才开始快速发展，因为在加拿大人中没有找到能胜任新职位的人选，就大量从国外特别是美国引入，这是当时的一个特点。当加拿大研究生开始获得学位时，人才引进的高潮才过去。所以，也就不奇怪任何来自美国的人或事都被看作是对加拿大人类学的威胁。在加拿大，70年代的人类学学生们往往不愿意承认他们有独特的国家传统（Darnell 1975），他们认为萨丕尔的成果和继续运行的渥太华人类学机构并不是"加拿大的"。

迈克菲特（1984）对萨丕尔一直持有矛盾的态度，他认为萨丕尔还有博厄斯是"与加拿大有关的伟人"。詹内斯是新西兰人（科林斯1971），也属于英联邦国家，所以不完全是外人。迈克菲特的热情也显而易见："还有萨丕尔，不过当然，他并不是本地人。"然而1984年在渥太华召开的萨丕尔百年诞辰纪念会议更加实际地评价了萨丕尔在加拿大的工作——加拿大对他的意义，以及他对加拿大的意义。在加拿大的15年，是他的田野调查和写作最有成效的一段时间，尽管他也遇到了很多个人的困难。他履行了自己受聘的职责——为加拿大人类学建立研究机构；他还敦促加拿大人类学家进入国际学术主流。20世纪早期，专业化成为全世界人类学的主要趋势，萨丕尔则确保了加拿大的人类学必须达到正在形成的严格标准。后来加拿大的专业人类学家继承了这个传统和由萨丕尔建立起来的标准。如果没有他持之以恒地努力发展由政府资助的人类学研究，这个学科可能会在前专业的水平上徘徊相当久。

在渥太华工作的后几年，萨丕尔对所有的制度都不再抱有幻想，他在给施皮尔的信（1920年7月6日：NMM）中说，他遇到的美洲博物馆的问题其实相当普遍："你能做到的最好的防御办法就是下决心制定一个低得滑稽的期待标准，他们能做到一半好，就应感到惊喜了。"

1920年克罗伯想安排萨丕尔代替他在伯克利大学上一学期的课（克罗伯致萨丕尔，1919年2月11日：UCB），萨丕尔尽管有兴趣教书，但还是拒绝了，"我学会的一丁点人类学"早已忘光了（1919年2月18日：UCB）。两个人都没太把这一推辞当真。甚至离开渥太华的暂时休假也让萨丕尔想要重拾当初的承诺："把亚纳语的研究尽量扫尾。"但是伯克利大学让克罗伯在两者之间选择，是自己升职还是让萨丕尔假期的临时职位，他当然选择了前者。

萨丕尔越来越觉得教书可以解决他的问题，出版《语言论》至少有部分原因就是帮他取得一个合适的大学职位（萨丕尔致洛伊，1921年11月28日：UCB）：

> 我应该找一份大学里的工作，如果我不想在临死的时候还觉得整个生命就是个错误。这个地方深深地让我厌烦，我关心展品干什么呢？真的，我在展览上花了很少的珍贵时间，但我总觉得应该这么做……我不知道在大学里找到一份人类学为主的工作会有什么感觉，但是我大概必须这样做才能回到半文明的状态。当然，如果完全是语言学工作，我会更加高兴。

但是"在美国大学当一个纯语文学者"是无法实现的。研究无文字语言的人类学家在语文学领域很边缘化，而且自从离开哥伦比亚大学，萨丕尔没有发表过关于印欧语言的文章。人类学学院又负担不了一个全职的语言学家。因此联合聘任是最实际的折中办法，像萨丕尔这样在芝加哥大学和耶鲁大学同时任职。

洛伊也尝试给萨丕尔在伯克利大学找一份工作，虽然萨丕尔担心克罗伯实际不愿意他去（致洛伊，1921年4月19日：UCB）。洛伊还提议为柏妮思主教博物馆和国家研究委员会去太平洋做田野调查。这是萨丕尔"非常认真"考虑的，因为主教博物馆和耶鲁大学有联系，也许可以借此谋到一份大学里的工作。①

1922年，萨丕尔找过狄克逊，询问他有没有在波士顿收费讲课

---

① 萨丕尔后来能够去耶鲁教书，是因为他在芝加哥大学时详尽的文化和人格研究工作。

的机会，那时萨丕尔妻子正在波士顿治疗。狄克逊是个边缘的博厄斯范式学者，同时也是克罗伯有关加利福尼亚语言分类的支持者，他回答说（2月6日：NMM）哈佛大学"肯定"需要"一个能讲语言学概论的人"，但是学校没有钱。他很同情萨丕尔"只做语言学"，但是大学在这个阶段没有给客座教授提供的资金（致萨丕尔，1922年4月10日：NMM）。

劳费尔希望萨丕尔来芝加哥工作，这样他们就可以合作进行汉藏语系的研究了。1920年，萨丕尔考虑去菲尔德博物馆担任馆长助理，这是很大的降级，但这可能让他得到芝加哥大学的联合教学职位（致劳费尔，9月28日：NMM）。劳费尔透露出在学校里资助建立一个美洲语言学院的可能性（致萨丕尔，1921年1月17日：NMM），那时，世界上还没有一个类似的学院。但是当时芝加哥大学的人类学还是由弗雷德里克·斯塔尔主导的，他是在大学1892年刚成立的时候由威廉·雷尼·哈珀聘请的进化论人类学家。1923年斯塔尔退休，这成为按照博厄斯范式重建人类学的前提（Darnell 1969；Miller 1978）。那时语文学课程主要还是在语言学院开设，美洲印第安人的研究在那里找不到位置。劳费尔找不到把民族学和语言学结合起来的合适机构。但他的努力使萨丕尔的名字得到了芝加哥大学管理层的注意。不久当地情况发生变化时，他们就想起了他。

博厄斯在哥伦比亚大学的计谋

萨丕尔还是认为纽约是他的家，博厄斯是他的导师，他写道（1920年8月25日：NMM）："我如果能结识真心对语言学感兴趣的人，我会倾我所有，因为这能给我我所期待的激励。"此时，博厄斯似乎也承认渥太华不适合再作博厄斯范式人类学研究的中心了。类似的资金上的削减几年以前也让美国民族学局折了一条腿；加拿大没有资源训练博厄斯范式的人类学家了。在加拿大，至少还有一代博厄斯范式的人类学家只能在没有机构支持的情况下进行印第安田野调查。

萨丕尔觉得要想在渥太华取得进展，只有去当新博物馆的领导，这种公务员职位将会妨碍他的研究工作（致博厄斯，1920年9月23日：NMM）："请允许我极为坦白地说，……我在这里就像无助地身处孤岛。"萨丕尔"真正的用武之地"是语言学，而渥太华"对我能做和应该做的工作缺乏足够的刺激"。纽约应该可以养活"至少一个普通的语言工作者"；他将博厄斯排除在这类人之外，也特别排除了阿萨巴斯卡语言研究方面自己的对手戈达德，认为他可能会反对自己的聘任。萨丕尔要求博厄斯惦记着他，哪怕当下尚无合适的职位。

博厄斯（致萨丕尔，1920年9月26日：NMM）一直希望萨丕尔回到哥伦比亚大学，主持那里的美洲印第安语言学工作，而且他也到了退休的年龄。是该采取行动的时候了，虽然条件"完全不乐观"。博厄斯是哥伦比亚唯一的人类学家，美洲博物馆在削减资金，社会研究新学院在减少人类学理论课程，哥伦比亚的古典语言项目又解雇了唯一的一个语言学家，只是由于博厄斯个人的坚持，巴纳德学院的人类学基础课才得以维持。

鉴于这种令人沮丧的情况，博厄斯认为劳费尔在菲尔德博物馆方面为萨丕尔的争取更有成效。但他警告说芝加哥菲尔德博物馆是"展览馆"，所以"只能在工作时间以外进行"研究，这不是萨丕尔渴望的科学的自由。博厄斯强调所有工作都有这个缺点："我能理解，你找不到意气相投的人来讨论共同的科学志趣和其他更加综合的兴趣，但是我们都不得不忍受这种情况。"博厄斯答应萨丕尔他会尽力想办法，但是他也掌控不了学院的课程，即便是在哥伦比亚大学："人类学有很多情况让我非常担心。"萨丕尔在专业上遇到的阻碍在博厄斯范式的学者里并不少见，虽然他个人的焦虑可能是独有的。博厄斯虽然希望帮忙，但爱莫能助。

但是萨丕尔并没有放弃去哥伦比亚的想法，他间接地询问过刚刚进入社会学学院的奥格本。奥格本（致萨丕尔，1923 年 11 月 20 日：NMM）觉得萨丕尔找到他是莫大的荣幸，但很快说到了自己的事业的问题：富兰克林·吉丁斯退休后他可能接替院长职务，但这应是几年之后的事了。奥格本证实了要把人类学和社会学合并的传言——但只能等到吉丁斯和博厄斯都退休之后。他猜测博厄斯离退休还有八年。文学也许是语言学家的另一个选择。奥格本反复说，他的作用"只是一定程度上的可能性，还是成问题的"。他还曾记录了一个没有最终实施的计划，博厄斯和吉丁参与其中，也可能把萨丕尔包括进来。

1925 年，博厄斯给萨丕尔提供了一个暑期学校的工作，教两门民族学的课（1924 年 10 月 14 日：NMM），他本来想再加一门语言学的课，但是没有成功（10 月 22 日：NMM）。博厄斯一再向萨丕尔保证，他记着老学生的长远的需要："总有些事让我希望也许几年之后，一个语言学系能够成立。我如果能给你更好的消息就好了。"

萨丕尔希望将民族学课程围绕跨学科的理论主题展开，为他在芝加哥的课程做准备（致博厄斯，1924 年 10 月 25 日：NMM）："我打算综述一组较为基础的方法，全面审视基本概念，所用方法能够吸引对心理学、社会学和历史感兴趣的学生。"萨丕尔也不忘继续提醒博厄斯，他是"多么希望离开"渥太华（1925 年 4 月 13 日：NMM）。

萨丕尔在芝加哥大学的任职

博厄斯答应过萨丕尔如果有任何空闲的职位就通知他，博厄斯没有食言，他写信（n. d. 1923：APS）说斯塔尔要退休了，他不知道萨丕尔有没有"什么办法"让人们知道他的名字，而不是直接申请。博厄斯在芝加哥学术圈中的影响力有限，曾经在 1894 年尝试芝加哥大学的职位但没有成功，他们选择了斯塔尔。他希望能为他的支持伙伴谋一个职位。萨丕尔显然没有意识到中间的复杂情况，只是期待博厄斯代表他办理。他说1921年他曾通过劳费尔的关系见过芝加哥最出色的语文学者卡尔·巴克，他相信卡尔对他"印象很好"。萨丕尔提出可以讲任何结合民族学和语言学的课程，还追问博厄斯芝加哥大学的具体意向，而博厄斯显然并不在决策圈子内。

到1924年秋天，萨丕尔乐观地觉得即将可以拿到芝加哥大学的聘书了，他对博厄斯说（10月2日：APS）他还是更倾向去哥伦比亚大学："我特别希望迈出正确的一步。如果有可能从纽约起步，我感觉那就是我应该去的地方。"他可以接受较为"位置不太高"的开始，"因为我在那有更多认识的人，会感觉更舒服。"萨丕尔坦白地承认这其中除了事业的原因也有个人的因素。妻子去世以后，让他坚持工作的唯一动力就是对孩子的责任，"即便哪里都没有确定的工作"。他甚至还问博厄斯可否为他用芝加哥的职位来争取哥伦比亚大学的工作，说这是因为母亲和孩子们"更适合纽约的环境"：

> （我母亲）对这儿很陌生，很可能到芝加哥也会感觉孤独，对她来说从头开始适应很难。你很容易明白我多么希望在逆境中抓住一点残留的家的元素……对孩子的成长来说，渥太华是不能待下去的。

事后萨丕尔又对博厄斯说，不要将他矛盾的求职意向告诉费伊-库珀·科尔，是科尔在一心一意地帮萨丕尔的忙，落实芝加哥大学对他的聘用。

同时科尔正为了萨丕尔的工作在内部圈子里周旋。科尔任职的第一年（1924—1925）教了七门人类学课程。他对当时社会学人类学系的主任阿尔比昂·斯莫尔说，他们需要增加一位教师（1924年11月12日：UC）。而且，"如果想要研究生在我们的学院接受全面的人类学教育"，体质人类学和语言学是基本的。科尔是博厄斯范式的人类学家，对他来说人类学的教学应该是全面的，任何缩水的行为都不可接受。

在很长的铺垫之后，科尔提出了他的候选人："我已经看到了事情的进展""我相信他是最适合我们的人选"，但科尔并未做出具体承诺。他相当保守地说："如果我们提供满意的条件，他会愿意来的。"在原始语言学上，萨丕尔是"杰出的美国专家"。科尔认为在哥伦比亚大学，萨丕尔是博厄斯研讨课上的"高材生"。科尔还向斯莫尔保证，萨丕尔一定能吸引很多学生来本系学习。

科尔对院长J.H.塔夫特（1924年12月23日：UC）强调说如果应聘的是低于教授的职位，萨丕尔可能需要保证能很快得到晋升。萨丕尔还希望自己的头衔能够反映他在语言学和人类学两方面的专长。还有，秘书（包括专门的打印）也应有特别的安排，这样这位"美国顶尖级"研究"原始语言学和人类学心理问题的专家"才可能来。第二个条件是为了得到芝加哥大学刚开展的跨学科的社会科学研究项目的支持，这个项目得到了洛克菲勒基金会的资助。院长由于没有能力评价萨丕尔的工作，所以重点关注了他之前的教学经验、大量田野工作和主持研究项目的管理经验。

对于科尔与自己上司之间的斡旋萨丕尔并不知情，他仍在强调芝加哥大学迟迟不做决定，他自己也犹豫不决（致本尼迪克特，1925年2月27日：SF）："至今我还是不知道肯定的答复会让我高兴还是沮丧。"其实，不管他是否更希望去芝加哥，拒绝一定会让他陷入深深的忧郁。

协商进展得很慢，萨丕尔开始考虑起渥太华博物馆的管理职位来（致博厄斯，1925 年 4 月 15 日：ASP）。他得到的消息是芝加哥大学给他的初始工资的资金落实了，但不像之前那样"乐观"，因为他不"确切了解"芝加哥大学学术政治的隐含意义。除了科尔之外，萨丕尔一直没有直接和其他人联系，但现在在他看来科尔似乎没有如实描述工作的内容：

> （他）一开始没有说明我的工作必须在人类学结构中展开，也没有说我也许需要在他的领导下工作。他强调过我的工作是完全自由的，而且只是语言学。现在，情况似乎是我要参加他们的研讨会，上一门所谓的"文化心理学"的课，我的头衔也不是"普通语言学"，因为那样可能和巴克等人重复。你看，他从一开始就没有完全说实话。

因为不习惯学院的决策程序，萨丕尔忘记了科尔也是受约束的。他其实不反对在科尔手下工作，最在意的是芝加哥大学能给他正教授职位，作为他的服务价值的标志。

然而博厄斯的回信（1925 年 4 月 21 日：NMM）让萨丕尔回归了现实——他迫切需要一份工作。博厄斯"打听了一下"，得知芝加哥大学的扩大招聘很可能要推迟到 1926 年，他觉得这种情况"并非没有可能"。聘用萨丕尔的资金需要一段时间才能到位。博厄斯建议萨丕尔申请渥太华的职位晋升，如果必要的话一年以后再辞职。他没有把自己的资源关系披露给萨丕尔："我没有办法直接了解芝加哥大学的事务，除非把整件事情弄糟，而且至今我还没找到谁能为我办这件事。"

萨丕尔只看到这件事的表面，他谢了博厄斯的帮助（1925 年 4 月 13 日：APS）："你一直热心关注我的职业发展，这让我觉得麻烦你似乎是应该的。"随着芝加哥大学的工作一天天明朗，萨丕尔才慢慢放下心来（致本尼迪克特，1925年6月14日：SF）。斯佩尔曼·洛克菲勒纪念基金会承担他头三年的工资，之后由学校承担。但他还是担心委员会能否正式通过：

> 出于对社会所积累的智慧的尊重，除非我拿到了白纸黑字的聘书，否则即使杯子拿到了唇边我也不会算数，我也不会去准备移民局要求的家人照片不会付钱复制孩子们的出生证明不会发广告变卖家具不会做其他什么相关的事。

萨丕尔的散文式宣泄，说明他最终相信自己的梦想将要变为现实了。他向本尼迪克特保证说他已经"不再玄想"纽约的好处了，虽然在他期待中芝加哥的工业粉尘会厚厚地积在白领子上。

在给本尼迪克特的下一封信里（1925年6月22日：SF），他写道他已经接受了芝加哥的工作，而且也制定出了第一年的课程计划。他心里的高兴只是用"移民的杂事"的抱怨表面掩饰了一下。他"既不特别兴高采烈……也不沮丧——安静地等待着。我既准备喜爱这个新变化，也准备着失望，所以不会特别失望"。因为无法应对更多情绪上的悲哀，于是萨丕尔本能地保护着自己的脆弱。但在他心里，已经形成了一个新的构架，其中科尔而不是博厄斯成为了支持的靠山：

> 多年来我把希望寄托在哥伦比亚大学和博厄斯身上，但似乎命运并不这样安排。博厄斯需要我，但我忍不住想，他对我的需要并没有到真正花费力气去做什么的程度。我猜他只是做了一些无关痛痒的小事，但他却总觉得自己惊天动地了！这么多年来他对他所有的工作都是这样的。所以我觉得再等下去也没有什么意义了。

对萨丕尔来说，感觉到掌握自己的命运，而且感觉到自己事业的发展并不是天上掉馅饼，这非常重要。萨丕尔抗争着无论如何都要离开渥太华，其实是有其雄心的，他也想让同事承认自己的能力。

抵达芝加哥后，萨丕尔才从科尔那里得知博厄斯在他工作的这件事上扮演了什么角色（萨丕尔致本尼迪克特，1925 年 10 月 3 日：SF）。很明显，博厄斯支持戈登韦泽，但他并不为社会学家们接受，"部分原因是大家觉得戈登韦泽的人类学与他们已有的社会学没有明显的区别"，"部分原因在于据说他拖欠着几年前的'哥伦比亚教授俱乐部'的会费，这件事在芝加哥大学传开了，所以大家都忌讳他"。但博厄斯"完全自相矛盾"，他争辩说人类学就应该是生物学的附属；在戈登韦泽个人的问题上也为其维护，"在这点上，芝加哥大学的人对博厄斯很反感，觉得他管得太宽了点"。博厄斯后来又支持局里的米切尔森，他是语言学家，远不如萨丕尔声望高，只是个很边缘的博厄斯范式的学者。萨丕尔对这件事很愤怒，他觉得这是背叛：

> 关于科尔的试探性的职位的事我都向他讲……但是他从来没有把我当成自己人！你也知道，芝加哥大学的事我一点行动都没有。科尔希望我在原始语言学和文化心理学方面的工作能帮他把刚刚成立的人类学系建设好，他坚持要我，最后打败了博厄斯！所以我觉得很有意思，也有些满足地了解到，当博厄斯想把我安排在哥伦比亚大学时，他没有办法；当他想在芝加哥大学安排别人时，我倒是溜进去了。

很显然，本尼迪克特希望为博厄斯解释，他是想让萨丕尔到哥伦比亚大学来，可能设想着萨丕尔和戈登韦泽交换位置——当时戈登韦泽在纽约的社会研究新学院。萨丕尔（1925 年 10 月 19 日：SF）觉得这种说法也有可能，但是他不明白博厄斯为什么选择了米切尔森而不是他。本尼迪克特"对博厄斯所做滑稽事的猜测"暗示博厄斯并没说过这样的计划。

萨丕尔对这件事的了解完全来源于科尔，而科尔有足够的理由要保证萨丕尔对他和芝加哥大学的忠诚。科尔成了萨丕尔心中英勇的胜利者，萨丕尔则适度地感激他，虽然科尔的"人生观"与他的很不相同，但在实践中"志趣相投"。萨丕尔因为博厄斯明显的背叛而深感受伤，但他尽力对本尼迪克特掩饰：

> 从博厄斯这件事我明白了，不要完全信任他，且不要对他指望什么，什么都不要。当然，我钦佩他尊重他，但我发现我离他越来越远了……我并不是反感……只是变得麻木了。如果我要进哥伦比亚大学，我一定不会麻烦博厄斯了，而会选择其他的途径。

后来，萨丕尔意识到本尼迪克特对博厄斯本人的忠诚让她处境尴尬，他（1925年10月27日：SF）希望她不要对"博厄斯这件事太认真"，他确信整件事一定还有别的不知道的地方。① 萨丕尔最难以接受的一点是"直觉上"觉得博厄斯没有对他完全"坦诚"，他想博厄斯可能忘记了他特别希望离开渥太华，后悔自己把一切都对他说了：

> （博厄斯）愿意为了出于其他任何动机牺牲我们的友谊……我不仅不能依靠他在学术上的支持了……而且他的友谊也没有深厚到摊牌之后还能持续。我自然不想仅仅成为他自己的人类学和语言学的一个工具。你千万不要把我想象成

---

① 并没有文件证明博厄斯是否对谁推心置腹。但是他的习惯就是在他明确个人推荐意见之前会给每一个可能的职位多推荐几个人，这也许可以解释米切尔森这件事。

> 满肚子怨恨……我发现自己很少被触动，非常坚定地扎根在麻木的滑稽的石缝里了。

博厄斯有一个特点是从来不解释他的做法，即使是对那些直接有关的人也一样。但是对萨丕尔来说，（由于科尔的努力下）那个职位本来是为他量身订做的，博厄斯却试图硬生生地"把面向我的语言学职位变成面向别人的人类学职位"。博厄斯这样做，可能是担心最终给萨丕尔哥伦比亚大学聘书的时候，萨丕尔不会接受。

哥伦比亚大学持续的诱惑

萨丕尔想让这件事情就这样过去（致本尼迪克特，1925年10月27日：SF）。但其实在刚到芝加哥大学的几年，他还是希望到纽约去，他后来得知博厄斯还在争取为他在哥伦比亚大学找到一份工作，他写信给博厄斯（1925年12月14日：APS）说他喜欢新工作："和学生在一起让我觉得比工作本身还有意思。不过，我毕竟是在城市环境里长大的"。他承认对博厄斯不断的努力"很感动"，虽然"如果把科尔一个人留在艰难的环境中"会让萨丕尔"觉得有些难为情"，但是哥伦比亚大学的正教授职位对他来说有一种难以抵挡的"更高的吸引"。

毫无疑问，确信博厄斯并没有抛弃他，对萨丕尔来说同等重要。其实，萨丕尔给博厄斯写信讨论过这两份工作的利弊，所用的语气就像当初从渥太华到芝加哥之前他询问博厄斯时一样。虽然哥伦比亚大学的职位尚未成为现实，但在他的职业生涯中第一次有了成为纯语言学家的可能，这使他十分高兴。①

---

① 就在几个月之前，萨丕尔曾写信对本尼迪克特（1925年11月9日：SF）谈到他在芝加哥大学的工作中遇到的民族学方面的困难："鲁思，我真的很想有人明白地告诉我，为什么要研究原始风俗。我还没有找到答案，很苦恼。我觉得我到死都不会知道的——至少我的骨头是不会知道的了。"

不幸的是，博厄斯又一次低估了哥伦比亚大学的权力较量（致萨丕尔，1926年3月18日：APS），1926年哥大聘用了一位东方语言学的老师，这就意味着没有可能再进一位语言学老师了。从博厄斯的同情（"我希望为了我自己，能给你更好的消息"）明显地看出他的动机关乎哥伦比亚的项目，比萨丕尔在渥太华的不适，或者他在芝加哥的满意都要多一些。

萨丕尔没有为此特别难过，他写信对本尼迪克特（1926年3月23日：SF）说："我也很奇怪，自己为什么对事业前途的事这么无所谓了……我有种预感，自己会在这里永远待下去。"他已经逐渐融入了芝加哥的社会科学圈子，因为有洛克菲勒基金范围宽广的支持，这里的机会在哥伦比亚是没有的。博厄斯却可能没有什么可以给他的了。萨丕尔的人类学可能越来越远离博厄斯的范式，逐渐发展为跨学科的、基于人文学科和精神病学，而不再以自然科学为范本。尽管萨丕尔永远不会放弃语言学，但他却越来越多地超越博厄斯范式的传统民族学问题。这也许是萨丕尔可能留在博厄斯范式的人类学训练框架中的最后一个岔路口。

第十一章　芝加哥大学：新的开始

萨丕尔对他的新工作很乐观，他在收拾打包的时候写信（致洛伊，1925年8月29日：UCB）说："是时候赶快离开这里了，我觉得能得到芝加哥的聘书实在很幸运。"他热切地希望早日融入新的学术环境，在安家的事情上基本没花多少心思。海伦·萨丕尔·拉森回忆说（致达内尔，1984年6月22日）他买了一个带有成套"破烂"家具的公寓，这样他就可以专心教课了。萨丕尔很感谢母亲把搬家的一切琐碎家务都承担下来。

萨丕尔一离开渥太华，对它好的一面反而怀念起来。在给戴尔蒙德·詹内斯（1925年10月22日：NMM）的信中，萨丕尔哀悼自己"小得可怜"的办公室，还没有书架，"基本没办法开始研究"。但他喜欢他教的班级，学生"不那么多"；还可以接触"各种各样"的学术团体。他的孩子们似乎"适应得很好"。

但萨丕尔立马就开始怀念人类学学院的资源了，他还给詹内斯看了他的采购单。他想借库钦族的民歌唱片，这样他研究罗曼语言学的同事就可以在实验室里检验这些民歌的语音了。萨丕尔还想借他关于图案审美的幻灯片——虽然这个项目在渥太华的时候属于边缘化的项目，但是这里研究社会学和心理学的新同事却很有兴趣。詹内斯觉得出借幻灯片的话必须收费，因为萨丕尔不再为加拿大政府工作了，这让他很意外。詹内斯愿意把图书馆的书借给他，同情他没有秘书帮忙，而且把萨丕尔看作"我们博物馆的编外人员"（1927年1月7

日：NMM）。萨丕尔抱怨没有时间做研究，詹内斯（1926 年 3 月 15 日：NMM）则温和地提醒他说，他一直期待拥有"指导有能力的学生做成果丰硕的调查研究的乐趣"。

当然，这段持续的友谊不是单方面的。萨丕尔十分认真地敦促詹内斯成为加拿大最著名的人类学家（1927 年 4 月 15 日：NMM）。他鼓励詹内斯做爱斯基摩人的方言研究，还有民族志类型学和个人人格的实验（1927 年 6 月 7 日：NMM）；萨丕尔还一直审阅他的稿件（詹内斯致萨丕尔，1928 年 7 月 15 日：NMM）。萨丕尔甚至还拿着詹内斯的心理学资料向《美国社会学学刊》投稿，当时学刊挂靠在芝加哥大学的社会学和人类学学院之下。

一开始，芝加哥与渥太华的社交环境很不同。奶奶很难应付他杰出的儿子的客人。直到萨丕尔再婚，无酒精的茶才成为平常的饮料。客人中芝加哥社会学家路易斯·沃思、威廉·奥格本，还有经济学家亨利·舒尔茨、雅各布·维纳①偶尔会来吃饭，萨丕尔的学生们也会来。海伦记得莫里斯·斯沃德什"特别腼腆"，他从来不跟家里人打招呼，只是"跑到爸爸的书房去"。查尔斯·布鲁阿，萨丕尔的语言学研讨课上的利比亚语言的提供者，也常常来做客。

萨丕尔在经济学家中最好的朋友是弗兰克·奈特，后来他成为了耶鲁"影响力"研讨课的客座教授（见 17 章）。奈特在他的课上引用了萨丕尔的著作，他说语言是"所有人类制度中最纯净和自主的形式"（迈克尔·萨丕尔，p.c）。迈克尔后来取得经济学的研究生助教奖学金，他认为是父亲的这段友谊帮了忙。

除了学术上的接触，萨丕尔很快成为芝加哥大受欢迎的公共演说家。经人种音乐学家乔治·赫佐格的妻子贝齐介绍，萨丕尔结识了芝加哥富裕的"北方犹太人"社群，在那里他得到了权贵们的赏识。萨

---

① 当海伦为维纳家的孩子作临时看护的时候，萨丕尔认为她应该拒绝"一小时 25 美分的看护费"，就当是"友谊的表示"了。

丕尔经常在晚上外出，孩子们相当不满。这是萨丕尔第一次觉得受到了充分的欣赏。

萨丕尔做了为期10晚的关于"文化心理学"的讲座，很受欢迎。讲座内容以学校里的课程为范本，对象是克拉伦斯·达罗带头的一批人，他"后来跟达罗很熟。他是个很可爱的人，成为了好朋友"。通过达罗的第二任妻子，萨丕尔发现海梅·德安古洛和伯克利的保罗·雷丁竟然是他们共同的朋友，他高兴地感慨"世界真小"（致洛伊，n. d. 1926年：UCB）。

萨丕尔参加了一系列关于犹太人的同化广播辩论，对手是芝加哥的一位犹太教律法专家。芝加哥总体上是接受犹太人的，在大学里尤其明显。萨丕尔说犹太教和其他民族的宗教一样，也是一种文化传统，随着一代代人的发展，它的仪式会越来越粗糙和表面化，因而渐渐消失。欧洲有很多例子——特别是在德国——表明反犹主义会渐渐平息，因为犹太人在文化上逐渐与周围其他民族趋同。萨丕尔更多的是从摆脱了移民后的贫困和正统仪式惯例的个别犹太移民的角度考虑，而不是从处于整个敌对的大环境中的犹太群体来考虑的。那段时期犹太学者很少，大多数那一代的人都觉得低调一些是更明智的，即使在一个表面上宽容的环境里[①]。

在芝加哥，众多让人兴奋的学术活动向萨丕尔敞开大门，让他有些应接不暇（致洛伊，1926年3月25日：UCB）："我真的特别喜欢这里，包括在校内和校外。但是我做研究的时间要比我想象得还要少很多，不过我想还来得及找到自己，而且能够学会排除干扰。"萨丕尔以前的社交活动不多，没学会怎样管理时间。在哥伦比亚大学的时候，他只和与学业有关的人有限地接触；在渥太华，他一心只关注工作。萨丕尔是个内向的人，而且虽然社交让人情绪高涨，但同时也让

---

① 只有在纽黑文，萨丕尔才会认为明显的反犹主义是一个大问题。"他对这个问题的关注因德国日益上涨的纳粹力量而变得愈发强烈。"

他觉得疲惫。现在，他认真工作所需要的单独和安静的前提条件得不到保证，总是有其他分心的事，而这些事又是他特别想去参与的。他不知道怎样有效处理有冲突的科学工作，也无法做出能够协调好这些工作的强硬决定。

萨丕尔在芝加哥最重大的人生改变就是与琼·维多利亚·麦克莱纳根的再婚——婚期在 1926 年 9 月。迈克尔·萨丕尔（1984，9）"清楚地记得父亲在芝加哥明显有了更多的社交活动和乐趣。他遇到了第二任妻子（奇怪的是她是从渥太华来的）"、交到很多不同领域的朋友、常常出入教员俱乐部、讲公共课还进入了诗歌和音乐圈。"我觉得那些年是他生命中的'黄金时代'。"

像他第一次结婚时一样，萨丕尔急切地写信告诉同事们他的幸运。他对博厄斯说（1926 年 10 月 5 日：APS）："我在渥太华时只是认识她，去年到了芝加哥才好好地了解了她。"他特别说了琼在芝加哥的青少年研究所工作。他对詹内斯（1926 年 11 月 21 日：NMM）说他这次的婚姻"有些出乎意料"。他很喜欢琼的职业，而且觉得这个工作可以与家庭责任达到平衡。詹内斯（1926 年 12 月 22 日：NMM）"很高兴看到（萨丕尔的）信里闪烁着年轻的欢快，甚至到了连英语都用不好的地步——这糟糕的英语是我以前从来没在你那里看到过的。"萨丕尔用语言表达了在渥太华时从没有过的无忧无虑和生机勃勃。

麦克莱纳根家是"苏格兰—爱尔兰忠诚主义者"，移民到了渥太华谷。琼的父亲是低层公务员，家里的三个孩子只有一个可以读书。琼的学费是一战以后用他哥哥维维恩的退伍教育基金支付的。她分别在 1922 年和 1924 年取得历史学学士和硕士学位。她父母一开始并不同意他们的婚事，因为萨丕尔比琼大，而且还带着孩子，也许还因为他是犹太人。他们在教堂里举办了一次世俗婚礼（菲利普·萨丕尔，p.c）。她家人很快转变了态度，因为他们知道了萨丕尔在学术界的声望，而且也看到在他家里放着很多不同语言的《圣经》（大概这可以证明他的虔诚了）。① 琼在中产阶级的家庭里长大，没有想到家里人一开始会对萨丕尔的犹太身份有排斥的态度。②

琼当时是史密斯社会工作学院的理学硕士生，在两个暑期课程中间，她在芝加哥青少年研究所做为期9个月的实习。她和萨丕尔订婚的时候正是1926年夏天她回到史密斯学院去写论文的时候，不久后他们就结婚了。海伦·萨丕尔·拉森还记得她爸爸和琼回到芝加哥的公寓里时，陪同他们的是青少年研究所的沃特豪斯夫妇。"他们有说有笑，非常开心，还抱着大捆的花。我过了很久才知道他们那天是做什么去了。那些花是从排在他们之前的大型婚礼上带回来的。"

关于萨丕尔和琼是如何认识的，有两个版本的说法。他自己（致詹内斯，1926年11月21日：NMM）说是他家的朋友哈伦·史密斯的女儿伊利莎白介绍的。琼最初认识萨丕尔是在渥太华，那时她是本科生，去找萨丕尔谈诗歌或者是精神病学的问题。她好像并不知道萨丕尔是著名的人类学和语言学家。萨丕尔在芝加哥的朋友们中，斯坦利·纽曼和科尼利厄斯·奥斯古德证实他们是因为诗歌相识（p.c）。与此相反，保罗·萨丕尔却说他母亲并不特别喜欢诗，而且很可能是她的影响让萨丕尔在去芝加哥几年之后远离了诗。她发现在渥太华，萨丕尔是仅有的几个她可以借到精神分析的书的人。③ 萨丕尔对她有好感是因为这个小他16岁的女孩也喜欢这个话题。总之，两人在琼的芝加哥社会工作中再次相遇——很可能是简的特别安排。

萨丕尔那时很孤独，既有家庭的重担，又在与玛格丽特·米德的感情中受挫，他像往常一样，用诗歌表达他的感情。在"苦涩后的爱"（1925年3月12日：SF）中，他写道用"无限的爱"来治疗

---

① 语言学家都收集《圣经》，因为《圣经》往往是翻译到另一语言的第一本书，而且可以直接用来做语言比较研究。
② 几年之后，她对耶鲁大学的反犹主义的反应还是一样的幼稚。
③ 这个版本得到了萨丕尔其他儿女们的证实。

"零落的创伤"。

青少年研究所提供给萨丕尔一份研究的"工作",他可以选择研究任何问题,三个月工资1000美元(萨丕尔致本尼迪克特,1927年3月28日:SF):那主管"甚至都没有耐心停下来确定我能做、应该做或者要做什么,他说他相信我!……这些日子里,每个人都对我太好了"。青少年研究所更关注的是萨丕尔的名气而非他的研究成果,虽然他在那里的正式人格研究只做了一年(1927—1928)。他和两位实验心理学家L. L. 瑟斯顿和海因里希·克吕弗的合作不太成功。在大萧条前,芝加哥大学的所有社会科学学科都在争夺基金会资助;萨丕尔逐渐适应了这种情况,找到了更加合意的资金来源和合作伙伴。

不久以后,萨丕尔写信对詹内斯(1927年4月15日:NMM)说,琼"觉得兼顾研究所的工作和家务活太累了"。他对本尼迪克特(1927年9月29日:SF)平静中略带愉快地说:"可怜的琼辞职了,这样她就可以更切近地考虑丈夫和三个孩子的人格发展啦。"琼当时26岁,做一个继母还是有些年轻,但她必须赢得孩子们的爱。菲利普特别想念奶奶,因为父亲结婚以后奶奶搬去了马萨诸塞州(萨丕尔在经济上继续供养她)。萨丕尔的学生也没有很快接受她,因为他们的年龄相仿。而且她是从渥太华来的,他们对这个城市的了解仅来自于萨丕尔负面的描述。海伦·萨丕尔·拉森记得(p.c)琼作为主妇似乎有些不知所措,尽管她在聚会的时候会用红酒招待客人——因为禁令,酒是在浴缸中做的;有客人来吃饭时孩子们可以得到一美元的贿赂保证不打扰客人。萨丕尔家里不会有很多酒,但现在酒成为了聚会的新动力。

琼·萨丕尔直到她丈夫去世以后才开始工作,不过萨丕尔生前的工作也让她接触到社会科学和精神病学的结合之处。保罗·萨丕尔(p.c.)说,她有着对知识的好奇,但是缺乏严格的思维训练和职业抱负，她的思考方式更偏向于直觉而不是逻辑。

萨丕尔最喜欢的照片，是一张他和琼站着抽烟的照片，照片上有萨丕尔手写的题词："主要的复杂之处：治疗办法：巨大的漠然应该向你的感情进军。你创造了似乎无法解释的或者'难以应付'的情况，实际上，一点点'自嘲'可能会把这种情形变成愉快的常态。"萨丕尔认为自己是他们两个人学术追求上的领导者，这是他一直渴求的稳定的家庭模式。1928 年，保罗·爱德华·萨丕尔的出生使这种模式更加稳固。① 孩子们记得芝加哥周日早上的家庭散步，萨丕尔得到了远视、近视两用的眼镜（一开始用的时候很不习惯），还有他教孩子们玩象棋。

萨丕尔很认真地履行做父亲的责任。1929 年迈克尔高中毕业，萨丕尔（致洛伊，1929 年 3 月 18 日；致克罗伯，1929 年 3 月 22 日：UCB）和他的同事们探讨了迈克尔接下来的教育问题。1927 年夏天，迈克尔去了加利福尼亚州的胡帕人保留地，之后他开始对人类学感兴趣。1919 年，萨丕尔安排他去科尔在伊利诺伊州昆西市的考古挖掘现场过了一个夏天（科尔致萨丕尔，1929 年 9 月 19 日：UC）。1920 年夏天，萨丕尔又送迈克尔跟着保罗·马丁去了西南方（爱德华致琼·萨丕尔，1930 年 8 月 18 日：SF）。萨丕尔还计划安排迈克尔在 1931 年跟随一个芝加哥考察队去南美，但未能实现（爱德华致琼·萨丕尔，1931 年 6 月 28 日：SF）。萨丕尔希望迈克尔"确立一个够得着的目标"，没有给他压力。

1929 年夏天，迈克尔本来计划去位于乌尔班纳市的伊利诺伊州立大学读书的，但在 8 月末的时候，他们父子俩都"迷上了"和一位邻居的孩子聊威斯康星大学的米克尔约翰实验学院的事（M. Sapir, 1984，11）。这个学院偏向于人类学，关注的是两个截然不同的世界

---

① （詹姆斯·）戴维，以他的两位祖父的名字命名，四年之后在纽黑文出生。

文明，第一年是研究五世纪的雅典人，第二年研究当代美国资本主义。夏天会安排学生做一个自己家乡的调查。迈克尔夏天大部分的时间都和琼的兄弟维维恩和他的一家在一起，写了关于渥太华的内容。他特别喜欢米克尔约翰的研究计划；他们用的教材——社会学家罗伯特和海伦·林德写的《米德尔顿》，也是后来萨丕尔在耶鲁大学给外国学生上人格课程时的重要资料（见 17 章）。米克尔约翰同样对萨丕尔有极好的印象，迈克尔在读的两年中，萨丕尔受邀参加每周的小组会议。迈克尔回忆说（1984，11）这两个人是堪为同等的人物——都有着超越时代的思想。他们的思想现在才流行起来：

> 两个人都热爱教学和学生，他们也都受到学生的爱戴，甚至是"崇拜"（不过在同事中间并不是这样！）；两人都善于表扬，能够调动和激发听众的热情；都爱诗和美的事物，热衷于弄清楚这些东西的学术和分析意义。所以他们俩是完全意义上的人文学者。

萨丕尔（致科尔，1929 年 9 月 23 日：UC）发现迈克尔迷上了希腊语（致詹内斯，1929 年 10 月 17 日：NMM）的时候，既高兴又意外。詹内斯（10 月 29 日：NMM）回复他说："迈克尔要成为一个古典学者大概给你一个特别的震撼吧，因为你过去常对古典教育一笑置之。"萨丕尔曾专注于通过语文学向语言研究加入"科学"的观点。

萨丕尔很难为家庭生活抽出时间。他在 1930 年夏天妻子回家探望父母时给她的信中体现出他忙乱的时间表。在连续的三天之内（8 月 15 日：SF），马克斯·雷丁（著名法学家，保罗的兄弟）来吃饭，拉尔夫·林顿带萨丕尔出去吃饭（回来之后"我们听音乐欣赏诗歌，我很喜欢他"），乔治·莫尔到萨丕尔家和家人一起吃饭。下午，他和刚从田野调查中回来的一个学生谈话："基尔霍夫突然来了，我们开了个阿萨巴斯卡降神会。"收到了在非洲田野调查的乔治·赫佐格的信，他请求萨丕尔快些为他补充经费。萨丕尔说自己很累、压抑而且"非常孤独"。

三天之后，萨丕尔又参与了社会学和日耳曼语文的博士考试。政治学院的院长查尔斯·梅里亚姆还请他审阅年轻的哈罗德·拉斯韦尔关于精神病理学和政治学的文章，拉斯韦尔将很快成为萨丕尔的好友和跨学科的社会科学研究的伙伴。为萨丕尔安排的打印纳瓦霍语材料的秘书还没有开始工作，就得到了另一份更好的工作。社会科学研究委员在新罕布什尔州汉诺威市召开了一次会议（萨丕尔正要离开）；会后，一位热心于国际语言规划的社会名流—爱丽丝·V. 莫里斯太太希望萨丕尔能去缅因州的巴尔港拜访她。萨丕尔希望能早点离开，即使有"很多交谈和关心"。他向妻子保证，他不会让任何事影响"我们小小的假期"。关于去哪里度假比较好，他也确实向同事讨教过"小建议"（他很重视同事的意见，即使是非专业的事情）（爱德华致琼·萨丕尔，1930 年 8 月 28 日：SF）。

第二年春天，他们即将搬到纽黑文市之前，萨丕尔又从一个会议上写信给妻子（1931 年，6 月 25 日：SF），他那时是会员：

我们现在出来了，到了岛的东端，面对着一望无际的大西洋。现在为止我还没有看厌这海呢，但是可能过几天就厌了。现在，我大部分的时间都昏昏欲睡地听着不怎么有趣的谈话，关于消费和休闲（妈妈带着孩子去动物园，是该算作"工作"还是"休闲"呢？），怎样能让社会科学发展成像物理或者法律一样吸引优秀的学生的专业呢？

萨丕尔还在私下里暗笑学术精英们的古怪行为。这种正式的研讨会"不怎么有趣……和往常一样，最好的地方是有机会和别人交流"。

萨丕尔利用会期中空闲的星期日赶工作的进度。他现在已经可以很好地应付匆匆忙忙的生活了。罗伯特·雷德菲尔德曾形容他以前的同事,在1929年汉诺威市时(致他的妻子玛格丽特·帕克·雷德菲尔德,她是芝加哥社会学家罗伯特·帕克的女儿)(Stocking 1978):

> 这里全是老学究和有权人。有权的人都是大型基金会的行政秘书,他们代表了大量的——有点背不动的——钱……总共有70个人。社会科学研究委员会支付他们的旅费,给他们吃,给他们洗衣服,还给他们高尔夫球俱乐部的卡,希望他们能生产出"重要的结果"……萨丕尔和拉斯韦尔却可以一直坚持到半夜!……他们关于学术问题是那么有智慧……看这种高效的智者工作真是有趣的事……在这里最重要的精神病学家是哈里·斯塔克·沙利文,他是和萨丕尔、拉斯韦尔一样的第三位深谙讲话艺术的人。他们三个遇到一起的时候,那种音节的汇合真是太神奇了。

萨丕尔离渥太华的生活已经很远了。他陶醉在纯学问的乐趣之中,通过与他同时代的最伟大的思想家谈话,而产生新的思想。拉斯韦尔和沙利文是与他的观点和生活方式最为接近的人,但是在芝加哥,找到这样的人却是很难的事。

芝加哥大学

当萨丕尔来到芝加哥大学的时候,美国大学的角色正在经历着改变。以前"私人的出于兴趣的学习"依托于当地社会,缺乏学科专业化的传统(Shils 1978, 160);而新输入的德国模式则强调研究和研究生教育,不以本科教育为高校的核心,两种模式形成一种竞争格局

(Veysey 1965，12)。但同德国的大学不一样，美国大学缺乏机构内部的研究基金。所以，新的学术研究项目依靠慈善赞助建立起来，一开始由个人提供，后来出现了大型的基金会如洛克菲勒和卡耐基研究所。联邦政府从二战以后才开始投资研究基金。

不是所有的大学都能采取新的模式。文科院校拒绝几乎所有的研究，以此保持它们的独立性（Shils 1978，165）。强势的大学校长可以操控资金的分配，这种情况在两次世界大战之间达到高潮（Shils 1978，167）。有三所大学最初建校时就是以研究型大学为目标的——约翰霍普金斯大学、克拉克大学和芝加哥大学。传统大学如哈佛、哥伦比亚也采取措施与它们竞争。加之有一批"留德归来的"校长和教授合作创立了一种新的机构（Shils 1978，174）——教以助研。提倡忠诚于技能训练的机构，研究生教育提供终生的学科网。这自然培养出"狭隘的传统"和"制度野心"（Shils 1978，165）。有少数几个机构主导了美国学术界，它们的毕业生相互交流合作非常密切（Shils 1978，166）。

这是一个学术明星时代。一个人取得了成就，可以让一个学院迅速闻名全国。一个学科（如社会科学）分支中的四五个人，或者一个大学里的八九个人就可以建立一个学术的中心（Shils，1978，177）。各个大学都去寻找学问最高的人，争抢他们到自己的学校工作。相应的，学者们也学会了珍惜自己的成果。大学变成了能够自我支持的体系，新一代的教授就把重点放在了培养研究生和进行研究上。如此一来，同事成了潜在的竞争者，各自有着大相径庭的研究项目，去争夺有限的资源（Veysey 1963，142）。

人类学虽然是一个小规模的学术圈，在这一次的大学的科学重组中却起到了举足轻重的作用。博厄斯在德国接受了自然科学教育，在19世纪晚期其他美国人类学家还在怀疑制度支持这种理想模式的时候，他已经认为把研究作为重点是理所当然的。于是博厄斯就走在了别人前面。1920年,他的第一批学生基本控制了人类学学科,因为博厄斯把他们安排到仅有的几个学术岗位上去了(Darnell 1969, 1971a)。①

在哥伦比亚大学——为数不多的几所真正优秀的学术机构——弗朗兹·博厄斯是当仁不让的"学术泰斗",因为他"稳定的出版速度"和"一批卓越的研究生"(Shils 1978,179)。克罗伯、洛伊和萨丕尔"每一个人都是人类学研究的集大成者"。博厄斯并没有在他工作的学校受到重视,但他的全国的网络则逐渐主导了人类学界。哥伦比亚大学还有其他的学术明星,包括政治学的约翰·伯吉斯,经济学的H.L.摩尔和塞利格曼,哲学的约翰·杜威,遗传学的摩根,历史学的查尔斯·比尔德和詹姆斯·哈维·罗宾逊(Shils 1978,179)。这些专家的聚集保证了彼此的力量基础。

芝加哥大学的学术明星则包括了数学专业的摩尔,英语专业的曼雷,物理专业的米切尔森和密立根,生理学的洛布,社会学的W.I.托马斯和罗伯特·帕克,政治学的弗罗因德和查尔斯·梅里亚姆,还有古典文学的肖里(Shils 1978,179)。在这样的学术环境中,跨学科的合作是可以实现的。法里斯写的芝加哥社会学史(1967,34)中记录了相关的工作,包括历史专业的詹姆斯·韦斯特福尔·汤普森,哲学专业的乔治·赫伯特·米德和爱德华·斯克里布诺·艾姆斯,心理学专业的哈维·凯尔,政治学专业的H.D.拉斯韦尔,教育学专业的查尔斯·贾德,还有人类学系的爱德华·萨丕尔。

这些高级教员都是被芝加哥大学的第一任校长威廉·雷尼·哈珀系统化的机制吸引过来的。哈珀由约翰·戴维森·洛克菲勒聘任,他的目标是从零开始建立一所中西部的顶尖高校。哈珀通过从东部早先建立的学校挖人(Karl 1974,39)、提供比普通学校高一倍的工资、

---

① 基于这一点,萨丕尔完全有理由怨恨渥太华委屈了他的才华,因为在那里根本没有办法教书。博厄斯一直希望萨丕尔能到哥伦比亚大学去,承担美国印第安语言学的研究项目。

承诺提升研究人员的职位等措施，组建了一支"梦之队"。哈珀笼络的最大一批学者是在克拉克大学因为赞助者的干涉而解体的时候到来的。尽管哈珀对谁是学术专家的判断并不总是准确，但是他手下的教员都个性迥异，而且有制度上的追求。

但是芝加哥大学也有其他的隐忧。到1923年时，本科生数量超过了研究生；教学任务和研究任务互相冲突（Karls 1974，43），形成了一种层级制度，高级的教员带领研究生搞研究，低层的教员则负责给本科生上课，只有杰出的学术专家可以获得研究资金。哈珀很少在意项目和学院内部的和谐关系，而是"更关心专家个人的重要问题，而不关心他们之间的关系"（Karl 1974，39）。

芝加哥大学的社会学

萨丕尔1925年加入的社会学和人类学综合学院在当时已经是美国最顶尖的学院了，它有《美国社会学学刊》来传播研究成果。萨丕尔是明星之中的明星。在芝加哥大学那些优秀的社会科学学院中，社会学是最重要的一个，它在无形之中给其他学院带来了威望（如：Karl 1974）。

19世纪90年代，阿尔比昂·斯莫尔把强调科学性和专业化的德国社会学引入美国，引起了美国学者的注意（Faris 1967）。早期的理论家威廉·艾萨克·托马斯一直主掌社会学学院（直到他1918年被免职），他带领社会学偏离了推测性的进化派的改造。像人类学一样，社会学也向着实证行为主义的方向发展。

芝加哥大学的经典学院是20世纪20年代的第二代学院，由罗伯特·帕克和欧内斯特·伯吉斯领导（Janowitz 1984，2-3）。气氛"更加城市化，甚至有大都市的感觉……而且也更加专业化"（Coser 1971，312-313）。帕克曾经做过记者，伯吉斯是他早期的芝加哥大学的学生。他们 1921 年写的教科书在当地学术圈里被誉为"绿色圣经",它为新社会学提供了一种理论框架,并且提倡实证研究(Buhner 1984,95)。帕克和伯吉斯第一次将精神分析的概念用到社会学中。他们通过实证研究,把芝加哥定义为理想状态的"现代化的工业扩张的城市"(Faris 1967,55),而且把芝加哥作为社会科学研究的实验室。

埃尔斯沃斯·法里斯 1925 年成为了这个社会学和人类学综合学院的院长,萨丕尔也在那一年来到芝加哥大学。法里斯曾经在刚果做过传教士,所以有大量与所谓的原始人接触的经验。在芝加哥大学和约翰·杜威、乔治·赫伯特·米德和詹姆斯·R. 安杰尔(后来做了耶鲁大学校长)一起取得心理学博士学位后,法里斯表面上接替托马斯成为了学院的理论家。他是当时最"偏人类学"的社会学家,而且对个人与文化的关系很感兴趣(1937,238)。

1927 年以后,萨丕尔的老朋友奥格本(富兰克林·吉丁斯在哥伦比亚大学的学生)将统计和科学的方法引入芝加哥大学。尽管这种方法萨丕尔很陌生,但是奥格本对民族志学和精神分析也很感兴趣。萨丕尔和奥格本争论过同样的问题,就是质性研究方法和个人在文化中的作用的问题,不过那时他们的争论是围绕超机体概念。

萨丕尔与芝加哥社会学家

表面上协同一致的芝加哥大学社会学家圈子实际上分成三个阵营:城市民族志学者、社会心理学家,还有崇尚量化研究的学者(Murray 1987;1988)。大家希望萨丕尔能够增强社会学对文化和个人的兴趣,他也很快融进了芝加哥的社会学圈子。从 1923 年开始,社会学学院就为现在和以前的教员建立暑期学校,萨丕尔参加了 1926 年关于人格的那一期(Bulmer 1984,116)。

回顾过去,很难确定芝加哥社会学家对萨丕尔具体的影响。那时主要的社会科学文章都是出自他们之手,而他们之间几乎没有互相的引用。萨丕尔采用了许多人类学读者的意见,好像他们是他自己的读者一样——这是跨学科合作经常面对的结果。确实,即使是在芝加哥大学的社会学家中间,有时也无法辨别某个观点是由谁最初提出来的。比如萨丕尔在 1930 年为《美国信使》写的一篇讨论建立家庭的文章,和奥格本在 1928 年讨论的从生产到合作的转换很相似(Murrary 1986)。虽然他没有采用先前奥格本关于文化改变的正式理论模型,但是萨丕尔提出的问题对芝加哥大学的社会学家来说很熟悉;他并没有特别的专业知识。

芝加哥大学的社会学家们对萨丕尔的文化理论和心理学更感兴趣,对语言学则兴趣平平。尽管如此,帕克和伯吉斯在他们的课本中把言语共同体看成了比家庭更复杂的语言单位,所以就算不是给语言学本身,也给语言增加了一些重要性。他们的很多观点都和萨丕尔《语言论》中的相容,但他们是独立提出这些观点的。他们以塔尔德的模仿理论为根据,抛弃了作为印欧语比较语文学基础的格林姆法则,大概让萨丕尔很震惊和厌恶。没有证据证明萨丕尔曾经尝试解释这个观点的不足(Murrary 1986)。芝加哥大学社会学家写的心理学的文章则和萨丕尔一样,受到精神病学家哈里·斯塔克·沙利文的影响。确实,芝加哥大学的社会学家"和美国其他地方的社会学家比太偏向心理学了",不过这倒为萨丕尔提供了潜在的适宜的氛围(Murrary 1987)。

每个人的研究领域是不可侵犯的,这个不需言说的前提使大师们能够和平共处。但萨丕尔却有意间接地回应帕克和伯吉斯的过于温和的进化论——他在 1931 年采用比较的方法分析布龙菲尔德的阿尔冈昆语言学资料,作为讨论社会科学方法的跨学科研究的专栏论文,由奥格本和戈登韦泽担任编辑。

威廉·艾萨克·托马斯虽然不再在芝加哥大学工作了,但他还与那里的社会学圈子有联系,他还邀请萨丕尔参加了 1928 年一个讨论弗洛伊德的无意识概念的跨学科会议。萨丕尔强调,社会行为在个人和文化两个层面反映了"无意识的模式形成过程"。这种模式只有用解释个人行为的"文化的钥匙",才能得到理解(1928,120)。萨丕尔含蓄地质疑了华生的行为主义,这与他对外域文化的人类学田野调查一致。他认为语言是无意识模式的最容易接近的模型。这篇论文陈述了自我意识的方法论,直指芝加哥大学的社会学家。

在萨丕尔的任期内于芝加哥大学学习的几位社会学学生都记得两个学院与史蒂芬·默里的合作。回忆性自我陈述可能很不准确,但是他们确认了萨丕尔的地位,却不记得他的实际影响。

埃尔斯沃斯·法里斯的儿子罗伯特·法里斯是两次世界大战争期间在学院里读的书,他说在 1929 年两院分离之后,许多社会学的学生还在上人类学的课程(致默里,1984 年 4 月 2 日,5 月 13 日)。法里斯觉得萨丕尔有"一种庄严感",他听萨丕尔的课,大概也读过他的作品,但是他觉得萨丕尔并没有比地质学与他的社会学兴趣更加相关。他感觉(有误)萨丕尔是"深信不疑的、虔诚的弗洛伊德支持者"。法里斯承认文化和人格相互作用的观点在 20 世纪 20 年代是一个餐桌上谈论的话题,但是他并未意识到芝加哥大学的跨学科氛围大概已经模糊了普遍意义上学科之间的界限。萨丕尔"是一个太过深奥的学者,我没法跟他学习。我从来没见过他笑,只有阴沉和紧张的表情"。据法里斯的父亲说,有一次萨丕尔没有收到会议的邀请而特别生气,他说:"只要有一点点精神分析常识的人都知道,疏忽从来就不是偶然的事。"萨丕尔"有一种对冒犯他的人撕破脸皮的倾向"。

法里斯承认,他受到萨丕尔的同事科尔和雷德菲尔德的影响更多。他变得"不相信"民族志学的资料了,因为"越来越多民族志学家去探访已经被调查过的民族,他们的感受很不相同,这让我觉得特别震惊"。在这一点上，法里斯无疑是 30 年代典型的社会学家。那时社会学越来越重视方法，人类学也转向"我们的社会"，可重复性变成了一种现实的评价标准（Murrary, MS）。

爱德华·希尔斯（致默里，1984 年 10 月 25 日）回忆说他在读研究生期间社会学家们没有明显的冲突，但是他还强调说，学生们其实没有机会了解老师的私人想法："我觉得学院里几位高级的专家之间并没有密切的关系。"据希尔斯的了解，萨丕尔在学院里是特别受到尊敬的。帕克本该积极响应萨丕尔的那种工作；但反犹主义可能引起了对萨丕尔的敌意。

这段时期其他的一些芝加哥大学的学生，在回忆时夸大了他们与萨丕尔的联系。赫伯特·布卢默（致默里，n.d. 1984 年 6 月）说他上过两门萨丕尔的课，"在学术问题上经常与他联系"。大学的记录中没能找到当时的课程登记信息（Murrary 1986）。布鲁默觉得两个学院分开致使学生不能同时上社会学和人类学的课。对他自己，萨丕尔的观点给了他"很大影响"（未详细说明），但是没有"促进我的核心思想"。

这些社会学的回忆性记录里忽视了萨丕尔在芝加哥大学个人的和与人合作之中的影响。他们关注的是出版的研究成果，而不是在谈话中闪现的思想。在一定程度上社会科学史反映出了这个学科的研究方法。有意思的是人类学家要比社会学家更倾向于用个人的和人际互动的资料来支持理论和制度的讨论（参见 Hallowell 1965, Darnell 1974）。

在帕克的学生中，只有路易斯·沃思跟萨丕尔学习过（Murray 1986）。艾伦·温斯顿（致默里，1984 年 4 月 4 日）是帕克的学生，她虽然没有上过萨丕尔的课（Murray 1986），但是奥格本曾经鼓励她去学习萨丕尔"更广泛的社会服务方法"，而不是帕克"特别明确的研究目标"所提供的东西。她思考着说如果早点遇到萨丕尔，她的研究方向也许就转向人类学了。

虽然萨丕尔与芝加哥大学的社会学家们走得较近,但不证明他们有密切的个人交流。不过,萨丕尔最常见到社会学同事的地方是各种跨学科的会议(以找到的文字记载来看),他是会议的常客,也能很快融入他们。威廉·艾萨克·托马斯、欧内斯特·伯吉斯还有路易斯·沃思是会议上最积极的人。

萨丕尔显然同意社会学家的看法,不同学科的核心方法和受众是不同的。他曾写信给科尔(1933年7月24日:UC)说能够轻易在社会学和人类学之间游走的雷德菲尔德,可能很快会成为芝加哥大学社会科学教务长,他的研究旨趣"在人类学上有点过于边缘化,在普遍的理解上,让人觉得他"适合去编辑《美国人类学家》。但萨丕尔相信芝加哥大学的"这种综合模式"应该可以吸引到外部的资助(致雷德菲尔德,1934年5月14日:UC)。

萨丕尔在芝加哥任职的事让他疏离了跨学科的合作。劳拉·斯佩尔曼·洛克菲勒纪念基金会打破了不支持学术人员工资的惯例,为萨丕尔支付了三年的工资。但到1927年,政策改变,可以为研究型教授提供资金(Buhner 1984,146),免除了困扰萨丕尔的繁重教学任务。芝加哥大学利用这笔资金聘请了研究心理学的 L. L. 瑟斯顿,研究公共财政的西米恩·利兰,和研究经济学的亨利·舒尔茨(Bulmer 1984,178)。在聘用数量上的严重偏向让萨丕尔很难感受到他这种社会科学受到了芝加哥大学的重视。

萨丕尔和奥格本是很近的邻居,他们之前就已经是朋友了(萨丕尔致洛伊,1927年10月3日:UCB)。奥格本尽管对精神分析有着持久的兴趣,但他提倡的统计社会学让这个学院走向了两极分化。在决定洛克菲勒基金会捐资建造的社会科学研究大楼(1929年开放)前的引用语时,反对的呼声达到了高潮。萨丕尔认为在建筑物上刻字破坏了建筑的设计;且任何引文在一代人之后都会过时(致奥格本,

1928年10月25日；UC；Karl 1974，154-155）。萨丕尔和帕克都很厌恶隐含在奥格本选择的引用语中对社会科学的量化定义。

保罗·萨丕尔（p.c.）相信他的父亲从来不承认学术生活本身蕴含着竞争，他更倾向于相信那个幻象（很多学者也这样认为），即人们是为了追求真理。迈克尔·萨丕尔记得父亲曾经痛斥"没有什么权术阴谋能比得上学术上勾心斗角那种邪恶和谩骂"。萨丕尔希望成为团队的一员。在科尔那里，他可以保持这种自我评价。但是芝加哥大学是一个自负的地方，必然常常伤害萨丕尔的感受。也许别人欢迎他，他也孤立了自己。好像只有学生是例外——他们记忆里的萨丕尔和他同事们所表述的萨丕尔判若两人。萨丕尔状态最佳的时候是他的想法能够发展的时候，而不是必须辩护的时候。即使是在跨学科的会议上，他最典型的角色也是寻找一种可以共同接受的、结合了各种观点的表述，而不是为个人的观点争论。他的学术模式是哥伦比亚式的，是那种比芝加哥大学更顺从些的学术传统。

洛克菲勒基金会对芝加哥社会科学的资助

洛克菲勒基金会是促进芝加哥大学的社会科学发展的重要力量。资金通过由专业的经理人组成的机构输送而来，而经理人接受过他们支持的科学的培养。受委托人只希望得到"通过系统的亲身观察得到的可靠的、尽可能量化的资料"，效仿"自然科学的严格标准"（Bulmer and Bulmber 1981，347）。

各基金会（其中洛克菲勒是资助社会科学的基金会中最大也是最重要的一个）的兴趣在于应用科学。基于一战中心理测验在动员人力方面的成功，胡佛总统和罗斯福总统在制定公共政策时越来越多地寻找科学建议（Bulmer and Bulmber 1981，348）。虽然只有8.8%的洛克菲勒基金分散投入了社会科学领域，但是十多年中投入人类学的

200万美元（Stocking 1985）对培养人类学家和促进这个专业的发展起到了不可比拟的重要作用。

芝加哥大学是从洛克菲勒基金会慷慨的捐资中受益最多的大学。从1917年到1929年，在斯莫尔的社会学学院教课的乔治·文森特，一直兼任洛克菲勒基金会的会长（Bulmer 1984，135）。比尔兹利·拉姆尔，是斯佩尔曼纪念基金会的理事，在芝加哥大学取得了社会学博士学位（Stocking 1985）。芝加哥大学社会科学的学者们建议基金会的官员在各个学科中应该支持哪个发展动向。

在芝加哥大学，洛克菲勒基金会允许支持临时设立的特别项目。所以萨丕尔的聘用并没有为学院项目带来支持。不过，科尔和萨丕尔共同提出的去西南方进行田野调查的提案被提交到了"地区社区研究委员会"。这个计划需等1929年学院的五年研究计划制定时才可决定。

于是给基金会官员留下深刻印象的技巧变得越来越重要。在1926年的汉诺威市（位于新罕布什尔州）年会上，威斯勒和马林诺夫斯基在社会科学研究会的赞助下，提出了"新人类学"（Stocking 1985）的纲领性特征。马林诺夫斯基和拉德克里夫-布朗（在芝加哥大学待了六年）把美国的历史传统引向了对仍在运行的文化的研究。非洲和大洋洲也开始取代北美洲成为更吸引人的研究地区。在极短的一段时期内，人类学的外域题材似乎预示着"用其他方式所无法获取的、促成人类行为的普遍冲动的知识"（Stocking 1985）。

但是人类学没有实现它在跨学科的社会科学中显然应该达到的功用。大多数人类学家认为田野调查本身就是目的，概括和普遍化是后期的工作。田野调查花费很高，而且对它来说是否可以复制这一问题也比在其他社会科学中更为重要。洛克菲勒基金会逐渐减少了对社会科学的资助，特别在文化人类学研究中。

博厄斯在整个洛克菲勒基金会时期没有受到重视，基金会觉得他

"在学科中不再有创新能力了"；而且他的学生中女性太多了（Stocking 1985）。基金会绕开年长的学者，而倾向于年轻的学者，因为他们更希望对学科进行改革。在博厄斯范式学者中，威斯勒和萨丕尔成为了基金会眼中新潮流的代表。

洛克菲勒基金会没有专门设置人类学资金，钱是通过芝加哥大学的社会学拨过去的。芝加哥大学的社会学在两次世界大战之间是综合社会研究的世界性模范。萨丕尔能够以他小众的学科在这个领域中游走，加上他艰深的语言学专业，证明了他真正理解正在成形的社会科学的跨学科本质。萨丕尔成为了这种新式方法的主要发言人，而且也越来越多地为非人类学专业的听众演讲。

随着基金会的投资减少，各学科变得越来越专业化，30年代中期以后，人类学发展的环境发生了巨大的变化。萨丕尔在芝加哥大学和耶鲁大学工作的时候，发表过一些初步的纲领性声明。不过没有持续的支持让他去检验自己的纲领，其中的缘由萨丕尔也没法控制。

基金会的资金可以产生新的社会科学，那么它的通道就不是通过个人而更多的是通过机构——芝加哥大学就是其中的领先者。斯莫尔一直在设想一个"超级研究学校"，可以进行集体研究（Bulmer 1980，51-52）。但直到20年代早期，即使是在芝加哥大学，社会科学也是个人的研究。在临近退休的时候，他向校长贾德森提议（1922年11月3日：UC），10,000,000美元可以马上投向社会科学，最后甚至可能证明"整个格局的独裁式的调整"是正确的。学院之间将必须合作。帕克和伯吉斯马上回应说他们已经开始的城市研究项目需要资金（Bulmer 1980，64-65）。

在这段时期，学科范围和管理机构并没有清晰的区分，许多学者进行的是跨学科的教学和研究。应用型研究在基金会的资助下也开展了跨学科的项目（Bulmer 1980，66-67）。但是这样的项目如何往前走，还要经过反复的试验。

作为劳拉·斯佩尔曼·洛克菲勒纪念基金会的理事，比尔兹利·拉姆尔"帮助确保了'行为主义学派'对学术界的征服"（Collier and Horowitz 1976，143）。在洛克菲勒基金会积极投资社会科学阶段，拉姆尔是基金会的"谋士"。为了纪念老洛克菲勒的妻子，斯佩尔曼纪念基金会于1918年成立，后于1929年合并到了社会科学部，在短短的11年中投入了五千多万美元。拉姆尔把基金会的投资方向从妇女儿童的社会福利转为社会科学研究（Bulmer 1980，70-72），他还很善于做慈善家的演说。但人类学在他看来是边缘的概念，因为"遥远的时代和地域不是关心的焦点"（Bulmer and Bulmer1981，364）。但是他"对杰出知识分子的开放态度"（Bulmer and Bulmer 1981，497）让萨丕尔这样的有创新能力的科学家变得不可或缺。

拉姆尔行动很匆忙。他一开始就预料纪念基金会可持续十到十二年。从1927年到1928年，拉姆尔将自己过半的资金投入其中，并且希望把20年代后期一直悬置的洛克菲勒董事会重组的事推迟得越久越好。埃德温·恩布里曾指出（引自Bulmer and Bulmer 397）：拉姆尔"在被叫停之前成功地将2500万美元花出去了"。虽然纪念基金会在1929年不复存在，但是埃德蒙·戴一直按照拉姆尔的政策进行资助，直到1934年机构重组（Bulmer and Bulmer 1981，398）。

很多大学依靠赞助而发展，洛克菲勒的资助更加深了这种风气。获资助的教授变得更为重要，因为他们参与委员会运营，在会议上发言，而且和受托人有联系（Bulmer and Bulmer 1981，400-401）。这个系统鼓励创新和卓越的表现。

芝加哥大学的政治学专家查尔斯·梅里亚姆、帕克和伯吉斯1923年组建了一个关于"地区社区研究委员会"的跨学科组织（Bulmer 1980，75-80），因而获得了洛克菲勒基金会的资助。从中，社会学得到了40%的资金，大部分用于支付研究助理的工资，他们在芝加哥市进行了各种各样的研究项目。1924年，补助有所增加，

1927年还得到了斯佩尔曼纪念基金会新五年计划的支持。在1926年汉诺威年会上，帕克提出，跨学科的合作可以通过众多小规模的研究积累而实现，地区性的研究项目可以使用学生们收集的资料，而且通过地区性的研究也可以培养新的研究人员（Bulmer 1980，6）。学术导师可以担任研究主管。

1924年，芝加哥大学出版社受到资助出版社会科学的研究成果。从1927年开始，定期发表相关的文章。洛克菲勒基金会还出资建了一栋社会科学大楼，供地区社区研究委员会的项目优先使用。这栋楼取名"1126"（位于东59街），它源于研究团体而非学院，因此在"年轻而且没有组织归属的"研究人员中还产生了极大的"团结精神"（Janowitz 1984，61）。

纪念基金会也为"青少年研究所"提供种子资金，这个研究所的前身是1909年由威廉·希利创建的儿童指导诊所。克利福德·肖和亨利·麦凯做了一系列青少年的经典研究，1917年，精神病学家赫尔曼·阿德勒出任理事。他们都参加了那段时间的跨学科会议。研究院对临床的强调，使之成为学术研究所需的实证行为资料的理想来源。

地区社区研究委员会曾经尝试研究文化和人格，不过与萨丕尔相比，法里斯、瑟斯顿、梅里亚姆和拉斯韦尔是这个项目里更为核心的人物。这个项目实际上是地区社区研究委员会唯一支持的多学科项目。这项研究"一致性较弱，但是研究个人的项目吸引了很多能力超强的人"（Bulmer 1980，104）。但由于各学院不愿意从属于地区社区研究委员会的研究兴趣，也产生了许多困难。研究组织往往意味着支持各个学科的研究生。1927年，地区社区研究委员会开始取缔小规模的、非跨学科的项目，而关注由经验丰富的项目负责人主持的研究。但由梅里亚姆、瑟斯顿和研究经济学的L.C.马歇尔组成的跨学科合作的下属委员会，则不能接受，后来解散了委员会（Bulmer 1980，101-102）。

问题在于由各自的学科培养的活跃的研究人员都追求自己的兴趣——萨丕尔是极少数的例外。基金会的行政人员认为"对合作性研究的追求会给社会科学发展注入巨大的动力",这种情况会自发产生,而且从定义上说,对独个的、规范的学者更可取。当 L. D. 怀特 1929 年从地区社区研究委员会主席的位置上退下来时,他希望为更具综合性的研究留下一个开放而清晰的研究计划,但是他的设想在梅里亚姆那里大大减弱了(Bulmer 1980,107)。

虽然洛克菲勒基金会积极支持综合性项目,但是地区社区研究委员会松散的组织仍然成为芝加哥大学的典范。洛克菲勒的内部文件中包括一份对这个僵局的总结(施莱辛格致戴,1930 年 3 月 18 日:RAC):

> 在贯穿社会科学的组织中有着让人吃惊的对总体性研究极大的兴趣……但几乎没有人从这些不断产生的大量需求中去发展一个协同的计划。但这也不是我的发现。地区社区研究委员会同样意识到了这样的问题,它进行了重组,现在是一个规模小一些的、非部门性质的组织,旨在建立一个全面的、长期的计划。

因为芝加哥大学不能达到基金会要求的跨学科标准,所以慢慢地,随着洛克菲勒基金会向社会科学领域投资的减少,芝加哥大学得到的资金也越来越少。拉姆尔 1933 年时最后做过一次努力,希望在五年计划期满之后再次争取到人类学基金,但是没有成功(雷德菲尔德致科尔,1933 年 10 月 16 日:UC)。芝加哥大学的分散型模式也遇到了僵局。剩余的洛克菲勒基金更多地转向耶鲁大学,那里的人类关系研究所追求的是更加综合性的研究项目。萨丕尔是芝加哥大学很少的几个可以申请基金资助的专家,尽管他对人类关系研究所狭隘的行为主义是完全陌生的。

第十二章 芝加哥人类学

1892年，当校长威廉·雷尼·哈珀聘请弗雷德里克·斯塔尔时，芝加哥大学在人类学方面的计划开始了。斯塔尔是一位地质学家，虽然他给本科生讲的课很受欢迎，但是他没有把芝加哥大学的人类学与当时新出现的博厄斯范式的学科相结合。"斯塔尔在人类学正要进行思想转变时来到这里，他在自我专业化方面的努力使他的名字永远留在19世纪晚期的进化历史里……（他）没有意识到博厄斯使用语言学和文本化的方法，把人类学从博物馆转移到了研究院校"（Stocking 1979，13）。哈珀更倾向于博物院的标本，而不是田野调查；斯塔尔希望人类学能够重新回到自然科学的范畴（Miller 1978，54）。然而按照斯塔尔的思路招不到研究生，虽然他的两位博士生（莫顿·米勒和大卫·巴罗斯，后来担任伯克利分校校长）1897年毕业，但是这项计划还是游离于人类学主流之外，失去了活力。

因为斯塔尔，哈珀在聘用其他那些对克拉克大学不满的教授时，跳过博厄斯。而且芝加哥大学人类学又因为与社会学联合在一起，而处于更加孤立的位置。尽管威廉·艾萨克·托马斯和阿尔比昂·斯莫尔曾经试图改变斯塔尔的既定方向，但是没有成功。博厄斯1908年为芝加哥大学的暑期学校上课，但是他不愿意永久地离开哥伦比亚大学（Miller 1978，55；Stocking 1979，15）。斯塔尔在1923年退休，下一任芝加哥大学的人类学博士莱斯利·怀特是1927年退休，罗伯特·雷德菲尔德是1928年，反映出他的整个计划很没有持续性。

1923 年，拉尔夫·林顿执教人类学。1924 年，斯莫尔聘用了费伊-库珀·科尔，一个"彻底的博厄斯范式的"哥伦比亚大学研究生，他当时已经在芝加哥菲尔德博物馆工作了。科尔是一个"和善而低调的人，不恃才傲物"（Stocking 1979，17），他打造了一个研究型学院。

科尔需要一位大师把芝加哥大学引进美国人类学的前沿，于是他力劝斯莫尔（1924 年 11 月 12 日：UC）聘用爱德华·萨丕尔"这位杰出的语言学-人类学家"，也是博厄斯课堂上的"佼佼者"。科尔围绕萨丕尔"重组"了芝加哥大学人类学学院："在这段时间，萨丕尔轻易成为美国人类学极具影响力的人物"（Hooton 1940，158）。洛伊（1965，4）的记录中，认为在芝加哥大学的日子是"萨丕尔事业的巅峰，他拥有了一批忠实的学生，成为了学界的主导人物，而且还与大型的基金会首脑有密切的关系。"芝加哥大学给了他充分的机会施展"他杰出的教学和演讲天赋"，还安排学生去做"他自己没有时间继续的研究"（Jenness 1939，152）。玛格丽特·米德（1966）强调了芝加哥大学"特别让人兴奋"且"拥有真正的自由"；科尔"把萨丕尔带来，而且特别支持他，要让萨丕尔成为芝加哥大学光耀的明珠。学生们特别喜欢他的课，很多人都来向他学习，他也度过了一段愉快的时光"。

科尔"与同事的关系很好"，可能因为他并没有把自己当成一个学者（Eggan 1963，644）。萨丕尔在大家心中则是一个大牌的形象——他和"思维敏捷"的同事相处得很好，但是对让他觉得无聊的人则"生硬甚至粗鲁"（霍耶尔致哈斯，1971 年 11 月 8 日）。科尔为萨丕尔提供机会专注于教学和研究。

萨丕尔在研究方向上与芝加哥大学社会学是一致的，即"当代美国移民的文化同化"，关注更多的是人们的行为而不是器物（Stocking 1979，17）。尽管他以前的工作是关于重构文化史的，而且他在渥太华博物馆的工作经验让他完全有资格与博物馆的人类学家们对话，但是他的兴趣逐渐转到语言与文化对于个体的心理现实之上——这处于新兴的跨学科的社会科学前沿，而芝加哥大学之外的博厄斯范式文化人类学家则出人意料地很少涉及。

克罗伯（1954；1959a）认为博厄斯范式的观点是人类学根源于自然科学（体质人类学和民族学）和人文科学（语言学和考古学）。在他看来，人类学和社会科学相结合是不妥的（1954；767）。克罗伯认为（1959a，399-400）人类学在理论上区别于社会学的地方仅在于人类学强调原始民族志。不同于克罗伯、洛伊、施皮尔和博厄斯，萨丕尔选择了早期人类学和新人类学的交汇点，即人类学与社会学和其他社会科学相联系。这些趋势都在芝加哥大学汇聚。

人类学的领地

聘用科尔是基于人类学和社会学应该分成两个学院的设想，但他正式要求"代理弗雷德里克·伍德的院长职务"（1928年11月26日：UC）时却一再声明联合的真诚。埃尔斯沃斯·法里斯一直表现出对人类学"很感兴趣"，而且"不带个人色彩"。① 科尔强调文化人类学和心理学、政治学、经济学以及社会学的联系；强调考古和历史、地理和古生物学的联系；语言学和心理学以及其他语言的关系；体质人类学和生物学、动物学的关系。田野调查把人类学和东方学院的研究方法联系起来。在独立的学院里，学生可以接受各个方面的专业训练。

芝加哥大学把人类学和社会学联合起来并不常见。人类学在美国其他大学都是独立的学科，包括哥伦比亚大学、哈佛大学、宾夕法尼

---

① 在莱利斯·怀特的官方讣告中（Service 1976, 612）提到法里斯1927年没有通过他的学位论文，理由是"不够理论化"，这表明一年之后教师们还对人类学学院分离出来的建构模式有着分歧。怀特在一次接受马修斯的采访时（1964年11月15日：UC）说科尔曾经威胁说如果两个学院不分离的话他就要离开学校。怀特的观点无疑过于简单化了。

亚大学、明尼苏达大学、加利福尼亚大学和华盛顿大学。为了帮助研究生找工作，科尔不得不解释虽然学院处于社会学统筹之下，但是也教人类学。在实际操作上，分科也得到实施，两个学科对学生有不同的要求："当我们称自己是联合学院的时候，多半是虚指，并非事实。除了我们有共同的院长、每周一次聚餐，我们没有什么是共同的，和分开没有两样。"其实，在很多方面，分科已经是事实了，比如图书馆预算、新社会科学大楼的占用场所、国家级的协会、出版物和社会科学研究委员会的代表等。人类学在国家研究委员会和美国科学促进协会中有席位，但两个协会都不包括社会学。总之，人类学已经进入了独立的专业化学科时代，而芝加哥大学在这一点上落后于时代了。

科尔很有信心在北美赞助成立一个无与伦比的研究项目，他拿1927年"人类学市民委员会"为例，说它吸引了"芝加哥一些杰出的市民"。专业能力的内部交流也是不实际的："社会学和人类学太不一样了，我们学人类学的人对有关于社会学的事项没有判断能力，也不能明智地采取行动；他们学习社会学的人对严格的人类学问题也同样束手无策。"

独立学院正式获准成立是在1929年2月18日，社会学院没有人反对。科尔、萨丕尔和雷德菲尔德立刻向洛克菲勒基金会的埃德蒙·德呈交了一份五年计划，为芝加哥大学人类学争取资助（1929年3月26日：UC）。

他们强调介绍性的课程能够为社会科学的学生提供"广泛的文化背景"，从而"沟通社会科学和自然科学的鸿沟"。但是重点会放在"基本研究"上。人类学与其他科学不同，因为它所研究的"人类社会和人类的心智"需要对"更简单的文化和更原始的语言"进行一手的分析，而且移民原来的家乡也应该予以研究，以帮助美国的城市实施适当的政策。虽然人类学家的工作地远离校园，但是他们是在与其他社会科学"合作"。田野调查的花费是很值得的,因为它的理论关联面很广泛,而且它研究的是"急速消失的文化和语言"。对人类学的需要"既特殊又紧迫"。

他们提议的研究大部分关于美洲-印第安人,有很多种类丰富的研究已经在进行中。科尔在伊利诺伊州的考古项目已经在三年中培养了很多研究生。北美民族学研究反映了萨丕尔对纳-德内语言学的兴趣,他重点关注的是美国与加拿大的阿萨巴斯卡部落,不过学院希望增加"五大湖区的中央阿尔冈昆族"的研究。① 墨西哥民族学研究主要围绕雷德菲尔德的墨西哥社会变革研究开展,进行得很顺利。这些研究领域反映了教员各自的兴趣。

萨丕尔对美洲-印第安语言的研究被描述得独立于民族学。他的纳-德内语言的工作将会得出"详细的比较结果,有望为原始美洲族群做一些工作,像比较语言学者们为印欧语言所做的一样"。"技术性研究"可能带来关于定居于北美洲的人们的"一些非常有趣而且独特的结论"。萨丕尔"猜想",纳-德内语曾经与汉语或印度-支那语有联系。这样,萨丕尔希望基于工作中非语言学的部分获得资助,这样可能会引起洛克菲勒基金会的兴趣。萨丕尔还申请资金用以支付芝加哥市的语言提供者,这是培养高级研究生所必需的训练。

还有各种各样特别的项目需要资金:布鲁阿和乔治·赫佐格对格雷博语的研究,科尔在马来西亚的研究,还有芝加哥的移民研究——为了学习研究方法而设立的"不同一般的实验室"。这段时期,对"我们的"社会进行田野调查训练在人类学中并不普遍,但在芝加哥大学的社会学家们看来却很普通。洛克菲勒基金会还收到其他请求,如提供秘书的费用、提供芝加哥大学出版社发表或出版的费用。唯一缺少的传统博厄斯范式的研究项目是体质人类学,这个领域被认为

---

① 萨丕尔很可能希望支持列侬和布龙菲尔德的中央阿尔冈昆语研究,这项研究当时在德语系。

"基本上处于生物学的范畴"①。建议中还包括建立实验室研究个人和种族变化，引用了博厄斯关于移民头骨形状的文章，把体质人类学与芝加哥大学定义的人类学理论联系起来。科尔一直兴味索然地教体质人类学课，一直到后来他雇到了一位专家为止。

人类学家们提出五年资助 12.8 万美元的请求。校长弗雷德里克·伍德沃德同意之后，把提案交给洛克菲勒基金会（1929 年 5 月 1 日：UC）。科尔（致德，1929 年 5 月 8 日：UC）再次陈述了人类学过去取得的成果，特别是在提供田野调查经历和为学生提供工作机会方面。

正当一切看起来都很顺利的时候，拉德菲尔德得到了斯坦福大学的聘书。科尔（1929 年 7 月 31 日：UC）认为这是"芝加哥大学的灾难"，他极力劝拉德菲尔德留下来，建立一个"即使不是在全世界，也是在美国顶尖的学院"。雷德菲尔德拒绝了继续研究墨西哥当地文化的工作——它的目标是向社会学家展示城市文明最初是怎样发展起来的（Hughes et al. 1976，60-63）。他的一组涵化理论抛弃了传统人类学的假设，即原始社区隔离于周围更大的社会环境（Leslie 1976，155）。雷德菲尔德的项目包含了几个社区和数名研究人员，历时一年，构成了芝加哥大学田野调查资源的一大部分。萨丕尔还为这个项目中的语言学家曼努埃尔·安德拉德提供了帮助（致科尔，1930 年 3 月 7 日：UC）。

1930 年春天，芝加哥大学在墨西哥的霸主地位受到挑战，克罗伯计划在那里开展一项民族学调查。萨丕尔收到克罗伯的信时对他的语气感到很意外，所以他在回信之前问了科尔的意见（1930 年 4 月 29 日：UC）。科尔（1930 年 5 月 2 日：UC）回信向萨丕尔保证说，他"绝不同意仅仅因为他做过了初步调查或者因为他们已经制定了计

---

① 萨丕尔到了耶鲁大学后还是对人类学中的体质人类学没有热情（Rouse, p.c）。

划就放弃那片领域"。他提议可以对克罗伯说芝加哥大学的墨西哥研究在前一年就交给洛克菲勒基金会进行五年计划的评审；不过基金会也可能欢迎两个机构的"合作研究"。当时科尔在华盛顿参加国家研究委员会的会议，萨丕尔代理院长的工作，他回信给克罗伯（1930年5月5日：UC）说那里的工作足够每个人来做。不过要应对芝加哥大学已经建立的事业，克罗伯知难而退了。虽然萨丕尔没有参与墨西哥的研究项目，但他感到这对芝加哥大学人类学的名誉来说至关重要，于是捍卫了学院的领地。

科尔对芝加哥大学研究图景的设想有时让萨丕尔不理解，他想知道语言学在其中的位置，"你知道，它在技术层面上要求相当严苛"（1929年10月14日：UC）。他同意为芝加哥博览会提交语言学展览计划，但是他坚持说这不是他的工作该做的："我必须说，此刻，想到要把紧音和喉塞音变成公众看得懂的生动图画，我就觉得震惊和气愤。"萨丕尔本以为他把这种事留在渥太华了，没想到还是如影随形。科尔（1929年10月21日：UC）同样感到很为难，他希望萨丕尔能提出语言学"合适的位置"。萨丕尔希望提高语言学的专业化水平，而不是用它娱乐更多的人。在1929年，萨丕尔参加过一个暑期学校，是民族学的研究生尝试为西南人类学实验室做纳瓦霍语言学研究，之后萨丕尔强调"没有经过准备和准备不足的人不能进行语言学研究，这一条不容商量"。科尔（1929年10月9日：UC）说语言学展览也许可以带来买仪器的资金，洛克菲勒基金会可能会看展览，并把此作为继续支持芝加哥大学或其他大学的人类学的依据。

萨丕尔需要有机构来支持他培养美洲印第安语言学研究的中坚力量。他甚至愿意把他的工作贴上任何学科的标签，只要能够得到资助。他曾写信给校长办公室（1930年6月10日：UC），希望能加入新的人文学科的项目，因为原始语言学附属于人类学"与其说是必要的，不如说是一种惯例"。在1931年6月的一份洛克菲勒基金会的研究概述中，萨丕尔说"语言学现象的系统化研究"比对个别语言的"实质性知识"之于科学更有促进作用。他强调用原始语言来检验语言学理论：

> 普遍的语言学变迁概念主要来源于一个语系的语言学研究——印欧语系，而它的普遍有效性只有通过与其他地区的比较，与差别很大的语系的比较才可以得到验证。阿巴拉斯卡语群和玛雅语群则可以提供这样的验证。

萨丕尔虽然坚持严格的语文学方法，但是他也明白语言学必须呈现给非专业的人，因为它也包含着更活跃的主题。

美洲印第安语言学项目进展很快。萨丕尔曾报告说（致科尔，1930年11月18日：UC）"相当活跃"，其中包括斯坦利·纽曼的塔努安语和约库特语研究，沃尔特·狄克的威士兰（部落）奇努克语研究，哈里·霍耶尔的纳瓦霍语和阿帕切语研究，莫里斯·斯沃德什对内兹佩尔塞语的研究，维克托·里斯特对克里克语的研究，还有萨丕尔的纳瓦霍语研究。萨丕尔也和马克·汉娜·沃金斯合作，研究切瓦语，是尼亚萨兰（马拉维旧称）班图人的一种语言。[①] 另外，萨丕尔还提到了纽曼做的语言心理学的研究，还有斯沃德什的普通语言学研究（由国际辅助语协会资助）。

萨丕尔虽然以研美学者著称，但是他对非洲语言学的涉猎也特别有意思。[②] 查尔斯·布鲁阿，会讲格雷博语，从利比里亚来，萨丕尔以他为语言学的调查对象的时候，他正在为挣芝加哥大学的学费在当地的保龄球馆工作（Eggan, p. c.）。格雷博语的四声调现象给萨丕

[①] 沃金斯是第一位黑人人类学博士，萨丕尔指导了他在非洲的关于当地语言的工作，直到他1931年离开芝加哥大学（Stocking 1979, 17）。

[②] 在耶鲁大学，萨丕尔为了一个南非硕士生马修斯，担任委员会委员，马修斯后来成为一个出色的政治家。

尔出了个语音学难题（萨丕尔在教纳瓦霍语时用哼声表示声调），对音乐学者乔治·赫佐格（他的音很准）和李方桂（他可以说7-8种亚洲声调语言）[①]也是一样（埃根1986）。萨丕尔（致詹内斯的信，1927年4月15日：NMM）高兴地发现声调模式符合"西非的鼓声语言理论"，他说"在大学工作的一大乐事就是用一种亲密的方式与热情的学生们开始一项工作"。

布鲁阿得到洛克菲勒的奖学金，学习社会学，而且开始写作民族学的文章。他和赫佐格在1929年到1930年间去利比里亚研究格雷博语民族学和音乐。萨丕尔（给洛克菲勒基金会的报告，1929—1930年：RAC）很高兴地看到之前在芝加哥大学通过语言学分析的四声调，在鼓声语言中同样适用，而且"几乎是当地耳熟能详的说法"。萨丕尔设想写十卷的报告，但基金会只接受了关于格雷博语谚语的一卷，而且从当地的文化看，布鲁阿并不是一个令人满意的语言调查对象（萨丕尔致莱斯利·怀特，1931年3月23日：UM）。赫佐格不得不在调查中重新验证大部分民族学资料。萨丕尔总结道：被调查者的局限只有用语言学的方法才可以解决，"用本地语言记录民族志资料，并配上行间的翻译。系统化的民族学调查几乎不可能实现"。

萨丕尔课上的另一个被调查者是黑斯廷斯·卡穆祖·班达博士，后来成为马拉维的总统。班达学习医学，也学习历史和政治学。他觉得与萨丕尔做朋友很自豪，而且更倾向于积极地对待语言学，而不是人类学（伊恩·迈克尔致达内尔，1987年3月13日）。

在五年资助期满，向洛克菲勒基金会提交的报告中，科尔（致戴，1936年7月17日：UC）认为学院的资金恰当地用在了研究训练和专业培养上。参加田野调查的全部25名学生都找到了大学或博

[①] 李方桂（Fang-Kuei Li，1902—1987），著名语言学家。1924—1928年间在美国密执安大学、芝加哥大学攻读语言学硕士、博士学位，是中国在国外专修语言学的第一人。为国际语言学界公认之美洲印第安语、汉语、藏语、侗台语之权威学者。著有《龙州土语》、《武鸣土语》、《水话研究》、《比较泰语手册》、《古代西藏碑文研究》等，有"非汉语语言学之父"之誉。参见百度百科。——译者注

物馆的稳定工作，还有 11 人有临时的或者监察的职位，3 人加入了政府项目，2 人进入了"社会科学研究委员会"，9 人是现在或以前的学院工作人员。这个成绩很不一般。尽管萨丕尔在资助计划开始不久就离开了芝加哥大学，但他帮助确立了田野调查和训练的重点，而且把语言学也包括在其中。

在芝加哥大学的教学生涯

1924 年到 1925 年，在萨丕尔即将来到芝加哥大学的时候，社会学和人类学综合学院被纳入了一个更大的"社会科学集体"，它还包括哲学、心理学、教育学、政治经济学、政治学和历史。学校的课程目录列出了很多相关的课程，有法律、神学、社会经济学（社会工作）、宗教教育以及比较宗教学。科尔是人类学助理教授，弗雷德里克·斯塔尔是退休的名誉教授。在资深的社会学家中——包括阿尔比昂·斯莫尔、埃尔斯沃斯·法里斯、罗伯特·帕克和欧内斯特·伯吉斯——只有法里斯对原始社会感兴趣。用跨学科的方法有望"为人类经验的所有分析提供最终的解释"。人类学在这个社会科学的集体里没有什么特殊的地位。根据课程目录，人类学和社会学的联盟"只是暂时的"。课程强调了"人类发展的早期阶段""对人类种族的调查""原始人在史前如何创造文明"以及"做研究的必要方法"。田野调查并没有列为方法之一。具体的课程包括原始文化、美洲种族、原始宗教、马来西亚和非洲民族志学、史前考古学、体质人类学和原始语言。在 1924—1925 年，这些课程并没有全部开设，因为只有科尔一位老师。

原始语言的课程描述很可能是萨丕尔在预计会得到聘用时写的，包括了"语音学、语言学、人类学中的心理学问题、记录和分析原始语言学的方法"。萨丕尔还单独把他所有的语言学方面的兴趣都列了进去，他也很快把它们都变成了一系列的课程。萨丕尔特别希望早日上课，他甚至觉得"学习一些人类文化研究的基本问题也不错"。他给洛伊写信说（1925年3月21日：UCB）："恐怕这是一片未知的海洋……我的脑中时不时浮现一些关于文化的观点，我要试试能不能把它们提炼出来。"

1925年到1926年，萨丕尔连续教了三个学期的高级原始语言课，而且他还教另外六门课，很快建立起一套可选择的课程目录。他的语音学课是为记录原始语言设计的，既面向一般语言学者也面向未来的田野调查工作者。"理论化地对声音进行调查"之后，是"实际地听写一些语言"。"各语言学结构的类型"课的重点是"多种语言学的表达形式，而不是某一种语言的细节信息"。这也许是基于萨丕尔《语言论》中的分类。萨丕尔还定期教"语言学概论"课，课程描述中包括语言和种族、文化的关系以及"原始民族所说的语言"。

学院希望萨丕尔在教语言学的同时也教民族学。除了美洲印第安语言，他还教西北海岸区印第安民族学，包括经济、社会组织、宗教、神话和艺术，还关注"他们的生命哲学"。"原始宗教"课大概与它联系紧密，包括"宗教的心理学基础，原始民族特殊的宗教表达方式，个人宗教体验的变体，几个原始社会的宗教生活"。

"语言心理学"和"文化心理学"在课程单上是分开的课，尽管两门课的内容有很多是重合的。"文化心理学"大概因为技术性不那么强，成为了萨丕尔最受欢迎的课，而且萨丕尔与哈考特布雷斯出版社签约出版了以此为题目的书。课程的内容包括：

> 对"文化"一词内涵演变的探究；人类的行为模式；个人与社会的关系，以及"文化心理学"这一概念的含义。将心理学和人类学的观点结合起来，尽量使之协调。

从这堂课中萨丕尔得到了他关于文化和个人关系的成熟结论。[①]

莫里斯·奥普勒（1986）有一本基于课堂笔记的总结，记录了萨丕尔在芝加哥大学的文化整合理论。尽管奥普勒对阿帕切民族学感兴趣，他还是上了萨丕尔在1930年到1931年所有的课，科尔告诉他萨丕尔可能第二年要离开了。奥普勒印象最深的是萨丕尔对西北海岸地区的图腾柱进行语言学分析，总结出它代表的社会和宗教价值。萨丕尔强调模式的形成，多于强调民族志学细节：

> 挑战在于去发现具体生活方式的模式。在这样的探索中，我们会发现文化与文化之间有很多相似之处和重合的地方，但是它们很少互相认同。可是当我们考察这些相似之处的意义和重要程度时，甚至是形式上的相似也变少了。

萨丕尔基于分析者的类型明确地把文化的内部意义系统和普遍的文化模式区分开了（这会混淆形式和功能）。与他的语言学观点一样，他还是强调形式。

因为萨丕尔习惯于依照特定的语言提供者的说法处理语言学文本，他"不知道主导的人格或者处在受欢迎的地位的个人会不会影响文化的'趋势'，然后随着时间的过去促成文化的变革。"在分析的时候把文化和个人分开看待是"荒唐的恶作剧"。萨丕尔鼓励奥普勒用生活史的方法获取文化模式和个体的变化。

萨丕尔批评当时在芝加哥大学社会学很盛行的过度依赖量化技术的风气，因为从数字不能得到深层的意义，"只有更近的更深入和细致的研究才能揭示在各种类型背后的满足和忧患"。而且，萨丕尔越来越倾向于用自己社会中简单的日常例子——用本地人或文化成员对

[①] 萨丕尔关于文化心理学的书只完成了大纲。集合了萨丕尔多名学生的课堂笔记将收录于《爱德华·萨丕尔选集》一书中，由朱迪思·欧文编辑。

模式的直觉代替民族志学者从异域民族的田野调查中得到的例子，这些材料需要艰苦付出，而且对一些行为的理解常常并不充分。

但是萨丕尔也没能够设计出单一有效的文化指标，他很不习惯把文化分成任何发展的等级。"他怀疑在这种个别的文化发展路径中（指我们自己的社会），我们有没有估量自己的所得和所失……"除了同博厄斯范式的学者一样反对进化论思想，萨丕尔还坚持在文化对个人的意义的基础上以审美的维度评价文化。他希望找到"弥漫性的而且交织在一起的最高主题，它赋予文化独特之处"。后来奥普勒把它称为"主题"。①

除了教授他的专业课程，萨丕尔还固定地参加民族学入门的集体课。他常常教的是"比较印第安语言学研究"，就是指导研究生整理他的或者他们的田野调查的数据。这类课程很快便成了负担，比如1929—1930 年，就是人类学从联合学院里分出来的第一年，萨丕尔赢得了教授印第安语言研究的名声，因为他在圣达菲开设了（第一个）西南人类学实验室田野调查学校，而萨丕尔自己又要进行纳瓦霍语的研究工作（见第 13 章）。除了指导研究，他在剩下的三个学期，每学期还要教两门课。

这虽然是那时标准的课程量，但是萨丕尔——连同其他的同事——发现很难抽出时间做他们自己的研究。尽管学生们也几乎一样是时间紧，但从课程注册记录上可以看到，不管什么专业的研究生，都上了萨丕尔的语言学课。② 上课的人有考古学家保罗·马丁、詹姆斯·格里芬和体质人类学家威廉·克罗格曼，还有民族志学者弗雷德·埃根、鲁思·邦泽尔、C. W. M. 哈特、莱斯利·怀特、罗伯特·雷德菲尔德、科尼利厄斯·奥斯古德，还有和萨丕尔研究一个专

---

① 在课堂笔记中，萨丕尔称之为"主要观点"，与早先的"真伪文化"中隐含的理想的文化定义是一致的。

② 我通过史蒂芬·默里获得这些记录。

业的人也去上课，但是除了专门研究语言学的人，其他人的深度都远远不够。比如埃根（1974，9）上了萨丕尔的纳瓦霍语课："如果我有什么语言上的天分，我一定能成为语言学家，但是再看到有玛丽·哈斯、斯坦利·纽曼、莫里斯·斯沃德什、哈里·霍耶尔和沃尔特·狄克这些学生，竞争似乎太激烈了。"虽然埃根没有继续学习语言学，但是他却很喜欢萨丕尔的家庭研讨会，"在课程时间以外"，还可以喝点酒（Eggan 1986）："萨丕尔在一次炫技的时候提出把巴斯卡语同族的词形和纳瓦霍语的动词比较，这是我从来没有见过的事！"后来，在他的候选人资格考试中，埃根（1974，9）的题目是写一篇纳瓦霍语语法的梗概。

相对的，语言学的学生却没有上萨丕尔的民族学课，但他们可以专攻语言学，尽管他们的学位是人类学。霍耶尔回忆说（致哈斯，1971年11月8日）萨丕尔劝学生谨慎考虑研究语言学，因为不好找工作。

萨丕尔的学生都记得他上课的风格。霍耶尔注意到（致哈斯，1971年11月8日）他很少用教案，只是有时用卡片记几个语言学符号，尽管他给妻子打电话时"总是不得不查号码本"，而且如果不记下来就会忘了预约。但萨丕尔对语言形式的记忆却是惊人的，在1930—1931年的一次家庭研讨会上，萨丕尔依靠记忆，引用了"十多个印第安语言中的例子"来回答问题，霍耶尔把他的答案都记了下来，后来又去验证："全都是对的而且相当精确。"

萨丕尔在芝加哥大学时学院的项目进展相当快。1929—1930年的学志记载的有科尔的伊利诺伊州考古调查、"印第安语言研究委员会""西南实验室"、一项非洲语言和文化的项目、"菲尔德自然历史博物馆"还有芝加哥市文化团体（是与社会学联合时留下的项目）。他们鼓励语言学专业的学生上各种语言学院和比较语文学的课。科尔虽然是民族学家，但是教的是考古学和体质人类学，萨丕尔则专注于语言学和民族学，"有时也略涉猎文化和人格的问题"（Eggan 1974，6）。雷德菲尔德是学院里最年轻的教员，他还是继续教社会学。

为方便萨丕尔做语音学的工作，他的办公室刷了灰泥，是隔音的（埃根，p.c）。过重的教学任务让萨丕尔很灰心，于是他申请把假期都合并起来，请八个月的假。他写道（致科尔，1930年1月17日：UC）从1925年开始，他"每个学期从没有在家里休息过或者为芝加哥大学做过田野调查"，他需要"长长舒一口气"，希望学校能安排合适的替补人员。这"可能取决于你们认为应该重视我的语言学方面的工作，还是我的工作中涉及理论问题和民族学问题的地方"。但没人能替代他全部的工作，要做到至少需要两个人，而且必须是他培养出来的最优秀的人。

科尔驳回了他的请求（1930年1月22日：UC），萨丕尔并不意外，他又说他"厌倦了做没完没了的程式化的工作，没办法专心研究"，而且家庭责任让他不得不多挣些钱。科尔（致萨丕尔，1930年1月25日：UC）建议说，严格按照规定的办公时间来，这样就可以节省出时间做研究了。"只要你能留下，我会尽我所能保证你有尽量多的空余时间。"萨丕尔得到了下一年去耶鲁大学做一个文化和人格的研讨会的邀请，是由洛克菲勒基金会赞助的。他在芝加哥大学又多待了一年，因为研讨会推迟了，他还没有拿到耶鲁大学的长期聘书。

萨丕尔1931—1932年间离开芝加哥大学，科尔聘用了曼努埃尔·安德拉德和哈里·霍耶尔接替他语言学的工作，直到之后才做了长期的安排。有关文化的工作由英国人类学家A. R. 拉德克利夫-布朗接手。甚至在萨丕尔接受了耶鲁大学的聘书后，科尔还为萨丕尔保留着职位，希望他能够重新考虑。芝加哥大学的同事们也提到耶鲁大学的反犹风气，希望萨丕尔能回归更加合宜的学术环境。但芝加哥大学在很多方面无法和耶鲁大学相比。要赢得洛克菲勒基金会的支持，所需的资源远非一所大学的能力所及。萨丕尔很感激科尔为他所做的一切（1931 年 11 月 10 日：UC），但他觉得事情已成定局了："我可以诚心诚意地说，在这两个地方我都很快乐，但是要是在两者之中选择，我心中的答案是一定的。"萨丕尔接受洛克菲勒基金会的委托，主持耶鲁大学的人类关系学院研讨会。那年春天，科尔再次提出芝加哥大学还希望萨丕尔回来（1932 年 5 月 25 日：UC），萨丕尔回复他说自己要去耶鲁大学的理由没有改变，尽管他觉得芝加哥大学是"融合着快乐和遗憾的地方"（1932 年 6 月 2 日：UC）。

带着些许遗憾，霍耶尔在语言学工作中还保持着萨丕尔一贯使用的方法。但是，他对这个学科的定位要比萨丕尔狭窄，反映出语言学从人类学中逐渐独立的倾向。在文化人类学上，萨丕尔在离开以后继续影响着芝加哥的项目，虽然他的很多学生，特别是语言学专业的学生随他去了耶鲁大学，但在他指导下的民族学的工作——特别是西南方的实验室——仍在芝加哥大学继续进行，只是缺少了大师的指导。

拉德克利夫-布朗来芝加哥大学只是短时的打算。科尔（致萨丕尔，1931 年 11 月 6 日：UC）很快意识到整个的语气变了："……不再是一个屋檐下志同道合的亲密关系了。"拉德克利夫-布朗很"快活"，也"一定能赢得一大批朋友，但是他能不能与大家合作还要等等看"。科尔想念萨丕尔既有个人的领袖魅力，也有对学院的忠诚。萨丕尔回信（1931 年 11 月 10 日：UC）说他觉得拉德克利夫-布朗"赢得大批朋友"很正常，希望他成为"快活的好伙伴"。但是他不是博厄斯范式的学者："我觉得他可能不会很容易地适应美国大学的框架……我总感觉他应该去更独立的学院承担指导的工作。"

大多数博厄斯范式的学者都对拉德克利夫-布朗抱有矛盾的态度，他的"爱德华七世时代的剑桥风格"在北美不受欢迎；而且他"在学术研究范围上比萨丕尔狭窄得多，他不容否定的气质更像是一种极端化的回应"（Stocking 1979，21）。萨丕尔个人很不喜欢拉德克利夫-布朗，因为他改变了芝加哥大学的研究大纲。其他的博厄斯范式的学者也强调他身上明显的"高人一等的感觉"（如本尼迪克特致米德，1932 年 12 月 28 日：UC)：

> 要是他获得杰出的成就，掌握了发言权，或者特别熟悉当地的文化，对亲属关系有基本的了解，还可以理解他对美国迄今所做工作的嗤之以鼻，那该多好啊。他当然也可以嘲笑在这破文化中的工作了……我知道我的（北美洲）的素材，而布朗不知道。我并不是针对他，只是他对待我的态度实在是太可笑了。

拉德克利夫-布朗带来了新鲜的功能性的角度，抛弃了北美洲（博厄斯范式）已建立的体系。这只有在芝加哥大学才能够实现。实际上，第一批通过拉德克利夫-布朗而接触英国社会人类学的芝加哥大学学生，至少在他们自己看来进行的是一种综合性的而非偏向一边的教育（Eggan p. c）。而萨丕尔和其他第一代博厄斯范式的学者是不是这样认为则不太清楚。

第十三章　对阿萨巴斯卡语言研究的投入

萨丕尔开始研究阿萨巴斯卡语系是1906年，且一直持续到1938年。通过这项研究，他把用博厄斯范式的收集文本的研究投入实践，也得出了他在美学和文化传统中人格变化方面的结论。阿萨巴斯卡语是萨丕尔成熟的文化-人格理论在语言学方面的体现。克劳斯在他对萨丕尔的阿萨巴斯卡语的正式评论中（1986）说道：阿萨巴斯卡语"可以说是他最喜欢的语系"。他经常谈到阿萨巴斯卡语："德内语可能是美洲最最难的语言了"（致克罗伯，1918年11月21日：UCB）；"人类发明的最让人着迷的语言！"（致克罗伯，1920年10月4日：UCB）；纳-德内语是北美洲最新的语系；"我正在筹备一个大型的纳-德内语的计划"（致洛伊，1921年2月15日：UCB）；"你越看它越发现它的美妙，越觉得出版了的那些东西都不过是未加工的材料而已"（致洛伊，1921年11月28日：UCB）。萨丕尔不顾外界对他纳-德内语和印度支那语的假说的质疑，还是怀着极大的热情坚持做研究课题。他是"一个信仰者，一个充满激情的信仰者；这既是他的优势也是他的弱点"（Krauss 1986）。在阿萨巴斯卡诸语言中，萨丕尔对纳瓦霍语研究得最多。1926年，当时萨丕尔在芝加哥大学和保罗·琼斯一起工作，他写信跟哈林顿（1926年12月28日：BAE）谈起他的比较音系学和编撰整个阿萨巴斯卡语系字典的计划。"这些新的纳瓦霍语言资料会帮助重新构建阿萨巴斯卡语言的标准术语"。

第二年，萨丕尔为博厄斯和美国学术团体理事会印第安语言委员会提交了对阿萨巴斯卡语系的"看法和计划"(1927 年 5 月 12 日：APS)。他的手头有萨尔西族和库钦族的资料，那年夏天还有胡帕语和其他太平洋沿岸的民族的方言(由李方桂完成)的研究。他或者他的学生要调查其他的方言，特别是契帕瓦族语。"我的主要目的是对阿萨巴斯卡语进行彻底的比较研究。"但是现有的资料太少了，所以需要大量田野调查才能得到明确的结论。有了这些语言的声调资料，加上"全面的，可能略有不足的"卡列尔语、齐帕瓦语、哈尔语、卢朔语和纳瓦霍语的资料，萨丕尔觉得再出人意料的资料也可以通过比较而理解。萨丕尔个人想研究特林吉特语和海达语。他告诉博厄斯"在几年之后将要介绍大量阿萨巴斯卡诸语言的工作，让一些经过训练的人来做"。换句话说，这个计划太大了，任何单个的人都是完不成的，即使是爱德华·萨丕尔。还有很多另外的工作要萨丕尔或者由他培养出来的人去做，以保证质量。

　　李方桂是萨丕尔理想的合作伙伴，因为他能说几种亚洲声调语言，而且"对中国文化区很感兴趣"(萨丕尔致詹内斯，1926 年 11 月 21 日：NMM)。不过李方桂(致哈斯，1971 年 11 月 12 日)"不相信"萨丕尔把纳-德内语和印度-汉语联系起来的观点。他用萨丕尔的萨尔西语田野调查资料做了关于萨尔西动词词干的硕士论文。

　　1927 年夏天，萨丕尔调查了胡帕语①，而李方桂(致哈斯，1971 年 11 月 12 日)则"出发追寻马托勒印第安人的足迹"，他们的语言正濒临消失。李方桂用马托勒语语法作为他在 1928 年的博士论文的主题，他还潜心完成了怀拉基语的文章和语法，其中的材料也是在这次的田野调查中收集的(萨丕尔致博厄斯，1929 年 10 月 18 日：APS)。

　　之后萨丕尔投入了对北方阿萨巴斯卡语的研究，因为他认为齐帕

---

① 这次类似家庭的远征，琼、迈克尔和海伦和萨丕尔一起去。琼把她的青少年研究所的关于儿童培养的工作拓展到了民族志学的方向(萨丕尔致詹内斯，1927 年 5 月 15 日：NMM)。

瓦语"大概是应该知晓的最重要的阿萨巴斯卡方言"（致詹内斯，1927年6月7日：NMM），李方桂1928年的整个夏天都奉献给了这种语言。这个项目是由美国学术团体理事会（ACLS）赞助的，因为詹内斯觉得加拿大政府不会同意由一个中国人来做田野调查（致萨丕尔，1927年11月21日：NMM）。① 渥太华的资金由奥斯古德的哈尔民族志工作接替使用了。② 1929年夏天，李方桂在好望堡学习了哈尔语。萨丕尔强调（致博厄斯，1929年10月18日：APS）李方桂对齐帕瓦语和哈尔语声调的记录很成功。③

1929年萨丕尔在纳瓦霍人保留地过了一个夏天之后，他决定在他的所有著作中，把纳瓦霍语作为所有阿萨巴斯卡诸语言的代表（致克罗伯，1930年8月2日：UCB）。他希望"起草这个复杂语言的明确的、详细的语法"。他觉得"我们应该把至少一种阿萨巴斯卡语言充分地描述出来"。然后再编撰一部比较语法书和字典。对阿萨巴斯卡诸语言的重视一直持续到萨丕尔生命的最后。他曾写信对博厄斯说（1938年4月12日：APS）："我觉得纳瓦霍语是迄今为止我最重要的和最广泛的语言学研究。"④

要说萨丕尔是一个阿萨巴斯卡语言学家还有些复杂，因为他误解了这个大语群最基本的特点——声调。他的假设是以萨尔西语为基础而阐述的，他认为（1925）萨尔西语的声调是最基本的，所以"不能想象其他阿萨巴斯卡的方言没有这种声调"。在萨尔西语之后，萨丕尔没有再修改他的原阿萨巴斯卡音位目录。克劳斯（1986：193）说萨丕尔得出观点之所以很慢，是因为有"让他失望的或者矛盾的"证

---

① 歧视中国人的问题同样也发生在加利福尼亚。
② 詹内斯希望说服萨丕尔为渥太华人类学部工作。这一次，萨丕尔很容易地得到了工作所需的资金支持，问题出在为学生们提供研究资金。
③ 李方桂那回中国了，一直没有参与之后关于阿萨巴斯卡语的工作，直到1952年参与了一个短期项目。
④ 然而博厄斯在1939年为萨丕尔写的讣告中却没有提及阿萨巴斯卡语，大概因为相关的资料出版得很少。克劳斯（1986）在他的书中收录了萨丕尔已出版和未出版的阿萨巴斯卡语著作。

据。但是，这应该"考虑到萨丕尔和他平庸而且常常怀有敌意的同事之间的关系。比如戈达德，他听不出声调，不承认声调的重要性。萨丕尔的孤立、恼怒和基本是防御的立场付出了代价。"

1923 年夏天，萨丕尔在宾州调查库钦语和因加利克语。库钦语的声调和萨尔西语是一致的，但因加利克语并不是声调语言。萨丕尔（致博厄斯，1923 年 7 月 2 日：APS）倾向于认为调查对象"令人失望""不可靠"。虽然在库钦语和因加利克语中都有相同的证据，他也没有修改他的塞擦音体系。没有修改的另一个原因是，他当时还无法解释博厄斯 1924 年的泽陶尔特的数据（Krauss 1986：194）。即使是他自己的蔡斯塔克斯塔语的数据，他也认为是因为没有注意声调，而不愿修改正在成形的理论立场（致巴比欧，1920 年 8 月 10 日：NMM）："能够准确听出音高的人太少了……像戈达德没有注意到胡帕语的音高问题一样，连我自己也没有特别注意。"但是实际上，太平洋沿岸的阿萨巴斯卡语就是缺少声调的（Krauss 1986）。

1927 年夏天，在自己初步的纳瓦霍语工作的鼓舞下，萨丕尔设想萨尔西语的语调贯穿阿萨巴斯卡诸语言，他寄希望于胡帕语，觉得它有可能是缺少的那一环（致詹内斯，1927 年 4 月 15 日：NMM）："胡帕语的分析完成的时候，我就可以写真正的阿萨巴斯卡语对比研究了。"但这次萨丕尔不得不相信自己的证据了（致克罗伯，1927 年 6 月 28 日：UCB）："胡帕语真的没有声调！真让人失望！很显然，不是所有阿萨巴斯卡方言都有声调。其实在做安维克因加利克语的时候我就注意到了，但是我以为原因在于我的语言提供者知识有限。"但萨丕尔还是不肯放弃，他说（致哈林顿，1927 年 7 月 21 日：BAE）胡帕语有"一些有意思的声调系统残余"，尽管在大多数其他方面"非常古老"。萨丕尔并不准备修改他的理论，他承认戈达德没有听到胡帕语的声调是对的（致哈林顿，1927 年 9 月 26 日：SAE）但是他坚持认为后者的工作存在其他不足。

李方桂的哈尔语和齐帕瓦语数据则揭示了与萨丕尔的理论所预测的相反的声调模式。萨丕尔觉得李方桂的语音能力"和他的分析能力一样精准"（致克罗伯，1931年12月10日：UCB）；声调的反转是"模型的保守主义以及外在形式的完全倒转"。李方桂从来不会对萨丕尔的阿萨巴斯卡语声调争辩，不管在私下还是公开的场合；"两个人的文化背景的差异、年龄、学术观点和个性的差异"使他们之间不太可能发生直接的争论（Krauss 1986）。霍耶尔也是一样，他从来不对萨丕尔重建阿萨巴斯卡语声调的工作进行评论，即使是萨丕尔去世以后也是这样（Krauss 1979）。

萨丕尔仍旧对阿萨巴斯卡语的声调感兴趣，尽管他的阿萨巴斯卡语的资料库中几乎没有他自己的胡帕语资料和李方桂的齐帕瓦语资料。纽曼收集的卡列尔语的数据（萨丕尔致詹内斯，1932年10月7日：NMM）与库钦语一致，萨丕尔仍然将其做反向解释。其他比较明确的例证来自埃雅克语，是萨丕尔1935年从弗雷德丽卡·德拉古纳那里发现的（萨丕尔致博厄斯，4月26日：APS）。他认识到这很重要，但是没有追究。李方桂1952年记录了埃雅克语的声调，尽管埃雅克语并不是声调语言，他避而不谈原始阿萨巴斯卡语的声调问题（Krauss 1979）。

不管怎么说，萨丕尔开始逐渐地从比较阿萨巴斯卡语退回到纳瓦霍语中来了，他在耶鲁的学生对比较语言学的问题很感兴趣，但是萨丕尔教授阿萨巴斯卡语更多是出于别人的要求，而不是自己的投入（Hass, p.c）。可能萨丕尔隐约意识到重构工作的艰难，所以退回去汇编基础性描述，以实现更广泛的重构；他没有否定他之前提出的假设，因为没有别的系统性的选择。克劳斯（p.c, 1986年1月）相信，尽管萨丕尔的学生对分类工作热情很高，"萨丕尔将来如果能做到的话，也不会逾越扎实可靠的阿萨巴斯卡语比较研究"。甚至连阿萨巴斯卡方言①的子分类也很少受到课程的关注。

与贝拉尔·海尔神父的合作

萨丕尔对纳瓦霍语的研究得益于他与（天主教）方济各会的贝拉尔·海尔神父的愉快合作。萨丕尔不建议海尔（1929 年 4 月 17 日：SWL）去天主教大学读博士，因为在那里会受到德国扩散理论的影响。他"很高兴"海尔决定到芝加哥大学来（1929 年 9 月 4 日：SWL）。

为了让海尔"不必为了传教的工作担心，可以把在这里的时间全心投入纳瓦霍语言学和民族学中，"②萨丕尔为海尔从艾尔西·克卢斯·帕森斯那里筹到了资金（致科尔，1929 年 10 月 8 日：UC）。但是海尔并不需要在科学研究和宗教职业中做出选择，他接到的命令是让他专心于语言学工作，并教其他牧师纳瓦霍语，虽然在 1932 年有一段时间，海尔可能又被指命传教。萨丕尔说（4 月 7 日：SWL）："我想你和我都没有什么办法，不过不管怎样，我都希望你能够尽量把你更多的时间放在收集纳瓦霍语资料上。"1938 年，海尔作为荣誉退休传教士退休了，此事才最终解决。（海尔致萨丕尔，7 月 25 日：SWL）。

海尔的身份是个模糊不清的问题。他不是学生，因为他的年龄不小了，而且也有从业经历；他也不是工作人员，因为他不搞学术；他同样也不是调查对象，因为他不是纳瓦霍人，虽然萨丕尔问一些他自己工作上的问题，因为有了海尔，萨丕尔不必去田野调查地就可以继续研究了。萨丕尔"不知为什么不能真正考虑纳瓦霍语的切实工作"，

---

① 萨丕尔在阿萨巴斯卡语本身中总倾向于使用方言而不是语言这个术语，以此强调这些语言之间的封闭状况。

② "Navaho"是萨丕尔使用的拼写方法，现在普遍接受的写法是"Navajo"。

他还开玩笑说要与海尔合写"一部权威的纳瓦霍语语法书"（1929 年 12 月 6 日：SWL）。他最初设想快速出一本纳瓦霍语的手册（致海尔，1930 年 6 月 29、30 日：SWL）。同时，他对照着霍耶尔的资料检验了他 1929 年的纳瓦霍语资料，希望在他的影响下建立一种纳瓦霍语的统一拼写体系（致海尔，1931 年 6 月 25 日：SWL）。① 1932 年，萨丕尔希望发表一个纳瓦霍语词根列表，对比较阿萨巴斯卡语和纳瓦霍语本身都有用处（致海尔，1 月 26、28 日：SWL）。但他没办法"扔下其他事"，于是鼓励海尔把他们的材料进行汇编。

萨丕尔去了耶鲁大学，这让海尔特别苦恼（致萨丕尔，1931 年 2 月 6 日：SWL）："真是的！你要是待在芝加哥大学就好了！"他还问过萨丕尔可否把他的工作也转到耶鲁大学去，但是萨丕尔很谨慎，因为耶鲁大学没有足够的资金支持人类学研究，他还一再让海尔放心："单是在哪里工作的事真的不重要"（1931 年 12 月 23 日：SWL）。虽然海尔热情很高，但是萨丕尔觉得"时机还不成熟，我们还必须再利用一会儿科尔的地方和善意"（1932 年 1 月 28 日：SWL）。萨丕尔带赫佐格去了耶鲁大学，继续做纳瓦霍歌曲的工作，是由玛丽·惠尔赖特资助的临时聘任——玛丽是一个富裕的西南部民族学业余爱好者。萨丕尔也承认希望有一个纳瓦霍语的团队（致海尔，1932 年 2 月 4 日：SWL）："如果将来你、哈里·霍耶尔、赫佐格和我都能严肃地做纳瓦霍语的研究还有其他联合的课题，该多好。"

1934 年，萨丕尔努力想说服洛克菲勒基金会的戴维·史蒂文斯支持耶鲁大学的语言学和人类学研究，就像他们之前在芝加哥大学那样，但是没有成功。萨丕尔一直觉得对海尔有责任，因为"你和我，我们的工作已经连在一起了"（1934 年 9 月 21 日、10 月 3 日：SWL）。

---

① 霍耶尔起先是研究阿帕切语的，这种语言和纳瓦霍语很接近。他有着海尔没有的比较语言学的训练和经验。霍耶尔是萨丕尔纳瓦霍语资料的遗作保管人，而不是海尔。霍耶尔把很多精力都投入到完成这些遗作中（Beals 1977，107）。

但是,基金会的政策变了,萨丕尔没能够组建起一个研究纳瓦霍语的重大项目。

西南人类学实验室

位于圣达菲的西南人类学实验室是一个别样的混合体,它的成员由当地的业余爱好者、对民族学感兴趣的半专业人士、对地区性田野调查感兴趣的学者(大部分是芝加哥大学的学者)组成,还有支持社会科学研究的慈善组织的支持(Stocking 1982)。在西南方,早已建立了学术研究的影响,其中哈佛大学主导了民族学和语言学的领域。除此之外,西南方还拥有一大批东北方的艺术家、诗人和知识分子,其中很多人都对民族学有所涉猎。20 年代早期,埃德加·利·休伊特在新墨西哥州立博物馆的圈子中占据主导地位。但是休伊特没能吸引约翰·戴维森·洛克菲勒的注意,他那时正和家人在当地度假。洛克菲勒基金会最终参与了东北部的建立工作,也让博厄斯范式的研究进入其中。许多博厄斯范式的学者都是"格林威治村①的边缘成员",他们被西南方这个研究的地方吸引 (Stocking 1982, 6)。

在 A. V. 基德尔从佩科斯地区挖掘出一系列陶器后,西南方的考古工作开始为研究提供事件发生的年代顺序。科尔担任国家研究委员会人类学和心理学分部的部长时,在伊利诺伊州开办了一个考古学校。于是国家研究委员会的行政主管人员"意识到研究生能接受到的田野调查工作训练很不够"(Stocking 1982, 6),于是转向西南地区,建立了一个便利的"实验室"——就像芝加哥市成为了芝加哥大学社会学家们的实验室一样。

恰恰是基德尔而不是休伊特,找到了斯佩尔曼纪念基金会资助人

---

① 格林威治村位于纽约曼阿顿西,从 19 世纪中期到 20 世纪被称为艺术家的天堂。——译者注(来源于维基百科,http://en.wikipedia.org/wiki/Greenwich_Village, 2013 年 5 月 21 日查)

类学田野调查学校。尽管基德尔无意"破坏已有的社会机构"或者与休伊特的美洲研究学校竞争,但是当地的利益集团仍觉得他们正在丧失对自己的民族学和考古学资源的控制权。休伊特把学校的第一期课程从 1928 年推到了 1929 年。学校用地来自捐赠,洛克菲勒基金会提供一栋楼和五年的资助,不过并不覆盖所有支出。这栋楼在 1931 年大萧条期间举行了落成典礼(Stocking 1982,9)。

洛克菲勒基金会更感兴趣的是项目中的审美的一方面,而不是人类学家的专业训练。艺术家、考古学家、业余慈善家和民族学家经常发生意见冲突,让西南实验室短暂的全盛时期困扰不断。不过暑期学校从 1929—1934 年每年都开设,每期有三支研究生队伍,每队三到五人,持续六周,导师包括(Stocking 1982,11)很多业内年长的权威人物以及新兴的杰出人士:语言学的萨丕尔、雅各布斯、霍耶尔;体质人类学的夏皮罗和克罗格曼;考古学的科尔、罗伯茨、斯特朗、豪里和凯利;民族学的克罗伯、施皮尔、本尼迪克特、怀特、林顿和莱赛。

在这个项目中,有 85 名学生接受了他们的第一次田野调查训练。但是由于洛克菲勒基金会削减了资金,1935—1936 年的项目也减缩了,只靠(地方政府和其他机构)配给的基金维持(Stocking 1982,11)。人们也在努力为西南人类学实验室注入活力,围绕印第安工艺品、公共教育、地方考古和印第安事务局的应用科学工作进行着努力(Stocking 1982,13-15)。萨丕尔以前的学生斯卡德·麦基尔曾经与印第安事务局打过交道,担任过短期的部长,直到后来实验室的重点明显不是人类学研究了,他才卸任。实验室缺少国家级的学术基础,因为那时候各大学也都勒紧了腰带;在地方上,人们把它看作是高高在上的洛克菲勒项目。所以在对印第安民族"浪漫的好奇"进入高潮的时候,实验室也很兴盛,但之后就成了一个平淡的地方性机构(Stocking 1982,16)。

萨丕尔和芝加哥大学都参与了西南实验室的建设，他们认为这是洛克菲勒资金支持学院的学术项目发展的一部分。萨丕尔还在顾问委员会任职，科尔也在理事会任职（1938年的册子）。长期的员工要"结合一系列普遍问题，大力发展自己领域的优势"。学生的田野调查训练、与政府和教育机构的合作是额外的目标。最早的项目描述还包括"原始语言学"；还要吸引杰出的大师，这至少是和研究专业化同等重要的，因为像萨丕尔这样的人可以拿到资金。还要求基金会支持一系列独立项目。

萨丕尔是领导暑期田野调查课程的首选人物。他答应承担这项工作之后，问贝拉尔·海尔愿不愿意加入；"如果有了你，我们的工作会有很多的乐趣"（萨丕尔致海尔，1929年1月23日：SWL）。还有其他参与者，包括研究语言学的霍耶尔和维克托·里斯特（华盛顿大学），研究民族学的艾伯特·萨斯萨曼。强调语言学这一点，反映了萨丕尔自己的专长。芝加哥大学的语言学研究生戴维·利里怀特和洛克菲勒基金会的民族学专员保罗·基尔霍夫也加入了进来。田野调查学校在芝加哥大学成了一门学分课程。田野调查的能力也被视为考查学生专业潜力的方法（科尔致萨丕尔，1929年9月19日：UC）："你谈到的关于跟你做田野调查的学生的事很有意思，而且这种训练的价值可以真正考量一个男人的本性，这样更明确也更快，在教室里是做不到的。"① 萨丕尔把他的计划告诉海尔（1929年3月17日：SWL）：

> 我目前的计划是，用一周的时间集中地在圣达菲工作，一天大概四小时，给所有的学生上纳瓦霍语音和词法课。然后进入保留地，向三位主要的被调查者收集信息——一位向你提供口述资料，一位向我提供口述资料，另一位给萨斯萨

---

① "男人"在这里是有意义的，科尔反对妇女申请实验室的工作，因为训练之后她们也很难找到这方面的工作。

曼提供民族学的资料。在正常的工作时间之外，我们可以讨论共同感兴趣的问题。

萨丕尔之前从没去过纳瓦霍人保留地，他不知道当地的情况，担心他工作的成员背景不同，会有不便（致海尔，1929年4月17日：SWL）。

> （我们）将会是一个庞大的队伍，有些人没有经验，无论是纳瓦霍语还是其他的语言学田野工作，所以很难面面俱到地把所有事都安排妥当……我们的计划要可以服从当时的变化，根据我们到时候遇到的情况见机行事。

这是萨丕尔唯一一次领导团队进行田野调查，也是他仅有的一次西南部之行。

萨丕尔需要纳瓦霍语的资料，为他与保罗·琼斯在芝加哥大学开始的一项研究所用。他一头扎入了保留地的生活。他主要的调查对象是艾伯特·奇客·桑多瓦尔，他是部落理事会的成员。语言学工作不是桑多瓦尔唯一要考虑的事（致海尔，1929年9月4日：SWL）：

> ……当他邀请我坐他的车，我觉得还是坐吧。所以现在我耳边嗡嗡响着土地问题、分配问题、种马、喝酒、卖毯子和银器的事，还有……纳瓦霍语，我很高兴回到了纳瓦霍语文本这个谦卑的工作里面。

回到芝加哥以后，萨丕尔还通过海尔多次询问奇客的情况。比如，他多次说到陶器，因为基德尔对此感兴趣（1929年10月21日：SWL）。萨丕尔还问海尔是不是还继续着他几乎失败的尝试——教奇客写纳瓦霍语，这是他们三个在之后的十多年中经常谈到的话题。

海尔还有一段时间做过吉卡里拉阿帕切语的调查，这是在艾尔西·克卢斯·帕森斯的坚持下开始的，帕森斯资助了西南的田野调查，所以有相当的话语权。萨丕尔（致海尔 n.d. 1930：SWL）"非常希望她能够关注我们西南方的田野项目"。尽管帕森斯有哥伦比亚大学的社会学博士文凭，也做过大量的民族学工作（Spier and Kroeber 1943），但是"太过原始和技术性的展览"很容易把她的兴趣浇灭。萨丕尔强调文本资料对民族学的意义，但他也希望找到"一些系统化的词汇资料"与纳瓦霍语做比较（致海尔，1930年6月2日：SWL）。霍耶尔用研究结果做了与他的南方阿帕切语方言的比较研究（海尔致萨丕尔，1933年12月12日：SWL）。

1930年，萨丕尔担任了田野调查学校委员会的主席，他还试图说服博厄斯来领导这里的工作，但是没有成功（1930年1月3日：APS）。几年之中，霍耶尔在暑期学校展开方言调查工作（科尔致萨丕尔，1935年2月25日：US）。萨丕尔（致科尔，1935年2月19日：UC）强调了在前一年，霍耶尔的语言学知识在本尼迪克特的阿帕切田野工作中发挥了作用，而且非常希望霍耶尔能在亚历山大·莱赛的工作中（1935年）再次发挥专长。

萨丕尔继续向玛丽·惠尔赖特、帕森斯夫人以及其他当地的赞助人索求小额的赞助经费，① 发展西南实验室的民族学。虽然他坚持（1932年10月27日，11月7日：SWL）海尔不让这些因素"过于影响我们对大方向的理解"，但他同时也把惠尔赖特小姐看作"一直支持我们的纳瓦霍语研究的女赞助人"。他担心的主要是方法问题，而不是要达到惠尔赖特的"幻想"所浪费的时间（致海尔，1933年9

---

① 通过霍耶尔和奥普勒的民族志学工作（Opler MS），萨丕尔为霍耶尔的阿帕切语田野工作申请到了长期资助。帕森斯夫人也支持了莱斯利·怀特在阿科马的民族志工作，这是对普韦布洛族最秘密的工作。

月 23 日：SWL)："她并不是真心对我们严格的技术工作感兴趣，而是像大多数人一样，对语言学感到厌烦，而且告诉自己完全可以从英语翻译中理解纳瓦霍语。"海尔则觉得（致萨丕尔，1933 年 12 月 12 日：SWL）惠尔赖特给了调查对象过多的钱，让他因提价而得不到文本。而且，她在检查文本的精确性和可靠性上也很草率。

出版纳瓦霍语文本

即使在学术圈里，出版语言学的文章也是很难的。虽然萨丕尔有心要用当地的语言进行语言学研究，他有时不得不借助于翻译的民族学资料。比如，他曾请海尔（1931 年 5 月 1 日：SWL）解释一幅沙画毯子上的神话人物；后来在一篇文章里，他认为沙画和毯子图案之间的转换"暗含了一种纳瓦霍人的观点"，把这与神话联系起来。

在筹划自己的文本集时，萨丕尔准备既包括意译又包括行间对照翻译，但他认为海尔在第一卷之后应该仅使用"相似但重点是表意"的翻译（萨丕尔致海尔，1931 年 3 月 18 日：SWL）。海尔手中的资料太多了，不可能都用，最后决定只专注于"被调查者能解释出来的"（致萨丕尔，1931 年 3 月 30 日：SWL）。萨丕尔也认可（1931 年 12 月 23 日：SWL）："长远看来，在田野调查中记载大量的原始资料长期也不一定是好事。"

到了出版的时候，甚至连科尔"和绝大部分的人类学家一样，都不对语言学的资料感兴趣"。他喜欢"好听的、流畅的英语文本，那样能吸引更多的客户，也能帮助他的学院获得更多的资助"（萨丕尔致海尔，1932 年 2 月 28 日：SWL）。此时，萨丕尔已经到了耶鲁大学，海尔的纳瓦霍语的文章在芝加哥大学。萨丕尔同意民族学的说明和介绍性的资料能够增加民族学家的兴趣，然而："……所有这些纳瓦霍语的资源，如果能适当地用足够好的英语翻译出版的话，将成为展示美洲印第安仪式文学的典范。"萨丕尔意识到不是每一种语言都可以解释得如此详细。海尔（1932年7月18日：SWL）印象中，在芝加哥大学，"我们的文本资料被排在很低的位置"。海尔不得不同意科尔修改原先的计划（美洲印第安语言从没有像萨丕尔和海尔设想的那样被大规模地描述出来），但是很有怨气。不过他也承认，纳瓦霍语作品的受众会很小。

还有一个问题，就是和口语文本搭配的歌曲的问题。赫佐格在处理这个资料，但是要把这两部分转写在一起是特别耗时的工作（海尔致萨丕尔，1933年9月18日，10月20日，12月12日：SWL）。海尔看到歌词和神话赞美诗无法联系起来，惊讶不已。仪式的变化也比他之前意识到的更不可捉摸。海尔和萨丕尔都不想看到一篇材料有这么多的变体，以至于很难从中找到一个传统意义上权威的资料——虽然萨丕尔理论上强调个体是文化的独特感受体。萨丕尔担心人们看不懂海尔的文章（1938年3月19日：SWL）：有些部分写得像是给纳瓦霍语专家看的，"而不是给普通人类学家看的"。

萨丕尔督促海尔准备好材料以备出版，但是他还没有弄清出版机制和准备好资金（1931年3月19日：SWL），他向海尔保证说（1932年3月23日：SWL）科尔正在和芝加哥大学校长罗伯特·哈钦斯协调出版的事。海尔同意了加入民族学的说明和介绍性的内容（科尔致萨丕尔，1932年7月11日：UC）。科尔希望能促成一项政策，就是出版所有的学院研究成果（致萨丕尔，1932年3月5日：UC），并得到了校长的支持。萨丕尔回复（1932年3月9日：UC）说出版问题一直是"芝加哥大学学术环境里最让人不满意的地方"。①一个大学出版社的职能"应该是在保证优良品味和可读性的同时，尽

---

① 然而，耶鲁大学也有类似的问题。

可能以最便宜的方式出版各个学院的研究成果"。贝拉尔神父的资料远远不仅是语言学的技术性资料，它实际上是一份无价的一手当地资料。即使像纳瓦霍民族这样的文化消失很久以后，这些一手的记载很有可能还会对学习原始宗教的学生有极大的价值。

科尔不确定当时的出版时机是否成熟，但是萨丕尔（致科尔，1932年1月5日：UC）认为为了更好的修订而把出版一再推迟"是很大的实践性错误"："在此方面我已错失无数良机，早已不再相信等待修订完美再出版了。"

在这件事上，博厄斯范式的语言学文本分析方法遇到了芝加哥大学新来的英国社会人类学家 A. R. 拉德克利夫-布朗的挑战。在一篇1932年5月的未标明日期的备忘录里（UC），他声称自己完全被弄糊涂了：

> 这些文本是做什么的？我希望萨丕尔给我点提示。我整个读完了这封信却还是不知道我们要这些文本有什么用……它当然是权威的，但是学者们怎么处理这些文本呢？我从来没用过这类文本解决过更大的问题，不管是历史上的还是科学研究上的（两者是典型的对立关系），我倒很想有人告诉我怎么办到。我只知道：如果仅仅因为这个语言要消失了，因为记录是精确的而珍视它……那么就让爱好古物的怜惜之情去资助出版它吧。

萨丕尔回信对科尔说（1932年5月22日：UC）他不信布朗的话。这些文章不管对民族学还是对语言学来说都是"无价的语言文献"。萨丕尔被布朗对文本传统"傲慢地嘲笑"激怒了：

> 且不说他的观点是多么狭隘和短视，只要看一看他的冷

漠就够让人惊讶的了——来自异国，头脑里全是异样的想法，专横地告诉我们，快抛弃所有的观点吧，他自己却不能屈尊学一学这里的传统，了解一下我们做过了什么，有什么理解。

海尔的书稿无疑是"纳瓦霍宗教仪式最权威的百科全书（因为详细地记录原始传说）"。受到布朗明确指出的"整齐的"一卷，可能会摧毁一些观点，也可能成为科研的证据。如果芝加哥大学不能适当地回应，萨丕尔自己会想办法，而不会"眼看着好好的作品被一位目空一切的绅士糟蹋了"。

科尔看到萨丕尔反应这么激烈，吓了一跳，他坚持认为萨丕尔把布朗的意思夸大了（致萨丕尔，1932 年 5 月 25 日：UC），还说霍耶尔觉得手头已有的纳瓦霍语的资料对研究语言学来说已经足够了。而且科尔看那一卷"基本上是语言学"，"几乎没有什么能表明仪式对纳瓦霍人的意义"。海尔可以很容易地加入这些材料。

萨丕尔很得体地回复（1932 年 6 月 2 日：UC）了科尔信中"非常温和而且通情达理的语气"，但是他还是反对布朗把巴拉尔神父的文章变成普通的纳瓦霍仪式的记录：

你要知道，从我的角度来看，那不仅意味着那样珍贵的语言学资料被贬低了，更意味着出版纳瓦霍语的文章不会有充足的准备了；而且暗示我所有的纳瓦霍语的田野调查都只是浪费时间；而且意味着我可能，至今是这样，没有对巴拉尔神父有所训练……；意味着没有人详细记录具体的纳瓦霍仪式；意味着不管怎样，我们在美国的人最好现在就开始学习功能主义，以便明白真正可读的书是怎样写出的……就好像有个"万事通先生"想傲慢地把荷马式诗歌放到一边……

第十三章　对阿萨巴斯卡语言研究的投入

我不赞成用这样高高在上的、强硬的办法对自己完全不感兴趣且没有相关训练的东西迅速下判决。①

但是说到"实质问题",萨丕尔还是很耐心地对科尔解释说,虽然他自己对纳瓦霍语的研究是"语言学研究的基础,但海尔的资料还是有很多的价值空间。但是纳瓦霍语格外的古怪,我手头的少量文本资料无法为未来研究阿萨巴斯卡语言学提供满意的参考"。而且,民族志学和语言学的目标,实际上是不可分割的,很多民族学的错误理解都是来自于材料的缺乏。虽然说有收益递减律的存在,但是现在好的纳瓦霍语文本根本没有。争执持续了好多年。科尔总想说服萨丕尔（1938年4月18日:UC)出版翻译版或者民族学札记并不会与海尔的资料相悖。在一封给科尔的信的附言里,萨丕尔提出还须用纳瓦霍语记载一个新的部落仪式,也许帕森斯夫人会乐意支付费用。他还对科尔澄清说（1938年4月25日:UC)他和海尔一样坚定地坚持使用文本分析的方法:②

我并不特别喜欢土著文化的"流畅"版本。我喜欢未加工的材料,就像土著人自己感觉到和说出来的。当我们有了足够多的此类真实材料之后,为不那么专业的读者提供概要性描述当然是更合意的,但是我们不应该犯那种跳过这些土著材料的错误……这些地道的、难读的、让人困惑的原始资料。不管还要做什么其他工作,这些材料是必须有的。秉持人类学原始资料的高标准是大学的责任。我们已经有太多漂亮的专著了,经过时间的洗练,多数会表明它们是高度主观

---

① 这是典型的博厄斯范式的学者对拉德克利夫-布朗的反应。博厄斯范式的学者认为他们的方法等同于专业的人类学,他们对记录土著语言文本紧迫性这一挑战应对不足。
② 萨丕尔的文化和人格方面的工作会很快发展出生活史的方法,让他在语言学方面的方法变为了精神分析的批评方法。

性的表演。我们需要在文化人类学中明确这种文献证据的紧迫性，历史学家、古典学者和东方学者都深知这一点。我们必须这样做，不管愿不愿意，如果我们想保持尊严……如果我们不够仔细、想得不够全面，那些本质上友善的同事就会越来越疑惑，他们会说："是啊，这些都很有趣，我很钦佩你们做出来这些漂亮的东西，但是原始的证据在哪里？我不能判断这个说法是普遍的土著人的认识还是你对一个人的话的理解。"

萨丕尔感觉科尔并没有像他那样对文本抱有热情。

萨丕尔写信给海尔（1938 年 4 月 30 日：UC）说他希望海尔能去耶鲁大学，但他不想和科尔"对着干"。不论怎样，资金最终没有落实，萨丕尔建议海尔（1938 年 5 月 7 日：SW）"在芝加哥大学待下去"。出版的事一直拖到萨丕尔去世，很大一部分原因是因为排版的费用和读者群太小。

印第安事务局

约翰·科利尔 1933 年成为印第安事务局的理事，然后开始系统地重建印第安管理机构。科利尔第一次接触印第安人是在 20 年代早期（参见"西南实验室"一节），正是在西南方印第安浪漫理想主义进程中；他在梅布尔·道奇·卢汉（他带 D. H. 劳伦斯到了西南方）的鼓励下开始注意改革教育。科利尔的政策基于印第安自治（Kelly 1983）的政治活动，他向人们宣传印第安人对他们传统文化的忠诚，尤其是宗教上，而且还明确表示用同化的方式解决"印第安问题"是不够的（凯利 1983：347）。

印第安事务局的任务是很重的，在重整体系的工作上，科利尔需要政治的和学术上的伙伴。在人类学家中，表示乐意帮忙的有 A. L. 克罗伯和费伊—库珀·科尔，科尔已经有了大量荷兰在印尼的殖民地的管理经验，而且，早在 1934 年，他就提出——和拉德克里夫—布朗（他的英国背景和殖民地管理很容易联系起来）一起——有些人类学的方法"可以为印第安管理局所用"（Stocking 1979：37）。科利尔提出印第安保留地的社会改革的方法受到了"新政"的支持。科尔特别希望巩固芝加哥大学与美国印第安事务局以及和西南实验室的联系。

萨丕尔虽然没有正式和科利尔的事务局建立联系，但是他认为应该对所有的印第安人管理机构人员进行人类学培训（致科尔，1932 年 3 月 9 日：UC）。他在加拿大时的经验让他明白，应该改变对印第安人的管理态度。科利尔的计划与萨丕尔的两个观点相契合，一是认为纳瓦霍人是美国最大的也是最善于表达的印第安人部落；二是都关心土著语言教育问题。萨丕尔与科利尔在华盛顿（致海尔，1934 年 6 月 6 日：SWL）讨论了"教纳瓦霍人书写他们自己的语言"的问题。尽管有博厄斯以前的学生格拉迪丝·赖夏德计划去教暑期学校的课程，但是萨丕尔还是发起一个监督委员会，由海尔担任会长，萨丕尔和奇客·桑多瓦尔担任委员。委员会将会赞助赖夏德，海尔会指导她。印第安事务局希望萨丕尔能做到如下几点：

> 编制一个简单的纳瓦霍族的介绍，便于商人、老师和其他对印第安人感兴趣的人使用。当然，这并不能代替专业化的、详细的和科学的纳瓦霍语语法，这是我这些天来计划基于我们的材料要写的东西。事实上，虽然那些教学上的事我并不怎么感兴趣，不过我想这可能是一个不错的开始。

萨丕尔希望海尔编一个常用字词表，作为语法书或者语法材料的附录。海尔应该写信给科利尔问清楚"他们需要你帮忙进行纳瓦霍语的管理"。萨丕尔还希望奇客去纽黑文市"进一步润色"他的资料。

科利尔的管理机构向他咨询纳瓦霍语的专业问题,让萨丕尔感到很荣幸,他也很高兴语言学家的能力得到了认可。另外,印第安事务局也是个提供研究经费的好资源,即使不是为他自己,也可以为海尔的工作。海尔已经"到了田野调查地"着手建立项目,萨丕尔只需提供指导。印第安事务局明确要雇佣人类学家,萨丕尔认为自己比任何其他竞争者都更有能力,尤其是赖夏德。

博厄斯和海尔都与赖夏德长期不和。1924年,她批评萨丕尔阿尔冈昆-利特万语的分类工作。他"决心避免任何争论性的言辞"但还是私下回信(致赖夏德,1924年3月23日:由沃格林提供)陈述了他的语言学重构的原则:

> 你的精神和采用的方法完全可能反驳,比如英语和俄语的关系……归根结底,这主要来源于对积攒的证据的直觉评判,和或多或少受制于否定因素的倾向……我很怀疑你是不是完全理解,在我的构建中的每个部分,阿尔冈昆语发挥什么具体的作用。我不能停下去写一部阿尔冈昆语语音的书。

赖夏德以前曾研究过维约特语(一种利特万语),觉得萨丕尔的预期无异议而被接受很让她气愤。萨丕尔(致海尔,1936年9月22日:SWL)觉得"让她生气是个糟糕的事——我怀疑她可能生气了——至少是针对我的,虽然我并不知道原因,因为不管她问我什么,我都尽力帮她了"。但赖夏德觉得萨丕尔只是同情她。① 萨丕尔建议海尔(1930年2月6日,6月2日:SWL)在实际工作中帮助

---

① 玛格丽特·米德(1959)指出,在英国科学促进协会(BAAS)1924年的多伦多会议上,格拉迪丝·赖夏德是唯一没有被萨丕尔的魅力吸引的人。

她，但是不要"太在意"。他曾经"训练"过她的纳瓦霍语，而且寄给她一份"相当详细的纳瓦霍语语音资料"。至少一开始，赖夏德遵从了萨丕尔的语言学结论和海尔对纳瓦霍语的实际经验，她写信给海尔（1934 年 4 月 13 日：SWL）说，她曾给印第安事务局提交了一份尝试性的字母表，虽然他们对印刷和排版的问题比对科学的精确性更感兴趣。目标应该是建立"一个我们——非专业也好，科学家也好——都可以用的体系"。赖夏德没有把自己算在专业人士之中，但是她认为如果这个系统建立起来，她就可以教授。

萨丕尔让赖夏德到纽黑文来讨论一下"土著人的观点"（1934 年 4 月 30 日）。他之前已经写信对科利尔说"给印第安人推荐的拼写体系必须是科学的字母表的简化版本，它已逐渐开始在少数有资格讨论这个问题的人中间流传"。大多数人都夸大了用庞大的发音系统书写自己语言的困难。赖夏德也承认（致海尔，1934 年 4 月 13 日：SWL）土著人很容易就学会了写字：

> 白人总觉得纳瓦霍人学写字会像我们自己学写他们的文字那么难。可能你的经验已经告诉你我的经历了，那就是他们学习得非常快，只要给了一个象征声音的符号，他们很快就可以学会，因为他们已经知道了发音，不用像我们一样挣扎着记发音。我教一个巴纳德本地的纳瓦霍女孩四节写字课，她会犯错误，因为我们俩都没有时间好好练习，但是她犯的错误并不是我们犯错误的地方。

赖夏德把她的字母表作为萨丕尔的修改版使用。

萨丕尔不知道他的语音拼写体系对印第安事务局有什么用，虽然他"个人很怀疑普通人能不能从一本语法介绍中学到足够的纳瓦霍语"，提议重点强调背诵常用的词组，辅以语法（致海尔，1934 年 7

月 18 日：SWL）。海尔考虑用一本纳瓦霍文化的手册，但萨丕尔（1934 年 9 月 21 日：SWL）更倾向于"宁少勿多，把很少的那一点编写到我能达到的最易懂的程度，认真的学生可以继续前进，通过实际接触纳瓦霍人学到更多知识。"[①]

海尔很认真地研究怎样使语言课"不太枯燥"。他发明了一种办法，是大声读出来以便训练耳朵熟悉纳瓦霍语（致萨丕尔，1934 年 10 月 6 日：SWL）；他也担心赖夏德不交暑期课程的报告。那时，萨丕尔在纽黑文和奇客·桑多瓦尔进行更加理论化层面的研究。他回复（1934 年 11 月 2 日：SWL）说海尔的课程"等我进行到了更实践性的阶段时"会用得着。萨丕尔和奇客讨论过可不可能带几个年轻的纳瓦霍人到耶鲁大学（致海尔，1934 年 11 月 2 日：SWL）："我没有明确的计划……但如果有合适的人选，我会让科利尔感兴趣的。在整体上这种行动是特别重要的。"这个提议可能是出于奇客不管怎么训练都学不会写纳瓦霍语的缘故。

萨丕尔觉得自己掌控了纳瓦霍语语言研究的科学标准，他向海尔保证，如果真的必要的话，他会向科利尔解释，赖夏德的"纳瓦霍语知识至多只是一知半解"。她对自己的工作"太好骛远了"。

海尔越来越担心项目的发展方向，他给科利尔写信（1934 年 11 月 16 日：SWL）说赖夏德无法正确地记录他们的话，也没有强调语言本身，还出钱让纳瓦霍人学习他们的语言。而且她没有引导他们为自己语言的美而骄傲。纳瓦霍人应该在学校里学习，而且重点应该是"用当地方言讲的民谣"。

萨丕尔也向科利尔回信说他发现赖夏德的报告（1934 年 11 月 19 日：SWL），是"怪异地混合了激情、活力、（对贝拉尔神父）不公平，以及无知"。她不承认萨丕尔和海尔曾经给过她一份简化了的语

[①] 萨丕尔的科学化语法也强调形式而非细节。这个观点预示着他后来在把个人和他/她的文化联系起来的方法。

音拼写体系资料，而且，"想要了解赖夏德博士一直在做什么也很难"。项目应该"层次更高"才对。与科利尔谈过之后，萨丕尔向海尔说（1934年11月26日：SWL）他们两人应该继续讨论"未定的语音拼写体系问题"。还有一些细节应该在最后的体系"制定"出来之前达成一致。科利尔任命海尔为纳瓦霍语顾问，还提议（萨丕尔致海尔，1934年12月15日：SWL）萨丕尔夏天到西南方去，"参与到这个语言项目中"。虽然萨丕尔有时承认他"想念"纳瓦霍人的乡村，但是他之前所想的"再去看你们所有人"变成了"遥遥无期的事，而不是计划"（致海尔，1933年12月12日：SWL），不过这回，他认真考虑该不该去一趟。

但是在1934年年底，萨丕尔犯了他在实践纳瓦霍语项目中最为致命的一个错误。"出于音位理论的兴奋，以及在《美国人类学家》上强势规定每个音位都有一个符号单位的发音拼写原则"，萨丕尔放弃了他先前写纳瓦霍语时的两字母发一音的方法（Krauss 1986，198）。用新的体系写出来的文字在印刷的纸张上看起来更陌生。此外萨丕尔——对他来说拼写法一直是随意的，而且基本上是不重要的——低估了它对奇客的影响，对他珍视的口译训练项目的影响，以及中途修改书写方式的后果（致海尔，1935年1月19日：SWL）："我特别想知道奇客是不是进步了，我希望你不要告诉我他已经被我们改变了的整个系统弄糊涂了。"海尔（2月24日：SWL）只回答说奇客还是希望在海尔的指导下教学，不过他正变得更加有信心。

萨丕尔收到这样的报告舒了一口气，因为他一直不知道奇客能不能"接受更好的纳瓦霍语拼写体系"（致海尔，1935年3月6日：SWL）。如果奇客能做到，那么一定"至少有一些印第安人"有"更加自然的耳朵"。新的体系是"至今发明的最适合纳瓦霍语的体系"。实践中最后也许需要简化，但是只有在"印第安人集体要求之下"才会进行。长期的、本地语言使用者的"直觉"应该予以肯定。海尔说

（1935 年 3 月 9 日：SWL）"土著人很欢迎这种新的音位体系"，他也在为此制作一台改进的打印机键盘。

萨丕尔还继续强调（1935 年 3 月 15 日：SWL）"全部落的（扫盲）工作"需要"一批核心推动者"。他还希望有专门为纳瓦霍人的小学生而不是为了白人写的基本的纳瓦霍民族学手册，直接从"部落中老年人的话"的记录中编撰。要依靠老年人提供资料，还要让纳瓦霍人自己来表达，就要把整个部落都纳入到口译训练项目中来，这就需要印第安事务局持续的支持。所用的文章必须"让纳瓦霍孩子们清清楚楚"（致海尔，1935 年 5 月 15 日：SWL）。萨丕尔虽然没有实践教学经验，但是这些说明现在都成了印第安语言教育公认的法则。萨丕尔在推进博厄斯范式语言学的实际应用、民族志学对土著社区发展的促进方面是先驱式的人物。

但是印第安事务局越来越喜欢赖夏德的简化字母表。海尔没有得到继续聘任。萨丕尔计划的纳瓦霍语暑期学校也推迟了。萨丕尔解释说（致海尔，1935 年 6 月 5 日：SWL）他夏天待在新罕布什尔州更好，因为他就可以继续研究语法了。海尔（1935 年 7 月 15 日：SWL）完全失去了信心，既没有提出转到耶鲁大学工作，也未建议绕过政府行政部门。

与此同时，很多实际问题需要解决。奇客觉得海尔把白人学生的课改得"太深（太理论）了"（致萨丕尔，1936 年 3 月 25 日：SWL）。他担心（1936 年 6 月 6 日：SWL）"通常的发音"中有"明显把元音发短的趋势"，这会让学生很难根据听到的音写出正确的发音符号。纳瓦霍发音的变异已经困扰海尔很久了（致萨丕尔，1931 年 3 月 30 日：SWL）："有时我真的希望调查对象发音时能更仔细些，能遵守与理论相符的发音体系……这显然是理所当然的，除非是调查对象太懒了不愿意把它用对。"萨丕尔回应说（1931 年 4 月 6 日：SWL）——至少从收集起来的文本看——"没有必要要求一个字每一次都有一个完全相同的拼法"。但是 1935 年，整件事有了变化，关于哪种正字法才能真正反映纳瓦霍语发生了争议。虽然发音的改变是真实存在的，但这还是使得萨丕尔—海尔体系看起来不足以向未接触过这种语言的人展示。

这时，赖夏德则找到了哈林顿——印第安事务局的语言学家——支持她"把字母表简化到英语的形式"（萨丕尔致海尔，1936 年 6 月 27 日：SWL）。虽然萨丕尔坚持说字母系统是不充分的，科利尔还是接受了哈林顿的体系。萨丕尔只得寄希望于"田野调查的地方会需要我们的字母表"。萨丕尔表面的默许之下，海尔的语法项目得以保留，但是印第安事务局希望萨丕尔用新的体系把它改写出来。"这些人的态度就和自高自大、不学无术的人一样。他们好像觉得怎么样都行"。萨丕尔希望行政上的人员变动会帮助旧的体系重见天日。[①]

科利尔的教育主管威拉德·比蒂允许海尔用两种正字法准备例文。当得知纳瓦霍人更喜欢萨丕尔—海尔的体系时，海尔（致萨丕尔，1936 年 8 月 30 日：SWL）特别高兴。比蒂承诺会尝试使用海尔的资料，但还是过于将语言学问题简单化。他为白人学生发起一门课，不讲语音体系，也没有学生能读懂他们自己记录的纳瓦霍语（海尔致萨丕尔，1935 年 8 月 22 日：SWL）。海尔承认很少有人能有足够好的听力来学会这门语言，当他得知比蒂希望所有与纳瓦霍人打交道的工作人员都要学会说纳瓦霍语时惊骇不已。让海尔的问题变得更复杂的是，奇客与比蒂见面讨论了简化正字法后，决定说纳瓦霍语的学生不必写出声调（海尔致萨丕尔，1936 年 10 月 4 日：SWL）。海尔承认"一个受过训练的土著人"也许能从语境中准确判断出声调，但不能说声调就不应该写出来了（部分原因是理论上说在纳瓦霍语中声调就是它的音素）。

[①] 实际工作中，摩根和杨在 1937 年回到了类似的一个体系中，但这对萨丕尔在纳瓦霍人保留地的工作来说来得太晚了（Krauss 1986）。

萨丕尔继续写他的纳瓦霍基本情况手册，尽管他知道"政府的政策和严肃的学术工作是不会关注口语方面的"（致海尔，1938 年 1 月 20 日：SWL）。萨丕尔也不能理解为什么所有人会支持哈林顿的计划："我想这里面一定有非正常的因素。有些人这么喜欢我们碰巧制定的 26 个字母，就觉得这是神圣的、有神秘的必然性……你就是不能争辩。"萨丕尔比海尔更加泰然自若，因为他可以退回去从技术的角度研究纳瓦霍语言学。同时，萨丕尔很高兴地发现，由赖夏德、克拉克洪和其他人开展的新工作在纳瓦霍民族学问题上出现了分歧，他于是鼓励海尔带上自己的材料加入论战（1938 年 2 月 4 日：SWL）：

> 人类学家容易忽略记录民族志资料过程中的诸多主观因素，我想我们应该时不时地展示一下，对同样一种文化会有多少不同的理解传递到学生那里。

萨丕尔的观点来自于他的文化理论，主要的根据是潜在的个体多样性。语言学文本的相对性和田野调查对收集资料的影响，也会在他对文化中的人格研究中再次出现。

萨丕尔鼓励海尔，应该为他毕生的工作感到骄傲（1938 年 2 月 16 日：SWL），不要太担心"纳瓦霍庆祝仪式的分类有什么样的权威解释了"，先发表"基本的土著人的问题，比如他们是怎么看待庆典和宗教仪式的特点的……然后你的广泛的意思会给别人一些思考"。萨丕尔还推荐了他认为最佳的策略："先发表一些表达主要观点的简短文章，再在之后的稿件中丰富和修正它。"

甚至在萨丕尔心脏病变得特别严重的时候，他还继续着纳瓦霍语的工作。他寄给海尔（1938 年 5 月 12 日：SWL）一张"一个及物动词完整的词形变化表"。他也制定了一个标题页、一个目录，还写了一章关于字母表和发音的开始部分（致海尔，1938 年 5 月 20 日）。

鉴于他"当下难以驾驭的拖延心理",他提出和海尔两个人"合作负责"编写那本手册,海尔来写大部分的文章,萨丕尔可以概述语法点,修改海尔的资料。

海尔继续在纳瓦霍语的课上检验他的方法,现在则主要向自己的同行展示这些方法。萨丕尔组织编写的手册"格外"符合教学经验中的实际技巧(海尔致萨丕尔,1938年5月25日:SWL)。海尔发明了现在人们称为视觉教具的办法("石头、玩偶、画着木屋、桥、坛坛罐罐的画,需要时会把我的意思形象化地表达出来"),他还尝试着不用外来的概念表现纳瓦霍人的思想意识。语言学的理论在"潜移默化"地、"很少量地"介绍给他们。

萨丕尔提出(1938年7月15日:SWL)"将这本手册拆成小部分"有利于海尔"实际的课堂教学"——这样他就可以继续"帮助你推进工作"。随着书稿一天天接近完成,萨丕尔越来越意识到基本目的上的分歧:

> 坦白地说,我原本的兴趣在于纳瓦霍语的结构和阿萨巴斯卡语的比较。所以我可能更应该计划是给纳瓦霍语制定特别严格和正式(恐怕,也特别宽泛)的语法——这很可能要吓到任何普通学生了,然后我站在一边,满意地收取你随时寄给我的新课的信息,如果可能,我也加入一点你认为有用的东西。

萨丕尔意识到他的健康状况没法让他继续更广泛的语法工作了,因此解除了海尔的合作义务。

渐渐地,萨丕尔对纳瓦霍语研究的实际应用失去了信心,比如(1937年7月27日:SWL):

真的，你只抓住简化版这根可怜的稻草，损失了一个很有见地的对纳瓦霍语法的理解。为什么不能强迫学生通过抄写而尊重极端重要的音素（'）(喉塞音）呢？尽管他们不习惯这样做。纳瓦霍语不是英语。

萨丕尔希望纳瓦霍语的工作完全以语言学为基础。他和海尔一样担心不同的方言的问题，他认为这"几乎不可能"（致海尔，1938年8月19日：SWL）。变换的语言的形式并不是方言的差别，因为说话者对这些形式有不同的感觉，这需要解释，而不是逃避。"可能单独的形式过于模糊了，被调查者也没法提供帮助，也许再对外部语境有一些说明，他就知道应该用哪种表达方法了"。也就是说，自发的语言才是完整表述的标准。对纳瓦霍语就是这样，与只有一少部分人讲的印第安语相反，他们对语言的知识经常是零碎的，而纳瓦霍语的标准是真实存在的。

声调的发音，不管怎么解释它的变化，总可以通过被调查者哼出音节来弄清楚（萨丕尔在耶鲁大学讲纳瓦霍语时使用的办法）："一开始，他会觉得这样很傻，也是做不到的；慢慢的他就可以结结巴巴地做到了。这样你就能更清晰地听出那种旋律的起伏……"更重要的是（1938年8月23日：SWL）不要让学生对"对纳瓦霍语的发音单位抱有懒散的态度"。声门化辅音并不是"不可捉摸"的事。

萨丕尔1939年年初去世，结束了他科学生涯中最长久的也是成果最为卓著的合作。留下海尔一个人完成教学的工作，并完成他自己内容丰富的纳瓦庆典的文本（海尔1941—1948）。萨丕尔嘱咐霍耶尔一定要把纳瓦霍语的语法研究做完，霍耶尔在自己的职业生涯后期才最终完成。

另一位可能继承萨丕尔的纳瓦霍语研究者是哈佛大学的克莱德·克拉克洪。克拉克洪没能听1936年萨丕尔的语音学课程，但萨丕尔

第十三章 对阿萨巴斯卡语言研究的投入

提出可以审阅他的材料（1936 年 9 月 25 日：HU）。克拉克洪在 1937 年春天上了萨丕尔的纳瓦霍语课，但因为萨丕尔患了肾结石（1937 年 5 月 1 日：HU），课程"频频被打断"，没有达到"我预想的那么系统"。

萨丕尔让海尔（1937 年 5 月 20 日：SWL）帮助克拉克洪，"他和我做过一些纳瓦霍语的工作"。但是，萨丕尔的热情很快降低了（致海尔，1938 年 2 月 4 日：SWL），他半开玩笑地责怪海尔对克拉克洪和韦曼的论文（1938 年 2 月 16 日：SWL）："要求太高了。你是要让一个人在尝试理解当地习俗和信仰之前就专一地爱这门语言。"

萨丕尔写信对博厄斯（1938 年 10 月 4 日：APS）谈到，美国学术团体委员会的最终报告中有关克拉克洪在哈佛教语言学一事："我不知道他具体在做什么，只是希望提醒一下他的路子是不对的。"尽管萨丕尔对他不予肯定，但是克拉克洪却认为自己是萨丕尔的学生，而且是一项严肃的语言学工作的拥护者。莱斯利·施皮尔写信给几个人通知萨丕尔去世的消息，克拉克洪是其中之一（1939 年 2 月 5 日：HU），而且他也参与了萨丕尔的纪念文集的写作（1939 年 5 月 30 日：HU），施皮尔要求他重点写"纳瓦霍人的文化，不要太多个人的角度"，因为大多数参与写这本书的人都喜欢写有关心理的主题。但是从把纳瓦霍语置于阿萨巴斯卡语群的背景中研究，到研究它与纳-德内语可能的联系，甚至在印度—支那语的问题上，克拉克洪从来没有说过他与萨丕尔有同样的兴趣。克拉克洪是作为民族学家、心理人类学家为人们所记住的，而不是语言学家。

第十四章　语言学的专业化

在萨丕尔事业发展的前半段，语言学没有相关的机构或学科基础，只能以语言系（特别是日耳曼语系）和人类学系（主要是美洲印第安人类学）为根据地。萨丕尔是唯一在这两个阵营中都有稳定基础的美国学者。伦纳德·布龙菲尔德基本上是个日耳曼语专家，而博厄斯缺少语文学方面的基础，做不了语言学的工作。随着语言学专业化的发展，萨丕尔有了更多同事可以讨论语言学，也有更多的读者需要他写的书。他很快成为逐渐振兴的语言学专业的中心人物，这在人类学领域是做不到的，因为博厄斯一直占据着控制性的位置，而且萨丕尔自己的专业兴趣在人类学整个学科中也处于边缘的位置（在语言学逐渐从它的人类学根源中独立出来之时，萨丕尔也显得越来越边缘化）。

语言学的专业化进程很快，因为其他的专业科学已经成型，可以参考它们的模式。关键的分水岭是在1925年，美国语言学协会成立，还有它的期刊《语言》和暑期学校。那一年萨丕尔到芝加哥大学工作，正好加入了学会。他和布龙菲尔德很快成为美国语言学协会的人类语言学的核心人物。萨丕尔在芝加哥大学工作的缘故，也加入了国际辅助语协会，这个协会更欧洲化、面对的对象也不是人类学学者，这与他之前习惯了的情况有所不同。和博厄斯与布龙菲尔德一道，萨丕尔促进了美洲印第安人语言学的田野调查工作；语言学的不断专业化促使美国学术团体理事会通过美洲印第安语言学委员会向研究工作提供资金支持。这些发展让萨丕尔有了一个相对而言独立于人类学的新的职业定位。

美国语言学协会

美国语言学协会的主要创立者都是语文学者，但是人类学家也在这个正在兴起的以语言为中心的专业中平衡了传统的趋势。赫尔曼·科利茨是这个协会的首任主席，因为他是签署成立书中最为年长的人（Joos 1986）。第一期《语言》①有一篇布龙菲尔德作的前言，题为"为什么需要语言学？"，他在文中直接反驳了学会主席对这个问题的看法。科利茨强调的是规范的教学，认为没有文字的语言不是语言学要研究的内容。朱斯（1986）把布龙菲尔德简短的信条称为未来的预言：

> 按照惯例，布龙菲尔德一定会被至少包括了博林、埃杰顿、萨丕尔和斯特蒂文特等雄辩家说服，写"一个宣言的扩展篇"，详细到可以和某些古老概念以及这些前辈的介绍中所蕴含的深意相抗衡的地步，除非这位后来人知难而退。

明确地要吸引新鲜血液，是每个新的学科建立之初都关心的问题。布龙菲尔德暗示未来的语言学家是接受过训练的，而不是自学成才，而且培训这些人才的机构会发展起来。

美国语言学协会的第一次会议征文函由伦纳德·布龙菲尔德、乔治·M. 博林和罗兰·肯特签署，其中提到任何社会都不会仅仅致力

---

① 期刊的第一期也包含了萨丕尔关于音位概念的一篇经典文章，这篇文章使美国语言学为欧洲语言学理论做出了贡献，之前欧洲的布拉格学派的语音学是独立的一支。布龙菲尔德文章的内容是他对阿尔冈昆语音体系的重构，是把印欧语文学方法应用到无文字语言中的一次展示。

于研究语言学的"某一个阶段",包括历史、考古、语文学和人文学阶段。三位作者正在给"几位对于语言学研究成果出版最为重要的人"写信。美国语言学协会也要同时与现代语言学会和/或美国语文学会的成员会面。美国语言学协会的创立者们不希望会排斥任何人,"不管他们的研究兴趣多么模糊或多么细微"(Joos 1986)。萨丕尔起先并没有参与这项计划的发起,因为他当时的加拿大人的身份让他在美国本土的学术圈中处境尴尬,但是他到芝加哥工作之后,很快就成了这个新组织的中心人物。

1924 年 12 月在美国博物馆召开了一次预备会议,资金来源于戈达德的娱乐经费(Joos 1986)。萨丕尔参加了 1925 年 1 月 10 日召开的组织会议,他在会上"谈到需要建立一个新的研究会,而且发起了投票,于是一个新的研究会就成立了"。他当即被选为委员会委员,负责制定章程和附则(会议记录:APS)。在 69 名第一次会议的与会者中,60 名是 1925 年加入的新成员——当年共有 214 名成员加入,其中 88 名同时是现代语言学会的成员,77 名是美国精神病学会成员,61 名美国东方学会成员,17 名美国人类学会成员,18 名没有隶属的协会。从这些数字上看,在美国语言学协会早期,人类学家的作用是很关键的。布龙菲尔德、萨丕尔和博厄斯的名望很大程度上促成了这种平衡。

29 位签署成立书的人员对成立新研究会的事并不是都很积极。布龙菲尔德是其中年龄最小的,朱斯(1986)强调说这些"并不是叛逆者,他们在研究、教学和发表文章的时候还是使用在新语法运动中确立的语言学思想"。大多数创建者都不太了解人类语言学,罗兰·肯特写信请求博厄斯(1924 年 12 月 31 日:APS)支持美国语言学协会:"我希望我能有时间和精力学一点美洲语言,因为它们将为印欧语系的研究带来新启发。"尽管在原则上承认了相关性,他还是把实际工作留给了人类学家。

为了保证人类学在语言学专业的位置，人们邀请博厄斯出任美国语言学协会早期的主席。他接受了邀请（致肯特，1927 年 12 月 3 日：APS），敷衍地说了一句很遗憾没能参加之前的会议。1928 年的会议在纽约召开，肯特（1927 年 12 月 2 日：APS）强调说，美国语言学协会中有一伙人想与人类学和心理学建立更紧密的联系。他们一致同意由博厄斯来表明这种意图——"因为你在人类学界的声望"。

和博厄斯不同，萨丕尔被认为主要是一位语言学家。1927 年，他（和布龙菲尔德一起）在执行委员会中任职，同时也在美国科学促进协会和美国印第安语言委员会任职。博厄斯在卸任主席职位之后，还继续担任美国印第安语言委员会的主席，这是一个独立于美国语言学协会的组织，由美国学术团体理事会资助。

如今萨丕尔有了专业的身份，也有了自己领域的伙伴。他也越来越多地为这一领域的读者撰写文章。在芝加哥大学，卡尔·巴克向他提供学生（如李方桂和哈斯）和智力上的激励。在耶鲁大学，萨丕尔和语言学家埃德加·斯特蒂文特与富兰克林·埃杰顿建立了良好的关系，他鼓励他的学生好好在这个学院扎根下去。萨丕尔在最后的十多年转而研究印欧语系，可能是因为学科的关注者有所改变。

语言学研讨班

每年夏天举办的语言学研讨班可能是美国语言学协会一个制度上的重要创新（1931—1936 年间未办）。研讨班改变了以往学年的模式，也没有一个固定的校园。这种"自信的增长、语言学家互相的尊重、包括不同年龄的人的组织，自此就构成一个跨洲的组织"。而且，它鼓励"那些从专心的工作中有所收获的快速成长的新成员"（Joos 1986）。

1927—1928 年，埃德加·斯特蒂文特组织了耶鲁大学的第一次语言学研讨班，仿照了伍兹霍尔国家生物研究所。第一期研讨班有65个人参加（Joos 1986），戈达德计划用博厄斯范式的定义教授"语言人类学"，例子"主要来自印欧语系和美洲印第安语"。对区域和扩散性现象的强调来自博厄斯，类型和谱系分类的处理来自萨丕尔。"口头语言的研究方法"课则强调田野调查的方法对语言学研究的重要作用。从他精心制定的课程描述里可以看出，人类学家感觉到了在美国语言学协会中他们应有的位置，而且意识到在语言学研究中他们的方法不受欢迎。后来戈达德突发急病，人类学也就衰落了。口头语言的课由萨丕尔以前的学生 J. A. 梅森和一个学生讲。

1929年语言学研讨班讨论的核心题目是美国学术团体理事会赞助的"语言地图"，由汉斯·库拉特组织。布龙菲尔德是组织委员会里唯一一位偏向人类学的语言学家，他批评欧洲的方言地图在田野调查方法方面的不足（Joos 1986）。萨丕尔没有参加开始的几次研讨班，因为他在芝加哥大学，很少和耶鲁大学的语言学院联系，他当时也正在忙于西南方阿萨巴斯卡语田野调查的事。

1930年和1931年的研讨班在纽约的城市学院举办。1930年博厄斯讲过课，但是60名学生中大多数都是城市学院的学生。1931年，研讨班没有请人类学家参与。萨丕尔与斯特蒂文特商讨过1933年去城市学院教课的事，也希望能在哥伦比亚大学教书；但是那年的研讨班因为大萧条取消了（萨丕尔致博厄斯，1932年10月20日：APS）。下一期的研讨班是在1936年开办的，地点在安娜堡市（直到1940年都作为研讨班的基地）。

萨丕尔曾执教1937年的语言学研讨班。有30个学生的入门课程，"反响特别好"，所以第二年把课安排到了晚上，以便所有学生都可以听（Sturtevant 1950）。1938年，布龙菲尔德教入门课——也是他唯一在暑期研讨班的课——也受到了极大的欢迎。萨丕尔先布龙菲尔德后的安排，当时被视为由后者补充前者，尽管这后来被认为标志着美国语言学的主导模式向布龙菲尔德的结构主义转向（Hymes and Fought 1975；Sturtevant 1950；Murray 1983）。

在研讨班的职位是对萨丕尔语言学专业地位的一种认可。他很高兴去上课，而且碰到了"一些很好的人"（致萨丕尔，1937 年 7 月 9 日：YUDA）。上课的八周"成果卓著"（致博厄斯，1937 年 10 月 13 日：APS）："看到有这么多人真心喜欢美洲印第安语言学的工作，我真是欣慰。"萨丕尔没有和英语方言地图的语言学家争，而是着力建立自己在人类语言学的声望，在自己身边聚集了一个志同道合的"内部圈子"，有（约翰·卡罗尔致达内尔，1985 年 10 月 24 日）（亨利·李）哈克西·史密斯、肯尼斯·派克、莫里斯·斯沃德什和 J（没有点号）弥尔顿·考恩。[①]

卡尔·沃格林记得萨丕尔教纳瓦霍语时用的是"给小孩子喂饭一样的方法"，把卡尔作为调查对象。萨丕尔、布龙菲尔德、查尔斯·弗里斯、齐里格·哈里斯和沃格林讨论过研讨班以后的课程需要一位调查对象（APS）。

肯尼斯·派克 1937 年去了安娜堡，因为萨丕尔在那里上课。萨丕尔用他寄来的语音学稿件为他申请了一个奖学金（E. Pike 1981，66-67）。

萨丕尔祝贺他在教育学方面取得的进步，他说肯尼斯抓住了别人认为理所当然的细节。肯尼斯和萨丕尔开始的时候在萨丕尔的办公室谈，吃午饭的时候接着谈，后来又去了萨丕尔的房间，一直谈到半夜。萨丕尔为此还推掉了一个招待会，肯尼斯知道了以后直向他道歉，萨丕尔让他不用在意，说招待会是繁重的工作，但是谈语言学却很悠闲。

派克（1984，493-494）在没有翻译的情况下研究了两年的米斯

[①] 卡罗尔并不认为自己是这个团体的一员，尽管萨丕尔曾经指导过他的工作。他与萨丕尔式语言学的联系来自后来的本杰明·沃尔夫。

特克语。萨丕尔并不了解这种语言,但他只用了半小时就得出了米斯特克语的声调的规律。声调要跟前后的词一起分析,不能只看独立的几组词,这是直接从以文本为中心的田野调查方法中得出的结论。派克对萨丕尔"温和的性格"印象特别深,他对学生和同事都一样平易近人(1984,393)。派克上了萨丕尔的田野调查方法和概论课。概论课里包括了"语言的意义、心理和语言形成综述",是萨丕尔的《语言论》以及布龙菲尔德与之同名的书的混合(E. Pike 1981,68)。布龙菲尔德那年夏天也在安娜堡,但不上课。派克回忆说他不跟别人随意地聊天,即使关于语言学的话题也不聊。

萨丕尔1937年在语言学研讨班的工作,记录在当时哈罗德·艾伦[①]的地方宣传文件里。他记得萨丕尔"说话很尖锐"但是"很亲切","有时有些专横";有特别的能力"分清复杂和晦涩"。萨丕尔做过关于吐火罗语与印欧语系语言的源头的公众演讲。他在演讲讨论中说,"我们可能在揭穿抽象的路上已经走得太远"。他觉得很多传统的语言学概念都不重要,比如意义是由使用的语境而非词源决定的(因为说话的人并不知道他们说的语言是怎么来的)。艾伦认为萨丕尔的喉音假设(基于印欧语系和美洲印第安语的例子)是"那个夏天的重点"。那是第一次,一位人类学家成为了所有专业都尊重的理论家。

那年夏天快过去的时候萨丕尔第一次突发心脏病。这是他唯一的影响新一代语言学家的机会。第二年,布龙菲尔德讲入门课程,艾伦发现语言学研讨班的重点转向了描述语言学,特别是对美洲印第安语。布龙菲尔德不像萨丕尔那样倾向于理论化的声明。虽然萨丕尔1938年不在研讨班,但是他的语言学观点得到了很好的介绍。艾伦记录了布龙菲尔德用于调查一名奥吉布瓦族人的田野调查方法、沃格林和哈里斯对一个希多特萨苏人的调查、斯沃德关于英语句法学的讲

---

① 艾伦把他在暑期研究班这段时间的笔记整理之后,于1983年12月在美国语言学协会做了一场报告。

座、派克对米斯特克语声调的讨论，还有默里·埃米诺的达罗毗荼语研究。布龙菲尔德同博厄斯（1938年10月3日：APS）说："今年夏天我对安娜堡的年轻人印象真是好"，特别提到查尔斯·霍凯特关于波塔瓦托米语（一种东部的阿尔冈昆语）的论文，"我猜，是萨丕尔指导的"。确实如此。

后面几次的研讨班都是由布龙菲尔德主导的，他每周都会安排讨论比较阿尔冈昆语（Allen，MS）。布龙菲尔德讲课的方式是与学生讨论相结合（Voegelin，APS）。沃格林1939年讲德拉瓦尔语，1940年讲奥吉布瓦语。30年代后期的这些课大都讲给新一代的美洲印第安语言学家，但其中很多人都没有意识到他们处处受着萨丕尔的影响。他们记忆中布龙菲尔德的影响是更突出的。在斯特蒂文特为布龙菲尔德写的悼词（1950）中记录着："许多描述型语言学家实际上从博厄斯或者萨丕尔那里接受的培养，但都坚决称自己学习的是布龙菲尔德的方法。"那时，其实萨丕尔和布龙菲尔德的声望至少是同等的，可能萨丕尔还要更强一些。但是萨丕尔没有更多的机会向语言学家们表达自己的观点，而专业的记忆是选择性的，"布龙菲尔德派"的结构主义在40—50年代的压倒性影响基本抹去了人们对前一个时期共同的记忆。

伦纳德·布龙菲尔德

萨丕尔遇到布龙菲尔德时，恰是他要去芝加哥大学工作，而布龙菲尔德要开始克里语田野调查（由渥太华大学赞助）——田野调查是获得这种阿尔冈昆语言资料的唯一办法。布龙菲尔德（1925年4月26日：NMM）称赞萨丕尔对西南方派尤特语法的研究，他觉得"很美，不管是语言还是工作本身"。他自己的工作主要专注于四个阿尔冈昆语的核心语言（克里语、奥吉布瓦语、福克斯语和梅诺米尼语），是他的比较重构模式的基础。布龙菲尔德在看待起源假说上比萨丕尔保守，他倾向于研究明确有联系的语言。萨丕尔向布龙菲尔德推荐"纯语言学的"克里语田野研究，①他（致 L. L. 博尔顿，1925 年 5 月 29 日：NMM）说加拿大没人能"达到我们期望的最低标准"。萨丕尔帮助布龙菲尔德将研究方向转向了印第安语，他的德国背景让他与研美学者的传统格格不入。

萨丕尔和博厄斯知道布龙菲尔德去了芝加哥大学（1927 年）之后都很失望。布龙菲尔德意识到（致博厄斯，1927 年 2 月 22 日：APS）这意味着他将必须专注于日耳曼语文的研究，但是也很高兴逃离"过多的基础教学"，回到体面的图书馆中。博厄斯（1927 年 2 月 25 日：APS）对布龙菲尔德的选择却不是那么赞同：

> 我知道这会阻碍你研究印第安语的工作，很遗憾。从你所做的一切来看，你做这项工作真的很合适，而且从科学的角度来看，印第安语的研究比日耳曼语言的研究更加紧迫，我认为后者在很大程度上只需通过研究书籍便能实现。

萨丕尔更加含蓄一些，他在给克罗伯（1927 年 3 月 13 日：UCB）的信中说，他希望布龙菲尔德的美洲印第安语工作不要受到太大影响，"因为他人太好了，不应该失败"。但是也没有证据证明纽曼所说的（1984，MS）萨丕尔和布龙菲尔德在芝加哥"成了很好的朋友和同事"。

布龙菲尔德赞赏萨丕尔做学问的专业水平，但是觉得他不研究语言时像个"巫医"。萨丕尔则觉得布龙菲尔德对行为主义心理学只是"一知半解"（Hockett 1970，539-540）。而且，布龙菲尔德也对文化

---

① 布龙菲尔德是萨丕尔在渥太华任职期间唯一支持过的语言学家。

人类学①不感兴趣。布龙菲尔德不像萨丕尔，他的主要影响是通过出版来实现的。他很低调，学生很少（Bloch 1949，514），他学术上的继承者把他谨慎的概括方法做了框限和僵化的概括（1949，513）。

在语言学学科里，一个主要的历史问题就是萨丕尔和布龙菲尔德两个人互相影响的问题，有些当代学者认为有其软肋，比如安德森（1985）责备萨丕尔在40—50年代的缺位，甚至都没有写下一本主要的教科书（!），而且只在语言学研讨班上教了一个学期。两个人在30年代旗鼓相当的较量也在见分晓之前完结，因为萨丕尔早逝，布龙菲尔德取代了他。这只说对了一部分，比如萨丕尔曾经受邀在博厄斯的《国际美国语言学杂志》担任编委成员，而且是从期刊正式创办两年以前开始（博厄斯致萨丕尔，1915年11月22日：APS）。是博厄斯组织发起了这个期刊，但萨丕尔是其主要的理论家。在这里，没人能想到布龙菲尔德。萨丕尔去世后不到一个月，博厄斯才请布龙菲尔德加入《国际美国语言学杂志》的编委会（1939年3月2日：APS）："我希望你能帮助我，特别是在阿尔冈昆语的领域。"

在庆祝美国语言学协会五十周年纪念时玛丽·哈斯评价博厄斯、萨丕尔和布龙菲尔德三个人的互相影响，她说到博厄斯时多称他是萨丕尔的老师。萨丕尔"把博厄斯理论中相对的、全面的分析方法表达了出来"，"清晰地体味到了他所研究的所有语言的精微之处"，而且研究的语言的种类相当多（1976，63）。萨丕尔的教学方法是让学生"用最少的语言形式……把每种我们分析的语言做精练的概括……"。比起对材料本身，萨丕尔更喜欢做概括；文本只是为概括提供根据。30年代时，萨丕尔的学生都很喜欢进行语言分类，他自己则"不屑于做太多"（1976，64）。

据哈斯（1976，64）的记录，是布龙菲尔德而不是萨丕尔提出了

---

① 当戴维·曼德尔鲍姆（1984，p.c.）在去克里语调查的路上拜访布龙菲尔德时，他很友善，但不能提供什么建议。

田野调查的技巧是要完全沉浸在那种语言当中，而且那三个人都会说土著语言。博厄斯学会了奇努克方言；对萨丕尔，哈斯只提到他努力要和易希交流，萨丕尔可以很容易地想起很多语言，但是没有直接的证据证明他能用这些语言交流；但布龙菲尔德更愿意不借助翻译进行交流；哈斯暗将此看作理想的研究过程。萨丕尔作为哈斯的老师，他的影响在书中则很模糊。萨丕尔激发了一批语言学家抢救逐渐消失的印第安语言，而且拓展了语言学的范围。哈斯（1976，65）引用了布龙菲尔德的《语言论》(1933)，也一般性地、未说明具体出处地提及萨丕尔和博厄斯的著述，认为这些著作使得美洲印第安语言学"对整个语言学研究产生了重大影响……可以说和印欧语系以及古典语言学对 19 世纪的影响同样重要"。

哈里斯和沃格林（1953，62-68）都是先随萨丕尔学习后又跟布龙菲尔德学习的，他们很用心地对照了萨丕尔和布龙菲尔德的研究方法。萨丕尔从田野调查中得到了资料，然后不做什么修改就印出来，援引单一的形式来翻译，然后在分析文本提出来的词的基础上做语法总结。布龙菲尔德的语法更加直接地从他的文本材料中得来，很大程度上依靠他与调查对象之间的交流和默契。他试图避免使用语料收集范式，这样他的调查对象就不会类推。萨丕尔通过口译以及指导性语料收集方法等捷径得出结论，更重视结果而不是方法上的一致性。比如，萨丕尔写信对沃格林（1934 年 8 月 17 日；被 Hymes and Fought 1975，957 引用）说：肖尼语音位的"比较证据""也许可以提供一个重要的线索"，让我们"从描述出发，对获得的启发进行最合理的解释"。

海姆斯和富特（1975）则试图调和萨丕尔和布龙菲尔德的工作，他们批评了对短期的学科历史进行表面上的对比的做法。尽管"萨丕尔的私人圈子在他去世后就散了"（1975，905），但 30 年代的耶鲁大学仍然出现了一个萨丕尔"学派"；虽然它在学科历史上逐渐暗淡，被后来布龙菲尔德的"耶鲁学派"所掩盖；后者并非在布龙菲尔德自己的时代而是在伯纳德·布洛赫时期达到了其最为极端的表达。结果是过于强调不连贯性，就像哈里斯（1943—1944）在他的模型中重申了纽曼对约库特语的经典研究方法那样。

海姆斯和富特（1975，974）很让人信服地说，对意义的否定、将历史启发排除在描述性语法之外，"对分析在纽约市发生的对话作用大一些，而在田野调查中则不然"。因为在我们的社会"某种正式的模式已经建立起来了"。与人们对其方法的记述相比，布龙菲尔德自己在实际工作中并不是纯粹的布龙菲尔德学派。然而在布龙菲尔德学派很强势的时候，"萨丕尔几乎变成了不可理解的"（Hymes and Fought 1975，998）。的确，在40年代和50年代早期，在布龙菲尔德的崇拜者中有一种贬低萨丕尔之风，尽管敬佩萨丕尔的语言学家们并没有相应地贬低布龙菲尔德。这种名誉上的倾斜在部分程度上是那个时代的标志。

萨丕尔的"第一耶鲁学派"和布龙菲尔德的观点有一些是一致的，如倾向于结构的方法、专注于研究语言学、认为记录印第安语很紧迫、对无文字语言的历史关系感兴趣以及希望语言学与其他学科联系起来。其中的前两个观点是双方完全认同的。但是布龙菲尔德没有萨丕尔的研究领域那么广，虽然布龙菲尔德有行为主义心理学的背景。

很少有人关注萨丕尔和他的学生是怎么在30年代把博厄斯范式的语言学修改到更符合布龙菲尔德式的路子上来的。比如新的正字法惯例更倾向于形态音位学的发展，而把许多博厄斯范式的学者晾在一边。那些还继续称自己是语言学家的人越来越向布龙菲尔德的结构主义靠近，因为那是北美语言学的发展方向。萨丕尔似乎是"遥远的、隔离于"（Hymes and Fought 1975，1145）当下语言学实际的。但是语言学界在过去的30年中重新审视了把布龙菲尔德作为学科起源的观点，回到了萨丕尔式的角度，把他重新视为一位可敬的开拓者（如 McCawley 1967；Anderson 1985）。

国际辅助语协会和英语语义学

萨丕尔在渥太华的最后一个月，在纽约遇到了社交名流爱丽丝·V. 莫里斯，她是国际辅助语协会的重要人物。

国际辅助语协会认为，出于实际原因，一种国际化的语言需要盎格鲁-撒克逊语或者拉丁语系的词根，即世界语或者拉丁语的"进化"。讲话者可更容易地修改结构（语法）而不那么容易修改词根（词汇）。因为使用国际语言的人需要就使用什么词根做出决定，国际辅助语协会应该把重点放在结构上。莫里斯猜测萨丕尔更倾向于"符合逻辑的"标准，而不是"自然"标准。她希望能组织"对不同的语言和语言本身的结构作一个不偏不倚的分析和比较"，然后得到一种"普遍的语法"。萨丕尔的工作将会是弥足珍贵的（1925年2月24日；NMM）：

> 如果我想的是对的，这就是类似于你所料想的东西，就是去分析思想本身，创造一种语言结构，这种结构要用最少的语言形式、合适的表达方式来准确表达每一个概念……这样的工作，就是制定一种"世界语法"，应该基于对民族语言和"人造"语言的初步研究。

莫里斯夫人着手为这项研究可能的分类做了一个纲要，她希望在她即将去欧洲为国际辅助语协会寻求支持前，萨丕尔能给些意见。她觉得萨丕尔的兴趣在于"实践"心理学和语文学。为了让请求更吸引人，她还提供了酬劳。

但萨丕尔对（1925年2月27日：NMM）世界语比其他国际语言受到更多关注"感到遗憾"，因为"对我来说，世界语过于以欧洲语言为基础"。罗曼语和拉丁语的词汇可以接受，但是语法应该越简单越好。"我要找到的大概是一种听起来像意大利语，但是感觉上像英语和汉语的混合语言"。但其实萨丕尔最为着迷的是从尽可能多的语言中吸取范畴，"就基本概念的顺序及其符号表达，权衡我们和异族人的不同方式"。萨丕尔坚定地认为逻辑性不是最基本的标准，而且也不可能是，因为语言就是从"狼狈慌张的经验"中来的。世界语应该是"简单、自然、灵活、可自我创造的，顺便可以有一些逻辑性——包含最少的意识的机制"。他寄了一本他的《语言论》给莫里斯夫人，说他给国际辅助语协会的帮助可能是"一个非常实际的心理学命令"。

莫里斯（1925年3月26日：NMM）喜欢萨丕尔关于最简语法结构的提要，希望他能索取"几位语言学家的签名"。她希望出版这些材料，不用附属于美国语言学协会或其他什么组织。萨丕尔把提要寄给布龙菲尔德，布龙菲尔德回复（1925年4月9日：NMM）说"做科学研究的人"不应该涉入什么"派别的争斗，去推倒"一种世界语，而是应该"接受语言形式的咨询"。他把萨丕尔的信转给了乔治·博林，他是《语言》的第一编辑，他反对任何世界语，尤其是人造的。①

同时，萨丕尔试图吸引莫里斯夫人对汉语的兴趣，从其语法的简单性上获得启发。她试着让萨丕尔和中国的赵元任②取得联系，她也同意汉语是"对一种特别简单的结构是不是实用的绝好的检验"（1925年5月26日：NMM）。但如果汉语方面的合作不能实现的话，

---

① 萨丕尔的纪要发表在《浪漫主义评论》上，而没有发表在专业期刊上。
② 赵元任（Yuen Ren Chao, 1892—1982），著名语言学家，曾任教于美国康奈尔大学、哈佛大学、中国清华大学、中央研究院、美国加州大学伯克利分校等多所著名院校。主要代表作包括《现代吴语的研究》《中国话的文法》《国语留声片课本》等。被誉为"中国现代语言学之父"。参见百度百科。——译者注

她看不出为什么不试试世界语的词根。萨丕尔的回复没有保存下来。

那一年秋天，莫里斯夫人又征募了一位杰出的语言学家——奥托·叶斯柏森，他"承诺担任国际辅助语协会的总顾问，负责将来的语言学研究"（致萨丕尔，1925年9月12日：NMM）。虽然萨丕尔刚被接替这一事实很明显，但是莫里斯仍希望萨丕尔能去纽约。萨丕尔在回信中逗趣地容忍了她。她是想用萨丕尔在各种基金会的影响力来帮助国际辅助语协会（爱德华致琼·萨丕尔，1930年8月28日：SF）。萨丕尔利用她去汉诺威市的时机帮助斯沃德什与欧洲的语言学家建立了联系。

莫里斯夫人在她巴尔港的别墅宴请了语言学界有影响力的人（爱德华致琼·萨丕尔，1930年9月18日：SF）。萨丕尔发现戴夫·莫里斯（银行家，马上要任驻比利时大使）是"特别好的主人"，还有一支不错的"风帆游艇"。参加晚宴的客人包括前土耳其大使，而且萨丕尔说他恐怕"必须要变成一个重要人物，哪怕狐假虎威"，才能行走在这样一群客人中。

萨丕尔曾试着向莫里斯夫人解释语言学的概念（爱德华致琼·萨丕尔，1930年9月18日：SF），虽然他一直有点回避国际辅助语协会的社交圈的意思，但是他好像很喜欢其中各种各样的成员。利物浦大学的W. E. 柯林森在萨丕尔去世后曾给琼·萨丕尔写信（1939年3月9日：SF）提到1929年"长时间的散步……在密歇根湖沿岸与他谈了很多问题。"柯林森还提到萨丕尔对他的文稿"标示"提出了宝贵的建议；他也同样评议了萨丕尔的"总括"一文。

萨丕尔频繁参与国际辅助语协会是在1931年前后，他的4本关于世界语的书有三本在那段时间出版。其中最著名的论文"国际辅助语的功能"[①]刊登在《心智》上，语言哲学家C. K. 奥格登在这本期

[①] 中译文见沙筱薇译"国际辅助语的功能"，载高一虹等译《萨丕尔论语言、文化与人格》，北京：商务印书馆，2011，69-82页。——译者注

刊上发表了反驳的文章（曼德尔鲍姆1949，5）。萨丕尔反对用任何一种特定的语言作为世界语，他强调本地语言与民族性和身份认同的结合。已经提出的所有国际语言都不够格（1931，113）。理想的世界语应该"可以成为一块检验所有民族语言的逻辑上的试金石；而且还可以成为标准的翻译媒介"。"如同在表达数量和数量关系时，用数学方法比用词汇表达更优一样，世界语也应该优于所有的已知语言"。萨丕尔对语言学形式的多样性有着热情，而国际辅助语协会的目标则非常干枯，缺乏想象力。

通过国际辅助语协会，萨丕尔认识了很多语言学者，特别是欧洲的语言学者，如果不是通过这个途径，他也许不会认识他们。特别是叶斯柏森，他是把萨丕尔与欧洲传统连接起来的重要纽带。他比萨丕尔年长大概二十多岁，在他们的通信中，似乎有暗暗的竞争。在萨丕尔1925年发表了他的语音学论文之后，他作为结合美国和欧洲观点的重要角色更加凸显出来，尽管他从未参加过欧洲的会议。在20世纪30年代，他与特鲁别茨科伊频繁通信，对萨丕尔的评价很高（Anderson 1985，220）。而且，当国际语音协会于1932年成立的时候，萨丕尔是唯一一位受邀加入编委会的美国语言学家。他是"连接欧洲与美国音韵学家的主要纽带，直到他去世"（Anderson 1985，220）。

国际辅助语协会的成员中还有许多欧洲语言学家，到1940年（据IALA信头）其中包括叶斯柏森、柯林森、约瑟夫·旺德里（巴黎大学）、尼古拉斯·范维克（莱顿大学），阿尔伯特·德布吕内（伯尔尼大学）和威廉·德科克·比宁（海牙）。柯林森1924年在《现代语言评论》上为萨丕尔的《语言论》做了评论，毫无愧色地为国际辅助语协会寻找一个兼收并蓄的应用模式。萨丕尔认为柯林森的加拿大印第安人田野调查工作十分突出，"他可以以一个更好的角度审视印欧语言，而那些身处其中的人则做不到"（1924，253）。

萨丕尔对奥格登和理查德的观点很感兴趣，他在《自由民》上为他们的书写了评论。这两位哲学家重点研究的是语言在符号上和感情上的功能，用心理学来支持语言学理论，而且通过解释获得语言的意义。这种观点与萨丕尔的观点相契合，即个人是文化的轨迹。马林诺夫斯基关于原始语言的附录也肯定了萨丕尔民族志学基础上（即跨文化）的意义理论。

萨丕尔在国际辅助语协会赞助下写了三篇语义学的论文，其中两篇在他生前发表于美国语言学协会的专题系列中。"总括"于1930年发表，"终点关系的表达"（和莫里斯·斯沃德什合作）发表于1932年。"总括"本计划是巨著《语言的逻辑和心理基础：探索国际语言问题的路径》的开头部分，虽然这本巨著后来未能完成，但萨丕尔的前言中写到了原计划的15个部分。"终点"是"基本的关联概念及其语言学表述"中的一部分；"总括"和萨丕尔逝世后出版的"级差"都是"数量"这一部分的详细论述。萨丕尔、柯林森和莫里斯把这个项目介绍到了美国语言学协会，该学会已经得到了日内瓦国际语言学家大会的支持；叶斯柏森支持去"调查自然语言在多大程度上使用了相似的形式"（Joos 1986）。从这个项目中得出的唯一比较研究成果是一个英语、法语、德语和西班牙语的语义频率表，于1940年发表。柯林森的"象征"1936年发表在美国语言学协会的系列文集中。莫里斯在他详尽的前言中强调了"在符号和规范中有一个核心，足以表达最常用的概念，是所有语言的基础"。

萨丕尔可能希望回到国际辅助语协会相关的英语语义学的工作中去。他的关于级差的稿件在1944年发表于《科学哲学》上，其中在篇头有一段引言，说明这篇文章是很早之前写的，即使是不完整的片段，也会引导读者"探索那些被忽视的语言形式的逻辑和心理意义，这些意义有时得到了调和，有些并没有"。戴维·曼德尔鲍姆把这一篇收入了萨丕尔的选集中。爱丽丝·莫里斯取得了美国学术团体理事会的赞助，萨丕尔将用其支持纽曼和斯沃德什 1933 到 1936 年的工作。乔治·特拉格是一个国际辅助语协会的研究伙伴，利用资金支持他在美国语言学协会关于古代教堂斯拉夫语文本的专著。美国语言学协会系列著作可以刊登国际辅助语协会的文章，部分原因是有莫里斯夫人资助。约翰·卡罗尔也考虑过按照国际辅助语协会的思路研究英语语法（致萨丕尔，1938 年 11 月 23 日）。

斯沃德什研究了英语、法语和德语的关系概念（终点）（科尔提交给洛克菲勒基金会的报告 1930—1931）。纽曼发表了关于重音和声调、英语后缀的文章（发表在《词》上，是比《语言》更偏向欧洲的期刊）。虽然斯沃德什说过把英语语法的项目作为支持美洲印第安研究的一个方法（Haas, p.c），但是他的学位论文的副标题却反映出它的影响："多式综合型语言的词汇结构之语义研究"（Hymes and Fough 1975，972）。沃尔夫在 30 年代则研究了体的类别，他对语言与文化的关系的思考来源于国际辅助语协会对语言的语义学定义（Hymes and Fough 1975，972）。

形式种类的语义定义与 30 年代围绕萨丕尔发展起来的"第一耶鲁学派"实际上是一体的（Hymes and Fough 1975）。尽管该观点在当时没有继续贯彻，但它与格语法及其他观点的相似性却非常显著。纽曼告诉萨丕尔的儿子菲利普（菲利普·萨丕尔致海姆斯，1986 年 4 月 26 日）说"从来没有想过真正发表新的描述性英语语法——只有关于各种已有话题的文章"。但菲利普·萨丕尔却记得父亲对整个项目有着持久不变的热情。

关于萨丕尔的研究兴趣有两份资料留了下来。在一份没有具体日期的报告上（从 30 年代早期开始：YUDA），萨丕尔说过有意"通过语言的实际用法，研究出语言的真实形式，而不是以拉丁语的语法或普遍的逻辑或心理上的因素为基础而投射到这个语言上"。这个观点也是博厄斯在研究美洲印第安语法分类时常常提到的，萨丕尔把它用在了语法理论和民族志的研究过程中,强调"不存在通过归纳而得到的科学完整的描述性英语语法"。萨丕尔向国家研究委员会的培训奖学金分支委员会介绍了这个集体项目(1935年12月21日:NRC),他介绍了纽曼对英语重音的"原创性"研究,说到"新的英语语法"项目会"揭示出人们完全不了解英语语法,从最基本的角度谈起,就好比它是一种完全陌生的语言"。也就是说,人类学家会用田野调查里使用的研究方法检验人们习以为常的语言分析方法。萨丕尔把这种语义学工作视为将他的人类学兴趣与语言学理论联系起来的纽带。

海姆斯和富特(1975,967)提议将第一耶鲁学派的理论成果与新英语语法项目的研究更加直接地联合起来,其成果包括斯沃德什的英语音节的研究;音位和形态音位之争以及沃尔夫基于自己的英语方言的英语音位研究。萨丕尔在他1938年的论文中接受了"形态音位学"这个术语(论文是关于声门化延续音的)(Anderson 1985,233)。因为萨丕尔没有留下他对英语语法或者形态音位学的全面的论述,所以这篇文章也淡出了学术历史的视野。后来萨丕尔的学生又回归到美洲印第安语言学的例子中寻找他们的理论来源。

美洲印第安语言委员会

早在1926年,弗朗兹·博厄斯就联合由萨丕尔、布龙菲尔德、米切尔森带头的美国语言学协会下属委员会向美国学术团体理事会提出建立一个美洲印第安语言学的基金。博厄斯写信给美国学术团体理事会的沃尔多·利兰(1925年12月14日:APS)说"有必要马上行动起来记录印第安语言"。在此之前,仅有350种印第安语言有完整记录。博厄斯曾自己"搜集过三种语言的记录,那以后这些语言就消失了"。而且,博厄斯的《国际美国语言学杂志》也可以发表调查结果。

第十四章　语言学的专业化

布龙菲尔德（致萨丕尔，1925年2月19日：NMM）认同博厄斯的观点，最要紧的是美洲印第安语言的迅速灭绝。理想的情况是，有"每一种方言都有可靠的文本资料，还有文本资料中没有覆盖的语法和词汇的材料"，这样就可以"慢慢研究更大的或者说真正的问题"。对布龙菲尔德来说，如果要开始分析的工作，立即进行田野调查是必要的；田野调查并不是仅为了调查本身——有时很多博厄斯范式的学者是这样认为的。

但布龙菲尔德在委员会中是沉默的。克罗伯（致萨丕尔，1937年1月14日：UCB）说他的态度是"完全配合的、有建设性的、很谦虚的"。他自己当然没有博厄斯和萨丕尔威望高，尤其在美国的田野调查工作中。

委员会还负责支付田野调查的费用，认为被资助者虽然在田野调查时间以外也有学术工作，但是大学缺少田野调查的资金。抢救濒临消失的语言是最要紧的，所以行政开支被减到最低，主要通过信件进行沟通。出版由另一个分开的补助金支付。在实际工作中，资金有时会用作写作材料的支出，因为人手不够，比如玛丽·哈斯曾写信给博厄斯（1938年3月21日：APS）感谢他的拨款："我正需要赚钱来维持生计，恐怕不得不做一些新的研究。"博厄斯坚持认为材料不应该沉睡在手稿或者田野调查笔记中而被埋没。

委员会成员关注的问题差别很大，事实上它变成了心照不宣的争斗场，看谁在国家层面上控制研美学者的研究，这也是语言学和人类学的关系蜕变的缩影。萨丕尔最看重的是研究的质量（致克罗伯，1927年2月11日：UCB）："我们从一开始就必须拿出最佳的质量，否则我们就把自己在语言学界的名誉糟蹋了，而且也拿不到下一个五年的资助。"新一代的美国印第安语言学家应该更加偏向语言学而不是人类学。萨丕尔希望纠正学科的不平等："美洲印第安语言学的研究一直以来都受到人类学和早期的语言学的排斥。"

萨丕尔敦促克罗伯（1927年3月13日：UCB）推进田野调查的方法专业化的工作：单个的研究应该相互关联起来以便"建立真正的美洲语言学研究学派"。不用说，萨丕尔认为自己比博厄斯更适合担当这个学派的中心人物。他觉得更有可能得到克罗伯的支持，而不是博厄斯的（因为后者"幼稚的……互相吹捧"）（致克罗伯，1927年4月16日：UCB）："博厄斯还是有一种神圣的信念，认为任何碰巧上过他的一两门课的学生都能胜任一切工作，无论是像汤普森河流域土著人一样数念珠祷告，还是完成纳瓦霍语和尤罗克语语音和形态学的分析。"萨丕尔去纽约参加了一次会议，博厄斯也在会，他回来之后为他与老师之间的关系"深深地难过"。他觉得他已经有权成为博厄斯的同事，而不仅是以前的学生了，在语言学的工作上他已经超过了博厄斯，但博厄斯却不愿放弃他自封的语言学泰斗的地位。

萨丕尔不能正面挑战博厄斯，他写了封温和的信（1927年5月12日：APS），说委员会"不能仅仅因为策略上的考虑而牺牲了至关重要的原则"。他把他的观点又向克罗伯重申了一次（1930年11月28日：UCB）：

> 我觉得我们现在允许太多差劲的或者不够格的人来做语言学工作了，这本来应该交给接受过良好训练的、在语音学和形态学上都有特别资质的人来做。博厄斯还守着过去开拓时期的态度，觉得重要的是抢救语言，把材料不分好坏地记录下来……我认为是时候把我们的工作的质量要求提高了，要达到一个真正的语言学家的标准。

克罗伯是博厄斯范式的学者中唯一还坚持语言学研究的民族学家；但他的语言学工作主要在20年代以前，且局限于加利福尼亚州。对萨丕尔梦想的"真正的语言学家"，博厄斯所希望支持的非专业的语言学工作不值得称道。

博厄斯欣然承认萨丕尔在田野调查工作中的地位——与他相当，而不是接替他。他对 ACLS 的爱德华·阿姆斯特朗解释说（1927 年 2 月 19 日：APS）：

> 美国语言学研究有两条线：一条有很强的想象力，倾向于理论的重构，代表人物是萨丕尔；另一种更加保守，关注的是同样的问题，但是是一步步追溯而得到结论；也就是说，更保守，这种思路是由我领导的。当然，两种思路都应该在指导工作的委员会中得到体现。

博厄斯提议执行委员会再加第三个人，但是不能决定是美国民族学局的杜鲁门·米切尔森还是伦纳德·布龙菲尔德；他觉得两个人"太像了"——两人都学习过印欧语言，专业都是阿尔冈昆语，在谱系关系问题上都是保守派。最终执行委员会选择了布龙菲尔德，这让萨丕尔很高兴——他知道两个人的差别，他写信给克罗伯（1927 年 3 月 13 日：UCB）说布龙菲尔德是比较阿尔冈昆语的"真正的专家"。

萨丕尔希望资金能投入到一个大学中去，就像洛克菲勒基金会投资芝加哥大学的人类学一样（致博厄斯，1928 年 1 月 7 日：APS）。芝加哥大学已经有了美洲印第安语言学研究项目，萨丕尔觉得这个国家级的委员会可以为他已经掌握的资源提供补充。但美国学术团体理事会希望支持研究课题而非研究机构；于是一个面向全国的招募开始了。顾问团队代表了主要的研究者们的机构，他们包括老一辈的捍卫者：博厄斯、克罗伯、迪克逊、斯佩克、米切尔森、戈达德、詹内斯和雷丁（在 1929 年之后）。只有萨丕尔、布龙菲尔德和梅尔维尔·雅各布逊（博厄斯的学生）是狭义的语言学家。委员会的重点是训练和沟通不同的研究。

克罗伯是顾问团中最有权力的成员，因为他掌控着加利福尼亚的研究工作，那边的印第安语言学研究是最丰富的。尽管那里没有人积极从事语言学研究工作（克罗伯致萨丕尔，1927年2月21日：UCB），但委员会让他不得不重新思考他的语言学教学。以前的项目不考虑学生的背景，"任意地对学生进行培训"。实际上（致萨丕尔，1927年4月6日：UCB）委员会的目标应该是大大改变这个学科。克罗伯担心博厄斯希望控制加利福尼亚的工作，但是博厄斯向他确保说（1927年4月30日）委员会将"完全按照你的意思发展"。克罗伯于是（致萨丕尔，1927年5月9日：UCB）同意了在顾问团任职，"那我们的合作就没有问题了"。

在委员会成立的十多年中，它支持了40多位研究人员对70种美洲语言的研究（利兹-赫维兹 1985，135-136）。在年度报告中常常给出相矛盾的信息，因为研究方向、稿件的完成和出版存在很多不确定因素。受资助的人平均分为博厄斯的学生和萨丕尔的学生（不包括第一代的博厄斯范式学者）。萨丕尔的学生中比较著名的有布罗德斯、哈斯、霍耶尔、李方桂、纽曼、沃尔夫、斯沃德什、里斯特、奥利芙·埃根和戴克。博厄斯的语言学学生包括几位主要学习民族学的，如鲁思·邦泽尔、梅·伊德尔、亚历山大·莱赛和基恩·维尔特费什。在委员会成立的最初几年，很难找到接受过培训的人员，但到了1931年左右，则可以从一些人员之中进行挑选了（Leeds-Hurwitz 1985，144）。萨丕尔的学生那时马上就要得到学位了，博厄斯在纽约领导着一个语言学团队，语言学本身变得更加专业化。但是萨丕尔还是抱怨博厄斯毁掉了学生的天赋，"他从来不教声音模式。他们当然可以像其他人一样学，但是他们对博厄斯的忠诚可能会影响大脑皮层的正常工作"（致沃尔夫，1938年10月8日：YU）。

基金会的优先事项与科学研究重点交织起来。一开始，萨丕尔觉得给美国学术团体理事会的提案"在研究目的和研究人员上不必太过明确，以防止人们批评研究项目采用自己偏好的题目和人选"（致博厄斯，1926 年 5 月 12 日：APS）。博厄斯（1926 年 5 月 14 日：APS）则反对说基金会希望看到确定的预算和研究目标以及"承担这项工作的合适人选"。萨丕尔唯恐这个委员会成为评判单个研究工作的立法单位，或试图控制田野调查的发展——当然，它的确成为了这样的组织。

几年以后，委员会不得不聚集它的资源，争取接下来的资金。博厄斯让克罗伯（1931 年 3 月 20 日：APS）用详细的资料证明由赞助金而"激发的""美国大学普通语言学的重建"，他对萨丕尔说（1931 年 3 月 20 日：APS）基金会认为"他们应该发起事项而让其他人继续下去"。博厄斯想这是"不成熟的，因为目前语言学还没有建成完整的体系"。他写信对凯佩尔（1931 年 4 月 22 日：APS）说"如果现在工作中断，意味着我们培训的人员可能不得不又放弃这个专业……而且不能指望我们的工作在大学里起到更深入的作用，除非委员会获得更长期的资助"。

三人委员会决定不支持他们自己的工作。博厄斯和布龙菲尔德意见一致，萨丕尔（博厄斯致萨丕尔，1928 年 1 月 7 日：APS）。所以，博厄斯没有批准萨丕尔有关支付亚纳语研究经费的要求，当时萨丕尔已完成书稿（萨丕尔致博厄斯，1927 年 5 月 12 日：APS）。但在 1932 年，在出版萨丕尔长期渴望的南派尤特族的文章、语法和字典时，博厄斯输入了委员会的资金。

保罗·雷丁是委员会中一个长期的难题。1927 年，他拒绝进入顾问团，因为他想一年以后申请资助（博厄斯致萨丕尔，1928 年 4 月 12 日：APS）。后来，博厄斯驳回了他的申请，因为"总体上不可靠"，他的意思是雷丁没有完成合同规定的工作。萨丕尔则不看好他在分类时的粗糙。最终萨丕尔（致博厄斯，1929 年 2 月 14 日：UCB）拿出了雷丁之前做过的有用的工作为他辩护，但是博厄斯还是觉得雷丁做不出什么名堂（致萨丕尔和布龙菲尔德，1929年4月11日：APS）。最后，克罗伯（致萨丕尔，1930年11月18日：UCB）插进来为雷丁说话，说雷丁为美国语言学做过贡献。雷丁最后得到了书稿的资金。萨丕尔（致博厄斯，1933年5月3日）说这是"慈善津贴"，尽管不符合"严格的公事公办原则"，但他还是同意了。

另一件不确定的事是关于海梅·德安古洛的工作的，他是加利福尼亚州的一位业余语言学家，有时也在伯克利分校活动（利兹—赫维兹1983）。克罗伯承认个人的偏见影响了他的看法（致博厄斯，1927年5月4日：UCB），但如果他在加利福尼亚工作"会有点尴尬"。而且他认为，德安古洛虽然"能很快发现一种语言突出的概况，但他没有恒心"，几乎不能"获得足够的文本材料"。除非有人"严格地监督他"，否则他很可能"为所欲为，而不顾项目的要求"。不过克罗伯写信对萨丕尔（1927年5月9日：UCB）说："如果你能管好德安古洛……他有能力做出有用的成果。"萨丕尔承认（致博厄斯，1927年5月12日：APS）自己有着"强烈的"道德责任感。而且，他的阿丘马维语研究是"美国现在成稿的最好的作品之一"。博厄斯觉得（致萨丕尔，1927年5月16日：APS）他做田野调查"很不可靠"。但实际上，德安古洛为委员会完成了六种语言的调查，领到了六千美元的资金，是所有研究者中最多的。

萨丕尔（致博厄斯，1927年3月13日：APS）想让德安古洛去研究卡罗克语，因为他之前漂亮地完成了声调语言的工作。但平时把自己的材料看管得很紧的哈林顿，则抱怨说德安古洛的工作与他的有重合。但博厄斯和萨丕尔都没看过他之前的成果。德安古洛后来转向了研究另一种语言，但是协调有限的资源的问题仍待解决。

萨丕尔也遇到了同样的问题，他和哈林顿都研究了奇马利科语。萨丕尔在1927年做胡帕语的研究时，抽出很短时间稍做了一点奇马利科语的工作，他以为这种语言没有被研究过（致哈林顿，1927 年 9 月 19 日：BAE）。德安古洛和萨丕尔都没有恶意，是保密适得其反了。萨丕尔表示理解哈林顿的感受（1927 年 9 月 26 日：BAE），但他坚持"在这样的事情上我们应该摒弃私人感情"。但哈林顿从来没有做到过。

委员会对哈林顿提出的抗议的回应是，对已有的美洲印第安语言学材料进行一次系统的调查，这使委员会开始越来越多地承担协调的角色。美国学术团体理事会和洛克菲勒基金会都拒绝了博厄斯以可出版的文稿数量来决定出版基金多少的提议。博厄斯还试图把委员会的管理范围拓展到墨西哥，因为那里也有语言急需抢救（致萨丕尔和布龙菲尔德，1930 年 5 月 2 日：APS）："这会成为我们这一代人的耻辱……缺少了这种语言，人类语言的发展就永远是不完整的。"这一努力后来被放弃了。

1934—1935 年，A. V. 基德尔抱怨工作分配的问题，美国学术团体理事会于是很随意地把基德尔安排成为了新主席（Leeds-Hurwitz 1985，152）。博厄斯很生气，他把从始至终的工作都总结了一遍，为他的管理工作辩护。克罗伯和耶鲁大学的阿尔弗雷德·托泽背后调解，最后以基德尔辞职告终。

萨丕尔与博厄斯见了面，告诉克罗伯说（1935 年 2 月 4 日：UCB）不必担心有什么"状况"。在给洛伊（1935 年 2 月 4 日：UCB）的信中，他说博厄斯"没有像克罗伯想象的那样生气得像坐在火山上一样"。相反，萨丕尔称克罗伯倒是"很愿意整体地或部分地掌控语言学"。萨丕尔很谨慎地为他的无辜辩护，称自己无意与博厄斯争大（致克罗伯，1 月 19 日：UCB）："事实上，我不觉得我有一点点的好斗心，有什么流言说我想跟博厄斯争权，是完全没有根据的。"他只想把他自己对博厄斯"真切的、深深的悲哀"藏在自己心里。争吵"很可能是博厄斯自己想象出来的"。萨丕尔不在乎语言学工作是由委员会领导还是由个别大学领导,但博厄斯和克罗伯都希望开展国家级的研究项目,以跨越不同机构的界限。

不论如何,萨丕尔很在意别人怎么看待他的角色,后来至少在一件事上又提到自己的参与被忽略(致克罗伯,1935年4月2日:UCB),他坚持说任命基德尔的时候没有咨询他的意见,博厄斯本该继续担任主席。他猜想新的委员会成员不会见面了。

基德尔是位考古学家,在西南方工作,那里也是委员会赞助的很多田野调查开展的地方。更值得注意的是,他通过利兰接触了美国学术团体理事会,利兰早些时候曾经和委员会推荐过他(萨丕尔致博厄斯,1929年1月29日:APS),萨丕尔以前和基德尔通过西南实验室有过合作,他希望把芝加哥大学的兴趣吸引到西南方去,所以萨丕尔并没有反对,不过他也说过"基德尔不是一个语言学家,把他的名字加进去就有点……不符合常规"。博厄斯还会责怪萨丕尔的观点不明,写信给帕森斯(1935年2月4日:APS)说了这次"萨丕尔事件"。

萨丕尔的担心被证明有其道理,委员会中的权力天平稍稍从博厄斯倾向了他自己。博厄斯渐渐陷入了反纳粹的论辩,萨丕尔在美洲印第安语言学的研究上更活跃了。到1934年,他开始鼓动成立一个独立的研美的组织。萨丕尔请求克罗伯支持他成立"一个俱乐部或协会"专门研究美洲印第安事务,或者总体的"原始语言学",既不偏向于语言学也不偏向于人类学。

在得知克罗伯愿意为巩固美洲语言学的发展而努力时,萨丕尔(1935年6月17日:UCB)开始寻找更多可选择的人,并通知了有可能参加的人,寻求"一个客观的表达意见的平台",不让任何组织"把自己的偏好强加于人"。

萨丕尔请博厄斯(1936年11月10日:APS)代表三人委员会发出报名信息。美国语言学协会的罗兰·肯特向博厄斯说(1936年

11月17日：APS）他觉得这样一个组织是"一个绝佳的主意"。他希望可以做成联合成员的管理模式，这样从资金角度来说对两个组织都有好处。博厄斯回复（11月24日：APS）说作为另一个组织的编辑，他的《国际美国语言学杂志》（IJAL）也可以有一个订阅的高潮了。"我觉得不用担心萨丕尔的计划……我想萨丕尔的主要目的是时不时把这些人聚起来讨论一下共同感兴趣的话题，我看也是很合宜的"。只有40—50个人有意加入，博厄斯对萨丕尔（1936年11月30日：APS）说他已经和肯特谈过此事，觉得不很重要。

会员邀请函的日期是1936年12月2日，由博厄斯、布龙菲尔德和萨丕尔签署，将《国际美国语言学杂志》作为协会的正式期刊。克罗伯（1936年12月8日：UCB）祝贺萨丕尔的想法有了成果，但是还担心有没有足够的人员和制度资源的支持。美国学术团体理事会（致萨丕尔，1936年12月19日：YUDA）的沃尔多·利兰反对这种"协会增殖"，他提到萨丕尔另外还在美国语言学协会任职，该协会的12个"核心"成员是研美学者，包括"一些田野调查的领导者"。他提议成立一个美国语言学协会的下属部门。[①]

萨丕尔没有放弃巩固美洲印第安语言学的努力。1934年，他和几位学生一起在《美国人类学家》上发表了一篇正字法的纲要（赫佐格等），在文章中，六位作者都明确表示自己是研美学者。[②] 尽管博厄斯表示反对，他觉得音位转写会丢失信息。但是萨丕尔——在他忠诚的和良好训练的学生骨干的支持下——掌握了研美工作的主动权。他们在田野调查中记录的印第安语促成了语音转写变为音位转写的修正，而后又变成了布龙菲尔德式的形态音位转写法。

如今以萨丕尔为中心的耶鲁大学的一批人构成了美国语言学协会

---

① 其实，目前研美语言学家与美国人类学学会联合举行会议。
② 六个人的名字以字母顺序排列：赫佐格、纽曼、萨丕尔、哈斯（一斯沃德什）、斯沃德什和沃格林，强调了他们一致的观点。

委员会中美洲语言学的核心语言学家。罗兰·肯特是美国语言学协会的代表,利兰是美国学术团体理事会的代表。博厄斯是名誉主席,由萨丕尔和布龙菲尔德辅助。其他人(沃尔夫、纽曼、霍耶尔、斯沃德什、梅森和沃格林)都是萨丕尔的学生或同事。委员会计划为"全体语言学者"介绍美洲印第安语。虽然这个计划很早就有,但是直到萨丕尔去世几天以后斯沃德什才发出了征稿启事(1939年2月8日:YU)。而《美洲土著人的语言结构》直到1946年才得以出版发行,主编不是斯沃德什而是霍耶尔。尽管如此,它还是总结了萨丕尔式的美洲语言学田野调查的方法。在布龙菲尔德写的前言中,他把这一卷归功于博厄斯,如萨丕尔一开始设想的那样。博厄斯和萨丕尔都在这段时间内去世了。布龙菲尔德没有提萨丕尔的工作,只是说他如果仍在世会为文集贡献一篇描写报告。博厄斯是"美洲语言研究的先驱,在某种意义上,是我们所有人的导师"。除了布龙菲尔德,其他的供稿者(霍耶尔、斯沃德什、沃格林、沃尔夫、特雷格、纽曼、哈尔彭)都是萨丕尔的学生,有的是芝加哥大学的,有的是耶鲁大学的。

美洲印第安语言学的主要资助在1937年都停止了。布龙菲尔德(致博厄斯,1937年2月17日:APS)认为研美学者的工作是"国家的责任"。委员会证明已经有"很好的"人员,如果有合适的资金支持,下一代会更好:"有能力的人通过这样的工作能够过上不错的生活。"

博厄斯在1937年曾向利兰提议(4月27日:APS)建立一个连续性的委员会,由他自己、萨丕尔、布龙菲尔德和斯沃德什组成,为美国学术团体理事会准备一份报告,强调美洲印第安人研究中存在的缺口。美国学术团体理事会拒绝刊登斯沃德什的报告,布龙菲尔德提出"再用一篇报告,专门用于吸引基金会对我们工作的兴趣"。他自己的简短总结也没有发表(Leeds-Hurwitz 1985,154)。利兰(致博厄斯,1938年1月31日:APS)认为这个报告"在宣传方面真是特别没有效果",而且没法读。

美国学术团体理事会希望能有一个美国语言学协会和美国人类学会的联合委员会。萨丕尔是人类学小组的主席,博厄斯是语言学的;加上布龙菲尔德,他们三人便是两个委员会的成员(博厄斯致利兰,1937年11月22日：APS)。萨丕尔觉得博厄斯的报告不够系统(致克罗伯,1938年10月4日：UCB)。克罗伯(致萨丕尔,1938年10月11日：UCB)强调要有一个统一的方向,他觉得如果萨丕尔修改一下,报告会一致通过的。他还提出可以为萨丕尔和博厄斯从中调解。同天,克罗伯写信给博厄斯,敦促他听萨丕尔的意见,还威胁说除非报告得到一致的同意,否则他就退出,"从他前些年的态度上看",克罗伯觉得萨丕尔"天生对被人高出一头有一种敏感"。他的改变在实际工作中"不是不可调和的"。

最后,明显是由博厄斯和克罗伯写的简短报告出现在了美国学术团体理事会的公告栏上。博厄斯(1939,110)重申了委员会对专业培训的影响："今天,很容易就能说出十几个年轻工作者的名字,他们接受的良好的培训要比那几个老一辈的领导者都强。"

到1939年,利兰一直帮助博厄斯获得小额出版津贴,特别是为《美洲印第安语言手册》第三卷的出版,博厄斯说这本书很大程度上是委员会研究的成果(致利兰,1939年2月16日：APS)。博厄斯还保留着萨丕尔1909年做塔克尔马语概要时的编辑标准,他要求玛丽·哈斯压缩她的图尼卡语法的文章,以符合整体体例(博厄斯致哈斯,1940年4月16日：APS)。

博厄斯结束了他在哥伦比亚大学的工作时(致利兰,1942年7月28日：APS),美国学术团体理事会拒绝资助微焦拍摄他保存的资料。1946年,他的手稿被保存在了美国哲学学会图书馆。

第十五章　跨学科的社会科学

　　1925年萨丕尔重回美国学术圈，这时恰逢跨学科社会科学研究机构兴建。之前他个人的思想也在沿着相似的方向发展，从基于语言学证据的文化历史重构到研究文化对个体的影响。他越来越多地从人类学的视角来解释自己的社会。他提出的"真正的文化"这一概念是在探索美学和心理学的过程中发展起来的，但是这些观点在渥太华学术圈看来是离经叛道的。萨丕尔最渴望的就是找到同行与其探讨自己的新思想。

　　芝加哥社会学圈为萨丕尔进入发展中的社会科学领域提供了一个渠道，但却没有提供他所需要的全部智性刺激。这种刺激主要来自于他与精神病学家哈里·斯塔克·沙利文的合作，也在一定程度上来自与政治学家哈罗德·德怀特·拉斯韦尔的合作。坐拥志同道合的学术好友，又有掌权者的支持，萨丕尔以卓越的理论家身份跨入了新兴的跨学科学术圈。这种跨学科的发展步伐是由1925年芝加哥政治学家查尔斯·梅里亚姆建立的社会科学研究委员会制定的。萨丕尔试图通过这个委员会构建自己的研究项目，并取得了部分成效。但委员会内有太多利益冲突，因此萨丕尔同时也在寻找其他机构，希望自己能和沙利文、拉斯韦尔一道掌控跨学科社会科学的发展（详见第十六章、十七章）。

哈里·斯塔克·沙利文

哈里·斯塔克·沙利文是萨丕尔成年时代最亲密的朋友。两人的合作改变了彼此的话语和研究方向。每个人都独自达到事业的成熟,由于志同道合的精神而焕发新的活力。沙利文的"人际关系"理念使得萨丕尔能调和其学术理论中的个体和社会的关系,为其与芝加哥大学和耶鲁大学的跨学科同事交流提供了谈话的内容。沙利文采用萨丕尔的田野工作方法,利用它在不同文化背景下人格特点的多元性。传统的精神病学是民族中心主义的,因它不能超越直接的临床限制而使得此种方法有种种局限。对两者来说,他们对彼此理论的丰富是跨学科接触的典范。

沙利文更多的是视觉型头脑,而非听觉型头脑(Perry 1982,70),然而萨丕尔利用声音来提高观点的流畅性。会议记录频频记载了两个人在表达一条思路时发生的卡壳,二者互相说完对方未尽之言,有时候拉斯韦尔的加入使这种建构过程锦上添花。萨丕尔在给妻子的信中写道(1933年9月16日:SF):

> 我有个幻想,我觉得多跟哈罗德和哈里·斯塔克在一起能给我更多益处。我们三个人求知欲旺盛,不矫揉造作,在一起非常合拍,我们都愿意非常严肃地看待问题,以至于将问题变得轻松。他们两人似乎总以一种最健康、无害的方式让我放松。

三人都通过思想而非情感作为媒介来增进亲密关系。

萨丕尔在耶鲁的博士后霍腾丝·鲍德梅克这样回忆20世纪30年代中期萨丕尔和沙利文在新罕布什尔州的小舍里谈话的情景(1966):

> 一个人的思想点燃了另一个人的思想。在我的印象中两人的对话滔滔不绝，这不仅是由于两人高超的思维和他们对个体与社会关系研究的共同兴趣，而且是因为两人的个性特点——每个人似乎都结合了科学家与诗人的气质。

沙利文是温和的爱尔兰人，萨丕尔是比较严肃的犹太知识分子，两人从表面上看截然不同。然而他们都觉得自己在本质上与美国社会深深地格格不入。

沙利文幼时不合群，埋头于书籍中，逃避务农琐事。他从未加入过同龄人群体，他的临床实践侧重于研究男性青少年时代与同性同伴疏离和成年后精神分裂症的关系，这是自传式的研究。如萨丕尔一样，他是家中独子，受到母亲过度保护，缺少强大的男性榜样。母亲的精神崩溃似乎印证了爱尔兰民间的一个说法：精神病是遗传的，是由性罪引起的。萨丕尔也曾经受过耻辱，因为他的第一任妻子和父亲都患有精神病；毫无疑问，萨丕尔和孩子们都曾饱受困扰。当然，在那时这种疾病的原因并不如现在一样为人所知[①]。

如萨丕尔一样，沙利文获得了一份赴康奈尔学习的奖学金。但在发现别人比自己聪明之后，他变得很消极；并因为恶作剧而被停学，事件的具体性质已无从得知（Perry 1982，138，144-147，151）。此后沙利文在一个机构中度过了两年的时光，后来他将此阶段描述为自己的"精神分裂期"。沙利文和母亲都将这段经历视为一种耻辱。

沙利文的事业充其量是不合常规的。在芝加哥医学与外科学院，他对"被剥夺者的精神病悲剧"感同身受（Perry 1982，161）。他于1915年获得医学学位，第一次世界大战期间应征入伍。由于骑马事

[①] 沙利文的早年遭遇出自佩里1982年写的沙利文传记。我将他的遭遇与萨丕尔的早期生活经历放在一起，加以对照。

故受伤，沙利文退役；他于 1917 年接受了 75 小时的精神分析治疗。在此期间，他频繁更改名字（Perry 1982，170-171）。由于厌弃外科，他转向心理学和人类学。

佩里（1982，178）过分强调了沙利文与芝加哥社会学派的关系。在芝加哥社会学派的人看来，沙利文一直是个局外人，因为他从未担任过任何学术职务。他的一次间接贡献（Crowley 1977，24）是帮助精神病学家弗朗茨·亚历山大移民美国，他们于 1928 年相识于欧洲。然而芝加哥大学并不领情，其医学院竭力将亚历山大拒之门外。与之相反，萨丕尔的学术道路较为常规（尽管他自己觉得在渥太华的经历是一次"流放"）。他的声望也是吸引沙利文的原因之一。

沙利文在 1922 年搬到马里兰州的圣伊丽莎白医院，这与萨丕尔去渥太华时年龄相仿。萨丕尔当时自信满满，但是沙利文却自视漂泊不定，没有事业动力，缺乏私交密友（Perry 1982，179）。威廉·阿兰森·怀特（后来沙利文以该名冠名自己的研究所）给了沙利文最初的指引。

沙利文敬佩怀特对社会科学的兴趣及其"与众多自然科学领域大人物的密切交往"（Perry 1982，186）。怀特创办了《精神分析评论》这份刊物，拓宽了弗洛伊德精神分析的概念。他的方法比沙利文或者他后来的导师阿道夫·梅耶宽很多（Mullahy 1952，15）。但是怀特对沙利文比沙利文对怀特重要得多。1922 年沙利文申请一个全职的临床职位时，怀特写道他不太了解沙利文（Crowley 1977，24）："他是个热情灵敏，有些风趣的爱尔兰人，他有着爱插科打诨的表象，有些时候让人难以理解。"沙利文后来质疑怀特"没有与自己坦诚相见的能力"，意识到"怀特并不将自己视为他们精英群体的一员"（Perry 1982，188）。怀特的自传（1938）中并没有提及沙利文，也没有承认自己曾受过任何一位年轻同事的影响。

1924 年，沙利文从圣伊丽莎白医院调到了马里兰州陶森市的伊诺克·谢泼德医院。在这里，他享受到了临床研究方面的自由，直到 1930 年辞职。他营造出一个针对工薪阶层男性的治疗恢复环境，创造出病人在青少年时期未能形成的亲密关系，从而使得康复率达到前所未有的百分之八十（Crowley 1977，24）。沙利文被认为是一个"才华横溢却行为古怪的临床医生"，而非有系统思维的理论家（Perry 1982，200）。他与病人打成一片，而非同事；他抨击后工业化的西方社会，批判其缺少本质上的人性关怀。1926 年，沙利文开始使用"人际关系"这一术语，但是他与别人的互动大部分不是亲密的。他与萨丕尔的关系是一种类似于病人与治疗师之间的关系，但对沙利文本人来说，他却初次体会到了一种双向的交互关系（Perry 1982）。

沙利文也同分析师克拉拉·汤普森和卡伦·霍妮建立了亲密的关系。琼·萨丕尔后来回忆道（Perry 1982，335），沙利文在一个周末将霍尼带到萨丕尔纽黑文家中时，内心满是自豪和喜悦。佩里强调了（1982，210-211）回避婚姻是当时美国学术圈的潮流，这绝不完全是个人对亲密关系的抗拒。沙利文 1927 年非正式地收养了以前的一名病人，名叫吉米·英思科，比他年轻很多。很多人都怀疑他们是同性恋，尽管他们并没有公开承认同性恋关系。同性恋关系在学者中并不少见。

佩里认为（1982，224）作为一个"受人尊敬的有名望的语言学家和文化人类学家"，萨丕尔对沙利文的交友来说是个例外，因为他一般而言只对被剥夺者和被疏远者有兴趣。但是她的断言中存在显然的矛盾："萨丕尔卓越的光环背后隐藏着一些痛苦的经历，他在第一次见面中透露给了沙利文。"当然，萨丕尔传统的异性婚姻和大家族模式对于沙利文来说是个例外。

但萨丕尔的学术声望并没有让他变得无趣或者难以接近。他甚至对沙利文进入芝加哥社会学界起到了渠道作用。尽管佩里（1982，

242）对这种作用"表示好奇，因为在两人见面时，萨丕尔本人也处于整个运动的边缘"，但她依旧没弄清萨丕尔在芝加哥停留的时间长度与他在芝加哥的地位之间的关系。他到来时便已是超级名人，他在芝加哥的早些年更受人赏识，虽然那时他主要的社会关系仍然局限于本地区内。佩里认为，萨丕尔与沙利文会见之后，确立了自己的跨学科合作兴趣；在此之前，萨丕尔"主要是研究西北部印第安人生活和语言的专家"。但是事实上，芝加哥的社会科学平台促进了萨丕尔对现存思想的清晰表达。

1926 年萨丕尔在芝加哥约见沙利文，这是在沙利文的母亲刚刚去世不久。有传言说（Perry 1982，243-246，由琼·萨丕尔提供）萨丕尔讨论了第一任妻子因病逝世后，自己的剧烈情绪动荡。在初次见面中，两个人的讨论长达八个多小时。沙利文将萨丕尔的个人悲剧上升到了一个更加普遍的层面，他强调"人与事之间错综复杂的关系，以及生命中的偶然事件使一个人的经历与同时代的人不同，但是对旁观者来说却是完全可以理解的"（Perry 1982，246）。沙利文指点萨丕尔接受自己作为一个"混合文化"人的边缘地位，使其意识到结果本可能更加糟糕（Perry 1982，249）；虽然沙利文拒绝对萨丕尔做正式的精神分析，但是他们的关系可能有一种"治疗作用"（保罗·萨丕尔，p.c）；当然，至少对萨丕尔而言，有情绪宣泄的作用。事实上萨丕尔、沙利文和琼·萨丕尔都非常熟悉精神分析理论，习惯将他们自己和所识之人当作非正式的实验室。萨丕尔"属于沙利文最早密切接触的那些人，深受困扰却并无精神病"，"有着极有智慧的头脑"（Perry 1982，246）。

萨丕尔当时正在寻找能与其探讨个人与社会的精神病医生。沙利文本人比沙利文的具体理论更能满足萨丕尔的需要（保罗·萨丕尔，p.c）。但是，萨丕尔非常忠实，没有再寻求任何其他精神病医生的反馈（菲利普·萨丕尔，p.c）。沙利文的理论是有用的，于是萨丕尔采纳了它。

　　沙利文的另一个导师是阿道夫·梅耶，他避免单纯信奉弗洛伊德的教义，强调象征的作用重于神经因素。沙利文和萨丕尔一样，经常将"别人不认为是象征性的体验"纳入研究，以展示行为的功能性特征（Mullahy 1952，14-15）。1932 年沙利文与梅耶会面，当时他已经平稳地将"看似简单的术语""人际""提升为整个人格理论的象征"（Perry 1982，240）。尽管他们两人相隔了一代，二者的大部分接触亦为正式的接触，但是沙利文和梅耶观点的一致性程度似乎暗示了两人直接的密切的人际接触。

　　萨丕尔热情地启用沙利文的"人际关系"这一概念。1938 年，在沙利文主编的《精神病学》第一期中，萨丕尔写道："人际关系理论在社会艺术方面绝不是简单的手指游戏。它们是真实存在的东西，值得我们最仔细和充满饥渴地去研究"。在他最后一篇理论论文中（1939，579），[①] 萨丕尔将"精神病学"和"精神病学的"这两个术语扩展至社会现象，并对此做法进行了合理解释；他的解释基于精神病学家对"存在于人格结构、象征性及根本的人类相互关系中的基本问题"之初步研究。梅耶的声望毋庸置疑，萨丕尔亦受过他的影响。当时，萨丕尔面临是否拥护精神分析的选择。

　　1930 年，沙利文在纽约建立了一个私人的精神病诊所，两年后倒闭（Perry 1982，302-304）。这是"星座集团"时期，集团成员包括沙利文、克拉拉·汤普森、卡伦·霍妮、比利·西尔弗伯格、吉米·英斯科和埃里希·弗洛姆（Perry 1982，354）。最初这是一个社交集会，星座集团在理论上团结在沙利文周围（Perry 1982，355）。沙利文往来于华盛顿和纽约之间，与星座集团成员以及在纽黑文的萨丕尔保持经常的联系。

　　[①] 中译文见黄清华、高一虹译，"潜藏于谋生活动中的心理和文化危险"，载高一虹等译《萨丕尔论语言、文化与人格》，北京：商务印书馆，2011，360-374 页。——译者注

沙利文一直在寻求研究的独立性，于 1933 年创建了威廉·阿兰森·怀特精神病学基金会。1935 年萨丕尔成为了董事会成员（萨丕尔致哈德利，10 月 4 日：WAWPF）。1936 年华盛顿精神病学学院成立，萨丕尔被提名为社会学部主任（董事会议程，2 月 8 号：WAWPF）。沙利文还想创办一个杂志，这个杂志能够通过"包容的编辑机制"规避"精神分析领域的许多敌意"。他意识到，不论在美国还是欧洲，他的立场"激进得很危险"（沙利文致怀特，1934 年 6 月 13 日：WAWPF）。沙利文为杂志的名字绞尽脑汁（致欧内斯特·哈德利，1937 年 7 月 6 日：WAWPF），但是"人际关系"这一术语存在于所有版本的副标题中（Perry 1982，283）。尽管人类学术语"文化"的"专业定义"容易被精神病学家曲解，"强调人格和文化的关系好像恰逢其时"。沙利文最终选择《精神病学》作为刊名，此举将其与弗洛伊德的精神分析区别开来，但仍保留了一种医学意义上的联系。

在杂志的首期中（1938，135-136），沙利文承诺刊物将"集中于""人格的对比研究"，重点关注 15 岁到 35 岁年龄段的人在社会适应过程中的成功与失败。人格适应不良将暴露"某种集体的不满，这种不满将成为社会变化的直接原动力"。拉斯韦尔的政治学和萨丕尔的文化多元性与沙利文对青少年的关注结合在一起。就像他一直与之交流的跨学科社会科学家一样，沙利文想要"将每个人理解为由自然天赋、物理化学、生物环境以及人的交流等因素互动而成的形态"。人格的研究必须"在远不同于我们自己文化的领域中"进行，以期预测"未来的行为"。

在同一期刊物中，萨丕尔的文章主张文化人类学需要精神分析学的洞察力，以形成一种解释差异的方法，从而建立"文化过程心理学"。(Preston 1984，MS)。萨丕尔将人类学和精神病学作为彼此的镜像加以呈现。拉斯韦尔（1938，35-36）试图将政治过程定义为

"环境中的象征性和人格方面,环境则受(社会)规则的制约"。三个人的综合观点主导着这本新的刊物。

哈罗德·拉斯韦尔

哈罗德·拉斯韦尔在政治科学领域以不落俗套、另辟蹊径甚至刻意地令人不安而著称(Marvick 1977,2)。利奥·罗斯滕是玛格丽特·米德的姐夫,也是拉斯韦尔的学生,他这样回忆 1927 年的拉斯韦尔(1969,1):"他是个怪人:卖弄学问,言辞冗赘,很不自然。"拉斯韦尔是一个非常自闭、害羞的人,"很容易被任何观点诱惑"。他"渴望在他所在年代的任何文化、社会、革命和实验室实验中做一个'参与观察者'"(1969,8)。拉斯韦尔将政治科学这一学科重组为对人格的研究。他的新观点包括"格塔式思考、跨学科的参考框架、发展、功能性分类和步骤,以及……不同分析层面的区别"(Eulau 1969,26)。萨丕尔、沙利文和芝加哥社会科学派的大部分人都同意这些观点。

和萨丕尔与沙利文一样,拉斯韦尔是家里唯一幸存的孩子,是传统的盎格鲁-撒克逊裔白人新教徒家庭里的孤独者;在高中,他以善于辩论闻名(Marvick 1977,15)(这是萨丕尔在哥伦比亚大学唯一的课外活动)。拉斯韦尔比萨丕尔和沙利文年轻许多。在 1918 年,他赢得了非常有竞争力的去芝加哥大学的奖学金。他对这个大学的印象是"总是能遇到能人,接触到他们的评价性和分析性的全面观点"(Marvick 1977,18-19)。

在他研究生的第一年,拉斯韦尔和罗伯特·雷德菲尔德、路易斯·沃思共用一个办公室;通过他们,他认识了帕克、博格斯、斯莫尔,以及乔治·米德以及约翰·杜威(Marvick 1977,24-25):"学术氛围非常良好,帕克和萨丕尔担当了跨学科的带头人。"查尔斯·梅里亚姆帮助拉斯韦尔进入了芝加哥社会学派（Marvick 1977，26）。

拉斯韦尔回忆其芝加哥岁月之时（1956，85，87）强调：与美国社会科学相比，精神分析日趋成熟；而与英国社会科学相较，情况却并非如此。在这个过程中，萨丕尔在芝加哥的社会科学家中脱颖而出："我们不能忽视萨丕尔对文化与人格所做的思索及其感染力，也不能忽视他对建立懂得精神分析本质的工作团体的深切关注"，在精神分析学家中，拉斯韦尔发现沙利文"拥有最富创造力的头脑（1956，8）"。拉斯韦尔将精神分析应用于研究政治活动中的个体决策者。他的"社会精神分析"（1956，107）强调社会个人情境、自我意识功能及治疗性的社会变革。

拉斯韦尔于1928—1929年获社会科学研究委员会赞助在柏林从事研究工作，在此他受到第一代弗洛伊德精神分析学家西奥多·赖克的心理分析的影响，并开始探索当时两个伟大的思想体系，即弗洛伊德精神分析及马克思主义的政治影响。1930年，概括了拉斯韦尔新观点的《精神病理学与政治》一书在查尔斯·梅里亚姆支持下由芝加哥大学出版，萨丕尔阅读了该书的手稿。

拉斯韦尔与包括弗洛伊德学派及新弗洛伊德学派在内的欧美精神分析学家保持着密切的联系，同时也与众多社会科学家有广泛交流。由于缺乏医学背景，拉斯韦尔对志愿者行为中的生理变化进行了测量，这一行为令芝加哥精神分析界震惊万分。

拉斯韦尔一门心思关注个体与社会的关系。与萨丕尔一样，他对社会科学倾向于从解释性陈述中将个体抽象出来这一事实感到困扰。个体的自我陈述只不过是关于赋予事件重要性的一种"自然历史"。拉斯韦尔采纳了弗洛伊德的自由幻想概念，并提出潜意识中的直觉可被提升至有意识的觉察，从而为逻辑思维提供鲜活的材料。这一复杂的过程需要监督，但并不一定需由精神分析师来完成（1930，26-32）。

由于政府权力基于早期的家庭关系而建立，政治家及其选民都积极利用基本的"社会集体象征符号"（1930，172-173，183-18，194-198）。政治动态源于"社会个体的紧张程度"。如萨丕尔一样，拉斯韦尔对界定群体身份的"象征性纽带"很感兴趣，拒绝接受刺激—反应心理学的模式。拉斯韦尔对政治进步举措心存疑虑，因为政客们注定要操纵集体象征符号。不过他支持旨在降低社会紧张局面和适应不良的"预防性政治"。不出所料，拉斯韦尔在同行科学家的眼里成为了一个激进分子。

拉斯韦尔认为社会科学家的培养比自然科学家复杂得多，因为前者需与一系列社会现实直接接触（1930，201-203）。人类学对拉斯韦尔来说非常重要，因为政治过程并非仅存在于当代美国社会。他兴高采烈地援引洛伊的观点：所有原始社会都拥有一个"政府"（1930，249），并论证政治过程所象征着的心理体验是普遍存在的。对于田野民族学家，拉斯韦尔也饶有兴趣（1930，149-150）。政治科学家应当"竭尽全力、全身心投入大众生活，期待自己将会发现某种主观视角及其特有的表达方式（象征）"。拉斯韦尔和萨丕尔都认为主观性和象征是参与者观察的唯一两个目标。争论的焦点回到了用生活史方法研究个体与文化的关系之上（1930，261）。

然而，拉斯韦尔的芝加哥大学生涯并不那么一帆风顺。芝加哥大学校长罗伯特·哈钦斯反对政治科学。尽管已有四部著作出版，拉斯韦尔依然是一名"前景黯淡的"副教授（Marvick 1977，32）。19世纪20年代和30年代，他在国外及其他美国机构度过了相当长的时间（Marvick 1977，30）。1938年拉斯韦尔从芝加哥大学离职，尚未找到新的工作职位。他与萨丕尔和沙利文的合作是其学术生涯的顶峰；1947年拉斯韦尔年受聘于耶鲁大学法学院，开始了他的第二个学术生涯。

社会科学研究委员会

　　成立社会科学研究委员会是芝加哥政治科学家查尔斯·梅里亚姆的主意，他与劳拉·斯佩尔曼·洛克菲勒纪念基金会的比尔兹利·拉姆尔共同策划，承担所有社会学中的行为研究经费。与学科专业化相比，梅里亚姆更倾心于科学的普及；他开明地采纳了多个学科中的概念和方法。他用"心理学"这一术语来笼统地描述人类的本质，希望它能够拓宽传统的政治科学界限（Karl 1974，19）。

　　梅里亚姆毕生的使命便是说服基金会相信"大学的研究工作是对改革的一种理想投资"（Karl 1974，122）。美国学术团体理事会本应联合所有学科，但实际上社会科学被排除在外。社会科学在国家研究委员会中占有一席之地，但是对于自然科学而言，精神病学和社会科学仅处于外围（Bulmer and Bulmer 1981，384）。国家研究委员会对于人格与文化研究的关注，仅仅是基于原有的对种族之心理差异的兴趣。

　　每年一度的社会科学研究委员会汉诺威会议基于这样一种目标而设立：推进社会科学的发展，最终达到国家研究委员会为自然科学设立的标准。自然科学领域通过召开同行间的小型会议获得额外收益，因此梅里亚姆有意识地加以效仿。按照惯例，慈善项目仅支持公认的著名学者，从而将风险降到最低；而培训项目则与此不同（Karl 1974，153）。汉诺威会议"不是为了监督基金申请者的遴选过程，更重要的是为整个研究群体提供公开讨论和争鸣的持续机会"（Karl 1974，153）。所以国家研究项目是由同行评估和管理的，尽管现实中也存在内部集团的派生。

　　社会科学研究委员会对研究和专业化的强调给大学的自主权造成了威胁，大学越来越依赖于不受它们控制的资源和政策。主动权微妙地从当地的学术机构转向从事研究的个人（Karl 1974，153-154）。梅里亚姆和萨丕尔在本单位都不总受欢迎。事实上，当耶鲁的经费更加充裕时，萨丕尔抛弃了芝加哥学派。

1924年12月社会科学研究委员会进行了合并，其下属机构包括国家政治学、经济学、社会学和统计学协会；第二年，人类学、心理学和历史学协会也被纳入其中。它的工作由各个委员会推进，委员会的学科专家组包含"一部分来自其他领域的开明人士"，他们具备"专业知识"，起着平衡委员会组成的效果。这个类似官僚机构的组织使得个体研究者能够超越"过度专业化"（1928-1929：第五次年报：SSRC）。尽管大多数研究人员与公众的距离有些疏远，但基金会官员致力于提高社会科学的公众形象（1928-1929年度第五次年度报告：SSRC）。社会科学研究委员会第五次年报（1928—1929年度）显示，私人捐赠者通常为对科学感兴趣的大学毕业生，他们期待研究能够做出一些实际的成果。社会科学研究委员会选出那些"跨越单一学科的界限……对个体研究者极具挑战"的研究项目；跨学科研究"需要开明的资金筹措，以及计划和耐心，以便采集到个体研究者无法得到的特殊数据"（1929—1920年度第六次年度报告：SSRC）。

汉诺威会议

第一次跨学科社会科学家夏季会议于1926年在达特茅斯大学所在地新罕布什尔州的汉诺威举行。汉诺威迅速成为一个学术机构。汉诺威会议的各种安排非常详尽，优先考虑的因素不纯是学术的。1926年的会议（阿诺德·霍尔致哈尔西·埃杰顿，1926年2月26日：HC）："有非常特别的娱乐项目，会使参会者感到舒适和方便。"霍尔非常关心员工对宾客的服务质量，"因为我们将和一群个性极强的人打交道，会议的成功与否取决于能否策略地和他们打交道，以聪明、有眼力的方式为他们带来方便和舒适"。社会科学研究委员会的财政困境迫使（1926年6月16日：HC）他们不得不取消游泳池的使用，但是高尔夫的娱乐项目保留了下来。

第二年，霍尔（1927年2月13日：HC）希望在大堂中增加几把又软又厚的椅子（"让人们在一下午疲劳的锻炼后能够一屁股舒适地陷入其中"）和装饰性的台灯。冰箱里提供软饮料，餐厅里的每张桌子只能坐四个人（"这给人一种非正式的感觉，使得在饭间更多的讨论和小会成为可能"）

如今的会议当然缺少这样舒适的设施，即便在自然科学领域也一样。参与者的"极强个性"完全是个人问题。但这是科学研究伟大人物理论的黄金时期。① 然而很多客人都意识到了"学究们"被"有权势者"吹捧的荒谬。雷德菲尔德在第一次参加汉诺威会议期间给妻子写信说（n. d. 1930：UC）：社会科学研究委员会"支付他们的旅费，给他们吃，给他们洗衣服，还给他们高尔夫球俱乐部的卡，希望他们能生产出有重要意义的结果"。雷德菲尔德的论文（UC）还包括一条未标注日期的备忘录，或者说是"汉诺威印象记"，称其是"智者云集"；萨丕尔"编织着他睿智语言的精致网络"，委员会"讨论了他们的影响力会带来什么……萨丕尔、沙利文和拉斯韦尔激发了协会沉睡的好奇心，他们变成个新的委员会——小军团"。

萨丕尔也对汉诺威会议感到困惑，虽然在教学之余它是个"不错的休息机会"（致怀特，1926年8月12日：UM）：

> 我不大清楚这个会议是干什么的，但是劳拉·斯佩尔曼·洛克菲勒纪念基金会给我出了费用……我应该去那里

---

① 阿瑟·凯斯特勒1972年的《应召女郎》一书中所描写的会议圈子与汉诺威会议如出一辙。

参加社会科学的上阿玛高。① 实话说，我甚至同意牵头一场晚间研讨会。

汉诺威的年会在会议圈里是最负盛名的。不过，大部分参会者也会通过其他机构的赞助定期会面。他们都是实际上控制着基金会融资的顶尖大学和研究机构网络的一部分。没有任何一个受邀者会错过它；也没有任何一个未受邀者能参与其中。甚至来自达特茅斯的教师都要经过问题和政策委员会的审查（文字记录，1926年8月9日：SSRC）。

会议的组织是可预测的。委员会会议于上午召开。因为很多参与者牺牲了自己的假期来参加此次会议，所以下午是空闲的。晚上会有不同的参与者作专题报告，然后大家进行广泛讨论（文字记录，1926年8月9日：SSRC）。委员会会议和研讨会的会议记录都是保密的，所以顶尖的研究者会讨论正在进行的工作。② 论文可以在其他地方发表，但是实际上，很多演讲者都是即兴讲话。

1926年的会议包括19位演讲者，其中5人是人类学家（马林诺夫斯基和4位博厄斯学派学者），7人来自芝加哥社会科学系，3人是基金会官员。有几位是心理学家，但是弗雷德里克·韦尔斯是唯一的精神病学家。主旨报告人享有很宽的交流空间（文字记录，1926年8月9日：SSRC）：

> 我们邀请每一个演讲者参加，讲述他们最感兴趣的研究问题，他是如何开始研究这个问题的，他希望做什么，在他研究进程中遇到的方法和技术问题，他必须要克服的困难以

---

① 形容社会科学发展的圣地，上阿玛高是德国巴伐利亚州南部的一个小镇，傍依安珀河流经的谷地，面积30.06平方公里，居民5254人。小镇以每隔十年演出大型耶稣受难剧而闻名。——译者注
② 很显然，参会者领到了会议记录。因为这些记录包含在一些经常与会者的论文中。

及他解决问题的方法。

在这种环境下,萨丕尔在汉诺威进行了第一次演讲,题为"特定社会环境下的心理倾向"。

1927年的会议萨丕尔没有参加,人类学方面的主要发言人是阿尔佛雷德·克罗伯,他讨论了"文化现象的研究"(报告,1927年8月:SSRC)。

1928年的讨论(报告:SSRC)中心是社会科学内在关系的真实性,就这个话题每个人都有其观点。威廉·菲尔丁·奥格本强调社会科学应该向更具科学性的方向发展。基金会的官员们也有他们自己的议程。洛克菲勒基金会的埃德蒙·戴认为"战略规划"将会辨识和鼓励"社会研究领域的理想发展"。有组织的研究经常"由某个个体的想象力和能力发展而来"。但是很少有社会科学家能使圈外人理解高质量的社会科学有很高的技术含量。

萨丕尔对埃德蒙·戴的社会工程学提出挑战,为无直接实用结果的研究的必要性辩解:"谁知道什么是重要的呢,现在看起来重要的事情,明天也许就变得微不足道。"工程学的态度"在美国当今文化中占主导地位,将被带入科学的殿堂"。工程学不应该混淆于科学。萨丕尔的挑战是破坏性的,这个主题被很快改变了。

1929年,萨丕尔在做纳瓦霍语的田野调查,没有参加汉诺威会议,尽管库尔(9月19日:UC)提醒他,出于系里的利益考虑需要有人积极关注此会。"对人类学学科来说,没有什么特别重要的事被提出来,但是我们有限的一部分代表对委员会的任命肯定是有影响的"。

在1930年的汉诺威会议上,社会学家罗伯特·林德讨论了"未来十年基金会资金用于社会科学的支出"。他从1927年起便是社会科学研究委员会的工作人员,是首位永久秘书。所以,他关于委员会不能无限制地分配本金和收入的提醒，自然受到了重视。

萨丕尔在 1930 年的汉诺威会议上以"人格研究的文化方法"为题发表了演讲，强调人格的"现代"概念理所当然地包括了文化层面，这个观点不是所有相关的学科都通用的。尽管在文化上有许多表面上的不同，萨丕尔坚持他的"直觉信仰"：个体行为总是存在差异，这些差异基本对应于我们认为对自己重要的那些差异。文化和人格必须在文化调节论和生物决定论之间找到折中点。但是，精神病学家不习惯将文化视为能够改变"实际的稳定人格"及其"个体的象征"。在回答听众的问题时，萨丕尔避免对人格下单一的定义，以期在关注个体时能够"独立于任何特定理论"。任何既定文化环境中的多元性足以超越文化本身的所有决定性力量，即便是最微妙的力量。

沙利文第一次出现在汉诺威会议上时，觉得自己的观点跟萨丕尔如此一致，以至于没有必要再说什么了。尽管他"只是出于偶然成为一名文化的学生"，沙利文觉得精神病学是否是一门社会科学这一点还有待揭示。他认为，精神病学和社会科学的合作最好从中间开始，朝两个方向推进——这个总结赢得了笑声和欢呼声。

来自斯佩尔曼纪念基金会的比尔兹利·拉姆尔从萨丕尔讨论不同学科的独特性中得到启发，提出在社会科学的培训中田野调查比较罕见，所以缺少"经验上的内容"，总是"令人怀疑是否是正当的学术工作"。

萨丕尔的美洲印第安涵化①项目

萨丕尔在社会科学研究委员会中的人格和文化的相互关系方面十分活跃，1930 年提出了他的研究项目。萨丕尔作为提出项目计划的

---

① "涵化"（acculturation，又译"濡化"），指异质的文化由于持续的接触而产生的原有模式的变化。参见百度百科。——译者注

一位突出的理论家，试图向委员会说明它们面前的三个项目是相互关联的：首先，劳伦斯·弗兰克希望召开外国留学生的以人格为主题的会议，以期提供他们在各自文化中的实证数据。① 第二，威廉·埃萨克·托马斯希望能够研究斯堪的纳维亚地区的精神病问题。但是萨丕尔坚信第三个项目，这个项目将借鉴田野人类学家的技能，推动基金资助芝加哥民族学研究，并提高其声望。

"美洲印第安人的涵化和人格研究"被认为是萨丕尔的个人研究项目，尽管在实践上说，这项工作是由其他人完成的（林顿、赫兹柯伟慈和雷德菲尔德［1936］主要负责理论层面，而很多学生包括索尔·泰克斯、费雷德和爱德华·斯派塞负责实证层面）。萨丕尔相信社会变革提供了一个实验室，正如芝加哥城对他的社会学同事的意义一样，提供了研究人格与文化关系的平台。不同的部落被挑选出来"代表完全不同的五种美籍印第安人文化"，尽管"存在着很多社会和个人的分裂问题"，这些部落对现代生活都有相当好的适应。

> ……但是美洲土著文化和他们今天所期望的生活之间的极大心理距离提供了一种精良的估计方法，用于估算相对迅速的适应力的可能性。研究中的核心观点是，个人是对立文化的集合点。印第安人和他们的文化快速消失，现在正在适应半途中的文化类型也可能在不远的将来消失。

文化变化的研究当时可能将人类学超越即将消亡的传统文化的重建。博厄斯派人类学家认为当前各种印第安文化是衰退的、不适应社会的。萨丕尔强调在当前快速变化的情境下，个人必须在建立一个具有生存力的文化中发挥积极的作用："可能印第安人在积极尝试用新

---

① 不久之后，萨丕尔将会直接参与这个项目。在洛克菲勒基金会的支持下，他将在耶鲁大学组织"文化对人格的影响"研讨课。

的视角来重新解读旧的方法。""精神病学家认为的冲突"可在"文化边缘"以这种"尖锐的形式"被观察到。萨丕尔预言文化的韧性，认为个人适应过程中的情绪因素不断减少，因为社会中的每个人都有这个问题。萨丕尔对印第安文化的抗逆力以及与白人价值观的疏离感到着迷。

萨丕尔的讨论是非常理论性的；他还是从一个抽象了的个体角度思考。但是他的社会科学研究委员会同事正在寻找研究文化内部可变性的方法。萨丕尔却没有做这方面的田野调查；他对个人文化解读的独特性理解来源于对小部分"语言"资料提供者的大量考察。雷德菲尔德提供了一个涵化研究可行性的更加具体的展示，主要是描述犹加敦的四个社会群体的研究。然而作为理论家，萨丕尔的名望足以支撑项目。他主要将项目总结为三个方面：传统文化的重建（用标准博厄斯学派模式）、涵化本身的研究、"更加精确的人格研究"。新项目建立在民族学家知道如何开展的基础之上。

鲁思·本尼迪克特曾对大平原印第安人和普韦布洛印第安人的文化作过经典对比，雷德菲尔德和萨丕尔则运用这一经典对比来突出美国印第安人文化的多样性。例如，大平原印第安人对竞争的强调（这是由耶鲁人类关系研究所在社会科学研究委员会的资助下开展的主题）使他们比其他印第安人族群有更好的测试表现。从语言是引出性格数据的媒介这方面考虑，萨丕尔暗示可能"在言语表达上存在重要的个体差异"，也就是，不是每个人都能够在人格研究上同样有用。

沙利文习惯于解读自陈调查数据中的纷繁难懂之处，提到"自传是一种理性化的文件"，表示需要自由联想或者幻想来超越它的局限。萨丕尔提出民族学家的个例研究应该由精神病学家接管，而精神病学家应该自己去进行田野调查。

萨丕尔想避免文化的刻板化；其他人则希望获得他未打算提供的具体方法。社会科学研究委员会拒绝承担这个大型计划的全部费用。

不论是学究还是当权者都不认为这是人格研究的关键。但是因为是萨丕尔支持的，这个计划并没有被正式拒绝。萨丕尔意识到计划通过的可能性微乎其微，但是（致科尔，1930年8月6日：UC）"我们应该竭尽全力与社会科学研究委员会保持尽可能多的项目合作可能"。

社会学家罗伯特·林德想通过支持涵化项目努力将人类学和广泛的学科建立联系。在1929年对一个美国当代城市社群（印第安纳州曼西市，研究中的代名为"米德尔顿"）的研究中，他将"盛行的人类学框架"用于其调查数据的分析。1937年的再次研究则关注从大萧条演化而来的文化变革。

萨丕尔敦促克罗伯支持涵化研究，将其作为人类学对社会科学研究委员会人格研究的特殊贡献。他从汉诺威给克罗伯发电报（1930年8月10日：UCB）要求他加入"人类学家的核心小组"，讨论人格与变化中的文化之间的关系，讨论美洲印第安人"对我们文化的同化及抵抗"，克罗伯拒绝了（1930年8月12日：UCB）但是他对印第安文化中精神病的明显稀少十分感兴趣，他假设萨满教（运用巫术）和异装癖的习俗（大平原和西海岸印第安人中的一种模棱两可，但却受到高度尊重的同性恋角色）排空了个人身上的社会压力。超机体文化的支持者总结说"在过去，民族学的研究方法太过专注于文化模式；此种情况直到最近才有所改变"。克罗伯准备好了与萨丕尔一起研究个体。

萨丕尔对结果相当满意：人格与文化分委会将进一步推进此项目，同时也包括托马斯的精神病研究项目。汉诺威讨论显示了委员会对将人类学和社会学相结合的问题兴趣越来越高（致克罗伯，1930年10月21日：UCB）。

社会科学研究委员会涵化和人格备忘录（1930年8月至1930年9月2日：SSRC）得到了奥格本的大力支持，他以玛格丽特·米德为例说明社会学和人类学可以有效的合作。萨丕尔回复说"涵化研究背后体现了这个国家人类学家的共识"。（克罗伯本可以自此发挥作用；但是对个体的研究不是他的兴趣所在）。萨丕尔认为"不论涵化研究在主题上是多么地专注于人类学，但就其精神本质来说，它绝不是专门的人类学，甚至在很大程度上都不具备那么强烈的人类学色彩"。

人格与文化分委会（会议记录，1930年12月6日：SSRC）认为萨丕尔—科尔和托马斯项目有着各自的局限，二者都没有明确地包含人格的概念；或者不能通过人格概念来成功地应用精神病学家或心理学家讨论人格的各种方法。人格与文化分委会中只有来自哈佛大学的托泽是人类学家，该委员会认为精神病分析的方法对于分析原始民族并不适用。也没有证据表明大量的费用能取得"相应的"结果。委员会更偏爱"相对严格或者是明确的研究项目"。文化对人格影响力的研讨课就有这样的明确性。但是委员会并不拒绝文化人类学作为人格研究"相关领域"之一所作出的贡献。

萨丕尔继续在人格与文化分委会讨论该项目。在搬去耶鲁后（会议记录，6月25日至26日：SSRC）认为威斯勒为耶鲁人类关系研究所所做的美国印第安人研究、科林伯格在哥伦比亚的工作以及博厄斯对德国的兴趣（未指明）都是文化人类学重组的证据，即"越来越从传统的对群体的研究转向对个体的研究"。萨丕尔邀请跨学科文化研究的学生"回顾民族学家收集的历史案例，从他们自己的角度重新解读这些案例"。

社会科学研究委员会人格与文化分委会

人格与文化分委会将各个研究项目设想为互相关联的对人格研究的探寻。威廉·艾萨克·托马斯（报告，1932年9月：SSRC）主张各个项目之间的"集中统一"，而各项目在组织层面和实施层面都得到赞助。

萨丕尔的备忘录（1932 年 3 月 12 日会议记录：SSRC）关注"整体的模式对参与其中的个人意味着什么"，提出以下假设："个体看到的社会模式中的意义与这些社会模式本身（对其他来说）固有的意义之间的吻合度，对理解个体包含和谐与斗争的适应发展过程十分重要"。他特别提到几所学校的项目以及很多"年轻的有潜力的学生"来开展此项研究。尽管这个项目理论上不专属于人类学，萨丕尔的兴趣却在人类学上。

为了能推广自己的研究兴趣，萨丕尔引用（会议记录，1932 年 2 月 18 日：SSRC）了林德对米德尔顿镇的人类学研究作为一种"可能的模式"，尽管需要采用更为"严格的心理学"方法。林德的许多问题可以通过将方法和主题从社会学转向人类学的方式避免。社群研究应该"关注于较小的、相对同源的、自给自足的社群，它们的情况大致类似于更原始的人类"。萨丕尔的例子是不断衰落的涵化研究，他声称该研究是在耶鲁大学发起的，是针对纳瓦霍和波利尼西亚社群的。他强调研究人员已经到位。心理学方面，沙利文和奥托·克兰伯格对研究原始数据十分感兴趣。耶鲁人类关系研究所当时也正在研究"康涅狄格州的一个小型城市社群"，他们希望能将此与各种社会科学研究委员会的项目联合起来。已经处于进行中的项目更有可能赢得赞助。

社会科学研究委员会越来越认为自己在研究政策上摇摆不定，于是便委托威廉·艾萨克·托马斯就"人格和文化领域的项目组织"做一个报告。1933 年 4 月（SSRC），托马斯列举了"多得令人敬畏的"贡献学科，并指出学习文化的学生"认为在改变后的情境下，个人及群体的行为模式会发生深刻的变化"。尽管托马斯的例子是青少年研究所对犯罪的研究，但萨丕尔的涵化研究提案也对此问题进行了类似阐述。托马斯呼吁进行区域和对比研究（即社会学和人类学研究）。而社会科学研究委员会则应该发展方法论。

托马斯的报告还附着 77 篇文献，这些文献首先讨论了由各个委员会的不同委员为 1929 年美国神经学协会研讨会所准备的关于人格的不同定义。拉斯韦尔认为需要设立一个专门进行人格研究的学位。不同研究者所做的大量的生活史和个案研究描述也放在附录中。萨丕尔的短文"与通用文化模式相关的个人观点系统"节选自他 1932 年的文章"文化人类学和精神病学"。[①] 托马斯从跨学科方面研究了地域概念，包括他自己、拉斯韦尔、高尔顿·奥尔波特和博厄斯的声明。鲁思·本尼迪克特关于北美人文化发展形貌论的经典论文也附在其中。

　　1934 年，萨丕尔担任人格与文化分委会主席时（会议记录，4 月 7 日至 8 日：SSRC），"缺少文献记录"仍然是当时的问题。萨丕尔担心与原始民族的接触"并不是那么容易"——至少从主观上来讲如此，此外"语言难关可能无法克服"。例如梦境分析的方法在个人自己身处的社会中本就很难实施，而在原始社会中就更加难以捉摸。当时还是没有竞争或者合作的措施。在精神分裂症的开端，青春期的跨文化重要性还未被发掘。当时没有设计出一份能够涵盖个人的心理特征的调查问卷，因为与各个大不相同的文化都同等相关的情况非常难以实现。然而，萨丕尔紧紧抓住"从人格类型方面出发研究整个文化特点的可能性"。普遍性的个人研究可能为单独的个人研究提供思路。

　　萨丕尔一直在搜寻前进的方法，他甚至暗示种族或者生物因素或许能够阐明文化差异。他不想将体质人类学家排除在外，但是不自主地提到"当前的方法"是不足的。然而从现实角度说，文化人类学可能以独树一帜的方式继续前进。

　　尽管萨丕尔做出了种种努力，但是社会科学研究委员会的人格项

[①] 中译文见高一虹译，"文化人类学和精神病学"，载高一虹等译《萨丕尔论语言、文化与人格》，北京：商务印书馆，2011，292-307 页。——译者注

目发展方向却与他背道而驰。1934年，马克梅担任人格与文化委员会的主席，研究中心突然大幅转向他关于合作和竞争的研究（会议记录，问题和政策委员会，10月27日至28日：SSRC），马克梅1935年至1936年（SSRC）的报告详细阐述了约翰·多拉德对生活史的研究以及玛格丽特·米德对文献中的原始部落的对比研究；两个项目都由耶鲁人类关系研究所公布并监管。但是萨丕尔的包容性哲学在这种情境中完全不适宜。

人格与文化分委会建议（报告，1934年9月：SSRC）通过一小部分已经开始搞科研的机构将研究汇集起来。整个项目应该从原始部落开始，因为人类学的方法已经建立。其他六种社群复杂性的级别也进行了定义。社会科学研究委员会将连续三年每年拿出1-1.2万的资金，支持每个研究中心并提供当地缺少的专家。萨丕尔被迫另寻自己研究项目的资金。

第十六章　社会科学研究和培训的组织

　　社会科学研究委员会对萨丕尔、沙利文和拉斯韦尔的研究计划要求都特别死板；社会科学研究委员会学科的范围也完全与大家真正的共识背道而驰。另外，各个委员会往往由量化和行为主义的方法所主宰，而与萨丕尔所预想的精神病学和人类学之间的合作完全不相容。与新兴的跨学科的社会科学相比，两个学科都有些边缘化：人类学主要研究外国人和原始人，精神病学缺少独立于临床实践的、已经确立的研究传统。

　　沙利文的导师威廉·阿兰森·怀特于1927年被任命为一家美国精神病学协会的关于精神病学与社会科学关系的委员会的主席。在1928年和1929年，美国精神病学学会赞助了关于"人格组织"的学术研讨会，吸引了许多来自汉诺威会议的跨学科的社会科学家。沙利文作为秘书长认为精神病学应该采用社会科学研究的标准。在美国精神病学学会的背景下，萨丕尔与沙利文的联盟给了他高于其他社会科学家的权威。萨丕尔和沙利文都极度渴望劝服他们的同事接受两个人的联合关系。

第一次研讨会

　　第一次美国精神病学学会的学术研讨会召开于1928年，公开发布于1929年。21个人参加了第一次研讨会，17个人参加了第二次

(加上美国精神病学学会的诸多会员),有 7 个人两次会议都参加:萨丕尔、沙利文、托马斯、来自于芝加哥社会学界的欧内斯特·伯吉斯、之前供职于芝加哥青少年关系研究所而现供职于贝克法官基金会的威廉·希利、耶鲁人类关系研究所的马克·梅以及斯佩尔曼纪念基金会的劳伦斯·K. 弗兰克。在所有参会人员中,这些人实际上掌握着新兴的跨学科人格研究。其他芝加哥参与第一次研讨会的人员包括经济学领域的奈特、社会学领域的罗伯特·帕克、来自于青少年研究所的克利福德·肖、心理学的瑟斯顿。尽管存在着学科间的差异,芝加哥团队在数量上以及在提供讨论的经验数据方面占据主导地位。

萨丕尔表示自己在人格研究方面"仅仅是个业余爱好者和浅尝者"(1929,11),呼吁对"社区中的几十个典型人物"进行个案研究(1929,12)。然而,当他被追问时,却无法定义个案历史研究的常态,即最佳的形式,或者对人格的恰当定义。在接下来的十年中,他想解决这些问题;但是跨学科领域的同事已经希望萨丕尔进行综合。

沙利文想要通过具体的研究来阐明人类行为的本质。然而更为保守的参与者在没有整体的人格概念的前提下对开始这样的研究项目犹豫不决。沙利文担心跨学科会议的参与者不转变他们自己的学科观点,学会"油腔滑调地交谈"(1929,59-60)。劳伦斯·弗兰克写道:"因为训练和传统,社会科学家倾向于寻找相同点;因为训练和职业责任,精神病学家更倾向于对不同之处感兴趣。"(1929,26)他希望为将这两个观点统一起来的研究提供资金。

芝加哥对实证数据的讨论迅速将数据论者和文化论者对立起来。帕克认为犯罪与城市内部的文化领域息息相关,但是克利福德·肖(1929,31)回应道,他不知道这个相关性系数意味着什么:"我从研究具体的案例中得到更多的灵感。"沙利文补充道有时候数据没有"实际的有效性"。萨丕尔(1929,32)认为文化映射有时候不及文化功能障碍重要,因为文化功能障碍能产生或者至少允许犯罪行为的出

310

现，他所举的黑脚族偷马事件的例子说明了犯罪行为的文化和宗教根源存在潜在的变异性。跨文化的观点对社会学家来说是陌生的，但是更重要的是，萨丕尔主张将文化定义为一种象征，而意义则源于社会个体的理解。

各种观点相差甚多，例如需要多少研究者、从哪些学科进行研究以及他们需要多少数据来进行分析。萨丕尔倾向于从尽可能多的学科中采用有限的数据进行研究。瑟斯顿和梅为量化的方法辩护。剩下的其他团体倾向于对统计数据本身进行解读。在具备实际经验的群体中产生了一种不同以往的一致观点，即基于个体人格的综合而非基于团体的模式。萨丕尔通过自己的个体和文化理论达到了同样的研究高度。

萨丕尔明确有力地表达了"对于在我们学科领域的鸿沟上建立桥梁，我们大部分人感到不情愿或者犹豫"（1929，77）。从心理学到社会学的范围宽广的分析层面，"我们真正考虑的是思想的诸多系统"，即便"从最冷酷和最客观的角度来思考"。不同的学科角度不可能由一种单纯的行为主义科学协调；社会学领域的学者认为"在不断变化的文化历史中个体是无助的"，拒绝接受普遍概括。社会（此处等同于文化）"事实上不外乎是思想的一个系统或者是几个相互交叉的系统"。相比于其他任何研究人类行为的学者，精神病学家更是"靠直觉的科学家"，对人类的思想这一系统非常感兴趣（1929，78）。精神病学家"可能在常识和事实方面相比其他科学家犯更多错误"，但是他们却拥有"最珍贵的直觉"。社会仅仅是"束缚个体的外部人为力量"。社会学家和人类学家都没有能够在人格上认识个体。但是萨丕尔认为如果能够正确地提取概念，就不存在文化和个体间的冲突（1929，79）："每个个体习得并发展自己的'文化'"，"直到从相关人格的方面解读，或者至少被解读为一种被视为特定社会中典型的普遍人格时，这种文化才有心理学的意义"。相比于对个体的关注，萨丕尔更加关注社会本身的定义①。

萨丕尔确认了人格的五种正在使用的定义,每种定义都隐含着一种对研究有重要影响的"偏见"。② 对精神病学家来说,人格有着确定的形式,但是这个形式因为其社会面具而变得模糊不清;将这个面具揭开便将其背后的关键人物揭示出来(1929,79)。"子文化人格"的产前和初生阶段使得辨别"最重要的"基因和社会因素成为可能。萨丕尔认为,精神病学强调子文化人格,尽管有文化的调节作用,这种子文化人格仍得以保持。萨丕尔将弗洛伊德的发展主义作为精神病学视角的关键,以及与自己个体与社会关系视角的对立观点。他坚持认为任何一种跨学科视角都有可能是有意义的(1929,80),"这些视角包括单纯的有机体解读,亦包括理论社会学家和哲学家客观、抽象的形式概括"。个案史将聚焦这些不同的视角。萨丕尔被认为是一位有效的综合者,因为尽管他自己的兴趣在于心理学和文化人类学的交叉区域,他也认可其他方法的有效性。

学术研讨会达到了一个并不惊人的结论:确切的数据和共享的方法是进一步跨学科合作的前提条件。这个方法便是生活史。拉斯韦尔提出了一个"充分的人格记录"的"提案",成为会议记录的附录(1929:93-101)。他根据萨丕尔的观点,主张应该"通过所有已知方法来集中研究""选定的个体"。

拉斯韦尔想要研究正常的或者接近正常的个体,以便更容易将非精神病学家纳入其中。尽管没有此类详细计划得以实施,其框架的恢宏也显示了拉斯韦尔、沙利文和萨丕尔对建立实证数据库的高度重视。萨丕尔对人格的人类学田野研究热情不高,因为尚没有研究变异性的方法。

---

① 只有洛克菲勒基金会的伦纳德·乌思怀特意识到:萨丕尔关注的是意义在个体之间的差异,而不是某个特定社会情境中的个体。
② 该观点在萨丕尔的课堂笔记以及《社会科学百科全书》中关于人格的一篇文章中有详细论述。

第二次研讨会

第一次学术研讨会留下许多未决之事。会上充分表达了不同的观点，建议了不同的方法。第二次美国精神病学学会学术研讨会由美国精神病学会和社会科学研究委员会赞助，与会人员心照不宣地、成功地为精神病学在跨学科的社会科学中找到了一席之地。它关注"当前正在进行的工作"。在 17 名参会者中，老者和理论家较少（如帕克和瑟斯顿当时缺席），更多的是研究机构负责人。人格研究越来越成熟（Kline 1930，7-8）："随着越来越多了不起的研究所的出现，甚至连曾经不屑一顾的医学和社会科学专家也相继让步，虽然有些晚。"尽管参会者是各方专家："我们被呼吁超越丹尼尔·布恩①的心理学，来发展一般人的心理学。"

每个演讲者都描述了一个具体的研究项目，接下来是讨论和综合。拉斯韦尔代表芝加哥的当地社区研究委员会讲话（1930，28）。梅（1930，35）想要选取几组"人们一致同意的"，具备典型"标准个性"的个体。托马斯更喜欢在大型的文化群体中研究行为，以便实施方法上的控制。他希望延伸自己早期对波兰移民的研究，将斯堪的纳维亚和意大利的人群进行对比（1930，41-43）。地中海的相关群体可以作为控制组。两个社会与托马斯的社会相差不大，使得托马斯能够运用自己文化的直觉，这个优势是田野调查人类学家所缺少的。

萨丕尔的正式演讲一反常态，融入了很多实验色彩，大概是为了回应会议的实证性要求。实验主义继前一年大家对正式的方法论有兴趣后进一步建立起了其合法性。萨丕尔将自己归类为会议的"局外人"，因为他自己主要的兴趣是在言语（1930，37）。他的全部著述中

---

① 丹尼尔·布恩（Daniel Boone, 1734—1820），美国历史上最著名的拓荒者之一。参见百度百科。这里泛指伟人。——译者注

只包括关于语言的两个准实验,他对这两个研究都进行了讨论。①②

对青少年研究所来说,萨丕尔研究了"言语领域的个体象征主义"(1930,37-39),通过提供由无意义的词语组成的受语音操控的"人造语境",指出在不受文化影响的情况下,个体如何对词语作出反应。研究结果是一个"本能感受到的、不同声音间的象征性关系"的"群集系统"。萨丕尔感觉到这种"象征性的集合"可能会听觉的、视觉的、类美学的现象有所不同,尽管他没有提出具体的实验。他总结说人类"有一种独立于外显经验将各种象征系统化的倾向。"语言的研究使得他从象征的使用方面来定义文化。

萨丕尔的第二个实验(1930,39)主要研究人之声音的人格含义。他曾经将四种或者五种从生理学到"高度社会化"的"相对独立的表达层面"分离出来。萨丕尔强调"在日常生活中,我们对言语反应强烈",尽管我们没有明确表达出对它的印象。事实上,英语词汇在现代我们称之为副语言学中的作用"局限得让人感觉奇怪。""对真实语言记录的极微观研究"会发展必要的词汇,尽管这项工作仍在计划中。

沙利文研究精神分裂症患者(1930,44),因为"人们以类似实验的简单清晰,发现了正常人身上复杂过程的表现,这些过程过于复杂,以至于很难被理解"。从临床角度,沙利文主张将治疗精神分裂症的环境简化到他仍有兴致的部分,这将有助于病人回归正常的生活。拉斯韦尔在此插入了一个与"其他各种边缘情况"的类比,即人类学家对原始文明的研究以及儿童简单世界的研究(1930,48)。

后来的讨论主要由萨丕尔和沙利文主导,偶尔托马斯会提出问题。萨丕尔从自己的社会中选取了一个例子,说生活史会影响社会评

---

① 正式发表的文章为"作为人格特征的言语"(1927)以及"对语音象征主义的研究"(1929)。
② 前一篇文章的中译文见沈莉霞译,"作为人格特征的言语",载高一虹等译《萨丕尔论语言、文化与人格》,北京:商务印书馆,2011,337-349 页。——译者注

价（1930，50）；一个成功的商人会把一些"令人不安的咒语"认为是"个人的、不相干的"，然而一个不成功的人会夸大它们的重要性。托马斯希望找到国外的例子，他问到：气候或者行为是否决定极地癔症（一种很多精神病学家都非常熟悉的"原始的"精神失常）。萨丕尔（1930，51）假设了一种长期存在的、独立于"人格特点分布"的"社会化行为模式"。爱斯基摩人中的歇斯底里症患者可能并不多于其他社会群体，但"关键的一点是在我们的社会，歇斯底里症的使用相对较少"。

托马斯询问大平原地区疯狗社会与现代社会相比存在的心理压力的严重程度。他希望萨丕尔告诉他如何解读民族志报告，萨丕尔认为这是一个"非常宏大的要求"，因为"我不太明白我们应如何衡量社会施加于我们的压力"（1930，51）。大平原的印第安人也不一定觉得"疯狗综合征"充满压力。"当然，大多数取决于社会背景。你当然可以预测到自己的压力"（1930，52）。① 另外，大平原地区的印第安人在如何评价社会压力方面也没有比较基础。

萨丕尔认为基因上意义上的同一个人在不同的社会中将有不同的"成功或者失败的机会"（1930，49）。例如，比起其他原始社会，在当代美国，我们不太"偏好"幻象的作用。事实上，"在原始社会中，精神病更可能出现……在这样的社会环境下，精神病患者不会显得那么异常，而与我们在一起的时候就会显得很不正常"。

拉斯韦尔（1930，49）对不同文化中个人讲述自己内心感受的意愿差别十分好奇。生活史的方法"预先假定了一些文化集合"。萨丕尔认为，通过"幻想或猜测"来表达个人经验远非普遍现象。在未指明的情况下，他用鲁思·本尼迪克特提出的普韦布洛与大平原文化间的对比来阐释自己的观点——这两种文化对鬼舞和仙人掌崇拜有着截

---

① 此时，萨丕尔对观察者主观性的评价与"真伪文化"一文中有很大差别。在该文中，萨丕尔把自己对现代社会并无确凿理据的失望投射到了他对所谓原始社会之"真"的诠释之中。

然不同的反应。普韦布洛人将个人特点淹没于公共仪式中，而大平原族则鼓励"个人主义和自我中心主义"行为。

萨丕尔没有很大把握用"行为模式的社会心理学"回应沙利文有关大平原地区男性间友谊的问题，那里的人崇高骁勇善战。但是他相信个体在回应文化模式时的情绪效价是不同的（1930，53）：

> 有些人会盲目地遵从于这个模式，在某种意义上来说对此不带感情或者无所谓；其他人会觉得自己在这些模式中更能实现自我。我们自己在宗教中的表现是同样的，比如我们似乎都有机会来使用某些典型的宗教表达形式，但是有效利用这些机会的人却很少。

沙利文忽略了萨丕尔现代美国的例子，回到感情挫折这个对于他的很多男性精神分裂症患者非常关键的问题上。萨丕尔同意不同的社会可能提供不同的发泄出口来避免"精神分裂的颓废"。沙利文注意到将男性和女性角色区分开来的临床效果；萨丕尔用大平原上在军事战争前人们进行的性忏悔来回应，这个功能可能是相似的（1930，53）。两个人都同意社会接受度是可以适应和改变的。托马斯用一个关于大平原文化中忏悔的问题插入了讨论。萨丕尔没有大平原的第一手资料，所以发现很难作出回应。（1930，54）：

> 民族学家非常愿意集结足够的事实以建立某个案例。你不是总能看到事实背后的东西并且找出最终的动机。很多时候，用于获取此类信息的问题并不会得到调查对象的合作，或者没有被完全理解。所以你必须再去探索部落的理性化问题。

萨丕尔希望精神病学能够为民族学提供更好的方法，他拒绝让自己成为向跨学科同事提供新奇信息的人。但是托马斯马上回到了大平原地区忏悔的问题。萨丕尔认为它可能是"非常常见的"，但是却经常"逃离"报道。精神病学可能将其定义为一个合理的民族学难题。沙利文接着托马斯继续询问忏悔和性的关系，对此萨丕尔没有表现出兴趣。

来自于明尼苏达州儿童指导诊所的约翰·安德森提出了一例个案，一个孩子总是强迫性地将东西打结（1930，60）。萨丕尔以"象征的一致性"和"对过去经历的重组"进行回应（1930，61，64）。方法论上出现的问题是将单一的解读强加于复杂的行为之上，这是在民族学也是在精神病学存在的问题（1930，67）：

> 我们认为我们可以完全客观地定义某种活动，这种想法过分简单化了。如果首先考虑行为的象征性这一重要因素，那么必须在每种情况下都询问某个特定的行为是不是对所有个体来说是同样的事情……我们必须学会洞察每种行为，不能仅从测量维度或是社会整体估计来理解它们，而且应该看到各个行为表面之下的不同之处。从象征意义上评估所有种类十分有必要。我认为我们应该养成习惯，将此看成程序中的一步。

这就是说，行为主义不能解释人类行为的象征意义。这个观点一定要被重复，因为很多参会者将行为主义和经验主义联系起来，甚至还暗示行为主义和科学有关。况且，这些社会科学都缺少令人满意的方法来研究文化的象征意义的本质。无论萨丕尔的观点在原则上如何有逻辑，没有人—甚至包括萨丕尔本人—知道如何在现实中用他的观点推进研究。但他的同事继续催促他寻找精神分析概括的民族志反例。萨丕尔继续坚持认为，文化描述没有为这种猜想提供材料支持。大部分的民族志文献都是根据"少数老年男女的描述"的"重构"。文化变化以不同的速度发生；有些东西完全消失而有些东西却安然无恙。所以，民族志学者必须"根据个人现实，而不仅仅是部落现实来衡量每一个事实"。萨丕尔认为这是一项"艰巨的工作"，并且发现很少有证据证明之前有人做过这件事。

为了回答劳伦斯·弗兰克的问题，萨丕尔（1930，86）重申民族志的和当代的案例并无实质差别。但是对"选定的原始部落"的研究需要相当多的准备工作：

> 许多人类学家对这些问题十分感兴趣，但是通常他们并没有深究，因为如果不只是表面寒暄，要与当地人结识会花很长时间。你与普通的原始人之间存在着一堵绝对的墙，即使你和他们已经达到了非常正常的友好关系……要获取精神病学家感兴趣的生活史却十分不易……我认为不可能仅仅在脑中有几个一般概念的情况下就驶入民族志研究的领域，不可能问几个问题就期望得到几个值得慎重考虑的材料。这项工作需要数年的认真探索。

弗兰克希望知道，传统的文化研究是否需要先于人格研究而进行。萨丕尔非常乐观，如果建立"一个由训练有素的田野民族学者、研究原始语言的语言学家、心理学家、精神病学家、经济学家和其他的社会学家组成的合作团体"，就会取得重大成果。

当时会议要处理一个合作研究项目，萨丕尔提出了一个三步法（1930，87）：第一，美国社会应该研究个人差异，"因为客观地定义我们自己的文化绝非易事"。第二，应该调查"外国的但是距离我们不远的文化"。最后，田野民族学者应该考察原始文化；尽管可能

"最重要的是这些不同文化中对个体的平行研究","可能会导致各种最费力不讨好的结果"。萨丕尔的项目给每个人都提供了空间。

对萨丕尔来说,人类的可塑性"因为文化材料的表面特征"而变得模糊不清。但是如果从象征意义来解读,在不影响亲密关系存在的情况下,表达亲密的形式可能大不相同。意义本身比其外在事实更为重要。事实上,正常人能够适应"无穷无尽的社会形式"(1930,97)。

沙利文关注"对自己缺陷部分的训练"和对跨学科术语的表面理解(1930,108),号召跨学科的专家组的加入。来自埃塞克斯郡青少年诊所的詹姆斯·普朗特提到(1930,115),他更倾向于从已有实证案例的精神病学研究开始。托马斯(1930,121)重申主观材料的必要性,甚至是缺少确切的可靠性的主观材料。托马斯非常高兴沙利文"允许我看他的材料",为斯堪的纳维亚人和意大利人的研究提供比较性的数据。对托马斯来说,跨学科的会议对个人的研究计划十分重要。

萨丕尔总结问题主要是"集中焦点"这一难题,强调要决定"我们是否只是在这片广阔的领域东鳞西爪",或者是否需要支持一个系统的项目(1930,122)。萨丕尔建议以一种"治病救人的而非敌对的精神",将文化和社会过程本身置于一边,转而关注个人。人格是一个很好的集合各方的概念(1930,123),实际上它是"我们知道的唯一事情,因为我们对自己有一个概念,并将这个概念投射于其他个体,从这些个体身上我们又看到自己"。从精神病学角度对人格进行的研究对社会科学来说同样有效。统计数据只是在"初步区分不同种类的人格"时有效。解释人格这一概念"最卓越的证明"就是生活史。人格不应该与"各种文化背景"分离开来。

萨丕尔对不同文化背景的分类帮助他合理地确定三个研究重点,包括在自己社会中的日常生活经验、对相似文化的"友好感觉"和原始人类的"遥远背景"（1930，124），也就是他将观察者与所解析数据的不同关系进行了分类。心理调整的类型相比于跨学科社会科学家的方法来说分类更难。作为一个研究方向的综合者而非人类学家，萨丕尔说道："对原始人类文化的田野研究"应该从属于"这些环境中的人格研究"。美国社会的研究应该关注正常的或者接近正常的行为（不过一定程度的神经症可能是确保精神病学研究拥有专属群体所需要的）。对精神分裂症的类似研究会澄清变态这一概念。向渐远的文化的研究扩展将发现变态人格类型的普遍性或者其缺失。不同的方法互为补充。尽管没有人知道在"遥远文化"中的适应不良（1930，125），萨丕尔认为对"两三个文化"的"深入攻关"不是完全不可能的。

萨丕尔陈述了研究重点，然而人们却更多地从字面上理解他的陈述。他对这些问题感到困惑。阿诺德·格赛尔想要知道他是否预想到横断面研究（1930，125）。萨丕尔不熟悉这个术语，抗议说"他没有将一个项目具体到那种程度"。他心中没有特定的年龄群。当他们挑战萨丕尔，让他阐明自己对统计数据的负面态度时，萨丕尔指出统计学家选择"能够或者看起来能够被统计处理解释清楚的"问题。在社会科学盛行的"统计魔圈"不会在研究个体方面有太多帮助。反对萨丕尔非量化研究方法的同事没有得到肯定。

托马斯同意萨丕尔的怀疑，他注意到在精神病学界常见的不成熟的量化，呼吁考察"众多""十分不同的"生活史（1930，127）。沙利文（1930，131）否定了"这些大量生活史的任何可能的来源"，尽管托马斯指望他能够提供材料来源。在沙利文看来，即便五个这样的案例都是"雄心勃勃的项目"。

拉斯韦尔强调了在任何单一的学科都存在训练不足的情况（1930，132）。托马斯（1930，133）希望找到为精神病医院实习的社会科学学生提供的奖学金。来自底特律犹太福利联盟的约翰·斯劳森

(1930，134) 表达了很多参会者的担忧,他天真地说道:"我就是对拉斯韦尔博士一定要把人们培养成研究人格的学者这一说法有些害怕……这就意味着创建一个新的专业,难道不是这个意思吗?"

沙利文马上为拉斯韦尔辩护(1930,134),声称七八门课程就可以产生一群"全新的专业人员,他们能够利用科学原理和获取数据的能力来研究人类"。拉斯韦尔(1930,135)想要培养研究人员而非单纯的工程师。但是其他人认为,个人有可能从众多不同的方向进入人格研究的领域,正如他们之前所做过的一样。拉斯韦尔、沙利文和萨丕尔想为一个尚未诞生的学科实现各个学科的结合,他们实际上是孤立无援的,因为这个学科不可能在一个人为的基础上成立。沙利文(1930,138)强调医学培训的刻板。刚刚起步的医学生"知道很多我们认为不正确的事情,你可以看到我们永远不可能理解对方的世界"。来自精神病领域的其他学者也认同这一点。

会议结束于"即将任命一个后续委员会"(Lasswell 1930,142)。但是美国心理学学会没有为后续的人格研究学术研讨会争取到资金,为预期的研究所设的机构渠道未开始前便已枯竭。

国家研究委员会

萨丕尔自 1934 年至 1936 年担任国家研究委员会心理学和人类学部主席。尽管人类文化学明显地更多受命于社会科学研究委员会而非国家研究委员会,萨丕尔努力想将前者的研究引入他喜欢的人格研究轨道,但是受到百般阻挠,陷入困境。美国心理学学会的专题研讨会是失败的,尽管他对于与沙利文的合作抱有极高热情。所以,他将为实现自己的目标寻找新的方法。

萨丕尔相信学科间的和主题间的界线是人为的。1928 年汉诺威会议上,他强调了心理学和人类学的很多问题也是自然和社会科学都关注的问题。"你不能提前规定好是转向研究生理学还是社会现象"（NRC）；尽管"理论上是不正常的"，这也是"自然和健康的"。

国家研究委员会由美国国家科学院于1916年设立，目的在于推动自然科学的整合以满足战时需求。其人类学和心理学部[①]设立于1929年。心理学因为其重视实验的特点而被认为是一种自然科学；最初，人类学指的是体质人类学。其初衷如社会科学研究委员会和慈善基金组织的初衷一样，是"鼓励孤立的研究人员，激发各个组织支持他们的研究"（Poffenberger 1933，43）。在担任主席的所有人类学家中，克拉克·威斯勒在心理学和人类学之间游走，艾伯特·甄克斯是一名体质人类学家，基德尔是一名考古学家，费伊—库珀·科尔那时主要是一个考古学家，只有罗伯特·洛伊——先于萨丕尔——是一位人类学家。

随着这个部的两大学科的跨学科合作越来越明显，国家研究委员会人类学的研究范围在不断扩大。萨丕尔是主席的不二人选，因为他已经是新兴的人格研究最重要的跨学科代言人。

国家研究委员会文化与人格会议

萨丕尔急切地想调解心理学和人类学的关系，为此他提出召开一个人格与文化会议（萨丕尔致部门秘书玛丽昂·黑尔·布里腾，1935年2月8日：NRC），以"提出一个研究项目"，研究"不同文化背景下的不同的人类行为"。他认真地挑选对此项工作"真正感兴趣的人"（萨丕尔致布里腾，1935年3月22日：NRC）。组成的委员会严重倾向于耶鲁学派，包括威斯勒和人类关系研究所的梅、医学院的

[①] 这两个学科的顺序在所有文件中都可以互换。

弗朗西斯·布雷克（医学院是萨丕尔希望建立跨学科合作的地方）以及萨丕尔本人。沙利文、阿道夫·梅耶和 A. 欧文·哈洛韦尔都明确支持萨丕尔，他们的观点占据了主导地位。

会议于 1935 年 3 月 6 日在美国博物馆举行，萨丕尔担任主席。从一开始，会议的议题便是专业培训。萨丕尔提到很多在民族学领域的材料最后都白白浪费掉，这是因为人类学家都选择群体行为的例子而非个体变化的例子。但是个体行为的变化在其他社会中却更容易被发现，因为它没有那么"与我们的生活相交织"。

萨丕尔在会议记录中最长的发言讨论的是自 1917 年批判克罗伯超机体概念之后一直困扰着他的问题——人类学家所使用的"文化"这一术语的意义。他区分了三个术语：社会、文化和行为。"社会"是一个相比文化来说对跨学科同事更为熟知的术语。另外，萨丕尔越来越将人类学研究方法应用于近代北美社会，近代北美社会中文化这一术语非常容易与其人道主义中的文化术语相混淆。尽管萨丕尔没有对两个术语做一个完全连贯的区分，萨丕尔在跨学科的情景下更多地使用"社会"这一术语。①

人类学家当时并不习惯于收集精神病学家常用的那些人类行为数据："人类学家的数据，尽管让人觉得诱惑……却对一个将个体真正视为个体的人来讲十分模糊不清"。经过讨论，人们明白不同的参与者对文化术语的理解是不同的。除了萨丕尔这位当时唯一的人类学家之外，没有人想要改变人类学本身的概念，因为这样会让辩论变得让人困惑。

然后萨丕尔试图转向研究自己学科中没有专门意义的术语。"坚持确立单位的定义"对他来说似乎是"合理的"，尽管"社会"是一个大得让人无法有效定义的单位。他认为个体或者是家庭可能更为有

---

① 萨丕尔的这种用法独立于英国社会人类学中"社会"与"文化"之间的差异。马林诺夫斯基和拉德克利夫－布朗将英国社会人类学引进北美。

用些。萨丕尔强调某个给定文化中范畴的意义，以及这些范畴能否应用于其他文化。萨丕尔从某种语言的母语使用者所说话语中的文本出发，提出文化问题，亦借"某些特定个体中不同的观念和文化"阐释问题。文化可能会成为"一种朝着更大的观念集合体迈进的趋势"。这种对文化的分析对萨丕尔来说是先于人格这一概念的。沙利文通过对人格这一概念的有效性来进行回应。作为主席，萨丕尔被迫总结道：把这些术语留给个体研究者或者某个研讨主题或许会更好一些。

分析的层面也是一个问题。萨丕尔认为对比"极度不同的社会"可能"不是那么富有成效"。他的例子直接来自于本尼迪克特的《文化模式》。西海岸印第安人是"原始美洲人中的商人"。但是由于对资源的利用方式不同，由此获得的社会地位也不同，所以没有"直接的对比"。事实上，萨丕尔也没有将努特卡人的等级和地位与其他的文化上类似的机构相比较。①

小组同意将个体作为研究单位，尽管"他们不是在逃避机构"。萨丕尔倍受鼓舞，"因为我对社会人类学家的整体观点非常敏感，他们很难接受这种研究路径"。长期以来，他一直就像个体研究荒野中的一声呐喊。然而心理学家更愿意接受现存的人类学理念。

继沙利文 1928 年在美国心理学学会大会上提出后，跨学科人格研究学生的训练毫无进展。但是在 1935 年的国家研究委员会上，成立了人格与文化关系委员会以及两个附属委员会，其主席是沙利文和哈洛韦尔，两人分别负责培训事宜和编写"心理学对民族学田野调查的引领作用指南"。萨丕尔理所当然地成为两个附属委员会的成员。

---

① 然而，在"潜藏于谋生活动中的心理和文化危险"（1939）一文中，萨丕尔却把西海岸地区谋求社会地位的作用与美国经济体制中的情况等同起来。

国家研究委员会培训奖金分委会

培训奖金分委会 1935 年 12 月 21 日于美国博物馆会面。尽管其提出的项目胎死腹中，但是这阐明了萨丕尔、沙利文和阿道夫·梅耶设想的几个具体计划，是非常有意义的文件。小组希望从"人格方法"方面培训文化人类学家，而不是让文化人类学家改变"人格方法"。两位候选人被推选出来，一位是萨丕尔的博士后学生斯坦利·纽曼，另一位曾经是萨丕尔在芝加哥的学生莫里斯·奥普勒，他近期与鲁思·本尼迪克特一起在阿帕奇教学与研究基地工作。沙利文已经介入纽曼的口头交谈的"语言心理学"研究。一个"改进的精神分析训练"对任何一个候选者来说都是有效开展工作所必需的。

萨丕尔极力为纽曼辩护，将其语法描述为"最美丽的——这可能是你我不会用的词语——书写美国印第安语的故事，它美丽不仅是因为语言美，而且因为处理方式也是非常平衡的"。纽曼"即使在看起来非常技术性的、正式的也非常注重美感"。他能感觉"事物之间的关系，而非仅仅是事实"。萨丕尔强调纽曼的语言学和心理学工作与自己的研究也是同步的（Darnell, 1989）。纽曼渴望进行分析训练。萨丕尔说的关于纽曼的唯一负面特质便是他"太正常了"，可能缺少研究所需的神经质。

本尼迪克特尽管在分委会的商议中通常保持沉默，但她却为奥普勒说话，强调萨丕尔认识奥普勒更久，甚至批评萨丕尔对纽曼的溢美之词是多余的："我不喜欢大肆宣扬奥普勒的个人优点……但是他是一个聪明的年轻人，如果他想干这个，我预期他会全力以赴。"萨丕尔喜欢奥普勒"丰富的思考能力和严肃认真的态度"。奥普勒的"外在比纽曼更加活跃些"，而纽曼"更喜欢不被打扰，能够接受特别有趣的任务，尤其是颇具美感的。他希望了解人。"埃里希·弗洛姆是此次项目被推荐的训练分析员之一，他认为候选人应该尽可能地正常，因为他们的目的就是要研究正常行为。沙利文认为奥普勒与大量其他学生比起来可能并非更加神经质。

其他候选人并没有得到郑重的推荐。但是有大量人才可在一个尚未存在的领域工作，这让人很吃惊。这些人包括科拉·杜波依斯、珀尔和欧内斯特·比格尔霍尔夫妇、鲁思·邦泽尔、鲁思·兰德斯和沃尔特·狄克。在讨论完培训后，这个小组转而探讨就业问题。本尼狄克特认为如果资金充足，可以支持这群人的田野调查，这群人是"无限珍贵的"。每个人都应该在数个社会中进行田野调查，为对比奠定基础。梅耶强调这些学科一定要改变，必须教授学科基础。他的目标是从"野史阶段"到"几乎受人尊重的被作为基础的阶段"。威斯勒认为一到两个跨文化人格研究的学生可能会很成功，即使他们的工作并不是"那么常规"。

沙利文非常满意的是，没有任何一个潜在申请者对临床工作的兴趣多于对研究的兴趣。"培养一个外行的精神分析师"而丢掉一个优秀的人类学家将是一个耻辱。萨丕尔"不能想象纽曼会想分析任何人"。精神分析学家想要通过明确的分工来捍卫自己的领域不被未受训练的人类学家入侵。沙利文说他预想到了"对某些数据的敏感性"，但不是精神分析本身。库尔特·勒温、沙利文、弗洛姆认为在美国社会的田野调查工作是非常合理的。萨丕尔说道："田野调查工作不是在某种程度上留给社会学家做了吗？"

梅耶认为如果想让培训出来的学员有市场，培训不应仅仅是精神分析方面的。他自己的"常识精神病学"深深地根植于药学。在约翰霍普金斯大学，他反对身心二元论，提倡社会科学的回归，认为这是精神科医生培训所必需的；但是他为医学专业学生的思维模式感到极度灰心。（沙利文同意这样的观点，尽管他没有成功找到其他制度性的解决方法。）尽管梅耶比起萨丕尔或者沙利文更加倾向于生理学，但他对改变医药学培训的承诺以及他的专业地位使其成为重要的盟友。

　　沙利文强调最大的空白是跨文化数据，这可能对人类行为来说至少与"生物遗传"同等重要。但是，因为实际的原因，精神病学家不会去做田野调查工作，所以人类学家必须学习研究人格。

　　本尼迪克特和萨丕尔提出了关于人格的田野工作的方法论问题。本尼迪克特更加乐观的是培训可以让人类学家解读他们遇到的文化关联，比如说在梦中。很明显地，她预期在田野调查工作中的主观性将由于培训的分析而消失："文化人类学家将会有完美良机，让精神分析学家对他们选中的学生传达一种完全客观的态度。"移情的复杂性可能没有让她担忧。相反，萨丕尔看到了田野调查工作者的主观性是阻碍有效工作的严重因素：

> 我必须承认，如果一个人没有经过认真的修通自身的过程，我会觉得他对一个土著部落做的人格分析是毫无意义的。我认为我们特别倾向于把自身的情结投射给别人……就我自己来说，在没有经过事先训练的情况下，我不敢贸然评价文化中显现出的私密问题。我可能会做一些有趣的观察或者建议一些有趣的未来方向，但是我觉得我没有权利继续深入。我觉得，毕竟对大多数人来说就是如此。

　　萨丕尔自己也意识到了他的移情作用和神经质将会干扰人格的田野调查工作。很久前他就决定不作自我分析，须由其他接受了训练的人来做此项工作。

　　萨丕尔对沙利文强调的"表面上琐细的行为模式的重要性"感到着迷——废除"仅仅"这个词是他的一种"爱好"。"直觉型的人"善于分析细小的线索。相比于研究文化中的个体，他更少关注在"分析细节"中的错误。

在同一天的另一个讨论环节中，也就是萨丕尔缺席的时候，本尼迪克特态度鲜明地表示自己认为培训项目的目标是让人们"更加客观"。文化心理学没有教会"对人类行为中的大量有意义的事物存有敏感度"。田野调查工作者尽管缺乏心理学培训，却将"人类行为中从未被认为是重要的东西"带回来。将这些特点和它们之间的关系辨认出来十分必要。

本尼迪克特强调个体的生命周期是研究"文化生命周期"的方法。沙利文对此观点"极为激动"，尽管缺席的萨丕尔未必如此。对萨丕尔来说，个体的研究不是历史重构的工具；个体有生命周期，而文化却没有此种意义上的生命周期。

分委会对训练项目十分乐观。在会议上，萨丕尔争取到了委员会成员的明确承诺。埃里希·弗洛姆和卡伦·霍尼[1]将担任督导分析师，沙利文作为总督导。梅耶每星期在巴尔的摩和纽约来回跑。

梅耶写信给萨丕尔（1935 年 12 月 23 日：JHU）说道，自己对"将历史和语言学作为我们自己的（精神病学）学员培训中的必修科目十分着迷"。他此前没有从社会科学的角度意识到这些问题是如何复杂，他当时仍坚信"材料组织的原则和机会"会带来成功，他并不期待"业余爱好者对精神分析领域有所贡献"。医学学位和分析培训是精神分析学领域内的人格研究前提条件，即使对梅耶来说也是如此。

尽管有萨丕尔、沙利文、梅耶的满腔热情，但是国家研究委员会的执行委员会驳回了训练学员的项目，因为它"过多倾向于分析的重要性"，并且在应用的方法上没有节制（会议记录，1936 年 10 月 25 日：NRC）：3 年项目需要花费 70,000 美金，其中的 20,000 美金花

---

[1] 两人都是所谓的新弗洛伊德派。他们认为，文化对决定人格的生物学因素有着不同程度的影响，因此对不同的社会化过程的研究至关重要。

在4个学生的分析训练上，对一个实验来说花费过高。项目包括训练分析、在精神病院的工作以及在一个不熟悉的社会中的野外工作。

萨丕尔在部门主席的任期结束之时，在1936年5月16日的执行委员会会议上对学员培训奖金项目上做了最后的申请（会议记录：NRC）。该部门并没有找到自己在人类学和心理学中应有的位置，即"具有整合功能的""有同情心和领导力的组织"。相反，委员会被认为是一个"神秘的没有清晰目标的组织"。但是如果两个学科都能够"向委员会的赞助商呈现一个完全新颖的项目"，这些项目很可能被拯救下来。

萨丕尔的继任者，沃尔特·亨特觉得部门应该支持一些专业的项目，他引用洛克菲勒基金会的政策说："将领域内的研究者及其研究项目集合起来，并将资金直接给予有能力的人，以期投入的资金最终促进科学进步。"萨丕尔抗议道很多人在没有任何鼓励的情况下是不会进入某个领域的："和其他人一样，精神病学家和人类学家也受到名声和传统的束缚，所以遇到各个领域的界限时他们会回避。"他悲哀地说道："没有钱，我们什么也做不了。现在我们只靠捡面包屑糊口度日。"但不幸的是，委员会对改变他们的侧重点这件事态度十分坚决，萨丕尔在这个项目上，孤立无援，国家研究委员会和其他地方都没有给他任何支持。①

---

① 人格与文化委员会一直持续到1941年，但是它从未发起过任何类似萨丕尔-沙利文组织的人格培训项目的活动。

第十七章 "影响力"研讨课：耶鲁的召唤

耶鲁新闻署于1931年1月12日宣布了对爱德华·萨丕尔的任命，委任其在研究生院社会科学部担任职务，任命在下一个学年生效。耶鲁的校长詹姆斯·安杰尔承诺萨丕尔"可以将社会科学的各个分支组织起来进行一组学习和研究项目"（YU）。他还可以领导文化人类学系，之前这个系是在社会学下的。这些计划包括另外的人类学领域的任命，比如与纽黑文市的皮博迪博物馆和火奴鲁鲁的大主教博物馆合作，在美洲和国外进行田野调查工作，以及新的人文地理分支"来组成一个覆盖社会科学所有领域的联合教师团体"。

安杰尔在大基金会界经验丰富，他被主宰耶鲁政治的校友委员会排除在外。个人的野心和学术经历一起推动他在洛克菲勒社会科学融资方面承担一定责任。耶鲁需要一个大明星，由社会科学研究委员会出资的研究教学项目对安杰尔来说是一个重要的计策，他希望能为此殊荣付出自己巨大的努力。

萨丕尔也将成为新独立的语言学研究生院的教授；这个院没有本科生项目，项目的很多部分已经在不同的语言和文学系存在了。萨丕尔在耶鲁的语言学家中找到了志同道合的同事，尤其是埃德加·斯特蒂文特和富兰克林·埃杰顿。他第一次完全能够在语言学领域训练学生。在芝加哥他想与卡尔·巴克的文献学合作，却从未成形。耶鲁的语言学对人类学更为开放一些，萨丕尔鼓励语言学学生将人类学系视为基础。他第一次能够将语言学和人类学区分开来。他回到了印欧语系的研究中，为了回应其新观众，他与纽曼和斯沃德什一起发展他的英语语法项目。

尽管这些对萨丕尔来说是至关重要的，但实际上只是巧合，他在耶鲁受聘此职主要是基于他在人格研究上的声望。当时的新闻稿写道，在"项目研究宣传基金"支持的"文化对人格的影响"研讨会上，萨丕尔表示希望与社会学家和精神病学家在人类关系研究所合作。在人类关系研究所中，社会科学领域内合作的理想占据了主流，其中马克·梅已经是跨学科会议圈的必不可少的人物，克拉克·威斯勒是社会科学—心理学交界之处的一个老资历代言人。但是他们需要一个超级明星将这些力量集合起来。

耶鲁的社会学由阿尔弗雷德·凯勒主导，他是威廉·格雷姆·萨姆纳的学生和继承者；社会学当时是进化论的、比较性的，总体上与博厄斯的历史特殊论完全对立，但历史特殊论对萨丕尔来说是不言自明的公理。萨姆纳—凯勒的"社会的科学"也与芝加哥社会学的实证主义对立（Murray 1986b）。萨丕尔被任命时，凯勒在欧洲；安杰尔没有与凯勒商议，毫无疑问希望打破他继承的、过时的社会学项目的局限。凯勒将保留受欢迎的本科社会学课程，萨丕尔将发展现代的、资金充足的研究生研究。安杰尔似乎并未考虑到在这种情况下萨丕尔是否受欢迎。

除了受到社会学和人类关系研究所的既得利益者的影响，萨丕尔还将在有微妙偏见的地方工作，因为耶鲁侧重本科生教育。在芝加哥，哥伦比亚和其他著名大学，研究生的研究是至关重要的，而在耶鲁，本科生教育却是最重要的。萨丕尔被任命到研究生院工作；另外，萨丕尔是一个犹太人。尽管他在孩提时代没有践行其宗教信仰，但是耶鲁的教师群体鲜有犹太人，并且他们不被允许教授本科学生（Oren 1986）。萨丕尔在芝加哥的同事们预料到了这些难题，但这并不影响萨丕尔对此份工作的热情。

回想起来,这些难题几乎是不可解决的。但是对萨丕尔来说,耶鲁的召唤对他来说似乎意味着他在芝加哥学术成功的顶点。不论洛克菲勒基金会带来怎样的名望,芝加哥大学还是一个新贵机构。而耶鲁的声望吸引了他。另外,钱也总是个问题。在离开芝加哥时,萨丕尔不仅要养活他的父母和四个孩子,还在大萧条伊始的银行停业中损失了很多钱(爱德华致琼·萨丕尔,1931年6月28日:SF)。他的大些的孩子也到了上大学的年纪。他通过公开讲座来赚取外快。在这种情况下,几乎未曾耳闻过的一万两千美元的工资让他轻而易举动了心。萨丕尔认为,芝加哥大学并没有极力挽留自己(戴维·萨丕尔,p.c);但是万一他想回来,他原来的职位将为其保留一年。耶鲁胜于芝加哥是因为洛克菲勒基金会支持的项目在耶鲁,这也是萨丕尔迁往耶鲁的原因。

除此之外,萨丕尔获得了每年5000美元的资金,为自己和跟随他去耶鲁的学生做田野调查工作使用。尽管科尔在芝加哥不是一个爱挑理的上司,但是萨丕尔之前在渥太华掌管着整个项目,这次在耶鲁做项目的自主性再次吸引了他。在芝加哥,因为明星众多,想要扩张院系、得到学生的支持以及与人类关系研究所的合作是不可能的。

皮博迪博物馆是唯一一个没有因萨丕尔的任命而让既得利益受损害的地方。埃德加·弗尼斯主任从他的馆长理查德·勒尔那里寻求支持萨丕尔任命的帮助(1930年11月7日:YUPM)。勒尔回应说(1930年11月6日:YUPM):"尽管他个人不为我们所知,但是他名声远扬",所以博物馆热烈欢迎他。萨丕尔不是博物馆自治权的威胁,因为博物馆的重点是在自然科学方面。那里的人类学由萨丕尔在芝加哥的学生——科尼利厄斯·奥斯古德领导。奥斯古德(1985,p.c)认为自己有责任将萨丕尔介绍到耶鲁去;但是奥斯古德个人的任命却是部分基于他个人对萨丕尔带来的潜在的影响(Irving Rouse, p.c)。当然,"影响"研讨会在1930年初奥斯古德刚刚继任时就"在计划中"了。

哥伦比亚的召唤

不论是博厄斯还是萨丕尔都没有忘记在哥伦比亚的语言学职位。博厄斯再次提出这个问题时,萨丕尔已经开始洽谈他去耶鲁的事宜。萨丕尔感谢博厄斯能够"再次"想到他,并且拒绝在没有具体聘用协议的情况下做出决定(1930年10月1日:APS)。总而言之,"可能最好你还是别做推荐"。萨丕尔的语气是温和的;博厄斯早已失去了机会,两个人都应该意识到了这个问题。

但是博厄斯最终还是成功将自己的系交付给了自己选择的继承人。1931年2月17日(APS),他写信给萨丕尔和克罗伯,给两位提供了在哥伦比亚的教授席位。博厄斯的语气是谦卑的;博厄斯意识到,两人都具备的献身精神使他们的魅力不相上下,无论他们的个人忠诚度如何。而忠诚度就是他的砝码。萨丕尔(1931年2月19日:APS)对博厄斯"近几年来一直努力提供的绝好机会万分感激"。他没有暗示其实这个邀请早就该提出了。但是萨丕尔不可能让自己从协商去耶鲁工作的谈判中脱离出来。并且他在耶鲁的工作任期是长期的。他对留在耶鲁"相当有把握"。"在任何情况下,饶有兴趣地期盼着能够再次在东部地区工作,希望能跟你保持更密切的联系"。但是,博厄斯没有放弃(1931年2月26日:APS):"我的希望是让你全权负责语言学系,并享受充分的自由来发展你自己喜欢的人类学。"这个职位是为萨丕尔而设的,不可能提供给任何其他人。"当然,我对哥伦比亚方面没有早些年作出这个举动感到失望,那样的话事情就会变得更简单些"。但是博厄斯的执着不能取代萨丕尔学术生涯的势头,萨丕尔选择的是另外一条路。萨丕尔(1931年3月4日:APS)强调,尽管哥伦比亚占尽"情感"优势,耶鲁的安排更具有吸引力。

萨丕尔希望至少克罗伯能够接受博厄斯的邀请（致克罗伯，1931年2月20日：APS)，他开玩笑说道，"他已经幻想出了一个纽黑文-纽约人类学俱乐部！"博厄斯的论文中出现过这样的字眼，这暗示着该信件是应博厄斯的要求而写的。但是克罗伯误解了萨丕尔的信件，认为萨丕尔在耶鲁的任期是短期的。萨丕尔赶紧澄清道（1931年2月26日：UCB）他之前在休假，但现在已经接受了耶鲁大学提供的史特林讲席教授职位。萨丕尔提出的工资数额高得让他自己都认为几近荒谬，并且还"附加了一系列条件，但是耶鲁都同意了"。"我必须抱歉地告诉博厄斯，尽管我们共事多年，但我还是帮不了他"。克罗伯也有自己的说辞："哥伦比亚非常需要你，你有战略性的地位。"

萨丕尔（致克罗伯，1931年4月8日：UCB）对克罗伯的拒绝感到失望。表面上看，是因为克罗伯对由西海岸至东海岸的迁移犹豫不决。但是加利福尼亚给了他在哥伦比亚本垒中比其他同时代的人类学家更大的独立空间。这个网络不能带到纽约去，而建立一个新的网络对克罗伯的职业生涯来说已经太晚了。

不论个人损失如何，博厄斯优雅地接受了两个人的决定，渴望地对克罗伯说道（1931年3月9日：APS）："如果能与你和萨丕尔一起共事几年，那真是一大快事。"博厄斯被拒绝了，但是在人生最后几年他又享受到了回头的浪子们簇拥的家长式的满足感。他们始终与博厄斯的网络相联系，但是哥伦比亚只是一个可拜访的地方，却不是家了。萨丕尔比克罗伯更长久地怀有回家的冲动，但是两人都为他们的工作发展了良好的环境，而博厄斯对这些工作来说充其量是次要的。讽刺的是，博厄斯的寿命足够长，他的第一代学生都没有能够直接继承他，他们都已将职业精力投入到了其他地方。

克罗伯的处境比萨丕尔更加矛盾，他担心博厄斯在重组的系中的作用。系主任（博厄斯致克罗伯，1931年2月18日：APS）向博厄斯承诺，他可以无限期地保留他名誉教授的头衔。"换句话说，当前的计划是我们三个人会在这里待一段时间"。尽管博厄斯想在其门徒完全掌事后就退休，克罗伯认为他的干预是不可避免的。博厄斯的控制欲是早已得到公认的，克罗伯意识到大陆的分隔使其在过去三十年间免受其控制。尽管克罗伯的个性是不愿与人对抗的，他还是不能在博厄斯掌管系时接受一个有名无实的职务。

但是，博厄斯计划得很好。克罗伯受到了诱惑，尤其是这个工作机会又同时给了萨丕尔。他给博厄斯（1931年2月26日：APS）发电报确认萨丕尔的最终回绝；博厄斯再次努力引诱萨丕尔接受。当然，萨丕尔和克罗伯之间没有潜在的斗争，克罗伯自从早年在加利福尼亚后，甚少接触语言学工作，他享受学术管理的工作。萨丕尔本该满足于受到学术管理的庇护，正如他在芝加哥受到科尔的庇护一样。

基于各方面的考虑，克罗伯拒绝了纽约的"更大机会"，尽管他充满遗憾。遗憾本身不足以说服他去接任一个一手创造其学科框架并且仍非常活跃的老师的班，并且这位老师似乎仅仅靠个人意愿来管理这个学科。假设博厄斯成功地根据自己的设计实施了后继者人选计划，美国的人类学可能会非常不同。

弗兰克研讨会提案

劳伦斯·弗兰克提议举行由外国专家组成的研讨会来研究在其各自文化中文化对人格的影响，这个提议旨在提供一条跨学科人格研究的实证基线。萨丕尔是领导这个项目的不二之选，但是两个机构都是可能的选择，即芝加哥和耶鲁。人类关系研究所的唐纳德·施莱辛格写信给洛克菲勒基金会的埃德蒙·戴说道（1930年2月10日：RAC），威斯勒非常有兴趣让萨丕尔指导在耶鲁的项目。萨丕尔能够在耶鲁度过一个学期的假期。在威斯勒的印象中，萨丕尔非常高兴能来并且指导项目。社会科学研究委员会包括威斯勒、萨丕尔、W.I.

托马斯①都是"热切想参与的人"。施莱辛格对埃德蒙·戴保证,人类关系研究所项目比芝加哥的本地社群研究委员会组织的项目整合得更好。

施莱辛格赴芝加哥拜访萨丕尔,并试探了一下他的口风;施莱辛格给埃德蒙·戴报告说(1930年2月28日:RAC),萨丕尔有足够"积攒下来的假期"于1931年休假。同时,托马斯也可以在洛克菲勒基金会的巴黎办公室工作,以便选拔研究人员。另外(施莱辛格致戴,1930年3月18日:RAC),安杰尔"热切希望提供(资金)服务",尽管"芝加哥的人非常希望能参与到这个游戏中"。施莱辛格更倾向于耶鲁,强调梅作为人类关系研究所新的行政秘书,是一个"对人格问题有浓厚兴趣的优秀的心理学家"。芝加哥尚未提出一个综合的研究项目。

此时,萨丕尔通过社会科学研究委员会的问题和政策委员会正式介入。弗兰克(致萨丕尔,1930年3月31日:LC)认为这个研讨会是"系统地推动在多个不同的国家同时进行当代文化研究的方法"。来自这些国家的"人类学和社会学"的顶尖学生将制作一个"详细目录或者日程表",以研究"制度化的社会生活对生活于其中的个体的影响"。洛克菲勒基金会将会为这些学生提供奖学金。尽管有两所大学感兴趣,"这个计划明显超越了任何一所大学的资源所及,需要全国不同机构,众多成员的参与,有可能还会涉及国外的相关人员。"所以,即便是洛克菲勒基金会将可能直接控制这个计划,让社会科学研究委员会参与其中来协调计划也十分重要。

弗兰克1930年8月在汉诺威提议这个研讨会的时候,已经有相当详细的计划在案(录音:RAC)。"系统的"详细目录将由人格研究

---

① 托马斯可能很早就已向弗兰克提议开办研讨会。这体现出他对研究相近文化的侧重,尤其是欧洲文化。此外,他在社会科学研究委员会中颇具影响力,忠于芝加哥大学之外的其他机构。弗兰克对跨文化证据并不是特别感兴趣。但米德(1966)却强调弗兰克的贡献,对萨丕尔则轻描淡写;对托马斯则只字未提。

的美国专家来监督；研究人员将研究美国的侨民，参与第二个研讨会的合作，回到他们自己的国家后进行人格研究。"当前迫切需要的是发展一个文化研究的模式"。在汉诺威，萨丕尔就弗兰克的提议继续发表意见，建议美国学生应该被排除在外，这样他们就不会威胁到国外的研究员，并且建议应邀授课的教师应该"是评论家，呈现组织清晰的观点"。他强调弗兰克有"现成的个人关系和机构力量"来实施计划；而萨丕尔自己在其中扮演的角色大家都心照不宣。

第二年秋天，梅作为安杰尔的中间人，跟进耶鲁同弗兰克的声明（1930年11月28日：YU）。耶鲁为一年的项目提供18,000美元的资金支持；向弗兰克提供"我们目前正在与之洽谈的、一位知名的人类学家的全职服务"，这位人类学家"将与你们的委员会紧密合作，在委员会和耶鲁之间建立个人联系"；同时耶鲁还提供威斯勒的兼职服务，"他希望能够尽多的抽出时间参与项目"；耶鲁还提供一个年轻的人类学家作为助手、并在人类关系研究所提供一个研讨报告厅，以及仅收取象征性的住宿费用。但是没有记录显示芝加哥做了具体的提案。

社会科学研究委员会（弗兰克致梅，1930年12月1日：IHR）"全体一致投票支持将研讨会设在耶鲁，委任萨丕尔作为主任，约翰·多拉德为其助手"。唯一剩下的费用就是客座教师的费用和酬金。弗兰克认为社会科学研究委员会的管理是保证参与的关键："我不想妥协独立地来做什么或者说什么。"

弗兰克的未标注日期的交给戴的备忘录（1930：RAC）强调目录不仅可以"为人类学家所用，也可以为社会学家、心理学家和精神病学家所用"；也就是这个项目实际上是跨学科的。但是，人类学家"慢慢发展"出"他们在田野调查工作中应用的"有用的研究文化的方法。研讨会将如"延长的会议"一样举行，利用学生不同文化的"生活经历"，超越在任何单一文化中生活经验的局限。学生们将是年轻的专家，因为"杰出的人才"不能为此仅仅花费一年的时间（便成才)。萨丕尔继续进行一个"系统"的客座课程项目来"解读和统一各位研讨会带头人的个人贡献"。目录将会阐明在不同社会里的精神失常和犯罪问题，即便这不为学术参与者所关注，也是洛克菲勒基金会关注的事实。学生的才干比所描述的国家本身更为重要。弗兰克明显期待出现让人印象深刻的结果。

约翰·多拉德

将约翰·多拉德指派为"影响力"研讨课的助手实际上是萨丕尔的决定。多拉德与奥格本在芝加哥学习社会学，但是在那里他并不太认识萨丕尔（凯里访谈多拉德，1972 年 4 月 4 日：UC）。1931 年，多拉德获得一份作为洛克菲勒基金会巴黎办公室主任的工作，他认为正是这个工作启发萨丕尔"突然"邀请他协助萨丕尔组织耶鲁的研讨会。多拉德尽管在耶鲁工资较少，但他更喜欢"将生命系于大学工作之上"。因为对心理分析方面的兴趣，多拉德在芝加哥社会学系显得不同寻常，他也接受过短期的心理分析，因为他"非常神经质"。多拉德的社会学和心理学背景平衡了萨丕尔对文化的侧重；另外，多拉德与基金会的官员有密切的联系。事后，多拉德回忆萨丕尔是一个心胸狭隘的博厄斯学派学者，不能理解新的观点（凯里访谈，1972 年 4 月 14 日：UC）："他是一个非常严肃的博厄斯学派学者，在他身上有脱离现实的文化特质。然而在我们社会学中有你能够称为人类群体的东西。"不管怎样，萨丕尔还是为多拉德争取到了一个助理教授的职位，作为自己接受任命的条件（萨丕尔致梅，1930 年 12 月 19 日：[335] YU）。多拉德将会教授社会心理学，并通过人类关系研究所进行研究。

研讨会被推迟到了 1932 至 1933 学年。萨丕尔没有被告知原因，尽管他对梅报告说（1931 年 3 月 9 日：YU）："毫无疑问，我觉得这些原因是重大的"。基金会再次向萨丕尔确认（1931年3月18日：RAC）巴黎办公室不能及时地为秋天研讨会的召开准备好研究人员，学生们也需要时间准备，来练习他们的英语。多拉德因为多一年的准备会"更加有价值"；延迟绝对不会"减少热情和信心"。在后来的一封信件中（1931年4月7日：RAC），委员会说多拉德的社会科学研究委员会奖学金去除了"你认为的可能唯一困扰"。

多拉德用社会科学研究委员会奖学金去了德国，认为它是"我绝对的梦想"（凯里访谈，1972年4月14日：UC），在"影响力"研讨课真正开始时，他更加致力于精神分析。在分析培训后，他"从一个总的社会科学角度"教授精神分析。他的研究结合了精神分析和社会学的方法来解读生活史。

中国代表戴秉衡[①]对人格研究的兴趣多于对文化的兴趣，他回忆道（致达内尔，1985年12月18日），多拉德介绍了精神分析的方法，这促使他决定接受精神分析。萨丕尔的影响是泛泛的。多拉德与学生有更多的接触。萨丕尔则与学员距离较远，将自己定位为重要贵宾的礼仪主持（菲利普·萨丕尔，p.c.）；不过萨丕尔也在家中组织过大量的社交活动和小组会议（麦克·萨丕尔，p.c.）。

研究人员的选拔

对于研究人员的选拔，社会科学研究委员会可以说是事必躬亲，多拉德是委员会在欧洲的代表。除了日、中、印度代表，洛克菲勒基金会巴黎办公室对其他代表负有行政管理的责任。在实践中，美国洛

[①] 戴秉衡（Bingham Dai, 1899—1996），民国时期精神分析学家。曾学习教育学，并在国学家梁漱溟处接受训练。1929年赴芝加哥大学学习，其间跟从沙利文学习会谈技巧，并在芝加哥精神分析中心接受培训。1935—1939年间就职于北平协和医院，从事精神分析的治疗和教学工作。二战爆发后返回美国工作。戴秉衡试图将中国人的人格特征与文化传统、社会环境结合起来阐释；将西方的文化与人格视角与儒学等中国文化传统结合起来。参见"心理学堂：中国心理治疗发展史"，http://www.tspsy.com/xlxt/6983.html——译者注

克菲勒基金会的官员与研讨会主席的萨丕尔进行通信。但是，萨丕尔不会反对弗兰克的判断。多拉德直接向委员会报告。多拉德拜访了德国、波兰和匈牙利，提议了多个候选地（特雷西·基特里奇致弗兰克，1931年12月28日：RAC），基特里奇（致弗兰克，1931年12月28日：洛克菲勒档案中心）强调候选地应该是在斯堪的纳维亚、德国、波兰最好，因为这里已经存在研究传统。[336]

托马斯想任命一个"熟悉瑞典社会福利工作和立法的社会统计学家"，为自己计划在瑞典开展研究所用；这个候选人在人格研究领域没有背景（弗兰克致萨丕尔，1932年2月25日：RAC），托马斯声称在瑞典没有其他合适的人选（弗兰克致萨丕尔，1932年3月29日：RAC）。萨丕尔（致弗兰克，1932年3月：RAC）愿意举荐托马斯的候选人，但是希望有"实际可见的东西呈交给社会科学研究委员会"。弗兰克认为（致萨丕尔，1932年3月29日：RAC），"从托马斯的观点来看这是可以的，但是我不认为这对研讨会有益"。这个候选人被拒绝了。

萨丕尔觉得有一个候选人年龄太大，另一个非犹太籍的候选人更合适一些（致弗兰克，1932年3月14日：RAC）："尽管如此，我们不能容忍别人因为研讨会在总共15位研究人员中有多达3名犹太研究员而受到指责。我觉得好像我们至多只能要2位犹太研究员。"萨丕尔宁愿删掉一个国家的参与，也不愿接纳一位文学家（致弗兰克，1932年3月29日：RAC）。弗兰克回应道（1932年3月30日：RAC）我们需要纳入一个除了法国籍之外的拉丁裔的代表来平衡斯堪的纳维亚和德国候选人；另外，"我个人对艺术和审美经历在人格发展中的作用非常感兴趣"。尽管"短期内无法从意大利找到一个合适候选人"，萨丕尔还是同意了弗兰克的观点（致弗兰克，1932年3月30日：RAC）。

研讨会计划

1931 年至 1932 年的耶鲁大学课程目录对弗兰克的提议做了相当局限于字面的解读，为其做了如下广告词："这是一个关于文化含义、文化对人格的心理影响、文化的价值相对论和调节人格变化和文化变化问题的研讨课。此研讨课只对洛克菲勒基金会赞助的特别选拔的国外研究人员开放。"弗兰克的意图（Mead 1966）是"从全世界不同的现代文化中获得高水平的一流人才，将他们作为洛克菲勒基金会的研究人员召集在此，将他们联合起来，让他们探索不断发展的文化领域与人格以及他们自己文化之间的关系"。

1932 年萨丕尔的一系列没有注明日期的备忘录解释了他对研讨课的计划（LC），这代表了他当时对人格研究的想法。初步的阅读将会阐明研究人员的当代美洲图景，介绍文化这个术语的人类学应用。五本推荐的书中有三本是博厄斯学派的：博厄斯的《原始人的思维》、克罗伯的《人类学》和威斯勒的《人与文化》。林德对米德尔顿镇的研究表面上用人类学的方法展现了"当代美国一个典型小镇中的日常文化状况"，杜威的《人性与行为》展现了行为主义社会科学的实用主义基础。研究人员需要练习他们的英文，调查在他们自己的国家里面存在的文化和人格文献，准备"一部非常认真的特别将心理因素考虑在内的自传"。萨丕尔对"在研究人员自己能够进行分析的情况下，他们自身的人格及其代表的国家文化的关系"十分感兴趣。他也想"在研究人员到达纽黑文之前了解一下他们的背景"。

学生们不需要担心如何给文化或者人格下定义，因为研讨会将会做这些事情。"初步盘点"各种个人文化价值会有用处。萨丕尔强调人格的定义应该是"综合的"，也就是，人格应该将注意力放到社会学的关注点上，而非俯首贴耳地遵从弗洛伊德学说。萨丕尔对目标的总结更加倾向于人类学，而非心理学或者精神病学，强调"文化的含义、文化的相对性和文化对人格的影响"。而多拉德又回到了相当正统的弗洛伊德主义，所以这暗暗埋下了不合的种子。

萨丕尔的教学大纲进一步阐释了人格研究的概念。博厄斯的人类学以博厄斯、戈登韦泽、克罗伯、洛伊、雷丁和威斯勒为代表；唯一例外的人类学家是马林诺夫斯基和被公认为这个学科之父的爱德华·泰勒。萨丕尔将自己的《语言论》和《时间视角》也纳入其中，也包括了他总结的跨学科观点的六章内容；[1][2] 这些论文替换掉了其尚未成文的书《文化的心理学》。社会学以库利、杜威、肯顿、奥格本、特洛特和凡勃伦为代表。赖斯、托马斯、奥格本和戈登韦泽负责的书籍都包含萨丕尔的论文——尝试学科间的综合。芝加哥社会学派的案例研究被删除了。心理学著作反映了萨丕尔自身的折衷主义：弗洛伊德、阿德勒、荣格、科夫卡（格式塔心理学）、里弗斯和麦克杜格尔（英国心理学）。克雷奇默和亨廷顿介绍了生物学的观点，梯加特介绍了历史学的观点。

研讨课包括两个每周一次的讲座，第一个学期是关于文化的讲座，第二个学期是关于人格的讲座（由多拉德讲述）。第一学期的"核心课程"包括（LC）：文化概念的内涵、社会科学的本质、文化形式和个体行为间的不同、种族观念、"假设的文化心理因果关系"和环境与文化。研讨课将建立一个独立于个别团体的典型的文化计划，尤其是关于文化的功能方面。以博厄斯人类学的方式关注模式、心理和结构，这一重新定位十分明确：

---

[1] 这些文章为"语言与环境""我们需要超机体吗?""真伪文化""作为人格特征的言语""文化人类学与精神病学"以及《社会科学百科全书》中关于"交际""习俗""方言""时尚""群体"和"语言"的章节。

[2] 其中"真伪文化""作为人格特征的言语""文化人类学与精神病学""交际""语言"的中译文。见高一虹等译，《萨丕尔论语言、文化与人格》，北京：商务印书馆，2011。——译者注

……文化的研究可以采用从历史的角度，也可以采用孤立元素的地理分布、结合在一起形成的复合体元素的地理分布角度。这些复合体有些是偶然的，有些是有功能性内在关系的。人们将讨论单纯客观的人类学观点的价值和局限，也将探究文化行为中独立的心理模式的现实和可能性。将强调完形主义的观点……将注意力放到表面类似的文化数据的不同解释。

第二个学期主要强调"社会和个体之间常见对比的人为性"；"对文化的分析将会暂且搁置一旁"，转而分析人格话题，包括早期的调节、人格类型、个体象征主义的形成，"以及这些因素与社会中与人无关的象征主义的关系"。萨丕尔希望"类似于文化类型学的东西"能够出现。人们将能够"富有同情心地、批判地"处理精神分析。这份目录"是一种取景器，可用于调查不同社会中各类行为的象征性意义"。文化形式在不同社会中有不同的价值，但是潜在的含义是相似的。萨丕尔希望至少一部分学生能够"准备一些类似解读自己本土文化的东西，或者至少是其文化中的有重要意义的一个方面"。

每隔一周，一位客座教授就会花五天的时间做三场讲座，并与研究人员交流。学生做定期报告，准备一个关于他们自己文化的调查问卷（戴秉衡致达内尔，1985年12月18日）。讲话者在选择主题上有相当大的自由度，不总拘泥于研讨课的主题。拉斯韦尔在给萨丕尔的一份未注明日期的备忘录（LC）中建议说，他想讨论美国政治中的功能取向，"这是最近政治学中的侧重方面（不遗余力地重视）"，或者讨论在不同机构的命运中人格因素的重要性，或者是宣传和政治策略。被邀请的嘉宾是会议圈中的密友，很多人来自芝加哥，都与萨丕尔非常熟。

有几份关于客座教授和话题的清单,有些仅仅是意图这样,但事实上并未实施。戴秉衡的名单是根据他的课堂笔记做的,被认为是确定无疑的。名单包括路易斯·沃思、托马斯、弗兰克、沙利文、弗雷德里克·韦尔斯、汉德曼、弗兰克·奈特、拉斯韦尔、詹姆斯·普朗特和加布里尔。有几个演讲人当时恰好在本地,不需要酬金。根据戴秉衡的课堂笔记,这些志愿授课教师包括多萝西·托马斯、灵长类动物学家罗伯特·耶基斯、弗洛里安·兹纳涅茨基(托马斯的波兰农民研究的合作者)、埃里克·埃里克松(研究催眠)和托马斯(研究其社会科学研究委员会人格和文化项目方向的报告书)。梅做过两次讲座,一次是关于人格研究的,另一次是关于人类关系研究所的工作。

学生成立了一个俱乐部来处理自己的事务,这个俱乐部为来访的演讲者提供娱乐活动,还不时地邀请研讨会领导们加入他们(LC)。同住学生宿舍的生活方便了正式课堂外的讨论(沃斯致萨丕尔,1933年2月9日:UC),尽管有些研究员反感这种"家长式的"安排方式。沃斯说有些学生开始震惊于北美学术风格的非正式性,但是到年末的时候,他们"在研讨课会议上嚼着口香糖,天热的时候脱了衣服就放到会议桌上"。

学生们根据一个标准的模式准备关于宗教、家庭生活和礼仪方面的报告(LC)。但是,这些报告的影响仅限于其作者(和组织者),因为其他学生看不到这些报告(沃尔特·贝克最终报告,1933年7月17日:LC)。这些报告也不够系统,所以不能出版;它们的设计是"质性的、探究性的",而非统计学的对比(LC)。大部分材料属于私人的性质,要求在应用时得到相应的允许。学生的作业主要由多拉德来阅读,他不教授其他课程;但是两个组织者也花大量时间与研究人员沟通。

关于组织者、客座教授和研究人员合作的初步计划是不可行的,因为研究人员的背景存在较大差异。他们还需要一年才能从学生变成真正的研究员。

学生们从核心课程的学习中准备出一套课堂笔记（LC）。这些笔记良莠不齐，但是它们都显示出萨丕尔呈现给大家的东西。这些主题包括人格类型（荣格）、现代世界中的焦虑、个体对社会规则的适应、符号和象征，以及作为象征系统的言语。萨丕尔对文化和人格的总结（1933年5月9日，25日：UC）是开放性的。他想让学生"对'文化'和'人格'的生物学、心理学和社会学观点感到深刻怀疑"。社会科学应该研究特定个体的具体行为。

在圣诞节假期期间，每个学生都被要求观察在纽黑文之外的"美国科学工作"；主题包括犯罪学、种族关系、精神病院、原始行为和劳资关系。学生们的第一学期的报告反映了他们思想的重新定位，但是尚未达到整合。戴秉衡（1933年1月4日：LC）总结道：

> 在先前作为社会学家所接受的训练中，我差不多都在关注一个个体行为的直接群体参照或文化参照，而并没有太多地意识到一个人的早期经历起到的作用，尤其是由于遗传而造成的个体差异。我也没有充分地意识到行为的潜意识驱动的重要性。

研讨课"打破了专业偏见"。起初，沃尔特·贝克（1932年12月31日：LC）对研究组对讲座资料的"被动"反应以及他们对实证研究的敌对十分沮丧。他觉得在"术语和方法混乱"的情况下找到科学的方法十分困难。但是他认可"让团队熟悉……动态发展的领域，创建一定的词汇……"所做的努力。讨论需要人们有共同的背景。

暑假中，每个学生都选了一个较长的课题。诊所和监狱又一次受到欢迎。两个学生回到欧洲，一个学生比较了法裔路易斯安那州人和法裔加拿大人。

第十七章 "影响力"研讨课：耶鲁的召唤

沃斯（致萨丕尔，1933年2月9日：UC）、托马斯、萨丕尔和多拉德对学生的评价很相近。有几个研究人员的工作超出了他们所能；他们来自于没有研究传统的国家，因而缺乏工作基础。沃斯写道对这些学生的文化背景敏感度的缺失造成了他们对学生的负面印象。

戴秉衡是唯一一个坚持在北美学术圈工作的研讨课学生，他从芝加哥大学取得了社会学博士学位，从中国取得了医学学位，在日本1937年侵略中国前回到杜克大学教授精神病学（p.c）。[①] 他回忆起托马斯先生（致莫里，1987年6月3日）的鼓励，托马斯说："如果戴没有被拽入精神分析领域的话，那么他将是一个巨大的隐患"（致斯泰西·梅，1933年4月13日：RAC）。沃斯希望戴秉衡带着在任何一所美国学校或单一学科中都没有办法得到的综合视角回到中国。萨丕尔觉得戴秉衡"固执而独立"，对他寄予厚望。萨丕尔和多拉德（斯泰西·梅笔记，1933年3月29日：RAC）一致认为他是"在人格研究领域"最有希望的学生。戴秉衡觉得只有他和安德烈亚斯·翁焦尔达到了委员会"期望的结果"（致达内尔，1985年12月18日）。对于研究人员回到自己的国推动当地的人格研究这一期待，他没有回应。

波兰（立陶宛）维尔纳的意第绪科学研究所主任马克斯·魏因赖希令托马斯印象深刻，托马斯认为他"由于对犹太主义的深刻认同，更可能比大多数人能得到一些'私密的东西'；但是他并不是一个富有创造力的人"。沃斯觉得魏因赖希是一个曾经在"极其艰苦条件下"工作的"一流学者"。他会有效地"用一种对不同文化现象和它们的内在关系兼容并包的视野"来研究自己的同胞。魏因赖希是一个语言学家，对文化和人格的兴趣只是附带性的。他在学术上与萨丕尔最意气相投，但是两个人仅仅是朋友而已（萨丕尔家族 p.c）。

[①] 根据多个信息来源，戴秉衡回到美国的时间是1939年。参见 Blowers, Geoffrey, 2004. Bingham Dai, Adolf Storfer, and the tentative beginnings of psychoanalytic culture in China: 1935-1941. Psychoanalysis and History, 6 (1): 93-106.

罗伯特·马若兰是一个社会经济学家，他比其他参与者更加年轻，尽管他的工作与研讨会的主题相去甚远，但是他依然代表法国。所有的报告者一致认为他在学术上是突出的。马若兰成就了一番卓著的事业，成为早期欧洲经济体的规划者之一。

安德烈亚斯·翁焦尔成为在伍斯特州立医院的研究主任；研讨会没有将其引向文化话题，但是加深了其早期的事业方向。

13位研究员代表了8个学科（精神病学、心理学、犯罪学、社会学、文学、教育学、经济学、语言学——非常有意思的是没有人类学），也代表了11个国家〔德国（两人）、波兰（两人，包括魏因赖希）、匈牙利、瑞典、芬兰、意大利、法国、印度、中国、日本和土耳其〕。不出所料，他们不同的背景在研讨课一年的时间里没有形成一个宏观整合。但是，他们所有的人都希望继续相关的工作，使相对评估变得至关重要。

"影响力"研讨课的结果

研讨课的直接结果是很令人失望的，不论是对组织者还是参与者来说。研讨课结束之后不久，其中的两个研究员就去世了，一个是在做暑期的田野调查中去世的。在13个研究人员中有10人申请重新获得研究奖学金，但是洛克菲勒基金会依法规定必须当作新人重新申请。在给约翰·范西克尔的内部备忘录中，斯泰西·梅（n.d. 1933：RAC）表达了他相信"研讨课负责人没有对长期的连贯项目发展负责，这个项目亟需对其内在优势的支持"。暑期项目没有小组的协同参与。基金会无法对"允许连贯性的丧失"负责。但是这些都没有向组织者明确道出。萨丕尔和多拉德试着争取更多支持。萨丕尔（致斯泰西·梅，1933年3月29日：RAC）支持8位申请人，多拉德支持7位，这主要基于研究人员个人的职业生涯而非一个统一项目对研

第十七章 "影响力"研讨课：耶鲁的召唤

究人员的要求。有个想研究纯文学而非社会科学的学生希望从事象征主义的工作，萨丕尔提议"用书信"来指导他。梅（致范西克尔，1933年4月24日：RAC）觉得文学家列奥·费雷罗"也许能够横跨学科类别取得瞩目成就"。但是，"我们的培训可能毁掉一个优秀的艺术家，造就一个平庸的社会学家"。费雷罗不久之后去世了。

萨丕尔和多拉德提交了一份联合评估报告（萨丕尔致斯泰西·梅，1933年5月22日：RAC）。研讨课"确凿无疑是成功的"，因为每个研究人员"都从不同的方面获益"，这些都将在他们未来的工作中显现出来。萨丕尔承认社会科学研究委员会原本可能期望更加系统化的结果，但是目标一定要符合学生的需求。他们的背景使其"不可能从心理学视角提炼出文化模式的总纲要，作为未来文化研究工作的权威性指南"。组织者认为其任务是"为学生提供文化的定义，解读更加深刻复杂的见解，帮助他们理解人格类型的起源和发展"，他们对这项"更加谦卑"的任务感到满足。

萨丕尔强调学生们有非常不同的背景，这些背景与研讨课综合性的意图无关。萨丕尔和多拉德认为社会心理学可以在注重形式的文化学科和学术心理学的"碎片式人类行为研究"之间进行调节。"我们相信，建立这样一种通用的思维方式是一个相当了不起的成就。"他们想继续在项目的第二年非正式地督导更有希望的学生。斯泰西·梅回应说，（1933年6月3日：RAC）类似的项目可能不会继续了，尽管巴黎办公室可能会考虑延长对个人的支持。"当然，没有任何迹象表明研讨课做的工作被认为是徒然的"。

萨丕尔给多拉德写信说（1933年6月10日：RAC）"可能我们应该将一些东西保留下来"。很明显，多拉德情感上非常关注这个项目，他从做暑期研究的伍斯特州立医院写信给梅，表达了他的失望，说不是"有意责备，但是觉得我和研究组里的人员共同怀有那么热切的梦想和希望，而我却不得不让他们失望"。事实上，研究人员觉得没有受到公平对待。沃尔特·贝克给多拉德写信说道（1933年6月18日：RAC）："欧洲代表可能认为作为研讨课的成员（对他们自己来说）是一个明显的劣势"。洛克菲勒基金会将自己从社会科学研究中解脱出来，萨丕尔通过基金会来实施他的研究项目的计划再次胎死腹中。

"影响力"研讨课并没有达到弗兰克、萨丕尔、多拉德和托马斯的期望，玛格丽特·米德（1966）在她20世纪40年代的远距离文化研究中借鉴了研讨会的记录，但是从未承认用过它们。[①] 另外，米德认为萨丕尔对文化和人格的贡献是少之又少的。她认为弗兰克想出了这个主意，而萨丕尔和多拉德只负责执行。她对萨丕尔的总结中没有包括萨丕尔对跨学科社会科学研究的具体方法，只是将其列入受尊敬的前辈名单中（《远距离文化研究》引言：LC）。

---

① 保存在国会图书馆的米德论文包含这些研讨课记录。没有文献记载记录交接事宜，萨丕尔家人对此事也一无所知。

第十八章　耶鲁大学的人类学学科

萨丕尔在耶鲁大学著名的史特林教授头衔是由人类学和语言学系共同授予的,因为希望他能在两个系同时授课,他的课程当中有许多不是以固定频率开设的。不过研究生的数量并不多,课题的多样性极好地满足了他们的需求。萨丕尔鼓励他的语言学学生选择语言学系的课程。他的权威足以确保他们能接受到培训。相比民族学,比较语文学有补充培训。相比在芝加哥,萨丕尔的大多数耶鲁学生是语言学家。人类学系的民族学家受莱斯利·施皮尔的指导。

沃格林和哈里斯(1952,323-324)认为,到20世纪30年代中期为止,在人类学系培养的语言学家被认为"语言学方面很差";只有印欧语系的研究被认为是真正的语言学。从这个标准来看,在美国人类学家中,只有萨丕尔、米切尔森、哈林顿和李方桂是语言学家。矛盾的是,人类学家主要学习的是"没有文字的语言的描述性分析",却被教授如何评价"比较语言学的复杂性"。总的来说,萨丕尔在耶鲁教书期间区分了语言学和人类学。沃格林和哈里斯(1945,324)断言说大部分耶鲁学生宁愿主修人类学:"也许萨丕尔觉得语言学家不是人类学家,他们必须参照自己的框架做研究。"然而他们站在萨丕尔的立场发表辩论观点:语言学的新技术(音位学和布龙菲尔德派语言学派的含义回避)"专门适用于语言数据,而非总体的文化"(1945,324-325)。语言学家不再与人类学家使用相同的研究方法。

威廉·格雷厄姆·萨姆纳(退休于1909年)从1902年开始在耶

鲁大学教授社会学，自 1903 年起，他的门徒阿尔佛雷德·凯勒（1903 年）开始教授社会学。1928 年，社会学家乔治·彼得·默多克受聘，成为众多社会学家中的人类学家。萨姆纳—凯勒的传统为了发展其"社会的科学"这一发展性的观点，高度依赖于原始社会的比较性数据，"社会的科学"也是这个项目的名字。萨丕尔刚任职的头几年里，各种各样的社会学家教授明显带有人类学内容的课程。"现代人类学"也即博厄斯人类学与耶鲁社会学是相抵触的。对于萨丕尔来说，凯勒在本科课程和当地政治中的权威并没有新兴的跨学科社会科学重要。长远来看萨丕尔是正确的，但是他这一期间是不幸的，因为那些本应相互联系的学科之间缺乏和谐。

凯勒将社会学定义为人类学不可或缺的一部分。1929—1930 学年的耶鲁大学课程目录在社会学范畴下纳入了"人类学、民族学、社会的科学在理论和实践方面的课程。系里的主要观点是进化性的调整"。默多克的民族学课程被调到人类学，但是萨丕尔并不认为他是一名人类学家。默多克既为跨学科网络效忠，也效忠于以凯勒社会科学为代表的耶鲁机构。此外，在认识萨丕尔之前，默多克对博厄斯的人类学有所憎恶。在 1966 年的一篇自述中，默多克提到他拜访了博厄斯，但是博厄斯拒绝了他在哥伦比亚读研究生的申请，因为他当时"只不过是个半吊子"。默多克最终回到了他读本科的耶鲁大学，并且加入了凯勒的研究组。

在《社会结构》（1949，12 章—14 章）前言中，默多克声称美国人类学中马林诺夫斯基的新人类学功能主义不是由博厄斯学派而是由凯勒建立的。博厄斯使美国人类学摆脱了旧的进化论"学术垃圾"，转而强调田野工作。但是这场战斗的胜利是在 1920 年前后；之后，博厄斯"学派在文化理论方面取得的进展少之又少"。另外，博厄斯的学生对其"过分崇拜"，他是一个"缺少系统性"的理论家，是一个不合格的田野调查工作者。他"对民族学事实的尊重"以及"方法论的严谨"在洛伊、克罗伯和施皮尔的工作中得到了最好的诠释。在这样的背景下,默多克对萨丕尔为数不多的赞美之辞也就不显得那么"没有道理"了(Murray 1986):

> 我十分感激萨丕尔所传授的语言学知识,是他指导我初次涉足田野调查。我很乐于承认,文化和人格的最早兴起很大程度上归功于萨丕尔无与伦比的天赋、直觉和口才。但越来越明显的是,萨丕尔对文化理论的长远贡献相对来说是很少的。

默多克没有看到萨丕尔如何将人类学和语言学结合起来。另外,他也没有看到萨丕尔拥有的直觉的价值。

默多克和萨丕尔在耶鲁相处得"得体但心存不安"(Murray 1986)。萨丕尔希望田野调查工作能够让默多克接受博厄斯的方法,就在1932年夏天安排他参访不列颠哥伦比亚的海达人。但是,萨丕尔的学生得出结论说默多克是一个"敌人"(戴维·曼德尔鲍姆,弗雷德·埃根,韦斯顿·拉巴尔,p.c)。埃根觉得(p.c)学生们被派去学语言学就是为了摆脱默多克的影响。拉巴尔回忆说默多克声称受过精神分析的训练,但是他非常"敌视"精神分析(致莫里,1984年10月21日)。

1931—1932年的研究生课程目录描述了萨丕尔希望实现文化人类学和其他社会科学合作的愿望。学生须"对社会科学领域、心理学及社会学观点有一个大体的了解"。项目不是为了"训练技工",而是为了探究文化的本质以及文化的"历史及心理学内涵"。对民族学、文化理论、原始语言学的"基本了解"和"一定程度"的考古学和体质人类学知识是必须具备的,最好还有一些社会学和心理学方面的储备。在语言学系和语言系都能够学习到语言学课程,其他的资源包括皮博迪博物馆和人类关系研究所。博士学位项目通常基于"对一项田野调查的第一手接触",而"绝不仅仅是一个事实报告"。萨丕尔长久以来便希望有自己的系(埃根,p.c.),在系成立前便已经对其深思熟虑。1931—1932的声明不是试探性的,而是对成立一个研究所的正式公告。

目前的耶鲁教师在第一年授课。奥斯古德尽管在皮博迪博物馆工作,但是也在耶鲁教授史前考古学和美洲印第安民族学。默多克教授民族学和体质人类学。社会学家查尔斯·洛伦教授非洲民族学。萨丕尔教授两门课程,但是1931年—1932年这两门课程没开:他1932年—1933年教授原始社会("将强调心理学影响"),后来这门课程被指派给了施皮尔;萨丕尔在1932年—1933年和1934年—1935年教授原始宗教和艺术,强调"非物质价值"。在耶鲁的第一年,萨丕尔的人类学教学仅仅包括一个"问题"课程(与威斯勒共同教授)和一个文化人类学的研究课程——也就是对研究生的指导。萨丕尔没有在第二、三年开设问题课程;后来,他和施皮尔一起教授这门课程。大部分的民族学学生(芬顿,p.c.)都正式和施皮尔工作,尽管萨丕尔为他们的田野调查工作和专业方面的联系提供援助。

但是,萨丕尔的主要课程是文化对人格的影响。课程曾经开设,但是在1931年—1932年被取消,在1932年—1933年面向洛克菲勒国外研究人员开设。1934年—1935年这门课程被取消,第二年重新出现,名字改为文化心理学,这是萨丕尔当年在芝加哥大学开课时的课程名字,也是他未成文的书的名字。洛克菲勒研讨课的名字是弗兰克选择的,尽管它与萨丕尔的偏好一致,即避免将研讨课的名字贴上文化和人格的简单标签。萨丕尔在1935—1936年间以及1936—1937年间教授文化的心理学课程。

萨丕尔此时的课程负担比在芝加哥时小很多。但是管理工作占据了他很多时间。萨丕尔很高兴自己能够当选特朗布尔学院的董事(这个学院有很多耶鲁的奖学金获得者学生)(伦纳德·杜布,p.c),他利用那里的办公室来逃脱其他日常繁琐事务;学院邀请加盟也象征着耶鲁对他的接纳。他写信给自己的妻子(1933年9月20日:SF):

> 我必须马上拿到钥匙,把我的书搬进去。我有种感觉,这个特朗布尔学院的办公室将是个天赐之物,只要他给我提供一个好方法来逃脱研究生办公室。是什么疯狂的神灵挑选我做一个"管理者"?世界上有那么多优秀的赫斯科维茨和多列德式的人才,选择我真是太失策了。

萨丕尔对学生更感兴趣。拉巴尔回忆道(致罗伯特·艾伦,1971年6月25日)一个"愚蠢的同事"(明显指默多克)认为萨丕尔在学生身上浪费时间。但是萨丕尔却对同事的观点不以为然:

> 萨丕尔常常去校园的角落里与聪明的或者是有趣的学生交谈,好几个小时都无法联系到他,他的秘书常常为了一些紧急行政事务疯狂地寻找他。这种事情发生在我身上一两次,我发现它非常有利于我的自我意识提升。

在任期的第二年,萨丕尔增加了人类学的人员:皮特·巴克从附属于耶鲁大学的火奴鲁鲁大主教博物馆来访,乔治·赫佐格做了美国印第安音乐的研究,莱斯利·施皮尔成为研究助理。施皮尔在萨丕尔的任期中一直是民族学项目的支柱。默多克继续教授课程,但是萨丕尔和施皮尔还是将其认作社会学家。

萨丕尔想建立人类学项目,但这个项目由于缺少资金、依赖于人类关系研究所而以失败告终——人类关系研究所越来越向非人类学的方向发展。但是安杰尔校长(致教务长查尔斯·西摩,1932年2月

19 日：YU）特别"急切地"想帮助人类学家。据此，萨丕尔准备了一份研究计划；这一计划与 1929 年他同科尔、雷德菲尔德在芝加哥提出的五年研究计划分量相当。但是 1933 年，基金会逐步撤回对社会科学的赞助，年度总拨款这样的事已一去不复返。萨丕尔与安杰尔辩论说（1933 年 10 月 17 日：YU）：人类关系研究所的有限的资金主要是为"那些对人类行为普遍有影响的人类学研究"和心理学及社会学领域准备的。他担心不会资助"极其严格的民族学领域"。由于耶鲁在教师和研究生质量方面优于芝加哥、哈佛和哥伦比亚，他觉得洛克菲勒基金会应该给予耶鲁更大的相应支持。五年间总数为 60,000 美元的资助将在"机会到来时"确保在北美（西南和西北是萨丕尔个人利益集中的地方）、南美、非洲—大洋洲—亚洲的两个地区顺利进行田野调查工作，并支持图书出版。萨丕尔强调这个系不会因为试图涉猎人类学的所有分支学科而"分散精力"。奥斯古德将通过皮博迪博物馆来研究考古学；本系主要研究语言学。体质人类学（过去由默多克教授）被重新分配列为"生物学学科"。

安杰尔非常负责地将提案交给了洛克菲勒基金会（1933 年 11 月 29 日：YU）的戴维·史蒂文斯，强调耶鲁在"人类学、民族学和相关学科中有强大的核心教师队伍"。史蒂文斯回复道（1934 年 1 月 11 日：YU），资金很可能在 1934 年削减，基金会的重点工作将会是研究正在消失的文化。他寻求萨丕尔对美国学术团体理事会向印第安语言项目拨款的意见。萨丕尔给安杰尔写信说（1934 年 1 月 20 日：YU），他希望"能在洛克菲勒基金会未来政策非常模糊不清的说辞中找到些许安慰"。当萨丕尔给史蒂文斯写信说另一件事情的时候（1934 年 6 月 18 日：UC），他忍不住提起人类学在耶鲁的"悲惨处境"。因为没有专项研究资金，所以只能从人类关系研究所的拨款中"偷取"。但是，洛克菲勒基金会的政策并没有多大改变。

1937 年至 1938 年间，萨丕尔学术休假，施皮尔担任代理主席。

第十八章　耶鲁大学的人类学学科

由于心脏问题，萨丕尔没有按之前计划前往中国或者火奴鲁鲁，而是在纽约度假。尽管相隔不远，萨丕尔很少接触系里的事务。① 第一学期，洛伊是访问教授，教授民族学历史和南美民族学（施皮尔致洛曼，1938年6月15日：YUDA）。英国资深人类学家查尔斯·塞利格曼担任大主教博物馆研究员。乔治·瓦力恩特教授墨西哥考古学，威斯勒教授文化和环境、大平原文化变迁，奥斯古德、雷蒙德·肯尼迪教授印度尼西亚民族学，施皮尔继续他之前的工作。

找人替代萨丕尔教授语言学课程的安排是通过人类学方面做出的。乔治·特拉格于第一学期教授语音学，本杰明·沃尔夫于第二学期教授美洲印第安语言问题；斯沃德什退休去了威斯康星大学（施皮尔致弗内斯，1937年6月30日，8月12日：YUDA）。特拉格是一位斯拉夫语言文化研究者，他在萨丕尔的国际辅助语言项目工作，做一些塔诺安人研究的田野调查工作，有时候与沃尔夫合作。沃尔夫不是正式的研究生，他是1936年至1937年间以"人类学荣誉研究员"的身份来这里工作的（任命书：YUDA）。

萨丕尔通过洛克菲勒基金会在语言和文学研究方面的拨款来编辑耶鲁大学的人类学出版物，"系里的每个人"都对头两卷书的出版做出了贡献（默多克访谈丹尼丝·奥布赖恩，1976年6月4日）。弗尼斯主任（致施皮尔，1937年10月24日：YUDA）认为，在耶鲁大学不提供配比出版资金的情况下，持续资助的前景"暗淡无光"。萨丕尔和施皮尔在学年结束的时候都辞掉了编辑的职务（施皮尔致耶鲁出版社的伯尼尔夫人，1938年6月11日：YUDA）。

然而施皮尔对项目的整体效果是非常乐观的（致弗内斯，1938年1月24日：YUDA）；这个独立的系一共颁发了9个博士学位。

---

① 施皮尔出任代理主任以及默多克早年生活的相关记载保存于人类学系；承蒙哈罗德·舍夫勒帮助，我才看到这些记录。由于萨丕尔的行政管理记录保存不太完整，所以要重现他的项目变得更加困难。耶鲁大学人类关系研究所的文件包含学生田野调查的记录。

H. 斯卡德·麦基尔是人类学西南实验室的主任。还有 3 人是助理教授：阿拉斯加的雷尼、新墨西哥的希尔、西北的威拉德·帕克。威廉·芬顿是圣劳伦斯大学的教员。戴维·曼德尔鲍姆拥有国家研究委员会的研究员职位，有望在下一个学年取得长期职位。赫德森是人类关系研究所研究助理，在教学前将回到中亚做田野调查研究。伯罗斯失业了，主要是因为他想回到火奴鲁鲁，"我觉得他必须要忘掉那个说法"。施皮尔强调每个人都找到了"临时工作"。在现在的 18—20 名学生中，3 位将会长久任职（维恩·雷在华盛顿工作，W. S. 斯托林斯在西南实验室工作，简·加勒特森在康涅狄格学院工作）。

弗内斯（1938 年 1 月 25 日：YUDA）承认了这一卓越的成绩，提出"亟需受过人类学或者其他相近学科的训练的学生"，尤其是社会学和心理学；"建议我们的学生根据这些标准来做好准备"。施皮尔回应道（1938 年 1 月 24 日：YUDA）他对每年安置一到两个毕业生毫无担忧。他尤其满意的是在三个已婚、经济独立且不需要工作的女学生中，厄米尼·沃格林"秋天将到德堡大学任教"。萨丕尔不知道欧文·劳斯是否计划继续留在皮博迪博物馆。这个让人印象深刻的就职经历对耶鲁来说是非常典型的，明显优于加利福尼亚大学、哈佛大学或者哥伦比亚大学；哥伦比亚大学"相当让人震惊的是"由于强调"批量生产"，很少有长期的工作职位。

施皮尔和弗内斯（1938 年 1 月 24 日：YUDA）在建立社会学和人类学之间关系的必要性方面观点迥异。施皮尔不反对跨学科培训，但是他希望学生能够出于"对学科的真正兴趣"去学习其他领域，而不是仅仅为了得到一份工作。在一个学科内把学生训练好尚且时间不足。系里最需要的是一个能够为地方博物馆培训考古学家的人，地方博物馆是"不应该被取笑的"。"如果我们这里有一个一流的考古学家，我们就更有能力提高对这些人的特殊培训，并为所有人提供更加全面的培训。"施皮尔似乎是在替萨丕尔说话，将系里的项目定义为传统的博厄斯主题，而非跨学科之间的合作。人类关系研究所的研究方向和萨丕尔的社会科学合作理念是不同的；所以，有些讽刺的是，尽管萨丕尔在跨学科领域中的声望已超越局部地区，他的项目又回归到传统的人类学研究。

萨丕尔希望施皮尔长期担任系主任。当弗内斯由于心脏问题辞职时，他向萨丕尔（1937年11月15日：YU）承诺，耶鲁的管理团队"非常希望……通过任何可能的方式把您从繁重的行政事务中解救出来"；"如果条件允许的话"，施皮尔将会在春天拥有正式的职位。弗内斯主任和西摩校长①手里有不同的选择。没有了萨丕尔的存在，人类学利益集团的分量远轻于人类关系研究所，人类关系研究所越来越主宰耶鲁的社会科学。

萨丕尔非常重视对他的项目的威胁，他在耶鲁的学期结束后，给洛伊（1938年1月17日：UCB）写信说道：

> 非常感谢您让我知道您和弗内斯主任的谈话，它确认了我之前对于这位君子脑中想法的猜测。他好像一直试图诱导你说出点什么，而他则会将你的说法理解为人类学和社会学应该结合为一体！默多克过去也曾这样对我旁敲侧击。

萨丕尔处于防御状态，他不稳定的健康状况至少在当地的圈子里威胁着他的声望。

默多克（与丹尼斯·奥布赖恩的访谈，1976年6月4日）认为施皮尔将"系主任的工作搞砸了"，以至于弗内斯让默多克来接任；"这对莱斯利来说是个冲击，他一怒之下从耶鲁辞职，我竭尽全力想劝他留下来，但是他觉得我是在给他背后捅刀子"。施皮尔用"个人

---

① 原文349页上提到此人时用的职衔是教务长（Provost），这里用的校长（President）。——译者注

的想法"来影响他的管理。

　　管理层变动的真正原因并不清楚。施皮尔"从来不是一个善于交际的人",他"回避人类学里的政治纠纷"(贝斯哈特和希尔,1965,1270)。民族学的学生支持他;但是施皮尔在没有萨丕尔的支持的情况下对当时耶鲁的政治派别鲜有影响力。默多克与人类关系研究所以梅和多纳德为代表的利益集团联合,而萨丕尔试图反对。在这种情况下,我们很难把默多克回忆的话语当真,他说施皮尔的辞职"对我来说是一个冲击,因为当然我必须得做新的任命,填补空缺,重组我们的系"(致丹尼斯·奥布赖恩,1976年6月4日)。半个世纪之后,参与者还是不愿谈及关于萨丕尔的项目被重组的内幕。无论如何,默多克迅速解散了原始语言学的项目,重新建立起了与人类关系研究所的联系;考古学而非语言学成了民族学的补充。

耶鲁的民族学学生

　　尽管萨丕尔并不是一个专门的民族学家——人们认为他在文化和人格研究方面的专长明显不同于传统的博厄斯文化人类学,但是他在耶鲁民族学学生的研究生生涯中非常有影响力。作为研究生项目的主任,他对所有学生都有管理职责。萨丕尔每周都举行一个家庭开放日(芬顿,p.c.),广受欢迎。埃德加·希斯金回忆道,萨丕尔曾和当时访问耶鲁大学的马林诺夫斯基在萨丕尔家的门廊里打乒乓球;两个人体格都不是很擅长运动,都没有很好的视力,都有闲聊的爱好。乒乓球打得很烂但是谈话却非常精彩,他们的谈话好像研究生都会认真参与。

　　尽管萨丕尔有所偏好,但他还是遵从博厄斯研究所有分支学科的做法。他定期地引导民族学和考古学学生学习语言学课程,坚持认为学生至少应该掌握最基本的语言学知识,因为这对于做出合格的民族学研究是必不可少的。

萨丕尔开设的纳瓦霍人研究课程令耶鲁的民族学学生非常震惊，就像萨丕尔学生时代博厄斯开设的美洲印第安语言课程一样。戴维·曼德尔鲍姆回忆道（致海姆斯，1981年5月18日）"没有主动性的学生一分也得不到"。萨丕尔上课"没有教学结构"；萨丕尔"只是把自己正在研究的问题抛给学生讨论"。曼德尔鲍姆（致达内尔，1986年6月20日）尽管没有获得满足感，也对萨丕尔的精湛技巧感到印象深刻：

> 尽管我不能总是跟上萨丕尔的思路，但是他真的是一个非常引人入胜的演讲者。他演讲时，经常坐在桌子边，一只手搭在桌面上，另一只手搭在那只手上，尽管他的声音很小，他的整个仪态都很谦虚，但他的表达是那么的流畅，举例是那么恰到好处，思维是那么敏捷，以至于我非常想参加一次他的普通人类学讲座。但当我听他关于那瓦霍人的课程时，我完全听不懂。那门课程是讲给语言学者的，而我对此知之甚少……所以在非常迷惑地坚持了几个课时之后，我不得不退出了课程。

萨丕尔为曼德尔鲍姆在西南实验室争取到了语言学研究助理的职位，尽管他之前申请的是民族学。曼德尔鲍姆和霍耶尔共同致力于圣卡洛斯的阿帕切族研究，"之后萨丕尔再没有敦促我朝语言学的方向发展"（p. c）。

考古学家欧文·劳斯和民族学家韦斯顿·拉巴尔一起修了纳瓦霍人课程。课程中的其他人都是专业的语言学家（即博士后学生）。"我完全听不懂他们的讨论，我连语言学的符号都没有学过"。在最后一节的时候，萨丕尔记得他有两个研究生，他向"我们两个人各提了一个问题，我们都答不上来"。后来劳斯才意识到他学到了很多东西（致达内尔，1986年1月18日）。拉巴尔去了耶鲁和萨丕尔一起研究语言学（1958，280-281），但却被那里的竞争局面吓到了：

> 稍微年长的研究生有沃格林、沃尔夫、斯沃德什、纽曼、哈斯和其他人，经过萨丕尔那瓦霍人课程的文化冲击后，我再也不期望与语言学领域出类拔萃的年长同事竞争，尽管只要能力允许，我还是一个热心的印欧语系研究爱好者。

拉巴尔转到了人格研究，同时也接受多纳德的精神分析，但是整个职业生涯中他还是有意识地将自己视为萨丕尔的学生（1951，157-158）。

很多学生运用他们在萨丕尔那里的语言学培训提高了他们的民族学研究质量。例如，艾伦·史密斯（致施皮尔，1937年12月15日：YUDA）提到语言学"对我个人的研究没有什么重要性"，但是它"帮助我更加精确地记录民族学研究中遇到的非常困难的本地词语"。

民族学项目是由人类关系研究所出资的，人类关系研究所将美洲印第安研究作为跨学科社会科学。人类关系研究所研究基金是对萨丕尔任命的一个额外奖励，该基金使得萨丕尔能够长期支持大量博士生和博士后。但是，说服人类关系研究所去支持文化研究而非语言学研究更容易一些，尤其是在萨丕尔与其关系每况愈下的情况下更是如此。争取资金的唯一其他途径是美洲印第安语委员会，但在其章程中不包含民族学。

萨丕尔的学生不都是专门去学习语言学或者人类学。沃尔特·狄克是继续萨丕尔的切奴克族语工作的语言学家，计划写作一本维士拉姆语和瓦斯科语方言字典和语法书（人类关系研究所1931—1932年报：YU）。但是萨丕尔也鼓励他发展在心理学方面的兴趣。萨丕尔向黑尔介绍，狄克的纳瓦霍人生活史研究工作是"在我的指导下"进行的，主要关注"纳瓦霍人生活的动态的方面……已经花大篇幅描述的不同的模式是如何在人们的日常生活中起作用的"。萨丕尔为狄克的纳瓦霍人自传所写的导语是他最后写的文章之一。他赞扬了对一个文化中事件的亲身体验的方法，这也是他曾经在努卡特语研究中尝试过的；但是萨丕尔从未完成过任何一个美国印第安人部落的心理学案例研究；所以狄克的工作后来被作为萨丕尔在文化中的人格研究方法的模范。

曼德尔鲍姆（致达内尔，1986年1月20日）相信萨丕尔应用了合适的方法来研究，不用担心他们是语言学还是人类学主题；"他在语言学课题上的观点和分析总是来源于他的经验和作为人类语言学家接受的培训，他总是从语言学的人类学家的角度进行广泛的文化分析"。学生决定他们的学习重点。曼德尔鲍姆在印度（致人类学系，1938年2月6日：YUDA）的田野调查强调生活史——"这是从精神分析的角度观察原始社会心理亟需的材料。"这是萨丕尔的思想最吸引他的地方。

萨丕尔与几个主要效忠于人类关系研究所的学生合作，约翰·怀廷与默多克的跨文化调查项目密切合作。事后回想起来，他将自己描述为（致罗伯特·艾伦，1971年1月27日）"萨丕尔的学生之一，尽管我从未与他非常接近"。比阿特丽斯·布莱斯，以及后来的怀廷都是与萨丕尔相处得更好的民族学学生。后来，怀廷家族承认萨丕尔对文化和人格研究发展的重要性，包括"更加精细和人文主义的视角""强调理解本地语言对理解文化的重要性"，以及"相比弗洛伊德民族学幼稚的方法，更加精细、有说服力的建议"。但是，在1987年为默多克庆功的美国人类学学会会议上，约翰·怀廷向肯尼斯·派克解释道：萨丕尔是一个诗人，不是科学家。从其暗示看，人类学是一门科学。如默多克、多纳德和人类关系研究所一样，怀廷接受了克拉克·赫尔的社会学习和模仿理论。怀廷从社会学而非人类学（默多克致约翰·吉林，1940年4月4日：YUDA）专业取得学位，以期获得更广泛的社会科学训练；"当时在人类学系的学生不允许在系外选修课程"。他大部分的课程是人类学的，另外还有多纳德的心理学以及厄尔·津恩的精神分析课程。

科拉·杜波依斯从伯克利大学取得了博士学位，但是萨丕尔鼓励她从事文化和人格研究，科拉也将萨丕尔视为导师。但是当精神病学家亚伯拉罕·卡迪纳为其找到了在阿洛地区（杜波依斯致洛伊，1937年4月6日：UCB）做田野调查研究的资金后，她拒绝了萨丕尔在人类关系研究所为其安排的职位。杜波依斯专注于为文化和人格的关系收集跨文化证据。在《亚罗人》这本书的序言中她说："我们能说的已经说尽，只有田野调查能够检验这个过程"。1936年始于哥伦比亚的卡迪纳和（拉尔夫）林顿研讨课建立了一种人类学和精神分析之间的"合作模式"，在这种模式中，卡迪纳将"基本的人格框架"理论化，众多的人类学家为其分析提供了田野调查数据。

由于人类关系研究所控制了田野调查的资金，萨丕尔往往不能够为其想支持的学生提供资助。珀尔和欧内斯特·比格尔霍尔夫妇都是民族学家，但珀尔对人格研究十分感兴趣，萨丕尔一直向附属于耶鲁的火奴鲁鲁大主教博物馆为他们说话。在官方委员会有机会采取行动之前，默多克越过萨丕尔直接推荐克莱伦·福特，为其提供研究基金，而非比格尔霍尔。萨丕尔被激怒了，尤其是对弗内斯主任感到愤怒：

> 先不说礼节之类的事，单从常识来判断，我们也应该在人类学系内部先协商一下，人类学的候选人中谁应该获得耶鲁的奖学金……我已经被弗内斯玩弄了太多次了，我不能再

保持沉默了。如果他不能保证人类学系对人类学家保持应有的尊重和尊严，他就没有资格把我骗到耶鲁来耍弄我。

梅回忆道（1935年7月23日：IHR）他当时听说过比格尔霍尔夫妇曾经在波利尼西亚犯过一些大错。萨丕尔反驳道，大主教博物馆并没有能够提供拒绝比格尔霍尔夫妇的理由；这种"侮辱性的影射"必须得到澄清。但是这却没有发生。

尽管霍腾丝·鲍德梅克的工作与萨丕尔的工作在表面上有很多不同，但她是萨丕尔在人类关系研究所的主要门徒。鲍德梅克是一名博士后研究助理，她是马林诺夫斯基的博士生，在美拉尼西亚有田野调查的经历。她当时在耶鲁与南方的黑人合作，那时这正在成为一种时尚。人类学家转向使用社会逻辑的田野调查方法，在他们自己的社会进行研究。这种做法在两个学科中都引起了质疑，即肯定带主观偏见的观察者将影响人类学报告的效度。鲍德梅克站在新取向的立场之上，她坚持非量化的、萨丕尔式的强调由个体组成的文化世界。

鲍德梅克1932年—1933年获得了社会科学研究委员会资助，去研究密西西比三角洲的黑人群体。在她的自传（1966，131-134）中，鲍德梅克强调萨丕尔鼓励她申请社会科学研究委员会的资助，支持她的提案。萨丕尔相信人类学家能够运用他们的田野调查工作方法而非量化的社会学调查来研究现代社会。他对梅说（1932年12月13日：YU）："一个受过正规训练、对当代美国黑人问题非常感兴趣的人类学家出现在我们面前，这是不常见的。"鲍德梅克在与萨丕尔家进行新罕布什尔州的田野调查前，花了一整个夏天阅读关于美国南部的文献。她（致梅，1933年9月27日：YU）提议由人类关系研究所赞助，在纽黑文做一个类似的研究，并且"从社会人类学和社会学的临界领域"发表两地的研究成果，并进行对比。

1934年—1935年，鲍德梅克的工作是附属于社会学家莫里斯·

戴维的黑人研究项目。在这之前,她的工作是归为威斯勒指导下的民族心理学研究。黑人项目的指导小组包括萨丕尔、一位耶鲁历史学者、查尔斯·约翰逊(人类关系研究所 1934—1935 报告:YU)。他们还意图增加"一位精神病学家、一位社会学统计师,也许还有其他特殊领域的专家"。萨丕尔(致梅,1935 年 6 月 25 日:YU)希望研究由社会学而非人类学赞助,以此为他的美洲印第安研究工作节省预算。梅本想将人类学项目的预算归到他的合作研究项目中,这主要是因在人类关系研究所,人类学家的田野调查没有与其他社会科学合作。

在人类关系研究所的赞助下,鲍德梅克于 1934 年回到了田野,并且介绍约翰·多拉德也做田野调查工作。他们对同一社群的描述是非常不同的。多拉德强调种姓和阶级。鲍德梅克将她强调社群的书献给了萨丕尔;这本书受到当时两个最重要的种族关系社会学家威廉·爱德华·布尔加特·杜波依斯和罗伯特·帕克的赞赏(Murray 1987, 1988)。萨丕尔和戴维都希望鲍德梅克的书能由人类关系研究所出版(鲍德梅克致梅,1936 年 1 月 6 日:YU),但是梅当时已经致力于多拉德版的美国南部研究,他根据耶鲁内部的读者意见,拒绝了鲍德梅克的手稿(1936 年 2 月 12 日:YU)。萨丕尔是唯一持肯定意见的评论者。梅通知鲍德梅克说,她还有一年的时间完成人类关系研究所赞助的黑人研究项目。多拉德向玛格丽特·米德的描述说明鲍德梅克没有得到领导的喜爱(1937 年 6 月 7 日:LC):他告诉米德,鲍德梅克一直在对由人类关系研究所出版的他的新书"说坏话",她要离开人类关系研究所,"这也是萨丕尔十分恼火的原因"。鲍德梅克努力地通过修改自己的手稿来挽救局势(1938 年 3 月 9 日:YU),但最终还是撤回了手稿,把它给了更容易洽谈的出版商。萨丕尔没能够使人类关系研究所从人格研究的结构主义的方法中脱离出来。

第十九章　耶鲁大学的语言学学科

萨丕尔的教学量主要集中在语言学领域；他在系里担任的行政职责少了，所有对"原始"语言学感兴趣的学生都依赖他进行专门的训练。语言学系有核心的四人教师团队：埃德加·斯特蒂文特（系主任兼该系唯一"语言学教授"称号拥有者）、富兰克林·埃杰顿（梵文和比较语文学）、爱德华·普罗科什（日耳曼语）和萨丕尔（"人类学和语言学教授"）。来自多个语言系的成员也附属于这个系，包括英语系的麦尔斯·汉基和闪族语系的查尔斯·托里。"语言学"这一说法在当时有着重要地位，因为那时语言学学科自主权非常少；大部分"语言学家"都被迫教授语言和文学。

玛丽·哈斯（莫里访谈，1978 年 7 月 26 日）强调耶鲁大学语言学系于"精心计划"之后成立，他相信萨丕尔的加入已使其成为全国最好的语言学系。每个学生都必须"熟悉某个语言领域的特定方面"。那时候没有其他语言学系提供原始语言方面的教学和研究。

先于萨丕尔在耶鲁执教的语言学家们相处非常融洽。1906 年，斯特蒂文特发现了赫梯语，这是最早从印欧语系中分离出来的语言之一，但第一次世界大战延误了这一发现的出版（Emeneau 1953：367-368）。他通过萨丕尔的喉部假说对赫梯语材料的"革命性影响"加以探索，并于 20 世纪 30 年代在耶鲁语言学会进行讨论（1937 年在语言学研究所）。斯特蒂文特"非常兴奋地"写道，印欧语系语法的 26 个问题在萨丕尔的演讲中迎刃而解（Hahn 1953，380）。斯特蒂文特也积极响应人类学方法。早在语言学系独立之前,他就在教授语音学,这个学科对潜在的田野调查工作者非常有用(Emeneau 1953,366)。他在芝加哥大学接受了卡尔·巴克的古希腊罗马文学和比较语言学的培训,并坚定不移地将文学排除在自己的语言学框架之外。与萨丕尔一样,斯特蒂文特倾向于试验初步想法,之后再作调整;结果他经常"因发表不成熟的文章被(当时主宰着比较语言学的)谨慎的德国学者痛批"(Hahn 1953,379)。斯特蒂文特支持萨丕尔向弗内斯主任(1934 年 11 月 27 日:YU)所做的呼吁:将人类学系研究的"外来语言"归入人类关系研究所档案。相比斯特蒂文特,社会学家们对此计划的合理性怀有更多的质疑。

斯特蒂文特反对语言学里的技术术语,认为美国语言学协会应该(与现代语言协会的孤立的状态完全不同)使所有人都了解自己在做什么工作(Hahn 1953,382)。语言学系内部的融洽关系跟斯特蒂文特接受非正式的思想交流有很大的关系(Hahn 1953,383)。

埃杰顿在莫里斯·布龙菲尔德指导下研究梵语和比较语文学,但是他在用人类学处理吠陀教及其民间风俗研究方面超越了他的导师。民间习俗也是普罗科什的兴趣。这些人和四人中最后一个被任命的萨丕尔建立起了一个独一无二的研究生项目,共同编辑威廉·德怀特·惠特尼的系列书籍。

1931—1932 年,在普通语言学系所列的 9 门课程中,斯特蒂文特教授了 8 门。他的《语言学入门》超出了印欧语系的范畴,将语言学列为一个学科而非仅仅是一个主题。

想要以语言学为专业的学生需要得到系里的批准和一名导师的同意。课程目录显示很多课程不是每年都有,但是课程表将在"和学生协商后"拟定。这些课程包括印欧语、印地语、伊朗语、希腊语、意大利语、日耳曼语、波罗的海—斯拉夫语(旧称斯拉夫语)、赫梯语、闪族语、埃及语、苏美尔语和"原始语言"。"原始语言"位列最后,很明显与普通语言学有特殊的关系。

　　萨丕尔列出了"语音学"和"语言的心理学"课程，但是 1931 年—1932 年没有开课。1933 年开始，他每年交替地开设这两门课程，一共开设了四年。后来，语言的心理学没有再开设；语音学在 1936 年—1937 年和 1937—1938 年由斯沃德什教授。尽管语音学在语言学系开设，但它"是为了辅助田野调查人类学家和语言学家的"；事实上大部分学生是人类学家。语音调查之后就是"语音听写的实践工作"。1931—1932 年的课程目录记载了与美国学术团体理事会的语言地图项目的合作；研究生多被视为这个项目的"田野调查工作者"。

　　语言的心理学也不仅是针对语言学家的。它包括"作为行为和文化构型的语音"和"象征主义和意义的问题"，并且只对"有一定心理学知识的学生开放"。人类学专业和萨丕尔的语言学学生选了这门课程。但是耶鲁的心理学家从来没有积极地与萨丕尔的项目合作。

　　在萨丕尔任期的前三年和第五年都提供了"原始语言"课程。1937 年—1938 学年由斯沃德什教授。课程描述十分简洁明了："在对基本的语言学概念进行梳理后，我们将会研究一些原始语言，包括美洲印第安语或者非洲语言，以理解语言表达方式的各种可能。"描述措辞表明，萨丕尔期待事先没有受过语言学训练的学生选修此门课程。他反复强调，自己对没有文字的语言的兴趣不仅仅限于美洲印第安语；他手上有从芝加哥带来的格雷博语资料。但是事实上课程聚焦于那瓦霍语，有时候也关注阿萨巴斯卡语的比较（克劳斯，p.c.，根据他的课堂笔记总结而来）。萨丕尔的研究主要关注的是类型学（不同类型的语言表达方式），这种情形至少在自其著作《语言》出版后便已存在；这本书与 1911 年博厄斯的《美洲印第安语言手册》，以及后来的萨丕尔—沃尔夫假说前后呼应。

　　可提供语料的美洲土著人在纽黑文几乎无处可寻。但是即使亚历克斯·托马斯来到纽黑文与斯沃德什在研究努特卡语方面合作，萨丕尔（哈斯致莫里，1978年7月26日）也没有在课堂上以他为例；而是用其努特卡语的档案中教授课程。

> 人们都希望我们能够走出去进行田野调查，但是事实上那时很少有这样的培训……我们最终劝说萨丕尔开设语音学课程，一个没有学分的课程。他将自己发音，让我们听写。即，他将自己作为一个发音人，让我们聆听他掌握的不同的语言。这方面他非常擅长，但就如何确定不同语言的结构而言，他会携带一沓记录着语言信息的小纸片，借助它们讨论。

1934—1935学年和1935—1936学年，萨丕尔开设了"原始语言中的对比问题"，这是一个为高层次的学生开设的研讨课，目的是"借助原始语言中的口头录音数据进行语言对比和重构"。也就是，萨丕尔不再关注具体的印第安文字，而是讨论历史的关系。哈斯回忆道萨丕尔开设这门课程很大程度上是因为学生的需求；他的个人兴趣比20世纪20年代更加倾向于描述性研究，彼时他的主导思想是为一些欠缺语言学基础的人类学研究者做语言学的分类。标准已经改变，尽管萨丕尔的学生后来继承他早期对分类的狂热，但他自己不再对分类热心，更关注阿萨巴斯卡语的比较。1936—1937学年，斯沃德什开设了北美印第安语课程。原始语言学发展到了需要两个导师的时候。

在耶鲁任期的每一年，萨丕尔都被列为教授"语言学研究"的老师。"这是一门针对在原始语言学或者语言心理学方面做特殊研究的高级学生所开设的咨询性课程"。这门课的学生背景范围比较广，其中有些人是人类关系研究所的博士后研究员。

除了在语言学的学科名义下发展自己的研究项目，萨丕尔还参与了概论性课程的团队教学，这些课程结合了系里的不同资源。在几年时间内，他教授了四分之一的入门课程。另外，开设于1933—1934学年的"世界上的语言"这门课程，由斯特蒂文特、埃杰顿、普罗科什和萨丕尔开设了四年。萨丕尔教授的部分包括"含闪语系、汉藏语系和亚洲的其他语言、南太平洋、非洲、美洲的语言"。第一种语言反映了他对地中海地区文化和语言学历史的正在萌芽的兴趣。由于早前曾将亚洲语言和美洲印第安语言联系起来，萨丕尔对亚洲语言有所了解；但是在20世纪30年代，他将精力集中于时间没有那么久远的谱系语言，这些语言证据可以说服接受过印欧语系训练的同事。没有文字的语言的或者"原始"语言理所当然地分配给了萨丕尔，那时这两者被认为是相同的。

1932—1933学年，耶鲁的课程目录强调：如果学生的研究比任何系的项目都更具一般性时，他们才能在语言学系注册。那时没有语言学硕士学位。"计划将语言学工作与大量的文学、考古学、历史研究相结合的学生应注册合适的系。"可选的系包括"社会科学（人类学）"。显而易见，耶鲁的其他社会科学不认为语言学训练有什么必要；人类学重视语言学训练，当然主要是因为萨丕尔。

1936—1937学年度，萨丕尔教授吐火罗语（一种西藏北部地区的印欧语言），[①] 调查当前的文献，并且将其音系和形态与其他的印欧语言相比较。"将会强调吐火罗语对于印欧语系重构的重要性。"学生须具备一些印欧语言的语法知识。这门课程被列入课表，尽管萨丕尔生命的最后两年没有教授这门课程该课的设置反映了这一时期萨丕尔对研究印欧语言的"回归"。萨丕尔那时的学生默里·埃米诺回忆道（致玛丽·哈斯，1971年12月4日），萨丕尔的吐火罗语是对博厄斯研究方法的一种经典应用，该方法用于研究与语言的谱系多样性同时存在

[①] 吐火罗语，即焉耆－龟兹语，古代流行在新疆吐鲁番、焉耆和库车一带的一种语言。属印欧语系支派。20世纪初以来，在中国新疆吐鲁番、焉耆、库车等地发现了这种语言的文献。参见《辞海》第六版彩图本，上海辞书出版社2009年11月。原著称该语言流行于西藏北部，疑有误。——译者注

的地区性影响。"埃米诺旁听了萨丕尔的课程，喜欢萨丕尔，萨丕尔也非常欣赏他并且进入了德拉维族人的研究领域"（哈斯致莫里，1978年7月26日）。埃米诺认为斯特蒂文特和埃杰顿"不认可"萨丕尔依照人类学路线对比较历史学进行短暂尝试。吐火罗语那时才被认为是印欧语系分支不久，萨丕尔着迷于藏语对印欧语系的影响①（通过长期的借用）。萨丕尔相信（致克罗伯，1934年7月27日：UCB）吐火罗语比其他任何其他语言都更接近印欧语系的前希腊之根源；他有"极大的兴趣来研究出相关的语音规则，以解释已经发生的特定变化"。

耶鲁的生物学和生态学者伊夫琳·哈钦森（p.c.）1932年从耶鲁组织的北印度探险队归来，带回西藏北部地区铭文的一幅照片，自然科学研究团队无法解释这段铭文。他去找萨丕尔，萨丕尔认为这是"从地理角度判断，这是藏语化的吐火罗语西部方言"，可推测出8—10世纪聂斯脱利教派在西藏地区的传播。萨丕尔对吐火罗语的兴趣可能始于此次偶然事件；哈钦森回忆道萨丕尔第一次看到这段铭文的时候并不能读出上面的字母。

1936—1937学年，萨丕尔最优秀的博士后学生斯沃德什教授"语音学"、"高级语音学"及"音位学"。尽管萨丕尔已经在1925年为北美的语言学定义了音位，他对语音学课程的描述从未关注其与音位学的区别。他觉得更重要的是教会学生如何在田野调查工作中记录语言；语音学和音位学在理论上的不同之处是次要的（尽管他在课堂上当然讨论了这个）。但斯沃德什是新一代的研究者，其主要身份是语言学家，他主要致力于有理论深度的语言学描述。他的语音学课程描述保留了语音听写，但是添加了"音位方法"和"实际语音系统的分析"。高级课程包括"音位学的理论基础、结构音位学、形态音位学、心理学角度的音位"。只有后者是明显应用了萨丕尔的术语，尽

---

① 埃米诺在印度的研究与此类似，处于印欧语系及达罗毗荼语系的交界处。除埃米诺之外，萨丕尔的研究没有对耶鲁的印欧语系学者产生重大影响。

管斯沃德的语言学是从萨丕尔那里学的。结构和形态音位学的方法皆来自于布龙菲尔德学派。与学科的口语传统不同，萨丕尔对 20 世纪 30 年代的形态音位学更加感兴趣（哈斯，p.c.）。无论怎样，斯沃德什将其纳入了耶鲁的课程表。

1937—1938 学年，萨丕尔休假期间，斯沃德什教授了语言学项目的原始语言部分。1938—1939 学年，萨丕尔被安排教授"语音学"和"音位学"，接受了斯沃德什回归理论的倾向。

萨丕尔去世后的 1939—1940 学年，吐火罗语和原始语言从课程目录中删除了。次年，布龙菲尔德受聘。他参与了"世界上的语言"这门课的团队授课，在"语言结构"的标题下讲授了梅诺米尼语（他的四个主要的阿尔冈昆语之一）。尽管与萨丕尔的美洲印第安课程明显的人类学色彩不同，布龙菲尔德所使用的材料基本相同。布龙菲尔德还开设了两门日耳曼语系的课程。他未将没有文字的语言的研究与语言学的其他领域分离开来。布龙菲尔德没有做任何与人类学建立纽带的努力，也没有继续萨丕尔的研究传统。围绕布龙菲尔德发展起来的"耶鲁语言学派"通过方言地图和战时研究相联合，不同于萨丕尔以美洲语言为研究中心的做法。萨丕尔的学生选择了保持自己作为人类学家的专业身份。确实，以美洲语言为研究中心将他们变得更加孤立，因为为了应对美洲孤立主义在战时的坍塌，越来越多的人类学工作在世界各地发展起来。萨丕尔未能将其语言学带入一个新的时代。

萨丕尔回归印欧语研究

自离开哥伦比亚后，萨丕尔在其生命的最后几年第一次回归印欧语系研究。他建立起一所藏书丰富的古近东语言图书资料室，包括闪族语、赫梯语和吐火罗语的材料。萨丕尔的家人回忆起他对语言学工作的热情，并且相信如果他的生命更长些，他"会将更多的语言重新纳入他的语言学研究"；按萨丕尔自己的比喻说，语言学研究就像"进入了一片阳光地带"（J. 戴维·萨丕尔 1985）。

齐里格·哈里斯说（致菲利普·萨丕尔，1942 年 7 月 20 日：SF），萨丕尔的一封来信中"提出一个有关最初的闪族语语音系统的有趣建议"。除了语言学难题，萨丕尔也对近东地区的历史和考古学很有热情，部分原因是因为他在这一时期恢复了对犹太主义的兴趣。但是他最喜欢的是对"探究性的词源片段"的"欢快回归"；这些"基因重构的技巧练习"使得萨丕尔能够脱离之前仅仅关注的印欧语系训练（Malkiel 1986）。马尔基尔强调这些"精致的文字片段"可能最终形成对地中海文化区域的系统性研究；"可以想见，在形成最终的决定前，萨丕尔觉得他自己可以有一段时间沉浸在这些美丽的、极具吸引力的语言片段之中"。糟糕的身体状况和不断减少的体力可能迫使萨丕尔集中于有限的项目（保罗·萨丕尔，p.c）。

耶鲁第一个语言学流派

萨丕尔的语言学课程是针对高水平学生或者工作中的语言学者的。他的唯一一门本科生课程（没有学分）是关于英语语言结构的（菲利普·萨丕尔，p.c）。萨丕尔向校长安杰尔解释这门课的必要性时说"研究生的语言学和文化人类学课程与本科生学习的课程缺乏连续性"角度（1934 年 11 月 19 日：YU）。英语系对这件事情积极响应，但是只有校长的干预才会改变耶鲁的结构。

哈斯（致莫里，1978 年 7 月 26 日）描述了跟萨丕尔学习语言学的经历，他回忆了民族学学生当时的迷茫与绝望：

> 他的方法就是把你扔到水里，让你自己游。你差不多得自己游上岸。他没有我们现在一般能想到的任何"方法

论"……可能布龙菲尔德也没有这样的方法论,但是他在任何时候也没有那么多学生——我这里指的是语言学领域,不是说德语或者哥特体。萨丕尔是一个非常受欢迎的老师,有很多学生……他给人以启发,总是给人以启发。他让你对语言以语言如何起作用非常着迷。当然,他讨论很多语言,特别是美洲印第安语言,而且他在多种其他语言上也有很高的造诣……那时候这使传统的语文学家非常震惊,因为你不应该在提希腊语的同时提纳瓦霍语……这是个很强的禁忌。事实上,巴克(在芝加哥大学)不怎么喜欢萨丕尔;他认为萨丕尔在破坏所有东西,对他所做的事情感到万分吃惊。

萨丕尔影响了很多的耶鲁语言学家。特拉格强调(致罗伯特·艾伦,1971年7月26日),学生对决定萨丕尔本身的思想起到了重要作用。特拉格的"学生"概念非常广泛,"它包括几乎所有跟萨丕尔有接触的人,而不仅仅是他训练过的少数正式的学生"。当然,不论是语言学家还是人类学家,人们都在跟萨丕尔有几次接触后,将自己视为萨丕尔的学生。

萨丕尔努力在做的一部分工作是基于博厄斯传统的,他坦诚地承认博厄斯在"你已经建立的传统"基础上,"过去几十年间为提高美洲印第安语言学工作的标准"所做的努力(致博厄斯,1932年9月29日:APS)。

萨丕尔计划出版一卷"更加扼要,可能在形式上更加全面的"语法书,这是为那些通常"由于这一领域从整体角度看并不引人瞩目"而忽略了它的语言学家准备的(萨丕尔致克罗伯,9月25日1034:1934:UCB)。他强调(致克罗伯,1935年6月17日:UCB)耶鲁的语言学家想为威廉·德怀特·惠特尼的系列出版增加一卷这样的书。萨丕尔想象了"代表性的语言的大体框架",尽管他不再坚持自己 1921 年曾经尝试、1929 年重新强调的谱系分类法。斯沃德什的爱斯基摩语已经准备好了,并且为"萨丕尔的美国印第安语研究计划"提供了例证(cf. Stocking 1974;Voegelin 1952a);克罗伯受邀研究尤基语。"我希望将这本书献给博厄斯,但我不想在这个计划不成熟时就让他知道"。萨丕尔希望避免与博厄斯对立,因为这本书的出版暗示着对博厄斯的四卷《美洲印第安语言手册》的取代。

萨丕尔继续强调他的印第安语言研究与博厄斯工作的连续性,部分原因是他依赖美国学术团体理事会提供资金。由博厄斯培训的纽约团体经常与纽黑文的研美专家见面,讨论进行中的工作(如埃米诺致沃尔夫,1939 年 1 月 31 日:YU),这体现了美洲印第安语言学家面对语言学和人类学的明显的统一战线。

萨丕尔身边的耶鲁学生是他留给语言学的珍贵遗产。他们在其职业生涯中一直是语言学和人类学领域受到广泛认可的团体。海姆斯(为斯沃德什的讣告,在 Hymes 1983 中重印;Hymes and Fought,1975)认为这些学生组成了围绕在萨丕尔周围的"耶鲁第一个语言学派",就像传统的语言学派形成于布龙菲尔德身边一样。

玛丽·哈斯在芝加哥学习比较语文学时结识了萨丕尔。萨丕尔留在芝加哥大学的最后一年,她嫁给了莫里斯·斯沃德什,与他一起去了温哥华岛做田野调查工作(哈斯致莫里,1978 年 7 月 26 日)。萨丕尔想要尼蒂娜特语的数据,以便与自己的努卡特语比较(哈斯,p. c.)。"我几乎立刻了解了萨丕尔的很多东西,我不是对其传统的印欧语感兴趣,而是对其比较性研究非常感兴趣"。她的"人类学视角"研究在 1931 年她和斯沃德什随萨丕尔去耶鲁大学后逐渐增多。

哈斯认为(致莫里,1978 年 7 月 26 日)萨丕尔总是被博厄斯"以某种方式支配"或者至少"受不了他"——这是博厄斯毕业生的共同感受。没有人"真正敢顶撞这个老人",因为他们这样做会没有饭碗。哈斯感到困惑，并且一定程度上饱受源源不断受到"竞争者"的排斥，这些人聚集在哥伦比亚大学，是博厄斯曾经的学生，主要是女性，遭受着"非常不公平的待遇"。在这一时期，做女学生绝非易事。当萨丕尔推荐斯沃德什担任伯克利大学的某项工作时（致克罗伯，1935年7月17日：LUCB），他强调克罗伯能够以一个人的工资同时接收两位语言学家（第二位便是斯沃德什的妻子哈斯）。哈斯不认为这是大男子主义的表现（致莫里，1978年7月26日）："萨丕尔告诉我们他确实是这么说的，但他不认为这是贬低女性……遗憾的是克罗伯没有考虑萨丕尔的推荐，因为他总是嫉妒语言学家，一下子招进两个人的想法让他觉得不可接受"。不过，哈斯还是认为萨丕尔"对她非常好"，他认为为女人找到工作是"没有指望的"。另外，"萨丕尔有一群精神病医生的朋友，你知道他们对女性有一种弗洛伊德式的观点"。

萨丕尔对哈斯的态度随着她越来越深的语言学知识而改变；她与斯沃德什离婚意味着她必须要自谋生路。哈斯对田野调查工作感到痴迷，尤其醉心于寻找美国东南部语言几个仅存的母语者。哈斯更喜欢在田野中做语料工作，处在耶鲁政治圈的外围。当萨丕尔听说斯沃德什夫妇要离婚时（致施皮尔，1927年6月25日：YUDA），他认为哈斯"绝对不应该受到轻视"。她是一个比赫佐格或者沃尔夫更加优秀的语音学者，比赫佐格或者特拉格更为优秀的研美学者（但他们根本算不上研美学者）。在斯沃德什去往威斯康星州后，萨丕尔向克罗伯单独推荐哈斯从事其加利福尼亚州的调查工作（1937年8月5日：YUDA）："她不如莫里斯聪明，但是她对历史问题非常感兴趣，她的田野调查工作的方法十分精确。"

哈斯回忆道（致莫里，1978年7月26日），相对于他短短的教学年限来说，萨丕尔训练出了大批人才。哈斯将萨丕尔短暂的教学年限归咎于他在渥太华令人遗憾的长期与世隔绝。尽管他在芝加哥和耶鲁大学工作时机构权力比较大……但是这段时间太短了，"以至于他不可能产生太大影响"。他的"权力来得突然……只要他在美国的大学里面没有一个稳固的地位，他就不能加入那些委员会。一旦他有了那样的地位，他就被吸纳了进去"。

萨丕尔十分重视为自己学生的田野调查工作争取资金支持。他没有能为自己的学生找到长期的工作，尽管在他去世时，大部分学生还比较年轻。霍耶尔留在了芝加哥大学，李方桂自己找到了工作。其他学生除了勉强糊口的补助之外连工作都找不到——这与萨丕尔在渥太华工作前的学徒时期一样。哈斯"有萨丕尔帮助争取到的少量奖学金和补助，但是从来没有大额资助。其他人也没有得到过大额资助"。

萨丕尔的家人说萨丕尔倾向于对自己的学生持批评态度；最好的是纽曼、斯沃德什和李方桂。前两人因其英语语法方面的合作以及一些企业共同出资支持他们在耶鲁的博士后工作而被人们熟知。

斯沃德什与萨丕尔一起来到耶鲁，并立即在温哥华岛开展由人类关系研究所赞助的努特卡语和尼蒂娜特语的田野调查工作，希望能够完成萨丕尔停滞已久的努特卡语文本和语法。他也和海伦·罗伯特一起研究努特卡音乐（罗伯茨致萨丕尔，1936 年 6 月 20 日：YU）。其他攻关课题的安排比较随意；1935 年夏天，萨丕尔亟需某个人来研究易洛魁语；纽曼和斯沃德什同意在人类关系研究所提供田野调查工作赞助的前提下在假期完成此项工作（萨丕尔致梅，1935 年 7 月 26 日：YU）。斯沃德什因为萨丕尔而留在耶鲁，但是他为了个人的诸多问题谴责纽黑文的反犹主义（哈斯致莫里，1978 年 7 月 26 日）："他强烈地认同萨丕尔，认为萨丕尔没有得到应有的重视。他对博厄斯不接受萨丕尔的分类方法感到愤怒，尝试了各种方法以证明萨丕尔是完全正确的。"

萨丕尔希望将斯沃德什安排在伯克利大学，他向克罗伯保证（1935 年 6 月 17 日：UCB），"国内没有比斯沃德什更好的语言学家了"。他"敏锐的分析力""对语言学数据的掌握",耳朵的"敏锐度""对方法和原则的掌握"和"绝对的工作能力"是"无与伦比的"。他表面"粗暴的脾气"对那些真正理解他的人来说并不是个问题:

> 我已经尽我所能为他争取助学金、助教奖学金和项目,但是这些事情总有结束的时候,眼前这里没有合适他的职位……我只有几个学生能够用危险的"天才"一词来形容,他就是其中之一……

斯沃德什去了威斯康星州,但这只是暂时的。布龙菲尔德写信给博厄斯说(1939年1月7日:APS)"考虑到萨丕尔的病情",他觉得自己有责任安排斯沃德什。他对斯沃德什的梅诺米尼语文本和组织年轻的奥奈达人书写他们自己的语言印象深刻,但是他无法为他找到一份长久的工作。

哈斯(致莫里,1978年7月26日)觉得斯沃德什"是一个优秀的理论家,但是他会对发展自己的思想感到厌倦。他希望用简单的方法做事情——例如用一晚上的时间迅速将一种语言音位化"。斯沃德什也觉得自己落后于美洲印第安语言学的发展。随着语言学变得越来越专业,他对"语言地理学"、语言分类和萨丕尔搁置一旁的其他问题愈加感兴趣。不过斯沃德什为萨丕尔的分类方法进行辩护,认为它基于非常充分的证据(1961,667):

> 很多标志显示,萨丕尔事实上在他的(六大语群)方案中检查了每种语言和语系的材料,在没有找到确切的证据之前绝不盲目分组。在自己藏书室的著作上,他频繁用铅笔标出比较……或者写出同源词的列表,他的学生知道他会凭记忆引出同源词例子来证明很多关系。

霍耶尔在建立新的联系方面站在保守主义的立场上；他编辑了萨丕尔为纪念博厄斯所写的提纲，他的保守主义为后来的工作定下了基调。

乔治·特拉格是一位通过萨丕尔在陶斯普韦布洛进行田野调查的斯拉夫语语言学家。基奥瓦语和塔诺安语（后来特拉格与沃尔夫一起出版了关于这两种语言的书）都有相同的"基本语音法则"，这反映出其古代起源方面的联系。在语言学研究的过程中，特拉格得到了"一些由调查对象顺便提供的民族学材料片段"。

卡尔·沃格林是萨丕尔后期的学生，后来在 20 世纪 40 到 50 年间自封为萨丕尔语言学的代言人，将萨丕尔的语言学定位于不同于布龙菲尔德结构主义的理论。萨丕尔从克罗伯那里得到了沃格林（1930 年 6 月 17 日：UCB），尽管沃格林在语言学方面训练有限，克罗伯因其长期对人类学的兴趣，通过人类学途径将其推荐给了萨丕尔。萨丕尔在克罗伯的信上用铅笔写了个注，表示将把沃格林安排到梅尔维尔·雅各布斯的西南实验室田野调查研究学校工作，以检验他的能力。萨丕尔派他研究俄克拉荷马州的肖尼语（致克罗伯，1933 年 9 月 13 日：UCB），希望他能够应用语言学数据来重构早期的人口迁移。萨丕尔将沃格林看成横跨两个学科的研究人员而非语言学家，并且希望他能够实地接触语言学家以及他们的田野调查数据，从中学习语言学理论。对于斯沃德什和沃格林在 1939 年发表的图巴图拉波语形态音位学，沃格林解释道（致特德·莱特纳，1970 年 10 月 6 日：美国心理学协会）：

> 当我刚来耶鲁时，萨丕尔命令我把它写出来，并且指派斯沃德什来指导我，因为他知道更多萨丕尔已经提出的形态音位学理论，而我不知道。斯沃德什投入了那么多指导我的时间，我坚持认为他应被列为本书的资深作者——他在语言

学知识上确实远远高于我。萨丕尔告诉我们他投入了比预想的更多的时间；他做的事情是找到我们今天称之为规则的例外情况（例如他从陈列品校样中学习南派尤特语的知识，以预测图巴图拉波语会发生什么，他的感觉十分奇特）。萨丕尔坚持认为，我们需不断尝试新的概括，直到没有例外或者没有明显例外。(Hymes and Fought 1975, 986)

斯沃德什跟沃尔夫提到（1937年9月3日：YU），在中西部已经形成了一个小组起来了：沃格林、布龙菲尔德（那时在芝加哥）和霍耶尔每月见一次。在大本营机构和新成熟的萨丕尔学者间没有竞争。尽管如此，由于当时斯沃德什和沃格林开始发展独立于萨丕尔的形态音位学，布龙菲尔德对此二人的影响对美国语言学有着重要的意义。从很多方面来说，少壮派比萨丕尔在语言学方面更有热情，而萨丕尔当时的主要精力放在了他新的音位拼写法上。萨丕尔将投给《国际美国语言学杂志》的初稿发给了博厄斯，"以呈现区别'音位'与'声音'的研究进展"（1934年8月15日：APS）。博厄斯（1934年9月28日：APS）回复说，"你的大部分建议是不可取的"。布龙菲尔德被夹在中间，他给博厄斯写信说（1934年10月4日：APS），他"不知把萨丕尔的宣言放在哪了"。但是"在这个主题上的泛泛的宣言并不能让我感到兴奋……我想要的只是几十个标志，能够在讨论或者文字中用它们来表达任何我想表达的意义"。标准化不是布龙菲尔德关注的事情，他也忽略了音位符号标准化对于语言学专业化的意义。"签名者是萨丕尔的学生，所以在任何情况下他们都会同意萨丕尔"。克罗伯（致博厄斯，1934年10月9日：APS）基于现实的原因反对新的音位拼写法："当一种语言里面的音位被确定下来，那么用何种字母来表示它们就无关紧要了。在此之前不成熟的音位拼写方法会误导除了最优秀的语言学者外的所有人"。萨丕尔希望建立具有跨语言效度的分类标准，但是克罗伯和博厄斯还是保持老观点，即认为语言学是民族学的女仆。萨丕尔建议的音位拼写方案没能在博厄斯的《国际美国语言学杂志》发表，而是发表在了《美国人类学家》上(Herzog et al. 1934)。

萨丕尔试图把博厄斯周围的大群体成员吸纳到他的美洲印第安语言学的音位改革中，他给博厄斯写信说（1938年10月8日：APS），他想要两三个纽约学者为"我们的语言学会议"来讨论"语音系统和语音交替"。沃尔夫将处理一般性问题；李方桂1938年秋天将在纽黑文讨论汉语的音位。博厄斯没有理会，但是萨丕尔（1938年11月1日：APS）决定将此事进行下去。"我们应该展示语音学和音位学的关系，通过具体语言的语音学和音位学处理差异来提示这一点"。这是结构重述的开始，它在布龙菲尔德的结构主义中发展到顶峰。

在20世纪30年代，形态音位学的导师是萨丕尔而非布龙菲尔德。沃格林和沃格林称（1963，30），萨丕尔的南部派尤特语法"有诱使田野调查工作者用音位方法来转写没有文字的语言的效果"。博厄斯写信给参与田野调查工作的学生，警告说如果他们用音位的方法来转写语言，他们记录的语言的语音细节就会丢失，不能传给下一代。

齐里格·哈里斯于1937年在语言学协会遇见萨丕尔，与萨丕尔和布龙菲尔德关系都比较近。他是位闪米特语言专家，也曾短期进军美国印第安语言学研究，尽管哈斯（致莫里，1978年7月26日）评价说"田野调查工作把他烦死了"。哈里斯后来努力在自己的布龙菲尔德学派身份和对萨丕尔的个人崇拜中寻找平衡（如Harris 1951）。

查尔斯·霍凯特于1936年—1937年来到耶鲁，与萨丕尔在文化心理学领域、与斯沃德什在语言学领域合作过。萨丕尔去世之时是他的论文指导教师。萨丕尔（霍凯特致默多克，1938年7月30日：

YUDA）之前提出了一部"带有详细的历史和比较性笔记的"波塔瓦托米语的描述性语法，但是这份资料对形成"严谨的奥吉布瓦族的方言学研究"还不够。霍凯特决定优先做基卡普语的民族学田野调查。萨丕尔写信给默多克说（1938年8月8日：YUDA），那部描述性语法可能会鼓励霍凯特"将其对阿尔冈昆语的兴趣扩展到对奥吉布瓦—渥太华语—波塔瓦托米语-阿尔冈昆诸语言的方言学研究"：

> 我对语言学的感觉是永远不要加快速度。语言学工作是十分琐细的，对很多人来说，很快就会觉得无聊，并且收益相对也小。所以，只要有像霍凯特这样的人表现出哪怕一点迹象想要做民族学工作，他无论如何都应该受到鼓励，因为这样的兴趣在他的职业生涯中更可能得到回报。

默多克（致霍凯特，1938年8月15日：YUDA）同意萨丕尔的观点，即"一个人做自己喜欢的事才能取得最好的成绩"。萨丕尔可以在没有对这篇论文进行比较注释的情况下接受波塔瓦托米语的描述性语法，霍凯特可以在系里赞助的情况下开始基卡普语的研究。之后霍凯特向默多克提议（1938年10月1日：YUDA）与约翰霍普金斯大学的梅耶进行精神病学合作。霍凯特提议在这个领域进行"长期的每次较短时间的"合作，而非一整年的合作。在那种情况下默多克冷静地回复道，资金只能提供给基卡普语的研究（1938年10月14日：YUDA）。萨丕尔温和地评论道（致默多克10月8日：YUDA），梅耶"是我认识的非常喜欢的人，他看起来非常睿智，但是我没有看到霍凯特有什么具体的提议"。霍凯特选择继续他的田野调查工作。

在基卡普语研究后，霍凯特从博厄斯那里取得资金，在夏洛特皇后岛进行了为期六个月的考察，核查博厄斯自1898年起的海达语文本（致默多克，1939年4月19日：YUDA），"因为最近的语言学方法论的发展让人对这些语料越来越不满意"，尤其是在语音学方面。博厄斯含蓄地承认了萨丕尔的音位学对田野调查方式的影响。

霍凯特的论文在萨丕尔去世后才得以答辩。布龙菲尔德是校外主考官（布龙菲尔德致默多克，1939年4月21日：YUDA）。

默多克认为霍凯特是语言学系培养的还不错的毕业生，将他作为一个民族学者推荐（致俄克拉荷马州的威拉德·帕克，1940年5月17日：YUDA）。默多克说霍凯特的兴趣在于"社会学和科学方面"，"他习惯性地从民族志学的角度看待当前的社会和经济问题"。从默多克的角度来说，这是比萨丕尔的评价更高的赞赏，而萨丕尔对霍凯特的评价是，他既是语言学家也是民族学家。

萨丕尔坚持将斯坦利·纽曼带到耶鲁来，参与已经开始的（关于语音象征主义的）"心理学工作"（致梅，1930年12月14日：YU）。纽曼学的语言学课程大多是萨丕尔教授的，他通过萨丕尔和沙利文的合作学习"语言心理学"。但是萨丕尔无法通过精神病学的路径为跨学科的言语研究争取经费。纽曼主要是作为一名美洲印安语言学家被铭记的，回想起来，这使这份早期的工作问题重重（Darnell 1989）。萨丕尔对纽曼的评价比对其大部分的语言学学生评价更宽泛些，他写信给克罗伯说（n. d. 1937：UCB）："纽曼是与斯沃德什一样优秀的技术人员"，尽管他对田野调查研究并不大投入。在语言心理学中，"他最根本的动力是理解行为的模式化过程，而语言恰巧是他钟爱的方法"。萨丕尔回应了纽曼对模式的直觉，他从来没有对其他学生作过类似的回应。但这样一来，把纽曼放到按照学科界限定义的任何一个位置上都很困难。

与萨丕尔自己的南部派尤特语一样，纽曼1932年关于约库特语语法的论文是萨丕尔过程语法之最佳典范。纽曼和萨丕尔在埃杰顿面前为约库特语抽象的形态音位分析进行答辩（西尔弗斯坦，p.c），这个语法也如二人构想的那样得到出版。当齐里格·哈里斯评审纽曼投给《国际美国语言学杂志》的约库特语文章时，他评价说"从审美角度优雅大方，从科学角度令人满意"。细节也足以让读者"正确构建他们自己对该语言的观点"。从六种方言而来的材料提供了比较性视角（时间深度），这在美洲语言学的研究中是很少见的（1943—1944，196）。哈里斯赞扬音位学观点，不是因为它对理解约库特语做出的贡献，而是因为它为语言学提供了一种"完全通用的语言"（1943—1944，197—198）：

> 这种语法有着特殊的方法论意义，它可能是萨丕尔成熟语言学方法的最丰满的例子。萨丕尔有一种一致性和有效性十分强的方法处理语言学材料。他没有完成纳瓦霍语语法的事实意味着，我们没有一个研究可以完全呈现他的方法。约库特语法的一个功绩之一是它遵从了萨丕尔工作的总路线，这是在萨丕尔活着的时候，他的一位最重要的学生写下的。

语言是一种由音素（音位）或词素的元素构成的模式，它产生过程或"移动性的系统"。（1943—1944，199）。对日益控制这个学科的布龙菲尔德学派结构主义语言学家来说，"模式"和"构型"这样的词语有着神秘的特点。构型甚至能导致历时性的概括（1943—1944，201）。哈里斯坚持"过程"是一种方法，而不仅仅是一个术语；两种形式的关系涉及非随机的变化（1943—1944，203）。尽管哈里斯认为布龙菲尔德学派的分布或者"排列"也有类似的关于普遍化的陈述，但是纽曼语法的动态性与更加"现代"的结构主义著作形成鲜明的对比，尽管这只是得到了含蓄的认可。哈里斯认为纽曼和萨丕尔将会被认为是新的榜样，他忽视了结构主义在处理语言变化、意义和"过程"方面的不足。哈里斯认为，"直觉性的"田野调查研究方法不应因为其主观性来源而弃用，在这方面哈里斯比自己预想的更多地受到萨丕尔的影响。

沃尔夫与语言相对论假说

　　本杰明·沃尔夫是萨丕尔的耶鲁圈子中最非常规的人。他从来没有一个长期的学术任职，尽管他在萨丕尔 1937—1938 学年休假暂时顶替了他的位置。他在化学工程的训练和他一辈子作为保险调查员的职业也与他的语言学副业没有一点关系。尽管沃尔夫做过专业质量的描述性研究（两项出现在 Hoijer 1946 中），他从没有在快速职业化的时代里获取高级学位。但是他的语言相对论假说，即语言结构决定了思维这一假说，还是引起了语言学家、人类学家、语言哲学家的争论。在萨丕尔的著述中我们可以发现沃尔夫立场的一些可望而不可即的暗示，尽管作品中还有其他陈述，暗示纯语言结构独立于文化。萨丕尔两种立场都接受，采取哪种立场取决于他正在研究的问题。[①] 沃尔夫在萨丕尔生病期间发展了他自己富有争议的假说，并且在萨丕尔去世后进一步阐述，所以萨丕尔没有机会对此做出评论。沃尔夫死于 1941 年，终年 44 岁，于是他的假说便由不那么志趣相投的同事解读其涵义。

　　在这种情境下，了解萨丕尔在自己的名字几乎完全与语言相对论假说联系起来之前如何看待沃尔夫就显得十分重要。萨丕尔给克罗伯写信说（1936 年 4 月 30 日：UCB）：

　　　　沃尔夫是一个非常优秀的人，自学成才，富有天分。他有时候容易偏离主要问题，沉溺于次要问题的推测与思考

---

　　① 萨丕尔对语言相对论最坚定的陈述见其 1931 年在国家科学院宣读的论文摘要——"原始语言的认知范畴"。论文直到他去世后才发表。

中，但这仅仅体现出他的思想富有创意，敢于冒险……他是当代最有价值的美洲印第安语言学家之一。

萨丕尔没有将沃尔夫区别于自己训练过的其他语言学学生。另外，沃尔夫的文章（YU）显示，他在语言学的"耶鲁第一学派"中起着核心作用，因为学派成员因田野调查或者工作地点而分散于四处。萨丕尔生病期间，想要将他的学生集中起来变得更加困难，这时沃尔夫还在纽黑文地区，因此他的核心地位更加巩固了。

对于萨丕尔扩大语言学理论狭隘的印欧语系基础，沃尔夫持接受态度（1956，218）："我们不会再把印欧语系的几种同源语以及以之为基础发展出来的理性化方法看作人类心智进化的顶峰"。① 虽然萨丕尔的观点是专门针对于语法范畴的，但是沃尔夫却对语言学的哲学启示更为感兴趣。认真研究沃尔夫加入耶鲁第一学派，对从历史角度正确解读他的"假说"十分必要。罗林斯（1980，47）认为沃尔夫从事语言学的动机始于哲学，终于哲学，尤其是通神学，他引用沃尔夫的非语言学作品来证明他在语言学专业之外的持续动机。相反，卡罗尔（1956）认为，对安托万·法布雷·多利韦浪漫主义的痴迷仅仅是"被沃尔夫本人超越了的一个怪癖"。

从沃尔夫最初被语言研究吸引，到后来对萨丕尔的语言学科学变得痴迷，这一切皆因语言学可能会对哲学问题带来启示。但是他学会了用语言学家接受的证据来明确地表达这些问题，如在他的霍皮语和纳瓦特尔语语法和语言学论文中那样。有人认为沃尔夫的立场是"神秘的"而萨丕尔的立场是"世俗的"（Rollins 1980，62），这种观点过于简单化，尤其是考虑到罗林斯认为萨丕尔本人就"在科学和艺术之间保持着优雅平衡的仪态"（1980，66）。

---

① 中译文见王志欣译，"科学与语言学"，载高一虹等译《论语言、思维和现实——沃尔夫文集》，北京：商务印书馆，232 页。——译者注

沃尔夫学习了希伯来语、阿兹特克语和玛雅语（Carroll 1956），曾受到来自中美洲的考古学家赫伯特·斯平登、阿尔弗雷德·托泽以及哈佛的西尔韦纳斯·莫利的鼓励。这些学者对语言学方面了解不多，但是他们十分看重沃尔夫的一项能力，即翻译对考古解读有用的语言学文本。斯平登鼓励沃尔夫（1928年3月16日：YU）向纽约的国际研美学者大会提交一份论文，认识这个领域的"其他人"；并没有清楚的材料说明萨丕尔是否参加了这个会议。沃尔夫（致斯特蒂文特，1928年7月20日：YU）也在夏天访问了耶鲁语言学研究所，与教授原始语言学的奥尔登·梅森建立了长期的友谊。托泽鼓励沃尔夫（1928年10月18日：YU）形成一个"确切的问题"，向社会科学研究委员会申请去墨西哥的研究项目基金；梅森希望沃尔夫能够比较纳瓦特尔语与皮马语（沃尔夫致托泽，1928年10月20日：YU），也就是进入由萨丕尔在尤特和南派尤特的早期研究中勾勒出的犹他—阿兹特克语比较研究领域。沃尔夫在假期中使用了这笔拨款（约翰·范·西克尔致沃尔夫，1929年1月5日：YU），他感谢了萨丕尔（1929年1月11日：YU）对他的申请的支持。沃尔夫1929年再次拜访了耶鲁的语言学研究所（致斯特蒂文特，7月8日：YU），但是对没有在美洲印第安语言学领域的研究感到失望。他有意识地建立语言学专业领域的接触，尤其是通过美国语言学协会来建立。

托泽和斯平登鼓励沃尔夫将他关于纳瓦特尔语语调、重音和每日符号的论文交给萨丕尔。萨丕尔认为这是一篇"重要的论文"（致托泽，1930年12月14日：YU），托泽对沃尔夫说："这是来自于一位严厉的批评家的很高的赞誉。我为你感到高兴。"沃尔夫发给萨丕尔一篇玛雅语的文章，其中有"许多特别规则的语音演变"的。

萨丕尔来到耶鲁时沃尔夫十分高兴，因为这次距离足够近，使他能够参加始于1931年秋天的研究生课程。卡罗尔（1956）将沃尔夫的语言学事业开端追溯至其在耶鲁"与一组规模虽小，但非常热忱的萨丕尔的学生的接触"，但是这只是加深了他的语言学专业化。①

萨丕尔写信给梅森（1932年10月11日：APS），介绍一位名叫沃尔夫、对犹他-阿兹特克语研究十分感兴趣的"狂热分子"。梅森回复道（1932年11月9日：APS）他认识沃尔夫，并且早在1928年就认为"有个机构应该抓住这个小伙子，让他把所有的时间都放到语言学而不是火灾保险上"。

沃尔夫毫不掩饰他对意义之"根本"问题的兴趣（致萨丕尔，1932年7月6日：YU）。尽管他不为心理学家写作，但他"随意地"读了一些"基本的心理学概念"；但是这"对分析或者作为任何科学方法来使用都毫无用处"。沃尔夫想按照萨丕尔主义理论来组织其他研究玛雅语的语言学家（致奥利弗·拉法热，1933年1月3日：YU），希望成立一个"协同小组"，"从比较的角度来分析整体的玛雅语群，就如萨丕尔正在从事的阿萨巴斯卡语研究以及我正在从事的犹他-阿兹特克语研究一样"，但是没有成功。

沃尔夫越来越将自己和萨丕尔的耶鲁小组和人类学联系起来。他与克罗伯就犹他-阿兹特克语研究通信，与帕森斯通信，为其与居住在纽约的霍皮印第安人欧内斯特·纳库尤玛的研究争取资金。弗雷德·埃根与沃尔夫接洽，试图获取霍皮语音位信息以辅助他的民族学工作。埃根（致沃尔夫，1940年10月8日：YU）希望掌握霍皮语的实用知识，并且考虑霍皮语如何融入犹他-阿兹特克语研究。沃尔夫（1940年12月10日：YU）暗示霍皮语和北派尤特语和单派尤特语的联系。埃根（1940年12月14日：YU）回复道，他需要对民族学材料有"历史性的掌握"。

克罗伯（1935年6月5日：YU）敦促沃尔夫不要等到所有的证据都齐全时才行动。"一代或者两代人的耽搁"让民族学家"孤立无

---

① 霍凯特（见 Hoijer 1954，2）误以为沃尔夫在与萨丕尔相识之后才开始研究语言与思维的关系。事实上，萨丕尔只是给沃尔夫提供了一种方法，以助其解决长久以来的困惑。

援，一再被搁浅"。克罗伯对自己 30 年前的分类方法一直被"接受和作为基础，而原因仅仅是因为这是唯一的分类方法"感到震惊。对犹他-阿兹特克语的内部分类——"即便只是一个勉强正式的分类"——都会帮助对"民族和文化的运动"做出推论。如果这样的分类能够被"标志性的证据支持，那就更好了"。但是，沃尔夫对分类工作非常谨慎（1935 年 8 月 20 日：YU）："我们周围有太多鲜为人知的语言了，或许掩盖了可能影响我观点的事实。"克罗伯（1935 年 10 月 30 日：YU）认为沃尔夫"推动犹他-阿兹特点语文学在萨丕尔奠基论文的基础上向前迈进了飞跃性的一大步"，并且"重构了基本框架，而萨丕尔除了间或的暗示，几乎没有超越音位的手段。"克罗伯意识到"民族学和历史的意义"可能不能通过"这种自身合理的语文学技术"获得。换句话说，他觉得 20 世纪头十年和 20 世纪 10 年代的民族学和语言学大综合不仅是不成熟的，而且从根本上是不可能的！民族学家需要一场"如萨丕尔和你所做的事情"相匹配的"一轮攻坚战"。

布龙菲尔德与克罗伯前没的立场相当不同，他祝贺沃尔夫所做的犹他—阿兹特克语工作（1936 年 1 月 7 日：YU），认为这是"这类事情该如何去做的典范"。梅森（致沃尔格林，1939 年 11 月 7 日：YU）认为沃尔夫是"我们研究谱系难题的最好人选"，哈斯发给沃尔夫包含（1939 年 11 月 20 日：YU）"所有有关东南方和德克萨斯语言的可能分类方法"的材料，期待他能够将其综合。但是，这个综合是一个团队项目（Trager 1946，3）：1937 年左右，沃尔夫敦促特拉格"应用沃尔夫和我修改的萨丕尔分类方法"编制一份北美语言地图，并根据默多克的部落略图将其组织起来。这个地图从未出版，但是得到耶鲁研究群体的应用。

哈斯（致沃尔夫，1937 年 2 月 16 日：YU）认为特拉格的塔诺安语研究会与沃尔夫的犹他—阿兹特克语研究共同形成一个大语群或其子类（phylum）的分类，并且"向所有人证明萨丕尔在这些学科中的敏锐直觉"。这次特拉格和沃尔夫的合作"给了我新的勇气"。

1937年和1938年，沃尔夫与布拉格学派的语言学家康特·特鲁别茨科夫就玛雅语和犹他—阿兹特克语的音位进行了一场复杂的辩论。沃尔夫重构了霍皮语的三个元音长度，特鲁别茨科夫相信只有两个，他希望用沃尔夫的数据来证明自己的相反观点（1937年12月18日：YU）。沃尔夫公开承认自己被说服了（1938年1月17日：YU）。这是萨丕尔和布拉格学派语言学家在20世纪30年代有记录的仅有几次接触之一。萨丕尔鼓励沃尔夫（1938年10月4日：YU）坚持自己的观点，重申音位分析应该建立在本族语者的判断之上。

> 应该从两种呈现模式中的哪一种对霍皮语法更为合适、更经济的角度来解决这一问题，而非从一般的原则出发来思考。如果你能够坚持你的陈述，并引用霍皮语调查对象的话，可能会有助于解决这个问题。本族语者对这些问题的感受是十分重要的，尽管他们表达自己的方式并不专业。

沃格林（致沃尔夫，1937年11月5日：YU）赞扬了那100个特拉格—沃尔夫重建，称其为"在扩大或合并语群方面，合适的原则的首次应用"。关键是比较一系列的语言。[①] 哈斯报告说她的克里克语初步字典是"接触相关联的语言后""快速得到"有关材料的基础（致沃尔夫，1937年11月13日：YU），这里她表达了相似的比较性原则。

萨丕尔的学生自觉地重新定义美国语言学，想通过田野调查和分析的协同攻关来填补语言分类的空白。尽管萨丕尔是他们的精神力

---

① 格林伯格（1987）把此种做法称为"多边对比"。

量，但是他本人对此项工作的贡献很有限。听众主要来自人类学领域。沃格林给沃尔夫写信说（1938年1月2日：YU），这些语言学会议"不接受非传统观点，我们是完美技术的继承者，遵循它是我们的责任……在人类学会议非常普遍的那种关系在这里找不到"。

萨丕尔及其学生将他们自己与博厄斯团体分开来。萨丕尔对沃尔夫说（1938年10月8日：YU），赫佐格和纽曼虽然身在纽约，却并不属于纽约学派。有些年轻的博厄斯派学者有着敏锐的耳朵，但是"博厄斯竟然从来没有教过他们声音模式的形成"。"他们对博厄斯的忠诚"对他们的学习无所助益，反而"可能事实上妨碍他们大脑皮层的正常运转"。赫佐格也向沃尔夫抱怨纽约学派和纽黑文学派的水火不容（1939年10月24日：YU），他建议两方进行讨论而非默默对立。有些人"有着几十年业已形成的固定思维模式，很难改变"。

沃格林于1939年为美国人类学学会组织了一次研讨会，参会者包括布龙菲尔德（语言分类和重构）、安德雷德（语言形式的描写和历史分类）、梅森（考古学和语言学）、沃格林（语言学和民族学）、弗雷德里克·约翰逊（中美洲的语族）、沃尔夫（北美语族）。沃格林认为沃尔夫是回答起源性问题的最好人选（致沃尔夫，1939年11月：YU），并提议对比"已经做了的事情"和"仅仅被建议过的事情"。萨丕尔的学生希望使萨丕尔的历史性工作得到新一代更加保守的语言学家的尊重。

在语言分类方面，沃尔夫倾向于介于萨丕尔的分类法和已确立的鲍威尔分类法之间的分类方法，这个方法相比于萨丕尔的方法来说更容易被新保守主义学者接受。沃尔夫给罗伯特·斯宾赛写信说（1940年2月10日：YU），他识别出了七个或者八个语群，他将易洛魁语和中大陆语言从霍肯语中分离出来（现在被认为是语群中的一个子类），可能也将莫桑语从阿尔冈昆语中分离出来。他将凯瑞斯语和尤基语作为孤立的语言，尽管他并未使用孤立这个词。将遥远的语群子类建立关系所需的技术"比在一个语群内进行比较语言学研究更加困难、更加严格"。沃尔夫在详细解释这个假设前便去世了,特拉格转而研究其他难题。沃尔夫是萨丕尔所有学生中唯一可能挑战布龙菲尔德学派在接下来的 20 年间主导地位的人。因为他去世过早,很多有潜力完成的工作都没完成,所以一定程度上降低他作为美洲印第安语语言学家的声望;他几乎完全以语言相对论假说而被世人铭记。

在萨丕尔 1937—1938 年休假期间,施皮尔作为代理主任非常关注如何保持学生对技术性语言学工作的热情。尽管萨丕尔可以通过"要么沉没,要么游出去"的方法来教授学生,但是如果一个年轻访问学者用此法授课学生不可能买账。另外,因为语言学学科变得越来越非人类学了,民族学的学生也越来越不愿意服从语言学的学科管理要求。施皮尔(致萨丕尔,1937 年 6 月 30 日:YU)认为沃尔夫是一个理想的候选人:

> 我认为沃尔夫有一种非常令人兴奋的方式,我愿意充分利用他将语言和民族学结合起来的兴趣,因为我觉得这会带动我们很多的学生。当"纯粹的"语言学课程让他们觉得刻板无趣时,他们可能会因为这个缘故大受鼓舞,重新重视语言学。

沃尔夫提议设立一门北美语言学课程,这门课程野心勃勃地涵盖了"大量的语言",包括霍皮语、阿兹特克语、玛雅语、其他犹他-阿兹特克语、佩纽蒂语,还包括剩下语言的调查,比较犹他-阿兹特克语、阿兹特克—塔诺安语和大佩纽蒂语群,还包括语言分类的一般讨论——语言学与人类学的联系,及其"作为田野调查技术、心理学洞察力的辅助手段和历史视角的指南"的作用。

沃尔夫"希望为此工作得到报酬",不过他觉得自己与其他相对更有资质的人选来说会廉价些。他已做好了准备将自己塑造为一名专业的语言学家。他没有提议离开自己的本职工作岗位，但是他希望得到如萨丕尔年纪较长的语言学学生一样的认可。

施皮尔将美洲印第安语言学这门课程交给沃尔夫教授（1937年7月18日：YUDA），并提到特拉格将会教授语音学。他提醒道，"我们的大部分学生不是语言学专家"，所以"这对你来说是一个很好的机会，通过扩展自己课程的内容，吸引学生的兴趣"。沃尔夫的回应胸有成竹（1937年8月4日：YUDA）：

> 我早就在想在这类课程中我应该教些什么……我意识到学生们对语言学大多只有些最模糊的概念，我的想法是去激发他们对语言学方法的兴趣，将它作为理解其他族群思想观念的方式。我认为关键点是语言学为人类学家面临的难题提供帮助，包括民族学、考古学和历史学领域。

沃尔夫（致卡罗尔，1937年8月：YU）将主要聚焦于"心理学方向，以及所谓的原始文化中的意义、思想和观点问题"，旨在"揭示心理因素或者常量"，并"通过语言模式将未加工的经历变成连贯的、可传达的一系列想法"。这些文件说明，沃尔夫的著名假说，是在他用萨丕尔的框架向非语言学家解释美洲印第安语言学的努力中初步成型的。

萨丕尔对通过语言学形式来接触思维的本质十分感兴趣。沃尔夫更进了一步，他用一种心理学家能够理解的方式处理机制和形式问题。沃尔夫的立足点是文化的，因为他觉得这些范畴是所有本族语者共同拥有的。但是这不同于萨丕尔在其跨学科工作中将文化与人格结合起来的努力。

沃尔夫的写作方式无疑是模仿萨丕尔的："一定程度上来说这是

模仿了萨丕尔,因为他总是能够击中要害,抓住令读者应用其思想模式的机会。"沃尔夫被后继者死板地解读,他的本意被不恰当地误解了。萨丕尔—沃尔夫假说在 20 世纪 40 年代到 50 年代受到严格科学标准之下的检验,当未能发现语言和文化之间直接、明确的关系未能出现时,这个假设基本被摒弃了。

第二十章 耶鲁人类关系研究所

耶鲁人类关系研究所成立于1929年，是一项宏伟计划的一部分，旨在整合大学有关人的研究的"教育资源"——所以这使得耶鲁对于支持研究的基金会来说更加具有吸引力（May 1971, 141-142）。

人类关系研究所预期建立一个专业教育、研究和社区服务中心，包括医学院、法学院和护理学院；研究生院的生物系和社会科学系；以及纽黑文医院……（它意图）推进人类福利方面的研究，以及建立一门个体与社会行为统一的科学，以便更加有效地训练医生、律师、牧师、护士、教师和研究工作者打好基础。

从一开始，这个项目就比芝加哥地区社区研究委员会所预想的更加具有整合性。

这一时期实用主义哲学产生了一种科学的新观点，强调"多元的独立因果关系"，其中结构的不同层面的原因不能相互转化（Morawski 1986, 219）。不同的学科可视为综合体的一部分；当所有的部分都得到理解时，整体的本质也会自然浮现。在孟德尔学派生物学、相对论物理和弗洛伊德心理学中，单一、无所不包的范式似乎提供着简单化的答案。日益发展的专业化使得科研比本科生教学更为重要。

这些新目标呼唤形式和数学模型的建立，以避免主观性的"困惑"，而形式和数学的模型正是萨丕尔在芝加哥大学时反对的。心理学对涌现的综合化尝试最为适应（Morawski 1986，220）："最后，在寻找知识新模式中牺牲的确定性在一种有序的方法论中被重新找回——即研究工作的程序规则"。跨学科的模式来源于企业实践，奖励有进取心的研究者（Morawski 1986，22）。慈善基金会支持的是他们能够理解的东西，即商业模式的机构和步骤。

人类关系研究所的决策者是两个人。一个是教育心理学家马克·梅，他于1927年来到耶鲁，从1935年直至1960年担任主任，直到退休。他积极推行团队合作和学科综合，将其作为人类关系研究所的使命。而耶鲁大学校长詹姆斯·安杰尔则希望以研究使耶鲁吸引基金会的注意力；他需要根据芝加哥的模式尽量吸纳超级明星（Morawski 1986，225），合作研究项目"将会确保避免独特于个体科学家的认知特质"。梅和安杰尔"质疑个体的认知能力，嘲笑研究人员中存在的个人主义'狂热'，尽管'天才'除外"。萨丕尔是作为超级明星被录用的——这是团体规则的特例。事实上，在芝加哥萨丕尔从来没有按照规则行事。他希望训练学生，为他们判断需要做的重要研究，不为资金担忧。作为人类学的领头人，他以为自己享有充分的自由为自己选择的项目说话。

萨丕尔对心理学的定义与实验室或弗洛伊德的临床分析无关；相反，他更倾向于"对人类本质的一种传统态度"（Karl 1974，119），即心理活动对解释人类行为来说十分关键。萨丕尔是一个坚定的反行为主义者。芝加哥社会科学有自己的定量和行为主义研究，但是这些研究总是被一种民族志的、完形心理学的特质所平衡，萨丕尔认为这是理所当然的。耶鲁内部的冲突是不可避免的。

1929年1月，耶鲁要求为人类关系研究所提供数额并不巨大的内部研究资金，因为他们认为整个国家"只有两到三所排名靠前的大学能够让一项研究行为科学的综合性计划"成为可能。他们强调了医学院的合作（1929年1月3日：YU）。斯佩尔曼纪念基金会曾资助过之前存在的耶鲁心理学研究所，因而有望借重组契机增加相应比例的拨款。

关于强调何种心理学存在内部争论。1929年1月（YU），唐纳德·施莱辛格发表观点支持精神分析，尽管多萝西·斯温·托马斯不相信（n.d.1929：YU）"精神分析学家对精神分析的研究会产生科学成果显现出来"这一说法提出质疑，他认为研究人类行为的学生应该根据需要借鉴精神分析的知识。这时，学科综合的设想十分松散。

1932—1933学年，萨丕尔在人类关系研究所建立了包含9个人类学课题的初步项目（致人类关系研究所的年度报告：YU）：多纳德（社会学视角的反常行为）、赫佐格（纳瓦霍语和非洲音乐）、斯卡德·麦基尔（康涅狄格州的社区调查），施皮尔（尤马语文化调查）、威廉·摩根（是一位医生，负责的课题是纳瓦霍文化和人格）、默多克（海达语）、纽曼（语音象征）、霍腾丝·鲍德梅克（黑人社区调查），以及一位不知名的研究生的纳瓦霍民族学调查。对一个新教员来说，这是非常有雄心的计划；但是这个计划与人类学之外的学科联系甚少。

威斯勒比萨丕尔早来耶鲁五年，一直在人类学和心理学之间进行调和。他开始时很接受对萨丕尔的任命。萨丕尔向梅保证（1931年1月23日：YU）："非常愿意将人类学的新工作与威斯勒已经建立的工作紧密联系起来。"没有人说这两项工作是联系在一起的，萨丕尔非常谨慎地明确，他控制自己的研究部分。威斯勒很有礼貌地同意（致梅，1931年3月30日：YU），在"我们有剩余空间"的情况下为萨丕尔和他的学生提供空间。空间成为了人类学研究所中萨丕尔和威斯勒人类学研究派别间的长期话题。

研究生主任弗内斯正式通知威斯勒（1931年12月23日：YU）

萨丕尔将会掌管总预算，空间将会重新调整。前提是保留威斯勒与心理学家的合作。安杰尔（致弗内斯，1934年1月11日：YU）想要抛弃威斯勒，但要尽可能地做得策略："我当然愿意以尽可能周到、温和地处理人事调整，但是我认为当前的形势十分不合理。"梅向威斯勒（1934年2月2日：YU）解释了人类关系研究所的政策变化：[386]"我们已经逐渐发展出了整合的研究项目，其中包含了几乎所有的社会科学和一部分生物科学。"这些要求我们"不时地取消研究所较早开始的研究项目，因为这些项目现在看起来与当前研究并不相关，不能与我们现在的研究核心紧密联系"。

威斯勒准备了一份涵盖其1929年—1934年在耶鲁大学史特林纪念图书馆研究的最终报告："被解除了研究所内人类学部分的所有工作义务后，作者意图尽快清除这些项目。"人们期待威斯勒的人类关系研究所任命会带来心理学的发展，但这并未得到证实；文化和人格研究完全缺失。尽管威斯勒不再掌管人类关系研究所的人类学工作，在萨丕尔去世（和威斯勒自己的法定退休年龄到期）之前，他仍然在耶鲁大学兼职。他为不喜欢萨丕尔跨学科合作定义的研究者提供了另外一种选择。

开始的时候，人类关系研究所十分小心，坚持学科综合不会排除个人的研究方向。耶鲁大学医学院的H. S. 伯尔是通过较为官僚的手段抗议（1931年12月18日：YU）研究所重组的人之一："研究所应是耶鲁大学能够吸引到的最优秀人才的自由协会……作为一个'学者的自由协会'，研究所为我们提供合作或者是独立地解决难题的机会。"安杰尔（1931年12月19日：YU）认为这是一个对计划重组的"非常彻底的误解"，这次重组是"建议性的，而非强制性的"，不包含对研究的"强制性方向"限制。安杰尔询问布尔的个人研究是不是在某种程度上受到了限制；不相关和未受资助项目的有效性这一更大问题并没有解决。1932年8月15日的人类关系研究所年度报告（YU）对预想的变革方向有明晰的陈述：

> 我们越来越相信，人类关系研究所应该将重点放到那些在研究所之外无法完成的研究项目。当前研究所大约80％的资金用于那些相互关联甚少或甚远的项目。很多项目甚至不能置于同一个大框架之中。尽管不同领域的研究者进行合作的趋势越来越强，但是这种情况仍是零星偶然的。

资金评定的压力越来越大。在早些年间（May 1971，145），"在一个协同项目开始成形前，大家认为有必要将所有正在从事生物学和社会科学研究的研究所成员考虑在内"。但是这个"值得赞赏的计划"实施得并不顺利，因为研究人员主要认同的还是他们自己所在的系，而非研究所。

学科综合的压力在1929年洛克菲勒基金会十年拨款的中途达到顶峰。提交给安杰尔的为洛克菲勒基金会撰写的报告（1934年5月29日；YU）毫无疑问是梅执笔的，它总结了内部的审阅过程：在十年间的第一阶段，学会召集了研究人员、准备了研究设施，"如同科学探险招聘研究人员一样"。只有在第二个阶段才有可能"决定我们在发展研究人类行为的学科综合项目上能够走多远"。包括萨丕尔在内的多项高级任命填补了之前的空缺。"一个没有猜忌嫉妒、没有科学秘密的真正的科学工作者兄弟会"很快就会形成。统一的项目"通过一个简单的措施实现，即共用纽黑文社区这样一个研究实验室"。尽管"将研究所的所有工作合并成一个宏大项目"尚不可行，但是25个研究单位的负责人已经开始每月会见，起草一个"看起来统一的计划草案"。

萨丕尔试图从研究所规划的角度说明自己研究项目的合理性。他的年度报告（致梅，1932年8月15日；YU）建议继续推行"几个具有严格民族学特质的项目……尽管它们与其他社会科学研究只有较间接的联系"。他也写信给梅（1934年12月10日：YU）说起"有关原始部落的社会心理学"研究："我认为这是十分合理的，强调在原始部落中的行为研究也在研究所的主要工作计划之内。"但是萨丕尔也努力通过安杰尔规避人类关系研究所的政策变革，申请今后两年每年10,000美元的经费，因为"许多人类学领域的年轻人对不同的文化群体的人格十分感兴趣"。安杰尔（1935年12月5日：YU）却没有资金来满足这个要求。

1934年12月1日（YU）的官方五年报告乐观地写道："传统的各系之间的障碍会加速消失，越来越多的自发协同合作将会在共同目标之下不断涌现。"然而所描述项目的整合性却较欠缺。1935年3月份的备忘录（YU）有认错之意，强调"在耶鲁或者其他地方，只有极少数科学家有合作研究的训练或者经历"。人类关系研究所需要加强对人事和预算的掌控，并且需要一个全职的管理者。

洛克菲勒基金会的艾伦·格雷格记录了自己与研究所工作人员的面谈情况（n.d.，1935年9月：RAC）。大家观点各异。曾经抗议重组的伯尔认为，这个项目是"严重分散的"。萨丕尔"非常不愿意看到研究所解散"，他"对以临床工作形式进行的个体人格研究很有兴趣"。萨丕尔虽然"非常聪明地避免进一步评论，但是我认为他相信以上所说的几点非常重要，而非隐藏什么"。萨丕尔对梅的学科综合缺少热情是潜在的问题；非常明显，他尽量避免伤害研究所。几乎在同时的一份未标明日期的备忘录上，格雷格（RAC）将萨丕尔描述为"有点脱离群体；在其他方面，研究所运行良好"。他很可能意识到研究所内部固有的冲突。格雷格对梅印象深刻，认为安杰尔卸任校长的职位将会预示着研究所美好的未来。多拉德在人类关系研究所重组后，对研究所的工作越来越投入。格雷格的备忘录上有埃德蒙·戴的笔记，记录了对耶鲁的一次访问（1935年9月17日：RAC），他说道多拉德"对协会所做的事情有非常清晰的概念"。

人类关系研究所在重组时（报告，1935年10月3日：RAC）分成生物学和社会科学两个均等的部分。"在纽黑文社区之外的研究"包括"美洲印第安人的人类学研究、原始文化、原始语言、艺术和音乐"。萨丕尔对文化和人格研究的重视并没有被提及。1935年之前，项目有"连续的特点"，因为大批的资金会拨付到各系。但是到1935年时研究的流动资金已经不能够支持"有着跨系特点的新项目"（May 1971，149）。1938年，洛克菲勒中心对研究所的赞助是否继续取决于研究所的重组状况，梅是研究所的负责人，管理着流动研究资金。

梅从人类关系研究所的研究者身上寻求个人和政治支持。例如，他向多萝西·斯温·托马斯强调（1935年8月6日：YU），重组是"基于一个中心的观点，即将人类关系研究所售卖给洛克菲勒基金会的核心思想"。他决定"我们必须制定一个非常协同一致的甚至是不顾一切的计划，将我们各种研究项目与这个核心思想统一起来。否则，我们就必须承认这个观点本身就是不现实的，与基金会的结合是个不切实际的计划"。梅暗示说，多萝西·斯温·托马斯获得资助的条件是，是根据她想要"用更加普遍的统计方法"来加强她的生活史研究方法。托马斯说（致梅，1937年9月10日：YU），自己"对你个人忠诚，自然也对你的项目忠诚"，但是它的"片面性"与"一个全面的社会科学项目的发展"不相适应。梅将此解读为托马斯拒绝自己的项目，因而自此之后无视托马斯和她的研究。尽管多萝西·斯温·托马斯嫁给了威廉·艾萨克·托马斯，她本人并没有强大到被容忍的程度，除非她是一个完全值得信赖的盟友。

1936年，梅发起了资深研究者之间的晚间会议来讨论研究的视角，萨丕尔、默多克、威斯勒和多拉德都参加了（尤金·卡恩致梅，1936年10月16日：YU）。埃里克·洪布格尔（埃里克森）（致梅，

1936年4月25日：YU）对于协调克拉克·赫尔的刺激—反应学习理论与精神分析的尝试感到忧心忡忡，因为后者并不那么具有系统性。梅的综合尚未成熟。

艾伦·格雷格1936年11月16日至19日的面谈记录（RAC）承认这种综合是不全面的："选拔出来的人从来没有真正在一起……引进的带头人各有自己的观点、自己的工作习惯和个性，这与群体工作格格不入。"梅想通过在研究所受过培训、对它忠心耿耿的年轻人开始进行团队合作；这些年轻人"在其教授的同意下凑在一起，却没有其教授的陪伴"。多拉德在团队协作性方面名列前茅。

多拉德写信给米德说（1936年11月23日：LC），洛克菲勒基金会好像对研究所的工作有不错的印象："我们开了一个很大的研讨会……研讨会上我们展示了人类关系研究所合作的精彩面貌。"梅的"立场非常坚定"。默多克合作兴趣的增加"对我们来说十分有利"，"因为我们并没有直接从人类学家那里得到很多"。格雷格1937年10月18日面谈时（YU），梅决定不会向洛克菲勒基金会索要对"萨丕尔人类学项目的支持"。尽管人类学家努力"为研究所的目标做贡献"，但是没有做出可观的成果。

1935年夏，克拉克·赫尔的行为主义心理学作为一种综合性的方法首次提出，但是"团队中的大部分成员都对此不感兴趣"（May 1971，157）。梅认为只有年轻人才能够灵活变通。1936—1937年的年度报告（YU）反对单个学者的"直觉"或者"私人的学术兴趣"，支持合作研究规划。赫尔的动机理论将会把学习理论与弗洛伊德的心理学相协调。

赫尔在系里组织的研讨会对人类关系研究所的教师开放，研讨会提出了一个"达到社会科学学科融合的系统性方法"（1936—1937年度报告：YU）。"周一晚小组会"始于1936年，那时有十几个年轻成员，后来发展到30人左右。赫尔将"强大的逻辑和数学思维工具"与"实验室内高度发达的实验和观察步骤"结合起来,形成了"互相关联但部分重叠的问题的科学系统",进而发展更为广泛的社会科学理论。

新项目包括三个方面,学习与行为和人格发展是梅最着迷的两个方面。前者以赫尔为中心,将动物行为的法则应用于人类社会,用以论证"科学理论作为方法论步骤来达到综合、全面的社会科学的价值"(May 1971,161)。后者是多拉德领导的人格研究工作,他在萨丕尔的帮助下来到耶鲁这一事实可以基本忽略不计。梅(1971,161)认为精神分析和行为动力没有结合,因为精神分析在"学术上不受尊重"。多拉德通过"一样系列研究"改变了所有的局面,"这些研究不仅带来了理论的进一步发展和修正,而且让这个理论一方面与赫尔的行为准则相联系,另一方面与社会结构和文化相联系"。1935—1936学年(May 1971,162),赫尔、多拉德和新聘精神分析学家厄尔·津恩试图决定,"精神分析的基本概括是否能从行为和学习理论的原则中合理推断出来"。如果不能的话,学习理论必须调整。研讨会集中测试攻击行为,将其视为对挫折的一种回应,并且与动物行为模式密切关联。

人类关系研究所的第三个关注点是社会结构和文化(May 1971,163-164);梅觉得将人类学观点与他在学习理论及人格方面的兴趣结合起来十分困难。1936年—1937年度,晚间研讨会主攻了著名的社会学理论,目的是"将在这些理论中发现的文化观点和实证概括与行为的原则联系起来"。并不令人惊讶的是,由于耶鲁的传统和萨丕尔对学科融合运动的疏离,萨姆纳和凯勒的进化社会学被认为是"最有前景的"。默多克通过多拉德使这项工作引起研究所的注意,并且"开始学习精神分析理论"。① 社会心理学家伦纳德·杜布(p.c.)暗

---

① 津恩对约翰和比阿特丽斯·怀廷进行了精神分析。他们两人回忆说(1978,43)赫尔综合理论"与萨姆纳和默多克的物质主义相当契合,同时也与施皮尔的实用主义以及马林诺夫斯基的功能方法相容"。

示，萨丕尔由于这些研讨会"过分简单"而避开参与。

默多克的跨文化调查始于1937年，他的"人类关系领域文件"是为了"在获取人类学家对其他组员提问的回应时节省时间"（May 1971，166）。萨丕尔不包括在这个综合项目之内，他从来不接受在跨学科社会科学中将人类学仅仅作为收集民族志奇闻逸事的工具。相反，默多克却对通过统计学技术检验社会进化理论期待已久（1930—1931年人类关系研究所年报：YU）。他设想了一项"针对2,000个原始部落文化特质的全面研究"，不过到1937年，这个宏伟目标被削减为400个部落。只有人类关系研究所的资源能够支持这项研究计划。

默多克认为（n.d.，1937年：YUDA），"传统的人类学"不习惯提出一般性的问题（"我们只能引用一到两个我们记忆中的案例，或者一个模糊的大体印象"）。即便从描写上来说，人类学的资料也是"未经消化和分析的"。另外，人类学"快乐地漠视或鄙视社会学家和心理学家的工作，所以也不能回答他们的问题"。默多克准备摒弃整个博厄斯范式以及萨丕尔的人类学系。但是在研究所内部，默多克的综合观点是受欢迎的。

洛克菲勒基金会向研究所提供了始于1939年为期十年的最后一笔研究拨款；人类关系研究所是为数不多的受到持续资金支持的单位之一。到了20世纪30年代末，类似基金会和大学都已不再期待有宏大的跨学科综合项目了。

与医学院的联系

耶鲁大学的专业学院，包括法学院、医学院和神学院，是詹姆斯·安杰尔的现代化举措的首要考虑对象；它们皆包括在人类关系研究所最初的授权令之中。伯克利神学院院长拉德（致卢瑟·维尔戈

1930年5月19日：YU）将人类关系研究所视为将他的神学院与耶鲁大学神学院联合起来的一种方式。罗伯特·哈钦斯直到1930年被任命为芝加哥大学校长之前，一直是耶鲁法学院院长，他倡导法律训练中的社会科学精神。

米尔顿·温特尼兹于1920年—1935年任耶鲁医学院院长。他带领学院从生物学和医学角度出发，探索思维在疾病中的作用（沃特·迈尔斯致梅，1936年1月14日：YU）。"温特唱了15年的独角戏"（Oren 1986，141—142）。人们对他的描述从"天才"到"混蛋"都有，他"以铁腕控制管理医学院"（Oren 1986，141）。弗莱克斯纳报告向洛克菲勒基金会呈现美国医学教育情况，温特尼兹所带领的耶鲁医学院是受到这份报告赞赏的寥寥无几的几所医学院之一。然而温特尼兹却是个反犹太的犹太人，耶鲁大学无法无限期地容忍他（Oren 1986，150）："院长的怪癖超出了其下属们的忍耐限度……大家只不过是勉强接受他将医学与社会科学相结合的革命性理念。"教职人员于1935年集体罢免了温特尼兹，其职位由耶鲁大学校友斯坦霍普·贝恩—琼斯接任，这位新院长对跨学科社会科学的执着远不如温特尼兹。

然而这些年中，萨丕尔却在医学院找到了比在人类关系研究所更加投合的合作伙伴。温特尼兹成了他的好朋友；他处理医学问题的功能主义方法及其对心理现象之重要性的坚持都令萨丕尔欣赏。温特尼兹打算以行为研究为基础教授预防医学，从而帮助社会个体适应现代都市生活的种种压力（Morawski 1986，227—228）。萨丕尔认为现代美国文明中已丢失了"真"文化，这与温特尼兹的观点如出一辙，为他们之间的讨论提供了充分的基础。

同时，萨丕尔也因与沙利文的合作而同医学院建立了联系。临床实践为跨学科社会科学提供了实证数据支持。萨丕尔则贡献了其跨文化视角。

萨丕尔参与了医学院一系列讨论社会科学视角的讲座。1937年，在名为"医学实践的背景"系列讲座中,他就"文化所定义的人类"及"作为人格的人类"等话题进行了讨论(艾拉·希斯科克致哈罗德·伦德,1935年2月7日;YU)。萨丕尔意在为医学生呈现"一个更广阔的视野,帮助他们理解人类社会以及医学在其中所起的作用"。他(1935年3月5日;YU)偏爱精神分析,认为它"最有可能发现用于定义和评估早年经历的方法"。(荣格的)人格分类对于"理解人类行为的主要原因"则并不是那么有用。

梅也热衷于与医学院合作。人类关系研究所曾尝试将温特尼兹纳入其社会科学部的纽黑文社群研究之中,但未成功(备忘录,1932年1月;YU)。然而医务人员却被拒之门外,因为梅认为他们并不理解自己的工作。例如,埃德温·吉尔迪亚写信给梅(1935年4月27日;YU)说"没有任何一所"研究人类行为的学校是"非常成功的";他无法看到简单易行的路线去实现"不同学科知识的综合"。梅面临着协调人类关系研究所内部的"各种冲突元素"这一难题。

萨丕尔认识贝恩—琼斯,在成为医学院院长之前他是特朗布尔学院的研究员。萨丕尔将自己上一年的讲座论文复印件交给贝恩—琼斯,供其参阅(1935年11月22日;YU)。萨丕尔非常渴望探讨文化与人格这个"普遍性领域",并告知他的国家研究委员会下属人格与文化关系委员会包括12名成员,其中3人来自耶鲁大学。贝恩—琼斯(1935年11月30日;YU)在阅读萨丕尔论文的过程中对国家研究委员会产生了兴趣,非常急切地想与萨丕尔讨论人类关系研究所与医学院之间的"最理想关系"。

1936—1937年,萨丕尔参加了名为"精神病学中的社会与文化问题"的系列讲座,就"文化人类学为何需要精神病学家"这一主题发表讲话,并于1938年在沙利文主编的期刊《精神病学》中发表。①

---

① 中译文见高一虹译,"文化人类学为何需要精神病学家",载高一虹等译《萨丕尔论语言,文化与人格》,北京:商务印书馆,2011,350-359页。——译者注

这一讲座系列的主讲人还包括梅、多拉德以及社会学家莫里斯·戴维。虽然在温特尼兹被一位不那么志趣相投的后继者取代之后，萨丕尔仍与医学院保持交流，但对于萨丕尔为培训项目和研究争取经费来说，这一切都为时已晚。

埃里克·洪布格尔（埃里克森）似乎也有希望在医学与社会科学之间建立联系。梅（致梅西基金会的赫伯特·申顿，1936 年 2 月 1 日：YU）认为他是"美国领先的儿童精神分析家"，于是邀请他来人类关系研究所做兼职顾问。哈佛大学的亨利·莫里对洪布格尔的推荐（致梅，1936 年 3 月 6 日：YU），可能令萨丕尔喜出望外却使梅深有反感：

> 他是一位训练有素、气质非凡的艺术家。他对弗洛伊德的概念体系有着全面深入的理解，能够以高超的理性和感受将其应用到儿童行为的分析中去，这是我所认识的任何人都无法企及的……不过他几乎没有表现出意愿或能力去设计一个合适的实验情境，测试他的理论。

但是埃里克森（其名字现已正式变更）后来去了伯克利儿童福利研究所（致梅，1939 年 3 月 27 日：YU），因为他的研究并不符合梅心里所想的学科综合。

多拉德与人类关系研究所的重新结盟

虽然多拉德是应萨丕尔的邀请来到耶鲁大学的，但他很快就将自己的未来投注于人类关系研究所。萨丕尔曾经期待有一个盟友，虽然他用幽默隐藏自己的感受，但多拉德的不忠诚令他心寒（奥斯古德，p.c.）。萨丕尔认为，多拉德歪曲了他在人类关系研究所的项目

（海伦·萨丕尔·拉森，p.c）。在他的记忆中多拉德是耶鲁大学一个性格怪异的人——他反犹太，是个野心勃勃的盎格鲁-撒克逊白人新教徒（伦纳德·杜布，p.c）。多拉德有些理据地认为，就人类关系研究所综合方案而言，他自己是站在梅身后的幕后策划人（杜布，p.c）。但多拉德与综合方案的理论大师赫尔相处并不融洽。

从一开始，多拉德的观点便与萨丕尔的观点对立。他的博士论文（1932 年于芝加哥大学）使用统计方法研究美国家庭功能的转变，而萨丕尔一直回避这种做法。在推迟"影响力"研讨课后，多拉德在欧洲写信给萨丕尔说（1932 年：2 月 21 日：YU），他想超越统计学，从不同的角度在社会心理学领域研究同样的问题。这当然与萨丕尔自己有关跨学科过程的想法完全一致。"一些生活史的技术形式"或许会应用在以后的统计学应用之中。多拉德认为，毫无疑问，这将与在纽黑文工作小组的兴趣相契合。

由于人类关系研究所的工作，耶鲁大学的人类学对研究的重视胜于教学，这在北美几乎是独一无二的。1933 年，当美国教育委员会调查全国的人类学系所时（R. M. 休斯致玛格丽特·米德，5 月 5 日：LC），有 14 个机构颁发了博士学位。在过去 5 年中耶鲁大学只授予了 2 个博士学位，却有 11 名教员（包括一些社会学家和多拉德）。

在这个有利研究的环境中，多拉德试图从文化的角度综合看待精神病人，这个项目由萨丕尔最初提出，拉塞尔和沙利文担当"科学顾问"（1935，637）。在其生活史研究中（1935），多拉德很有条理地解释了为何学习文化和人格的学生应该进行临床研究。虽然这与萨丕尔的观点一致，但这两个人却渐行渐远。

在他与玛格丽特·米德的书信往来中，多拉德记录了他对人类关系研究所事务的观点。两人于 1933 年在汉诺威相识，米德从"约翰·多拉德那里学到更坚实的方式来描述文化品格"（Mead 1972，

221)。多拉德与米德 1934—1935 年一起从事由梅关联起来的合作与竞争研究。在争取社会科学研究基金的过程中，米德对多拉德推销自己的能力印象深刻。

多拉德渴望将新的方法系统化，将其与社会科学而非心理学—精神病学产生更紧密地联系起来。他写信给米德说（1935 年 3 月 28 日：LC），"社会科学工作者的培训单位打算将人格研究技术添加到他们的其他装备中去"。此时萨丕尔正试图说服国家研究委员会提供培训奖学金，多拉德可能希望通过人类关系研究所削减他的提案。米德回应道（致多拉德，1935 年 4 月 1 日：LC）："贪婪、羡慕和嫉妒的气氛笼罩着这个文化与人格的研究项目，简直让我感到恶心。"

在组织一个由新弗洛伊德心理学家构成的网络的过程中，米德起到了重要作用，这个网络包括霍妮和弗洛姆（致多拉德，1935 年 2 月 11、20、25 日：LC）。米德兴高采烈地报告说，她将本尼迪克特介绍给了霍妮和弗洛姆（1935 年 6 月 20 日：LC）。弗洛姆"非常渴望我们 5 个人之间的进一步合作，解决民族学家和精神分析师都应该处理的重大问题"。弗洛姆组织小组的 5 个人一起讨论美洲印第安人的性格，在其中起到了关键作用（1935 年 9 月 3 日：LC）。这一过程是合作性的："一旦我们扑打出一条路来，我们将引入几位田野调查者……让你和埃里希和霍妮将他们作为调查对象，澄清一些细节，制定出该研究路径的方法论。"

米德（1935 年 9 月 3 日：LC）的报告中提到在汉诺威遇到梅，发现梅受到多拉德想法的"浸泡"："所有的一切都非常令人鼓舞。"多拉德转述了梅与米德在汉诺威见面的情况（1935 年 9 月 27 日：LC），强调人类关系研究所"缺少人才"，把"你和其他一些人请到这里"真的是一种"奢侈"。然而，重组不是没有短板。梅"难以抗衡研究所的各种科学或金融既得利益。这就像既定的文化结构一样，除了革命之外，几乎不会受到其他任何事情的影响。"

尽管如此，革命正在进行中。多拉德说服梅聘请精神分析家厄尔·津恩代替尤金·卡恩的位置；尤金缺乏研究热情，早就成为多拉德的（伦纳德·杜布，p.c）的眼中钉。多拉德打算为其生活史研究观察并记录实际精神分析的过程，因此需要一个好说话的临床医生。多拉德深信，人类关系研究所已经有一个"规模虽小但很有前途的"小组去研究"具体社会情境中的个体"，并且该项目将是"人类关系领域中的死点"。社会科学家和生物学家享有独特的合作机会。"将精神分析适度、现实地"引入到人类关系研究所的时机已经成熟。

津恩（致梅，1936年6月12日：YU）为心理学系研究生开设了一门精神分析理论研讨课，并在得到允许的前提下对两个研究生（可能是约翰和比阿特丽斯·怀廷）进行了分析，进行了记录。津恩愿意将他的工作与人类关系研究所的模式联系起来（致梅，1937年10月14日：YU），认为梅的挫折与侵犯模式是弗洛伊德理论中固有的。

多拉德（致米德，1937年6月7日：LC）也热衷于人类关系研究所的挫折与侵犯项目。此外，与默多克的合作开辟了通过伦纳德·杜布建立"社会学和心理学真正联盟的可能性"。萨丕尔与这一切无关，他反对赫尔综合理论中过于简单的刺激—反应心理学，反对梅执意定义什么是规范和不规范的社会科学研究，反对多拉德没能将自己纳入其研究计划。多拉德认为，萨丕尔在耶鲁之外的跨学科社会科学权力结构内尽其所能反对他的工作：

> 我们项目的一个不愉快的结果是萨丕尔不间断的、持续升温的反抗。我已经成为他公开的敌对和责骂对象，他感觉我试图破坏这里的人类学，他认为我在此反抗他，他觉得我忘恩负义、工于心计。只要他能找得到听众的地方，他就传播这些意见，他的威望如此之大，使他的意见传播得相当广

泛。我不认为他的批评很站得住脚，相反，他的许多指控很明显是对自己在耶鲁人类关系研究所中缺乏创造性这一事实的一种掩饰。

多拉德自己偶尔也会怀疑大综合是否马上就会到来（致米德，1937年10月8日：LC）。米德比任何耶鲁的人类学家都拥有更多的田野调查经验，多拉德希望米德告诉他"我们是否能够公正地对待文化本身，沿着这些其他的线路思索是否真正合理"。但是，不论时机是否成熟，多拉德决定将这个项目坚持下去。当新一轮资金申请开始时，他希望在原有的基础上向基金会提交新的综合方案，而不只是"一般性地抢"钱（致米德，1938年1月10日：美LC）。

多拉德一贯批评人类学项目缺乏跨学科性。萨丕尔去世后，多拉德才在人类学系任教，这时由人类关系研究所支持的默多克的跨文化调查主导了人类学项目。萨丕尔的人类学与耶鲁通过人类关系研究所倡导的跨学科社会科学就像两条平行线一样，从未有过任何交集。

第二十一章 终结

在生命的最后岁月里，由于慢性心脏病，萨丕尔未能完成毕生致力的研究工作。建立跨学科社会科学的梦想随着基金支持的减少而逐渐褪去。耶鲁政治斗争使得萨丕尔对人类关系研究所活动的参与日趋受限。在人类学和语言学界，人们认为反犹主义是萨丕尔在耶鲁过得并不开心的原因：大家记得他童年时父亲曾是教会领唱；在生命晚期，或许是出于对欧洲兴起的纳粹主义的回应，重新燃起的犹太教兴趣取代了他的世俗思想。这一切固然真实，却过于简单了。

萨丕尔与犹太教的关系

作为文化习俗和他人施加的社会范畴，犹太教贯穿于萨丕尔的一生。萨丕尔取得的地位对于同时代的犹太人而言是非同寻常的，犹太民族受到忽略是当时的普遍状况。

萨丕尔关于犹太教的早期著述是科学性的，他并非犹太教的实践者。1915年，他为一本英语—意第绪语字典撰写了一篇评论，其中融入了自己在美国的语言训练和犹太移民文化的实际经验。后来，萨丕尔非常喜欢利奥·罗斯滕的《海曼·卡普兰的教育》，这本书让萨丕尔想起了新移民误解美国语言文化的童年往事（J. 戴维·萨丕尔，p.c.）。

1926年，萨丕尔对路德维希·莱维松的《以色列》发表了评论，反对用任何单一的方式解决犹太问题。犹太民族的文化环境和个性特征差异很大。莱维松信奉犹太复国主义，使他没能论述其他可能性，如犹太民族的同化。萨丕尔认为犹太民族的文化冲突并不是犹太人独有的问题，这在人类历史上十分普遍。莱维松强调"东欧犹太人的文化古怪而狭隘，过度重视智识，却总是十分强烈，生机勃勃"，这对"由盎格鲁-撒克逊人为主体构成的更惬意、松弛、散碎的美国文化"提出了挑战。犹太人的态度是"外表上尊重，而内心却怀着些许无谓的优越感"（1926，216）。萨丕尔的措辞反映出他所切身体验的反犹主义。他承认"如果一个人要成为自己，是需要某种文化背景的"（1926，217）。作为人类学家，萨丕尔指出犹太人不囿于地方主义，善于从多种文化中汲取最佳养料。这篇评论是在萨丕尔前往芝加哥任教后不久撰写的，从中透露出他对未来的预期：并不张扬的犹太人身份不会对其个人生活或职业生涯产生负面影响。

在耶鲁，萨丕尔与同事建立了良好的关系，但他在很大程度上低估了纽黑文地区的保守主义。在任教第一学期，萨丕尔做了一场"关于自由恋爱"的公共演讲，这次演讲在1931年12月7日的《波士顿先驱报》上进行了报道，引起了耶鲁校友会的强烈抗议。新闻标题称萨丕尔主张自由恋爱比早婚好。父母应当强调"情感的真诚"，不要试图成为全知的导师。身为科学家，萨丕尔认为罪的概念已经不合时宜。况且，在婚姻的社会重要性已经衰退的背景下，离婚可能是一件好事，且无论如何都是私事。这份新闻剪报留存在耶鲁校长安杰尔的文件档案中。

萨丕尔（致安杰尔，1931年12月22日：YU）向安杰尔校长辩解说"我在波士顿演讲的真正要义完全被误解了"。他痛恨"自由恋爱"的表述，并未在演讲中使用这个词。他请安杰尔参考他1929年在《美国信使》发表的一篇关于美国家庭的保守观点的文章。安杰尔于是写信给1888级耶鲁校友威廉·斯通博士（1932年1月19日：

YU），替萨丕尔辩护，认为萨丕尔对自己观点遭到曲解"十分沮丧"：

> 萨丕尔博士是一位成熟的学者，已取得学术领域的至高头衔，他自然可以在他所研究的人类学领域自由发表观点，……在此次事件中他成为新闻炒作的受害者——我也常常受类似经历之苦，因而很能理解他的处境。

安杰尔也是初来乍到，他的回复很可能并不让人满意。安杰尔是耶鲁第一任非校友级校长，而决定耶鲁发展政策的教职工们对他并不信服（Oren 1986，61）。各大报纸专栏看似联合起来，因为安杰尔同时收到了一份基于《芝加哥每日电讯报》刊载内容的抗议信。安杰尔把所有信件都转寄给萨丕尔，很扼要地表示毋需回应："你肯定很清楚，这就是在这一领域发表任何公共论述所要付出的代价。"

虽然表面看来和犹太教没什么关系，由盎格鲁-撒克逊族裔的新教徒构成的新英格兰对萨丕尔而言是陌生的。德俄地区犹太人的智性立场是"反教权、反封建、带有法国百科全书式的实验主义和理性主义的信仰"（Diamond in Silverman 1981，69）。纽黑文缺少类似公开争辩社会话题的传统，传统道德准则被认为是理所当然的，人们指望斯特林教席①的教授们奉行这些道德准则。

萨丕尔的朋友、芝加哥大学校长、耶鲁大学前法学院院长罗伯特·哈钦斯曾经告诫萨丕尔："的确，我们比不上耶鲁的名气、工资以及充足的科研经费。但小心，你将去的地方智性传统远比这里狭隘。你会遇到更强烈的反犹主义"（Michael Sapir 1984，9）。萨丕尔忽视了这一警告。

---

① 斯特林教席是美国耶鲁大学最高的学术等级，一般授予在某领域最杰出的在职教授。此教席借由耶鲁1864年的毕业生约翰·威廉·斯特林捐赠的约一千万美元善款创立。——译者注

在萨丕尔来到耶鲁的时候，大学教员中少有犹太人，而且这些人中没有一个承担耶鲁最重视的本科生教学。1930 年，在 569 名教员中有 4 名是犹太人（Oren 1986，132）。医学院院长温特尼茨是"美国犹太人渴望成为上流社会一分子的典型代表"，他积极倡导反犹主义，想在新教徒聚集的普罗斯佩克特街定居，当地的犹太社群对他鲜有好感（Oren 1986，136-137，143）。医学院中的犹太裔还包括研究精神病学和心理卫生的尤金·卡恩（1930—1936 在职）和研究生理化学的拉斐特·门德尔（1921—1935 在职），他们都是斯特林教席成员。诋毁者认为雇佣一个犹太人意味着会有更多犹太人来耶鲁，而萨丕尔确实把施皮尔和赫佐格带进了人类学系。施皮尔没能受聘为终身主席，许多学生和教员都将此事归咎于反犹主义（曼德尔鲍姆致达内尔，1986 年 6 月 20 日）。

安杰尔似乎并未觉察到耶鲁犹太教员面临的种种困难。他的任务是通过吸引各学科领域的重要学者，包括许多犹太学者，来提升耶鲁的研究声望（Oren 1986，131—132）。聘用门德尔和萨丕尔是为了"装饰著名高校的门面"，但他们都无法成为高校核心（Oren 1986，261）。

在 20 世纪 30 年代耶鲁的犹太教员中，萨丕尔被人记住主要是因为研究社团拒绝了他的会员资格。据传说是教员社团拒绝了萨丕尔，但教员社团在耶鲁名不见经传，学术工作都是在研究社团而非办公地点由高级教员开展的。斯特林教席的成员会遭到排斥，这是闻所未闻的。实际上，这场风波与萨丕尔本人没什么关系，好几个犹太人都是社团成员，但社团委员会中却积累了大量反犹主义的情绪。萨丕尔恰好是引发反犹问题争论的人（Oren 1986，360）。曼德尔鲍姆（Oren 1986，360）认为"支持萨丕尔入会者在研究生院教员中'粗鲁冒失'，'难以和人相处'，这并不利于萨丕尔的候选人资格。"由于对反犹主义"失策预期"，提前"强鉴成员"可能招致了反感（曼德尔鲍姆致海莫斯，1981年5月18日），而且萨丕尔的支持者都来自语言学领域而非他自己带领的人类学系。

萨丕尔的项目是从社会学系分出来的，社会学系在反犹方面表现积极（杜布，p.c.）。而默多克对萨丕尔的"不幸遭遇"（致丹尼丝·奥布赖恩，1976年6月4日）做了最低估计。他声称他和其他人建议萨丕尔等过几个月，新委员会主席上任，但萨丕尔"和众多犹太人一样对歧视十分敏感，他的一些同僚都怒气冲天，认为自己必须为此奋勇抗争"。默多克、弗尼斯和梅离职，默多克（1976年采访）说他没有再回去。但当时人类学学生和教员都认为默多克是反犹的。

对耶鲁反犹主义的回顾讨论并没有提到，反犹主义态度在30年代是相对受人尊重的，并且与民族主义情绪密切相关。相比嫉妒萨丕尔的成就，因萨丕尔的犹太裔身份将其拒之门外的态度更受尊重。伯克利神学院院长威廉·拉德的儿子约翰·拉德（1984，p.c.）在众多"受压制的激进分子"中与萨丕尔关系不错，他强调了耶鲁大学的等级化社会结构。二战后当犹太难民逃往美国时，犹太人的身份才是受人尊敬的。萨丕尔在社会学和人类关系研究所的学术困境都在反犹主义中得到体现，虽然其抨击者的动机多见于日常琐事。而且，萨丕尔的轻率无礼让一些同事十分光火（保罗·萨丕尔，p.c.）。

不论如何，1932年萨丕尔被研究社团拒绝一事"在全校掀起了波澜"（Oren 1986，132）。校园内的开放言论又开始反弹，像萨丕尔这样身份的人也会被对其行政功能至关重要的机构拒之门外，入会委员会就此事进一步展开了争论，院长弗尼斯提出强烈抗议。但没有证据表明安杰尔采取了任何行动（Oren 1986，133）。

此后埃杰顿推举萨丕尔进入"名气稍逊"的教员社团，虽然萨丕尔因而成为社团中第一位犹太裔成员，但他从没有涉足社团任何事务（Philip Sapir, in Oren 1986，133）。研究社团将其拒之门外已让萨丕尔倍感受伤。犹太教拉比希斯金解释说（Oren 1986，133）：

> 他与我谈到在教员中发现的尊卑秩序时，将信将疑地微笑着……教授间的等级差异在他看来就像是儿戏，完全不像一个学者群体的做派。校园里的社会等级制度将萨丕尔置于新贵、旁观者的位置。

斯坦利·纽曼（p.c.）回想起当年萨丕尔被研究社团拒绝时的震惊："新英格兰的高雅之士将'希伯来人'（他们对犹太人的敬称）视为奇怪的东方人，他们总是大嗓门说话、举止粗鲁、固执己见。有教养的人不愿与他们交往。"

至少，萨丕尔找到了另外一个社会团体。G. 伊夫琳·哈钦森（p.c.）在康涅狄格艺术科学学会结识了萨丕尔。康涅狄格艺术科学学会汇集了"纽黑文的饱学之士，不论他们是否为耶鲁教职员"。每周他们一起进行讨论，气氛"相当活跃"，讨论后共进晚餐。萨丕尔定期会参加活动。学会是社会保守派，但主张政治开明，包括许多俄罗斯侨民，一些人是"地道的土著"，"因各种原因背井离乡"。

在孩子的宗教活动方面，萨丕尔认为这是他们的个人选择。他允许孩子们和基督徒伙伴一起参加教会组织的活动。他会给孩子们读《旧约》中的故事，也许是想抵消基督教的影响。他从不庆祝犹太教的节日，不过他喜欢的食物里没有包括贝类和猪肉。从在渥太华的日子开始，一家人会在家里摆上棵圣诞树庆祝圣诞节，但节日本身不带有宗教意味。萨丕尔"很喜欢圣诞节的送礼，一次我们把手帕换成了书送给他。我们让他在屋里留下礼物的清单"（海伦·萨丕尔·拉森，p.c.）。

萨丕尔把几个小点的儿子送进了纽黑文一所学校。该校以反犹主义闻名，不允许犹太人参加给高年级孩子开设的舞蹈课（保罗·萨丕尔，p.c.）。萨丕尔很早就学会对同事和熟人间流露出的反犹主义笑话不加理睬（菲利普·萨丕尔，p.c.）；但在其他时候，他会变得十分尖刻。埃米诺（致哈斯，1971年12月4日）回忆当时有个"德国来的狂热的纳粹分子"，他对萨丕尔毫无好感，但选修了萨丕尔的语音课，"萨丕尔请他作受试，提供方言中小舌音的语料，对他十分耐心……我深深佩服萨丕尔的博爱与镇定"。

萨丕尔常常与埃德加·希斯金和莫里斯·齐格蒙德两位犹太拉比探讨犹太人问题，他们两人都是人类学研究生，对耶鲁犹太事务非常积极。希斯金（p. c.）回忆说萨丕尔相信每个人都需要文化底色。他对"有组织的犹太文化"并不感兴趣，但对童年时代"无法消融"的文化感兴趣。萨丕尔认为父亲家庭的正统犹太教"呆滞乏味"，但对"犹太文化更深层的冲动"做出回应。

希斯金和萨丕尔一起阅读《塔木德》，曼德尔鲍姆和纽曼也常常如此（萨丕尔致纽曼，1935年8月12日）：

> 听闻你一直没丢下希伯来语，我很高兴……希伯来语一直让我着迷，这或许因为在我七八岁的时候，就曾和父亲翻译《旧约》的缘故。希伯来语的语法总是给我带来喜悦，文本内容通常很有意思。我们要再在一起时，你愿意比如每周和我一起读一点儿吗？你可以用归纳的方式了解到大量语音和形态学的内容。希伯来语有各种奇特的不规则用法（与阿拉伯语相比），但并不困难。我直觉上认为你可以在音位学方面做一些修订。

萨丕尔对犹太人中的敬老传统十分赞赏，美洲印第安人也有相似品质（J. 戴维·萨丕尔，p. c.）。他"变成专注的嗜书人，有一整屋子的犹太书籍和文物。他开始阅读希伯来文的《圣经》，并有好多套《塔木德》"（菲利普·萨丕尔，p. c.）。琼·萨丕尔在丈夫生日时曾送给他一套《塔木德》，看着萨丕尔陶醉于犹太语言工作中，一家人也其乐融融（海伦·萨丕尔·拉森，p.c.）。

萨丕尔与1925年YIVO（东欧犹太教意第绪语高级研究所）的创立者之一魏因赖希是朋友，这让他也开始关注犹太激进主义。YIVO设立在维尔纳——"立陶宛的圣地"，此地素来有犹太教学习的传统（Gilson 1975，62）。魏因赖希在维尔纳的神学院教授意第绪语，他还把弗洛伊德和荷马的作品译成意第绪语（Gilson，62）。他是YIVO的语言学家，从事意第绪语的语言、拼写和语法规范工作，同时探讨语文学、历史和文学。魏因赖希致力于让年轻的犹太裔关注文化传统，他从和萨丕尔一起进行的文化与人格研究中获得了新工具，回到维尔纳。

萨丕尔对希特勒掌权很不安。一家人搬到纽黑文的时候，他同意让儿子迈克尔去德国待上一年，要求是他每周用德语写封信回家。这些信生动地描述了纳粹在慕尼黑集结、希特勒演讲引发的极大轰动，这些信件内容估计很大程度上带来了萨丕尔对欧洲灾难的预感，特别是因为德国曾经一度比法国对犹太人的同化更友好。萨丕尔的言谈越来越多地流露出施本格勒[①]式的失望（迈克尔·萨丕尔，p.c.）。萨丕尔一家一直关注H. V. 卡尔滕博恩时时追踪二战早期征兆的广播播报（萨丕尔家人：p.c.）。默多克（致丹尼丝·奥布莱恩，1976年6月4日）回忆说萨丕尔的性情发生了转变。他把耶鲁遭拒的经历视为反犹主义"继德国之后"在美国开始发展的证据。默多克（致奥布赖恩，1976年采访）声称萨丕尔"想到一旦纳粹占领美国，他需要在乡下找个藏身处"，于是在新汉普郡买下了农舍。但萨丕尔的家人都认为这种说法很荒谬。大多数耶鲁教员都有度假房。保罗·萨丕尔（p.c.）表示："如果萨丕尔确实一时兴起开玩笑……他很可能确实开

[①] 施本格勒，奥斯瓦尔德（1880—1936），德国哲学家，在其《西方的没落》[1918—1922] 一书中提出各种文明都要经历一个为期一千年的周期，并不可避免地同生物物种一样从生长走向衰亡。见《新牛津英汉双解大词典》。——译者注

过类似玩笑，而默多克并未意识到这是个（忧愁的）玩笑。……（也许）萨丕尔指的是纽黑文的纳粹。"

其他在美（尤其是纽约）的犹太裔人类学家，也开始关注政治环境，博厄斯就在其中。萨丕尔以美国人类学会会长的身份写信给博厄斯（1938年11月23日；APS），提议美国重要的"科学机构"发表"联合声明抗议纳粹政府及其对犹太人的迫害"。出于策略方面的原因，他认为起草声明的委员会应由非犹太裔成员组成。博厄斯回复表示（1938年11月29日；APS）："从过往经验来看，我很怀疑我们能否从著名的科学机构那获得官方声明。"《自然》杂志拟就此事发表一封1300名科学家的签名信，博厄斯希望能有作用。哥伦比亚开始为逃难学生设立奖学金。博厄斯认为这些都是很可能发挥作用的办法。

尽管如此，在1938年末主持的一次美国人类学会的会议上，萨丕尔提出了一项反对纳粹种族迫害的决议。只有很少一部分博厄斯学派的成员投了赞成票（Goldfrank 1978，30）。大部分人称德国是友好势力。"此后萨丕尔不乏幽默感地说：'这项决议是由哈佛大学的 A. E. 胡顿提出的。'大家都以为自己反对的是博厄斯提出的决议"。一战期间，萨丕尔和博厄斯都主张科学和国际主义重于爱国主义。但到了二战，国家却更加极权。

30年代末，萨丕尔越发关注政治。他参与组织犹太关系大会——"这个国家委员会由著名的犹太学者构成，热衷于对关系到犹太民族的社会趋势进行科学评估"（Oren 1986，132）。同样在耶鲁任教的犹太裔莫里斯·R. 科恩任主席，萨丕尔任副主席。大会于1939年开办《犹太社会研究》期刊。"东欧、中欧的学术中心都受到大规模破坏，科恩、萨丕尔、汉斯·科恩以及萨洛·W. 巴龙等人都感到美国犹太裔必须接手这份工作"。

萨丕尔以 YIVO 的名义给众多犹太裔同事致函（1933年5月1日；YUDA），其中也包括博厄斯和沃思。他在信中着重指出 YIVO

将进一步推进社会科学的研究。这实际意味着魏因赖希和萨丕尔在耶鲁的工作。在社会变革风云变幻之际,"对东欧犹太人个性的广泛研究正在筹备中"。萨丕尔强调他们只需要得到姓名使用的授权,而不会有其他要求。

萨丕尔和其他人一起建立了犹太社会科学全美跨校委员会,"以推进意第绪语科学研究所的工作"。布龙菲尔德、人类学家梅尔维尔·赫斯科维茨、保罗·雷丁的兄弟马克斯(杰出的法学家)、亨利·舒尔茨和沃思可能是因为萨丕尔而加入委员会(萨丕尔主持该委员会)。委员会22名成员中不包括博厄斯。YIVO 的名誉理事会包括历史学家西蒙·都布诺、阿尔伯特·爱因斯坦、西格蒙德·弗洛伊德、摩西·加斯特、萨丕尔、伯恩哈德·瓦克斯泰恩和哈伊姆·日多夫斯基。

1939 年 YIVO 年鉴中刊载了萨丕尔的讣告,其中提到萨丕尔以 YIVO 名义开展过各种公开会谈,并引用了他 1915 年研究母亲的考夫纳方言语音的"犹太—德语语文学笔记",称萨丕尔为意第绪语语言学家。在 YIVO 世界大会上,萨丕尔曾表达过他对机构工作的一腔热血:

> 我还是个孩子的时候,意第绪语并不为人重视,只是被人用作行话,而不像希伯来语、俄语、波兰语或德语一样为人使用。在波兰和立陶宛的犹太人中,后面几种语言被视为解放了的知识分子的语言。……关于怎样促进东欧和美洲的犹太群体与世界文化的交流,我能想到的最令人兴奋、也最为可行的方式就是将受人轻视的语言打造为一种高贵、清晰且富有创造性的表达工具。

萨丕尔就雷丁探讨一神论的书撰写了评论,发表于 1925 年的

《烛台杂志》。萨丕尔认为宗教的精神力量远比一神论本身更加重要。一神论教并非犹太人或某一种族的特征。

曼德尔鲍姆（1941，139—140）曾在《犹太人社会研究》中总结了萨丕尔对犹太教的态度转变及犹太教与其人类学的关系：

> 很长时间，萨丕尔对犹太问题的态度都采用了人类学者的立场，他的人类学背景使他在人类宇宙的新闻发言席上获得了一席之地。他以科学观察者所适宜的态度镇定又全面地看待犹太事务。但到晚年，他逐渐发现观察者也会参与到社会活动之中。他对身为一名犹太人的种种问题越来越着迷，也一直关心这些问题，关心眼前混乱的局势。……在我看来，萨丕尔将犹太民族的天才以最精妙的方式予以体现。从某种意义上而言，犹太人生来便是民族学者。由于他们在犹太教以及周边社会两种文化领域中的双重参与，他们常常对文化形式的差异十分敏感。

疾病与归隐

在当地政治活动、竞争激烈的研究项目以及反犹主义的重压下，萨丕尔在纽黑文最初的兴奋感迅速衰退。他在新罕布什尔州吉尔曼顿钢铁厂附近的普莱斯池塘租了间小农场，这里成为了他的庇护所。在新罕布什尔住了两年后，萨丕尔一家被迫买下了200多英亩的地。萨丕尔的小屋成为了他的欢乐之源，这是任何定居住所无法比拟的。他给海尔的信中（1934年9月21日，10月9日：SWL）提到"我们家有了一些新动向，我似乎在往成为农民的方向发展"，一个夏天"修修补补"的，很愉快。海伦·萨丕尔·拉森（p.c.）回忆说："他喜欢带着来访的客人到农场附近去转悠。"但后来的岁月里，心脏病迫使他更多时伏案在家。在大自然中阅读令人愉快，通常去远足、漂流或全家出游时，萨丕尔都会带上本书。萨丕尔给沃尔夫写信（1932年7月7日：YU）说"能够时而阅读，时而写作，时而散步是再好不过了"。他和梅（1935年6月25日：YU）说："我在北边有座'小破房'，类似内陆办公室，从四面的窗能够眺望远山、森林和湖景。"

家人的一些记忆并没有这么田园诗化。菲利普·萨丕尔提到他们在新罕布什尔租的第一间房比他们最终买下的那间更棒。萨丕尔早上会来这吃早饭，晚上会在煤气灯旁读书。他从来不和家人探讨他的工作，并且工作时家人从不会去打扰他，让他修理东西。

远离"文明"的生活取代了萨丕尔长期以来的活动，尤其是田野调查和到各地参会。他写信给梅（1934年8月20日：IHR）："自从来到耶鲁，我愈发觉得需要深呼吸，就像深吸一口气，在宁静的乡村之秋着手当下的工作。"

琼·萨丕尔认为（海伦·萨丕尔·拉森，p.c.）甚至在萨丕尔第一次突发心脏病前，他的心脏情况就让他的工作进度放缓。萨丕尔私下承认在归隐新罕布什尔时，他对工作失去了掌控力。起初，他想在农场不受人打扰地工作，但农场却成了萨丕尔排解外部压力、恢复健康的地方。

1935年夏天萨丕尔写给琼的一连串信件中（萨丕尔家谱）反映了萨丕尔的投入程度。他的首要任务是在"小屋"里整理他的书籍和手稿，小屋位于农舍后，是两居小木屋，一间供萨丕尔和琼休息，一间是萨丕尔的办公室。屋子"舒适极了"，客厅地面是刚粉刷的红，不过眼前景象很难让人安心做事。"这地方据说是块风水宝地"（1935年6月19日：SF）。萨丕尔的优先任务很清楚（6月25日）："晚上人十分疲惫，在灯火旁看书写字十分麻烦。我还没进入工作状态。……我发现把体力活和脑力活结合起来很困难。"

1935年夏天琼在纽约继续跟随卡伦·霍妮进行心理分析。有一两年时间她每周去纽约两趟（保罗·萨丕尔，p.c.）。萨丕尔认为他们中有一人需要进行心理分析，他觉得霍妮"头脑非常清楚"。萨丕尔没有区分他对霍妮发表内容的意见和琼心理分析的进展，就搬走了。萨丕尔希望琼回来的时候"能喜欢这个地方"（1935年6月24日：SF）。尽管在耶鲁的日子婚姻遇到种种压力，萨丕尔还是希望维持他们的关系。1933年琼携两名幼子去探望她父母时，萨丕尔写道（9月14日，16日：SF）"心脏疼痛的感觉变少了"，短暂的分离可能有助于健康，但他没有意识到"真正的混乱"。没有了孩子们的吵闹声（"保罗的咿呀学语和戴维的哭闹声"），他没法安心工作。

霍妮"十分热衷于讨好萨丕尔，获得他的好评，通过萨丕尔她希望打动社会科学界的专家"（保罗·萨丕尔，p.c.）。这"显然会影响对琼·萨丕尔进行充分心理分析的结果"。而且，霍妮因琼吐露的内心憎恶而不安，担心萨丕尔会因此责备她。她过早终止了分析，担心给萨丕尔的心脏造成负面影响。琼因纽黑文和萨丕尔的病况而幻想破灭，她需要把自己的生活与丈夫分开来。保罗回忆说：

> 晚年时，琼经常谈起，当她在（接受分析时）提到自己曾把霍妮在分析中说过的话转述或直接呈现给萨丕尔时，霍妮常常会表现得十分恼火。看来霍妮没有对此进行分析性的回应。……相反，霍妮十分缺少分析性地责备病人，并努力想让琼在向萨丕尔面前为她说好话。[1]

---

[1] 萨丕尔去世后，琼搬到纽约，但霍妮拒绝继续进行分析。琼付不起分析费。更重要的是，霍妮可能"想回避自己因专业能力和道德欠缺造成的分析结果。此外，萨丕尔一死，琼对她而言就不那么有意思了（保罗·萨丕尔，p.c.）。

萨丕尔首次患病

1937年秋天，萨丕尔向耶鲁申请了全额带薪休假（弗尼斯致萨丕尔，1937年2月13日：YU）①。他打算接受洛克菲勒基金会资助，到中国北平燕京大学任教一年。他安排洛伊接替他一学期的工作（1937年3月2日：UCB）。然而，中日战争的爆发使此行搁浅（保罗·萨丕尔，p.c.）。

从在渥太华开始，萨丕尔就一直对中国充满兴趣。他的家人认为，亚洲语言与美洲印第安语的联系也是其兴趣的一个来源。而且，萨丕尔夫妇二人长久以来就想去旅行，一直以来没有合适的研究项目。洛克菲勒基金会在北平开展农村重建工作。在北平，前芝加哥大学人类学学生李安宅②一直与罗伯特·帕克有社会学的往来（李致雷德菲尔德，1936年2月26日：UC）。戴秉衡也在中国。

去中国的计划搁浅后，萨丕尔与洛克菲勒基金会的戴维·史蒂文斯达成协议，决定去夏威夷教书。1937年夏天，萨丕尔第一次心脏病突发后，教书计划推迟到第二学期（萨丕尔致弗尼斯，1937年9月27日：YU）。耶鲁属于火奴鲁鲁主教博物馆的会员，萨丕尔长期以来一直与博物馆的彼得·巴克关系密切。前耶鲁人类学学生E.G.伯罗斯也在火奴鲁鲁。

但由于多名医生诊断结果冲突，萨丕尔严重低估了自己的病情，只能在纽约市度过整个假期。耶鲁校长西摩就萨丕尔资助涉及的资金问题与基金会接洽（致史蒂文斯，1937年12月7日：YU）："我想他

---

① 耶鲁的休假政策是：全职教授七年中若有一年休假，休假当年工资减半，若休假一学期，仍支付全额工资（假定接替者没有减少课程或给他人带来超额工作量）；助教与副教授得全额工资，但必须从工资中拿出支付接替者的那部分。

② 李安宅（1900—1985），中国社会学家、人类学家、民族学家。曾赴美学习，并参与了新墨西哥州祖尼族人的印第安母系社会调查及墨西哥的乡村调查，撰写了《印第安祖尼的母系社会》一书。——译者注

一直十分挂念此事,我们希望能得到贵方的帮助,让他安心养病,尽快好转"。① 史蒂文斯向西摩确认(1937年12月9日:YU),情况已经超出萨丕尔的控制,"我会很高兴将他的意愿作为我们的意愿。我个人真正在意的是看到他能健康地回到耶鲁"。

从安娜堡回去后,萨丕尔在新罕布什尔康复,他写信给施皮尔(1937年10月20日:YUDA):"我一点儿也不想离开这儿,远离城市生活真是让人轻松。但我确实已经恢复差不多了,没有理由继续逗留于此。这确实多亏了琼。"他原打算在去纽约进行"全身医疗检查"的途中探望母亲,然后再前往火奴鲁鲁。而这些安排不得不完全改变。这一年戴维和长兄迈克尔及兄嫂待在俄亥俄州哥伦布;保罗前半年和阿姨待在安大略,余下的一学期和父母一起在纽约。保罗记得那段时间他的父亲身体虚弱,卧床不起(p. c.)。琼·萨丕尔意识到在不远的未来自己很可能需要一份工作,于是一年到头都忙于完善自己与精神病治疗相关的社会福利工作技能。沙利文经常来看望萨丕尔,和他一起坐会儿或者给他读书。"琼感到由于自己白天不在公寓,沙利文对她颇有微词"(Perry 1982,366),但她并没有放弃自己的职业追求。

萨丕尔对自身病情的判断随着心情和身体症状时好时坏。他写信给海尔(1938年1月20日:SWL):"有一次病情复发,病情十分严重,我只能再次卧床。但现在我感觉自己在恢复中。我穿着衣服在屋子里到处转悠,希望一两周内就能按计划开始工作,至少从少量工作做起。"

萨丕尔将系主任一职全权交给了施皮尔,他也不再过问日常事务(YUDA)。学院不鼓励学生拜访或写信,以免打扰他。虽然如此,施皮尔一直坚信萨丕尔会在1938年秋季回到耶鲁(如,致亨利·西

---

① 在西摩校长信件的复印件中留有弗尼斯院长用姓名首字母签署的留言,表示耶鲁无需为萨丕尔的义务承担任何责任。

尔福索恩，1938年2月17日：YUDA）。但事实上，没人能预计萨丕尔的病情。博厄斯把会议安排在纽约，以方便萨丕尔参加（如，致沃尔夫，1938年2月16日：YU）。特拉格向沃尔夫汇报说（1938年4月28日：YU）萨丕尔参加了纽约的研美学者会议，"还能走两步"。萨丕尔想做些正经的研究，尤其是对纳瓦霍语的研究。他写信给海尔（1938年1月20日，26日：SWL）表示他正请人把纳瓦霍的资料从安娜堡寄给他。他难以忍受这种"被迫的闲散"。学年末，他意识到"所有可以免除的工作"都不得不免除，辞去了耶鲁人类学系系主任的职务（致海尔，1938年4月30日：SWL）。但在整个患病过程中，萨丕尔仍许诺要开展研究工作，参加大会，显然想恢复信心：相信自己会恢复到以往的精力水平。

心脏诊断在当时还不成熟。给萨丕尔诊治的医师无法断定萨丕尔是否确有心脏病。萨丕尔一直轻视自己的身体状况，直到1938年病情连续复发。[①]海伦回忆萨丕尔第一次心脏病发前"步幅缓慢，常常显出疲惫之态"（p. c.）：

> 我清楚记得他曾经谈到医生误诊了，他的心脏完全没问题，问题在于消化系统。他不太愿意接受自己罹患心脏病的事实。……在家庭成员间，大家不怎么谈论他的健康问题，更多的是无言的担忧。利伯曼是他的心脏医师，由哈里·斯塔克·沙利文推荐；利伯曼对病情预测准确，了解"犹太人的心脏"（不论指的是什么吧）。我还记得父亲去世一个月前曾向我保证，说他会康复，当时他已卧病在床。

[①] 保罗（p. c.）提到不论萨丕尔如何接近复原状况，心室中的动脉瘤是"无治"了。动脉瘤很可能是1937年夏天萨丕尔第二次心脏病突发时产生的。如果当时的诊断技术更精细成熟，很可能可以及早遏制。

在患病期间，萨丕尔当选美国人类学会的会长。① 在萨丕尔第一次心脏病发作前，科尔就预见到了这件事（致施皮尔，1937 年 2 月 20 日：CU），他表示健康问题没有被考虑在决定中。施皮尔回复（1937 年 4 月 5 日：YUDA）表示萨丕尔只会在任期前半段待在中国，并主持年会。科尔给本尼迪克特写信（1937 年 10 月 28 日：UC）表示，要不是同时兼任国家研究委员会与社会科学研究委员会的项目，无暇兼顾，萨丕尔应该至少在三年前就被提名；这对萨丕尔的提名起到了推进作用。"我们的团队成员开始年轻化，我想如果我们对他不理不睬，他会很敏锐地觉察出来"。1937 年 12 月，萨丕尔在纽黑文年会上正式当选。一年后，博厄斯替他做了会长致辞，而当时距萨丕尔去世不过几周时间。沃格林向洛伊描述了会议纪要（1939 年，日期不详：APS）：

> 晚宴后，比以往显得更有朝气的博厄斯按萨丕尔提前选定的话题发表了讲话。他坦言人类学家若不同时是语言学家，其研究将缺乏深度。他举了萨丕尔和布龙菲尔德的例子，认为他们是将民族志与语言学成功结合的典范。

萨丕尔的学生们计划出版纪念文集，由施皮尔担任主编，语言学领域的纽曼以及文化心理学领域的哈洛韦尔担任助理。沃格林没能说服"萨丕尔最杰出的学生"李方桂（1937 年在安娜堡）留在美国参与编写。1937 年，沙利文告诉萨丕尔的家人萨丕尔病情很严重，预期还可以活两年（迈克尔·萨丕尔，p.c.）。但剩下的时间不多了（沃格林致洛伊，1937 年，日期不详：APS）：

---

① 1930 年萨丕尔当选美国语言学会会长。

沙利文建议我们赶在第三次心脏病发作前，发电报告诉萨丕尔关于纪念文集的事。萨丕尔回复了，他的答复让我感到振奋：他用既表音又表意的单词，说得十分清楚——那时我想萨丕尔很高兴。

萨丕尔—沙利文—拉斯韦尔研究所

沙利文试图让自己相信只要萨丕尔不参与教学，他的心脏病病情就可以得到控制。萨丕尔似乎也认为耶鲁是他的病因。在最后一次心脏病突发前，他让妻子写信给哈佛的胡顿，问问是否有工作机会（几年前萨丕尔曾在哈佛暑期学校授课）（戴维·萨丕尔，p.c.）。但二战临近，工作相比萨丕尔在渥太华期间更加难找。

1938年春天，萨丕尔的医师曾经劝诫萨丕尔放下工作（Perry 1982，366），但1938年秋季，萨丕尔还是不顾医生警告，回到耶鲁（海伦·萨丕尔·拉森，p.c.）。萨丕尔和沙利文都认为耶鲁的问题集中在"过于野心勃勃、好胜心强的"多拉德和耶鲁的反犹主义上（Perry 1982，366）。

虽然沙利文一直以来就梦想拥有自己的研究所，威廉·阿兰森·怀特精神病学基金会没有足够的资金资助萨丕尔和沙利文的长期项目。拉斯韦尔提议进一步努力获取基金。沙利文尽责地在全国各地间往来，寻求援助，而萨丕尔此时在读亚拉姆语的《圣经》，举了巴兰和驴的故事（Perry 1982，367）。不论萨丕尔认为沙利文的梦想多么值得期待，一想到这些希望终有可能破灭，萨丕尔并不愿营造过多的希望。即使是在得到耶鲁支持的情况下，他近些年申请研究资金的尝试也大多不太如意。沙利文并没有这些资源。

关于萨丕尔今后的去向，有众多流言猜测。多拉德写信给米德（1938年11月30日：LC）说他听说萨丕尔会离开耶鲁，和沙利文在华盛顿共事。"实际上，他在各地的朋友看起来都极力掩饰"。虽然如此，"据他本人所说，他们讨论过这件事，但目前他似乎还没打算离开"。多拉德提到"他没法拿到可以比得上耶鲁的"工资或保障，而且身体十分虚弱。克罗伯听闻同样的传言，萨丕尔让他放心（1938年8月25日：UCB），这些说法都"毫无根据"：

> 有传言说我要加入华盛顿大学的某个部门，但就我目前的状况，1938—1939 学年我会继续待在耶鲁。当然，我对教学有点儿厌烦了，耗费大量精力不说，我的身体状况也会不稳定，生活很难兼顾。地球上比纽黑文更有吸引力的地方也不少。

萨丕尔的朋友一致认为"耶鲁，或说其中某个系，在关键时刻让他失望了"（欧内斯特·哈德利致罗斯·查普曼，1938年3月28日：WAWPF）。最为纠结的是拉斯韦尔，一面是芝加哥大学的职位，虽然职位看似颇有声望，却没什么发展空间，另一面是去沙利文和萨丕尔那参加跨学科研究，但研究的前景并不明朗。他尝试着做出抉择。他写信给哈德利（1938年3月29日：WAWPF）："我宁愿摆脱那些纷争，和你还有萨丕尔、沙利文共事：从一些合理的新事物起步更好。"

在抢占资金方面，拉斯韦尔利用他在美国政治进程方面学习到的公关花招占据优势。萨丕尔置身事外，不过他写信给哈德利表示他会"搪塞"耶鲁那边，希望1938年4月1日离职（Perry 1982, 379）。但沙利文对 4 月中的乐观估计还是过早；他把去新罕布什尔造访萨丕尔一家的计划推迟到 8 月，希望得到更好的消息；并且他对拉斯韦尔的方式越来越感到不满（沙利文致哈德利，1938年8月22日：WAWPF），对拉斯韦尔项目申请书中"即刻致富的口吻十分反感"，认为萨丕尔也与自己持相同态度。沙利文认为萨丕尔未必"会考虑让自己和拉斯韦尔所想的内容有任何瓜葛"。面对紧迫的经济问题，沙利文无法为萨丕尔提供一个毫无压力的职位；他越发感到歉疚（参见 Perry 1982），把自己的失意投射到拉斯韦尔身上。菲利普·萨丕尔回忆说这些谋划都是在萨丕尔不知情的情况下发生的（虽然沙利文希望如果他能帮萨丕尔离开耶鲁，萨丕尔能够接受）（菲利普·萨丕尔致达内尔，1984 年 2 月 24 日）："当然这是沙利文强烈的意愿，我确实认为这不是父亲的主意——至少不是完全相同的方式。当然他和沙利文关系很好，但就我所知他在其中并没有扮演积极角色。"

沙利文无奈地接受了医药已回天乏力的事实，他写信给威尔伯·托马斯博士（1938 年 12 月 8 日：WAWPF）："我们为研究和助研核心取得资金的努力完全令人失望。"萨丕尔重返讲台的状况"非常糟糕"，"他的时日已经不多了"。研究所"对他存活期间仅存不多的机会意义重大。简单来说，我认为他可能熬不过下次心脏病发作"。虽然沙利文认识到情况无望，但他还是给芝加哥的威廉·布利茨斯滕写信（1938 年 12 月 14 日：WAWPF）："多年来，我一直坚信如果我和爱德华能获得适当资助的话，我们真的会取得一些具有长久价值的成绩。"

当 1938 年末拉斯韦尔来到东部时，他自谋出路去了。在一次搬家卡车起火事故中，他十年来的生平访谈记录也消失殆尽。对沙利文而言，由于萨丕尔去世，合作的紧迫性也逐渐消失；拉斯韦尔提醒沙利文他一直以来没能克服的困难。

沙利文在 1939 年《精神病学》杂志中发表了一份动情的讣告。他在同一期杂志中还写了篇对反犹主义的评论文章，向"与萨丕尔的合作致敬"（Perry 1982，375），将悲痛升华为思想。1939 年悼文后，沙利文后期的作品、《精神病学》都没有公开提及萨丕尔，虽然人类学家的研究会定期在该刊发表（Murray 1986a）。虽然如此，沙利文的个人思想在他与萨丕尔的接触中受到极大影响，虽然业界并不一定认同，但他的作品是两人合作的产物。

最后的病况

早在萨丕尔 1938 年秋季重回教学岗前，施皮尔就意识到他"已经没法像此前那么精力充沛地投入教学了"（致玛里昂·霍伦巴克，1938 年 5 月 31 日：YUDA）。萨丕尔试图减轻自己的教学任务，将他"最繁重的讲授课程"文化心理学推迟到第二年开设（萨丕尔致施皮尔，1938 年 2 月 7 日：YUDA）。两学期他都开设了美国印第安语课程，第一学期还开了语音学与音位学课程，第二学期是人类学方法（重点讨论"人类学研究中的语言使用"）。减轻教学任务是"不得已之举，我发现长时间讲课对我而言要求太苛刻了"。

萨丕尔清楚教学会给他的健康带来负担，但在申请到教学补助和病假前他只能坚持如此。他意识到自己进行重要研究已愈加不可能了，只希望为家人挣点家用。他从新罕布什尔给海尔写信说（1938 年 7 月 15 日：SWL）："我发现我长时间工作的精力已经不如从前，慢性心脏病看来会成为我长久的障碍。"在临近回纽黑文前，他又说（9 月 19 日：SWL）："我不说话的时候没什么问题，但一旦我开始亢奋地说起什么，我心脏就会出现症状，我想我还是得习惯平静的生活方式。"但这一点他并没做到。事实上，他的身体状况不适于教课，他也知道这点。琼证实说（致海尔，1938 年 12 月 29 日：SF）："事实上，从一开始教学任务就过重了，他的病情一直恶化，直到最后一次突发离世。"

默多克和 C.G. 塞利格曼的来往信件从一个旁观者的视角记录了萨丕尔生命中的最后一个学期。在 1938 年 12 月 2 日（YUDA）的信中，默多克写道："虽然他的身体状况不怎么好，他还是定期约见自己的学生。虽然效率不如从前，但看起来他能够一直这样下去。"不过他后来告知塞利格曼，萨丕尔"在连续几个月身体日渐衰弱后"于1939年2月4日离世（2月8日：YUDA），他的去世"并非在意料之外"。

耶鲁想减轻萨丕尔的教学负担，鼓励埃米诺默里教授萨丕尔的课程（弗尼斯致默多克，1938年12月15日：YUDA）。虽然校方并没有义务这样做，但还是承担了代课费。弗尼斯也让萨丕尔放心（1939年1月17日：YUDA），他的至少一门课会继续开设，以保证他的工资不受影响。但所有人都很清楚，萨丕尔再也不会重回讲台了。①

萨丕尔离世的反响

萨丕尔意识到他未完成的工作数量庞大，试图确保这些内容会由他的学生继续做下去。这是他生命的最后几个月、几周主要投入的事情。琼对哈里·霍耶尔解释了萨丕尔的打算（1939年2月10日：SF）："圣诞前后，他留了一些口信给我，提到一些人来接手他的工作。大部分材料会留给你，若你想接受的话——所有的阿萨巴斯卡研究。"萨丕尔"总是认为纳瓦霍语研究是他语言研究中最为精湛的"。施皮尔协助琼对这些手稿资料进行整理。②

萨丕尔生前销毁了私人信件（琼致罗伯特·艾伦，1971年1月1日；Lowie 1965）。海伦（p.c.，1984年11月13日）却回忆说萨丕尔并没有故意销毁资料的企图：

> 或许他知道自己来日不多，只是"整理下"。在他生命的最后几年里，全家住在公寓。……我想他觉得那些写给他

---

① 在奥斯古德的教促下，耶鲁还提供了追认学术奖金，供萨丕尔的儿子戴维到耶鲁上学（菲利普和迈克尔都曾在耶鲁上学）。教员子女可以得到优待，但这种优待并不总是如此，这也证明了萨丕尔在耶鲁的声望（也许同时是出于校内上下对其的负疚感）。

② 归属萨丕尔家人的手稿目前在宾州的美国哲学学会。其中许多内容会在穆顿·德古意特出版社正筹划出版的萨丕尔《合集》中出版。

的信并不适于对外人公开，另外他记忆力极好，不需要留这些信件在身边。至于他写给别人的信，或许他也想收回自己一时冲动留下的一些直白的个人言论。

琼写信给理查德·普雷斯顿（1967年，日期不详）：

爱德华是带着遗憾离开的：他有个重要的看法还没能表达出来。但甚至在他完全正视自己得病之前，他就放弃了把它们写出来的希望。他对语言研究如痴如醉，真希望能够一直在那种"忙碌的"状态中。但他确实深切地感到自己还没有把自己的想法都倾吐出来就得离开了！

多拉德在给米德的信中谈到萨丕尔的离世（1939年2月，日期不详：LC）认为萨丕尔有着"悲剧的一生"。默多克多年都拒绝公开谈论萨丕尔最后一次患病期间耶鲁内部的权力交接，他和丹尼丝·奥布赖恩说起（1976年6月4日）：

萨丕尔是我见过的最才思敏捷的人；要说我知道的天才，那就是萨丕尔。如果去探寻他的事业轨迹，他早年非凡的成就简直让人震惊，但从他来到耶鲁之后新成果的发现就停滞了。……事实上萨丕尔无法工作，这令人惋惜。

默多克认为耶鲁的反犹主义一定程度上"引发了他的综合征，使他成为精神病学病例"。在芝加哥大学，一位著名的分析师[①]似乎因

---

① 这位分析师很可能是弗朗兹·亚历山大。但琼告诉儿子保罗（p.c.）萨丕尔对亚历山大持负面评价，这对芝加哥大学放弃与亚历山大的心理分析研究所的合作产生了重大影响。因而萨丕尔的负面评价可能是导致默多克所举事件发生的原因。

萨丕尔年龄过大而拒绝了他；默多克认为"萨丕尔比分析师聪明太多"，使他错失了解决个人问题的机会。默多克的言辞中明显透露出对萨丕尔的不满，他并不确定精神分析是否能帮到萨丕尔，因而有点无根据地评论说："我和萨丕尔从来没有走得很近过，我知道他有精神问题，因而还是保持一定距离，对我和他的关系更好。"默多克忽视了生理上的疾病耗尽了萨丕尔的精力，也没有公开认可萨丕尔在耶鲁的人格与文化领域建立起来的研究传统。保罗（p.c.）认为默多克因萨丕尔卓越的才华感到"迷惑"，也"因他显而易见的神经质感到困惑，他的神经质似乎和一般社交'平和'的人差不多，却更让人难受"。当然，萨丕尔去世后，默多克可以保留他自己的看法而不遭反驳，至少在耶鲁是如此（他接替萨丕尔成为院长，并很快终止了萨丕尔的研究课题）。这极大曲解了萨丕尔的观点，估计也夸大了在同行记忆中萨丕尔在耶鲁的不快。

琼收到的悼念信反映了萨丕尔过往的生平、个人至交以及在专业管理方面的各种争议。① 很少有学者能够收到如此多的个人悼念与官方讣告。甚至那些在耶鲁与萨丕尔政治观点相左的学者也在第一时间表达了他们的怅然之情。梅写道（1939年2月6日）："虽然您丈夫和我在政见上有分歧，我无时无刻不对其学识和诚实钦佩不已。"默多克对萨丕尔的学养和为人表达了称赞，不过口吻有些疏离（1939年2月5日）。

沃尔夫是萨丕尔全体学生的代表（1939年2月22日）。他的信读来就像一句话一气呵成，蕴含丰富的宗教意象："但爱德华的学生不仅仅是学生，我们几乎是一群他的信徒，导师虽然已离开了，但他的精神却活在我们之中。"沃尔夫表示是萨丕尔的引导和资助为他的事业保驾护航："要不是爱德华的帮助，我在语言学上可能不会有任

---

① 承蒙 J. 戴维·萨丕尔的慷慨，我有机会一睹信件。因数量巨大，我无法详细列出。

何建树。"还有来自生前各种学生的信件,他们表达了对萨丕尔的敬爱之情、叙说了萨丕尔对他们的影响以及对萨丕尔英年离世的震惊。曼德尔鲍姆从明尼苏达大学发信表示(1939年2月8日):"'我曾经做过萨丕尔的学生',每当说出这句话就让我感到无比自豪。"

海尔作为朋友和牧师来信(1939年2月14日):"我想说,我一直在早上的弥撒和祈祷中念及他。"第二天,萨丕尔长期的纳瓦霍语调查对象艾伯特·"奇克"·桑多瓦尔从温德罗克发来吊唁,打在印第安事务田野服务的信笺上:"我代表我的家人和那些知道他、想念他的纳瓦霍人表达我的慰问"。奇克在一份名称不详的报纸上读到萨丕尔去世的消息时十分"震惊"。他在信末署名"您真诚的朋友"。

博厄斯不同往常地动了情(1939年2月5日)。在个人信笺上,他请琼接受他作为"一位但愿您没遗忘的朋友"的慰藉。博厄斯感到自己日渐衰老,对40多年前他在哥伦比亚大学组建的队伍中核心成员的离开而伤感:"我曾看着他们的人生起步、日渐成熟,而现在他们离开了,我却还在这儿……"琼(1939年2月12日)在回信中表示:"自他的学生时代开始,您对他的影响太大了。"

官方讣告不仅数量惊人,发布讣告的期刊和评论范围也很广。博厄斯在《国际美国语言学杂志》、本尼迪克特在《美国人类学家》、埃杰顿在《美国哲学学会年鉴》、詹内斯在《加拿大皇家学会会刊》、沙利文在《精神病学》、施皮尔在《科学》、斯沃德什在《语言论》、曼德尔鲍姆在《犹太社会研究》、沃格林在《词语学习》、路易斯·耶尔姆斯列夫在《语言学文献》、欧内斯特·胡顿在《美国艺术科学学会会刊》上都纷纷撰文。①

尽管萨丕尔是个多面性的人物,同代人对他的印象中反复出现一些描述:博厄斯描述他是语言人类学领域"最杰出的学者之一",本

---

① 大部分悼文都在克尔纳1984年的书中重印。

尼迪克特认为他"天赋异禀"。克罗伯提到他身上有"一种不可思议的喜悦""我完全认为他属于……天才"。詹内斯觉得他"才智过人，鼓舞人心"。在沙利文眼中，他是个"天才"，不过常常受人误解。埃杰顿提到他的"多才多艺"和"天才"，施皮尔用了"启迪""机敏""灵巧""清澈的思维""善于表达"等字眼。斯沃德什认为他的头脑是"辩证式的"，善于"综合"思考。曼德尔鲍姆用了"才智过人的""有天赋的""敏锐的""给人启发的""同情的""令人陶醉的"等形容词；他有"直觉式的灵感"，娴熟地驾驭"他的机智"。沃格林发现一种"通常与青春、诗歌、童真相联系的明快"。萨丕尔"拥有超凡的才华""热情洋溢""善于综合"，有着"在科学中游戏般的精湛技艺"。霍耶尔强调了他的"天资""分析的洞察力"——一种"刺激思考的能力"。对于哈里斯，萨丕尔最重要的是其"对语言学的全面把握"和"资料分析的精湛能力"。萨丕尔似乎只能用形容词最高级来形容。这些信件、讣告的撰写者既包括他的老师博厄斯，也有社会科学学科中来自各种不同领域的同事，还有他的学生，但他们对萨丕尔的评价却有许多共同点。萨丕尔是多面的、令人难忘的、慈爱的，最重要的是他是无法模仿的——尤其在思想方面。

在语言学、人类学学术后生的评论中这些形容词仍然熠熠生辉，不过此后的声望又是另一段故事了。对萨丕尔的学术成就的评价一直在进行中——也许这是对他思想最高的致敬。在智性方面，他应用印欧语的研究方法和理论研究美洲印第安语，他坚持语言学与人类学学科的专业化，他一直以来把个体作为文化研究的核心摆在首位、坚持对其结果进行详述，人类学研究中人文主义与科学之间的冲突创造了他进一步研究的契机。

萨丕尔的一生有成功，也有失败；有成就，也有未完成的许诺；他不断自我提升，又富于精神分享的慷慨。他的学术风格和研究成果已成为后世学者源源不断的探索灵感。

本书引用文献

Alcock, Floyd
    1947   *A Century in the History of the Geological Survey of Canada*. Canada Department of Mines and Resources, Mines and Geology Branch, National Museums of Canada, Special Contribution 47.

Allen, Harold
    1983   The Early Linguistic Institutes. Paper read to the Linguistic Society of America.
    MS

Anonymous
    1919   Review of Edward Sapir, *Dreams and Gibes*. The Dial 67: 174.
    1922   Review of *Language*. Smart Set.
    1925   Note on Indo-Chinese. *Science*.

Anderson, Stephen R.
    1985   *Phonology in the Twentieth Century*. Chicago: University of Chicago Press.

Bateson, Mary Catherine
    1984   *With a Daughter's Eye: A Memoir of Margaret Mead and Gregory Bateson*. New York: William Morrow.

Beals, Ralph
    1977   Harry Hoijer 1904–1976. *AA* 79: 105–110.

Benedict, Ruth
    1923   The Concept of the Guardian Spirit in North America. *MAAA* 29.
    1934a   Anthropology and the Abnormal. *Journal of General Psychology* 10: 59–82.
    1934b   *Patterns of Culture*. Boston: Houghton Mifflin.

Bernier, Helene
    1984   Edward Sapir et la Récherche Anthropologique au Musée du Canada 1910–1925. *HL* 11: 397–412.

Bloch, Bernard
    1949   Leonard Bloomfield 1887–1949. *Lg.*: 87–98. Reprinted in Sebeok 1966.

Bloomfield, Leonard
    1922   Review of Edward Sapir, *Language*. *Classical Weekly* 15: 142–143. Reprinted in Koerner 1984.
    1925   On the Sound System of Central Algonquian. *Lg*. 130–156.
    1929   Literate and Illiterate Speech in Menomini. *American Speech* 2: 432–439.
    1933   *Language*. New York: Henry Holt.

Boas, Franz
    1889   On Alternating Sounds. *AA* 2: 47–53.
    1907   Some Principles of Museum Administration. *Science* 25: 921–933.
    1911a   Introduction to the Handbook of American Indian Languages. *BBAE* 40.
    1911b   *The Mind of Primitive Man*. New York: Macmillan.
    1920   The Classification of American Languages. *AA* 22: 367–376.
    1939   Edward Sapir. *IJAL* 10: 58–63. Reprinted in Koerner 1984.

Bulmer, Martin
    1980   The Early Institutional Establishment of Social Science Research: The Local Community Research Committee of the University of Chicago, 1923–1930. *Minerva* 18: 51–110.
    1984   *The Chicago School of Sociology: Institutionalization, Diversity and the Rise of Sociological Research*. Chicago: University of Chicago Press.

Bulmer, Martin, and Joan Bulmer
    1981   Philanthropy and Social Science in the 1920's: Beardsley Ruml and the Laura Spelman Rockefeller Memorial, 1922–1929. *Minerva* 19: 347–407.

Burgess, John W.
    1934   *Reminiscences of an American Scholar: The Beginnings of Columbia University*. New York: Columbia University Press.

Campbell, Lyle, and Marianne Mithun, eds.
    1979   *The Languages of Native America*. Austin: University of Texas Press.

Cannizzo, Jeanne
    1983   George Hunt and the Invention of Kwakiutl Culture. *CRSA* 20: 44–58.

Carroll, John B.
    1956   Introduction to *Benjamin Lee Whorf: Language, Thought and Reality*. New York: John Wiley 1–23. Reprinted in Sebeok 1966.

Collier, Peter, and David Horowitz
    1976   *The Rockefellers: An American Dynasty*. New York: Holt, Rinehart and Winston.

Collins, Henry B.

1971 Diamond Jenness: An Appreciation. *Anthropologica* 13: 9–12.

Coser, Lewis A.
 1971 *Masters of Sociological Thought*. New York: Harcourt, Brace, Jovanovich.

Cowan, William, Michael K. Foster, and Konrad Koerner, eds.
 1986 *New Perspectives in Language, Culture, and Personality: Proceedings of the Edward Sapir Centenary Conference, Ottawa, 1–3 October 1984*. Amsterdam and Philadelphia: John Benjamins.

Crowley, Ralph M.
 1977 Harry Stack Sullivan 1892–1949. *Aesculpius*: 23–26.

Darnell, Regna
 1969 *The Development of American Anthropology 1880–1920: From the Bureau of American Ethnology to Franz Boas*. Doctoral thesis, University of Pennsylvania.
 1970 The Emergence of Academic Anthropology at the University of Pennsylvania. *JHBS* 6: 80–92.
 1971a The Professionalization of American Anthropology. *Social Science Information* 10: 83–103.
 1971b The Powell Classification of American Indian Languages. *Papers in Linguistics* 4: 70–110.
 1971c The Revision of the Powell Classification. *Papers in Linquistics* 4: 233–257.
 1974 The Development of American Folklore Scholarship 1880–1920. *Journal of the Folklore Institute* 10: 23–49.

Darnell, Regna
 1974 *Readings in the History of Anthropology*. New York: Harper and Row.
 1975 Towards a History of the Professionalization of Canadian Anthropology. *Proceedings of the Canadian Ethnology Society*: 399–416.
 1976 The Sapir Years at the National Museum. *Proceedings of the Plenary Session of the Canadian Ethnology Society*: 98–121. Reprinted In Koerner 1984.
 1977 Hallowell's Bear Ceremonialism and the Emergence of Boasian Anthropology. *Ethos* 5: 13–30.
 1984 The Sapir Years in the Canadian National Museum, Ottawa. In Konrad Koerner (ed.), *Edward Sapir: Appraisals of His Life and Work* (Amsterdam and Philadelphia: John Benjamins, 1984).
 1986a The Emergence of Edward Sapir's Mature Thought. In W. Cowan, M. Foster, and K. Koerner (eds.), *New Perspectives in Language, Culture, and Personality* ... (Amsterdam and Philadelphia: John Benjamins, 1986), pp. 553–588.
 1986b Personality and Culture: The Fate of the Sapirian Alternative. *HOA* 4: 156–183.

1989   Stanley Newman and the Sapir School of Linguistics. In Mary Ritchie Key and Henry Hoernigswald (eds.), *Essays in Memory of Stanley Newman*. Berlin: De Gruyter.

In press Edward Sapir and the Boasian Model of Cultural Process. In James M. Nyce, (ed.), *Proceedings of Sapir Memorial Symposia*, Brown University.

Darnell, Regna, and Dell Hymes
1986   Edward Sapir's Six-Unit Classification of American Indian Languages: The Search for Time Perspective. In T. Bynon and F. Palmer (eds.), *Essays in the History of Western Linguistics*. (Cambridge: Cambridge University Press), 202–244.

Diamond, Stanley
1981   Radin. In Sydel Silverman (ed.), *Totems and Teachers: Perspectives on the History of Anthropology*. New York: Columbia University Press.

Dixon, Roland B., and A. L. Kroeber
1903   The Native Languages of California. *AA* 5: 1–26.
1913   New Linguistic Families in California. *AA* 15: 647–655.
1919   Linguistic Families of California. *UCPAAE* 16: 48–118.

Dollard, John
1935   *Criteria for the Life History*. New Haven: Yale University Press.

DuBois, Cora
1944   *People of Alor*. Minneapolis: University of Minnesota Press.

Eggan, Fred
1963   Fay-Cooper Cole 1881–1961. *AA* 65: 641–645.
1974   Among the Anthropologists. *Annual Review of Anthropology* 3: 1–19.
1986   An Overview of Edward Sapir's Career. In W. Cowan, M. Foster, and K. Koerner (eds.), *New Perspectives in Language, Culture, and Personality*... (Amsterdam and Philadelphia: John Benjamins, 1986), pp. 1–16.

Emeneau, Murray
1953   Edgar Howard Sturtevant 1875–1952. *American Philosophical Society Yearbook* 1952: 339–343. Reprinted in Sebeok 1966.

Eulau, Heinz
1969   The Maddening Methods of Harold D. Lasswell. In A. Rogow (ed.), *Politics, Personality and Social Science in the Twentieth Century*... (Chicago: University of Chicago Press, 1969), pp. 15–40.

Farget, Laurence
1986   *Na-Dene and Sino-Tibetan: Historical Linguistics and New Data Towards Establishing Genetic Relationships*. Master's Thesis, University of Lyon, France.

Faris, Ellsworth

1937 *The Nature of Human Nature.* Chicago: University of Chicago Press.

Faris, Robert E. L.
1967 *Chicago Sociology 1920–1932.* San Francisco: Chandler.

Fenton, William
1986 Sapir as Museologist and Research Director 1910–1925. In W. Cowan, M. Foster, and K. Koerner (eds.), *New Perspectives in Language, Culture, and Personality*... (Amsterdam and Philadelphia: John Benjamins, 1986), pp. 215–240.
1988 Keeping the Promise: Return of the Wampums to the Six Nations Iroquois Confederacy, Grand River. *Anthropology Newsletter*: 3, 25 (October).

Fowler, Catherine S., and Donald D. Fowler
1986 Edward Sapir, Tony Tillohash, and Southern Paiute Studies. In W. Cowan, M. Foster, and K. Koerner (eds.), *New Perspectives in Language, Culture, and Personality*... (Amsterdam and Philadelphia: John Benjamins, 1986), pp. 41–66.

Fredson, John
1982 *John Fredson Edward Sapir Haa Googwandak* (stories told by John Fredson to Edward Sapir). Fairbanks: Alaska Native Languages Center.

Gillin, John, ed.
1954 *For a Science of Social Man: Convergences in Anthropology, Psychology and Sociology.* New York: Macmillan.

Goddard, Ives
1986 Sapir's Comparative Method. In W. Cowan, M. Foster, and K. Koerner (eds.), *New Perspectives in Language, Culture, and Personality*... (Amsterdam and Philadelphia: John Benjamins, 1986), pp. 191–214.

Goldenweiser, Alexander
1910 Totemism: An Analytical Study. *JAF* 23: 1–115.

Goldfrank, Esther S.
1978 *Notes on an Undirected Life as one Anthropologist Tells It.* New York: Queen's College Press.

Golla, Victor, ed.
1984 The Sapir–Kroeber Correspondence: Letters between Edward Sapir and A. L. Kroeber, 1905–1925. Survey of California and other Indian Languages 6. Berkeley: Department of Linguistics, University of California.
1986 Sapir, Kroeber and North American Linguistic Classification. In W. Cowan, M. Foster, and K. Koerner (eds.), *New Perspectives in Language, Culture, and Personality*... (Amsterdam and Philadelphia: John Benjamins, 1986), pp. 17–40.

Gould, Stephen J.

1983 *Mare's Eggs and Hen's Teeth.* New York: Norton.
Greenberg, Joseph
  1987 *Language in the Americas.* Stanford: Stanford University Press.
Greenberg, Joseph et al.
  1987 Current Anthropology Review of *Language in the Americas. Current Anthropology* 28: 647–667.
Gruber, Jacob
  1967 Horatio Hale and the Development of American Anthropology. *PAPS* 3: 5–37.
Haas, Mary
  1941 Tunica. In Franz Boas (ed.), *Handbook of American Indian Languages*, vol. 4. Washington, D.C.: Bureau of American Ethnology, 1–143.
  1976 Boas, Sapir and Bloomfield. In Wallace Chafe (ed.), *American Indian Languages and American Linguistics: The Second Golden Anniversary Symposium of the Linguistic Society of America.* Lisse, Holland: Peter de Ridder, 59–69.
Hahn, E. Adelaide
  1953 Edgar Howard Sturtevant 1875–1952. *Lg.* 28: 417–434. Reprinted in Sebeok 1966.
Haile, Father Berard
  1941– *Learning Navaho* (four vols.). St. Michaels, Arizona: St. Michaels
  1948 Mission.
Hall, Robert A., Jr., ed.
  1987 *Leonard Bloomfield: Essays on His Life and Work.* Amsterdam and Philadelphia: John Benjamins.
Hallowell, A. Irving
  1951 Frank Gouldsmith Speck, 1881–1950. *AA* 53: 67–87.
Handler, Richard
  1983 The Dainty and the Hungry Man: Literature and Anthropology in the work of Edward Sapir. *HOA* 1: 208–231.
  1986 The Vigorous Male and Aspiring Female: Poetry, Personality and Culture in Edward Sapir and Ruth Benedict. *HOA* 4.
  MS Significant Form: Sapir's Phonemic Poetics. Read at the American Anthropological Association, Denver, 1984.
Harris, Zellig
  1943– Yokuts Structure and Newman's Grammar. *IJAL* 10: 196–211.
  1944
  1951 *Methods in Structural Linguistics.* Chicago: University of Chicago Press.
Harris, Zellig, and C. F. Voegelin
  1953 Eliciting in Linguistics. *Southwestern Journal of Anthropology* 9: 59–75.

Herzog, George, et al
 1934 Some Orthographic Recommendations. *AA* 36: 629–631.
Hinsley, Curtis
 1981 *Savages and Scientists: The Smithsonian Institution and the Development of American Anthropology, 1883–1911.* Washington, D.C.: Smithsonian Institution.
Hockett, Charles, ed.
 1970 *A Leonard Bloomfield Anthology.* Bloomington: Indiana University Press.
Hodge, W., ed.
 1906, *Handbook of American Indians.* Washington, D.C.: Bureau of
 1910 American Ethnology.
Hoijer, Harry, ed.
 1946 Introduction to *Linguistic Structures of Native North America.* *VFPA* 6: 9–29.
Hooton, Earnest A.
 1940 Edward Sapir. *Proceedings of the American Academy of Arts and Sciences* 74: 157–159.
Horney, Karen
 1942 *Self-Analysis.* New York: Norton.
Howard, Jane
 1984 *Margaret Mead: A Life.* New York: Simon and Schuster.
Hughes, Everett, et al
 1976 Discussion: American Ethnology: The Role of Redfield. In John Murra, ed. *American Anthropology; The Early Years.* (St. Paul: West Publishing Co.), 139–145.
Hummel, Arthur
 1936 Berthold Laufer 1874–1934. *AA* 38: 101–103.
Hymes, Dell
 1983 *Essays in the History of Linguistic Anthropology.* Amsterdam and Philadelphia: John Benjamins.
Hymes, Dell, and John Fought
 1975 American Structuralism. In T. A. Sebeok (ed.), *Current Trends in Linguistics, 10: Historiography of Linguistics.* The Hague: Mouton, 903–1176.
Janowitz, Morris
 1984 Foreward. In Lester R. Kurtz (ed.), *Evaluating Chicago Sociology: A Guide to the Literature with an Annotated Bibliography.* Chicago: University of Chicago Press.
Jenness, Diamond
 1939 Edward Sapir. *Transactions of the Royal Society of Canada*: 151–163. Reprinted in Koerner 1984.
Jespersen, Otto
 1922 *Language: Its Nature, Development and Origin.* London: Allen and

Unwin.
Jones, A. Bart
   1985   Edward Sapir's Music.
   MS
Joos, Martin
   1986   *Notes on the Development of the Linguistic Society of America, 1929–1950*. Ithaca, New York: Linguistica.
Jung, C. G.
   1923   *Psychological Types*. New York: Harcourt, Brace.
Karl, Barry D.
   1974   *Charles E. Merriam and the Study of Politics*. Chicago: University of Chicago Press.
Kelly, Laurence
   1983   *The Assault on Assimilation: John Collier and the Origins of Indian Policy Reform*. Albuquerque: University of New Mexico Press.
Koerner, Konrad, ed.
   1984   *Edward Sapir: Appraisals of His Life and Work*. Amsterdam and Philadelphia: John Benjamins.
Koestler, Arthur
   1972   *The Call Girls*. London: Hutchinson.
Krauss, Michael
   1979   Athabaskan Tone.
   MS
   1986   Edward Sapir and Athabaskan Linguistics. In W. Cowan, M. Foster and K. Koerner (eds.), *New Perspectives in Language, Culture, and Personality*... (Amsterdam and Philadelphia: John Benjamins, 1986), pp. 147–190.
Kroeber, Alfred L.
   1920   Review of Freud, *Totem and Taboo*. *AA* 22.
   1922   Review of *Language*. *The Dial*: 314–316. Reprinted in Koerner 1984.
   1954   The Place of Anthropology in Universities. *AA* 56: 764–767.
   1959   The History of the Personality of Anthropology. *AA* 61: 398–404.
Kroeber, Theodora
   1961   *Ishi: The Last of the Yahi*. Berkeley and Los Angeles: University of California Press.
   1970   *Alfred Kroeber: A Personal Configuration*. Berkeley, Los Angeles, London: University of California Press.
Kuhn, Thomas
   1961   *The Structure of Scientific Revolutions*. Chicago: Phoenix.
LaBarre, Weston
   1958   Family and Symbol. In Wilbur and Munsterberger (eds.), Psy-

chology and Culture.... (New York: Universities Press), 156–167.

Laird, Carobeth
   1975   *Encounter with an Angry God*. Bauning, Calif.: Malki Museum Press.

Lasswell, Harold D.
   1930   *Psychopathology and Politics*. Chicago: University of Chicago Press.
   1938   What Psychiatrists and Political Scientists Can Learn from Each Other. *Psychiatry* 1: 33–39.
   1956   The Impact of Psychoanalytic Thinking on the Social Sciences. In Leonard White, ed. *The State of the Social Sciences*. Chicago: University of Chicago Press, 84–115.

Leeds-Hurwitz, Wendy
   1983   *Jaime De Angulo: An Intellectual Biography*. Doctoral thesis, University of Pennsylvania.
   1985   The Committee on Research in Native American Languages. *Proceedings of the American Philosophical Society*.

Leeds-Hurwitz, Wendy, and James M. Nyce
   1986   Linguistic Text Collection and the Development of Life History in the Work of Edward Sapir. In W. Cowan, M. Foster, and K. Koerner (eds.), *New Perspectives in Language, Culture, and Personality*... (Amsterdam and Philadelphia: John Benjamins, 1986), pp. 495–432.

Leslie, Charles
   1976   The Hedgehog and the Fox in Robert Redfield's Work and Career. In Murra, ed. *American Anthropology: The Early Years*. St. Paul: West Publishing Co., 146–166.

Lief, Alfred, ed.
   1948   *The Commonsense Psychiatry of Dr. Adolph Meyer*. New York: McGraw-Hill.

Lowie, Robert H.
   1919   Review of Edward Sapir, *Time Perspective*. AA 21: 75–77. Reprinted in Koerner 1984.
   1923   Review of Edward Sapir, *Language*. AA 25: 90–93. Reprinted in Koerner 1984.
   1959   *Robert H. Lowie Ethnologist: A Personal Record*. Berkeley and Los Angeles: University of California Press.

Lowie, Robert H., ed.
   1965   *Letters from Edward Sapir to Robert H. Lowie*. Berkeley, Calif.: mimeo.

Lynd, Robert, and Helen Lynd
   1929   *Middletown: A Study in Contemporary Culture*. New York: Harcourt Brace.

1937 *Middletown in Transition: A Study in Cultural Conflict.* New York: Harcourt Brace.

McCawley, James D.
1967 Sapir's Phonologic Representation. *IJAL* 33: 106–111. Reprinted in Koerner 1984.

McFeat, Thomas
1984 Cons, Marks and Stings in a Land of Strange Outcomes. Canadian Ethnology Society Plenary Address on the History of Canadian Anthropology.
MS

McIlwraith, Thomas F.
1948 *The Bella Coola.* Toronto: University of Toronto Press.

Madge, John
1962 *The Origins of Scientific Sociology.* New York: Free Press.

Malkiel, Yakov
1986 Sapir as a Student of Linguistic Diachrony. In W. Cowan, M. Foster, and K. Koerner (eds.), *New Perspectives in Language, Culture, and Personality* . . . (Amsterdam and Philadelphia: John Benjamins, 1986), pp. 315–340.

Mandelbaum, David
1941 Edward Sapir. *Jewish Social Studies* 3: 131–140. Reprinted in Koerner 1984.

Mandelbaum, David, ed.
1949 *Selected Writings of Edward Sapir.* Berkeley and Los Angeles: University of California Press.

Mark, Joan Te Paske
1968 *The Impact of Freud on American Cultural Anthropology.* Doctoral thesis, Harvard University.

Marvick, Dwaine, ed.
1977 *Harold David Lasswell on Political Sociology.* Chicago: University of Chicago Press.

Mason, J. Alden
1964 Anthropology at the University of Pennsylvania. *Philadelphia Anthropological Society Bulletin.*

Maud, Ralph
1978 *The Salish People: The Local Contribution of Charles Hill-Tout.* 4 vols. Vancouver: Talonbooks.
1982 *A Guide to B.C. Myth and Legend: A Short History of Myth-Collecting and a Survey of Published Texts.* Vancouver: Talonbooks.

May, Mark A.
1971 A Retrospective View of the Institute of Human Relations at Yale. *Human Relations Area Files* 6: 141–172.

Mead, Margaret, ed.
1959 *An Anthropologist at Work: Writings of Ruth Benedict.* London: Secker and Warburg.

Mead, Margaret
    1966   Neglected Aspects in the History of American Anthropology. Yale University lecture, 8 December 1966. Tape via Harold Conklin; transcribed by R. Darnell.
    1972   *Blackberry Winter: My Earlier Years.* New York: William Morris.
    1974   *Ruth Benedict.* New York: Columbia University Press.

Mead, Margaret, and Rhoda Metraux, eds.
    1953   *The Study of Culture at a Distance.* Chicago: University of Chicago Press.

Michelson, Truman
    1914   Two Alleged Algonquian Languages of California. *AA* 16: 361–367.

Miller, R. Berkeley
    1978   Anthropology and Institutionalization: Frederick Starr at the University of Chicago 1892–1923. *KASP* 51: 49–60.

Modell, Judith
    1975   Ruth Benedict, Anthropology. In T. Thoresen (ed.), *Toward a Science of Man* (The Hague: Mouton, 1975), pp. 182–203.
    1983   *Ruth Benedict: Patterns of a Life.* Philadelphia: University of Pennsylvania Press.

Morawski, J. G.
    1986   Organizing Knowledge and Behavior at Yale's Institute of Human Relations. *ISIS* 77: 219–242.

Mullahy, Patrick
    1952   *The Contributions of Harry Stack Sullivan.* New York: Heritage House.

Murdock, George P.
    1949   *Social Structure.* New Haven: Yale University Press.

Murray, Stephen
    1981   The Canadian Winter of Edward Sapir. *HL* 8: 63–68.
    1983   *Group Formation in Social Science.* Edmonton: Linguistic Research, Inc.
    1985   A Pre-Boasian Sapir? *HL* 12: 267–269.
    1986   Edward Sapir and the Chicago School of Sociology. In W. Cowan, M. Foster, and K. Koerner (eds.) *New Perspectives in Language, Culture, and Personality* . . . (Amsterdam and Philadelphia: John Benjamins, 1986), pp. 241–292.
    1987   The Postmaturity of Sociolinguistics: Edward Sapir and the Chicago Department of Sociology. *History of Sociology* 7: 75–108.
    1988   The Reception of Anthropological Work by American Sociologists. *JHBS* 24.
    1988   W. I. Thomas, Ethnologist. *JHBS* 24.

Murray, Stephen, and Wayne Dynes

1986 Edward Sapir's Coursework in Linguistics and Anthropology. *HL* 13.
Newman, Stanley
　1944　The Yokuts Language of California. *VFPA* 2.
Ogburn, W. F., and Alexander Goldenweiser, eds.
　1927　*The Social Sciences and Their Interrelations.* Boston: Boston University Press.
Ogden, C. K., and I. A. Richards
　1930　*The Meaning of Meaning.* London: Kegan-Paul, Trench, Trubner.
Opler, Morris
　1984　Edward Sapir, Ethnologist, at Chicago. Paper read at American
　MS　　Anthropological Association.
Oren, Dan A.
　1986　*Joining the Club: A History of Jews and Yale.* New Haven: Yale University Press.
Osgood, Cornelius
　1985　Failures. *AA* 87: 382–387.
Park, Robert, and Ernest Burgess
　1921　*Introduction to the Science of Sociology.* Chicago: University of Chicago Press.
Perry, Helen Swick
　1982　*Psychiatrist of America: The Life of Harry Stack Sullivan.* Cambridge, Mass.: Belknap.
Pike, Eunice
　1981　*Ken Pike: Scholar and Christian.* Dallas: Summer Institute of Linguistics.
Pike, Kenneth
　1984　Some Teachers Who Helped Me. *HL* 11: 493–495.
Poffenburger, A. T.
　1933　The Division of Psychology and Anthropology. In *A History of the National Research Council 1919–1933.* Washington, D.C.: National Research Council.
Powdermaker, Hortense
　1939　*After Freedom: A Cultural Study of the Deep South.* New York: Viking.
　1966　*Stranger and Friend: The Way of an Anthropologist.* New York: W. W. Norton
Powell, J. W.
　1891　Indian Linguistic Families North of Mexico. *Seventh Annual Report, Bureau of American Ethnology, for 1885–86:* 7–39.
Preston, Richard J.
　1986　Sapir's Psychology of Culture Prospectus. In W. Cowan, M. Foster, and K. Koerner (eds.), *New Perspectives in Language, Culture,*

and *Personality* ... (Amsterdam and Philadelphia: John Benjamins, 1986), pp. 533–552.
1984 Sapir, Sullivan, and Lasswell Collaborations: Real and Imagined.
MS Paper read at American Anthropological Association.
Prokosch, E.
1922 Review of *Language*. *Journal of English and Germanic Philology*: 353–357.
Radin, Paul
1919 The Genetic Relationship of the North American Indian Languages. *UCPAAE* 14: 489–502.
Remy, Arthur
1922 Review of *Language*. *Literary Review*.
Rogow, Arnold, ed.
1969 *Politics, Personality and Social Science in the Twentieth Century: Essays in Honor of Harold D. Lasswell*. ... Chicago: University of Chicago Press, 1969, pp. 123–145.
Rollins, Peter C.
1980 *Benjamin Lee Whorf: Lost Generation Theories of Mind, Language and Religion*. Ann Arbor, Mich.: Popular Culture Association.
Rosenberg, Rosalind
1982 *Beyond Separate Spheres*. New Haven: Yale University Press.
Rosten, Leo
1935 *The Education of Hyman Kaplan*. New York: Harcourt Brace.
1969 Harold Lasswell: A Memoir. In A. Rogow (ed.), *Politics, Personality and Social Science in the Twentieth Century: Essays in Honor of Harold D. Lasswell* (Chicago: University of Chicago Press, 1969), pp. 1–13.
Sapir, H. Michael
1984 Tributes Given to Famous Dads: Edward Sapir. *Meiklejohn Education Foundation Quarterly* 3: 3, 9–11.
Sapir, J. David
1985 Edward Sapir. *Language in Society* 14: 289–298.
Sebeok, Thomas A., ed.
1966 *Portraits of Linguists: A Biographical Sourcebook for the History of Western Linguistics, 1746–1963*. 2 vols. Bloomington: University of Indiana Press.
Service, Elman
1976 Obituary of Leslie White. *AA* 78.
Shafer, Robert
1952 Athabaskan and Sino-Tibetan. *IJAL* 18: 12–19.
1957 Note on Athabaskan and Sino-Tibetan. *IJAL* 23: 116–117.
1969 A Few More Athabaskan and Sino-Tibetan Comparisons. *IJAL* 35: 87.

Shils, Edward
    1978   The Order of Learning in the United States from 1865–1920: The Ascendancy of the University. *Minerva* 16: 159–195.

Silverstein, Michael
    1985   Sapir's Psychological and Psychiatric Perspectives on Culture. Paper read at American Association for the Advancement of Science.

Spencer, Robert, and Elizabeth Colson
    1971   Obituary of Wilson Wallis. *AA* 73.

Sontag, Susan
    1977   *Illness as Metaphor*. New York: Farrar, Strauss and Giroux.

Spier, Leslie
    1939   Edward Sapir. *Science* 89: 237–238. Reprinted in Koerner 1984.

Spier, Leslie, et al., eds.
    1941   *Language, Culture and Personality: Essays in Memory of Edward Sapir*. Menasha: Sapir Memorial Fund.

Spier, Leslie, and A. L. Kroeber
    1943   Elsie Clews Parsons 1875–1941. *AA* 45: 244–255.

Spindler, George, ed.
    1978   Introduction, *The Making of Psychological Anthropology*. Berkeley, Los Angeles, London: University of California Press. Pp. 1–38.

Steward, Julian H.
    1959   Review of Margaret Mead, *An Anthropologist at Work*. *Science*. 129: 322–323.

Stocking, George W., Jr.
    1968   *Race, Culture and Evolution*. New York: Free Press.
    1974   The Boas Plan for the Study of American Indian Languages. In Dell Hymes (ed.), *Traditions and Paradigms in the History of Linguistics* (Bloomington: Indiana University Press, 1974), pp. 454–484.

Stocking, George W. Jr., ed.
    1974   *The Shaping of American Anthropology 1883–1911: A Franz Boas Reader*. New York: Basic Books.
    1978   Pedants and Potentates: Robert Redfield at the 1930 Hanover Conference. *HOAN* 5: 10–13.
    1979   *Anthropology at Chicago: Tradition, Discipline, Department*. Chicago: Joseph Regenstein Library.
    1980   Sapir's Last Testament on Culture and Personality. *HOAN* 7: 8–11.
    1982   The Santa Fe Style in American Anthropology: Regional Interest, Academic Initiative, and Philanthropic Policy in the First Two Decades of the Laboratory of Anthropology, Inc. *JHBS* 18: 3–19.
    1985   Philanthropoids and Vanishing Cultures: Rockefeller Funding and the End of the Museum Era. *HOA* 3: 112–145.

Sturtevant, Edgar
    1950   Leonard Bloomfield 1887–1949. *American Philosophical Society Yearbook* 1949: 302–305. Reprinted in Sebeok 1966.
Sullivan, Harry Stack
    1938   Psychiatry: Introduction to the study of Interpersonal Relations. *Psychiatry* 1: 121–134.
    1939   Edward Sapir. *Psychiatry* 2: 159.
Susman, Warren I.
    1973   *Culture as History: The Transformation of American Society in the Twentieth Century*. New York: Pantheon.
Swadesh, Morris
    1961   Linguistics as an Instrument of Prehistory. *Southwestern Journal of Anthropology* 17.
Thomas, William I., and Florien Znanieki
    1918–   *The Polish Peasant in Europe and America*. 5 vols. Boston: Gor-
    1920   ham.
Thoresen, Timothy
    1975   Paying the Piper and Calling the Tune: The Beginning of Academic Anthropology in California. *JHBS* 11: 257–275.
Trager, George L.
    1946   Changes of Emphasis in Linguistics: A Comment. *Studies in Philology* 43: 461–465.
Veysey, Laurence R.
    1965   *The Emergence of the American University*. Chicago: University of Chicago Press.
Vichman, Martha
    1985   Women in Columbia Anthropology. Yale University.
    MS
Voegelin, C. F.
    1952   The Boas Plan for the Presentation of American Indian Languages. *PAPS* 96: 439–451.
Voegelin, C. F., and Zellig Harris
    1945   Linguistics in Ethnology. *Southwestern Journal of Anthropology* 1: 465–465.
    1952   Training in Anthropological Linguistics. *AA* 54: 322–327.
Voegelin, C. F., and Florence M. Voegelin
    1963   On the History of Structuralizing in 20th Century America. *AL* 5: 12–37.
White, William Alanson
    1938   *The Autobiography of a Purpose*. Garden City, N.Y.: Doubleday, Doran.
Whiting, John, and Beatrice Whiting
    1978   A Strategy for Psychocultural Research. In G. Spindler (ed.), *The*

Making of Psychological Anthropology ... (Berkeley, Los Angeles, London: University of California Press, 1978), pp. 41-61.

Whorf, Benjamin
    1956   *Language, Thought and Reality*, New York: John Wiley.

Wilbur, George B., and Warner Muensterberger, eds.
    1951   *Psychoanalysis and Culture: Essays in Honor of Geza Roheim*. New York: International Universities Press: 156-167.

Witthoft, John
    1950   Frank Speck. *Pennsylvania Archaeologist* 19: 38-44.

Zaslow, Morris
    1975   *Readings of the Rocks: The Story of the Geological Survey of Canada 1842-1972*. Ottawa and Toronto: Macmillan.

Zumwalt, Rosemary Levy
    1988   *American Folklore Scholarship: A Dialogue of Dissent*. Bloomington: Indiana University Press.

爱德华·萨丕尔全部著述清单

1906   The Rival Chiefs, a Kwakiutl Story Recorded by George Hunt (edited, with synopsis, by Edward Sapir). In *Boas Anniversary Volume*. New York: G. E. Stechert & Co.: 108–136.

1907a   Herder's *Ursprung der Sprache*. *Modern Philology* 5: 109–142. Reprinted in *Historiographica Linguistica* (1984).

1907b   Notes on the Takelma Indians of Southwestern Oregon. *American Anthropologist* 9: 251–275.

1907c   Preliminary Report on the Language and Mythology of the Upper Chinook. *American Anthropologist* 9: 533–544.

1907d   Religious Ideas of the Takelma Indians of Southwestern Oregon. *Journal of American Folk-Lore* 20: 33–49.

1908a   Luck-Stones among the Yana. *Journal of American Folk-Lore* 21: 42.

1908b   On the Etymology of Sanskrit àsru, Avestan asru, Greek Dakru. In Modi, J. J. (ed.), *Spiegel Memorial Volume*. Bombay: 156–159.

1909a   Characteristic Features of Yana (abstract). *Science* 29: 613; *American Anthropologist* 11: 110.

1909b   Review of Frank G. Speck, *Ethnology of the Yuchi Indians*. *Old Penn Weekly Review* (Philadelphia), December 18: 183.

1909c   *Takelma Texts*. University of Pennsylvania, Anthropological Publications 2, no. 1: 1–263.

1909d   *Wishram Texts, together with Wasco Tales and Myths collected by Jeremiah Curtin and edited by Edward Sapir*. American Ethnological Society Publications 2. Leyden: E. J. Brill.

1910a   An Apache Basket Jar. *University of Pennsylvania Museum Journal* 1 (1): 13–15.

1910b   Review of C. Hart Merriam, *The Dawn of the World*. *Science* 32: 557–558.

1910c   Some Fundamental Characteristics of the Ute Language (abstract). *Science* 31: 350–352; *American Anthropologist* 12: 66–69.

1910d　Song Recitative in Paiute Mythology. *Journal of American Folk-Lore* 23: 455–472.

1910e　Takelma. In Hodge, F. W. (ed.), *Handbook of American Indians North of Mexico*. Bureau of American Ethnology, Bulletin 30, pt. 2. Washington: Smithsonian Institution: 673–674.

1910f　Two Paiute Myths. *University of Pennsylvania Museum Journal* 1 (1): 15–18.

1910g　Takelma. In Hodge, F. W. (ed.), *Handbook of American Indians North of Mexico*. Bureau of American Ethnology, Bulletin 30, pt. 2. Washington: Smithsonian Institution: 917–918.

1910h　*Yana Texts* (together with *Yana Myths*, collected by Roland B. Dixon). University of California Publications in American Archaeology and Ethnology 9: 1–235.

1911a　An Anthropological Survey of Canada. *Science* 34: 789–793.

1911b　The History and Varieties of Human Speech. *Popular Science Monthly* 79: 45–67.

1911c　The Problem of Noun Incorporation in American Languages. *American Anthropologist* 13: 250–282.

1911d　Review of R. B. Dixon, *The Chimariko Indians and Language*. *American Anthropologist* 13: 141–143.

1911e　Some Aspects of Nootka Language and Culture. *American Anthropologist* 13: 15–28.

1911f　*Summary Report of the Geological Survey, Department of Mines, for the Calendar Year 1910*. Anthropological Division: Report of Field Work. Ottawa: 284–287.

1911g　Wishram Chinook (Incorporated in F. Boas, Chinook). In Boas, F. (ed.), *Handbook of American Indian Languages*. Bureau of American Ethnology, Bulletin 40, pt. 1. Washington: Smithsonian Institution: 578, 579, 625–627, 638–645, 650–654, 673–677.

1912a　The Indians of the Province. In Boam, H. J. (comp.), and Ashley G. Brown (eds.) *British Columbia: Its History, People, Commerce, Industries, and Resources*. London: Sells, 135–140.

1912b　Language and Environment. *American Anthropologist* 14: 168–169.

1912c　The Mourning Ceremony of the Southern Paiutes (abstract). *Science* 35: 673; *American Anthropologist* 14: 168–169.

1912d　Review of Franz Boas, *Kwakiutl Tales*. *Current Anthropological Literature* 1: 193–198.

1912e　Review of A. A. Goldenweiser, *Totemism: An Analytical Study*. *Psychological Bulletin* 9: 454–461.

1912f　Review of Carl Stumpf, *Die Anfänge der Musik*. *Current Anthropological Literature* 1: 275–282.

1912g　*Summary Report of the Geological Survey, Department of Mines, for*

         the Calendar Year 1911. Anthropological Division: Ethnology. Ottawa, 379–381.
1912*h*   The Takelma Language of Southwestern Oregon. Extract from Boas, F. (ed.), *Handbook of American Indian Languages.* Bureau of American Ethnology, Bulletin 40, pt. 2. Washington: Smithsonian Institution, 1–296. (Also published 1922*d*.)
1912*i*   The Work of the Division of Anthropology of the Dominion Government. *Queen's Quarterly* 20: 60–69.
1913*a*   Algonkin p and s in Cheyenne. *American Anthropologist* 15: 538–539.
1913*b*   A Girls' Puberty Ceremony among the Nootka Indians. *Transactions, Royal Society of Canada.* 3d series, 7: 67–80.
1913*c*   A Note on Reciprocal Terms of Relationship in America. *American Anthropologist* 15: 132–138.
1913*d*   Review of Erich von Hornbostel, *Über ein akustisches Kriterium für Kulturzusammenhänge.* Methods and Principles. *Current Anthropological Literature* 2: 69–72.
1913*e*   Review of Karl Meinhof, *Die Sprachen der Hamiten. Current Anthropological Literature* 2: 21–27.
1913*f*   Southern Paiute and Nahuatl, a Study in Uto-Aztekan, Part 1. *Journal, Société des Américanistes de Paris* 10: 379–425.
1913*g*   A Tutelo Vocabulary. *American Anthropologist* 15: 295–297.
1913*h*   Wiyot and Yuruk, Algonkin Languages of California. *American Anthropologist* 15: 617–646.
1914*a*   Indian Tribes and Customs. In Boam, H. J. (comp.), and Ashley G. Brown (ed.) *The Prairie Provinces of Canada: Their History, People, Commerce, Industries, and Resources.* London: Sells, 146–152.
1914*b*   Indian Tribes of the Coast of British Columbia. In Shortt, Adam, and Arthur G. Doughty (eds.) *Canada and Its Provinces*, vol. 21. Toronto: Glasgow, Brook and Co., 315–346.
1914*c*   *Notes on Chasta Costa Phonology and Morphology.* University of Pennsylvania, Anthropological Publications 2 (2): 271–340.
1914*d*   *Summary Report of the Geological Survey, Department of Mines, for the Calendar Year 1912.* Anthropological Division: Ethnology and Linguistics. Ottawa: 448–453.
1914*e*   *Summary Report of the Geological Survey, Department of Mines, for the Calendar Year 1913.* Anthropological Division: Ethnology and Linguistics. Ottawa: 358–383.
1915*a*   *Abnormal Types of Speech in Nootka.* Canada, Department of Mines, Geological Survey, Memoir 62, Anthropological Series 5.
1915*b*   Algonkin Languages of California: A Reply. *American Anthropologist* 17: 188–194.

460   1915c   Corrigenda to Father Morice's *Chasta Costa and the Dene Languages of the North*. *American Anthropologist* 17: 765–773.

1915d   The Na-dene Languages, a Preliminary Report. *American Anthropologist* 17: 534–558.

1915e   Notes on Judeo-German Phonology. *The Jewish Quarterly Review* 6: 231–266.

1915f   *Noun Reduplication in Comox, a Salish Language of Vancouver Island*. Canada, Department of Mines, Geological Survey, Memoir 63, Anthropological Series 6.

1915g   *A Sketch of the Social Organization of the Nass River Indians*. Canada, Department of Mines, Geological Survey, Museum Bulletin 19, Anthropological Series 7.

1915h   The Social Organization of the West Coast Tribes. *Transactions, Royal Society of Canada*, 2d series, 9: 355–374.

1915i   Southern Paiute and Nahuatl, a Study in Uto-Aztekan, Part II. *American Anthropologist* 17: 98–120, 306–328; *Journal, Société des Américanistes de Paris*, 11 (1914): 443–488.

1915j   *Summary Report of the Geological Survey, Department of Mines, for the Calendar Year 1914*. Division of Anthropology: Ethnology and Linguistics. Ottawa: 168–177.

1916a   Culture in the Melting Pot, comments on John Dewey's article, American Education and Culture. *The Nation Supplement* (December 21), 1–2.

1916b   Letter to the editor: The Woman's Man. *The New Republic*, Sept. 16: 167.

1916c   Nootka (phonetic orthography and notes). In Boas, F. (ed.), Vocabularies from the Northwest Coast of America. *Proceedings, American Antiquarian Society* 26: 4–18.

1916d   Percy Grainger and Primitive Music. *American Anthropologist* 18: 592–597.

1916e   Review of Paul Abelson, ed., *English–Yiddish Encyclopedic Dictionary*. *The Jewish Quarterly Review* 7: 140–143.

1916f   *Summary Report of the Geological Survey, Department of Mines, for the Calendar Year 1915*. Division of Anthropology: Ethnology and Linguistics. Ottawa: 265–274.

1916g   Terms of Relationship and the Levirate. *American Anthropologist* 18: 327–337.

1916h   *Time Perspective in Aboriginal American Culture: A Study in Method*. Canada, Department of Mines, Geological Survey, Memoir 90, Anthropological Series 13.

1917a   Do We Need a "Superorganic"? *American Anthropologist* 19: 441–447.

1917b   Letter to the editor: International Philippines. *The New Republic*, Nov. 3: 23.

1917c   Letter to the editor: Ireland's Debt to Foreign Scholars. *The Dial* 62: 513.
1917d   Linguistic Publications of the Bureau of American Ethnology, a General Review. *International Journal of American Linguistics* 1: 76–81.
1917e   *The Position of Yana in the Hokan Stock.* University of California Publications in American Archaeology and Ethnology 13: 1–34.
1917f   Realism in Prose Fiction. *The Dial* 62: 503–506.
1917g   Review of Henry T. Finck, *Richard Strauss, the Man, and His Word.* A Frigid Introduction to Strauss. *The Dial* 62: 584–586.
1917h   Review of Sigmund Freud, *Delusion and Dream.* A Freudian Half-Holiday. *The Dial* 63: 635–637.
1917i   Review of Oskar Pfister, *The Psychoanalytical Method.* Psychoanalysis as a Pathfinder. *The Dial* 62: 423–426.
1917j   Review of Romain Rolland, *Jean-Christophe.* Jean-Christophe: An Epic of Humanity. *The Dial* 62: 423–426.
1917k   Review of C. C. Unlenbeck, *Het Passieve Karakter van het Verbum Transitivum of van het Verbum Actionis in Talen van Noord-Amerika.* International Journal of American Linguistics 1: 82–86.
1917l   Review of C. C. Uhlenbeck, *Het Identificeerend Karakter der Possessieve Flexie in Talen van Noord-Amerika.* International Journal of American Linguistics 1: 86–90.
1917m   The Status of Washo. *American Anthropologist* 19: 449–450.
1917n   Summary Report of the Geological Survey, Department of Mines, for the Calendar Year 1916. Anthropological Division: Ethnology and Linguistics. Ottawa: 387–395.
1917o   The Twilight of Rhyme. *The Dial* 63: 98–100.
1918a   An Ethnological Note on the "Whiskey-Jack." *The Ottawa Naturalist* 32: 116–117.
1918b   Kinship Terms of the Kootenay Indians. *American Anthropologist* 20: 414–416.
1918c   Letter to the editor: Miss Farrar's Singing. *The Ottawa Citizen*, Jan. 14.
1918d   Representative Music. *The Music Quarterly* 4: 161–167.
1918e   Review of Benigno Bibolotti, *Moseteno Vocabulary and Treatises.* International Journal of American Linguistics 1: 183–184.
1918f   Review of Samuel Butler, *God the Known and God the Unknown,* God as Visible Personality. *The Dial* 64: 192–194.
1918g   Review of G. K. Chesterton, *Utopias of Usurers and Other Essays.* Sancho Panza on His Island. *The Dial* 64: 25–27.
1918h   Review of James A. Montgomery, ed., *Religions of the Past and Present* (Faculty Lectures, University of Pennsylvania). A University Survey of Religions. *The Dial* 65: 14–16.
1918i   Tom. *Canadian Courier*, Dec. 7: 7.

1918j   *Yana Terms of Relationship*. University of California Publications in American Archaeology and Ethnology 13: 153–173.

1919a   Civilization and Culture. *The Dial* 67: 233–236. (Also published as 1922c and as pt. 2 of 1924b.)

1919b   Corrigenda and addenda to W. D. Wallis's *Indogermanic Relationship Terms as Historical Evidence*. *American Anthropologist* 21: 318–328.

1919c   Corrigenda to "Kinship Terms of the Kootenay Indians." *American Anthropologist* 21: 98.

1919d   Data on Washo and Hokan. In Dixon, R. B., and A. L. Kroeber (eds.) *Linguistic Families of California*. University of California Publications in American Archaeology and Ethnology 16: 180, 112.

1919e   A Flood Legend of the Nootka Indians of Vancouver Island. *Journal of American Folk-Lore* 32: 351–355.

1919f   Letter to the editor: Randolph Bourne. *The Dial*, Jan. 11: 45.

1919g   Letter to the editor: Criticizes Labor Gazette. *The Ottawa Citizen*, March 31.

1919h   Letter to the editor: Concerning Hilda Conkling. *Poetry*, Sept.: 344.

1919i   A Note on French Canadian Folk-Songs. *Poetry* 20: 210–213.

1919j   Review (unsigned) of Cary F. Jacob, *The Foundations and Nature of Verse*. *The Dial* 66: 98–100.

1919k   Review of R. Tagore, *Lover's Gift, Crossing, Mashi and Other Stories*. The Poet Seer of Bengal. *The Canadian Magazine* 54: 137–140.

1919l   Review of C. Wissler, *The American Indian*. The American Indian. *The New Republic* 19: 189–191.

1920a   The Heuristic Value of Rhyme. *Queen's Quarterly* 27: 309–312.

1920b   The Hokan and Coahuiltecan Languages. *International Journal of American Linguistics* 1: 280–290.

1920c   Nass River Terms of Relationship. *American Anthropologist* 22: 261–271.

1920d   A Note on the First Person Plural in Chimariko. *International Journal of American Linguistics* 1: 291–294.

1920e   The Poetry Prize Contest. *The Canadian Magazine* 54: 349–352.

1920f   Preview of R. H. Lowie, *Primitive Society*. Primitive Society. *The Nation* 111: 46–47.

1920g   Review of R. H. Lowie, *Primitive Society*. Primitive Humanity and Anthropology. *The Dial* 69: 528–533.

1920h   Review of R. H. Lowie, *Primitive Society*. Primitive Society. *The Freeman* 1: 377–379.

1920i   Review of J. Alden Mason, *The Language of the Salinan Indians*. *International Journal of American Linguistics* 1: 305–309.

1921a   A Bird's-eye View of American Languages North of Mexico. *Science* 54: 408.
1921b   A Characteristic Penutian Form of Stem. *International Journal of American Linguistics* 2: 58–67.
1921c   A Haida Kinship Term among the Tsimshian. *American Anthropologist* 23: 233–234.
1921d   *Language: An Introduction to the Study of Speech.* New York: Harcourt, Brace and Co.
1921e   The Life of a Nootka Indian. *Queen's Quarterly* 28: 232–243, 351–367. (Reprinted as 1922y.)
1921f   Maupassant and Anatole France. *The Canadian Magazine* 57: 199–202.
1921g   The Musical Foundations of Verse. *Journal of English and Germanic Philology* 20: 213–228.
1921h   Report of the Department of Mines for the Fiscal Year Ending March 31, 1921. Ottawa, 18–20.
1921i   Review of *The Mythology of All Races*, vol. 9 (Latin American, by Hartley Burr Alexander). Myth, Historian, and Psychologist. *The Nation* 112: 889–890.
1921j   Review of *The Mythology of All Races*, vol. 3 (Celtic, by J. A. Macculloch, and Slavic, by Jan Machal), vol. 11 (Latin American, by Hartley Burr Alexander), and vol. 12 (Egyptian, by W. Max Muller, and Indo-Chinese, by J. G. Scott). The Mythology of All Races. *The Dial* 71: 107–111.
1921k   Review of Robert Bridges, ed., *Poems of Gerard Manley Hopkins.* Gerard Hopkins. *Poetry* 18: 330–336.
1921l   Review of W. A. Mason, *A History of the Art of Writing.* Writing as History and as Style. *The Freeman* 4: 68–69.
1921m Review of W. H. R. Rivers, *The Instinct and the Unconscious.* A Touchstone to Freud. *The Freeman* 5: 357–353.
1921n   Review of J. M. Tyler, *The New Stone Age in Northern Europe*; Stewart Paton, *Human Behaviour*; E. G. Conklin, *The Direction of Human Evolution.* The Ends of Man. *The Nation* 113: 237–238.
1921o   A Supplementary Note on Salinan and Washo. *International Journal of American Linguistics* 2: 68–72.
1922a   Athabaskan Tone. *American Anthropologist* 24: 390–391.
1922b   Culture, Genuine and Spurious. *The Dalhousie Review* 2: 358–368. (Also published as pt. 1 of 1924b.)
1922c   Culture in New Countries. *The Dalhousie Review* 2: 358–368. (Also published as pt. 2 of 1924b.)
1922d   *The Fundamental Elements of Northern Yana.* University of California Publications in American Archaeology and Ethnology 13: 215–234.

1922e   Language and Literature. *The Canadian Magazine* 59: 457–462. (Chap. 11 of 1921d.)

1922f   *Report of the Department of Mines for the Fiscal Year Ending March 31, 1922.* Ottawa: 22–25.

1922g   Review of *More Jataka Tales*, retold by Ellen C. Babbitt. A Peep at the Hindu Spirit. *The Freeman* 5: 404.

1922h   Review of Maxwell Bodenheim, *Introducing Irony*. Introducing Irony. *The New Republic* 31: 341.

1922i   Review of Maxwell Bodenheim, *Introducing Irony*. Maxwell Bodenheim. *The Nation* 114: 751.

1922j   Review (unsigned) of Arthur Davison Ficke, *Mr. Faust. The Dial* 73: 235.

1922k   Review (unsigned) of Selma Lagerlöf, *The Outcast. The Dial* 73: 354.

1922l   Review of John Masefield, *Esther and Berenice. The Freeman* 5: 526.

1922m   Review of John Masefield, *King Cole*. The Manner of Mr. Masefield. *The Freeman* 5: 526.

1922n   Review of Edgar Lee Masters, *The Open Sea*. Mr. Master's Later Work. *The Freeman* 5: 333–334.

1922o   Review of Edgar Lee Masters, *The Open Sea*. Spoon River Muddles. *The Canadian Bookman* (April): 132, 140.

1922p   Review of Edgar Lee Masters, *Children of the Market Place. The Dial* 73: 235.

1922q   Review of Gilbert Murray, *Tradition and Progress. The Dial* 73: 235.

1922r   Review of E. C. Parsons, ed., *American Indian Life*. A Symposium of the Exotic. *The Dial* 73: 568–571.

1922s   Review of Frederick Pierce, *Our Unconscious Mind and How to Use It*. Practical Psychology. *The Literary Review, New York Evening Post* (July 1): 772.

1922t   Review of Edward Arlington Robinson, *Collected Poems*. Poems of Experience. *The Freeman* 5: 141–142; published also in *The Canadian Bookman* (August): 210–211.

1922u   Review (unsigned) of George Saintsbury, *A Letter Book. The Dial* 73: 235.

1922v   Review of Edward Thomas, *Collected Poems. The New Republic* 32: 226.

1922w   Review of Louis Untermeyer, *Heavens*. Heavens. *The New Republic* 30: 351.

1922x   Review of R. S. Woodworth, *Psychology: A Study of Mental Life*. An Orthodox Psychology. *The Freeman* 5: 619.

1922y   Sayach'apis, A Nootka Trader. In Parsons, E. C. (ed.), *American Indian Life*. New York: B. W. Huebsch, Inc., 297–323. (Published earlier as 1921e.)

1922z   The Takelma Language of Southwestern Oregon. In Boas, F. (ed.), *Handbook of American Indian Languages*. Bureau of American Ethnology, Bulletin 40, pt. 2. Washington: Smithsonian Institution, 1–296. (Published earlier as 1912a.)

1922aa   Vancouver Island Indians. In Hastings, James (ed.), *Encyclopaedia of Religion and Ethics*, vol. 12. New York: C. Scribner's Sons, 591–595.

1923a   The Algonkin Affinity of Yurok and Wiyot Kinship Terms. *Journal, Société des Américanistes de Paris* 15: 36–74.

1923b   Archaeology and Ethnology (bibliography). *Canadian Historical Review* 4: 374–378.

1923c   A Note on Sarcee Pottery. *American Anthropologist* 25: 247–253.

1923d   The Phonetics of Haida. *International Journal of American Linguistics* 2: 143–159.

1923f   *Report of the Department of Mines for the Fiscal Year Ending March 31, 1923*. Ottawa: 28–31.

1923g   Review of Edwin Björkman, *The Soul of a Child*. *The Double Dealer* 51: 78–80.

1923h   Review of A. E. Housman, *Last Poems*. Mr. Housman's Last Poems. *The Dial* 75: 188–191.

1923i   Review of Johannes V. Jensen, *The Long Journey*. The Epos of Man. *The World Tomorrow* 6: 221.

1923j   Review of C. G. Jung, *Psychological Types, or the Psychology of Individuation*. Two Kinds of Human Beings. *The Freeman* 8: 211–212.

1923k   Review of Truman Michelson, The Owl Sacred Pack of the Fox Indians. *International Journal of American Linguistics* 2: 182–184.

1923l   Review of C. K. Ogden and I. A. Richards, *The Meaning of Meaning*. An Approach to Symbolism. *The Freeman* 7: 572–573.

1923m   *Text Analyses of Three Yana Dialects*. University of California Publications in American Archaeology and Ethnology 20: 263–294.

1923n   A Type of Athabaskan Relative. *International Journal of American Linguistics* 2: 136–142.

1924a   Anthropology at the Toronto Meeting of the British Association for the Advancement of Science, 1924. *American Anthropologist* 26: 563–565.

1924b   Culture, Genuine and Spurious. *American Journal of Sociology* 29: 401–429. (Pt. 1 previously published as 1922b, and pt. 2 as 1919a and 1922c.)

1924c   The Grammarian and His Language. *American Mercury* 1: 149–155.

1924d   Personal Names among the Sarcee Indians. *American Anthropologist* 26, 108–119.

1924e Racial Superiority. *The Menorah Journal* 10: 200–212.
1924f Review of *The Novel of Tomorrow and the Scope of Fiction*, by Twelve American Novelists. Twelve Novelists in Search of a Reason. *The Stratford Monthly* (May).
1924g The Rival Whalers, a Nitinat Story (Nootka Text with Translation and Grammatical Analysis). *International Journal of American Linguistics* 3: 76–102.
1925a Are the Nordics a Superior Race? *The Canadian Forum* (June), 265–266.
1925b The Hokan Affinity of Subtiaba in Nicaragua. *American Anthropologist* 27: 402–435, 491–527.
1925c Indian Legends from Vancouver Island. *Transactions, Women's Canadian Historical Society of Ottawa* 9: 142–143.
1925d Let Race Alone. *The Nation*: 211–213.
1925e Memorandum on the Problem of an International Auxiliary Language. *The Romanic Review* 16: 244–256.
1925f Pitch Accent in Sarcee, an Athabaskan Language. *Journal, Société des Américanistes de Paris* 17: 185–205.
1925g Report of the Department of Mines for the Fiscal Year Ending March 31, 1924. Ottawa: 36–40.
1925h Report of the Department of Mines for the Fiscal Year Ending March 31, 1925. Ottawa: 37–41.
1925i Review of F. G. Crookshank, *The Mongol in our Midst*; H. W. Siemens, *Race Hygiene and Heredity*; Jean Finot, *Race Prejudice*; J. H. Oldham, *Christianity and the Race Problem*. The Race Problem. *The Nation* 121: 40–42.
1925j Review of *The Complete Poems of Emily Dickinson*. Emily Dickinson, a Primitive. *Poetry* 26: 97–105.
1925k Review of H. D., *Collected Poems*. An American Poet. *The Nation* 121: 211.
1925l Review of A. Meillet and Marcel Cohen, eds., *Les Langues du monde*. *Modern Language Notes* 40: 373–375.
1925m Review of Paul Radin, *Monotheism among Primitive Peoples*. Is Monotheism Jewish? *The Menorah Journal* 11: 524–527.
1925n Review of Edwin Arlington Robinson, *Dionysus in Doubt*. The Tragic Chuckle. *Voices* (November): 64–65.
1925o The Similarity of Chinese and Indian Languages. *Science* 62 (1607), supplement of 16 Oct.: xii. (Report of an interview.)
1925p Sound Patterns in Language. *Language* 1: 37–51.
1925q Undesirables—Klanned or Banned. *The American Hebrew* 116: 286.
1926a A Chinookan Phonetic Law. *International Journal of American Linguistics* 4: 105–110.
1926b Philology. In *The Encyclopaedia Britannica (Supplementary Volumes,*

	13th ed.) 3: 112–115.
1926c	Review of Leonie Adams, *Those Not Elect*. Leonie Adams. *Poetry* 27: 275–279.
1926d	Review of George A. Dorsey, *Why We Behave Like Human Beings*. *American Journal of Sociology* 32: 140.
1926e	Review of Knight Dunlap, *Old and New Viewpoints in Psychology*. *American Journal of Sociology* 31: 698–699.
1926f	Review of Father Berard Haile, *A Manual of Navaho Grammar*. *American Journal of Sociology* 32: 511.
1926g	Review of Otto Jespersen, *Mankind, Nation and Individual from a Linguistic Point of View*. *American Journal of Sociology* 32: 498–499.
1926h	Review of Ludwig Lewisohn, *Israel*. *The Menorah Journal* 12: 214–218.
1926i	Speech as a Personality Trait (abstract). *Health Bulletin*, Illinois Society for Mental Hygiene, December. (Also published as 1927h.)
1927a	Anthropology and Sociology. In Ogburn, W. F., and A. Goldenweiser (eds.) *The Social Sciences and Their Interrelations*: chap. 9. Boston: Houghton Mifflin Co.: 97–113.
1927b	An Expedition to Ancient America: A Professor and a Chinese Student Rescue the Vanishing Language and Culture of the Hupas in Northern California. *The University of Chicago Magazine* 20: 10–12.
1927c	Language as a Form of Human Behaviour. *The English Journal* 16: 421–433.
1927d	Review of F. H. Hankins, *The Racial Basis of Civilization*. A Reasonable Eugenist. *The New Republic* 53: 146.
1927e	Review of Jean Piaget, *The Language and Thought of the Child*. Speech and Verbal Thought in Childhood. *The New Republic* 50: 350–351.
1927f	Review of Paul Radin, *Crashing Thunder: The Autobiography of an American Indian*. *American Journal of Sociology* 33: 295–296.
1927g	Review of A. Hyatt Verrill, *The American Indian: North, South, and Central America*. *American Journal of Sociology* 33: 295–296.
1927h	Speech as a Personality Trait. *American Journal of Sociology* 32: 892–905.
1928a	The Meaning of Religion. *The American Mercury* 15: 72–79. (Published also as 1929f.)
1928b	Observations on the Sex Problem in America. *American Journal of Psychiatry* 8: 519–534.
1928c	*Proceedings, First Colloquium on Personality Investigation; Held under the Auspices of the American Psychiatric Association, Committee on Relations with the Social Sciences.* New York: 11–12, 77–80.

1928d Review of Clarence Day, *Thoughts without Words*. When Words Are Not Enough. *New York Herald Tribune Books* 4: xii.

1928e Review of Sigmund Freud, *The Future of an Illusion*. Psychoanalysis as a Prophet. *The New Republic* 56: 356–357.

1928f Review of Knut Hamsun, *The Women at the Pump*. *The New Republic* 56: 335.

1928g Review of James Weldon Johnson, ed., *The Book of American Negro Spirituals*. *Journal of American Folk-Lore* 41: 172–174.

1928h Review of Roland G. Kent, *Language and Philology*. *The Classical Weekly* 221: 85–86.

1928i A Summary Report of Field Work among the Hupa, Summer of 1927. *American Anthropologist* 30: 359–361.

1928j The Unconscious Patterning of Behavior in Society. In Child, C. M., et al. (eds.) *The Unconscious: A Symposium*. New York: A. A. Knopf: 114–142.

1929a Central and North American Languages. *Encyclopaedia Britannica* (14th ed.) 5: 138–141.

1929b The Discipline of Sex. *The American Mercury* 16: 413–420. (Also published as 1930a.)

1929c A Linguistic Trip among the Navaho Indians. *The Gallup Independent* (Ceremonial ed., Aug. 23, Gallup, N.M.): 1–2.

1929d Male and Female Forms of Speech in Yana. In Teeuwen, St. W. J. (ed.), *Donum Natalicium Schrijnen*. Nijmegen-Utrecht: N. v. Dekker & van de Vegt: 79–85.

1929e Nootka Baby Words. *International Journal of American Linguistics* 5: 118–119.

1929f Religions and Religious Phenomena. In Brownell, Baker, (ed.) *Religious Life* (Man and His World, vol. 11). New York: Van Nostrand: 11–33.

1929g Review of Franz Boas, *Anthropology and Modern Life*. Franz Boas. *The New Republic* 57: 278–279.

1929h Review of R. L. Bunzel, *The Pueblo Potter*. Design in Pueblo Pottery. *The New Republic* 61: 115.

1929i Review of M. E. DeWitt, *Our Oral Word as Social and Economic Factor*. *American Journal of Sociology* 34: 926–927.

1929j Review of Waldo Frank, *The Rediscovery of America*. *American Journal of Sociology* 35: 335–336.

1929k Review of Bertrand Russell, *Sceptical Essays*. The Skepticism of Bertrand Russell. *The New Republic* 57: 196.

1929l The Status of Linguistics as a Science. *Language* 5: 207–214.

1929m A Study in Phonetic Symbolism. *Journal of Experimental Psychology* 12: 225–239.

1929n What Is the Family Still Good For? *Winnetka Conference on the Family* (Oct. 28): 331–34. (Also published as 1930g.)

1930a   The Discipline of Sex. *Child Study* (March): 170–173, 187–188. (Also published as 1929b.)
1930b   *Proceedings, Second Colloquium on Personality Investigation; Held under the Joint Auspices of the American Psychiatric Association and of the Social Science Research Council.* Baltimore: 37–39, 48–54, 67, 84–87, 96–97, 122–127, 153–156, 166.
1930c   Review of James Truslow Adams, *Our Business Civilization: Some Aspects of American Culture*. Our Business Civilization. *Current History* 32: 426–428.
1930d   *Southern Paiute: A Shoshonean Language.* Proceedings, American Academy of Arts and Sciences 65 (no. 1): 1–296. *The Southern Paiute Language*, pt. 1.
1930e   *Texts of the Kaibab Paiutes and Uintah Utes.* Proceedings, American Academy of Arts and Sciences 65 (2): 297–536. *The Southern Paiute Language*, pt. 2.
1930f   *Totality* Linguistic Society of America, Language Monographs 6.
1930g   What Is the Family Still Good For? *The American Mercury* 19: 145–151. (Also published as 1929n.)
1931a   Communication. *Encyclopaedia of the Social Sciences* 4: 78–81.
1931b   The Concept of Phonetic Law as Tested in Primitive Languages by Leonard Bloomfield. In Rice, Stuart A., (ed.) *Methods In Social Science: A Case Book*. Chicago: University of Chicago Press: 297–306.
1931c   Conceptual Categories in Primitive Languages. *Science* 74: 578.
1931d   Custom. *Encyclopaedia of the Social Sciences* 4: 658–662.
1931e   Dialect. *Encyclopaedia of the Social Sciences* 5: 123–126.
1931f   Fashion. *Encyclopaedia of the Social Sciences* 6: 139–144.
1931g   The Function of an International Auxiliary Language. *Psyche* 11: 4–15; also in Shenton, H. N., E. Sapir, O. Jespersen, *International Communication: A Symposium on the Language Problem*. London: 65–94.
1931h   Language, Race, and Culture. In Calverton, V. F., (ed.) *The Making of Man*. New York: 142–156. (Chap. 10 of 1921a.)
1931i   Notes on the Gweabo Language of Liberia. *Language* 7: 30–41.
1931j   Review of Ray Hoffman, *Nuer-English Dictionary*. *American Anthropologist* 33: 114–115.
1931k   *Southern Paiute Dictionary.* Proceedings, American Academy of Arts and Sciences 65 (3): 537–730. (The Southern Paiute Language, pt. 3.)
1931l   Wanted, A World Language. *The American Mercury* 22: 202–209.
1932a   Cultural Anthropology and Psychiatry. *Journal of Abnormal and Social Psychology* 27: 229–242.
1932b   Group. *Encyclopaedia of the Social Sciences* 7: 178–182.

1932c   Review of James G. Leyburn, *Handbook of Ethnography*. *American Journal of Science*, 5th series, 23: 186–189.

1932d   Two Navaho Puns. *Language* 8: 217–219.

1933a   The Case for a Constructed International Language. *Actes du Deuxième Congrès International de Linguistes, Genève, Aout 1931*. Paris: Librairie d'Amérique et d'Orient, Adrien Maisonneuve, 86–88.

1933b   Language. *Encyclopaedia of the Social Sciences* 9: 155–169.

1933c   La Réalité Psychologique des Phonèmes. *Journal de Psychologie Normale et Pathologique* (Paris) 30: 247–265. (Also published in an English version, 1949.)

1934a   The Emergence of the Concept of Personality in a Study of Cultures. *Journal of Social Psychology* 5: 408–415.

1934b   Hittite *hepatis* "Vassal" and Greek ὁ παδός. *Language* 10: 274–279.

1934c   Personality. *Encyclopaedia of the Social Sciences* 12: 85–87.

1934d   Review of Melville J. Herskovits and Frances S. Herskovits, *Rebel Destiny: Among the Bush Negroes of Dutch Guiana*. The Bush Negro of Dutch Guiana. *The Nation* 139: 135.

1934e   Symbolism. *Encyclopaedia of the Social Sciences* 14: 492–495.

1935a   A Descriptive Grammar of English: Report of Progress, 1934. *American Council of Learned Societies Bulletin* 23 (June 1935): 125–127.

1935b   A Navaho Sand Painting Blanket. *American Anthropologist* 37, 609–616.

1935c   Review of A. G. Morice, *The Carrier Language (Dene Family): A Grammar and Dictionary Combined*. *American Anthropologist* 37: 500–501.

1936a   The Application of Anthropology to Human Relations. In Baker, N. D., C. J. H. Hayes, and R. W. Strauss (eds.) *The American Way*. Chicago and New York: Willett, Clark, 121–129.

1936b   A Descriptive Grammar of English: Report of Progress, 1935. *American Council of Learned Societies Bulletin* 25 (July 1936): 775–778.

1936c   Greek ἀτύζομαι, A Hittite Loanword, and Its Relatives. *Language* 12: 175–180.

1936d   Hebrew 'argáz, A Philistine Word. *Journal of the American Oriental Society* 56: 272–281.

1936e   Hupa Tattooing. In Lowie, R. H., (ed.) *Essays in Anthropology Presented to Alfred Louis Kroeber*. Berkeley: 273–277.

1936f   Internal Linguistic Evidence Suggestive of the Northern Origin of the Navaho. *American Anthropologist* 38: 224–235.

1936g   κύβδα: A Karian Gloss. *Journal of the American Oriental Society* 56: 85.

1936h   Kutchin Relationship Terms. In Osgood, Cornelius, *Contributions*

	to the Ethnography of the Kutchin. Yale University Publications in Anthropology 4: 136–137.
1936i	Review of D. Westermann and Ida C. Ward, *Practical Phonetics for Students of African Languages. American Anthropologist* 38: 121–122.
1936j	Tibetan Influences on Tocharian. I. *Language* 12: 259–271.
1937a	The Contribution of Psychiatry to an Understanding of Behaviour in Society. *American Journal of Sociology* 42: 862–870.
1937b	Hebrew "Helmet," a Loanword, and Its Bearing on Indo-European Phonology. *Journal of the American Oriental Society* 57: 73–77.
1937c	The Negroes of Haiti, review of Melville J. Herskovits, *Life in a Haitian Valley. The Yale Review* 26: 853–854.
1937d	Review of James A. Montgomery and Zellig S. Harris, *The Ras Shamra Mythological Texts. Language* 13, 326–331.
1938a	Foreword to Walter Dyk, *Son of Old Man Hat.* New York: v–x.
1938b	Glottalized Continuants in Navaho, Nootka, and Kwakiutl (with a Note on Indo-European). *Language* 14: 248–274.
1938c	Hittite *siyanta* and Gen. 14: 3. *American Journal of Semitic Languages and Literatures* 55, 86–88.
1938d	Review of Thurman W. Arnold, *The Folklore of Capitalism. Psychiatry* 1: 145–147.
1938e	Why Cultural Anthropology Needs the Psychiatrist. *Psychiatry* 1: 7–12.
1939a	From Sapir's Desk: Indo-European Prevocalic *s* in Macedonian: The Indo-European Words for "Tear" (edited by E. S. Sturtevant). *Language* 13: 178–187. (Also published in part as 1939b.)
1939b	Indo-European Prevocalic *s* in Macedonian. *American Journal of Philology* 40: 463–465. (Also published as part of 1939a.)
1939c	Psychiatric and Cultural Pitfalls in the Business of Getting a Living. *Mental Health,* Publication of the American Association for the Advancement to Science 9: 237–244.
1939d	Review of Zellig S. Harris, *A Grammar of the Phonecian Language. Language* 15: 60–65.
1939e	Songs for a Comox Dance Mask (edited by Leslie Spier). *Ethnos* (Stockholm) 4: 49–55.
1942	*Navaho Texts, with Supplementary Texts by Harry Hoijer* (edited by Harry Hoijer). Philadelphia: Linguistic Society of America.
1944	Grading: A Study in Semantics. *Philosophy of Science* 11: 93–116.
1947	The Relation of American Indian Linguistics to General Linguistics. *Southwestern Journal of Anthropology* 3: 1–4.
1949	The Psychological Reality of Phonemes. In Mandelbaum, David G., (ed.) *Selected Writings of Edward Sapir in Language, Culture and Personality.* Berkeley: University of California Press, 46–60. (English version of 1933c.)

合作著述、基于萨丕尔材料的著述清单

Barbeau, Marius, and Edward Sapir
   1925   *Folk Songs of French Canada*. New Haven: Yale University Press.
Freeland, L. S.
   1930   The Relationship of Mixe to the Penutian Family (with notes by Edward Sapir). *International Journal of American Linguistics* 6: 28–33.
Golla, Victore (ed.)
   1984   *The Sapir-Kroeber Correspondence: Letters between Edward Sapir and A. L. Kroeber, 1905–1925*. Survey of California and Other Indian Languages, Department of Linguistics, University of California, Berkeley, Research Report 6.
Hockett, Charles F.
   1946   Sapir on Arapaho. *International Journal of American Linguistics* 12: 243–245.
Lowie, Robert H. (ed.)
   1965   *Letters from Edward Sapir to Robert H. Lowie*. Berkeley: privately printed.
Mandelbaum, David G. (ed.)
   1949   *Selected Writings of Edward Sapir in Language, Culture and Personality*. Berkeley: University of California Press.
Mead, Margaret (ed.)
   1959   *An Anthropologist at Work*. Boston: Houghton Mifflin.
Newman, Stanley S.
   1948   English Suffixation: A Descriptive Approach. *Word* 4: 24–36.
Roberts, Helen H., and Morris Swadesh
   1955   *Songs of the Nootka Indians of Western Vancouver Island*. Based on phonographic records, linguistic and other field notes made by Edward Sapir. Philadelphia: American Philosophical Society.
Sapir, Edward, and Charles G. Blooah
   1929   Some Gweabo Proverbs. *Africa* 2: 183–185.

Sapir, Edward, and Harry Hoijer
   1967   *The Phonology and Morphology of the Navaho Language*. University of California Publications in Linguistics 50.

Sapir, Edward, and Hsü Tsan Hwa
   1923a   Humor of the Chinese Folk. *Journal of American Folk-Lore* 36: 31–35.
   1923b   Two Chinese Folk-Tales. *Journal of American Folk-Lore* 36: 23–30.

Sapir, Edward, and Albert G. Sandoval
   1930   A Note on Navaho Pottery. *American Anthropologist* 32: 575–576.

Sapir, Edward, and Morris Swadesh
   1932   *The Expression of the Ending-Point Relation in English, French, and German*. Edited by Alice V. Morris. Linguistic Society of America, Language Monographs 10.
   1939   *Nootka Texts: Tales and Ethnological Narratives with Grammatical Notes and Lexical Materials*. William Dwight Whitney Linguistic Series, Linguistic Society of America. Philadelphia.
   1946   American Indian Grammatical categories. *Word* 2: 103–112.
   1953   Coos–Takelma–Penutian Comparisons. *International Journal of American Linguistics* 19: 132–137.
   1955   *Native Accounts of Nootka Ethnography*. Bloomington: Indiana University Research Center in Anthropology, Folklore, and Linguistics (= *International Journal of American Linguistics* 21, no. 4).
   1960   *Yana Dictionary*. Edited by Mary R. Haas. University of California Publications in Linguistics 22.

Sapir, Edward, et al.
   1916   *Phonetic Transcription of Indian Languages* (with F. Boas, P. E. Goddard, and A. L. Kroeber). *Smithsonian Miscellaneous Collections* 66 (6). Washington, D. C.: Smithsonian Institution.
   1934   Some Orthographic Recommendations (with others). *American Anthropologist* 36: 629–631.

Spier, Leslie, and Edward Sapir
   1930   *Wishram Ethnography*. University of Washington Publications in Anthropology 3: 151–300.

Swadesh, Morris
   1949   Salish–Wakashan Comparisons, by Edward Sapir. In Smith, Marian W., (ed.) *Indians of the Urban Northwest*. New York: Columbia University Press, 171–173.
   1964   Comparative Penutian Glosses of Sapir. In Bright, William, (ed.) *Studies in Californian Linguistics*. University of California Publications in Linguistics 34: 182–191.

索引

（本索引为原著索引，页码为原著页码，即本书边码）

Acculturation,303	涵化
Adams,Leonie,184	亚当斯,莱奥妮
Alexander,Franz,290,416n	亚历山大,弗朗茨
Allen,Harold,267	艾伦,哈罗德
Alternating sounds,104	交替语音
American Council of Learned Societies, 277-287,297	美国学术团体理事会
American Museum of Natural History,40,63	美国自然历史博物馆
American Psychiatric Association,309-319,320	美国精神病学会
American Society,317,318,321	美国社会
Andrade,Manuel,235	安德拉德,曼努埃尔
Angell,James R.,327,328,332,333,349,384, 385,386,388,399-400,402	安吉尔,詹姆斯·R.
Angulo,Jaime de,142,283-284	安古洛,海梅·德
Angyal,Andreas,341	翁焦尔,安德烈亚斯
Anti-Semitism,189,204,328,394,399,400-402,412,416	反犹主义
Athabaskan ethnology,50	阿萨巴斯卡民族学
Athabaskan tone,85-86,240,260	阿萨巴斯卡语声调
Banda,Hastings Kamuzu,230	班达,黑斯廷斯·卡穆祖
Barbeau,Marius,49,58-59,67-68,76	巴尔博,马里厄斯
Bayne-Jones,Stanhope,392,393	贝恩-琼斯,斯坦霍普
Behaviorism,139,215,269,316,384	行为主义
Benedict,Ruth,xi,l0n,134,142,143,151,169,	本尼迪克特,鲁思

172-183,187-188,304,307,315,322-325,395

Blake,Francis,321　　　　　　　　　　　布雷克,弗朗西斯

Bloch,Bernard,271　　　　　　　　　　　布洛赫,伯纳德

Blooah,Charles,203,229-230　　　　　　布鲁阿,查尔斯

Bloomfield,Leonard,77n,102,116n,214,226n, 布龙菲尔德,伦纳德
262-268 passim, 268-272, 273, 277-286
passim,364,366,371,373,378,405

Boas,Franz, 104, 136, 142, 159, 167, 168, 172, 　博厄斯,弗朗兹;美国自然历史
176, 186-188, 211, 223, 264, 266, 269, 270, 　博物馆;扩散与谱系关系;为
277-287 passim,306,337,366,367,379,404- 　萨丕尔找工作;《美洲印第安
405, 411, 417-418; American Museum of 　语言手册》;专业水准;心理
Natural History, 62-63; diffusion vs. genetic 　学;在哥大教书
relationship, 99-100, 113-115, 117-118, 122;
finding jobs for Sapir, 20, 24, 38-43 passim,
63-64, 137, 193-200, 329-332; Handbook of
American Indian Languages, 36-37;
professional standards, 67; psychology, 12n,
137-138, 144; teaching at Columbia, 9-11,
13-15

Boasian paradigm, 91-92, 96, 171-172, 346- 　博厄斯范式
347,391

Bolling,George,263,273　　　　　　　　博林,乔治

British Columbia,University of,52-53　　英属哥伦比亚大学

Brock, Reginald Walter, 41-42, 53, 55 Buck, 布洛克,雷金纳德·沃尔特;巴
Carl,37,103,196,265,328,360,366　　　克,卡尔

Bumpus,Herman C. ,40　　　　　　　　邦珀斯,赫尔曼·C.

Bureau of American Ethnology, 19,37,38,44, 美国民族学局
49,50n,65,107-108,165n,194

Bureau of Indian Affairs,245,252-261　　印第安事务局

Burr,H. S. ,386,388　　　　　　　　　伯尔,H. S.

Camsell,Charles,136　　　　　　　　　卡姆塞尔,查尔斯

Carpenter,William Henry,7,13　　　　　卡朋特,威廉·亨利

Carroll,John B. ,266,276　　　　　　　卡罗尔,约翰·B.

Chao,Y-R. ,273　　　　　　　　　　　赵元任

Chasta Costa,20,73,240　　　　　　　　蔡斯塔克斯塔语

Chinook, 12, 19-20	奇努克语
Citizenship, Canadian, 167	公民籍,加拿大
Clark University, 12n, 137, 212, 223	克拉克大学
Cohen, Morris R., 405	科恩,莫里斯·R.
Cole, Fay-Cooper, 130, 196-198, 199-200, 224, 225-228, 230-231, 234-235, 248-252, 301, 320, 329, 411	科尔,费伊-库珀
Collier, John, 252-257	科利尔,约翰
Collinson, W. E., 274, 275	柯林森,W. E.
Columbia University, Sapir at, 5-15	哥伦比亚大学,萨丕尔在
Committee on American Indian Languages, 277-287, 355	美洲印第安语言委员会
Committee on Local Community Research, 218-219, 221	地区社区研究委员会
Crafts, Indian, 59-60	印第安人的手工制品
Croce, Benedetto, 162-163	克罗齐,贝内德托
Dai, Bingham, 335, 341	戴秉衡
Darrow, Clarence, 204	达罗,克拉伦斯
Dawson, George, 49, 55	道森,乔治
Day, Edmund, 130, 226, 301, 332, 388	戴,埃德蒙
Dewey, John, 161, 168, 211, 337	杜威,约翰
Dixon, Roland, 27, 66-67, 110-111, 118, 193	狄克逊,罗兰
Dollard, John, 308, 333, 334-335, 337-343 passim, 354, 356, 358, 385, 388, 389, 390, 391, 394-397, 412, 416	多拉德,约翰
Doob, Leonard, 396	杜布,伦纳德
Dorsey, George Owen, 39	多尔西,乔治·欧文
Drift, phonetic, 99-100	沿流,语音
Dubois, Cora, 323, 356	杜波依斯,科拉
Dyk, Walter, 234, 323, 355	狄克,沃尔特
Edgerton, Franklin, 263, 265, 327, 359, 360, 402	埃杰顿,富兰克林
Eggan, Fred 234, 377	埃根,弗雷德
Emeneau, Murray, 268, 363, 415	埃米诺,默里
Eriksen, Erik (Homburger), 389, 393-394	埃里克森,埃里克(洪布格尔)
Eyak, 241	埃雅克语

Faris, Ellsworth, 213, 225   法里斯, 埃尔斯沃斯
Faris, Robert, 215   法里斯, 罗伯特
Farrand, Livingston, 9, 13   法兰德, 利文斯顿
Fenton, William, 351   芬顿, 威廉
First Yale School of Linguistics, 271, 276, 364-365, 365-374, 375   耶鲁第一个语言学派
Frachtenberg, Leo, 114-115, 117, 168   弗拉奇坦伯格, 利奥
Frank, Lawrence, 302, 310, 316-317, 332, 333, 335, 336, 339, S43-344   弗兰克, 劳伦斯
Fraser, Sir James, 138   弗雷泽, 詹姆斯爵士
Freud, Sigmund, 12n, 137, 139, 140, 144, 150, 296, 312, 337, 406   弗洛伊德, 西格蒙德
Fromm, Erich, 324, 325, 395   弗洛姆, 埃里希
Furniss, Edgar, 329, 351, 352, 356, 385, 401-402   弗尼斯, 埃德加
"Genuine" culture, 148-149, 168-169, 288, 392   "真（正的）"文化
Gibson, Chief John, 61, 69   吉布森, 约翰酋长
Goddard, Pliny, 27, 88-91 passim, 119-120, 142, 194, 240, 241, 264, 265   戈达德, 普林尼
Goldenweiser, Alexander, 68-69, 140, 141, 146n, 199, 200   戈登韦泽, 亚历山大
Gordon, George Byron, 20, 25, 29-38 passim, 39   戈登, 乔治·拜伦
Greenberg, Joseph, 110, 131, 379n   格林伯格, 约瑟夫
Gweabo, 229-230, 361   格雷博语
Haas, Mary, 131, 234, 265, 270, 278, 287, 366, 367-368, 378   哈斯, 玛丽
Haile, Father Berard, 242-252, 355, 417   海尔, 贝拉尔神父
Hallowell A. Irving, 322, 411   哈洛韦尔, A. 欧文
Handbook of American Indian Languages, 21-24, 35-37, 88   《美洲印第安语言手册》
Hanover Conferences, 209-210, 219, 298, 299-302, 309, 320, 333, 395   汉诺威会议
Harper, William Rainey, 193, 212, 223   哈珀, 威廉·雷尼
Harrington, John P., 89, 257, 258, 283, 345   哈林顿, 约翰·P.
Harris, Zellig, 266, 268, 270-271, 365, 372, 374   哈里斯, 齐里格
Herder, Johann, 11-12   赫尔德, 约翰

Herzog, George, 155, 203, 208, 243, 248, 349, 368, 380, 385, 400-401	赫佐格,乔治
Hewett, Edgar Lee, 244	休伊特,埃德加·利
Heye, George, 56-57	海伊,乔治
Hill-Tout, Charles, 52-53, 54, 57	希尔-陶特,查尔斯
Hockett, Charles, 268, 372-373	霍凯特,查尔斯
Hoijer, Harry, 234, 235-236, 243, 245, 260, 285, 368, 370, 415	霍耶尔,哈里
Holmes, William Henry, 19	霍姆斯,威廉·亨利
Hooton, Ernest, 412	胡顿,欧内斯特
Horney, Karen, 183, 291, 293, 325, 395, 408	霍妮,卡伦
Hrdlicka, Arles, 129-130	赫尔德利奇卡,阿尔勒
Hull, Clark, 389-390, 396	赫尔,克拉克
Hupa, 239, 240, 241	胡帕语
Hutchins, Robert, 249, 297, 392, 400	哈钦斯,罗伯特
Hutchinson, G. Evelyn, 363, 402	哈钦森,G. 伊夫琳
Illness, final, 407-415	病况,最后的
Impact of Culture on Personality Seminar, 302n, 327-343, 348	文化对人格的影响力研讨课
Indo-Chinese, 108, 126-131, 227, 238	印度-汉语
Indo-European, return to, 265, 365. See also Philology, Indo-European "informant," 33n, 78	印欧语系,回归;见语文学,印欧语系"调查对象"
Ingalik, 85-86, 240, 241	因加利克人、因加利克语
Inscoe, Jimmie, 292, 293	英思科,吉米
Institute for Juvenile Research, 205, 221, 239n, 307, 310, 313	青少年研究所
Institute of Human Relations, 304, 306, 307, 308, 310, 328, 329, 349, 350, 352-353, 354-355, 356, 358, 383-397, 398	人类关系研究所
International Auxiliary Language Association, 272-277	国际辅助语协会
"Interpersonal relations," 289, 291, 292, 294	"人际关系"
Ishi, 29, 79-82	易希
Jackson, A. V. Williams, 9, 13, 103	杰克逊,A. V. 威廉斯

Jenness, Diamond, 47, 77, 84, 85, 130, 190, 191, 202-203　　詹内斯, 戴蒙德
Jespersen, Otto, 101, 103, 133, 273, 274-275, 276　　叶斯柏森, 奥托
Jewishness, 5, 328, 398-406　　犹太性
Johansen, Fritz, 166-167　　约翰松, 弗里茨
Jung, Carl, 139-140, 140-143　　荣格, 卡尔
Kardiner, Abraham, 356　　卡迪纳, 亚伯拉罕
Keller, Alfred, 328, 346　　凯勒, 阿尔弗雷德
Kent, Roland, 37, 263, 264, 284-285　　肯特, 罗兰
Kidder, Alfred V., 244, 283-284, 320, 324　　基德尔, 阿尔弗雷德·V.
Kirchoff, Paul, 208, 245　　基尔霍夫, 保罗
Klineberg, Otto, 306, 307　　克兰伯格, 奥托
Klopfer, Bruno, 179　　克洛普弗, 布鲁诺
Kluckhohn, Clyde, 200-201　　克拉克洪, 克莱德
Knight, Frank, 203, 310, 339　　奈特, 弗兰克
Knowles, Francis, 66　　诺尔斯, 弗朗西斯
Kroeber, Alfred L., xi, 5-6, 10, 20, 24-29 passim, 46, 65, 79-82 passim, 88-91 passim, 92-93, 97, 102, 105-106, 110-113, 117-118, 122-126, 129, 142, 158-159, 163-164, 192, 224-225, 228, 279, 280, 283-284, 286, 301, 304-305, 330-332, 337, 366-368 passim, 370, 371, 377-378; and psychoanalysis, 134, 142, 143-148　　克罗伯, 阿尔弗雷德·L.; 与精神分析
Kutchin, 85, 202, 240, 241　　库钦语、库钦族
Kurath, Hans, 266　　库拉特, 汉斯
Kwakiutl, 18, 50, 58　　夸扣特尔语
LaBarre, Weston, 354　　拉巴尔, 韦斯顿
Language, 96-103, 192　　《语言论》
Laryngeal hypothesis, 267, 359-360　　喉音假设
Lasswell, Harold D., 209, 210, 212, 288, 289, 294, 295-299, 307, 312-315, 319, 339, 413-414　　拉斯韦尔, 哈罗德·D.
Laufer, Berthold, 13, 40, 123, 126-129, 193, 194, 196　　劳费尔, 贝特霍尔德
Li, Fang-Kuei, 239-240, 241, 265, 345, 368, 371　　李方桂
Life History, 169-170　　生活史

Linguistic Institutes, 265-268	语言研究所
Linguistic Society of America, 253-265	美国语言学协会
Linton, Ralph, 224, 298, 356	林顿,拉尔夫
Lowell, Amy, 157-158, 161	洛威尔,艾米
Lowie, Robert, xivn, 10, 94, 100-101, 141, 142, 160, 193, 320, 350, 352	洛伊,罗伯特
Luhan, Mabel Dodge, 252	卢汉,梅布尔·道奇
Lynd, Robert, 301, 304, 307, 337	林德,罗伯特
Macbeth, Madge, 164-165	麦克贝思,麦琪
MacDowell, Edward, 8	麦克道威尔,爱德华
McGill University, 53	麦吉尔大学
McIlwraith, Thomas, 84, 190	麦基尔雷思,托马斯
McKeel, Scudder, 245, 351, 385	麦基尔,斯卡德
MacMillan, Cyrus, 69	麦克米伦,塞勒斯
McWhood, Leonard, 8	麦克胡德,伦纳德
Malinowski, Bronislaw, 219, 275, 300, 321n, 337, 353, 357	马林诺夫斯基,布伦尼斯洛
Mandelbaum, David, 146, 151, 268n, 351, 353-354, 401, 403, 406, 417	曼德尔鲍姆,戴维
Marjolin, Robert, 341	马若兰,罗伯特
Mason, J. Alden, 29, 31-32, 73, 265, 285, 376, 377	梅森,J. 奥尔登
Mason, Otis T., 62	梅森,奥蒂斯·T.
May, Mark, 308, 310, 311, 321, 328, 333, 335, 339, 342, 343, 357, 358, 384, 388, 389, 390, 393, 395-396, 401, 417	梅,马克
Mead, George Herbert, 212	米德,乔治·赫伯特
Mead, Margaret, 141, 181, 182-183, 183-188, 206, 305, 308, 343-344, 358, 395, 397	米德,玛格丽特
Mechling, William, 33, 69	梅克林,威廉
Meiklejohn Experimental College, 207-208	米克尔约翰实验学院
Merriam, Charles, 209, 211, 222, 288, 295, 296, 297-298	梅里亚姆,查尔斯
Meyer, Adolph, 291, 293, 322-326 passim, 373	迈耶,阿道夫
Michelson, Truman, 76, 101, 115-116, 119, 125,	米切尔森,杜鲁门

478

199,277,280,345

Monroe, Harriet, 160n, 161-162, 173n, 175	梦露,哈丽雅特
Morice, Father Gabriel, 73	莫里斯,加布里埃尔神父
Morphophonemics, 277, 374, 379	形态音位学
Morris, Alice V., 209, 272-277 passim	莫里斯,爱丽丝·V.
Murdock, George Peter, 346-349 passim, 352-353, 356, 372-373, 385, 389, 391, 396, 397, 401, 404, 4lS, 416-417	默多克,乔治·彼得
Museum exhibits, 60-64	博物馆展品
Music, 8, 152-159	音乐
National Research Council, 298, 319-326 passim, 395	国家研究委员会
Navajo, 234, 238-239, 241, 242-261, 353, 361, 410	纳瓦霍语、纳瓦霍人
Nazis, rise of, 398, 403, 404-405	纳粹的崛起
Neo-Freudians, 293, 325n, 395	新弗洛伊德学派
New Hampshire, retreat in, 407-408, 409	新罕布什尔,归隐于
Newman, Stanley, 206, 234, 271, 277, 285, 323, 328, 369, 373-374, 403, 411	纽曼,斯坦利
Nootka, 43, 50, 55-56, 57, 75, 77, 79, 138, 157, 164-165, 361	努特卡语
Ogburn, William Fielding, 139, 142, 148-149, 195, 213, 214, 217, 305	奥格本,威廉·菲尔丁
Ogden, C. K., 274, 275	奥格登,C. K.
Opler, Morris, 232-233, 323	奥普勒,莫里斯
Orthography, phonemic, 91n, 256, 371-372	拼写体系,音位
Orthography, phonetic, 36, 88-91	拼写体系,语音
Osgood, Cornelius, 7n, 206, 233, 329, 349	奥斯古德,科尼利厄斯
Park, Robert, 211, 213, 310, 409; and Ernest Burgess, 213, 214, 220	帕克,罗伯特;与欧内斯特,伯吉斯
Parsons, Elsie Clews, 142, 242, 247, 251	帕森斯,艾尔西·克卢斯
Paiute, Southern, 33-38, 157, 268	南派尤特语
Pattern, concept of, 153, 156-157, 158, 232	格局,概念
Peabody Museum (Yale), 327, 329, 349	博迪博物馆(耶鲁大学)
Philology, Indo-European, 192-193, 345;	语文学,印欧语系;应用于没有

application to unwritten languages, 11-12, 31, 94, 122-123, 130, 229-230, 263n; at Columbia, 7, 8-9　　文字的语言；在哥伦比亚大学

Phoneme, concept of, 23, 34, 103-105, 263n, 285　　音位,的概念

Pike, Kenneth, 266-267, 268, 356 Poetry, Sapir's, 97n, 133, 136, 152, 159-164, 174-175　　派克,肯尼斯；萨丕尔的诗

Political activities, 165-167, 399-400　　政治活动

Powdermaker, Hortense, 289, 357-358, 385　　鲍德梅克,霍滕丝

Potlatch, 57-58　　炫财冬宴

Powell classification, 107-110, 111, 115, 380　　鲍威尔的分类

Prague School, 158, 263n, 379　　布拉格学派

Prokosch, Eduard, 102-103, 359　　普罗科施,爱德华

Psychoanalysis, Sapir's attitude toward, 135-136, 145, 176, 215, 325　　精神分析,萨丕尔的态度

Pulitzer scholarship, 4　　普利策奖学金

Putnam, Frederick Ward, 28　　帕特南,弗雷德里克·沃德

Radcliffe-Brown, A. R., 219, 235-237, 249-251, 321n　　拉德克利夫-布朗,A. R.

Radin, Paul, 68, 69-70, 94-95, 101-102; linguistic classification of, 119-121, 122, 125, 141-142, 159, 163, 282　　雷丁,保罗；其语言分类

Redfield, Robert, 209-210, 217, 223, 226, 227, 233, 234, 299-300, 304　　雷德菲尔德,罗伯特

Reichard, Gladys, 252-257 passim　　赖夏德,格拉迪丝

Rockefeller Foundation, 197, 198, 217, 219-222, 228, 244-245, 326, 327, 329, 332-333, 336-337, 342-343, 349-350, 387, 388-389, 391, 409　　洛克菲勒基金会

Rosten, Leo, 295, 398-399　　罗斯滕,利奥

Rouse, Irving, 35　　劳斯,欧文

Ruml, Beardsley, 218, 220-221, 222, 297, 302　　拉姆尔,比尔兹利

Sandoval, Albert "Chic", 246, 252-253, 255-258, 417　　桑多瓦尔,艾伯特·"奇克"

Sapir, Eva Segal, 1-4, 45-46, 133-134, 137, 152, 203　　萨丕尔,伊娃·西格尔

Sapir, Florence Delson, 45, 48, 133-137, 145,　　萨丕尔,弗洛伦斯·德尔森

索引 | 555

160,173,178,181

Sapir, Helen, 177, 178　　　　　　　　　　　萨丕尔, 海伦

Sapir, Jacob, 1-2, 4, 30, 34, 35, 61, 136, 152　萨丕尔, 雅各布

Sapir, Jean McClenaghan, 151, 204-207, 239n, 292, 408, 410　　萨丕尔, 琼·麦克莱纳根

Sapir, Max, 1-2　　　　　　　　　　　　　萨丕尔, 马克斯

Sapir, Michael, 47, 207-208　　　　　　　　萨丕尔, 迈克尔

Sarcee, 85, 134　　　　　　　　　　　　　萨尔西语

Scott, Duncan Campbell, 55-60 passim, 164, 165, 190　　斯科特, 邓肯·坎贝尔

Seymour, Charles, 349, 352, 409　　　　　　西摩, 查尔斯

Singleton, Anne, 173. See also Benedict, Ruth　辛格尔顿, 安妮; 另见本尼迪克特, 鲁思

Siskin, Edgar, 353, 403　　　　　　　　　希斯金, 埃德加

Small, Albion, 212, 220, 223　　　　　　　斯莫尔, 阿尔比昂

Smith, Harlan I., 49, 66, 84 142-143, 206　史密斯, 哈伦·I.

Social Science Research Council, 298-299, 304, 307, 308, 309, 312, 320, 327　　社会科学研究委员会

Southwest Laboratory of Anthropology, 228, 233, 243-247　　西南人类学实验室

Speck, Frank, 24, 30, 56-57, 85, 122, 142, 159　斯佩克, 弗兰克

Spier, Leslie, 20n, 98, 159, 345, 348-352 passim, 380-381, 400, 411　　施皮尔, 莱斯利

Starr, Frederick, 193, 195, 223　　　　　　斯塔尔, 弗雷德里克

Stefensson, V., 66-67　　　　　　　　　　斯特凡松, V.

Sturtevant, Edgar, 263, 265, 266, 327, 359-360　斯特蒂文特, 埃德加

Subtiaba, 93　　　　　　　　　　　　　　苏布蒂亚瓦语

Sullivan, Harry Stack, 148n, 210, 214, 288, 289-294, 302, 304, 309, 310, 314-317, 319, 322, 324, 325, 339, 373, 410, 411, 412, 414　　沙利文, 哈里·斯塔克

Sumner, William Gram, 328, 346, 391　　　萨姆纳, 威廉·格雷姆

Superorganic, 146-148, 170　　　　　　　超机体现象

Swadesh, Morris, 234, 266, 268, 274, 276, 285, 328, 350, 361, 364, 367, 369-370, 371, 373　　斯沃德什, 莫里斯

Swanton, John, 57, 118, 125　　　　　　　斯旺顿, 约翰

Takelma, 14, 20-24, 30	塔克尔马语
Teit, James, 52, 57, 59-60, 71-73, 77	泰特,詹姆斯
Thomas, Dorothy Swain, 339, 385, 388-389	托马斯,多萝西·斯温
Thomas, William Isaac, 211, 212, 215-216, 223, 302, 306, 307, 310, 313-316, 319, 332, 336, 339, 340	托马斯,威廉·艾萨克
Thompson, Clara, 291, 293	汤普森,克拉拉
Thurstone, L. L., 206, 217, 310, 311	瑟斯顿,L. L.
Tillohash, Tony, 33-34, 157	蒂洛哈什,托尼
Time perspective, 11, 31, 91-95	时间视角
Tocharian, 267, 363	吐火罗语
Professionalization, 52, 191-192	专业化
Toronto, University of, 42n, 53-54, 165	多伦多大学
Tozzer, Alfred, 305, 376-377	托泽,阿尔弗雷德
Trager, George, 276, 286, 350, 366, 368, 370, 378, 380	特拉格,乔治
Trubetzkoy, Count N., 275, 379	特鲁别茨科伊,康特·N.
Untermeyer, Louis, 175	昂特迈耶,路易斯
Ute, 22, 31-33	犹他语
Victoria Memorial Museum, 42, 47, 54-55, 190	维多利亚纪念博物馆
Voegelin, Carl F., 266, 268, 270-271, 285, 370-371, 379, 380, 411	沃格林,卡尔·F.
Wallis, Wilson, 69, 70-71, 98-99	沃利斯,威尔逊
Wasco. See Chinook	沃斯科语;见奇努克语
Waterman, T. T., 24, 80, 143	沃特曼,T. T.
Watkins, Mark Hanna, 229	沃金斯,马克·汉娜
Watson, John B., 139	华生,约翰·B.
Waugh, Frederick, 19n, 70	沃,弗雷德里克
Weinreich, Max, 341, 400, 405	魏因赖希,马克斯
Wells, F. Lyman, 138-139, 300, 339	韦尔斯,F. 莱曼
Wheelwright, Mary, 243, 247	惠尔赖特,玛丽
White, Leslie, 147, 223, 225n, 233	怀特,莱斯利
White, William Alanson, 134, 291, 309	怀特,威廉·阿兰森
Whiting, John and Beatrice, 355-356, 396	怀廷,约翰和比阿特丽斯
Whorf, Benjamin, 99n, 276s 277, 285, 350, 370,	沃尔夫,本杰明;萨丕尔-沃尔夫

375-382,417; Sapir-Whorf hypothesis, 361, 381-382

William Alanson White Psychiatric Foundation, 294,412

Winternitz, Milton, 392,393,400

Wirth, Lewis, 339,340,341,405

Wishram. See Chinook

Wissler, Clark, 95,127,142,306,320,321,328, 332,337,348,350,385-386,3

World War I, effects of, 62,82-83,132; attitudes toward, 165-170

Wundt, Wilhelm, 138

Yana, 24-29, 79-82

Yiddish, 1,406

Zinn, Earl, 390,396

Zodiac group, 293

假说

威廉·阿兰森·怀特精神病学基金会

温特尼兹,米尔顿

沃思,路易斯

威士兰;见奇努克语

威斯勒,克拉克

第一次世界大战,其影响;对其的态度 480

冯特,威廉

亚纳语

意第绪语

津恩,厄尔

星座集团

附录1 人名译词对照表[*]

英文	译文
Adams, Franklin Pierce	亚当斯,富兰克林·皮尔斯
Adams, Leonie	亚当斯,莱奥妮
Adler, Herman	阿德勒,赫尔曼
Alexander, Franz	亚历山大,弗朗茨
Allan, Gregg	艾伦,格雷格
Allen, Harold	艾伦,哈罗德
Allen, Robert	艾伦,罗伯特
Allport, Gordon	奥尔波特,高尔顿
Ames, Edward Scribner	艾姆斯,爱德华·斯克里布诺
Anderson, John	安德森,约翰
Andrade, Manuel	安德拉德,曼努埃尔
Angell, James R.	安吉尔,詹姆斯·R.
Angulo, Jaime de	安古洛,海梅·德
Angyal, Andrea	翁焦尔,安德烈亚斯
Armstrong, Edward	阿姆斯特朗,爱德华
Asch, Michael	阿施,迈克尔
Bach, Emmon	巴赫,埃蒙
Banda, Hastings Kamuzu	班达,黑斯廷斯·卡穆祖
Barbeau, Marius	巴尔博,马里厄斯
Baron, Salo W.	巴龙,萨洛·W.
Barrows, David	巴罗斯,大卫
Basso, Keith	巴索,基斯

---

[*] 附录1、附录2由译者所加,原著中的缩略词表并入附录2。

附录1 人名译词对照表

Bateson, Gregory	贝特森,格里高利
Bateson, Mary Catherine	贝特森,玛丽·凯瑟琳
Batwi, Sam	巴特维,山姆
Bayne-Jones, Stanhope	贝恩-琼斯,斯坦霍普
Beaglehole, Pearl and Ernest	比格尔霍尔,珀尔和欧内斯特
Beard, Charles	比尔德,查尔斯
Beatty, Willard	比蒂,威拉德
Beauchamp, William	比彻姆,威廉
Beck, Walter	贝克,沃尔特
Ben-Amos, Dan	本-阿莫斯,丹
Benedict, Ruth	本尼迪克特,鲁思
Bisha, Tim	比沙,蒂姆
Blake, Francis	布雷克,弗朗西斯
Blakeney, Eileen	布莱克尼,艾琳
Blitzsten, William	布利茨斯滕,威廉
Bloch, Bernard	布洛赫,伯纳德
Blooah, Charles	布鲁阿,查尔斯
Bloomfield, Leonard	布龙菲尔德,伦纳德
Bloomfield, Maurice	布龙菲尔德,莫里斯
Blumer, Herbert	布卢默,赫伯特
Boas, Franz	博厄斯,弗朗兹
Bodman, Nicholas	博德曼,尼古拉斯
Bokovoy, Matt	博科沃伊,马特
Bolling, George	博林,乔治
Bolton, L. L.	博尔顿, L. L.
Boone, Daniel	布恩,丹尼尔
Bright, William	布莱特,威廉
Bringhurst, Robert	布林赫斯特,罗伯特
Britten, Marion Hale	布里腾,玛丽昂·黑尔
Brock, Reginald Walter	布洛克,雷金纳德·沃尔特
Brody, Eugene	布罗迪,尤金
Brown, Betty	布朗,贝蒂
Brown, Heywood	布朗,海伍德
Browrer, Lisa	布劳尔,莉萨
Buck, Carl	巴克,卡尔

Buck, Peter	巴克,彼得
Bumpus, Herman C.	邦珀斯,赫尔曼·C.
Buning, William De Cock	比宁,威廉·德·科克
Bunzel, Ruth	邦泽尔,鲁思
Burgess, Ernest	伯吉斯,欧内斯特
Burgess, John	伯吉斯,约翰
Burr, H. S.	伯尔,H. S.
Burrows, E. G.	伯罗斯,E. G.
Butler, Nicholas Murray	巴特勒,尼古拉斯·默里
Camsell, Charles	卡姆塞尔,查尔斯
Carpenter, William Henry	卡朋特,威廉·亨利
Carr, Harvey	凯尔,哈维
Carroll, John B.	卡罗尔,约翰·B.
Catlett, Stephen	卡特利特,斯蒂芬
Cattell, J. McKeen	卡特尔,J. 麦基恩
Chao, Y-R.	赵元任
Chapman, Ross	查普曼,罗斯
Clark, Annette McFadyen	克拉克,安妮特·麦克法迪恩
Codere, Helen	科德尔,海伦
Cohen, Morris R.	科恩,莫里斯·R.
Cole, Fay-Cooper	科尔,费伊-库珀
Collier, John	科利尔,约翰
Collinson, W. E.	柯林森,W. E.
Collitz, Hermann	科利茨,赫尔曼
Conklin, Harold	康克林,哈罗德
Cowan, J. Milton	考恩,J. 弥尔顿
Cowan, William	考恩,威廉
Croce, Benedetto	克罗齐,贝内德托
Dai, Bingham	戴秉衡
D'Allaire, Louise	达莱赫,路易丝
Darnell, Regna	达内尔,雷格娜
Darrow, Clarence	达罗,克拉伦斯
Davie, Maurice	戴维,莫里斯
Dawson, George	道森,乔治
Day, Edmund	戴,埃德蒙

de Laguna, Frederica	德拉古纳,弗雷德丽卡
Debrunner, Albert	德布吕内,阿尔伯特
Dewey, John	杜威,约翰
Dillingham, Beth	迪林厄姆,贝丝
Dixon, Roland	狄克逊,罗兰
Dollard, John	多拉德,约翰
Donne, John	邓恩,约翰
Doob, Leonard	杜布,伦纳德
Dorsey, George Owen	多尔西,乔治·欧文
Dubnow, Simon	都布诺,西蒙
Dubois, Cora	杜波依斯,科拉
DuBois, W. E. B.	杜波依斯,W. E. B.
Dunham, Gary	邓纳姆,加里
Dyk, Walter	狄克,沃尔特
Edel, May	伊德尔,梅
Edgerton, Franklin	埃杰顿,富兰克林
Edgerton, Halsey	埃杰顿,哈尔西
Eggan, Fred	埃根,弗雷德
Eggan, Joan	埃根,琼
Eggan, Olive	埃根,奥利芙
Einstein, Albert	爱因斯坦,阿尔伯特
Embree, Edwin	恩布里,埃德温
Emeneau, Murray	埃米诺,默里
Eriksen, Erik (Homburger)	埃里克森,埃里克(洪布格尔)
Falconer, Robert	福尔克纳,罗伯特
Farget, Laurence	法尔热,劳伦斯
Faris, Ellsworth	法里斯,埃尔斯沃斯
Faris, Robert	法里斯,罗伯特
Farrand, Livingston	法兰德,利文斯顿
Fenton, William	芬顿,威廉
Ferrero, Leo	费雷罗,列奥
Fogelson, Raymond D.	福格尔森,雷蒙德·D.
Ford, Clellan	福特,克莱伦
Foster, Michael	福斯特,迈克尔
Fought, John	富特,约翰

Fowler, Catherine	福勒,凯瑟琳
Fowler, Don	福勒,唐
Frachtenberg, Leo	弗拉奇坦伯格,利奥
Frank, Lawrence	弗兰克,劳伦斯
Fraser, Sir James	弗雷泽,詹姆斯爵士
Fredson, John	弗雷德森,约翰
Freud, Sigmund	弗洛伊德,西格蒙德
Fries, Charles	弗里斯,查尔斯
Fromm, Erich	弗洛姆,埃里希
Furniss, Edgar	弗尼斯,埃德加
Gabriel, R. H.	加布里尔,R. H.
Gamio, Manuel	加米奥,曼努埃尔
Gaster, Moses	加斯特,摩西
Geseil, Arnold	格赛尔,阿诺德
Gibson, John	吉布森,约翰
Giddings, Franklin	吉丁斯,富兰克林
Gleach, Frederic W.	格莱齐,弗雷德里克·W.
Glenn, James	格伦,詹姆斯
Goddard, Ives	戈达德,艾夫斯
Goddard, Pliny	戈达德,普林尼
Goldenweiser, Alexander	戈登韦泽,亚历山大
Goldfrank, Esther	戈德弗兰克,埃斯特
Golla, Victor	戈拉,维克托
Gordon, George Byron	戈登,乔治·拜伦
Gould, Stephen Jay	古尔德,斯蒂芬·杰伊
Grainger, Percy	格兰杰,帕西
Greenberg, Joseph	格林伯格,约瑟夫
Griffin, James	格里芬,詹姆斯
Grimes, Elizabeth	格兰姆斯,伊丽莎白
Gruber, Jacob	格鲁伯,雅各布
Haas, Mary	哈斯,玛丽
Hadley, Ernest	哈德利,欧内斯特
Haile, Father Berard	海尔,贝拉尔神父
Hale, Horatio	黑尔,霍拉肖
Hall, Arnold	霍尔,阿诺德

Hallowell, A. Irving	哈洛韦尔,A. 欧文
Hamp, Eric	汉普,埃里克
Hancock, Rob	汉考克,罗布
Handler, Richard	汉德勒,理查德
Harcourt, Alfred	哈考特,阿尔弗雷德
Harper, William Rainey	哈珀,威廉·雷尼
Harrington, John P.	哈林顿,约翰·P.
Harris, Henry	哈里斯,亨利
Harris, Zellig	哈里斯,齐里格
Harrison, Charles	哈里森,查尔斯
Hart, C. W. M.	哈特,C. W. M.
Healy, William	希利,威廉
Hearst, Phoebe Apperson	赫斯特,菲比·阿珀森
Herder, Johann	赫尔德,约翰
Herskovits, Melville	赫斯科维茨,梅尔维尔
Herzog, George	赫佐格,乔治
Hewett, Edgar Lee	休伊特,埃德加·利
Heye, George	海伊,乔治
Hill, Jane	希尔,简
Hills, Bedford	希尔,贝德福德
Hill-Tout, Charles	希尔-陶特,查尔斯
Hinsley, Curtis	金斯利,柯蒂斯
Hjelmslev, Louis	叶尔姆斯列夫,路易斯
Hockett, Charles	霍凯特,查尔斯
Hoijer, Dorothy	霍耶尔,多萝西
Hoijer, Harry	霍耶尔,哈里
Hollenbach, Marion	霍伦巴克,玛里昂
Holmes, William Henry	霍姆斯,威廉·亨利
Holwitz, Stanley	霍尔维茨,斯坦利
Hooton, Ernest	胡顿,欧内斯特
Hopkins, Gerard Manley	霍普金斯,杰拉尔德·曼利
Horney, Karen	霍妮,卡伦
Hrdlicka, Arles	赫尔德利奇卡,阿尔勒
Hull, Clark	赫尔,克拉克
Humboldt, Wilhelm von	洪堡特,威廉·冯

Hunt, George	亨特, 乔治
Hunter, Walter	亨特, 沃尔特
Hutchins, Robert	哈钦斯, 罗伯特
Hutchinson, G. Evelyn	哈钦森, G. 伊夫琳
Hymes, Dell	海姆斯, 戴尔
Inscoe, Jimmie	英思科, 吉米
Irvine, Judith	欧文, 朱迪思
Jackson, A. V. Williams	杰克逊, A. V. 威廉斯
Jacobs, Melville	雅各布逊, 梅尔维尔
James, William	詹姆斯, 威廉
Jayne, Morris	杰恩, 莫里斯
Jenks, Albert	甄克斯, 艾伯特
Jenness, Diamond	詹内斯, 戴蒙德
Jespersen, Otto	叶斯柏森, 奥托
Johansen, Fritz	约翰松, 弗里茨
Johnson, Charles	约翰逊, 查尔斯
Jones, Bart	琼斯, 巴特
Jones, Paul	琼斯, 保罗
Jones, William	琼斯, 威廉
Judd, Charles	贾德, 查尔斯
Jung, Carl	荣格, 卡尔
Kahn, Eugene	卡恩, 尤金
Kaltenborn, H. V.	卡尔滕博恩, H. V.
Kardiner, Abraham	卡迪纳, 亚伯拉罕
Keller, Alfred	凯勒, 阿尔弗雷德
Kelly, Lawrence	凯利, 劳伦斯
Kennedy, Raymond	肯尼迪, 雷蒙德
Kent, Roland	肯特, 罗兰
Kidder, Alfred V.	基德尔, 阿尔弗雷德·V.
King, Tom	金, 汤姆
Kirchoff, Paul	基尔霍夫, 保罗
Kittredge, Tracy	基特里奇, 特雷西
Klineberg, Otto	克兰伯格, 奥托
Klopfer, Bruno	克洛普弗, 布鲁诺
Kluckhohn, Clyde	克拉克洪, 克莱德

Kluver, Heinrich	克吕弗,海因里希
Knight, Frank	奈特,弗兰克
Knowles, Francis	诺尔斯,弗朗西斯
Koerner, Konrad	克尔纳,康拉德
Kohn, Hans	科恩,汉斯
Kopytoff, Igor	科佩托夫,伊戈尔
Krauss, Michael	克劳斯,迈克尔
Kroeber, Alfred L.	克罗伯,阿尔弗雷德·L.
Kroeber-Quinn, Theodora	克罗伯-奎因,西奥多拉
Krogman, William	克罗格曼,威廉
Kurath, Hans	库拉特,汉斯
LaBarre, Weston	拉巴尔,韦斯顿
Ladd, John	拉德,约翰
Ladd, William	拉德,威廉
Landes, Ruth	兰德斯,鲁思
Landing, Bolton	兰德,博尔顿
Larson, Helen Sapir	拉森,海伦·萨丕尔
Larson, Thomas	拉森,托马斯
Lasswell, Harold D.	拉斯韦尔,哈罗德·D.
Laufer, Berthold	劳费尔,贝特霍尔德
Lee, Henry	李,亨利
Leeds-Hurwitz, Wendy	利兹-赫维茨,温迪
Leland, Simeon	利兰,西米恩
Leland, Waldo	利兰,沃尔多
Lesser, Alexander	莱赛,亚历山大
Levitt, Martin	莱维特,马丁
Lewin, Kurt	勒温,库尔特
Lewis, Henry T.	刘易斯,亨利·T.
Lewisohn, Ludwig	莱维松,路德维希
Li, An-Che	李安宅
Li, Fang-Kuei	李方桂
Liebe-Harkort, Marie-Louise	利伯-哈尔科特,玛丽亚-路易丝
Lillywhite, David	利利怀特,戴维
Linton, Ralph	林顿,拉尔夫
Loran, Charles	洛伦,查尔斯

Lowell, Amy	洛威尔, 艾米
Lowie, Robert	洛伊, 罗伯特
Luhan, Mabel Dodge	卢汉, 梅布尔·道奇
Lull, Richard	勒尔, 理查德
Lynd, Helen	林德, 海伦
Lynd, Robert	林德, 罗伯特
Lyons, Andrew	莱昂斯, 安德鲁
Lyons, Harriet	莱昂斯, 哈丽雅特
Macbeth, Madge	麦克贝思, 麦琪
MacDowell, Edward	麦克道威尔, 爱德华
MacMillan, Cyrus	麦克米伦, 塞勒斯
Macoun, J. M.	马曹恩, J. M.
Malinowski, Bronislaw	马林诺夫斯基, 布罗尼斯拉夫
Malkiel, Yakov	马尔基尔, 雅科夫
Mandelbaum, David	曼德尔鲍姆, 戴维
Mandelbaum, Ruth	曼德尔鲍姆, 鲁思
Marjolin, Robert	马若兰, 罗伯特
Mark, Joan	马克, 琼
Marrett, R. R.	马雷特, R. R.
Marshall, L. C.	马歇尔, L. C.
Martin, Paul	马丁, 保罗
Mason, J. Alden	梅森, J. 奥尔登
Mason, Otis T.	梅森, 奥蒂斯·T.
Matthey, Pierro	马泰, 皮耶罗
Maud, Ralph	莫德, 拉尔夫
May, Mark	梅, 马克
May, Stacy	梅, 斯泰西
McCardle, Bennett	麦卡德尔, 贝内特
McClenaghan, Jean Victoria	麦克莱纳根, 琼·维多利亚
McConnell, R. G.	麦康奈尔, R. G.
McFeat, Thomas	麦克菲, 托马斯
McGiness	麦金尼斯
McIlwraith, Thomas	麦基尔雷思, 托马斯
McKay, Henry	麦凯, 亨利
McKeel, Scudder	麦基尔, 斯卡德

McWhood, Leonard	麦克胡德,伦纳德
Mead, George Herbert	米德,乔治·赫伯特
Mead, Margaret	米德,玛格丽特
Mechling, William	梅克林,威廉
Mencken, H. L.	门肯,H. L.
Mendel, Lafayette	门德尔,拉斐特
Merriam, Charles	梅里亚姆,查尔斯
Metraux, Rhoda	梅特罗,罗达
Meyer, Adolph	梅耶,阿道夫
Michael, Ian	迈克尔,伊恩
Michelson, Truman	米切尔森,杜鲁门
Miller, Merton	米勒,默顿
Modell, Judith	莫德尔,朱迪斯
Mohr, George	莫尔,乔治
Monroe, Harriet	梦露,哈丽雅特
Moore, H. L.	穆尔,H. L.
Morawsky, Jill	莫拉夫斯基,吉尔
Morice, Father Gabriel	莫里斯,加布里埃尔神父
Morris, Alice V.	莫里斯,爱丽丝·V.
Morris, Dave	莫里斯,戴夫
Murdock, George Peter	默多克,乔治·彼得
Murray, Stephen	默里,史蒂芬
Murray, Stephen O.	默里,斯蒂芬·O.
Musumeci, Linda	穆苏梅奇,琳达
Narendra, Barbara	纳伦德拉,芭芭拉
Nathan, George Jean	内森,乔治·杰
Nelson, Nels	内尔森,内尔斯
Newcombe, C. E.	纽科姆,C. E.
Newman, Stanley	纽曼,斯坦利
Nyce, James M.	尼斯,詹姆斯·M.
O'Brien, Denise	奥布赖恩,丹尼丝
Ogburn, William Fielding	奥格本,威廉·菲尔丁
Ogden, C. K.	奥格登,C. K.
Opler, Morris	奥普勒,莫里斯
Oren, Dan A.	奥伦,丹·A.

Orton, Wolverton	欧顿, 沃尔夫顿
Osgood, Cornelius	奥斯古德, 科尼利厄斯
Ozoray, Gyorgy	欧佐劳伊, 捷尔吉
Park, Robert	帕克, 罗伯特
Park, Willard	帕克, 威拉德
Parloff, Gloria	帕洛夫, 格洛丽亚
Parsons, Elsie Clews	帕森斯, 艾尔西·克卢斯
Perry, Helen	佩里, 海伦
Pike, Kenneth	派克, 肯尼斯
Pinkoski, Marc	平科斯基, 马克
Pitkin, Harvey	皮特金, 哈维
Plant, James	普朗特, 詹姆斯
Pope, Saxton	蒲柏, 萨克顿
Pound, Ezra	庞德, 埃兹拉
Powdermaker, Hortense	鲍德梅克, 霍滕丝
Powell, John Wesley	鲍威尔, 约翰·韦斯利
Preston, Richard	普雷斯顿, 理查德
Prokosch, Eduard	普罗科施, 爱德华
Putnam, Frederick Ward	帕特南, 弗雷德里克·沃德
Radcliffe-Brown, A. R.	拉德克利夫-布朗, A. R.
Radin, Max	雷丁, 马克斯
Radin, Paul	雷丁, 保罗
Rainey, F. G.	雷尼, F. G.
Ray, Verne	雷, 维恩
Redfield, Robert	雷德菲尔德, 罗伯特
Reichard, Gladys	赖夏德, 格拉迪丝
Reid, Thomas B.	里德, 托马斯·B.
Remy, Arthur	里米, 阿瑟
Rickert, Heinrich	李凯尔特, 海因里希
Riste, Victor	里斯特, 维克托
Roach, Eleanor	罗奇, 埃莉诺
Robinson, James Harvey	罗宾逊, 詹姆斯·哈维
Rockefeller, John D.	洛克菲勒, 约翰·D.
Rose, Dan	罗斯, 丹
Rosenberg, Charles	罗森堡, 查尔斯

Rosten, Leo	罗斯滕,利奥
Rothschild, Henrietta	罗斯柴尔德,亨丽埃塔
Rouse, Irving	劳斯,欧文
Ruml, Beardsley	拉姆尔,比尔兹利
Ruwell, Mary Elizabeth	鲁韦尔,玛丽·伊丽莎白
Samarin, William	萨马林,威廉
Sandoval, Albert "Chic"	桑多瓦尔,艾伯特·"奇克"
Sapir, Betty	萨丕尔,贝蒂
Sapir, Edward	萨丕尔,爱德华
Sapir, Eva Segal	萨丕尔,伊娃·西格尔
Sapir, Florence Delson	萨丕尔,弗洛伦斯·德尔森
Sapir, Helen	萨丕尔,海伦
Sapir, J. David	萨丕尔,J. 戴维
Sapir, Jacob	萨丕尔,戴维·雅各布
Sapir, James David	萨丕尔,詹姆斯·戴维
Sapir, Jean Victoria McClenaghan	萨丕尔,琼·维多利亚·麦克莱纳根
Sapir, Marjorie	萨丕尔,玛乔丽
Sapir, Max	萨丕尔,马克斯
Sapir, Michael	萨丕尔,迈克尔
Sapir, Miya	萨丕尔,米娅
Sapir, Paul Edward	萨丕尔,保罗·爱德华
Sapir, Philip	萨丕尔,菲利普
Sapir, Sylvia	萨丕尔,西尔维娅
Sassaman, Albert	萨斯萨曼,艾伯特
Sayachapis, Tom	萨亚查皮斯,汤姆
Scheffler, Harold	舍夫勒,哈罗德
Schlesinger, Donald	施莱辛格,唐纳德
Schultz, Henry	舒尔茨,亨利
Scott, Duncan Campbell	斯科特,邓肯·坎贝尔
Scott, Miriam Finn	司各特,米莉恩·芬妮
Seidelson, Olga	赛德尔森,奥尔加
Seligman, C. G.	塞利格曼,C. G.
Seymour, Charles	西摩,查尔斯
Shafer, Robert	谢弗,罗伯特
Shaw, Clifford	肖,克利福德

Sheppard, Enoch	谢泼德, 伊诺克
Shils, Edward	希尔斯, 爱德华
Silverberg, Billy	西尔弗伯格, 比利
Silverstein, Michael	西尔弗斯坦, 迈克尔
Silverthorne, Henry	西尔福索恩, 亨利
Singleton, Anne	辛格尔顿, 安妮
Siskin, Edgar	希斯金, 埃德加
Slawson, John	斯劳森, 约翰
Small, Albion	斯莫尔, 阿尔比昂
Smith, Harlan I.	史密斯, 哈伦 I.
Smith, Haxie	史密斯, 哈克西
Smith, Murphy	史密斯, 墨菲
Speck, Frank	斯佩克, 弗兰克
Spengler, Oswald	施本格勒, 奥斯瓦尔德
Spicer, Edward	斯派塞, 爱德华
Spier, Erna	斯皮尔, 厄娜
Spier, Leslie	施皮尔, 莱斯利
Stallings, W. S.	斯托林斯, W. S.
Stark, Patricia	斯塔克, 帕特里夏
Starr, Frederick	斯塔尔, 弗雷德里克
Stattent, Taylor	斯塔滕, 泰勒
Stefensson, V.	斯特凡松, V.
Steinthal, Hermann	施泰因塔尔, 赫曼
Stevens, David	史蒂文斯, 戴维
Stocking, George W.	斯托金, 乔治·W.
Stocking, George W. Jr.	斯托金, 乔治·W. 小
Stone, William	斯通, 威廉
Sturtevant, Edgar	斯特蒂文特, 埃德加
Sturtevant, William C.	斯特蒂文特, 威廉·C.
Sullivan, Harry Stack	沙利文, 哈里·斯塔克
Sumner, William Gram	萨姆纳, 威廉·格雷姆
Swadesh, Morris	斯沃德什, 莫里斯
Swanton, John	斯旺顿, 约翰
Tax, Sol	泰克斯, 索尔
Teit, James	泰特, 詹姆斯

Thomas, Alex	托马斯,阿历克斯
Thomas, Dorothy Swain	托马斯,多萝西·斯温
Thomas, Wilbur	托马斯,威尔伯
Thomas, William Isaac	托马斯,威廉·艾萨克
Thompson, Clara	汤普森,克拉拉
Thompson, James Westfall	汤普森,詹姆斯·韦斯特福尔
Thurstone, L. L.	瑟斯顿,L. L.
Tillohash, Tony	蒂洛哈什,托尼
Titley	蒂特雷
Tooker, Elisabeth	图克,伊丽莎白
Tozzer, Alfred	托泽,阿尔弗雷德
Trager, George	特拉格,乔治
Trubetzkoy, Count N.	特鲁别茨科伊,康特·N.
Tuft, J. H.	塔夫特,J. H.
Tylor, Edward	泰勒,爱德华
Untermeyer, Louis	昂特迈耶,路易斯
Vaillant, George	瓦力恩特,乔治
van Sickle, John	范西克尔,约翰
Van Wijk, Nicholas	范维克,尼古拉斯
Vendryes, Joseph	旺德里,约瑟夫
Vincent, George	文森特,乔治
Viner, Jacob	维内,雅各布
Voegelin, Carl F.	沃格林,卡尔·F.
Voegelin, Erminie	沃格林,厄米尼
Wachstein, Bernhard	瓦克斯泰恩,伯恩哈德
Wallace, Anthony F. C.	华莱士,安东尼·F. C.
Wallis, Wilson	沃利斯,威尔逊
Waterman, T. T.	沃特曼,T. T.
Watkins, Mark Hanna	沃金斯,马克·汉娜
Watson, John B.	华生,约翰·B.
Waugh, Frederick	沃,弗雷德里克
Weinreich, Max	魏因赖希,马克斯
Wells, F. Lyman	韦尔斯,F. 莱曼
Wells, Frederick	韦尔斯,弗雷德里克
Weltfish, Gene	维尔特费什,基恩

Wesbrook, Frank Fairchild	韦斯布鲁克,弗兰克·费尔柴尔德
Wheelwright, Mary	惠尔赖特,玛丽
White, Hayden	怀特,海登
White, Leslie	怀特,莱斯利
White, William Alanson	怀特,威廉·阿兰森
Whiting, Beatrice	怀廷,比阿特丽斯
Whiting, John	怀廷,约翰
Whitney, William Dwight	惠特尼,威廉·德怀特
Whorf, Benjamin	沃尔夫,本杰明
Williams, Frank	威廉斯,弗兰克
Winston, Ellen	温斯顿,艾伦
Winternitz, Milton	温特尼兹,米尔顿
Wirth, Lewis	沃思,路易斯
Wissler, Clark	威斯勒,克拉克
Wolf, Mary Sacharoff Fast	沃尔夫,玛丽·萨哈罗夫·法斯特
Wolfart, H. C.	沃尔法特,H. C.
Woodward, Frederick	伍德沃德,弗雷德里克
Wright, Roy	赖特,罗伊
Wundt, Wilhelm	冯特,威廉
Yerkes, Robert	耶基斯,罗伯特
Zhidovsky, Chaim	日多夫斯基,哈伊姆
Zigmond, Maurice	齐格蒙德,莫里斯
Zinn, Earl	津恩,厄尔
Znaniecki, Florien	兹纳涅茨基,弗洛里安

附录2　术语译词及缩略词对照表

英文	译文	缩略语
Abenaki	阿贝纳吉语	
acculturation	涵化	
Achomawi	阿丘马维语	
Acta Linguistica	《语言学文献》	
Arctic hysteria	极地癔症	
affricate series	塞擦音体系	
Alberni	阿尔伯尼	
Albert Bay	阿尔伯海湾	
Alberta	艾伯塔省(加拿大)	
Aleut	阿留申语	
Algonkian-Ritwan	阿尔冈昆-利特万语	
Algonkin	阿尔冈昆语	
American Academy of Arts and Sciences	美国艺术科学学会	
American Anthropological Association	美国人类学学会	AAA
American Anthropologist	《美国人类学家》	AA
American Association for the Advancement of Science	美国科学促进协会	AAAS
American Council of Learned Societies	美国学术团体理事会	ACLS
American Council of Learned Societies Committee on Indian Languages	美国学术团体理事会印第安语言委员会	
American Ethnological Society	美国民族学会	
American Indian	《美洲印第安人》	
American Indian languages committees	美国印第安语言委员会	
American Journal of Sociology	《美国社会学学刊》	AJS
American Mercury	《美国信使》	

American Museum of Natural History	美国自然历史博物馆	
American Oriental Society	美国东方学会	
American Philological Association	美国语文学会	
American Philosophical Society	美国哲学学会	APS
American Philosophical Society Library	美国哲学学会图书馆	
American Philosophical Society Yearbook	《美国哲学学会年鉴》	
American Psychiatric Association	美国精神病学会	APA
American Society	美国社会	
Americanist	研美学者	
An Anthropological Survey of Canada	"加拿大人类学考察"	
An Anthropologist at Work	《一位工作中的人类学家》	
Anglo-Saxon	盎格鲁－撒克逊	
Ann Arbor	安娜堡市	
Anthropological Division of the Canadian Geological Survey	加拿大地质考察人类学部	
anthropological linguistics	人类语言学	
Anthropological Linguistics	《人类语言学》	AL
Anthropology	《人类学》	
Anti-Semitism	反犹主义	
Anvik	安维克(美)	
Anvik Ingalik	安维克因加利克人	
Apache	阿帕切语	
Aramaic	亚拉姆语	
Arapaho	阿拉巴霍人	
Archaeological Institute of America	美洲考古协会	
aspect	体	
assimilation	同化	
Atakapa	阿塔卡帕语	
Athabascan linguistics	阿萨巴斯卡语言学	
Athabascan, Athabaskan	阿萨巴斯卡	
Athabaskan ethnology	阿萨巴斯卡民族学	
Aztec	阿兹特克语	
Bancroft Library	班克罗夫特图书馆	
Bantu	班图语	

Bar Harbor	巴尔港	
Behaviorism	行为主义	
behaviorist psychology	行为主义心理学	
Bella Coola	贝拉库拉语	
Beothuk	贝奥图克语	
Berlin Opera	柏林德国国家歌剧院	
Bernice Bishop Museum	柏妮思主教博物馆	
Bishop Museum in Honolulu	火奴鲁鲁主教博物馆	
Boasian anthropology	博厄斯学派人类学	
Boasian paradigm	博厄斯范式	
Boston Herald	《波士顿先驱报》	
borrowing	借用	
Brantford, Ontario	安大略布兰特福德	
British Association for the Advancement of Science	英国科学促进协会	BAAS
British Columbia	不列颠哥伦比亚(省)	
Brookline	布鲁克莱恩区	
Bryn Mawr	布林莫尔	
Bulletin of the Bureau of American Ethnology	《美国民族学局通讯》	BBAE
Bureau of American Ethnology	美国民族学局	BAE
Bureau of Indian Affairs	印第安事务局	BIA
Caddoan	卡多语	
Canadian Arctic Expedition	加拿大北极考察	
Canadian Review of Sociology and Anthropology	《加拿大社会学与人类学评论》	CRSA
Carlisle Indian School	卡莱尔印第安人学校	
Carnegie Foundation	卡耐基基金会	
Carnegie Institute	卡耐基研究所	
Carrier	卡列尔语	
case grammar	格语法	
Caughnawaga	卡纳瓦加	
Centennial Commission of the American Anthropological Association	美国民族学会百年委员会	
Central Algonquian	中央阿尔岗昆语	

Chasta Costa	蔡斯塔克斯塔语	
Chewa(chichewa)	切瓦语	
Chicago Daily Tribune	《芝加哥每日电讯报》	
Chicago Institute for Juvenile Relations	芝加哥青少年关系研究所	
Chicago's Field Museum	芝加哥菲尔德博物馆	
Chilcat	奇尔卡特人	
Chimariko	奇马利科语	
Chinook	奇努克语	
Chipewyan	契帕瓦族语	
Chitimacha	奇蒂马查语	
chronology	年表	
Chumash	丘马什语	
Clark University	克拉克大学	
Classical Weekly	《经典周刊》	
Coahuiltecan	考奎特坎语	
Columbia University	哥伦比亚大学	CU
Committee on American Indian Languages	美洲印第安语言委员会	
Committee on American Indian Linguistics	美洲印第安语言学委员会	
Committee on Local Community Research	地区社区研究委员会	
Comox	科莫克斯语	
comparative methods	比较法	
comparative phonology	比较音系学	
Coos	库斯语	
Costanoan	科斯塔诺语	
Crabgrass Collective	野草团	
Cree	克里语	
Creek	克里克语	
Critical Studies in History of Anthropology	"人类学史批评性研究"	
Cross-sectional Study	横断面研究	
Cultural Anthropology and Psychiatry	"文化人类学和精神病学"	
cultural relativism	文化相对论	
Culture and Ethnology	《文化与民族学》	

Culture, Genuine and Spurious	"真伪文化"
Dakota	达科他
Delaware	德拉瓦尔语
dementia praecox	早发性痴呆
Dene	德内语
Department of Indian Affairs	印第安事务部(加拿大)
diffusionist theories	扩散理论
discourse	话语
Dravidian	达罗毗荼语
Dreams and Gibes	《梦想与嘲讽》
dynamic psychology	动力心理学
Early Civilization	《早期文明》
empirical behaviorism	实证行为主义
Encyclopedia of the Social Sciences	《社会科学百科全书》
Ending-Point	"终点"
Eskimo	爱斯基摩语
Eskimo-Aleut	爱斯基摩-阿留申语
Esselen	埃塞伦语
Ethical Culture movement	道德文化运动
ethnography	民族志
ethnology	民族学
experimental ethnographies	实验民族志
experimentalism	实验主义
extra-linguistic	语言外
Eyak	埃雅克语
extravert	外倾
feeling introvert	内倾情感型
feeling-thinking introvert	内倾情感-思维型
Field Columbian Museum	费尔德哥伦比亚博物馆 FCM
fieldwork	田野调查
First Yale School	耶鲁第一学派
Fort Yukon	育空堡
Foundations of Language, Logical and Psychological: An Approach to the International Language Problem.	《语言的逻辑和心理基础：探索国际语言问题的路径》

Fox	福克斯语	
Franciscan	方济各会修士	
genetic classification	谱系划分	
genetic relationship	谱系关系	
Geneva Congress of Linguists	日内瓦国际语言学家大会	
genuine culture	真文化	
geographical classification	地理分类	
Geological Survey of Canada	加拿大地质考察	
Germanic philology	日耳曼语系语文学、日耳曼语文学	
Germanics	日耳曼语、日耳曼语文	
glottal stop	喉塞音	
glottalized consonants	声门化辅音	
glottalized continuants	声门化延续音	
Grading	"级差"	
grammatical category	语法范畴	
Grand River Reserve	大运河保留地	
Great Basin	大盆地	
Growth of the Mind	《心理的发展》	
Gweabo	格雷博语	
Haida	海达语	
Handbook of American Indians	《美洲印第安人手册》	
Handbook of American Indian Languages	《美洲印第安语言手册》	
Hanover Conference	汉诺威会议	HC
Harcourt Brace	哈考特布雷斯出版社	
Hare	哈尔语	
Harrison Fellowship	哈里森助研金	
Harvard University	哈佛大学	HU
Haverill	黑弗里尔市	
Herder's Prize Essay 'On the Origin of Language'	赫尔德获奖论文"论语言的起源"	
Hester Street	赫斯特街	
Hidatsa Sioux	希多特萨苏语	
historicism	历史主义	
Histories of Anthropology Annual Series	人类学年度历史系列	

historiography	史学	
Historiographica Linguistica	《语言学史学》	HL
History of Anthropology	《人类学史》	HOA
History of Anthropology Newsletter	《人类学史通讯》	HOAN
Hokan	霍卡语	
Hokan-Coahuiltecan	霍卡-科阿韦尔特克语族	
Horace Mann High School	贺拉斯·曼高中	
Hupa	胡帕语	
Huron	休伦语	
Impact of Culture on Personality Seminar	文化对人格的影响力研讨课	
Indo-Chinese	印度-汉语	
Indo-European	印欧语	
informant	调查对象	
Ingalik	因加利克语	
Institute for Juvenile Research	青少年研究所	IJR
Institute of Human Relations	人类关系研究所	IHR
integration-of-culture theory	文化整合理论	
International Auxiliary Language Association	国际辅助语协会	IALA
International Congress of Americanists	国际研美学者大会	
International Journal of American Linguistics	《国际美国语言学杂志》	IJAL
International Phonological Association	国际语音协会	
introvert	内倾	
intuitive extravert	外倾直觉型	
intuitive introvert	内倾直觉型	
Invisible Genealogies	《隐形的谱系》	
Iroquoian	易洛魁语	
Iroquois League at Six Nations	易洛魁六族联盟	
Israel	《以色列》	
Jesup Expedition	杰塞普探险	
Jewish Social Studies	《犹太社会研究》	
Jicarilla Apache	吉卡里拉阿帕切人	
Johns Hopkins University	约翰霍普金斯大学	JHU

Journal of American Folklore	《美国民俗杂志》	JAF
Journal of the History of the Behavioral Sciences	《行为科学史杂志》	JHBS
Journal of the Royal Anthropological Institute of Great Britain and Ireland	《大不列颠及爱尔兰皇家人类学研究所杂志》	JRAI
Kaibab Paiute	凯巴布派尤特	
Kalapuya	卡拉普雅语	
Karankawa	卡兰卡瓦语	
Keres	凯瑞斯语	
Karok	卡罗克语	
Kiowan	基奥瓦语	
Kootenay	库特内语	
Kovna	考夫纳	
Kroeber Anthropological Society Papers	《克罗伯人类学协会会刊》	KASP
Kutchin	库钦语	
Kwakiutl	夸扣特尔语	
Lake Forest, Illinois	伊利诺伊州莱克福里斯特	
Language	《语言论》	
Language	《语言》(期刊)	Lg.
language family	语系	
language loss	语言丧失	
language planning	语言规划	
Language: An Introduction to the Study of Speech	《语言论:言语研究导论》	
Laryngeal hypothesis	喉音假设	
Lauenberg, Pomerania(Prussia)	普鲁士波美拉尼亚的劳恩堡	
Laura Spelman Rockefeller Memorial	劳拉·斯佩尔曼·洛克菲勒纪念基金会	
Lebork, Poland	波兰伦堡	
liberal culture	自由主义文化	
liberal education	人文教育	
Library of Congress	美国国会图书馆	LC
life history	生活史	

linguistic anthropology	语言人类学	
Linguistic Atlas	语言地图	
linguistic classification	语言分类	
linguistic family	语系	
linguistic group	语族	
Linguistic Institutes	语言学研讨班	LI
linguistic pattern	语言型式；语言模式	
linguistic psychology	语言心理学	
linguistic reconstruction	语言学重构	
Linguistic Society of America	美国语言学协会	LSA
linguistic stock	语群	
Linguistic Structures of Native America	《美洲土著人的语言结构》	
linguistic typology	语言类型学	
Literary Review	《文学评论》	
Local Community Research Community	地区社区研究委员会	LCRC
Loucheux	卢朔语	
Lower East Side	（纽约）下东城	
Lutuamian	卢图亚米语	
Mackenzie Valley	马更些山谷	
Maidu	迈杜语	
Malecite	麦勒席语	
Man and Culture	《人类与文化》	
Mattole Indians	马托勒印第安人	
McGill University	麦吉尔大学	
McLean Hospital	麦克林医院	
Meiklejohn Experimental College	米克尔约翰实验学院	
Memoirs of the American Anthropological Association	《美国人类学学会纪要》	MAAA
Menomini	梅诺米尼语	
Menorah Journal	《烛台杂志》	
Micmac	密克马克语	
Middle High German	中古高地德语	
Middletown	《米德尔顿》	
Millihan	密立根	
minimum grammatical structure	最简语法结构	

Miwok	米瓦语	
Mixtec	米斯特克语	
Modern Language Association	现代语言学会	MLA
Modern Language Review	《现代语言评论》	
Mohave	莫哈维语	
Mohawk	莫霍克语	
Montagnais	蒙塔奈语	
morphophoneme	形态音位	
morphophonemic transcription	形态音位转写	
morphophonemics	形态音位学	
Mosan	莫桑语	
Mouton De Gruyter	穆顿·德古意特出版社	
Museum of Northern Arizona	北亚利桑那博物馆	MNA
Muskogean, Muskhogean	穆斯科格语	
Na-dene	纳-德内语	
Na-dene linguistics	纳-德内语言学	
Nahuatl	纳瓦特尔语	
Naskapi	纳斯卡皮族	
Natchez-Muskhogean	纳奇兹-穆斯科格语	
national character	国民性格	
National Gallery of Art	（加拿大）国家美术馆	
National Museum of Man	渥太华国家人类博物馆	NMM
National Research Council	国家研究委员会	NRC
NRC Subcommittee on Training Fellowships	国家研究委员会培训奖金分委会	
Navajo	纳瓦霍语	
Neo-Freudians	新弗洛伊德学派	
neo-grammarian(s)	新语法学派	
New Hampshire	新罕布什尔州	
New York Times	《纽约时报》	
Nez Perce	内兹佩尔塞语	
NMM	国家人类博物馆	
Nootka	努特卡语	
Nyassaland	尼亚萨兰	
Ojibwa	奥吉布瓦语	

On Alternating Sounds	"论交替语音"	
Oneida	奥奈达语	
orthography	拼写体系，正字法	
Ottawa Citizen	《渥太华公民报》	
Ottawa Division of Anthropology	渥太华人类学部	
Ottawa Journal	《渥太华日报》	
Ottawa Naturalist	《渥太华博物学家》	
Ottawa Public Library	渥太华公共图书馆	OPL
Paiute	派尤特语	
paradigm	范式	
Patterns of Culture	《文化模式》	
Pecos classification	佩科斯分类法	
Penutian	佩纽蒂语	
People of Alor	《亚罗的人民》	
Peter Stuyvesant High School	彼得·施托伊弗桑特高中	
philology	语文学	
Philosophy of Science	《科学哲学》	
phoneme	音位	
phonemic orthography	音位拼写体系	
phonemic transcription	音位转写	
drift	沿流	
phonetic drift	语音沿流	
phonetic leveling	语音调平	
phonetic orthography	语音拼写体系	
phonetic pattern	语音模式	
phonetic specialization	语音特化	
phonetic transcription	语音转写	
phylum	（大）语群子类	
physical anthropology	体质人类学	
Pima	皮马语	
Plains Crazy Dog Society	大平原地区疯狗社会	
Poetry	《诗刊》	
pogrom	（种族）迫害	
Pointe Bleu	波因特布卢	
polysynthetic Language	多式综合型语言	

Pomo	波莫语
Potawatomi	波塔瓦托米（语）
Potlatch	炫财冬宴
Powell classification	鲍威尔分类
Prague School	布拉格学派
presentism	现时主义
primitive linguistics	原始语言学
primitive mentality	原始心智
Primitive Society	《原始社会》
Proceedings of the American Academy of Arts and Sciences	《美国艺术科学学会会刊》
Proceedings of the American Philosophical Society	《美国哲学学会会刊》　PAPS
Proceedings of the Royal Society of Canada	《加拿大皇家学会会刊》
process grammars	过程语法
Prospect Street	普罗斯佩克特街
Proto-Athabaskan	原阿萨巴斯卡语
Providence	普罗维登斯
pseudo-sound	假音
Psyche	《心智》
psychiatrist	精神病学家
Psychiatry	《精神病学》
psychoanalysis	精神分析
psychodynamics	精神动力学
psychological anthropologist	心理人类学家
Psychopathology and Politics	《精神病理学与政治》
Pueblo	普韦布洛
Pueblo and Plains Indian	普韦布洛印第安人和大平原印第安人
Pulitzer scholarship	普利策奖学金
relationship terms	关系称谓
reservation	保留地
Richmond	里士满
Ritwan	利特万语

Rockefeller Archive Center	洛克菲勒档案中心	RAC
Rockefeller Foundation	洛克菲勒基金会	
Romance	罗曼语系	
Romantic Review	《浪漫主义评论》	
Royal Society of Canada	加拿大皇家学会	
Rupert's House	吕佩尔屋村	
Sahaptin	萨哈普廷语	
Salish	萨利什（部落）	
Samoa	萨摩亚	
Santa Fe	圣达菲	
Sapir family documents	萨丕尔家庭文件	SF
Sapiriana	萨丕尔热	
Sapir-Sullivan-Lasswell Research Institute	萨丕尔-沙利文-拉斯韦尔研究所	
Sapir-Whorf hypothesis	萨丕尔-沃尔夫假说	
Sarcee	萨尔西语	
Lac St. Jean	圣让湖	
Science	《科学》	
Self-Analysis	《自我心理分析》	
semantics	语义学	
Seneca	塞内加语	
sensation-feeling extraversion	外倾感觉-情感型	
sensation-feeling introvert	内倾感觉-情感型	
Seri	塞里语	
sexual dynamics	性动力学	
Shawnee	肖尼语	
Shoshone	肖肖尼语	
Siouan	苏语	
Sioux	苏族	
Six-unit classification	六大语群分类法	
Six Nations	六族联盟	
Six Nations Iroquois Reserve	六族联盟易洛魁保护地	
Slavonic	斯拉夫语的	
Smithsonian Institution	史密森尼协会	
Social Science Research Council	社会科学研究委员会	SSRC

Social Sciences and Humanities Research Council of Canada	加拿大社会与人文科学研究委员会	
Social Structure	《社会结构》	
Society for Linguistic Anthropology	语言人类学学会	
Song Recitative in Paiute Mythology	"派尤特神话中的叙唱"	
sound patterning	声音模式	
Sound Patterns in Language	"语言中的声音模式"	
Sourcebook in Anthropology	《人类学资料集》	
Southern Paiute	南派尤特语	
Southwest Laboratory	西南实验室	
Southwest Laboratory of Anthropology	西南人类学实验室	SWL
speech community	言语共同体	
speech-form	言语形式	
Spelman Memorial of the Rockefeller Foundation	斯佩尔曼·洛克菲勒纪念基金会	
standpoint-based archival ethnography	基于立场的档案民族志	
statistical sociology	统计社会学	
Sterling Professors	斯特林教席	
Steward	斯图尔德	
Subtiaba	苏布蒂亚瓦语	
superorganic	超机体	
superstock	大语群	
synchronic grammar	共时语法	
Tahltan	塔尔坦人	
Takelma	塔克尔马语	
Talmud	《塔木德》	
Tanoan	塔努安语	
Temple University	坦普尔大学	
Tequistlatec	特基斯特拉特科语	
The American Indian	《美洲印第安人》	
the Department of Mines	矿业部	
The Dial	《评点》	
The Education of Hyman Kaplan	《海曼·卡普兰的教育》	
The Expression of the Ending-Point Relation	"终点关系的表达"	

The Freeman	《自由民》	
The Golden Bough	《金枝》	
The Interpretation of Dreams	《梦的解析》	
The Learned Jew	"博学的犹太人"	
The Mind of Primitive Man	《原始人的思维》	
The Nation	《国家》	
The New Republic	《新共和》	
The Psychology of Culture	《文化的心理学》	
The Psychology of the Unconscious	《无意识过程心理学》	
The Smart Set	《智者》	
The SSRC Committee on Personality and Culture	社会科学研究委员会人格与文化分委会	
The Status of Linguistic Classification in North America	"北美语言分类的现状"	
The Study of Culture at a Distance	《远距离文化研究》	
The Takelma Language of Southwestern Oregon	"俄勒冈西南部塔克尔马语考察"	
Time Perspective in Aboriginal American Culture	"美洲原住民文化中的时间视角"	
Timucua	蒂姆夸语	
Tlingit	特林吉特语	
Tocharian	吐火罗语	
tonal system	声调系统	
tone	声调	
tone language	声调语言	
tone reversal	声调的反转	
Tonkawa	通卡瓦语	
Totality	"总括"	
Totem and Taboo	《图腾与禁忌》	
transference	移情	
Tsetault	泽陶尔特	
Tsimshian	钦西安语	
Tubatulabal	图巴图拉波语	
Tunica	图尼卡语	
University of Chicago	芝加哥大学	UC

Uintah Reserve	犹因他保留地	
University of British Columbia	英属哥伦比亚大学	
University of California, Berkeley, Bancroft Library	加利福尼亚大学伯克利分校班克罗夫特图书馆	UCB
University of California Publications in American Archaeology and Ethnology	加利福尼亚大学美国考古学与民族学丛书	UCPAAE
University of California Publications in Linguistics	加利福尼亚大学语言学丛书	UCPL
University of Michigan	密歇根大学	UM
University of Toronto	多伦多大学	UT
University of Pennsylvania Museum	宾州大学博物馆	UPM
Ute	犹他语	
Uto-Aztekan	犹他-阿兹特克语	
Vassar College	瓦瑟学院	VC
Venetia	韦尼夏	
Victoria Memorial Museum	维多利亚纪念博物馆	
Viking Fund Publications in Anthropology	维京基金人类学丛书	VFPA
Waiilatpuan	瓦伊拉特普语	
Wailaki	怀拉基语	
Wakashan	瓦卡什语	
Wappo	瓦波语	
Warm Springs	沃姆斯普林斯	
Wasco	沃斯科语	
Washo	瓦肖语	
Why Do We Need the Superorganic?	"为什么需要超机体?"	
William Alanson White Psychiatric Foundation	威廉·阿兰森·怀特精神病学基金会	WAWPF
Window Rock	温德罗克	
Winnebago	温内巴戈语	
Wintun	温顿语	
Wishram	威士兰	
Wiyot	维约特语	
Word	《词》	
Word Study	《词语学习》	

Wyandot	怀安多特族	
Yahi	亚希(方言)	
Yakonan	亚科纳语	
Yale University Department of Anthropology	耶鲁大学人类学系	YUDA
Yale University, Peabody Museum	耶鲁大学皮博迪博物馆	YUPM
Yale University, Sterling Memorial Library	耶鲁大学史特林纪念图书馆	YU
Yana	亚纳语	
Yiddish	意第绪语	
Yokuts	约库特语	
Yuchi	尤奇语	
Yuki	尤基语	
Yukon valleys	育空山谷	
Yuman	尤马语	
Yurok	尤罗克语	
Zionism	犹太复国主义	
Zodiac group	星座集团	
Zuni	祖尼语	

图书在版编目（CIP）数据

爱德华·萨丕尔：语言学家、人类学家、人文主义者/
（加）雷格娜·达内尔著；须一吟，董燕，马文辉译．—北
京：商务印书馆，2016
（世界名人传记丛书）
ISBN 978 - 7 - 100 - 12334 - 1

Ⅰ.①爱… Ⅱ.①雷…②须…③董…④马… Ⅲ.①萨
丕尔，E.（1884—1939）—传记 Ⅳ.①K837.125.5

中国版本图书馆 CIP 数据核字（2016）第 150733 号

所有权利保留。
未经许可，不得以任何方式使用。

世界名人传记丛书
爱德华·萨丕尔
——语言学家、人类学家、人文主义者
〔加〕雷格娜·达内尔 著
须一吟 董燕 马文辉 译
高一虹 罗正鹏 校订

商务印书馆出版
（北京王府井大街 36 号 邮政编码 100710）
商务印书馆发行
北京冠中印刷厂印刷
ISBN 978 - 7 - 100 - 12334 - 1

2016 年 9 月第 1 版　　　　开本 787×960　1/16
2016 年 9 月北京第 1 次印刷　印张 37¾　插页 5
定价：89.00 元